건축/인테리어
실전 모델링의 기준

스케치업
2021

feat Ruby

한정훈 지음

정보문화사

건축/인테리어 실전 모델링의 기준

스케치업 2021 feat Ruby

초판 1쇄 발행 | 2021년 9월 10일
초판 3쇄 발행 | 2024년 2월 20일

지 은 이 | 한정훈
발 행 인 | 이상만
발 행 처 | 정보문화사

기 획 진 행 | 네모기획
편 집 진 행 | 노미라
교 정 교 열 | 안종군
디 자 인 | 디박스

주   소 | 서울시 종로구 동숭길 113 (정보빌딩)
전   화 | (02)3673-0037(편집부) (02)3673-0114(代)
팩   스 | (02)3673-0260
등   록 | 1990년 2월 14일 제1-1013호
홈 페 이 지 | www.infopub.co.kr

I S B N | 978-89-5674-912-9

다섯 번째 이야기

저의 다섯 번째 책이 출간되었습니다. 개인적으로 50대 초반에 출간한 다섯 번째 서적이라 더 애착이 갑니다.

책 출간은 저와 같은 평범한 사람이 아닌 조금은 특별한 사람들만의 전유물로만 생각했는데 어느덧 다섯 권의 책을 출간한 저자가 되었습니다.

이제는 제가 공사한 실내건축 현장에서 느끼는 성취감보다 책을 출간하면서 느끼는 성취감이 더 큰 이유는 제가 출간한 책을 학습하고 스케치업을 실무에 잘 활용하고 있는 독자들이 늘기 때문이 아닐까 생각합니다.

책을 출간하면 할수록 집필 시간을 더 투자하는 이유 역시, 제 책으로 공부하고 있는 많은 독자의 응원이 있기 때문입니다.

2010년에 스케치업 첫 번째 책을 출간한 저자가 지금까지도 꾸준하게 스케치업을 공부하는 이유는 실무에 큰 도움이 되기 때문입니다. 간단한 3D 모델링 작업만을 해서 클라이언트 미팅 시에만 활용하거나 공사 수주 용도의 비주얼적인 부분을 위해서 스케치업을 사용하고 있다면 스케치업을 효율적으로 사용하지 않는다고 생각해야 합니다. 스케치업은 3D 비주얼 프로그램이 아니라 디자인, 설계 프로그램이기 때문입니다.

스케치업 실무 작업은 각종 마감재와 구조재의 면적과 부피를 산출하고 각종 조명, 가구, 집기 등의 물량도 산출해야 합니다. 이렇게 작업해야 견적 산출에 필요한 데이터가 만들어지고 또 다른 프로젝트 작업에 활용할 수가 있습니다.

이 책은 스케치업 2021.1(21.1.299, 2021년 08월 현재 최신) 버전을 학습하는 내용으로 저자가 실무에 활용하는 방법 그대로 집필되었으며 실무 활용도가 큰 루비의 사용 방법도 수록되어 있습니다. 또한 저자가 실무에 활용하는 각종 파일(메트리얼, 컴포넌트, 기타)이 포함되어 있어 실무 작업에 도움이 됩니다.

책을 학습하다가 막히는 부분이 있으면 언제든지 제 메일이나 블로그 안부 게시판에 문의해 주시면 답변해 드리겠습니다. 지금까지도 그래 왔듯이 책 지면의 한계로 담지 못한 내용이나 버전 업그레이드로 인해 추가되는 내용은 제 블로그와 제가 운영하는 카페의 게시글을 통해 꾸준하게 알려드리겠습니다.

이 책을 구입한 많은 독자에게 지면으로나마 감사의 인사를 드리며 업무에 많은 도움이 되기를 바랍니다.

누군가 잘하고 있다는 것은 누구나 잘할 수 있다는 의미입니다.

이정표를 보고 꾸준히 학습하면 누구나 잘 할 수 있습니다.

오늘보다 더 행복할 내일을 진심으로 응원합니다.

마지막으로 다섯 번째 책 출간을 맞아 첫 번째 책부터 저와 함께 하고 있는 네모기획과 정보문화사에 감사드리며 저의 응원군인 실내건축가 클럽 10만여 회원님들에게도 감사드립니다.

사랑하는 가족, 저를 항상 지켜봐 주는 지인들, 가장 든든한 조력자인 세젤에 아내 미선과 함께 다섯 번째 출간 서적의 기쁨을 함께하겠습니다.

알랍실건!

추천사

임현호(건축사)

스케치업의 깊지 않은 지식과 정립되지 않았던 정보의 조각들을 완벽히 정리해 주는 스케치업 정석(定石)의 탄생입니다.

스케치업의 무한 가능성과 그 활용법에 대해 오랜 시간 실무에 활용했던 내용들이 이해하기 쉽도록 일목요연하게 정리되어 있습니다. 또한, 실제 실무 시공의 절차를 따라하며 자연스럽게 실무에 대한 지식과 템플릿 작성부터 루비의 활용까지 최적화된 스케치업 활용법을 익힐 수 있도록 구성되어 있습니다.

독특한 점은 실무 예제를 먼저 따라 하면서 스케치업과 친해지도록 하고 그다음 세부 메뉴에 대해 상세 설명을 하는 구성입니다. 스케치업의 기능과 기술을 반복 학습으로 자연스럽게 습득하는 책이라고 생각합니다.

전종헌(건축 시공)

기존 저자의 서적을 구독했었고 만족했었기 때문에 이번 '스케치업 2021 feat Ruby'의 기대감도 한껏 높아져 있었습니다.

베타테스터를 하면서 "이런 노하우까지 알려준다고?"라는 생각이 몇 번이나 들 정도로 완성도 높은 서적이었습니다. 이 책에 나와 있는 각종 물량산출 및 공종 관리 방법으로 건축 시공 실무에서도 충분히 활용할 수 있고 나아가서는 건축 공정 관리까지 도움을 줄 수 있을 거 같습니다.

마지막으로 툴의 기능을 소개하는 내용을 '실무 예제 따라하기' 뒤에 배치함에 따라 자연스럽게 툴의 기능도 익힐 수 있어서 너무 좋았습니다. 이 책을 기존 스케치업 사용자 및 신규 스케치업 사용자 모두에게 자신 있게 추천합니다.

김지연(실내건축 디자이너)

스케치업을 처음 접하시는 분들이 기초부터 차근차근 쉽게 따라 할 수 있습니다. 버전업이 되면서 업그레이드된 기본 툴의 기능마저 상세히 적혀 있어 학습하는 재미가 큽니다.

실무에서 스케치업을 사용하고 있는 분들에겐 공종별 프로세스를 잘 설명하고 있어서 따라하며 배우기 좋고, 실무에 접목할 수 있는 귀한 팁들이 곳곳에 있어 실무 작업에 큰 도움이 될 것 같습니다.

한 번만 보고 마는 책이 아닌 주기적으로 볼 수 있는 아주 유용한 책입니다.

예제 파일 및 문의 사항

● 예제 파일 다운로드

이 책의 학습에 필요한 예제 파일 및 완성 파일과 함께 저자가 실무에서 사용하는 각종 파일을 제공하고 있습니다. 정보문화사 홈페이지(www.infopub.co.kr)의 [자료실]에서 도서명으로 검색한 후 압축 파일을 다운로드하여 사용합니다.

● 문의 사항

저자의 책으로 학습을 진행하다 궁금한 점이 있다면 언제든지 저자의 메일(inde9898@naver.com), 저자가 운영하는 네이버 카페(실내건축가 클럽) 및 블로그 게시판 또는 정보문화사 홈페이지를 통해 문의해주시기 바랍니다.

▲ www.infopub.co.kr

▲ https://cafe.naver.com/indesignclub

▲ https://blog.naver.com/inde9898

목

차

PROGRAM 1

실무 템플릿 만들고
실무 예제 따라하기

PROGRAM 2

스케치업 기본 기능 학습하기

1강

각종 메뉴 알아보기

2강

각종 창의 구성 요소 알아보기

10강
웨어하우스 도구 모음 (Warehouse Toolbar) 사용하기

11강
샌드박스 도구 모음(Sandbox Toolbar) 사용하기

책속의책

실무에 유용한 루비 활용하기

PROGRAM 1

실무 템플릿
만들고
실무 예제
따라하기

프로그램 01 과정에서는 실무 템플릿을 만드는 방법과 실무 예제를 따라 하면서 각종 도구의 사용 방법 및 실무 활용 방법을 학습합니다. 다소 지루할 수 있는 각종 메뉴, 각종 창, 각종 도구 설명 부분은 프로그램 02 과정에서 다루게 됩니다. 프로그램 01 과정을 따라 하면서 프로그램 02 내용을 참조하면서 학습하는 방식입니다.

따라하기 파일은 스케치업 '2021.1(21.1.299. 2021년 08월 현재 최신) 버전'으로 제공됩니다. 제공 파일의 버전보다 이전 버전을 사용하는 독자들은 이 책을 구매한 시기의 트라이얼 버전(한 달 동안 사용 가능한 무료 버전)을 설치해서 학습하거나 스케치업 파일을 다운그레이드하여 학습하기 바랍니다. 2021.1 버전보다 하위 버전으로 학습하면 이 책에서 설명하는 몇몇 기능을 사용하지 못하기 때문에 최신 버전으로 학습하는 방법을 권장합니다.

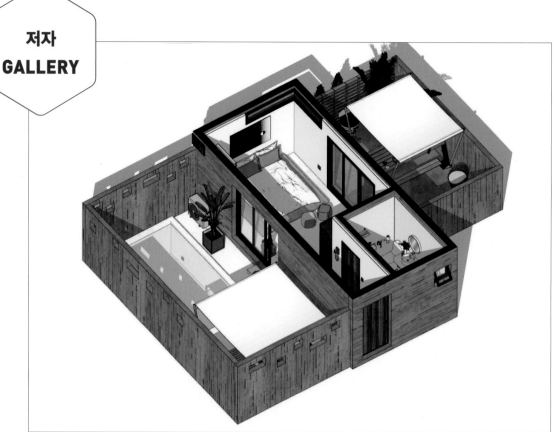

| 스케치업

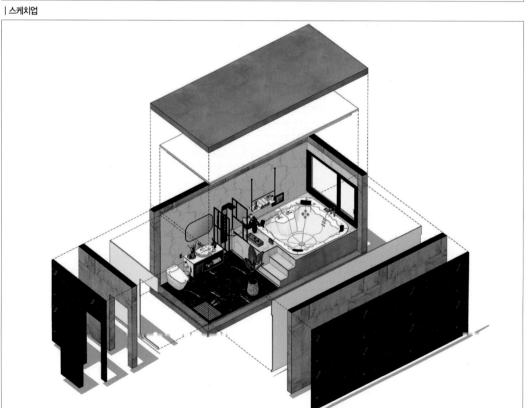

| 스케치업

| 스케치업

| 스케치업

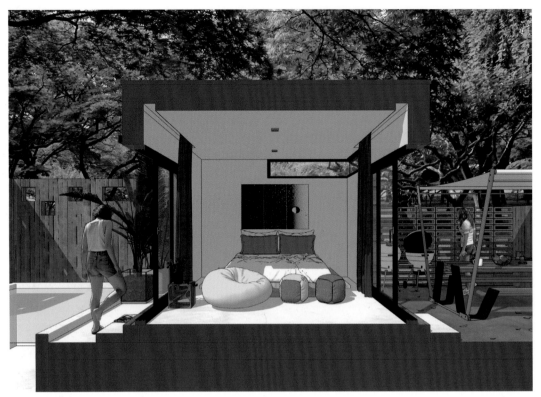

| 스케치업 스타일

| 스케치업 스타일

| 스케치업 스타일

| 스케치업 스타일

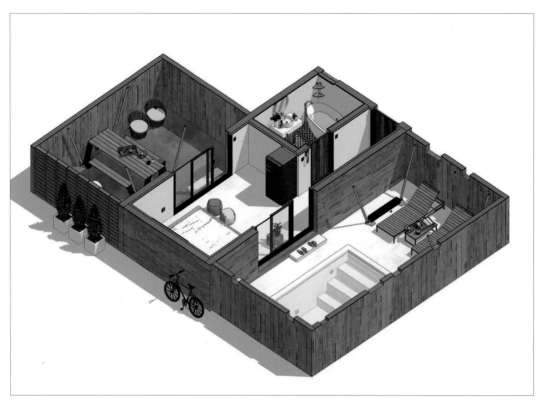

| 스케치업 스타일

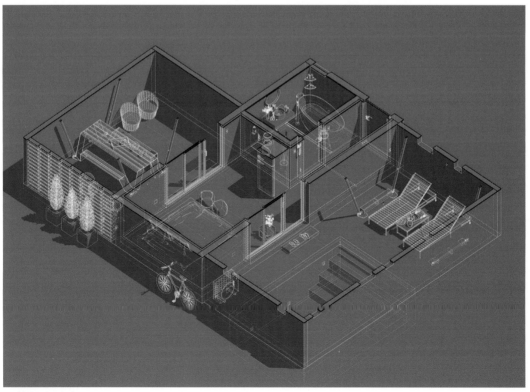

| 스케치업 스타일

| 스케치업

| 스케치업 브이레이

| 스케치업

| 스케치업 브이레이

| 스케치업

| 스케치업 브이레이

| 스케치업

| 스케치업 브이레이

환경 설정하고
실무 템플릿 만들기

이번 과정은 스케치업을 컴퓨터에 설치하고 실무 작업에 적합한 환경 설정을 한 다음 실무 템플릿을 만드는 방법에 대해서 알아 보겠습니다. 현재 저자가 사용하는 컴퓨터의 운영체제(OS)는 윈도우 10이며 강좌에서 사용하는 스케치업 버전은 SketchUp Pro 2021.1(21.1.299) 영문판입니다. 한글판은 일부 오역이 있고 메뉴의 위치가 다른 부분이 있기 때문에 영문판 설치를 권 장합니다.

intro

학습 목표

이번 과정에서는 스케치업의 실무 기본기를 다지는 내용을 학습합니다. 모든 지식 은 기본기가 가장 중요한 만큼 이번 과정을 학습하면서 스케치업의 실무 능력을 꼭 다지기 바랍니다. 한 번에 이해가 되지 않는다고 걱정할 필요는 없습니다. 처 음 보는 내용이기 때문에 이해가 안 되는 것은 극히 당연하며 여러 번 학습하다 보 면 익숙해지고 자연스럽게 이해될 것입니다.

스케치업의 장점

스케치업(SketchUp)은 트림블 네비게이션(Trimble Navigation) 사의 3D 모델링 프로그램으로 실내
건축, 건축, 조경, 무대 디자인, 영화 디자인, 웹툰 등 각종 디자인 분야에서 다양하게 사용되고 있습니다.
특히 실내건축, 건축 분야에서는 기본 프로그램으로 인식될 만큼 사용자가 많으며 실무에서의 활용도가 높
습니다. 스케치업은 많은 장점을 가지고 있는 프로그램으로 저자가 강조하고 싶은 가장 대표적인 내용은 다
음과 같습니다.

01 | 가장 많은 사용자

스케치업은 다양한 3D 프로그램 중에서 가장 많은 사람이 사용하고 있는 프로그램입니다. 실내건축, 건축, 디자인 분야에서는
기본이라고 할 정도로 해당 분야의 실무진과 학생들이 많이 사용하고 있습니다.
가장 많은 사람이 사용하고 있기 때문에 스케치업 관련 정보도 그 어떤 3D 프로그램보다 다양하게 공유되고 있습니다.
특히 저자가 운영하는 카페인 실내건축가 클럽은 8년 연속 네이버 대표카페로 선정되었으며 스케치업에 관련된 다양한 강좌와
실무 팁이 13년째(2021년 현재) 꾸준히 공유되고 있습니다.

| 실내건축가 클럽 | https://cafe.naver.com/indesignclub

| 실내건축가 클럽

02 | 방대한 라이브러리

스케치업은 3D 웨어하우스(3D Warehouse)라는 방대한 온라인 라이브러리를 제공하고 있습니다. 3D 웨어하우스에서 전 세계 스케치업 사용자들이 직접 만든 스케치업 파일을 다운로드할 수 있으며 자신이 작업한 스케치업 파일을 업로드하여 공유할 수도 있습니다.

| 3D 웨어하우스 | https://3dwarehouse.sketchup.com/

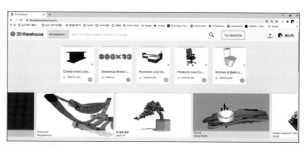

| 3D 웨어하우스

03 | 다양한 루비(Ruby)의 지원

루비는 특정 기능을 빠르고 손쉽게 구현해 주는 플러그인(Plug In) 프로그램으로서 익스텐션 웨어하우스(Extension Warehouse)에서 검색하고 설치할 수 있습니다. 스케치업을 더욱더 다양하게 활용할 수 있게 끊임없는 확장성을 제공해 주는 것이 루비의 가장 큰 장점입니다. 스케치업의 여러 가지 도구를 반복적으로 사용하는 작업도 특정 루비를 사용하면 클릭 한두 번으로 실시간 모델링이 되기 때문에 아주 편리하게 활용할 수 있습니다.

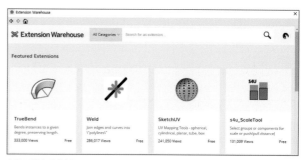

| 익스텐션 웨어하우스

스케치업 초급 사용자들이 유의해야 할 점은 처음부터 루비를 사용해서 작업하게 되면 스케치업의 기본 도구 사용법을 익히지 못할 수 있으니 꼭 스케치업의 기본 도구 및 전반적인 기능을 숙지한 다음 루비를 사용하는 것을 권장합니다.

| 익스텐션 웨어하우스 | http://extensions.sketchup.com/

04 | 스케치업 브이레이(V-Ray for SketchUp)의 지원

사진처럼 실사 이미지를 만들 수 있는 렌더링 프로그램의 대표적인 브이레이(V-Ray)가 지원되기 때문에 더욱 다양하게 실무에 활용할 수 있습니다.

| 카오스 그룹 | https://www.chaosgroup.com/kr

| 카오스 그룹

스케치업 설치하기

스케치업 2021 버전을 다운로드하고 설치하는 방법에 대해 알아보겠습니다. SketchUp Pro 버전을 설치하면 라이선스가 없어도 한 달간 무료로 사용할 수 있습니다. 스케치업 설치 방법에 관한 내용은 한 달간 사용 가능한 트라이얼(Trial) 버전에 대한 설명이지만 트라이얼 버전과 라이선스 버전의 설치 방법은 큰 차이가 없습니다. 라이선스가 있는 분들은 라이선스를 구매하면 제공되는 계정 활성 가이드를 참조하기 바랍니다. 향후 스케치업 다운로드 페이지가 리뉴얼되거나 스케치업 버전이 올라가면 다운로드 방식이 변경될 수 있습니다.

01 | 다운로드 페이지 접속

스케치업 2021 버전을 다운로드하기 위해 아래의 사이트에 접속합니다.

https://www.sketchup.com/download/all

로그인이 되어 있으면 아래와 같은 페이지가 열리고 로그인이 되어 있지 않으면 로그인 페이지가 나타납니다. 로그인하지 않으면 파일을 다운로드할 수 없고 스케치업을 설치할 수 없으므로 계정이 없는 분들은 구글(or Trimble, Apple)에 계정을 만든 다음 로그인하기 바랍니다.

로그인한 다음 사용하고 있는 자신의 OS에 맞게 스케치업 설치 파일을 클릭해 다운로드합니다.

| 로그인/다운로드

02 | 설치 파일 더블클릭

다운로드한 스케치업 2021 버전의 설치 파일을 더블클릭합니다.

| 설치 파일 더블클릭

03 | 언어 선택

[SketchUp 2021-InstallShield Wizard] 창이 나타나며 기본적으로 영어는 필수로 선택되어 있으며 사용자 컴퓨터 OS에 맞는 언어도 자동으로 선택됩니다. 한글 버전은 일부 오역이 있고 메뉴의 위치가 영문 버전과 조금 다르기 때문에 영문 버전 설치를 권장합니다. 언어의 〈변경〉 버튼을 클릭해 자동으로 체크되어 있는 한국어의 체크 표시를 해제한 다음 〈확인〉 버튼을 클릭합니다. 스케치업의 설치 경로는 특별한 이유가 없는 한 기본으로 설정된 경로를 유지하고 특별히 다른 경로에 설치를 원하면 〈변경〉 버튼을 클릭해서 원하는 경로를 지정하면 됩니다.

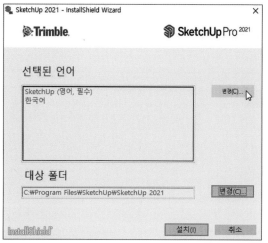

| 〈변경〉 버튼 클릭

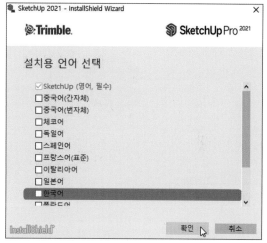

| 한국어 체크 해제-〈확인〉 버튼 클릭

04 | Install

〈설치〉 버튼을 클릭해 스케치업 2021 버전을 설치합니다.

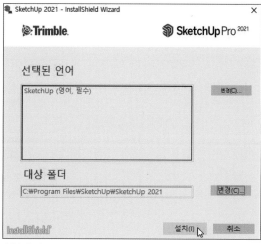

| 〈설치〉 버튼 클릭

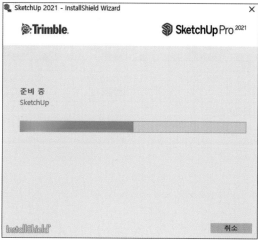

| 설치 과정이 나타남

05 | 완료

〈마침〉 버튼을 클릭해 스케치업 설치를 완료합니다.

| 〈마침〉 버튼 클릭

06 | 아이콘 확인

스케치업 2021 버전을 설치하면 바탕화면에 아래와 같은 세 개의 아이콘이 생성됩니다. LayOut 2021 아이콘은 제안서를 만들 수 있는 스케치업 레이아웃 2021 버전 실행 아이콘이고 SketchUp Pro 2021 아이콘은 스케치업 2021 버전 실행 아이콘이며 Style Builder 2021 아이콘은 선의 스타일을 만들 수 있는 스타일 빌더 2021 버전 실행 아이콘입니다.

| 아이콘 확인

스케치업 실행하고 트레이 및 도구 모음 배치하기

3

스케치업을 실행한 다음 각종 도구 모음을 배치하는 방법에 대해 알아보겠습니다. 스케치업을 처음 학습하는 독자들은 이 책의 내용대로 도구 모음을 배치하고 스케치업 실력이 향상되면 원하는 위치로 이동시켜 작업하기 바랍니다.

01 | 스케치업 실행

스케치업을 실행하기 위해 스케치업 2021 버전 실행 아이콘(SketchUp Pro 2021)을 더블클릭합니다.

02 | 라이선스 동의

[SketchUp License Agreement] 창이 나타나면 라이선스 관련 내용을 동의하는 옵션에 체크 표시하고 〈Continue〉 버튼을 클릭합니다.

| 체크 표시-〈Continue〉 버튼 클릭

03 | Sign In

[Welcome to SketchUp] 창이 나타나면 〈Sign In〉 버튼을 클릭해서 로그인합니다. 로그인되었으면 〈Start Trial〉 버튼을 클릭해 한 달간 사용할 수 있는 스케치업 2021 트라이얼 버전을 시작합니다.

| 〈Sign in〉 버튼 클릭

| 〈Start Trial〉 버튼 클릭

04 | 템플릿 선택

[Welcome to SketchUp] 창이 나타나면 시작 템플릿을 선택하기 위해 〈More templates〉 버튼을 클릭한 다음 Plan View (Millimeters) 템플릿을 클릭합니다.

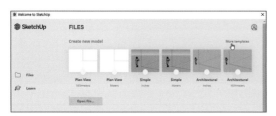

| More templates 클릭

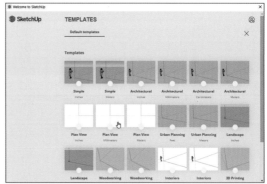

| Plan View (Millimeters) 템플릿 클릭

| 알아두기 | **템플릿(Template) 이란**

템플릿은 환경 설정이 되어 있는 스케치업 시작 파일입니다. 스케치업 환경 설정을 작업환경에 맞게 설정한 다음 템플릿으로 저장하고 해당 템플릿으로 작업을 시작하게 됩니다. 저자의 경우 작업 성격에 따라 여러 개의 템플릿을 병행해서 사용하고 있습니다.

05 | 스케치업 화면 확인

선택한 템플릿으로 스케치업이 실행되며
Getting Started 도구 모음이 상부에 배치
되어 있고 각종 창이 포함된 [Default
Tray]가 우측에 배치되어 있습니다.

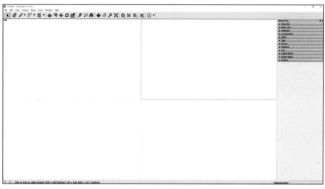

| 스케치업 시작 화면

06 | 디폴트 트레이 숨기고 새로운 트레이 만들기

기본적으로 배치되는 디폴트 트레이(Default
Tray)를 숨기기 위해 메뉴의 Window-
Default Tray-Hide Tray를 클릭합니다. 새
로운 트레이를 만들기 위해 메뉴의 Window-
New Tray를 클릭합니다.

| Window-Default Tray-Hide Tray 클릭

| Window - New
Tray 클릭

07 | 트레이에 포함할 창 체크

[New Tray] 창이 나타나면 Name 항목에 이름을 입력하고 Dialogs 항목에서 트레이에 추가할 창(Window)을 체크하고
〈Add〉 버튼을 클릭합니다. 자주 사용하는 창 위주로 체크 표시한 상태입니다. 스케치업 화면 우측에 새롭게 추가된 트레이를
확인하고 각 창의 타이틀 바를 클릭하여 펼쳐진 창을 닫습니다. 각 창의 타이틀 바를 반복 클릭하면 닫히거나 펼쳐집니다.

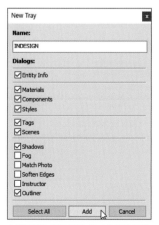

| 이름 입력-체크 표시-〈Add〉 버튼 클릭

| 펼쳐진 창을 닫음

| 알아두기 | **트레이에 창 포함하고 제외하기**

Window 메뉴에서 해당 트레이에 체크된 창을 클릭하여 체크 해제하면 트레이에서 제외되며 체크 해제된 창을 클릭해 체크하면 트레이에 포함됩니다.

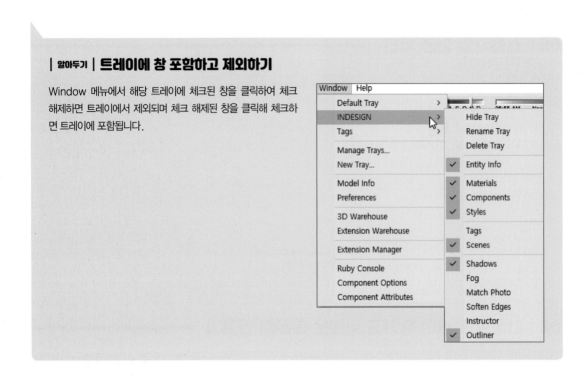

08 | [Toolbars] 창 나타내고 Getting Started 체크 해제

도구 모음을 배치하기 위해 메뉴의 View-Toolbars를 클릭합니다. [Toolbars] 창이 나타나면 스케치업을 처음 실행할 때 기본적으로 배치되는 Getting Started 도구 모음의 체크 표시를 해제해서 나타나지 않게 합니다. Getting Started 도구 모음은 다른 도구 모음에 포함된 도구들이기 때문에 굳이 나타낼 필요가 없습니다.

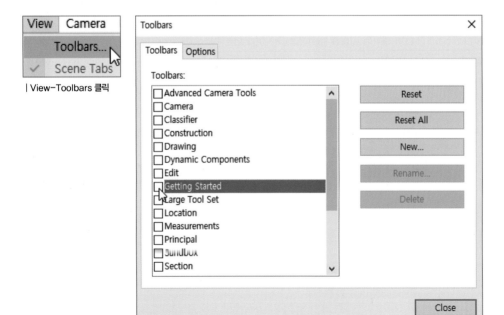

| View-Toolbars 클릭

| Getting Started 체크 해제

09 | 도구 모음 체크

아래의 참조 이미지를 보고 각종 도구 모음에 체크한 다음 〈Close〉 버튼을 클릭합니다. 가장 많이 사용하는 도구 모음 위주로 체크한 상태입니다.

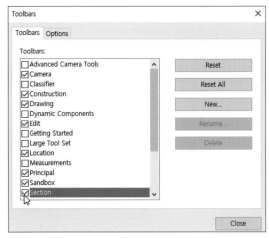

| 체크 표시

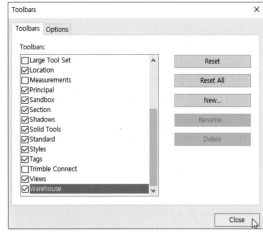

| 체크 표시-〈Close〉 버튼 클릭

10 | 화면 확인

아래와 같이 도구 모음이 화면에 랜덤하게 배치된 것을 확인할 수 있습니다.

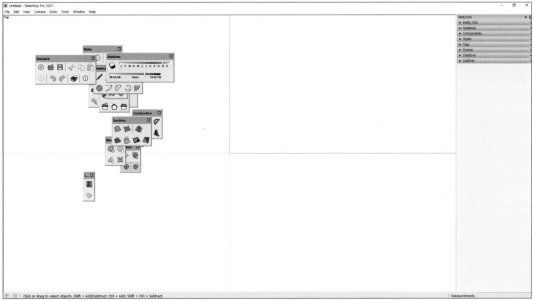

| 화면 확인

11 | 도구 모음 배치

도구 모음을 이동시켜 보기 좋게 배치하겠습니다. 아래의 왼쪽 참조 이미지를 보고 표준 도구 모음(Standard Toolbar 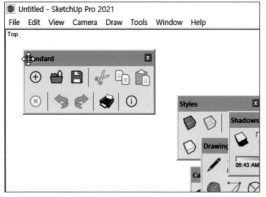) 막대 좌측 끝부분을 마우스 왼쪽 버튼으로 클릭한 채로 드래그해서 오른쪽 참조 이미지의 위치인 메뉴 하단 부분에 배치합니다.

| 클릭한 채로 드래그

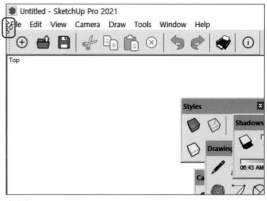

| 배치

12 | 도구 모음 배치 완료

오른쪽 참조 이미지를 보고 나머지 도구 모음들도 배치합니다. 참조 이미지의 도구 모음은 가로로 총 다섯 칸이라는 것을 기억합니다. 스케치업 공부를 이제 시작한 분들은 저와 같은 방법으로 배치하고 추후에 본인이 작업하기 편한 위치로 재배치하면 됩니다.

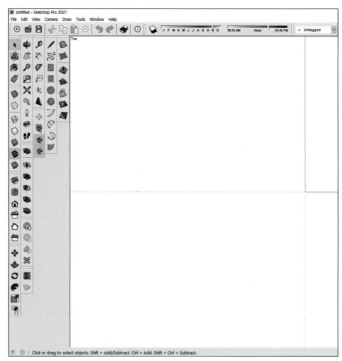

| 배치 완료

13 | 도구 아이콘 작게 표시하기

메뉴의 View-Toolbars를 클릭해 [Toolbars] 창을 나타내고 〈Options〉 탭을 클릭합니다. 도구 아이콘을 크게 표시하는 Large Icons 옵션의 체크 표시를 클릭해 체크 해제한 다음 〈Close〉 버튼을 클릭해서 [Toolbars] 창을 닫습니다. 도구 아이콘이 작아진 것을 확인할 수 있습니다.

| Large Icons 체크 : 도구 아이콘이 크게 표시됨　　　　| Large Icons 체크 해제 : 도구 아이콘이 작게 표시됨

| 알아두기 | [Toolbars] 창의 세부 옵션

[Toolbars] 창의 세부 옵션에 대해 알아보겠습니다.

1 | 〈Toolbars〉 탭
① Reset : 선택한 하나의 도구 모음을 재설정합니다.
② Reset All : 모든 도구 모음을 재설정합니다.
③ New : 새로운 도구 모음을 만듭니다.
④ Rename : 새로 만든 도구 모음의 이름을 수정합니다.
⑤ Delete : 새로 만든 도구 모음을 삭제합니다.

2 | 〈Options〉 탭
① Show Screen Tips on toolbars : 마우스 포인터를 특정 도구에 위치시키면 해당 도구 이름과 간략한 설명이 말풍선으로 표시됩니다.
② Large Icons : 각종 도구 아이콘의 크기를 설정합니다.

14 | 도구 모음 재배치

도구 모음 사이의 빈 공간이 없게 도구 모음을 재배치합니다.

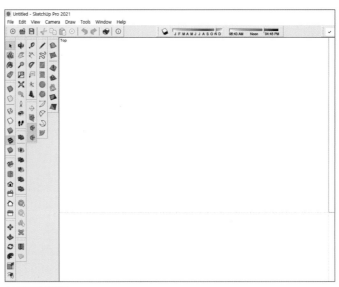

| 도구 모음 재배치

| 알아두기 | 도구 모음 크기 조절/도구 모음 나타내거나 나타내지 않기

도구 모음 막대의 크기를 조절하는 방법과 도구 모음을 나타내거나 나타내지 않는 방법에 대해 알아보겠습니다.

1 | 도구 모음 크기 조절

도구 모음 막대 가장자리에 마우스 포인트를 위치하고 클릭한 채로 원하는 방향으로 드래그하면 가로, 세로로 크기 조절을 할 수 있습니다.

2 | 도구 모음 나타내거나 나타내지 않기

도구 모음을 추가로 나타내거나 나타내지 않으려면 [Toolbars] 창의 〈Toolbars〉 탭에서 특정 도구 모음을 클릭(체크 or 체크 해제)해서 설정하거나 도구 모음이 배치된 부분에 마우스 포인터를 위치하고 우클릭해서 메뉴를 나타낸 다음 특정 도구 모음을 클릭(체크 or 체크 해제)해서 설정하면 됩니다.

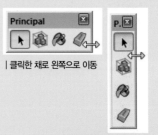

| 클릭한 채로 왼쪽으로 이동

| 가로 막대가 세로 막대로 수정됨

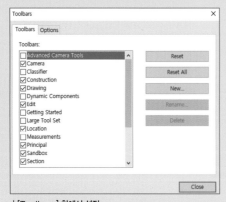

| [Toolbars] 창에서 설정

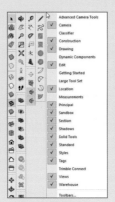

| 마우스 우클릭해서 설정

작업 영역(그리기 영역)의 크기 설정하기

환경 설정을 하기 전에 스케치업 작업 영역의 크기를 표준 규격인 A3 픽셀 크기와 최대한 동일하게 설정하는 방법에 대해 알아보겠습니다.

4

01 | 새로운 트레이 만들기

현재 스케치업 화면은 오른쪽에 트레이가 한 칸 배치된 상태입니다. 트레이를 이렇게 한 칸만 배치하여 작업하는 경우도 있지만, 저자와 같은 경우는 많이 사용하는 태그(Tags) 창을 별도의 트레이에 배치해서 트레이가 총 두 칸인 상태로 작업하고 있습니다. 저자의 작업 화면과 동일하게 트레이를 두 칸 배치하는 방법을 알아보겠습니다. 새로운 트레이를 만들기 위해 메뉴의 Window-New Tray를 클릭하고 [New Tray] 창이 나타나면 이름을 입력하고 Tags에 체크한 다음 〈Add〉 버튼을 클릭합니다.

| Window-New Tray 클릭

| Tags 체크-〈Add〉 버튼 클릭

02 | 확인

[Tags] 트레이가 추가되고 트레이 하단에
탭도 추가된 것을 확인할 수 있습니다. 현
재 두 개의 탭이 배치된 상태이며 탭을 클
릭하면 해당 트레이가 화면에 나타납니다.

| 탭 클릭

| 탭 클릭

03 | 트레이 이동시키기

앞에 내용처럼 하단부의 탭을 클릭해 해당 트레이를 확인할 수도 있지만, 저자가 작업하는 환경으로 설정해 보도록 하겠습니
다. 추가한 [Tags] 탭을 클릭한 채로 이동시키면 화면 상, 하, 좌, 우에서 트레이의 위치를 고정할 수 있는 화살표 아이콘이
나타납니다.

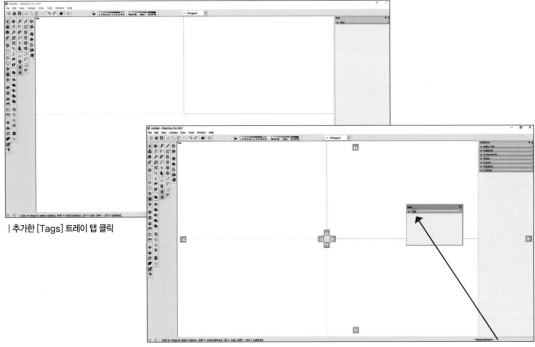

| 추가한 [Tags] 트레이 탭 클릭

| 클릭한 채로 이동-해당 방향에 배치할 수 있는 화살표 아이콘이 나타남

04 | 배치하기

오른쪽 고정 화살표에 마우스 포인터를 가져가면 트레이 색상이 진해지며 해당 화살표 위치에 트레이가 배치됩니다.

| 오른쪽 화살표로 이동

| 배치된 상태

05 | 트레이 좌, 우 위치 바꾸기

트레이의 좌, 우 위치를 바꾸기 위해 트레이 상부 타이틀 부분을 클릭한 채로 이동시켜 고정된 위치에서 떨어뜨린 후 다시 오른쪽 화살표 방향 아이콘으로 가져가 배치합니다.

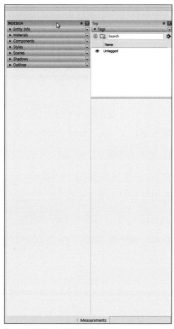

| 트레이 상부 타이틀 클릭

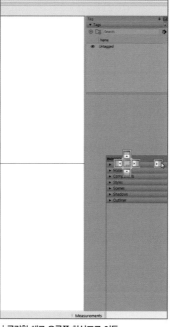

| 클릭한 채로 오른쪽 화살표로 이동

| 배치 완료

06 | 트레이 폭을 최소 폭으로

트레이 위치를 수정하면 트레이 폭이 조금씩 늘어나는 경우가 있어 트레이 왼쪽 끝부분에 마우스 포인터를 위치하고 클릭한 채로 오른쪽으로 이동시켜 최소 폭으로 줄입니다. 트레이 왼쪽 끝 경계 부분에 마우스 포인터를 위치하고 클릭한 채로 좌우로 드래그하면 폭을 조절할 수 있지만, 기본 폭(최소 폭)보다 넓게 설정하는 것은 권장하지 않습니다. 작업 영역(그리기 영역)을 정확하게 설정하기 위해서 트레이 폭은 항상 최소 폭을 유지하도록 합니다.

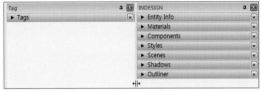
| 마우스 포인터 위치

| 클릭한 채로 오른쪽으로 이동시켜 폭을 줄임

07 | 장면 추가

장면(Scene)을 추가하기 위해 [Scenes] 창을 확장하고 장면 추가 아이콘(Add Scene ⊕)을 클릭합니다.

| Add Scene 아이콘 클릭

| 장면이 추가됨

08 | 사각형 그리기

스케치업 화면 왼쪽 상단에 장면 탭이 추가된 것을 확인할 수 있습니다. 그리기 도구 모음(Drawing Toolbar ▨)에 있는 사각형 도구(Rectangle ▨, 기본 단축키 R)를 선택합니다. X, Y, Z축이 만나는 원점을 클릭하고 오른쪽 위 방향으로 드래그한 다음 키보드로 '1000,1000'을 입력 하고 엔터를 눌러 사각형을 그립니다. 이 책의 본문 내용에서 다른 글자와 구분하기 위해 붙인 홀 따옴표(')는 숫자와 함께 입력하지 않는다는 점을 유의합니다. 사각형을 그린 다음 스페이스 바를 눌러 선택 도구(Select ▶)를 활성합니다. 선택 도구(Select ▶)는 가장 많이 사용하는 도구이기 때문에 다른 도구를 사용한 다음 스페이스 바를 눌러 선택 도구(Select ▶)를 활성하는 습관이 중요합니다. 사각형을 그린 이유는 스케치업 작업 영역의 정확한 픽셀 크기를 내보내기(Export) 명령으로 확인하기 위해서입니다. 화면에 객체가 없으면 내보내기(Export) 명령이 활성 되지 않기 때문입니다.

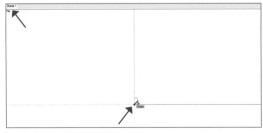
| 확인-사각형 도구 선택-원점 클릭

| 드래그-키보드로 1000,1000 입력-엔터

09 | Export(내보내기)

지금 현재의 작업 영역 크기를 확인하기 위해 메뉴의 Export-2D Graphic을 클릭합니다. [Export 2D Graphic] 창이 나타나면 〈Options〉 버튼을 클릭합니다. 실제로 이미지를 내보내는 것이 아니라 작업 영역의 크기를 확인하는 과정입니다.

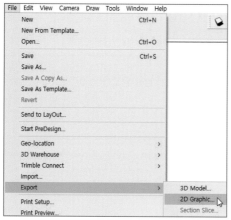

| File-Export-2D Graphic 클릭

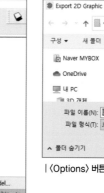

| 〈Options〉 버튼 클릭

10 | 출력(작업 영역) 크기 확인

[Export options] 창이 나타나면 현재의 작업 영역 크기로 내보내기 하는 Use view size 옵션의 체크 표시를 클릭해 체크 해제합니다. Width(가로) 입력란에 '4961'을 입력하고 Height(세로) 입력란의 숫자를 확인합니다. 가로 크기를 입력하면 세로 크기는 현재의 스케치업 작업 영역 크기에 맞게 자동 설정됩니다. 가로 크기를 4961로 입력한 이유는 A3 픽셀 크기(가로 : 4961픽셀×세로 : 3508픽셀)와 최대한 비슷하게 작업 영역을 설정하기 위해서입니다. 세로 수치값을 기억하고 [Export options] 창을 닫고 [Export 2D Graphic] 창도 닫습니다.

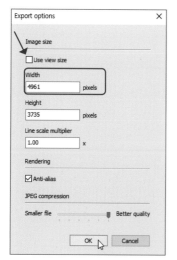

| 옵션 체크 해제-Width 항목에 4961 입력/세로 크기 확인-창 닫기

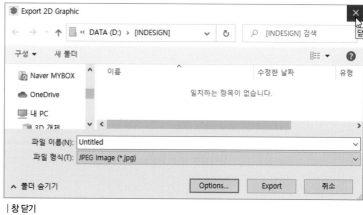

| 창 닫기

11 | 도구 모음 재배치

도구 모음을 최초 가로 다섯 칸에서 가로 세 칸으로 배치한 다음 [Export options] 창에서 가로 크기를 4961로 입력하니 세로가 3558로 표시됩니다. 저자의 모니터를 기준으로 설정한 칸수이기 때문에 독자분들의 모니터나 노트북 화면에 맞게 칸수를 설정하기 바랍니다.

핵심은 가로 픽셀 4961은 고정하고 도구 모음이 배치된 칸수를 조절하면서 세로 3508 픽셀과 비슷하게 설정한다는 부분으로 세로 픽셀이 정확하게 35080이 나오는 경우는 거의 없습니다. 세로 픽셀 크기를 맞추기 위해 [Trays] 창의 폭을 임의로 늘리면 안 됩니다. 트레이 창의 폭은 항상 최소폭으로 유지하기 바랍니다.

최대한 A3 표준 규격과 비슷한 픽셀값으로 도구 모음을 배치한 다음 [Export options] 창을 닫고 [Export 2D Graphic] 창도 닫습니다.

| 도구 모음 가로 세 칸 배치

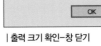

| 출력 크기 확인-창 닫기

작업 영역을 표준 규격 크기로 설정하는 이유

A3 픽셀 크기는 가로 4961×세로 3508 픽셀이며 픽셀은 우리가 사용하는 모니터의 화면 이미지를 구성하는 최소 단위입니다. 스케치업 완성 이미지를 내보내기(Export)할 때 이 픽셀 크기로 출력이 되기 때문에 픽셀의 개념은 중요합니다.

A3 픽셀 크기와 최대한 비슷하게 설정하면 A4, A2, A1, A0 등등의 표준 규격과 가로세로 비율이 거의 비슷하여 스케치업에서 바로 프린트를 할 경우나 후반 작업 시 효율적입니다. 일반적으로 와이드형 모니터를 사용하기 때문에 대부분 표준 규격보다 가로가 길게 내보내게 됩니다. 가로 화면이 길어 보여 시각적으로 넓어 보이지만 효율적인 방식은 아닙니다.

표준 규격 출력 용지에 바로 프린트할 경우 작업 영역 크기를 표준 규격 크기로 설정하지 않으면 용지의 상하 여백이 많이 발생하여 가로가 긴 이미지의 가로 부분을 잘라내야(Crop) 하는 경우가 항상 발생합니다. 그리고 스케치업 브이레이 같은 렌더링 프로그램을 이용해 렌더링할 때도 스케치업 작업 영역 크기로 렌더링되기 때문에 표준 규격에 맞는 작업 영역 설정은 실무 작업의 기본이며 중요한 부분입니다.

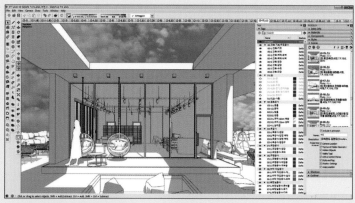

| 표준 규격 크기로 설정한 작업 영역

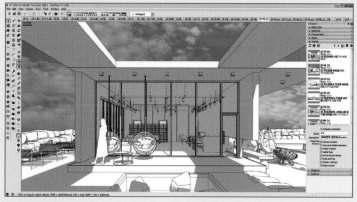

| 일반적인 작업 영역

[Model Info] 창의 세부 옵션 설정하기

5

이번 과정에서는 [Model Info] 창의 세부 옵션을 설정하는 방법에 대해 알아보겠습니다. 세부 옵션들에 대한 내용은 프로그램 2-1강. 각종 창의 구성요소 알아보기 – 상세기능 01. [Model Info] 창 알아보기 과정에서 상세하게 설명하기 때문에 이번 과정에서는 간단하게 설명하거나 생략하도록 하겠습니다.

01 | 화면 확대

치수를 표시하기 위해 마우스 스크롤 버튼을 밀면서 참조 이미지처럼 화면을 확대합니다.

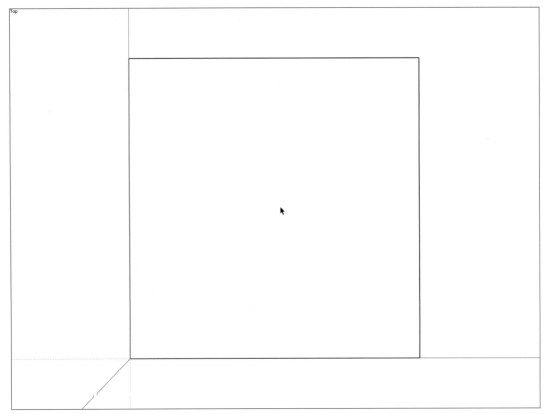

| 화면 확대

02 | 치수(Dimension) 표시

축조 도구 모음(Construction Toolbar 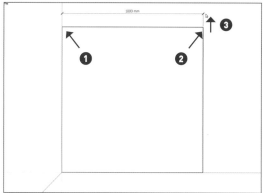)에 있는 치수 도구(Dimension ✕)를 선택하고 사각형의 왼쪽 상단부 끝
점(시작점)을 클릭합니다. 그런 다음 오른쪽 상단부 끝점(끝점)을 클릭하여 위쪽으로 드래그(돌출거리)한 다음 클릭해서 치수를
표시합니다. 나머지 방향도 모두 치수를 표시합니다.

| 치수 도구 선택 – 시작점 클릭 – 끝점 클릭 – 드래그(돌출거리)한 다음 클릭

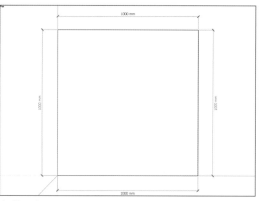

| 치수 표시

03 | 치수 크기 설정

사각형에 표시된 치수의 위치와 치수 뒤 단위 표시는 잘못된 표기 방식이라는 것을 실무진은 잘 알고 있습니다. 이 부분을 하나
씩 수정하도록 하겠습니다.

메뉴의 Window-Model Info를 클릭해 [Model Info] 창을 나타냅니다. Dimensions 항목을 선택하고 치수의 세부 옵션
을 설정하기 위해 〈Fonts〉 버튼을 클릭합니다.

Font Style은 '굵게', Size는 '9'로 선택하고 〈OK〉 버튼을 클릭합니다.

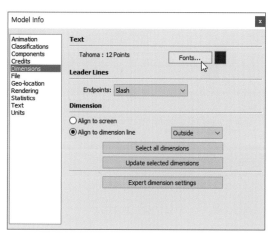

| Dimensions 항목 선택-〈Fonts〉 버튼 클릭

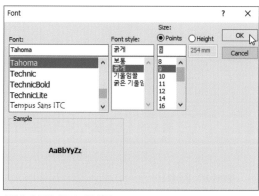

| 굵게, 9 선택-〈OK〉 버튼 클릭

04 | 치수선 끝점 모양/치수 위치 설정

치수선의 끝점 모양을 설정하기 위해 Endpoints 옵션의 내림 버튼 (∨)을 클릭해 점으로 표시하는 Dot를 선택합니다. 치수의 정렬 위치를 설정하기 위해 Align to dimension line 옵션의 내림 버튼 (∨)을 클릭해 항상 위에 배치되는 Above를 선택합니다.

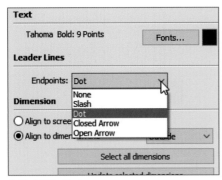

| 치수선 끝점 모양 : Dot

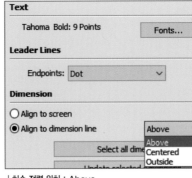

| 치수 정렬 위치 : Above

05 | 설정 업데이트

설정한 내용으로 업데이트하기 위해 〈Select all dimensions〉 버튼을 클릭해 표시한 치수를 모두 선택한 다음 〈Update selected dimensions〉 버튼을 클릭해서 업데이트하고 [Model Info] 창을 닫습니다.

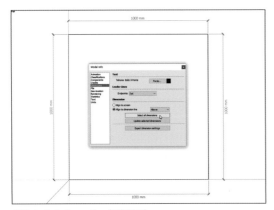

| 〈Select all dimensions〉 버튼 클릭

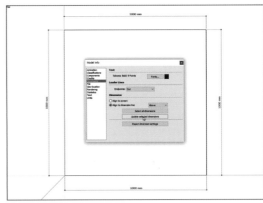

| 〈Update selected dimensions〉 버튼 클릭

> | 알아두기 | **치수의 크기**
>
> 실무 템플릿의 기본 치수 크기는 9로 설정했지만 작업 모델의 규모, 장면에 따라 치수 세부 옵션을 그때그때 수정할 필요가 있습니다. 즉 다른 설정과 다르게 치수에 관련되는 설정은 유동적이라는 의미입니다.

06 | 박스 만들기

화면을 회전시키기 위해 카메라 도구 모음(Camera Toolbar)에 있는 궤도 도구(Orbit . 기본 단축 키 O)를 선택합니다. 아래 왼쪽 참조 이미지를 보고 궤도 도구(Orbit)를 클릭한 채로 화면을 회전시킵니다.

그런 다음 면을 올리기 위해 편집 도구 모음(Edit Toolbar)에 있는 밀기/끌기 도구(Push/Pull . 기본 단축 키 P)를 선택합니다. 이어서 바닥 면을 클릭하고 위로 드래그 한 다음 키보드로 '1000'을 입력하고 엔터를 누릅니다.

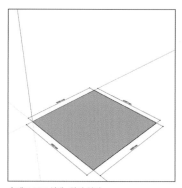
| 궤도 도구 선택-화면 회전

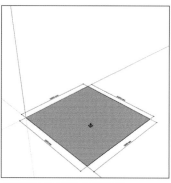
| 밀기/끌기 도구 선택-바닥 면 클릭

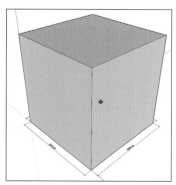
| 위로 드래그-1000 입력-엔터

07 | 그림자 표시

아래 오른쪽 참조 이미지를 보고 화면을 축소합니다. [Shadows] 창을 확장하고 시간은 오후 한 시, 날짜는 11월 8일로 설정한 다음 Show/Hide Shadows 아이콘( )을 클릭해서 그림자를 표시합니다.

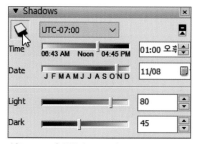
| [Shadows] 창 확장-Show/Hide Shadows 아이콘 활성

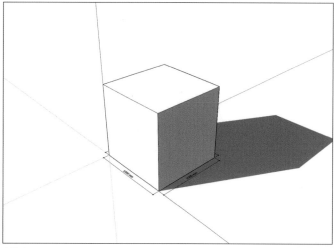
| 확인

08 | UTC 설정

우리나라의 UTC를 설정하기 위해 UTC 설정란의 내림 버튼 (⌄)을 클릭해 UTC+09:00 시로 설정한 다음 화면을 확인합니다. 그림자가 표현되지 않고 객체가 어두워진 것을 알 수 있습니다. 이 부분은 UTC를 +시간대로 설정했을 때 나타나는 스케치업의 버그(스케치업 2021버전 기준)입니다.

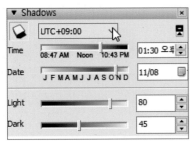

| UTC+09:00 설정

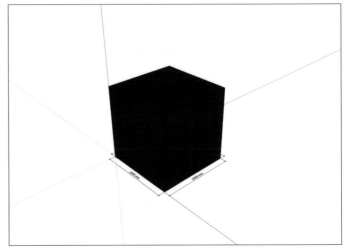

| 모델 확인

| 알아두기 | UTC(협정 세계시)

UTC의 개념과 UTC를 설정하는 방법에 대해 알아보겠습니다.

1 | UTC

UTC 설정은 아주 중요한 부분이지만 스케치업을 오랫동안 사용하고 있는 대부분의 사용자가 간과하는 부분이기도 합니다. UTC 설정이 중요한 이유는 우리나라 시간대로 UTC를 설정해서 정확한 방향으로 그림자를 표현하거나 일조권 분석용으로 활용할 수 있기 때문입니다.

UTC(Coordinated Universal Time)는 1972년 1월 1일부터 시행된 국제 표준시(협정 세계시)를 말하며 나라마다 협정 세계시는 다릅니다. 스케치업에서 기본으로 설정된 −07:00시는 미국의 UTC이며 미국은 넓어서 UTC 시간대도 다양합니다. 우리나라는 협정 세계시보다 아홉 시간 빨라서 우리나라의 UTC는 +09:00 시입니다.

2 | UTC 설정

스케치업은 [Shadows] 창에서 UTC를 +시간대로 설정했을 때 객체가 어둡게 표현되고 그림자가 표현되지 않는 버그가 있습니다. 이런 문제로 인해 UTC는 [Shadows] 창에서 설정하지 못하고 Geo-location 기능으로 설정해야 합니다.

09 | UTC 수정

UTC를 기본 설정 시간대인 -07:00시로 설정합니다. 지리적 위치를 추가하기 위해 [Model Info] 창의 Geo-location 항목을 클릭한 다음 〈Add Location〉 버튼을 클릭합니다. 스케치업 화면 왼쪽 아래에 있는 Geo-location 비활성 아이콘( )을 클릭해도 [Model Info] 창의 Geo-location 항목이 바로 선택됩니다.

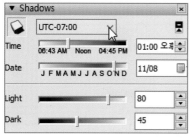

| UTC-07:00 설정

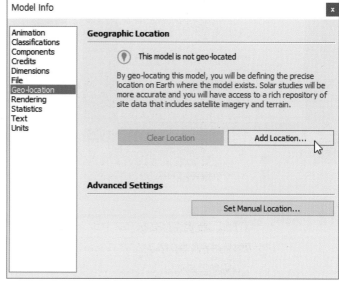

| [Model Info] 창의 Geo-location 클릭-〈Add Location〉 버튼 클릭

10 | 로그인

로그인이 되어 있지 않으면 로그인을 하라는 메시지 창이 나타납니다. 메시지 창의 〈Sign In〉 버튼을 클릭해 로그인하고 로그인 웹 페이지는 닫습니다.

| 〈Sign In〉 버튼 클릭-로그인

You're signed in to all things SketchUp

You can close this tab, and continue using your SketchUp Pro apps

| 로그인 확인-웹 페이지 닫기

11 | 창 확인

위치 추가에 대한 간략한 설명의 안내창이 나타나면 〈Next〉 버튼을 계속 클릭하고 〈Continue to Add Location〉 버튼을 클릭합니다.

| 버튼 클릭

| 버튼 클릭

12 | 지역 검색

〈Dismiss〉 버튼을 클릭해 설명이 나타나는 창을 닫고 [Add Location] 창의 검색란에 Busan, KR을 입력한 후 〈Search〉 버튼을 클릭합니다. 지리적 위치를 부산으로 설정한 이유는 수도권 지역이나 다른 지역으로 설정했을 경우 UTC 시간이 +09:00시가 아닌 다른 시간(예:+08:00시)으로 설정되는 오류(스케치업 2021버전 기준)가 발생하기 때문입니다.

| 버튼 클릭

| 지역 입력 – 〈Search〉 버튼 클릭

13 | 이미지 공급자 선택

마우스 스크롤 버튼을 밀면서 [Add Location] 창의 Zoom Level이 18로 표시될 때까지 화면을 최대한 확대합니다. 현재 UTC 시간대만 우리나라와 일치시키기 위한 과정이기 때문에 아래의 참조 이미지와 동일한 지역이 아니어도 됩니다. 영역을 지정하기 위해 〈Select Region〉 버튼을 클릭하면 이미지 공급자 타입을 선택하라는 'Please select an imagery provider' 문구가 나타납니다.

공급자를 Digital Globe로 선택하면 무료로 해당 위치의 이미지가 매핑된 그룹을 작업 모델에 추가할 수 있으며 Nearmap 으로 선택하면 유료로 고해상도 이미지로 매핑된 그룹을 작업 모델에 추가할 수 있습니다. 〈Select Provider〉 버튼을 클릭한 다음 Digital Globe 타입을 클릭합니다.

| 화면 확대-〈Select Region〉 버튼 클릭

| 〈Select Provider〉 버튼 클릭 - Digital Globe 클릭

14 | 영역 지정

영역을 표시하는 네 개의 흰점을 클릭한 채로 드래그해서 영역을 지정한 다음 〈Import〉 버튼을 클릭합니다. 영역이 크면 완료 되기까지 시간이 소요될 수 있다는 내용의 안내창이 나타납니다.

| 영역지정-〈Import〉 버튼 클릭

| 안내창 나타남

15 | 스케치업 모델/UTC 시간 확인

선택한 위치 이미지로 매핑된 그룹이 스케치업 작업 영역에 불러와졌으며 [Shadows] 창의 UTC 시간도 자동으로 UTC+09:00시로 설정된 것을 확인할 수 있습니다.

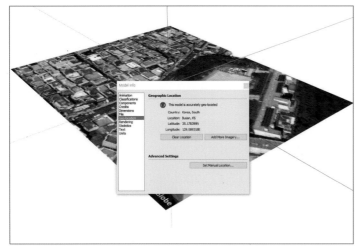

| 지리적 위치 그룹이 불러와 짐

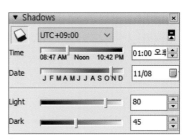

| UTC 자동 설정됨

16 | [Model Info] 창 확인

[Model Info] 창의 Geo-location 항목도 자동으로 지역, 위도, 경도가 설정된 것을 확인한 다음 [Model Info] 창을 닫습니다. 스케치업 화면 왼쪽 하단부의 Geo-location 비활성 아이콘(◉)이 Geo-location 활성 아이콘(◉)으로 수정된 것도 확인할 수 있습니다.

| [Model Info] 창의 Geo-location 확인

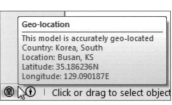

| 아이콘 확인

17 | 태그 확인

[Tags] 창을 확장하고 추가된 두 개의 태그를 확인합니다. 기본적으로 체크되어 있는 Location Snapshot 태그에는 평탄한 지형 그룹이 포함되어 있습니다.

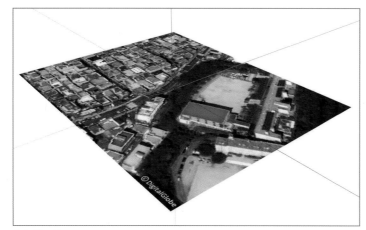

| Location Snapshot 태그

| 평탄한 그룹

Location Snapshot 태그의 체크 표시를 해제하고 Location Terrain 태그에 체크합니다. Location Terrain 태그에는 굴곡이 있는 지형 그룹이 포함된 것을 확인할 수 있습니다.

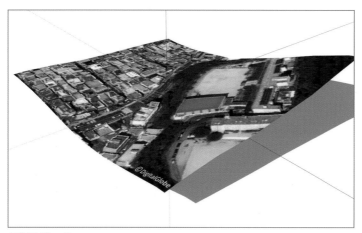

| Location Terrain 태그

| 굴곡이 있는 그룹

| 알아두기 | **지형 표시 도구 사용하기**

위치 도구 모음(Location Toolbar 🔳👁)의 지형 표시 도구(Toggle Terrain 🔻)는 Location Snapshot 태그 및 Location Terrain 태그와 연동됩니다. 지형 표시 도구(Toggle Terrain 🔻)를 클릭해서 활성화하면 Location Terrain 태 그가 활성화되며 지형 표시 도구(Toggle Terrain 🔻)가 비활성화 상태이면 Location Snapshot 태그가 활성화됩니다.

18 | 잠금 해제

Location Snapshot 태그와 Location Terrain 태그에 체크 표시합니다. 객체를 선택하기 위해 주요 도구 모음 (Principal Toolbar )에 있는 선택 도구(Select ▶)를 선택한 다음 하나의 그룹을 클릭해 선택하고 Ctrl 키를 누른 상태로 나머지 그룹도 클릭해 다중 선택합니다. 그룹의 경계면이 빨간색으로 표시되는 것은 해당 그룹이 잠겨 있다(Lock)는 의미입니다. 두 개의 그룹이 선택된 상태에서 마우스 우클릭하여 나타나는 확장 메뉴 중 Unlock을 선택하여 잠금 해제합니다.

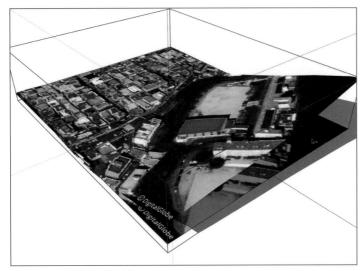

| 선택 도구로 두 개의 그룹 다중선택

| 마우스 우클릭-Unlock 클릭

19 | 태그 삭제

UTC를 설정하기 위한 용도로 불러온 그룹이기 때문에 두 개의 지형 그룹을 포함한 태그를 삭제하겠습니다. [Tags] 창에서 Location Snapshot 태그를 클릭해서 선택하고 Ctrl 키를 누른 상태에서 Location Terrain 태그를 클릭해 다중 선택한 다음 마우스 우클릭하여 나타나는 확장 메뉴 중 Delete Tags를 선택합니다. [Delete Tags Containing Entities] 창이 나타나면 선택한 태그에 포함된 모든 객체를 삭제하는 Delete the entities 옵션에 체크 표시하고 〈OK〉 버튼을 클릭합니다.

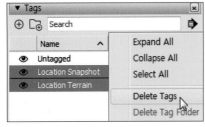

| 두 개의 태그 선택-우클릭-Delete Tags 클릭

| Delete the entities 체크-〈OK〉 클릭

20 | 메트리얼 삭제

삭제한 지형 그룹에 매핑된 메트리얼을 삭제하겠습니다. [Materials] 창을 확장하고 In Model 아이콘(🏠)을 클릭해 모델에 매핑된 메트리얼이 저장된 라이브러리로 이동합니다. Location Snapshot 메트리얼에 마우스 포인터를 위치하고 우클릭해서 나타나는 확장 메뉴 중 Delete 를 클릭합니다.

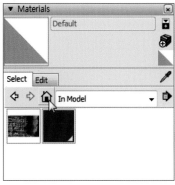

| In Model 아이콘 클릭

| 마우스 우클릭-Delete 클릭

21 | 메트리얼 이름 수정

[Materials] 창의 In Model 라이브러리에 보이는 회색 색상 메트리얼은 치수를 표시할 때 자동으로 추가된 메트리얼입니다. 작업할 때마다 필요하므로 메트리얼을 클릭해 선택하고 이름을 드래그하여 선택한 다음 '00-0.dimension'으로 수정합니다.

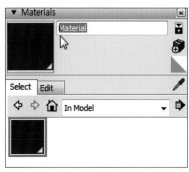

| 메트리얼 선택-이름 드래그해서 선택

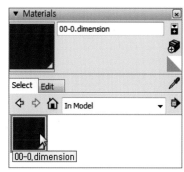

| 이름 수정

위도, 경도를 직접 입력해서 UTC 설정하기

[Model Info] 창에서 〈Add Location〉 버튼을 클릭해 지리적 위치를 불러오는 방법보다 간단한 방법인 위도와 경도만 입력하여 UTC 시간대를 설정하는 방법에 대해 알아보겠습니다. 간단하게 UTC 설정할 수 있는 해당 내용이 아닌 지리적 위치로 불러오는 방법을 학습한 이유는 실무에서 활용도가 많은 내용이기 때문입니다.

1 | 구글 웹페이지 접속/검색

구글 지도 웹페이지에 접속한 다음 검색란에서 검색하고자 하는 위치를 입력하고 Enter 를 누릅니다. 주소창에 표시되는 수치 중 @11.1111111,222.2222222 식으로 표시되는 것이 위도(11.1111111)와 경도(222.2222222) 수치입니다.

| 구글 지도 웹페이지 접속-검색

2 | 입력

[Model Info] 창에서 Geo-location 항목의 〈Set Manual Location〉 버튼을 클릭합니다. 웹 페이지 주소 중의 위도를 드래그 복사한 다음 Latitude 항목에 붙여넣기합니다. 웹페이지 주소 중의 경도를 드래그 복사한 다음 Longitude 항목에 붙여넣기합니다. 국가와 지역을 입력한 다음 〈OK〉 버튼을 클릭하면 UTC 시간이 설정됩니다.

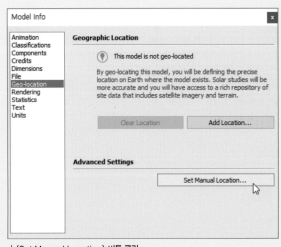

| 〈Set Manual Location〉 버튼 클릭

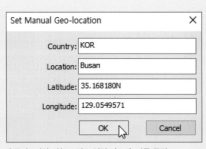

| 국가, 지역, 위도, 경도 입력-〈OK〉 버튼 클릭

해당 방식은 위도와 경도를 입력해도 국가와 지역이 자동 설정되지 않기 때문에 국가와 지역을 입력한 것입니다. 이 방법 역시 수도권 및 기타 지역의 위도와 경도를 입력하면 UTC가 다른 시간(예:+08:00시)으로 설정되는 오류가 있기 때문에 부산 지역의 위도와 경도를 입력했습니다.

22 | 장면 설정

원점에 배치된 박스와 치수를 모두 선택하기 위해 선택 도구(Select ▶)로 영역 시작점을 클릭한 채로 오른쪽 하단부로 드래그(윈도우 선택 방식)해서 선택합니다. 마우스 우클릭해 나타나는 확장 메뉴 중 선택한 객체를 화면에 꽉 차게 배치하는 Zoom Selection을 클릭합니다.

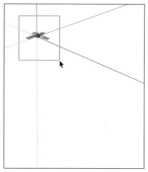

| 선택 도구로 객체 선택

| 우클릭-Zoom Selection 클릭

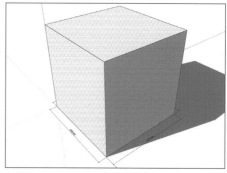

| 객체가 화면에 꽉 차게 배치됨

23 | 선택 해제

선택 도구(Select ▶)로 선택된 객체 주변을 클릭해 선택 해제합니다.

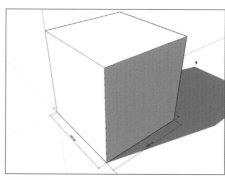

| 선택 해제

24 | Rendering 설정

[Model Info] 창의 Rendering 항목을 클릭합니다. 이미지의 계단 현상을 완화시키는 Use Anti-Aliased Texture 옵션의 체크 표시를 해제합니다. 해당 옵션에 체크가 되어 있으면 텍스쳐(매핑한 메트리얼)를 부드럽게 표현하기 위해 흐릿하게 표현합니다.

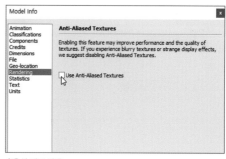

| 옵션 체크 해제

25 | [Unit 설정]

[Model Info] 창에서 단위를 설정하는 Units 항목을 클릭합니다. 정해진 길이마다 스냅을 잡는 Enable length snapping, 치수 뒤에 단위를 표시하는 Display units format, 정해진 각도마다 스냅을 잡는 Enable angle snapping 옵션에 체크 표시를 해제한 다음 [Model Info] 창을 닫습니다.

모델링 작업 시 스냅이 자주 잡히면 불편하므로 스냅을 잡는 옵션의 체크 표시를 해제했으며 실무 작업에서는 치수 뒤에 단위를 표시하지 않기 때문에 해당 옵션의 체크 표시를 해제한 것입니다.

박스에 표시한 치수에 단위가 표시되지 않는 것을 확인할 수 있습니다.

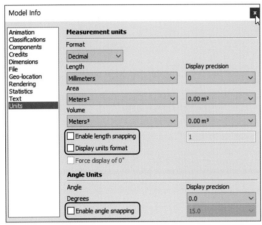

| 옵션 체크 해제

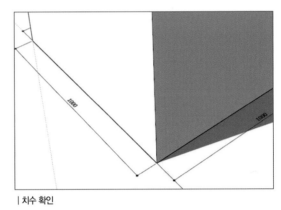

| 치수 확인

| 알아두기 | 디테일한 모델링 작업을 할 경우

길이(Length)의 정밀도는 기본적으로 0(정수)으로 설정하고 디테일한 모델링 작업을 할 경우는 내림 버튼(∨)을 클릭하고 소수점을 선택해 작업하기 바랍니다.

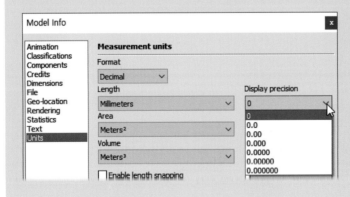

[SketchUp Preferences] 창의
세부 옵션 설정하기

6

[SketchUp Preferences] 창은 이미지 편집 프로그램, 파일 경로, 자동 저장시간, 그래픽 카드에 관
련되는 옵션 등을 설정할 수 있습니다.

01 | [SketchUp Preferences] 창 열기

메뉴의 Window-Preferences를 클릭해 [SketchUp Preferences] 창을 나타냅니다. 이미지 편집 프로그램을 설정하는
Applications 항목을 선택하고 〈Choose〉 버튼을 클릭합니다.

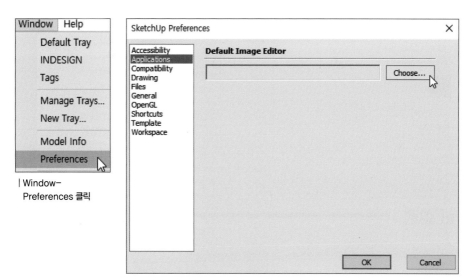

| Window-
Preferences 클릭

| Applications 클릭-〈Choose〉 버튼 클릭

02 | 포토샵 설정

포토샵 실행 파일(Photoshop.exe)을 선택하고 〈열기〉 버튼을 클릭해 이미지 편집(매핑한 메트리얼 편집) 프로그램으로 포
토샵을 설정합니다. 포토샵 실행 파일(포토샵 CC 버전 기준) 위치는 다음과 같습니다.

C:\Program Files\Adobe\Adobe Photoshop CC 2015.5

| 포토샵 실행 파일 선택-〈열기〉 버튼 클릭

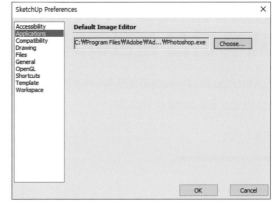

| 확인

03 | 각종 파일 경로 설정

각종 파일의 경로를 설정하는 File 항목을 클릭합니다.
Models, Exports 경로만 Change File Location
Preferences 아이콘(✎)을 클릭해 원하는 경로로 설정하
고 나머지는 기존 상태를 유지합니다.

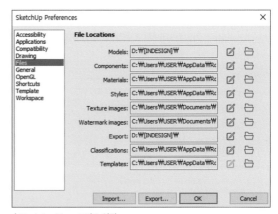

| Models, Export 경로 설정

04 | General 설정

General 항목을 클릭하고 자동 저장시간을 '30'분으로 설정
합니다. 문제가 수정될 때 알림을 받는 'Notify me when
problems are fixed' 옵션에 체크 표시합니다.

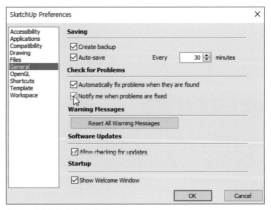

| 자동 저장시간 설정-옵션 체크

05 | OpenGL 설정

그래픽과 관련된 OpenGL 항목을 클릭합니다. 선에 각이지는 계단 현상을 완화하는 Multisample anti-aliasing 옵션의
내림 버튼(∨)을 클릭한 후 표시되는 가장 높은 숫자를 선택합니다.

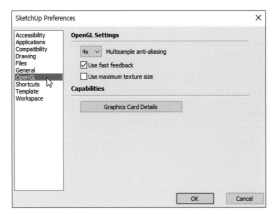

| OpenGL 클릭

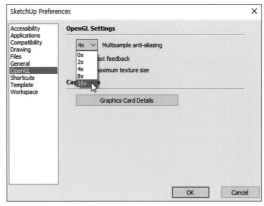

| 숫자 선택

'높은 숫자를 적용했을 때 속도가 느려질 수 있음'이라는 내용
의 경고 창이 나타나면 〈예〉 버튼을 클릭합니다.

Multisample anti-aliasing 옵션에 표시되는 숫자는 컴
퓨터에 설치된 그래픽 카드에 따라 다르게 나타나며 경고 창
의 내용처럼 높은 숫자를 설정했을 때 속도가 느려진다면 한
단계 낮은 숫자를 선택하기 바랍니다.

| 〈예〉 버튼 클릭

텍스쳐 크기를 가장 크게 설정해 사용하는 옵션인 Use
maximum texture size 옵션에 체크 표시합니다. 체크했
을 때 '높은 숫자를 적용했을 때 속도가 느려질 수 있고 좋은
사양의 그래픽 카드가 설치되어 있지 않다면 이 설정을 사용
하지 않는 것이 좋다'는 내용의 경고 창이 나타납니다. 〈예〉
버튼을 클릭합니다.

저사양의 그래픽 카드가 설치되어 있으면 Multisample
anti-aliasing 옵션의 특정 숫자가 선택되지 않거나 Use
maximum texture size 옵션에 체크 표시가 되지 않습니다.

| 〈예〉 버튼 클릭

〈Graphics Card Details〉 버튼을 클릭하면 컴퓨터에 설치된 그래픽 카드 정보를 볼 수 있습니다.

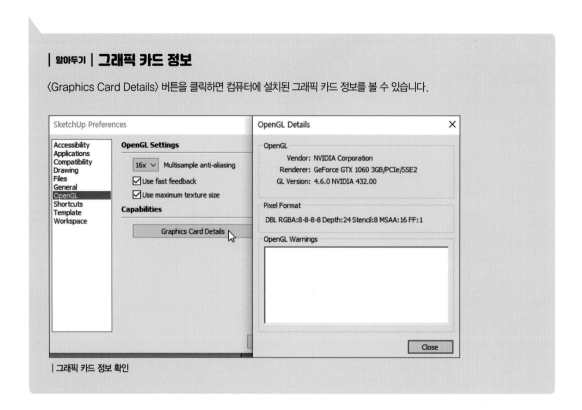

| 그래픽 카드 정보 확인

06 | 설정 저장

[SketchUp Preferences] 창의 설정을 저장하기 위해 〈OK〉 버튼을 클릭합니다.

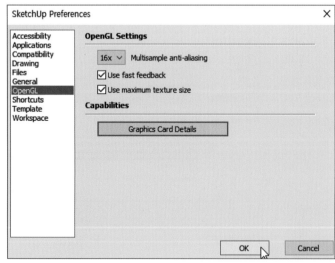

| 〈OK〉 버튼 클릭

[Styles] 창의 세부 옵션 설정하고 템플릿 만들기

7

선과 면의 스타일을 설정하는 [Styles] 창의 세부 옵션을 수정하고 실무 템플릿을 만드는 방법에 대해 알아보겠습니다.

01 | 선 스타일 설정

[Styles] 창을 확장하고 In Model 아이콘 (⌂)을 클릭합니다. 〈Edit〉 탭을 클릭하고 가장자리 선의 스타일을 설정하는 Edge Settings 아이콘 (▥)을 클릭한 다음 가장자리 선의 두께를 설정하는 Profiles 수치를 '1'로 설정합니다. 모델링한 박스의 가장자리 선의 두께가 가늘어진 것을 확인할 수 있습니다. 모델링 작업을 할 때는 선의 두께를 1로 설정해 작업하고 완성 파일을 이미지 파일로 내보내기(Export) 할 때 선의 두께와 기타 옵션을 설정하여 다양한 느낌으로 내보내기하면 됩니다.

| In Model 아이콘 클릭-〈Edit〉 탭 클릭

| Edge Settings 아이콘 클릭-Profiles 1 입력

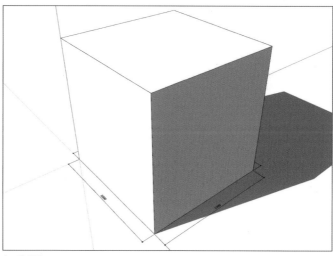

| 모델 확인

02 | 면 스타일 설정

면의 색상을 설정하는 Face Settings 아이콘(▣)을 클릭하고 앞면 색상을 수정하기 위해 Front color 색상 박스를 클릭합니다. [Choose Color] 창이 나타나면 Picker 항목의 내림 버튼(⌄)을 클릭해 색 모델을 RGB로 선택하고 R 수치값만 '190'으로 설정한 다음 〈OK〉 버튼을 클릭합니다.

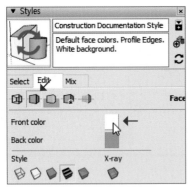

| Face Settings 아이콘 클릭-Front color 색상 박스 클릭

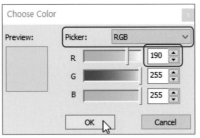

| Picker 타입 RGB 선택-R:190 입력-〈OK〉 버튼 클릭

앞면 색상이 수정되었으며 모델링한 박스의 앞면 색상에 적용된 것을 확인할 수 있습니다. 앞면 색상을 기존 흰색에서 다른 색으로 수정한 이유는 매핑이 된 면과 매핑이 안 된 면을 쉽게 구분하기 위해서입니다. 예를 들어 모델링 된 객체에 흰색(페인트)으로 매핑할 경우 기본 스타일의 앞면 색상과 매핑한 색상이 동일하여 매핑이 된 면과 매핑이 안 된 면을 구분하지 못하는 문제가 발생합니다. 이런 이유로 앞면 색상을 설정해 작업하는 것이 효율적입니다.

| 앞면 색상 수정됨

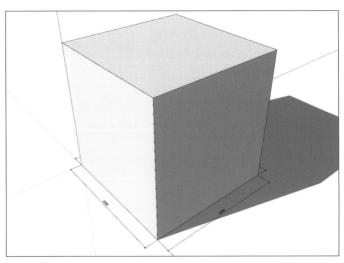

| 박스에 적용됨

03 | 스타일 업데이트

스케치업 기본 스타일을 수정한 스타일로 업데이트하겠습니다. 〈Select〉 탭을 클릭하고 스타일 이름은 '01.기본 모델링'으로 입력하고 설명은 '선두께:1,앞면색상:190,255,255'로 입력한 다음 업데이트 표시가 되어 있는 스타일 미리보기 창을 클릭해 업데이트합니다. '01.기본 모델링' 스타일은 저자가 집필한 모든 서적과 저자가 운영하는 네이버 카페 및 블로그에서 진행하는 강좌의 기본 스타일입니다.

| 〈Select〉 탭 클릭-스타일 이름/설명 입력-업데이트

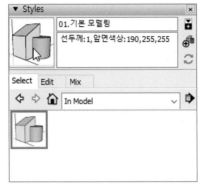

| 완료

04 | 객체 삭제/그림자 설정

[Scene1] 장면 탭을 클릭하고 선택 도구(Select ▶)로 박스와 치수선을 드래그하여 선택한 다음 Delete 키를 눌러 삭제합니다. [Shadows] 창에서 시간은 '오후 한 시', 날짜는 '11월 8일'로 설정하고 Light와 Dark 옵션의 숫자를 각각 '50'으로 입력합니다.

시간을 다시 설정한 이유는 지난 과정에서 시간을 설정하고 장면을 업데이트하거나 장면을 추가하지 않은 상태에서 다른 장면을 선택하면 선택한 장면의 시간대로 그림자 설정이 수정되기 때문입니다. Light와 Dark 옵션의 숫자도 50이 가장 적당한 밝기로 그림자를 표현하기 때문에 수정했습니다.

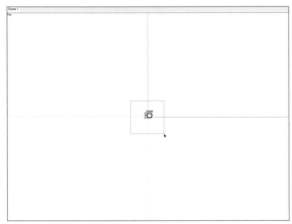

| [Scene1]장면탭 클릭-객체 삭제

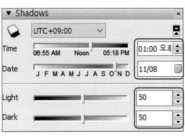

| 그림자 시간,날짜 설정-Light,Dark 수치 입력

05 | 장면 업데이트

[Scenes] 창에서 장면 이름은 '0-1', 장면 설명은 '[작업중-윗면]화각35도'로 입력하고 장면 업데이트 아이콘(Update Scene.♺)을 클릭합니다. [Scene Update] 창이 나타나면 〈Update〉 버튼을 클릭하여 업데이트합니다. 이제부터 장면 탭에 마우스 포인터를 위치시키면 장면 설명이 말풍선으로 나타납니다.

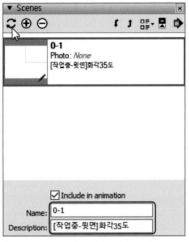

| 장면 이름/설명 입력-업데이트 아이콘 클릭

| 〈Update〉 버튼 클릭

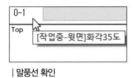

| 말풍선 확인

06 | 새로운 템플릿 만들기

현재의 스케치업 파일을 새로운 템플릿으로 저장하기 위해 메뉴의 File-Save As Template을 클릭합니다.
[Save As Template] 창이 나타나면 이름은 '2021 버전 실무 템플릿'으로 입력하고 설명은 '환경/스타일 설정, 장면 추가'로 입력한 다음 〈Save〉 버튼을 클릭합니다. 기본으로 체크되어 있는 Set as default template 옵션은 해당 템플릿을 기본 템플릿으로 사용한다는 의미입니다.

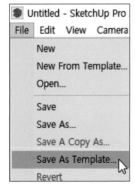

| File-Save As Template 클릭

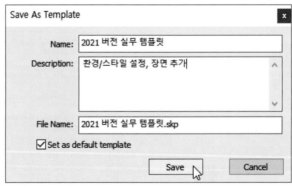

| 이름, 설명 입력-〈Save〉 버튼 클릭

07 | 템플릿 확인

메뉴의 Window-Preferences를 클릭합니다. [SketchUp Preferences] 창이 나타나면 Template 항목을 클릭합니다. 새롭게 저장된 템플릿을 확인한 다음 창을 닫고 스케치업을 종료합니다.

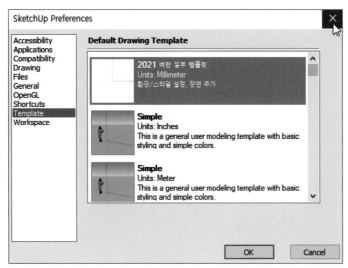

| 템플릿 확인

08 | 스케치업 실행

스케치업을 실행합니다. [Welcome to SketchUp] 창에서 2021 버전 실무 템플릿을 선택해서 스케치업을 시작하고 작업을 진행하면 됩니다.

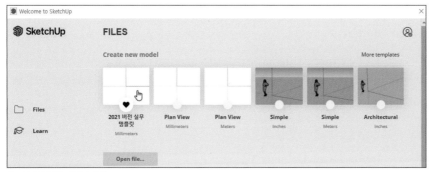

| 스케치업 실행-템플릿 선택

More template

More template 버튼을 클릭하면 스케치업에서 기본으로 제공하는 〈Default template〉 탭과 새롭게 만든 템플릿이 저장되는 〈My template〉 탭으로 구성되며 템플릿을 클릭하면 해당 템플릿으로 스케치업이 실행됩니다. My template 탭에서 표시된 경로는 템플릿의 기본 저장 경로입니다.

| More Templates 클릭

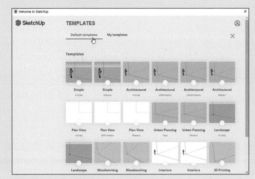

| Default Templates

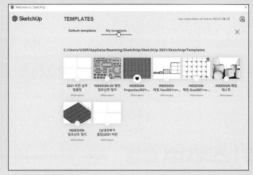

| My Templates

스케치업 화면 구성 및 축 알아보기

8

스케치업의 화면 구성과 축에 대해 알아보겠습니다.

01 | 스케치업 화면 구성 알아보기

스케치업의 화면 구성에 대해 알아보겠습니다.

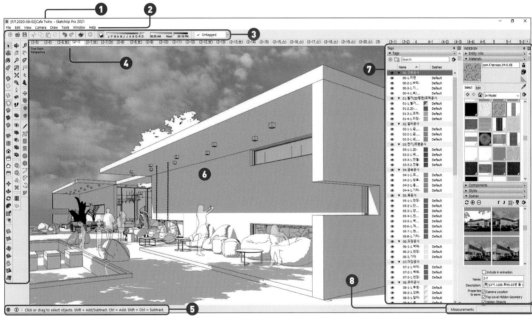

| 영역 지정-〈Import〉 버튼 클릭

❶ 제목(Title) : 파일 이름을 표시합니다.

❷ 메뉴(Menus) : 스케치업의 각종 메뉴가 위치합니다.

❸ 도구 모음(Toolbars) : 각종 도구 모음(Toolbars)이 위치합니다.

❹ 장면 탭(Scene Tab) : 장면 탭이 위치합니다.

❺ 상태 표시줄(Status Bar) : 현재 모델의 상태를 표시하며 각종 도구(Tool)의 간략한 사용법이 표시됩니다.
  • Geo-location (비활성 아이콘 ⊚) : Geo-location 활성 여부를 표시합니다. 지리적 위치를 불러오거나 지리적 위치를 설정하면 활성 아이콘(⊛)으로 표시됩니다. 활성 아이콘(⊛)을 클릭하면 [Model Info] 창의 Geo-location 항목이 나타납니다.
  • Credits (비활성 아이콘 ⓘ) : 자신이 작업한 파일에 저작권자를 표시하는 기능인 Credits 기능의 활성 여부를 표시합니다. 저작권자를 표시하면 활성 아이콘(ⓘ)으로 표시됩니다. 활성 아이콘(ⓘ)을 클릭하면 [Model Info] 창의 Credits 항목이 나타납니다.
❻ 그리기 영역(Drawing Area) : 스케치업 작업(그리기) 영역입니다.
❼ 트레이(Tray) : 각종 창이 포함된 트레이가 위치합니다.
❽ 수치 입력란 (Value Control) : 각종 도구를 사용할 때 수치를 표시해 주며 직접 입력해서 적용하는 부분입니다.

| 알아두기 | **[Status Bar Configuration] 창**

상태 표시줄 여백에 마우스 포인터를 위치하고 우클릭하면 상태 표시줄에 배치된 아이콘 및 수치 입력란의 숨김 및 보임 설정을 하는 [Status Bar Configuration] 창이 나타납니다. 기본적으로 상태 표시줄에 표시되는 아이콘과 수치 입력란은 체크되어 있습니다. 기본 설정을 유지하기 바랍니다.

❶ Geo Location Button : 지리적 위치의 설정 여부를 확인하는 Geo-location 비활성/활성 아이콘(⊚ , ⊛)의 표시 여부를 설정합니다.
❷ Attribution Button : 저작권자 설정 여부를 확인하는 Credits 비활성/활성 아이콘(ⓘ , ⓘ)의 표시 여부를 설정합니다.
❸ Prompt : 도구를 선택하면 나타나는 툴팁의 표시 여부를 설정합니다.
❹ Measurements Label : 수치 입력란 앞에 표시되는 라벨 표시 여부를 설정합니다.
❺ Measurements Value : 수치 입력란에 표시되는 수치 표시 여부를 설정합니다.

02 | 축 알아보기

축의 방향과 자동 스냅 기능에 대해 알아보겠습니다.

① 축 방향

스케치업 화면에서 X축은 빨간색, Y축은 초록색, 높이 값을 가진 Z축은 파란색으로 표시됩니다. 축의 실선들은 (+) 방향이고 축의 점선들은 (−) 방향이며 세 개의 축이 만나는 지점을 원점(Origin)이라고 합니다.

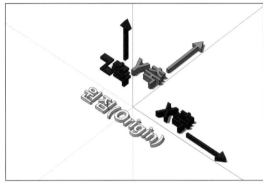

| 아이소 장면에서 바라본 축 방향

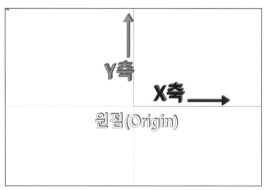

| 윗면에서 바라본 축 방향

② 자동 스냅

각종 도구를 사용할 때 스케치업의 기본 축인 X축(빨간색 선), Y축(녹색 선), Z축(파란색 선)으로는 자동으로 스냅이 잡히며 해당 축을 설명하는 말풍선이 나타납니다. 작업 시 자동으로 스냅이 잡히는 축의 방향으로 도구를 사용하는 것이 편리합니다.

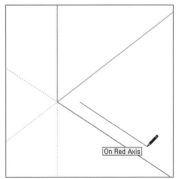

| 'X'축으로 스냅이 잡힘.

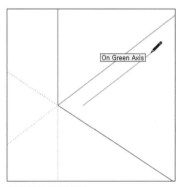

| 'Y'축으로 스냅이 잡힘.

| 'Z'축으로 스냅이 잡힘.

건축 부분(건축 기초, 건축 구조) 모델링하기

실무 예제 따라하기 모델은 철근 콘크리트 구조의 유로폼 노출 마감인 커피숍(카페)입니다. 규모가 크지 않은 모델이고 학습 내용이 실내 건축에 최적화되어 있지만, 스케치업의 다양한 실무 팁이 포함되어 있기 때문에 건축 시공, 건축 설계, 기타 디자인 분야에서 스케치업을 사용하는 분들에게 많은 도움이 될 것입니다. 저자가 실무에서 작업하는 방식 그대로 설명하지만, 지면의 한계로 인해 모든 부분을 디테일하게 다루지는 못합니다. 이 책에서 다루지 않더라도 실무 작업의 모델링과 매핑 과정은 서적에서 학습하는 내용과 반복되는 내용이 많아 어렵지 않게 응용할 수 있습니다. 건축 부분의 범위는 넓고 현장의 특성에 따라 달라지기 때문에 서적에서 의미하는 건축 부분은 건축 기초, 건축 구조에 관한 부분이라고 이해하기 바랍니다.

학습 목표

모델링 작업을 할 때 자주 사용하는 도구의 단축키는 꼭 기억해야 합니다. 본문 내용 중에서 '암기 필수'라고 명시된 도구는 단축키를 꼭 기억하도록 합니다. 또한 자주 사용하는 도구 역시 단축키로 등록해 사용해야 합니다. 꼭 단축키를 등록해야 하는 명령은 '단축키 추가 필수'라고 적고 저자가 사용하는 단축키도 명시하겠습니다. 스케치업 학습을 시작한 독자분들은 저자와 동일한 단축키를 설정해 사용하면서 스케치업 실력이 향상되면 본인이 원하는 단축키로 수정해도 됩니다. 이 책 내용에서 추가하지 않더라도 독자분들의 판단에 따라 자주 사용하는 도구나 명령은 단축키를 별도로 등록해 사용하기 바랍니다.

1강

마음이 가는 대로~

'건축-기초', '건축-바닥' 그룹 모델링하기

건축물이 위치할 '건축-기초' 그룹과 '건축-바닥' 그룹을 모델링하면서 각종 도구와 명령의 기능에 대해 알아보겠습니다. '0. 환경 설정하고 실무 템플릿 만들기' 과정에서 만든 '2021 버전 실무 템플릿' 파일을 실행해 모델링 작업을 시작하기 때문에 '0. 환경 설정하고 실무 템플릿 만들기' 과정을 학습하지 않은 독자들은 해당 내용을 학습하고 템플릿을 만든 다음 본 과정을 따라하기 바랍니다.

완ㅣ성ㅣ파ㅣ일 | 프로그램 1/1강-1.완성.skp

01 | 실무 템플릿 파일 실행

스케치업 2021 버전 실행 아이콘(⚙ SketchUp Pro 2021)을 더블클릭합니다. [Welcome to SketchUp] 창이 나타나면 '0. 환경 설정하고 실무 템플릿 만들기' 과정에서 만든 '2021 버전 실무 템플릿' 파일을 클릭해 스케치업을 시작합니다.

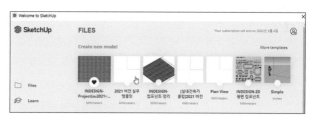

| 실행 아이콘 더블클릭-템플릿 클릭

| 알아두기 | **템플릿 선택하기**

'0. 환경 설정하고 실무 템플릿 만들기' 과정을 학습하지 않은 독자분들은 실무 템플릿 만들기 과정은 아주 중요한 부분인 만큼 해당 과정을 따라 하고 '2021 버전 실무 템플릿'을 만든 다음 본 과정을 학습해야 합니다.
스케치업을 실무에 잘 활용하기 위해서 가장 처음 이해해야 할 부분이 실무 템플릿을 만드는 과정으로 여러 번 반복 학습해야 할 정도로 중요한 부분이기 때문입니다.

'0. 환경 설정하고 실무 템플릿 만들기' 과정을 학습하고 '2021 버전 실무 템플릿'을 만들었는데 [Welcome to SketchUp] 창의 FILES 항목에서 해당 템플릿이 보이지 않는 독자분들은 More template을 클릭하고 My template를 클릭합니다.

| More template 클릭

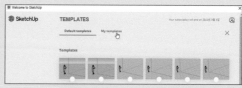

| My template 클릭

My template에 나타나는 '2021 버전 실무 템플릿' 파일을 클릭하면 해당 템플릿 파일로 스케치업이 실행됩니다.

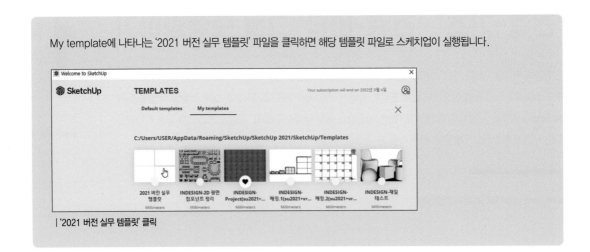

| '2021 버전 실무 템플릿' 클릭

02 | 사각형 그리기

'건축-기초' 그룹을 모델링하기 위해 그리기 도구 모음(Drawing Toolbar) 중에 사각형을 그리는 사각형 도구(Rectangle , 기본 단축키 R . 암기 필수)를 클릭해 선택합니다. 세 개의 축이 만나는 지점인 원점을 클릭한 후 대각선 방향으로 조금 드래그한 다음 키보드로 '30000, 21000'을 입력하고 엔터를 눌러 사각형을 그립니다. 수치값을 입력할 때는 도구로 시작점을 클릭하고 원하는 방향으로 조금 드래그한 다음 키보드로 수치값을 입력하고 엔터를 누르면 됩니다.
이 책의 본문 내용에서 다른 글자와 구분하기 위해 붙인 홀 따옴표(')는 숫자와 함께 입력하지 않는다는 점을 유의합니다.

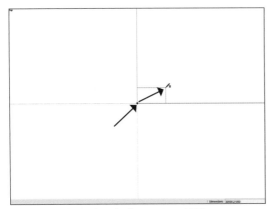

| 사각형 도구로 원점 클릭-드래그-'30000, 21000' 입력

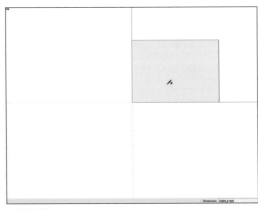

| 엔터-완성

중심점을 기준으로 사각형 그리기/면의 방향성

중심점을 기준으로 사각형을 그리는 방법과 면의 방향성에 대해 알아보겠습니다.

1 | 중심점을 기준으로 사각형 그리기

사각형 도구(Rectangle ▨)로 시작점을 클릭하고 Ctrl 를 누르면 중심점을 기준으로 사각형을 그릴 수 있습니다.

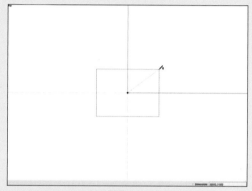

| 사각형 도구로 시작점 클릭- Ctrl 누름-드래그-수치값 입력

| 엔터 : 완성

2 | 면의 방향성

모델링하는 모든 면은 앞면과 뒷면의 방향성이 있습니다. 앞면과 뒷면 색상은 [Styles] 창의 Face Settings(▣) 항목에서 확인할 수 있습니다. 아래 참조 이미지의 앞면과 뒷면 색상은 '0. 환경 설정하고 실무 템플릿 만들기' 과정에서 만든 '2021 버전 실무 템플릿'에서 설정한 색상입니다.

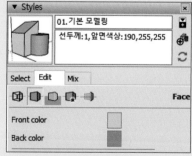

| '2021 버전 실무 템플릿 파일'의 앞면, 뒷면 색상

03 | 장면 설정

카메라 도구 모음(Camera Toolbar 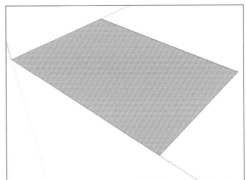) 중에 화면을 회전시키는 궤도 도구(Orbit ⊕, 기본 단축키 O,
마우스 스크롤 버튼, 암기 필수)를 선택하고 화면을 클릭한 채로 드래그(회전)해 왼쪽 참조 이미지처럼 화면을 배치합니다. 이어서 면에 마우스 포인터를 위치하고 우클릭해 나타나는 확장 메뉴 중 선택한 객체를 화면에 꽉 차게 배치하는 명령인 Zoom
Selection을 클릭합니다.

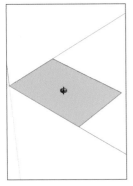

| 궤도 도구를 클릭한 채로
  드래그해서 화면 회전

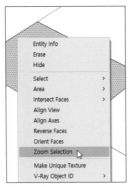

| 마우스 우클릭-Zoom Selection
  클릭

| 완성

| 알아두기 | **화면 확대/축소**

도구를 사용하면서 마우스 스크롤 버튼을 몸쪽으로 당기면 화면이 축소되고 바깥쪽으로 밀면 화면이 확대됩니다.

04 | 볼륨 만들기

편집 도구 모음(Edit Toolbar ⬦⬦⬦⬦⬦⬦) 중에 면을 밀고 당기는 밀기/끌기 도구(Push/Pull ⬦, 기본 단축키 P, 암기
필수)를 선택합니다. 이어서 면을 클릭하고 아래로 조금 내린 다음 '200'을 입력하고 엔터를 누릅니다.

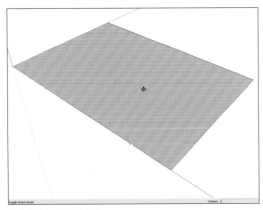

| 밀기/끌기 도구로 면 클릭

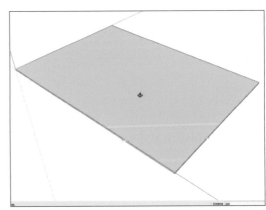

| 아래로 이동-'200' 입력-엔터

05 | 그룹 만들기

주요 도구 모음(Principal Toolbar ) 중에 객체를 선택하는 선택 도구(Select ▶, 기본 단축키 Space Bar, 암기 필수)를 선택하고 객체를 트리플클릭해 모두 선택합니다. 이어서 마우스 우클릭해 나타나는 확장 메뉴 중 선택한 객체를 그룹으로 만드는 명령인 Make Group을 클릭합니다.

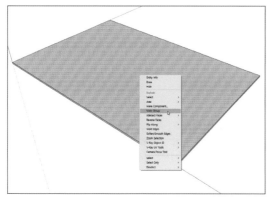

| 선택 도구로 트리플클릭-마우스 우클릭-Make Group 클릭

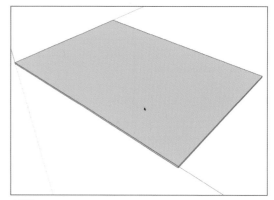

| 완성

| 알아두기 | **클릭 횟수에 따른 선택 범위의 차이**

선택 도구(Select ▶)로 면을 클릭하면 면만 선택되고 면을 더블클릭하면 면과 연결된 선이 함께 선택되며 트리플클릭하면 면과 연결된 모든 객체(면, 선)가 선택됩니다.

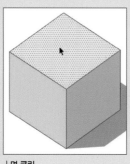

| 면 클릭

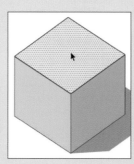

| 면 더블클릭

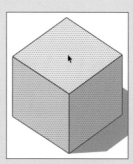

| 면 트리플클릭

---

06 | [SketchUp Preferences] 창 나타내기

자주 사용하는 명령은 단축키로 등록해서 작업해야 하기 때문에 그룹을 만드는 Make Group 명령의 단축키를 만들겠습니다. 메뉴의 Window-Preferences를 클릭해 [SketchUp Preferences] 창을 나타내고 단축키를 관리하는 Shortcuts 항목을 클릭합니다.

| Window–Preferences 클릭

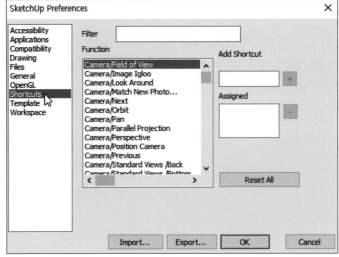

| Shortcuts 클릭

07 | 단축키 추가

Filter 입력란에 'group'을 입력하고 Function 항목에서 검색되는 Edit/Make Group 명령을 클릭합니다. 단축키를 추가하는 Add Shortcut 입력란에 'G'를 입력하고 단축키 추가 버튼(Add Shortcut ＋)을 클릭합니다.

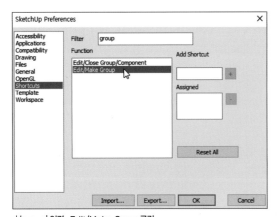

| 'group' 입력–Edit/Make Group클릭

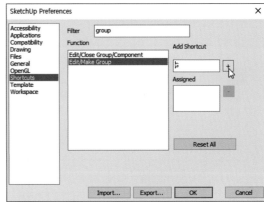

| Add Shortcut 입력란에 'G' 입력–단축키 추가 아이콘 클릭

08 | 단축키 등록

[SketchUp] 알림 창이 나타나면 〈예〉 버튼을 클릭하고 〈OK〉 버튼을 클릭합니다. 해당 알림 창의 내용은 'G는 컴포넌트를 만드는 명령의 단축키로 그룹으로 만드는 명령의 단축키로 변경하겠느냐'는 내용입니다. 컴포넌트를 만드는 경우보다 그룹으로 만드는 경우가 훨씬 많기 때문에 기억하기 쉽게 'Group'의 이니셜인 'G'를 Make Group 단축키로 만든 것입니다. 저자가 사용하는 Make Group 명령의 단축키도 'G'입니다.

| 〈예〉 버튼 클릭

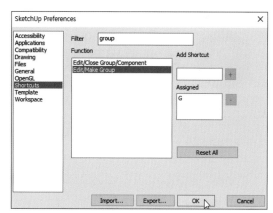

| 〈OK〉 버튼 클릭

09 | Explode

그룹을 만드는 명령인 Make Group의 단축키인 'G'를 확인하기 위해 그룹을 분해하겠습니다. 그룹 위에 마우스 포인터를 위치하고 우클릭해 나타나는 확장 메뉴 중 그룹을 분해하는 명령인 Explode(단축키 추가 필수, F4)를 클릭합니다.

학습 목표에도 명시되어 있지만, '단축키 추가 필수'라고 표시된 도구나 명령은 꼭 단축키를 등록해야 하며 단축키 필수 단어 뒤에 있는 문자(ex : F4)는 저자가 사용하는 해당 명령의 단축키입니다. 스케치업 학습을 시작한 독자들은 저자와 동일하게 단축키를 설정하고 추후에 스케치업 실력이 향상되면 본인이 원하는 단축키로 변경해도 됩니다.

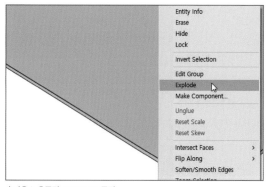

| 마우스 우클릭-Explode 클릭

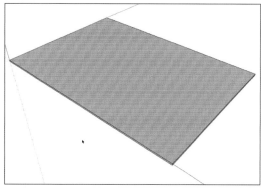

| 그룹이 분해됨

10 | 단축키 사용

Make Group의 단축키 'G'를 클릭해 다시 그룹으로 만듭니다. 그룹이 선택된 상태에서 트레이의 [Entity Info] 창을 확장시켜 해당 그룹의 정보를 확인합니다.

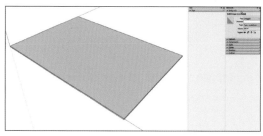

| 그룹 만들기-[Entity Info] 창 확인

객체 정보를 확인하는 [Entity Info] 창

[Entity Info] 창에서 확인할 수 있는 객체의 각종 정보에 대해 알아보겠습니다.

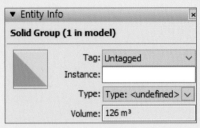

| [Entity Info] 창

① Title : Solid Group(1 in model)

타이틀에 표시되는 Solid Group의 의미는 해당 객체가 속이 비어 있고 모든 면이 막혀 있는 솔리드 그룹이라는 의미입니다.

그룹은 일반 그룹(Group)과 솔리드 그룹(Solid Group)으로 구분되며 솔리드 그룹만 부피(Volume)를 확인할 수 있고 솔리드 툴 도구 모음(Solid Tools Toolbar)의 각종 도구를 사용할 수 있기 때문에 객체를 솔리드 그룹으로 만드는 것이 중요합니다. 컴포넌트 역시 그룹과 동일하게 일반 컴포넌트(Component)와 솔리드 컴포넌트(Solid Component)로 구분됩니다.

② Tag : 현재 새롭게 만든 Tag가 없으므로 기본 태그인 Untagged로 지정되어 있습니다.

태그는 모델에 있는 많은 그룹과 컴포넌트를 묶어서 관리하는 관리자 개념입니다. 성격이 비슷한 그룹(or 컴포넌트)을 특정 태그에 포함시켜 숨김 해제(Unhide : 👁, 활성화)/숨김(Hide : ◓, 비활성화) 상태를 만들면서 작업을 진행하거나 장면을 설정하게 됩니다.

작업 모델에 객체가 많아 스케치업 파일 용량이 커도 태그를 활용하면서 작업하기 때문에 큰 어려움은 없습니다. 작업 중에 나타낼 필요가 없는 객체가 포함된 태그는 숨기고(비활성화) 작업을 진행하기 때문입니다.

③ Volume : 선택한 솔리드 그룹(or 솔리드 컴포넌트)의 부피(㎥)를 나타냅니다.

아래 참조 이미지처럼 면이 뚫려 있거나 내부에 다른 객체(선, 면)가 있는 일반 그룹(Group)인 경우에는 Volume 항목이 나타나지 않기 때문에 부피를 확인할 수 없습니다.

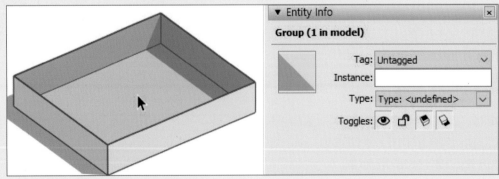

| 윗면이 뚫려 있는 그룹(일반 그룹) : Volume 항목이 없음

11 | 태그 폴더 추가

[Tags] 창에서 태그 폴더를 추가하는 Add Tag Folder 아이콘(⬚)을 클릭하고 태그 폴더 이름을 '00.건축 기초/구조공사'로 입력하고 엔터를 누릅니다.

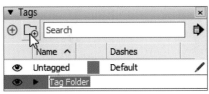

| 태그 폴더 추가 아이콘 클릭

| 이름 입력-엔터

12 | 태그 추가

'00.건축 기초/구조공사' 태그 폴더가 선택된 상태에서 해당 태그 폴더에 포함할 태그를 추가하기 위해 Add Tag 아이콘(⊕)을 클릭한 다음 태그 이름을 '00-1.건축-기초'로 입력하고 엔터를 누릅니다.

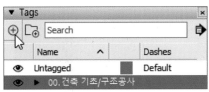

| 태그 추가 아이콘 클릭

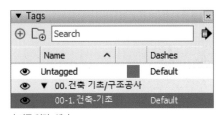

| 이름 입력-엔터

| 알아두기 | **스케치업 실무 작업 과정**

스케치업 실무 작업 과정을 크게 구분하면 아래와 같습니다.

1 | 건축 부분 모델링/매핑 과정
건축물이 시공되는 순서대로 모델링하고 매핑합니다.

2 | 실내 건축 부분 모델링/매핑 과정
실내 건축 역시 건축 부분과 마찬가지로 현장에 투입되는 공종 순서대로 모델링하고 매핑합니다.

3 | 컴포넌트(or 그룹) 배치
건축과 실내 건축 부분의 모델링과 매핑이 완료되었으면 각종 소품이나 가구, 집기 등의 컴포넌트(or 그룹)를 모델에 배치합니다.

일반적으로 위에서 설명한 순서대로 작업을 진행하며 작업 중간중간에 태그 폴더/태그 추가, 장면 설정/장면 추가, 스타일 만들기, 치수선 표시하기 등의 작업을 병행하면서 진행하게 됩니다.

13 | 태그 지정/그룹 이름 입력

모델링한 그룹이 선택된 상태에서 [Entity Info] 창의 Tag 항목의 내림 버튼 (⌄)을 클릭해 새롭게 만든 '00-1.건축-기초' 태그를 선택해서 해당 그룹을 포함시킵니다. 이어서 그룹 이름을 입력하는 Instance 입력란에 '00-1.건축-기초'로 입력합니다.

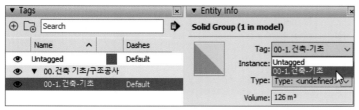
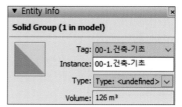

| 내림 버튼 클릭-00-1.건축-기초 태그 선택 | 그룹 이름 입력

| 알아두기 | **태그 폴더 닫고 펼치기**

태그 폴더 이름 앞의 닫힘/펼침 아이콘(▶/▼)을 클릭하면 포함된 태그의 계층 구조가 닫히거나 펼쳐집니다.
모든 태그 폴더의 계층 구조를 펼치려면 Untagged 옆쪽 여백을 우클릭해 나타나는 확장 메뉴 중 Expand All을 클릭합니다. 반대로 모든 태그 폴더의 계층 구조를 닫으려면 Collapse All을 클릭합니다. 그리고 태그 폴더와 펼쳐진 태그를 모두 선택하려면 Select All을 클릭합니다.

| Untagged 확장 메뉴

14 | 확인

[Tags] 창에서 Unhide/Hide 아이콘(◉/◯)을 클릭해 확인합니다. 이처럼 작업 모델에 있는 모든 그룹(or 컴포넌트)은 각각의 태그에 포함시켜 관리합니다.

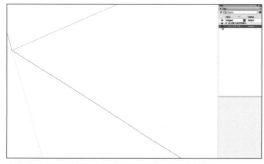
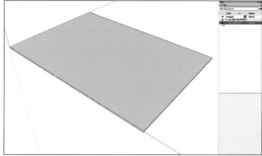

| Unhide 아이콘 클릭해 숨김(태그 비활성화) : 그룹이 숨겨짐 | Hide 아이콘 클릭해 숨김 해제(태그 활성화) : 그룹이 나타남

현장
플러스

그룹 만들기, 편집 모드 만들기, 그룹 분해하기, 그룹의 확장 메뉴

그룹(Group)은 모델링의 기본으로 다른 객체에 간섭을 받지 않게 특정 객체만 묶는 것을 말합니다.
그룹을 만드는 방법, 그룹 편집 모드로 만드는 방법, 그룹을 분해하는 방법과 그룹의 확장 메뉴에 대해 알아보겠습니다.

1 | 그룹 만들기

그룹으로 만들 객체를 선택 도구(Select ▶)로 선택하고 마우스 우클릭해 나타나는 확장 메뉴 중 Make Group을 클릭(or 단축키 사용)하면 그룹으로 만들어집니다. 선택 도구(Select ▶)로 그룹을 클릭하면 선택이 되지만, 그룹 내부는 편집이 되지 않습니다.

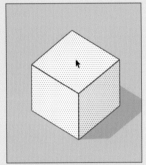
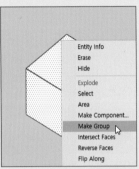
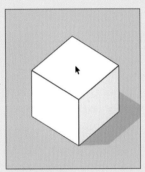

| 선택 도구로 객체 선택 | Make Group 클릭(or 단축키 사용) | 그룹으로 만들어짐

2 | 편집 모드

선택 도구(Select ▶)로 그룹을 더블클릭하거나 선택 도구(Select ▶)로 그룹을 클릭해 선택한 다음 엔터를 누르면 그룹 편집 모드가 활성화되어 그룹 내부를 편집할 수 있습니다. 마우스 우클릭해 나타나는 확장 메뉴 중 EditGroup을 클릭해도 편집 모드가 됩니다. 편집 모드를 해제하려면 편집 모드 영역 외부를 선택 도구(Select ▶)로 클릭하거나 편집 모드 영역 여백에 마우스 포인터를 위치하고 우클릭해 나타나는 확장 메뉴 중 Close Group을 클릭하면 됩니다.

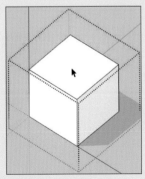
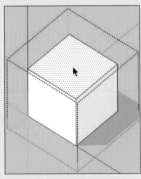
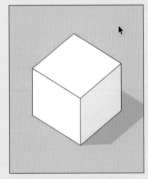

| 더블클릭해 편집 모드로 만들기 | 편집 모드 상태에서 객체를 선택 | 그룹 영역 외부를 클릭해 편집 모드 해제

3 | 그룹 분해하기

그룹에 마우스 포인터를 위치하고 우클릭해 나타나는 확장 메뉴 중 Explode(or 단축키 사용)를 클릭하면 그룹이 분해되어 객체별 (선, 면)로 선택이 됩니다.

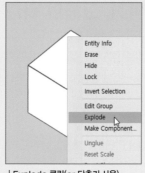

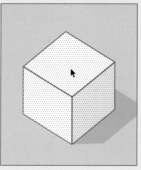

| Explode 클릭(or 단축키 사용)　　　　| 그룹이 분해됨

4 | 그룹의 확장 메뉴

그룹에 마우스 포인터를 위치하고 우클릭해 나타나는 확장 메뉴에 대해서 알아보겠습니다.

| 그룹의 확장 메뉴

❶ Entity Info : [Entity Info] 창을 나타냅니다.

❷ Erase : 그룹을 삭제합니다.

❸ Hide : 그룹을 숨깁니다.

❹ Lock/Unlock : 그룹을 잠그거나 잠금 해제합니다.

❺ Invert Selection : 선택 상태를 반전시킵니다.

❻ Edit Group : 그룹을 편집 모드 상태로 만듭니다.

❼ Explode : 그룹을 분해합니다.

❽ Make Component : 그룹을 컴포넌트로 만듭니다.

❾ Unglue : 컴포넌트일 경우에 사용하는 명령으로 그룹인 경우는 사용 하지 못합니다.

❿ Reset Scale : 배율 도구(Scale )로 크기 조절하기 전의 상태로 되돌립니다

⓫ Reset Skew : 기울이기를 재설정합니다.

⓬ Intersect Faces : 객체와 교차되는 부분을 분할합니다.

⓭ Flip Along : 축의 방향으로 대칭이동시킵니다.

⓮ Soften/Smooth Edges : 객체를 부드럽게 만드는 [Soften Edges] 창을 나타냅니다. 해당 명령은 하위 그룹 이 없는 단일 그룹일 경우에 활성화됩니다.

⓯ Zoom Selection : 선택한 그룹을 화면에 기득 차게 확대합니다.

15 | 보조선 만들기 ━━━━━━━━━━━

'건축-바닥' 그룹을 모델링하기 위해 보조선을 만들겠습니다. 축조 도구 모음(Construction Toolbar [이미지]) 중에 객체의 정보(이름, 길이, 면적, 좌표)를 확인하고 크기를 조절하며 보조선을 만드는 줄자 도구(Tape Measure 🖉, 기본 단축키 T, 암기 필수)를 선택합니다. 줄자 도구(Tape Measure 🖉)로 '00-1.건축-기초' 그룹의 X축 방향에 있는 그룹의 위쪽 선을 클릭하고 Y축으로 조금 드래그한 다음 키보드로 '6000'을 입력하고 엔터를 눌러 보조선을 만듭니다.

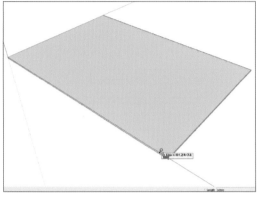

| 줄자 도구로 선 클릭 | 드래그 | '6000' 입력-엔터-보조선이 만들어짐

16 | 보조선 만들기 ━━━━━━━━━━━

줄자 도구(Tape Measure 🖉)로 '00-1.건축-기초' 그룹 Y축 방향의 위쪽 선을 클릭하고 X축으로 조금 이동한 다음 키보드로 '7500'을 입력하고 엔터를 눌러 보조선을 만듭니다.

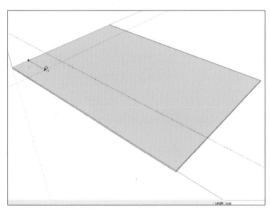
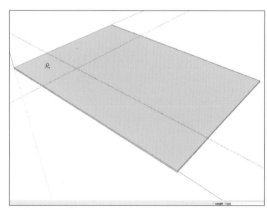

| 줄자 도구로 선 클릭-드래그 | '7500' 입력-엔터

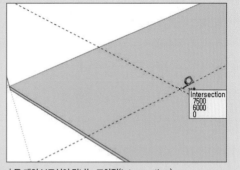
17 | 사각형 그리기

사각형 도구(Rectangle Tool ▨)로 보조선이 만나는 교차점을 클릭하고 대각선 방향으로 드래그한 다음 '15000,9000'을
입력하고 엔터를 누릅니다. 기억할 점은 사각형 도구(Rectangle Tool ▨)를 선택할 때 도구 아이콘을 클릭하는 것이 아니라
단축키(R)를 눌러 선택한다는 점입니다. 이후로도 자주 사용하는 도구들은 도구 아이콘을 클릭하지 말고 꼭 단축키를 누르는
습관을 만들도록 합니다.

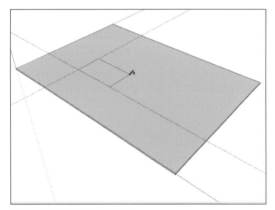

| 사각형 도구로 교차점 클릭-드래그

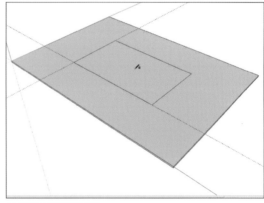

| '15000,9000' 입력-엔터

18 | 화면 설정

사각형에 마우스 포인터를 위치하고 우클릭해 나타나는 확장 메뉴 중 Zoom Selection(단축키 추가 필수, F3)을 클릭해 사
각형이 화면에 꽉 차게 장면을 설정합니다.

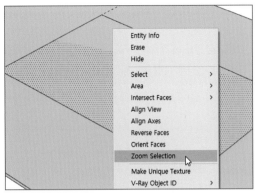

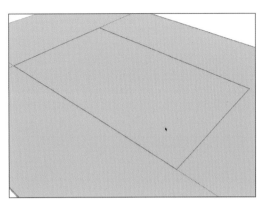

| 선택 도구를 면에 위치-우클릭-Zoom Selection 클릭

| 완성

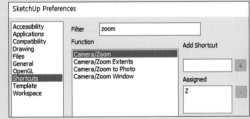
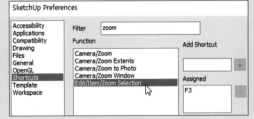
19 | 볼륨 만들기

밀기/끌기 도구(Push/Pull ◈)로 면을 클릭하고 위로 조금 올린 다음 '200'을 입력하고 엔터를 누릅니다.

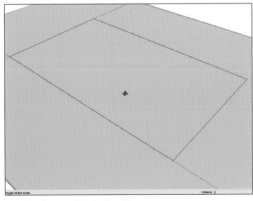

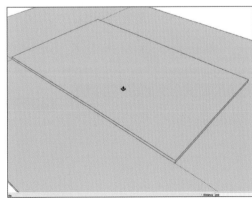

| 밀기/끌기 도구로 면 클릭-위로 이동

| '200' 입력-엔터

20 | 그룹 만들기

선택 도구(Select ▶)로 트리플클릭해 선택하고 그룹으로 만듭니다. 그룹으로 만들 때 객체에 마우스 포인트를 위치하고 우클릭해 나타나는 확장 메뉴 중 Make Group을 클릭하는 것이 아니라 단축키로 설정한 'G'를 클릭해 그룹으로 만든다는 점을 다시 한번 기억합니다.

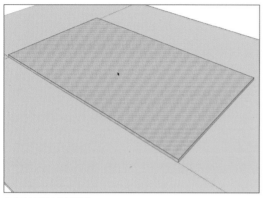

| 선택 도구로 트리플클릭

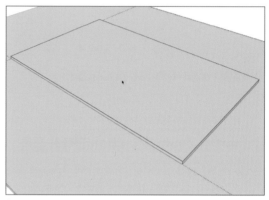

| 그룹 만들기

| 알아두기 | 한영 키 주의하기

특정 명령이나 도구의 단축키는 영문이고 그룹/태그 폴더/태그 이름은 한글로 입력하기 때문에 키보드의 한영 키를 수시로 확인하고 변경하면서 작업하기 바랍니다.

21 | 태그 추가

[Tags] 창에서 '00.건축 기초/구조공사' 태그 폴더나 '00-1.건축-기초' 태그를 클릭해 선택합니다. 태그를 추가하기 위해 Add Tag 아이콘(⊕)을 클릭한 다음 태그 이름을 '00-2.건축-바닥'으로 입력합니다.

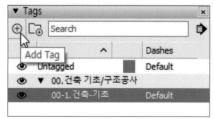

| 태그 추가 이이콘 클릭

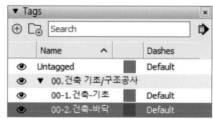

| 태그 이름 입력

22 | 태그 지정

[Entity Info] 창에서 모델링한 그룹을 '00-2.건축-바닥' 태그에 포함시키고 그룹 이름을 '00-2.건축-바닥'으로 입력합니다. 지금까지 태그와 해당 태그에 포함된 그룹의 이름을 동일하게 입력하고 있다는 점을 기억합니다. 작업 모델에 있는 모든 보조선을 삭제하기 위해 메뉴의 Edit-Delete Guides를 클릭합니다.

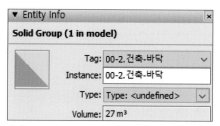

| 태그 지정-그룹 이름 입력

| Edit-Delete Guides 클릭

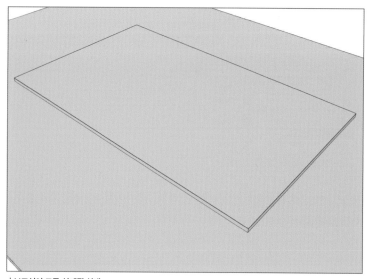

| 보조선이 모두 삭제된 상태

태그 폴더 및 태그를 추가할 때 유의할 점/삭제 방법

태그 폴더 및 태그를 추가할 때 유의할 점과 태그 폴더 및 태그를 삭제하는 방법에 대해 알아보겠습니다.

1 | 태그 폴더/태그 추가

Untagged가 선택된 상태에서 태그 폴더나 태그를 추가하면 별도의 태그 폴더나 태그가 추가됩니다.

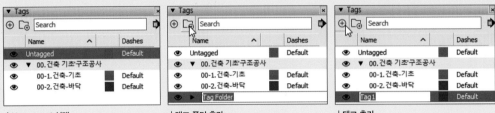

| Untagged 선택 | 태그 폴더 추가 | 태그 추가

태그 폴더 안의 태그가 선택된 상태에서 태그 폴더를 추가하면 해당 태그를 포함한 태그 폴더가 만들어집니다.

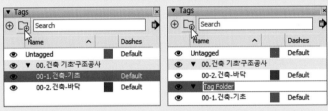

| 태그 폴더 안의 태그 선택-태그 폴더 추가 | 해당 태그를 포함한 태그 폴더가 만들어짐

이런 문제 때문에 태그 폴더를 추가할 때는 Untagged를 선택하고 태그 폴더 안에 태그를 추가할 때는 해당 태그 폴더나 태그 폴더 안의 태그를 선택해서 추가하도록 합니다.

2 | 태그 폴더 및 태그 삭제

태그 폴더를 삭제하려면 마우스 우클릭해 나타나는 확장 메뉴 중 Delete Tag Folder 명령을 클릭하면 되고 태그는 Delete Tag 명령을 클릭해 삭제하면 됩니다.

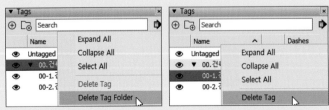

| 태그 폴더 삭제 : 우클릭-Delete Tag
  Folder 클릭 | 태그 삭제 : 우클릭-Delete Tag 클릭

'건축-벽체-외벽' 그룹 모델링하기

2

'건축-벽체-외벽' 그룹을 모델링하면서 객체 복사, 장면 업데이트/장면 추가, 줄자 도구 활용, 하나 이상
의 그룹의 총 볼륨을 산출하는 방법 등을 알아보겠습니다.

예|제|파|일 프로그램 1/1강-1.완성.skp   완|성|파|일 프로그램 1/1강-2.완성.skp

01 | 사각형 그리기

'건축-벽체-외벽' 그룹을 모델링하기 위해 사각형 도구(Rectangle Tool ▨)로 '00-2.건축-바닥' 그룹 아래쪽 끝점을 클릭
하고 대각선 방향으로 드래그한 다음 '15000,200'을 입력하고 엔터를 누릅니다.

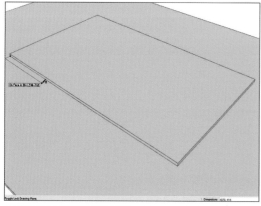

| 사각형 도구로 그룹 아래쪽 끝점 클릭

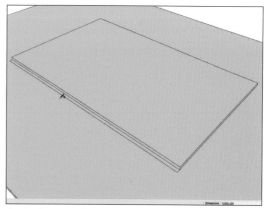

| 드래그-'15000,200' 입력-엔터

> | 알아두기 | **축(Axes)**
>
> 스케치업 화면에서 X축은 빨간색, Y축은 초록색, 높이 값을 가진 Z축은 파란색으로 표시됩니다. 축의 실선들은 (+) 방향이고
> 축의 점선들은 (-) 방향이며 세 개의 축이 만나는 지점을 원점(Origin)이라고 합니다.
> 각종 도구를 사용할 때 스케치업의 기본 축인 X축(빨간색 선), Y축(녹색 선), Z축(파란색 선)으로는 자동으로 스냅이 잡히며 해
> 당 축을 설명하는 말풍선이 나타납니다. 작업 시 자동으로 스냅이 잡히는 축의 방향으로 도구를 사용하는 것이 편리합니다.

02 | 볼륨 만들기

밀기/끌기 도구(Push/Pull ◆)로 면을 클릭하고 위로 조금 올린 다음 '3200'을 입력하고 엔터를 누릅니다.

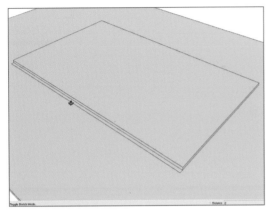

| 밀기/끌기 도구로 면 클릭

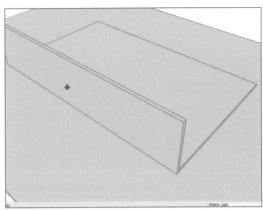

| 위로 이동–'3200' 입력–엔터

03 | 그룹 만들고 태그 지정

선택 도구(Select ▶)로 트리플클릭해 객체를 선택하고 그룹으로 만듭니다. [Tags] 창에서 '00.건축 기초/구조공사' 태그 폴더 안에 '00-3.건축-벽체-외벽' 태그를 추가하고 해당 그룹을 포함시킨 다음 그룹 이름을 '00-3.건축-벽체-외벽-정면'으로 입력합니다.

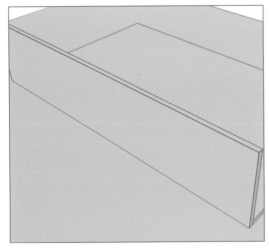

| 그룹 만들기

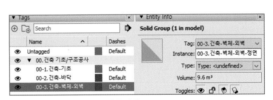

| 태그 추가–태그 지정–그룹 이름 입력

| 알아두기 | 그룹 이름

'1' 과정에서는 태그와 해당 태그에 포함된 그룹 이름을 동일하게 입력했는데 이번 과정에서는 그룹 이름을 조금 더 길게 입력했습니다. 태그는 여러 그룹(or 컴포넌트)을 포함하기 때문에 중간 분류 개념의 이름을 입력했고 그룹은 비슷한 성격의 그룹이 해당 태그에 여러 개 포함될 수 있어 조금 더 상세하게 입력한 것입니다. 태그 폴더는 대분류, 태그는 중분류, 그룹은 소분류의 의미로 이름을 입력한다고 이해하기 바랍니다.

04 | 그룹 복사

선택 도구(Select ▶)로 '00-3.건축-벽체-외벽-정면' 그룹을 선택하고 편집 도구 모음(Edit Toolbar ✦✧✿✐☰☷) 중에 객체를 이동시키고 객체를 복사하는 이동 도구(Move ✦, 기본 단축키 M, 암기 필수)를 선택합니다.

이동 도구(Move ✦)로 '00-3.건축-벽체-외벽-정면' 그룹의 전면 아래쪽 끝점을 클릭하고 Ctrl 를 눌러 복사 기능을 활성화한 다음 맞은편 쪽으로 드래그하면서 '00-2.건축-바닥' 그룹 아래쪽 끝점을 클릭해 복사합니다.

화면을 확대, 축소하면서 카메라 도구 모음(Camera Toolbar ✦✐✎✐☷☒✐☷✐) 중에 화면을 상, 하/좌, 우로 이동하는 화면 이동 도구(Pan ✎, 기본 단축키 H, 암기 필수)를 선택하고 화면을 클릭한 채로 드래그해 화면을 이동하면서 작업합니다.

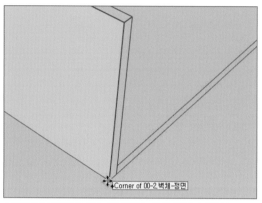 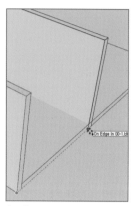 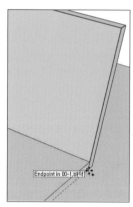

| 선택 도구로 벽체 그룹 선택-이동 도구로 그룹 끝점 클릭- Ctrl 누름 | 드래그 | 그룹 끝점 클릭해 복사

05 | 그룹 이름 수정

복사한 그룹 이름을 '00-3.건축-벽체-외벽-뒷면'으로 수정합니다.

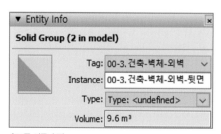

| 그룹 이름 수정

| 알아두기 | 물량 산출

[Entity Info] 창의 Title을 확인하면 Solid Group(2 in model)로 표시되는 것을 알 수 있습니다. (2 in model)의 의미는 동일한 그룹이 작업 모델에 두 개 있다는 의미입니다. 이처럼 동일한 객체(그룹, 컴포넌트)는 [Entity Info] 창의 Title에 개수가 자동으로 표시되며 물량 산출이 됩니다.

06 | 사각형 그리기

사각형 도구(Rectangle ▨)로 '00-3.건축-벽체-외벽-뒷면' 그룹 아래쪽 끝점을 클릭하고 -Y축 방향으로 드래그한 다음 '11800,200'을 입력하고 엔터를 누릅니다.

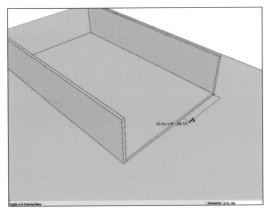

| 사각형 도구로 그룹 끝점 클릭-드래그

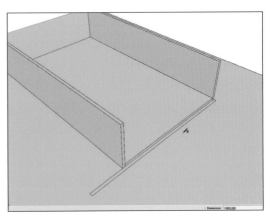

| '11800,200' 입력-엔터

07 | 볼륨 만들고 그룹 만들기

밀기/끌기 도구(Push/Pull ◈)로 면을 위로 '3200' 올린 다음 그룹으로 만듭니다.

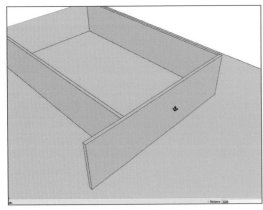

| 밀기/끌기 도구로 면 클릭-위로 드래그-'3200' 입력-엔터

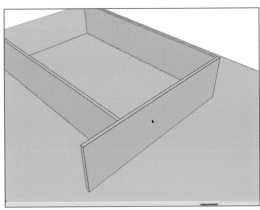

| 선택 도구로 트리플클릭-그룹 만들기

08 | 태그 지정/그룹 이름 입력

새롭게 만든 그룹을 '00-3.건축-벽체-외벽' 태그에 포함시키고 그룹 이름을 '00-3.건축-벽체-외벽-우측면'으로 입력합니다.

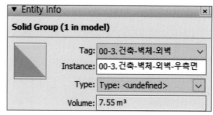

| 태그 지정-그룹 이름 입력

| 알아두기 | 모델링 과정

모델링 과정은 일정한 순서대로 진행되며 계속해서 반복됩니다.
객체의 특성에 따라 조금씩 순서는 바뀌지만, 대부분 아래의 순서대로 작업을 진행합니다.
1. 사각형 도구(or 기타 도구)로 면 만들기
2. 밀기/끌기 도구로 볼륨 만들기
3. 그룹 만들기
4. 태그 폴더 및 태그 추가
5. 그룹을 태그에 포함시키기/그룹 이름 입력

---

09 | 장면 배치

시점 도구 모음(Views Toolbar) 중에 화면을 윗면으로 배치하는 윗면 도구(Top , 단축키 추가 필수 F10)를 클릭합니다.

선택 도구(Select)로 '00-2.건축-바닥' 그룹을 클릭해 선택한 다음 Ctrl 를 누르고 나머지 세 개의 '벽체' 그룹을 다중 선택한 다음 화면에 꽉 차게(Zoom Selection, 단축키 사용) 배치합니다. 선택 도구(Select)로 객체를 선택할 때 Ctrl 를 누르면 다중 선택할 수 있습니다.

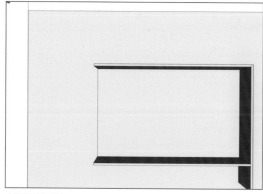

| 윗면 도구 클릭

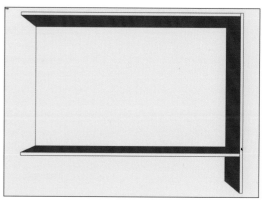

| 선택 도구로 그룹 다중 선택-Zoom Selection

10 | 장면 업데이트

[Scenes] 창에서 장면을 업데이트하는 Update Scene(s) 아이콘(🔄)을 클릭합니다. [Scene Update] 창이 나타나면 〈Update〉 버튼을 클릭해 장면을 업데이트합니다.

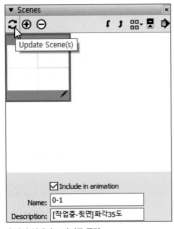

| 장면 업데이트 아이콘 클릭

| 〈Update〉 버튼 클릭

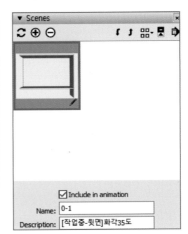

| 업데이트 후

| 알아두기 | 창의 세부 옵션 나타내기

[Scenes] 창에서 세부 옵션이 보이지 않으면 Show Detail 아이콘(📱)을 클릭하면 됩니다.

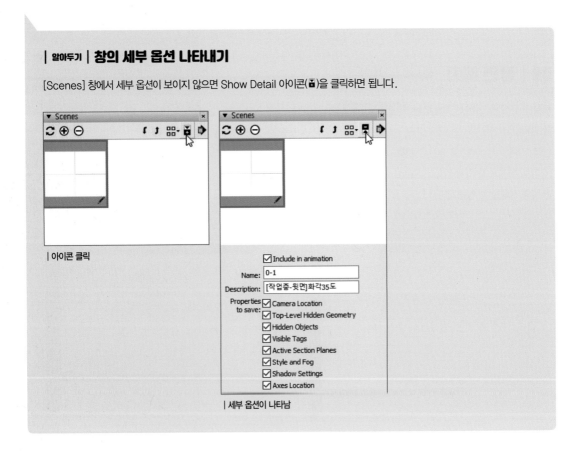

| 아이콘 클릭

| 세부 옵션이 나타남

11 | 장면 배치

아래 왼쪽 참조 이미지를 보고 궤도 도구(Orbit ✥)로 화면을 회전시킨 다음 선택한 그룹을 화면에 꽉 차게(Zoom Selection) 배치합니다. [Scenes] 창에서 장면 추가 아이콘(Add Scene ⊕)을 클릭하고 장면 이름(Name)은 '0-2', 장면 설명(Description)은 '[작업중-아이소]화각35도'로 수정합니다. 장면을 추가하면 이전 장면에 입력한 장면 설명이 표시되기 때문에 장면을 추가한 다음에는 해당 장면의 특성에 맞는 설명으로 수정해야 합니다.

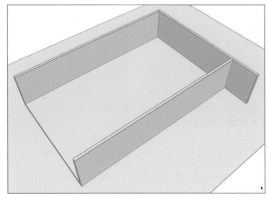

| Zoom Selection

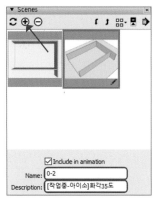

| 장면 추가 아이콘 클릭-장면 이름 입력-장면 설명 수정

| 알아두기 | 줄자 도구로 객체 정보 확인하기

줄자 도구(Tape Measure ✐)를 '00-3.건축-벽체-외벽-우측면' 그룹의 선에 위치시키면 'On Edge in 00-3.건축-벽체-외벽-우측면 11800' 이라는 말풍선이 나타납니다.

선에 위치시켰기 때문에 On Edge가 표시되고 그룹 이름과 선의 총 길이도 표시되며 오른쪽 아래의 수치 입력란에도 선의 길이가 표시됩니다.

줄자 도구(Tape Measure ✐)를 면에 위치시키면 'On Face in 00-3.건축-벽체-외벽-우측면 37.76' 이라는 말풍선이 나타납니다.

면에 위치시켰기 때문에 On Face가 표시되고 해당 면의 면적(Area, ㎡)이 37.76으로 표시되며 수치 입력란에도 동일하게 표시되는 것을 알 수 있습니다.

이처럼 줄자 도구(Tape Measure ✐)를 이용해 객체의 정보(객체 속성, 그룹/컴포넌트 이름, 선의 길이, 면의 면적)를 바로 확인할 수 있습니다.

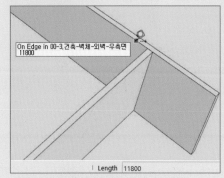

| 줄자 도구를 선에 위치시킴-말풍선(객체 정보) 확인

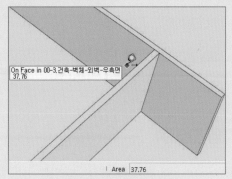

| 줄자 도구를 면에 위치시킴-말풍선(객체 정보) 확인

12 │ 보조선 만들기

'00-3.건축-벽체-외벽-우측면' 그룹 아래쪽 선을 줄자 도구(Tape Measure 🔍)로 클릭하고 위로 드래그한 다음 '1400'을 입력하고 엔터를 누릅니다. 이어서 그룹의 오른쪽 선을 줄자 도구(Tape Measure 🔍)로 클릭하고 왼쪽(Y축 방향)으로 드래그 한 다음 '3800'을 입력하고 엔터를 누릅니다. 본문 내용에 설명이 없더라도 화면을 확대, 축소, 이동하면서 따라하기 바랍니다.

| 줄자 도구로 선 클릭-위로 드래그

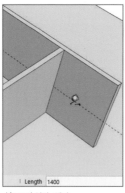

| '1400' 입력-엔터

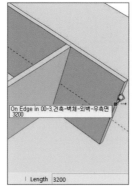

| 줄자 도구로 선 클릭-왼쪽으로 드래그

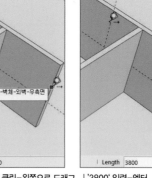

| '3800' 입력-엔터

13 │ 사각형 그리기

'00-3.건축-벽체-외벽-우측면' 그룹을 선택 도구(Select ▶)로 더블클릭해 편집 모드로 만듭니다.
사각형 도구(Rectangle Tool ▨)로 보조선으로 만들어진 교차점(Intersection)을 클릭하고 왼쪽(Y축 방향)으로 드래그한 다음 '600,1200'을 입력하고 엔터를 눌러 사각형을 그립니다.

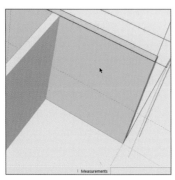

| 편집 모드 만들기

| 사각형 도구로 교차점 클릭-왼쪽으로 드래그

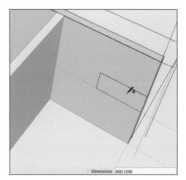

| '600,1200' 입력-엔터

14 │ 사각형 그리기

사각형 도구(Rectangle Tool ▨)로 보조선으로 만들어진 교차점(Intersection)을 클릭하고 왼쪽(Y축 방향)으로 드래그한 다음 '3600,600'을 입력하고 엔터를 눌러 사각형을 그립니다.

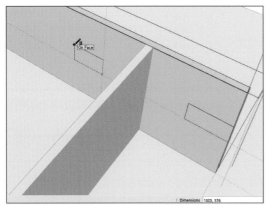

| 사각형 도구로 교차점 클릭-왼쪽으로 드래그

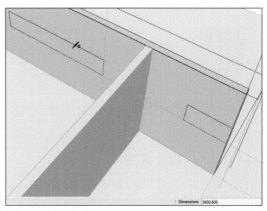

| '3600,600' 입력-엔터

15 | 면 뚫기

밀기/끌기 도구(Push/Pull ♦)로 면을 클릭하고 바깥쪽으로 밀면서 면에 닿았다는 'On Face' 말풍선이 나타나면 클릭해 면을 뚫습니다.

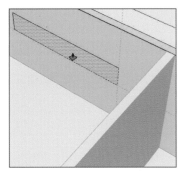

| 밀기/끌기 도구로 면 클릭

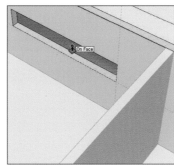

| 바깥쪽으로 밀기-말풍선 확인

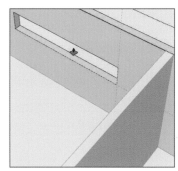

| 클릭:면이 뚫림

16 | 면 뚫기

분할된 오른쪽의 면은 밀기/끌기 도구(Push/Pull ♦)로 더블클릭해 면을 뚫고 선택 도구(Select ♦)로 그룹 영역 외부를 클릭해 그룹 편집 모드를 해제합니다. 이처럼 밀기/끌기 도구(Push/Pull ♦)는 이전의 수치값을 기억하기 때문에 동일한 치수의 밀기/당기기를 할 경우에는 더블클릭을 하면 됩니다.

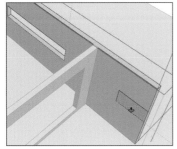

| 밀기/끌기 도구 면에 위치

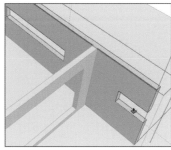

| 더블클릭해 면 뚫기

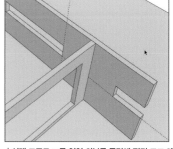

| 선택 도구로 그룹 영역 외부를 클릭해 편집 모드 해제

면을 뚫는 다양한 방법

밀기/끌기 도구(Push/Pull ◆)를 이용해 면을 뚫는 다양한 방법에 대해 알아보겠습니다.

1 | 말풍선 확인 후 클릭

밀기/끌기 도구(Push/Pull ◆)로 면을 클릭하고 안으로 밀면서 면에 닿았다는 On Face 말풍선이 나타나는 지점을 클릭해 면을 뚫습니다.

| 밀기/끌기 도구로 면 클릭 | 안쪽으로 밀면서 말풍선 확인 | 클릭

2 | 수치값 입력

밀기/끌기 도구(Push/Pull ◆)로 면을 클릭하고 안으로 조금 민 다음 수치값(두께)을 입력하고 엔터를 눌러 면을 뚫습니다.

| 밀기/끌기 도구로 면 클릭 | 안쪽으로 조금 민 다음 수치값 입력 | 엔터

3 | 참조점(면, 선, 점) 클릭

밀기/끌기 도구(Push/Pull ◆)로 면을 클릭하고 안으로 밀면서 참조점(면, 선, 점)을 클릭해 면을 뚫습니다.

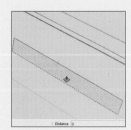
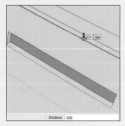

| 밀기/끌기 도구로 면 클릭 | 안으로 밀면서 참조점 클릭 | 완성

17 | 보조선 만들고 사각형 그리기

아래 왼쪽 참조 이미지를 보고 '00-3.건축-벽체-외벽-정면'그룹 외부에 줄자 도구(Tape Measure 🔎)를 이용해 보조선을 만듭니다. 그룹을 편집 모드로 만들고 오른쪽 참조 이미지를 보고 사각형 도구(Rectangle Tool ▨)를 이용해 사각형을 그립니다. 주의할 점은 표시한 치수(4800×900, 7200×2400)는 사각형을 그릴 때 수치 입력란에 입력하는 수치값이 아니라 해당 면의 가로x세로 크기입니다.

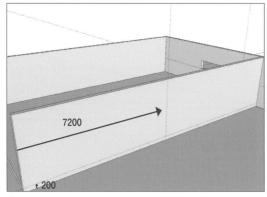

| 줄자 도구로 보조선 만듦

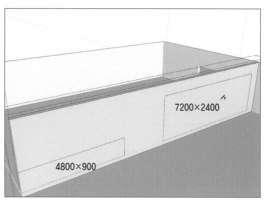

| 그룹 편집 모드 만들기-사각형 도구로 사각형 그리기

| 알아두기 | 사각형 그리기의 방향성

스케치업을 처음 학습할 때 개념 정립이 잘 안 되는 부분 중의 하나가 사각형 도구(Rectangle Tool ▨)로 그리는 사각형의 방향성(X축, Y축)입니다. 객체가 없을 때는 수치 입력란에 입력하는 가로, 세로(X, Y) 순으로 사각형이 모델링 되기 때문에 신경 쓸 부분은 없지만, 객체의 면, 점, 교차점 등을 기준으로 사각형을 그릴 때는 X, Y 순으로 모델링 되는 것이 아니라 Y, X 순으로 모델링 되는 경우가 발생합니다. 이런 부분 때문에 객체의 특정 지점을 기준으로 사각형을 그릴 때는 꼭 수치 입력란에 표시되는 수치값을 참조한 다음 수치값(가로x세로 or 세로x가로)을 입력해야 합니다.

18 | 면 뚫고 편집 모드 해제

밀기/끌기 도구(Push/Pull ◈)로 분할된 면을 더블클릭해 면을 뚫고 그룹의 편집 모드를 해제합니다.

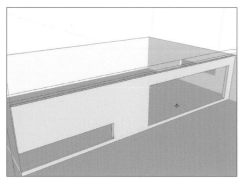

| 밀기/끌기 도구로 면 뚫기

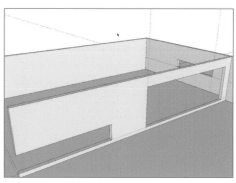

| 편집 모드 해제

19 | 보조선 만들고 사각형 그리기

아래 왼쪽 참조 이미지를 보고 '00-3.건축-벽체-외벽-뒷면'그룹 외부에 줄자 도구(Tape Measure ⌀)를 이용해 보조선을 만듭니다. 그룹을 편집 모드로 만들고 오른쪽 참조 이미지를 보고 사각형 도구(Rectangle Tool ▨)를 이용해 사각형을 그립니다. 주의할 점은 표시한 치수는 사각형을 그릴 때 수치 입력란에 입력하는 수치값이 아니라 해당 면의 가로x세로 크기입니다. 이어서 사각형으로 분할된 면을 밀기/끌기 도구(Push/Pull ◆)를 이용해 뚫고 그룹 편집 모드를 해제합니다.

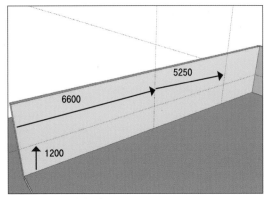

| 줄자 도구로 보조선 만들기

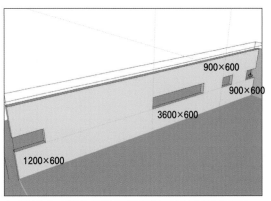

| 그룹 편집 모드 만들기-사각형 도구로 사각형 그리기-밀기/끌기 도구로 면 뚫기/편집 모드 해제

현장 플러스 + 여러 그룹의 총 볼륨 산출하기

선택 도구(Select ▶)로 솔리드 그룹(or 솔리드 컴포넌트)을 선택한 다음 [Entity Info] 창을 확인하면 Volume 항목에 부피가 바로 표시되지만, 두 개 이상의 솔리드 그룹을 다중 선택했을 경우는 표시되지 않습니다.

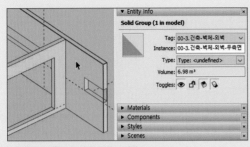

| 하나의 솔리드 그룹 선택-볼륨 표시됨

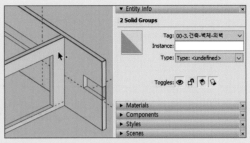

| 두 개의 솔리드 그룹 선택-볼륨 항목이 나타나지 않음

'00-2.건축-바닥' 그룹과 세 개의 '00-3.건축-벽체-외벽' 그룹의 총 볼륨을 산출하려면 각각의 그룹을 선택해서 볼륨을 확인한 다음 더하기를 해도 되겠지만, 다소 번거로운 방식입니다.

여러 개의 솔리드 그룹(or 컴포넌트)의 총 볼륨을 한 번에 산출하려면 솔리드 툴 도구 모음(Solid Tools Toolbar ▦▦ ▦ ▦ ▦ ▦ ▦) 중에 선택한 객체를 합치는 외부 셀 도구(Outer Shell ▦)를 이용하면 됩니다.

사용 방법은 볼륨을 산출할 솔리드 그룹을 다중 선택하고 외부 셀 도구(Outer Shell ▦)를 클릭하면 선택한 여러 개의 그룹이 하나의 솔리드 그룹으로 합쳐지고 총 볼륨이 산출됩니다.

주의할 점은 여러 개의 그룹이 합쳐지면서 하나의 'OuterShell'이라는 이름의 그룹으로 만들어지고 지정한 태그 설정이 Untagged로 바뀌기 때문에 그룹 이름을 수정하고 태그를 다시 지정해야 합니다.

외부 셀 도구(Outer Shell ▦)를 이용해 따라 한 독자분들은 Ctrl + Z (되돌리기, 암기 필수)를 눌러 여러 개의 그룹이 합쳐지기 전으로 되돌립니다.

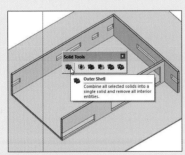

| 그룹 다중 선택-외부 셀 도구 클릭

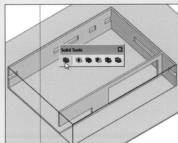

| 하나의 그룹으로 합쳐짐

| 그룹 이름 및 볼륨 확인

'건축-벽체-내벽' 그룹 모델링하기

3

화장실 부분의 '건축-벽체-내벽' 그룹을 모델링하면서 면을 복사하는 방법과 따라가기 도구로 면을 생성하는 방법 등을 알아보겠습니다.

예|제|파|일 프로그램 1/1강-2.완성.skp   완|성|파|일 프로그램 1/1강-3.완성.skp

01 | 보조선 만들고 사각형 그리기

화장실이 위치할 부분의 바닥 면을 내리기 위해 아래 왼쪽 참조 이미지를 보고 화면을 이동, 확대합니다. 줄자 도구(Tape Measure ✐)로 '00-2.건축-바닥' 그룹의 아래쪽 선을 클릭하고 왼쪽(-X축 방향)으로 드래그한 다음 '2250'을 입력하고 엔터를 눌러 보조선을 만듭니다. '00-2.건축-바닥' 그룹을 편집 모드로 만들고 사각형 도구(Rectangle ▨)로 그룹 끝점을 클릭하고 대각선 방향으로 드래그한 다음 '3000,2100'을 입력하고 엔터를 눌러 사각형을 그립니다.

   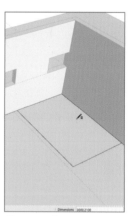

| 줄자 도구로 그룹의 선 클릭 | 앞으로 드래그-'2250' 입력-엔터 | 그룹 편집 모드 만들기-사각형 도구로 끝점 클릭-대각선 방향으로 드래그 | '3000,2100' 입력-엔터

02 | 면 복사

선택 도구(Select ▸)로 사각형을 더블클릭해 선택하고 이동 도구(Move ✦)로 사각형의 끝점을 클릭합니다. Ctrl 를 눌러 복사 기능을 활성화한 다음 왼쪽으로 이동하면서 보조선으로 만든 교차점(Intersection)을 클릭해 복사합니다.

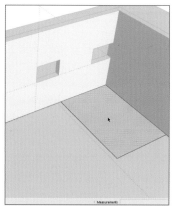
| 선택 도구로 사각형 더블클릭

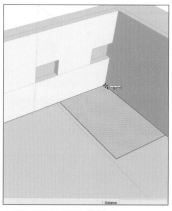
| 이동 도구로 끝점 클릭- Ctrl 누름

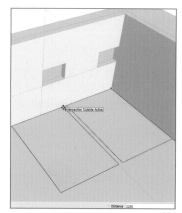
| 드래그-교차점 클릭해 복사

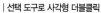

| 알아두기 | **이동 도구+** Ctrl

이동 도구(Move ✛)를 선택한 다음 Ctrl 를 누르면 도구 아이콘에 '+' 표시(✛)가 되며 복사 기능이 활성화됩니다.

03 | 면 밀기

밀기/끌기 도구(Push/Pull ◆)로 복사한 면을 클릭하고 아래로 조금 내린 다음 '100'을 입력하고 엔터를 누릅니다. 오른쪽 면은 밀기/끌기 도구(Push/Pull ◆)로 더블클릭해 면을 내리고 그룹 편집 모드를 해제합니다.

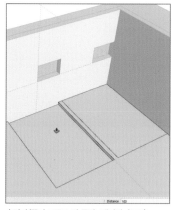
| 밀기/끌기 도구로 면 클릭-내리기-'100'
  입력-엔터

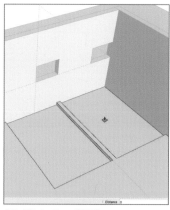
| 밀기/끌기 도구로 더블클릭

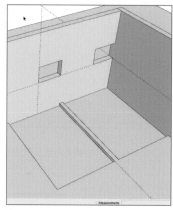
| 편집 모드 해제

04 | 사각형 그리기

'건축-벽체-내벽' 그룹을 모델링하기 위해 사각형 도구(Rectangle ▨)로 '00-2.건축-바닥' 그룹 끝점을 클릭하고 위로 조금 드래그한 다음 '150,3000'을 입력하고 엔터를 누릅니다.

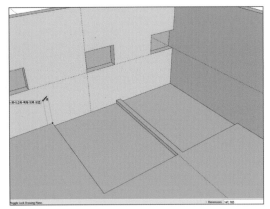

| 사각형 도구로 그룹 끝점 클릭-드래그

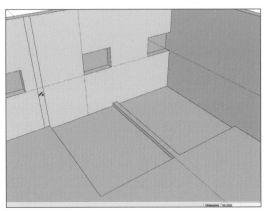

| '150,3000' 입력-엔터

05 | 선 그리기

그리기 도구 모음(Drawing Toolbar ▱▱▱▱▱▱▱▱) 중에 선을 그리는 선 도구(Line ✎, 기본 단축키 ㄴ, 암기 필수)를 선택합니다. '00-2.건축-바닥' 그룹의 끝점을 클릭하고 드래그한 다음 클릭해 선을 그리고 다시 드래그한 다음 클릭해 선을 그립니다.

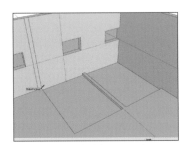

| 선 도구로 그룹 끝점 클릭

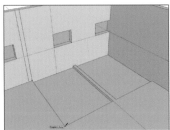

| 드래그-끝점 클릭

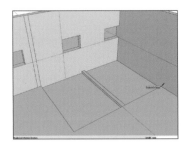

| 드래그-끝점 클릭

06 | 선 선택

선택 도구(Select ▸)로 두 개의 선을 다중 선택합니다. 편집 도구 모음(Edit Toolbar ▱▱▱▱▱▱) 중에 선택한 경로를 따라가면서 면을 생성하는 따라가기 도구(Follow Me ⟲)를 선택하고 면을 클릭해 완성합니다.

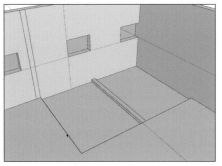

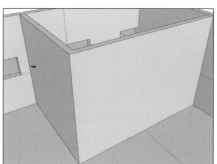

| 선택 도구로 선 다중 선택　　　　| 따라가기 도구로 면 클릭　| 완성

07 | 보조선 삭제하고 사각형 그리기

작업 모델의 모든 보조선을 삭제하기 위해 메뉴의 Edit-Delete Guides를 클릭합니다. 이후로 만드는 보조선은 별도의 설명
글이 없더라도 수시로 삭제하면서 따라하기 바랍니다. 궤도 도구(Orbit ✥)로 화면을 반대편으로 회전시키고 사각형 도구
(Rectangle ▨)를 선택합니다. 시작점을 클릭하고 위로 드래그한 다음 '3000,150'을 입력하고 엔터를 누릅니다.

| Edit-Delete Guides 클릭

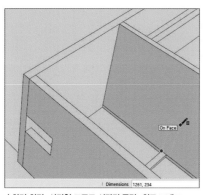

| 화면 회전-사각형 도구로 시작점 클릭-위로 드래그

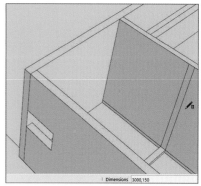

| '3000,150' 입력-엔터

08 | 면 당기기

밀기/끌기 도구(Push/
Pull ◆)로 면을 클릭하
고 앞으로 당기면서 참조
점이 되는 '00-3.건축-
벽체-외벽-뒷면' 그룹
의 선(On Edge)을 클
릭해 완성합니다.

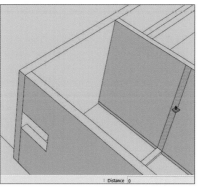

| 밀기/끌기 도구로 면 클릭

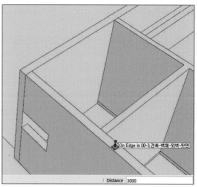

| 앞으로 당기기-참조점을 클릭해 완성

뒷면이 보일 경우

볼륨이 있는 객체의 면이 [Styles] 창에서 설정한 뒷면 색상(Back Color)으로 보이면 앞면으로 면을 뒤집어야 합니다. 뒷면에 매핑하면 이미지가 반전되어 표현되기 때문에 모델링한 객체의 면이 항상 앞면이 보이게 작업하는 습관이 중요합니다.

타일, 마루판 등등의 반복적인 패턴이 있는 이미지 파일로 매핑하면 뒷면이라도 반전 여부를 바로 확인하지 못하지만, 글자가 있는 이미지 파일로 매핑하면 반전 여부를 바로 확인할 수 있습니다.

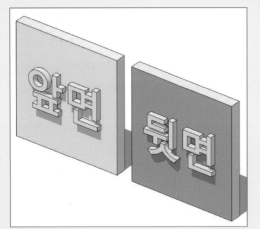

| 앞면과 뒷면 | 뒷면에 매핑하면 글자가 반전되어서 표현됨

뒷면인 면을 앞면으로 뒤집으려면 면에 마우스 포인터를 위치하고 우클릭해 나타나는 확장 메뉴 중 선택한 면을 뒤집는 명령인 Reverse Faces를 클릭하면 됩니다.

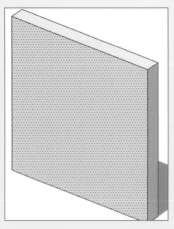

| 마우스 포인터 위치-우클릭-Reverse Faces
  클릭

| 앞면으로 뒤집어 짐

09 | 장면 되돌리고 보조선 만들기

카메라 도구 모음(Camera Toolbar) 중에 이전 시점으로 장면을 되돌리는 이전 시점 도구(Previous , 기본 단축키 Alt + P , 암기 필수)를 클릭합니다. 줄자 도구(Tape Measure)로 왼쪽 선을 클릭하고 오른쪽(X축 방향)으로 드래그한 다음 '250'을 입력하고 엔터를 눌러 보조선을 만듭니다. 이어서 줄자 도구(Tape Measure)로 보조선을 클릭하고 오른쪽으로 드래그한 다음 '2250'을 입력하고 엔터를 눌러 보조선을 만듭니다.

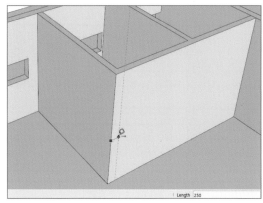

| 줄자 도구로 선 클릭-드래그-'250' 입력-엔터

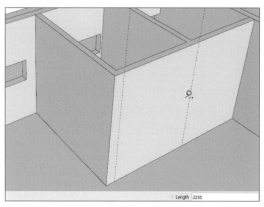

| 줄자 도구로 보조선 클릭-드래그-'2250' 입력-엔터

10 | 사각형 그리기

문(Door)이 들어갈 부분을 모델링하기 위해 사각형 도구(Rectangle)로 교차점을 클릭하고 위로 드래그한 다음 '900,2100'을 입력하고 엔터를 눌러 사각형을 그립니다.

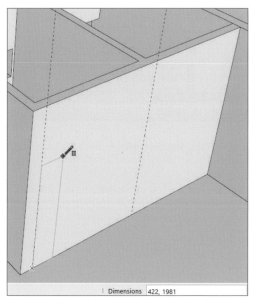

| 교차점 클릭-위로 드래그

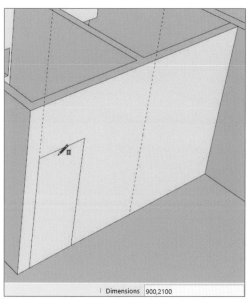

| '900,2100' 입력-엔터

11 | 면 복사하고 면 뚫기

선택 도구(Select ▶)로 면을 더블클릭해 선택하고 이동 도구(Move ✛)로 사각형 끝점을 클릭한 다음 Ctrl 를 눌러 복사 기능을 활성화합니다. 이어서 오른쪽으로 드래그하면서 보조선의 교차점을 클릭해 복사한 다음 밀기/끌기 도구(Push/Pull ◆)를 이용해 면을 뚫습니다.

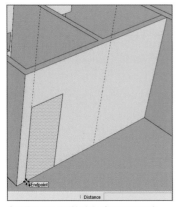
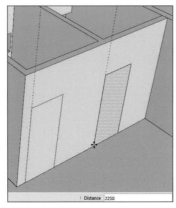
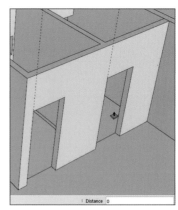

| 선택 도구로 사각형 선택-이동 도구로 끝점 | 드래그-클릭해 복사 | 밀기/끌기 도구로 면 뚫기
클릭- Ctrl 누름

12 | 태그 추가/지정

선택 도구(Select ▶)로 트리플클릭한 다음 그룹으로 만듭니다. [Tags] 창에서 '00-4.건축-벽체-내벽' 태그를 추가하고 새로 만든 그룹을 포함시킨 다음 그룹 이름을 '00-4.건축-벽체-내벽-화장실'로 입력합니다.

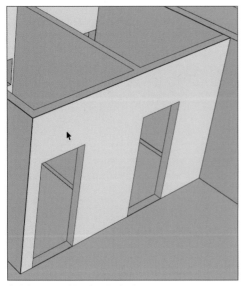
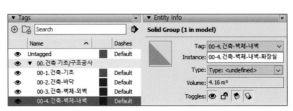

| 태그 추가-태그 지정-그룹 이름 입력

| 선택 도구로 트리플클릭-그룹 만들기

| 알아두기 | 태그와 그룹 이름 앞에 붙은 숫자의 의미

[Tags] 창을 펼치고 그룹과 컴포넌트의 계층 구조를 나타내는 [Outliner] 창도 펼칩니다.
지금까지 학습한 내용은 태그를 추가하고 태그 이름을 입력한 다음 그룹을 포함시키고 그룹 이름을 입력하는 과정을 반복했습니다.
태그와 그룹 이름 앞에 입력한 숫자는 작업 순서입니다. 숫자가 없으면 원하는 순서대로 정렬시키지 못하기 때문에 숫자를 입력
해 순서대로 정렬시킨 것입니다.
스케치업을 오래 사용한 사용자들도 태그와 그룹 이름을 입력하지 않거나 체계 없이 입력하는 경우가 많은데 실무 작업을 보다
효율적으로 하기 위해서는 태그와 그룹 이름을 입력하고 숫자로 일치시키는 습관을 꼭 만들어야 합니다.

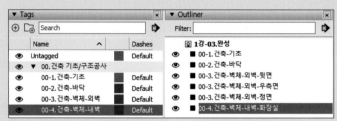

| [Tags] 창 [Outliner] 창 비교

'건축-천장', '건축-담장', '건축-수조', '건축-미장' 그룹 모델링하기

4

여러 그룹을 모델링하면서 간격 띄우기 도구로 선을 복사하는 방법, 회전 도구로 객체를 회전 복사하는 방법 등을 알아보겠습니다.

예|제|파|일| 프로그램 1/1강-3.완성.skp   완|성|파|일| 프로그램 1/1강-4.완성.skp

01 | 사각형 그리기

스케치업 화면 왼쪽 위에 있는 장면 탭에서 '0-2' 장면을 클릭합니다. '건축-천장' 그룹을 모델링하기 위해 사각형 도구(Rectangle ▨)로 시작점을 클릭하고 대각선 방향으로 드래그한 다음 끝점을 클릭해 사각형을 그립니다.

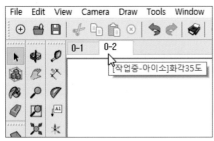

| 장면 탭에서 '0-2' 장면 클릭

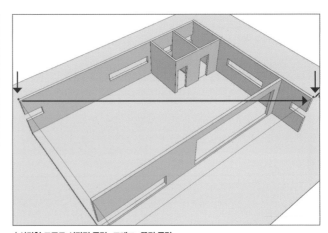

| 사각형 도구로 시작점 클릭-드래그-끝점 클릭

02 | 볼륨 만들기

밀기/끌기 도구(Push/Pull ◆)로 면을 클릭하고 위로 조금 올린 다음 '300'을 입력하고 엔터를 누릅니다.

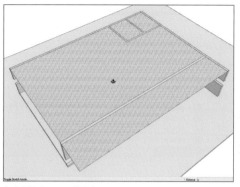

| 밀기/끌기 도구로 면 클릭

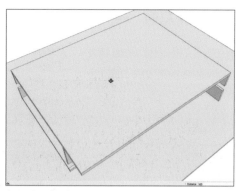

| 위로 올림-'300' 입력-엔터

03 | 선 복사하기

편집 도구 모음(Edit Toolbar ✛✦⟳⬙⬚⬗) 중에 선과 면을 복사하는 간격 띄우기 도구(Offset ⬙, 기본 단축키 F, 암기
필수)를 선택합니다. 선을 클릭하고 안쪽으로 조금 드래그한 다음 '300'을 입력하고 엔터를 눌러 선을 복사합니다.

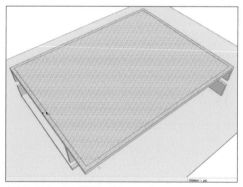

| 간격 띄우기 도구로 선 클릭-안쪽으로 드래그

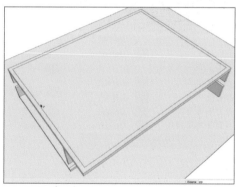

| '300' 입력-엔터 : 선이 복사됨

04 | 면 내리고 그룹 만들기

밀기/끌기 도구(Push/Pull ⬙)를 이용해 안쪽의 면을 아래로 100 내립니다. 선택 도구(Select ▶)로 트리플클릭해 모두 선
택한 다음 그룹으로 만듭니다.

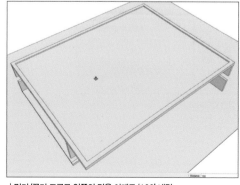

| 밀기/끌기 도구로 안쪽의 면을 아래로 '100' 내림

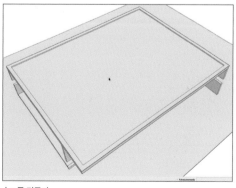

| 그룹 만들기

1강 | 건축 부분(건축 기초, 건축 구조) 모델링하기 **113**

05 | 태그 추가/지정

[Tags] 창에서 '00-5.건축-천장' 태그를 추가
하고 새로 만든 그룹을 포함시킨 다음 그룹 이름
을 '00-5.건축-천장'으로 입력합니다.

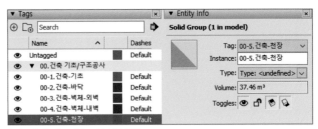

| 태그 추가-태그 지정-그룹 이름 입력

06 | 장면 업데이트

'0-2' 장면 탭을 클릭하고 '00-5.건축-천장' 태그를 비활성화합니다. 그런 다음 '0-2' 장면 탭에 마우스 포인터를 위치하고
우클릭해 나타나는 확장 메뉴 중 장면을 업데이트하는 Update 명령을 클릭합니다.

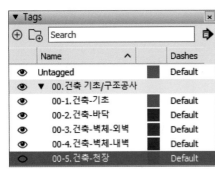

| 태그 비활성화

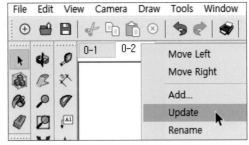

| 마우스 우클릭-Update 클릭

07 | 장면 업데이트

'0-1' 장면 탭을 클릭합니다. '00-5.건축-천장' 태그를 비활성화하고 '0-1' 장면을 업데이트합니다.

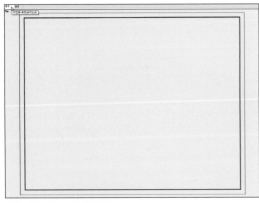

| '0-1' 장면 탭 클릭-태그 비활성화

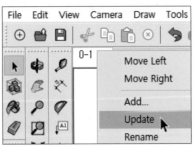

| '0-1' 장면 업데이트

08 | 사각형 그리고 볼륨 만들기

'건축-담장' 그룹을 모델링하기 위해 화면을 회전, 축소하고 사각형 도구(Rectangle Tool ▨)로 '00-1.건축-기초' 그룹의 위쪽 끝점을 클릭합니다. 대각선 방향으로 드래그한 다음 '200,21000'을 입력하고 엔터를 누릅니다. 이어서 밀기/끌기 도구 (Push/Pull ♦)로 면을 클릭하고 위로 조금 올린 다음 '1500'을 입력하고 엔터를 누릅니다.

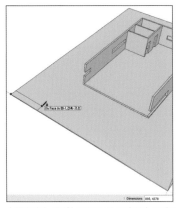 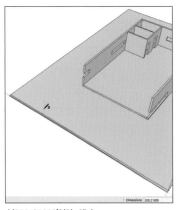 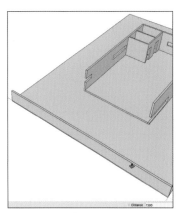

| 화면 회전-사각형 도구로 그룹 끝점 클릭-드래그 | '200,21000'입력-엔터 | 밀기/끌기 도구로 면 클릭-위로 올림-'1500'입력-
엔터

09 | 태그 추가/지정

모델링한 객체를 그룹으로 만듭니다. [Tags] 창에서 '00-6.건축-담장' 태그를 추가하고 새로 만든 그룹을 포함시킨 다음 그룹 이름을 '00-6.건축-담장-좌측면'으로 입력합니다.

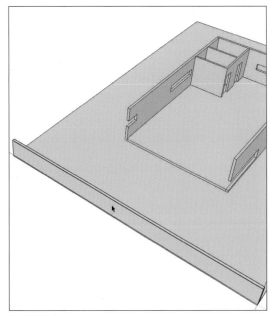

| 그룹 만들기

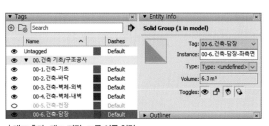

| 태그 추가-태그 지정-그룹 이름 입력

10 | 그룹 복사

궤도 도구(Orbit ✛)로 화면을 회전시키고 '00-6.건축-담장-좌측면' 그룹이 선택된 상태에서 이동 도구(Move ✛)를 선택합니다. 'Coner of~'로 말풍선이 표시되며 스냅이 잡히는 그룹의 오른쪽 하단부 끝점을 클릭하고 Ctrl 를 눌러 복사 기능을 활성화합니다. 반대편으로 드래그한 다음 '00-1.건축-기초' 그룹 끝점(Endpoint)을 클릭해 복사합니다. '00-6.건축-담장-좌측면' 그룹의 보이지 않는 반대편 코너에 스냅이 잡힐 수도 있기 때문에 화면을 확대, 축소하면서 작업합니다.

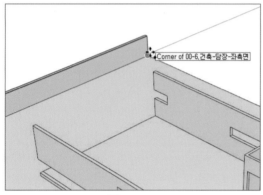

| 이동 도구로 그룹 코너 클릭- Ctrl 누름

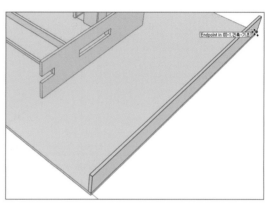

| 드래그-그룹 끝점을 클릭해 복사

| 알아두기 | 이동 도구와 회전 도구의 개선된 기능

스케치업 2020 버전부터 이동 도구(Move ✛)와 회전 도구(Rotate ↻)의 기능이 개선되었습니다. 그룹의 끝점을 이동 도구(or 회전 도구)로 클릭하면 Endpoint~ 말풍선이 아닌 Corner of~ 말풍선이 나타납니다. 보이지 않는 면도 스냅을 잡을 수 있게 기능 개선이 되었기 때문입니다.

그룹의 면에 이동 도구(or 회전 도구)를 위치시키면 스냅을 잡을 수 있는 회색점이 표시됩니다. 회색점에 이동 도구(or 회전 도구)를 위치시키면 그룹이 투명해지며 보이지 않는 그룹의 코너, 중심점, 측면의 중심, 그룹의 중심 등을 클릭해 그룹을 이동시킬 수 있습니다.

| 이동 도구를 그룹의 끝점 클릭-'Corner~'
말풍선 나타남

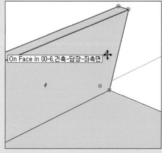

| 그룹의 면에 위치-회색점이 나타남

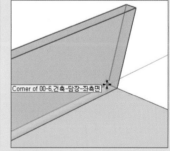

| 회색점에 위치시킴-그룹이 투명해 지면서
스냅이 잡힘

이동 도구(or 회전 도구)를 그룹의 면에 위치시킨 다음 Alt 를 누르면 스냅을 잡을 수 있는 회색점의 위치가 달라지며 그룹의 끝점을 클릭했을 때 'Endpoint in~' 말풍선이 나타납니다.

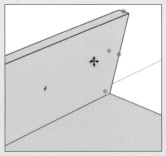

| Alt 누름-회색점의 위치가 달라짐

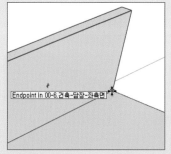

| 끝점 클릭-'Endpoint in~' 말풍선이 나타남

11 | 그룹 이름 수정

복사한 그룹 이름을 '00-6.건축-담장-우측면'으로 수정하고 선택 도구(Select ▶)로 '00-6.건축-담장-좌측면' 그룹을 클릭해 선택합니다. 편집 도구 모음(Edit Toolbar ✦✧⟳⟲⬚✈) 중에 객체를 회전시키고 원형 복사하는 회전 도구(Rotate ⟳, 기본 단축키 Q, 암기 필수)를 선택합니다. 'Coner of~'로 말풍선이 표시되며 스냅이 잡히는 그룹의 아래쪽 끝점을 클릭하고 Ctrl 를 눌러 복사 기능을 활성화한 다음 회전시킬 기준점을 클릭합니다. 회전 도구(Rotate ⟳)를 사용할 때 파란색 각도기가 활성화되지 않으면 방향키 중 위 방향키를 클릭하면 파란색 각도기가 활성화됩니다.

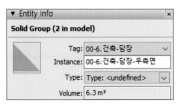

| 그룹 이름 수정

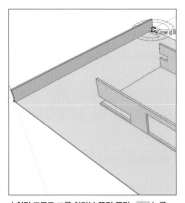

| 회전 도구로 그룹 하단부 끝점 클릭- Ctrl 누름

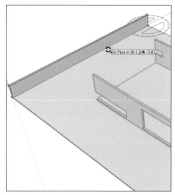

| 기준점 클릭

12 | 회전 복사

시계 반대 방향으로 조금 드래그(회전)한 다음 '90'을 입력하고 엔터를 눌러 회전 복사합니다. 이어서 그룹 이름을 '00-6.건축-담장-뒷면'으로 수정합니다.

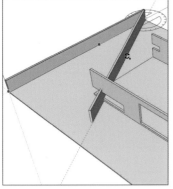

| 시계 반대 방향으로 조금 회전

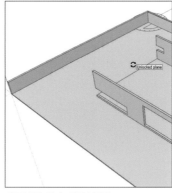

| '90' 입력-엔터 : 회전 복사됨

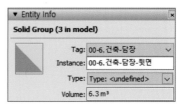

| 그룹 이름 수정

| 알아두기 | 회전 각도기의 색상(축) 변경

회전 각도기의 색상(축)을 변경하려면 방향키를 클릭하면 됩니다.
위 방향키를 클릭하면 파란색 각도기가, 오른쪽 방향키를 클릭하면 빨간색 각도기가 왼쪽 방향키를 클릭하면 녹색 각도기가 활성화되어 해당 축 방향으로 객체를 회전시킬 수 있습니다.

---

13 | 그룹 복사

'00-6.건축-담장-뒷면' 그룹이 선택된 상태에서 이동 도구(Move ✛)로 앞쪽 끝점을 클릭한 다음 Ctrl 를 누릅니다. 이어서 반대 방향으로 드래그하면서 '00-6.건축-담장-우측면' 그룹의 끝점을 클릭해 복사합니다.

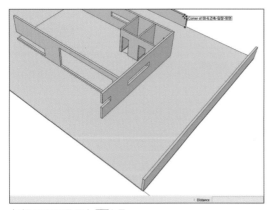

| 이동 도구로 그룹 클릭- Ctrl 누름

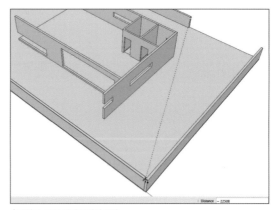

| 드래그-그룹 끝점 클릭해 복사

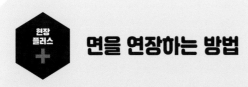

면을 연장하는 방법

각종 도구를 사용해 면을 연장하는 방법에 대해 알아보겠습니다.

1 | 밀기/끌기 도구로 연장

본문 내용 14번 과정처럼 밀기/끌기 도구(Push/Pull ✦)를 사용해서 면을 연장할 수 있습니다.

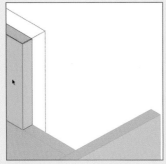
| 선택 도구로 그룹 편집 모드 만들기

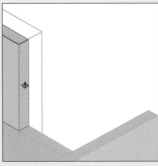
| 밀기/끌기 도구로 면 클릭

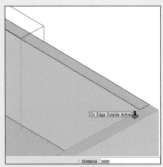
| 앞으로 당기면서 참조점 클릭해 면을 연장

2 | 이동 도구로 면 연장

그룹 편집 모드에서 선택 도구(Select ▶)로 영역을 지정해서 선과 면을 선택하거나 선택 도구(Select ▶)로 면을 클릭해 선택합니다. 이어서 이동 도구(Move ✦)로 선택한 면의 끝점을 클릭한 다음 앞으로 드래그하면서 참조점을 클릭하면 됩니다.

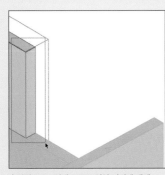
| 편집 모드−선택 도구로 영역 지정해 객체 선택(or 선택 도구로 면 클릭)

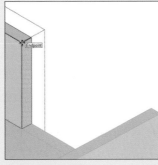
| 이동 도구로 끝점 클릭

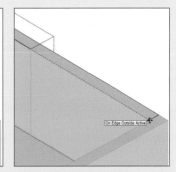
| 드래그−참조점 클릭해 면을 연장

3 | 배율 도구로 면 연장

그룹 편집 모드에서 선택 도구(Select ▶)로 객체를 트리플클릭해 모든 객체를 선택합니다. 편집 도구 모음(Edit Toolbar ✥✦⌀⌀⌀⌀⌀⌀) 중에 객체의 크기를 조절하는 배율 도구(Scale ▣, 기본 단축키 S, 암기 필수)를 선택하고 중간 조절점을 클릭한 다음 앞으로 드래그하면서 참조점을 클릭하면 됩니다.

| 그룹 편집 모드-선택 도구로 트리플클릭해 모든 객체 선택

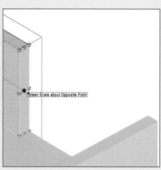

| 배율 도구 선택-중간 조절점 클릭

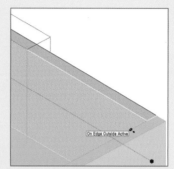

| 드래그하면서 참조점 클릭해 면을 연장

유의할 점은 그룹(or 컴포넌트) 편집 모드가 아닌 상태에서 배율 도구(Scale ▣)를 사용하면 매핑 크기와 그룹(or 컴포넌트)을 구성하는 객체의 크기가 왜곡되기 때문에 꼭 편집 모드에서 사용해야 합니다.

매핑이나 객체의 크기가 왜곡되어도 상관없는 객체는 그룹 편집 모드가 아닌 상태에서 배율 도구를 사용해도 됩니다.

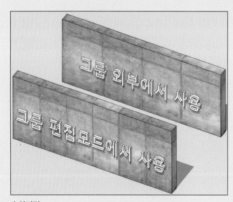

| 차이점

14 | 그룹 이름 수정

복사한 그룹의 이름을 '00-6.건축-담장-정면'으로 수정합니다. '00-6.건축-담장-뒷면' 그룹을 편집 모드로 만들고 밀기/끌기 도구(Push/Pull ◆)를 이용해 '00-6.건축-담장-우측면' 그룹의 끝점까지 면을 연장한 다음 그룹 편집 모드를 해제합니다.

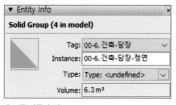

| 그룹 이름 수정

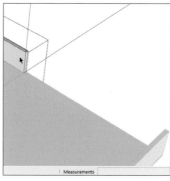

| 편집 모드 만들기

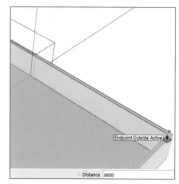

| 밀기/끌기 도구로 면 연장-그룹 편집 모드 해제

15 | 사각형 그리기

'건축-수조' 그룹을 모델링하기 위해 '0-2' 장면 탭을 클릭하고 화면을 확대한 다음 아래의 왼쪽 참조 이미지를 보고 보조선을 만듭니다. 이어서 사각형 도구(Rectangle ▨)로 '7200×2400' 크기의 사각형을 그립니다.

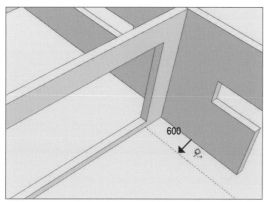

| '0-2' 장면 탭 클릭-줄자 도구로 보조선 만들기

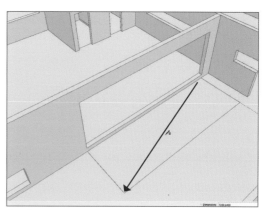

| 사각형 도구로 사각형 그리기

16 | 그룹 만들기/태그 지정

밀기/끌기 도구(Push/Pull ◈)로 위로 400 올린 다음 그룹으로 만듭니다. 이어서 '00-7. 건축-수조' 태그를 추가하고 그룹을 포함시킨 다음 그룹 이름을 '00-7. 건축-수조'로 입력합니다.

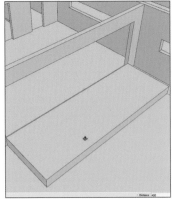

| 밀기/끌기 도구로 400 올림

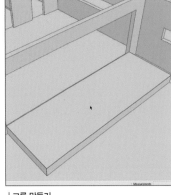

| 그룹 만들기

| 태그 추가-그룹 지정-그룹 이름 입력

17 | 트림

이동 도구(Move ◈)로 수조 그룹을 아래로 300 내립니다. 이어서 솔리드 툴 도구 모음(Solid Tools Toolbar ▣▣▣▣▣) 중에 두 개의 객체가 교차된 부분을 삭제하는 트림 도구(Trim ▣)를 선택하고 '00-1. 건축-기초' 그룹에 마우스 포인터를 위치시키면 마우스 포인터 옆에 ②가 표시되는 것을 확인할 수 있습니다. 수조 그룹이 선택된 상태이기 때문에 ②가 표시되는 것입니다. '00-1. 건축-기초' 그룹을 클릭해 두 개의 그룹이 교차된 부분을 삭제합니다.

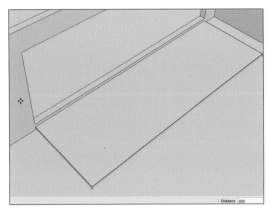

| 이동 도구로 300 내림

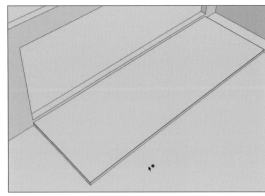

| 트림 도구 선택-'00-1. 건축-기초' 그룹 클릭

18 | 확인

선택 도구(Select ▶)를 활성화하고 '00-7.건축-수조' 그룹을 선택한 다음 메뉴의 Edit-Hide(단축키 추가 필수, Y)를 클릭해 그룹을 숨깁니다. '00-7.건축-수조' 그룹과 '00-1.건축-기초' 그룹이 교차된 부분이 삭제된 것을 확인할 수 있습니다.

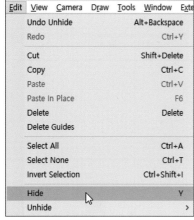

| 메뉴의 Edit-Hide 클릭

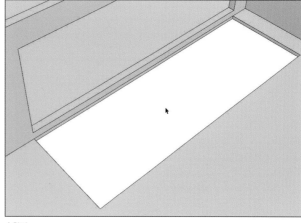

| 확인

19 | 편집 모드 만들기

메뉴의 Edit-Unhide-Last(단축키 추가 필수 U) 명령을 클릭해 숨긴 '00-7.건축-수조' 그룹을 나타내고 편집 모드를 만듭니다.

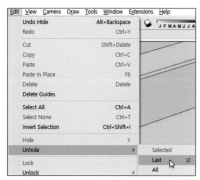

| 메뉴의 Edit-Unhide-Last 클릭

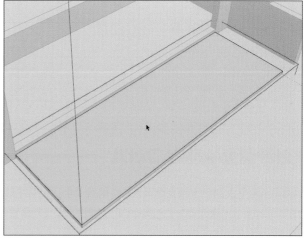

| 그룹 편집 모드 만들기

20 | 모델링

간격 띄우기 도구(Offset 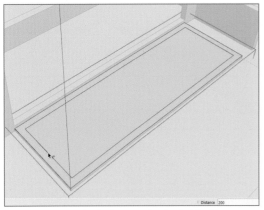)를 이용해 200 안쪽으로 선을 복사합니다. 밀기/끌기 도구(Push/Pull)를 이용해 아래로 300 내린 다음 편집 모드를 해제합니다.

| 간격 띄우기 도구로 선 클릭-안쪽으로 드래그-'200' 입력-엔터

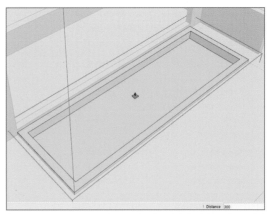

| 밀기/끌기 도구로 면 클릭-아래로 드래그-'300' 입력-엔터-편집 모드 해제

21 | 그룹 이름 수정

선택 도구(Select)로 기존의 '00-1.건축-기초' 그룹을 클릭해 선택한 다음 [Entity Info] 창에서 그룹 정보를 확인합니다. 트림 도구를 사용했기 때문에 태그가 Untagged로 지정되고 그룹 이름도 Difference로 수

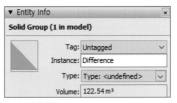

| 그룹 정보 확인

| 태그 지정/그룹 이름 수정

정된 것을 알 수 있습니다. '00-1.건축-기초' 태그로 지정하고 그룹 이름을 '00-1.건축-기초'로 입력합니다. 이처럼 솔리드 툴 도구 모음의 도구를 사용하면 객체 정보(태그 설정, 이름)가 수정되기 때문에 꼭 확인하고 재수정해야 합니다.

22 | 화면 설정/사각형 그리기

'건축-미장' 그룹을 모델링하기 위해 윗면 도구(Top)를 클릭(or 단축키 클릭)하고 왼쪽 화장실(여자 화장실)을 확대합니다. 사각형 도구(Rectangle)로 '00-2.건축-바닥' 그룹의 아래쪽 끝점을 클릭하고 대각선 방향으로 드래그한 다음 그룹 끝점을 클릭해 사각형을 그립니다.

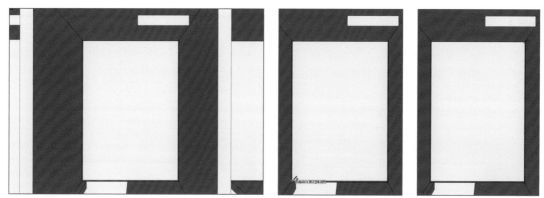

| 윗면 도구 클릭-화면 확대 | 사각형 도구로 그룹 끝점 클릭-드래그 | 그룹 끝점 클릭해 완성

23 | 태그 추가/지정

밀기/끌기 도구(Push/Pull ◆)로 면을 위로 100 올리고 선택 도구(Select ▶)로 트리플클릭한 다음 그룹으로 만듭니다. 이어서 '00-8.건축-미장' 태그를 추가한 다음 그룹을 포함시키고 그룹 이름을 '00-8.건축-미장-화장실-여'로 입력합니다.

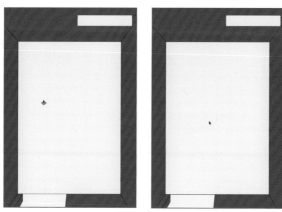

| 밀기/끌기 도구를 이용해 위로 100 올림 | 그룹 만들기

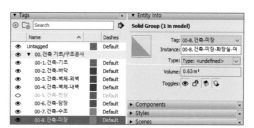

| 태그 추가-태그 지정-그룹 이름 입력

| 알아두기 | **태그 지정**

이 책에서는 학습의 편의상 많은 공종(태그 폴더)을 추가하지 않기 때문에 '00.건축 기초/구조공사' 태그 폴더에 '미장' 그룹을 포함시켰지만, 많은 공종(태그 폴더)을 추가해야 하는 실무 작업 시는 별도의 태그 폴더(ex : 방수/미장공사)를 추가한 다음 해당 그룹을 포함시켜도 됩니다.

24 | 복사

'00-8.건축-미장-화장실-여' 그룹이 선택된 상태에서 이동 도구(Move ✦)로 '00-4.건축-벽체-내벽-화장실' 그룹 끝점을 클릭하고 Ctrl 를 누릅니다. 이어서 오른쪽(X축 방향)으로 드래그한 다음 그룹 끝점을 클릭해 복사합니다.

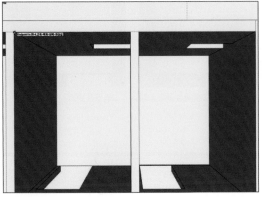

| 이동 도구로 그룹 끝점 클릭

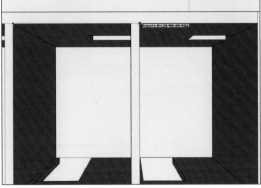

| 드래그-그룹 끝점 클릭

| 알아두기 | **복사의 기준점**

객체를 복사할 때 복사할 객체의 끝점에 스냅을 잡고 복사해도 되지만, 참조점이 되는 다른 객체의 끝점에 스냅을 잡고 복사해도 됩니다. 작업하기 손쉬운 부분을 기준점으로 복사하기 바랍니다.

---

25 | 그룹 이름 수정/파일 저장

그룹 이름을 '00-8.건축-미장-화장실-남'으로 수정하고 '0-2' 장면 탭을 클릭합니다. 메뉴의 File-Save 명령을 클릭하거나 표준 도구 모음(Standard Toolbar ⊕🖫🖩🖫│🛠🗐🗐│🔄🖌│🖌│⊙) 중에 파일을 저장하는 Save 도구(🖫)를 클릭해 파일 이름을 '1강.완성'으로 입력하고 저장합니다. 이후의 과정 역시 설명글이 없더라도 저장해서 제공 파일과 비교해 보기 바랍니다.

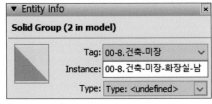

| 그룹 이름 수정

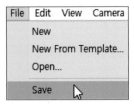

| 메뉴의 File-Save 클릭-파일 이름 입력-저장

| 알아두기 | 단축키 설정 파일 내보내고 가져오기

새롭게 추가한 각종 도구 및 명령의 단축키는 단축키 설정 파일로 내보내기(Export) 해서 저장할 수 있고 저장한 단축키 설정 파일은 작업 중인 스케치업 파일에 불러와(Import) 적용할 수 있습니다.
여러 대의 컴퓨터로 작업할 때 각각의 컴퓨터에서 단축키를 일일이 설정하는 것이 아니라 저장된 단축키 파일을 불러와서 단축키를 일치시키는 것이 효율적인 작업 방식입니다.

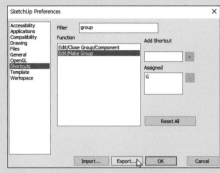

| 〈Export〉 버튼 클릭

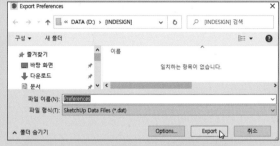

| 저장 경로 설정-〈Export〉 버튼 클릭-단축키 설정 파일이 저장됨

건축 부분 매핑하기

이번 과정에서는 [Materials] 창에서 이미지 파일(메트리얼)을 불러와서 객체의 면을 클릭해 재질을 입히는 과정인 매핑 (mapping)에 대해 학습합니다. 메트리얼을 가장 쉽게 이해하려면 타일, 벽지, 마루판 등의 각종 자재(공사 구조재, 공사 마감 재, 기타) 이미지라고 생각하면 됩니다. 서적에서 설명하는 메트리얼(Material), 재질(텍스쳐,Texture), 이미지(Image)는 모두 같은 의미의 단어로 이해하기 바랍니다. 1강에서 자세하게 설명한 도구들의 설명은 간략하게 설명하거나 생략합니다.

학습 목표

실제 마감되는 부분만 매핑을 하면 해당 마감재(메트리얼)의 면적을 바로 확인할 수 있어 실무 작업 시 아주 유용하게 활용할 수 있습니다. 이번 과정을 통해서 편 집 모드에서 매핑하는 습관을 만들기 바라며 매핑 위치를 수정하는 Texture-Position 명령의 다양한 활용 방법을 꼭 습득하기 바랍니다.

2강

'건축-기초', '건축-바닥', '건축-수조', '건축-미장' 그룹 매핑하기

1

여러 그룹을 매핑하면서 디폴트 메트리얼의 특성, 메트리얼 색상 보정 방법, 보정한 색상을 되돌리는 방법 등에 대해 알아보고 타일링(tiling)과 패턴(pattern)에 대해서도 알아보겠습니다.

예|제|파|일| 프로그램 1/1강-4.완성.skp   완|성|파|일| 프로그램 1/2강-1.완성.skp

01 | 파일 실행

건축 부분의 각종 그룹에 매핑을 하기 전에 박스 그룹을 하나 만든 다음 매핑의 여러 가지 특성과 방법에 대해 알아보겠습니다. 제공되는 '1강-4.완성.skp' 파일을 실행하거나 독자분들이 '1강' 과정을 학습하면서 완성한 파일로 진행하도록 합니다. 이후로는 별다른 설명이 없더라도 제공되는 예제 파일이나 독자분이 학습하면서 완성한 파일로 학습을 진행하면 됩니다.
'0-2' 장면 탭을 클릭하고 사각형 도구(Rectangle Tool ▨)로 '1000x1000' 사각형을 그린 다음 밀기/끌기 도구(Push/Pull ◈)를 이용해 위로 1000 올립니다. 이어서 그룹으로 만들고 박스 그룹이 화면에 꽉 차게 배치(ZoomSelection) 합니다.
사각형 도구(Rectangle Tool ▨), 밀기/끌기 도구(Push/Pull ◈), ZoomSelection 명령은 단축키를 눌러 실행한다는 점을 다시 한번 강조합니다.

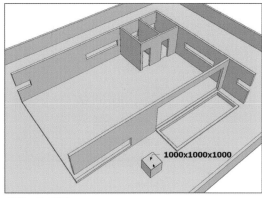

| 박스 그룹 모델링

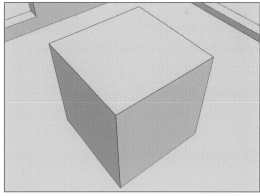

| 화면 확대

02 | 이미지 파일 불러오기

[Materials] 창의 In Model 아이콘(🏠)을 클릭해 현재 모델에 매핑된 메트리얼이 등록되는 라이브러리를 나타냅니다. 매핑할 이미지 파일을 불러오기 위해 Create Material 아이콘(🔴)을 클릭하고 [Create Material] 창이 나타나면 Browse for Material Image File 아이콘(📂)을 클릭합니다.

| In Model 아이콘 클릭

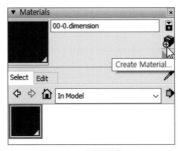

| Create Material 아이콘 클릭

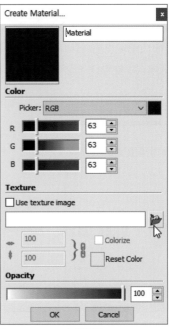

| Browse for~ 아이콘 클릭

03 | 파일 선택/매핑 크기 설정

[Choose image] 창이 나타나면 '제공 파일/material/con(3).jpg' 파일을 선택하고 〈열기〉 버튼을 클릭합니다. 'con(3).jpg' 파일은 콘크리트(concrete) 질감의 이미지 파일입니다. [Create Material] 창에서 가로 크기를 '3000'으로 설정하고 〈OK〉 버튼을 클릭합니다. 현재 불러온 이미지 파일(메트리얼)의 이름은 설정하지 않은 상태입니다.

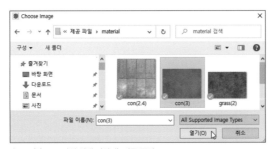

| con(3).jpg 파일 선택-〈열기〉 버튼 클릭

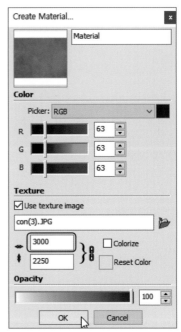

| 가로 크기 '3000' 입력-〈OK〉 버튼 클릭

매핑을 하기 전에 모델링한 박스 그룹의 총면적(Area)이 얼마나 나오는지 생각해 봅니다. 1미터(m)x1미터(m), 즉 1제곱미터 (㎡)의 면이 총 여섯 개로 구성되어 있어서 박스 그룹의 총면적은 6제곱미터(㎡)입니다.

선택 도구(Select ▶)로 그룹을 선택하면 부피(Volume)가 표시되며 그룹을 편집 모드로 만들어 면을 선택하면 면적(Area)이 표시됩니다. 선택 도구로 면을 다중 선택하면 다중 선택한 면의 총면적이 표시됩니다.

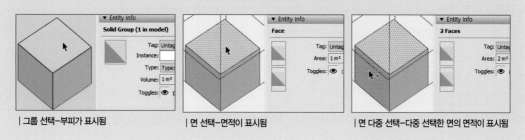

| 그룹 선택-부피가 표시됨 　　| 면 선택-면적이 표시됨 　　| 면 다중 선택-다중 선택한 면의 면적이 표시됨

04 | 매핑/면적 확인

[Materials] 창에서 불러온 메트리얼(Material)을 클릭해 선택하고 박스 그룹을 클릭해 매핑합니다. 이어서 해당 메트리얼이 매핑된 면적을 확인하기 위해 메트리얼 위에 마우스 포인터를 위치하고 우클릭해 나타나는 확장 메뉴 중 Area를 클릭합니다. 면적(12㎡)을 확인했으면 [Area] 창의 〈OK〉 버튼을 클릭해 [Area] 창을 닫습니다.

| 메트리얼 선택-'박스' 그룹을 클릭해 매핑

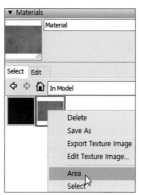

| 우클릭-Area 클릭

| 면적 확인-〈OK〉 버튼 클릭

사각 박스의 총면적은 6㎡인데 12㎡로 표시되는 이유는 그룹에 바로 매핑했기 때문입니다. 그룹이나 컴포넌트로 만든 객체를 편집 모드가 아닌 상태에서 매핑하면 면적이 두 배로 나타납니다.

많은 스케치업 사용자들이 편리성 때문에 그룹(or 컴포넌트)에 바로 매핑하지만 매핑 면적이 정확하게 표시되지 않기 때문에 그룹에 바로 매핑하는 방식은 잘못된 습관입니다.

05 | 매핑 정보 확인

매핑한 박스 그룹을 선택 도구(Select ▶)로 선택하고 [Entity Info] 창에서 매핑 정보가 표시되는 메트리얼 미리보기 창을 확인해 보면 섬네일 이미지가 한 장 표시되는 것을 알 수 있습니다. 그룹(or 컴포넌트) 편집 모드에서 매핑하면 오른쪽 참조 이미지처럼 두 개의 섬네일 이미지가 표시됩니다.

두 개의 섬네일 중에서 위에 표시되는 섬네일은 앞면에 매핑한 메트리얼이며 아래에 표시되는 섬네일은 뒷면에 매핑한 메트리얼입니다. 일반적으로 뒷면에 매핑하는 경우는 없기 때문에 디폴트 메트리얼로 표시됩니다.

| 그룹(or 컴포넌트)에 바로 매핑한 경우

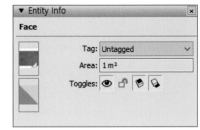

| 편집 모드에서 매핑한 경우

| 알아두기 | **배경이 투명한 png 파일 형식**

배경이 투명한 png 파일 형식으로 매핑하면 앞면과 같은 메트리얼이 뒷면에도 표시됩니다.

| png 파일 매핑-앞면과 뒷면이 모두 표시됨

06 | 편집 모드 매핑

Ctrl + Z (되돌리기)를 눌러 매핑하기 전으로 되돌리고 박스 그룹을 선택 도구(Select ▶)로 더블클릭해 편집 모드로 만듭니다. [Materials] 창에서 메트리얼을 선택하고 Ctrl 를 누른 상태에서 면을 클릭해 매핑합니다.

Ctrl 를 누르고 매핑하면 해당 면과 연결된 모든 면이 한 번에 매핑(인접 채우기 방식)되기 때문에 손쉽게 매핑할 수 있습니다. 즉 여섯 개의 면을 한 번씩 클릭하는 것이 아니라 한 번에 모든 면을 매핑할 수 있기 때문에 그룹에 바로 매핑하는 방법과 시간적인 차이는 거의 없습니다.

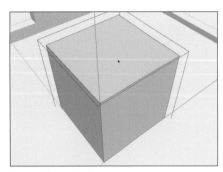

| 그룹 편집 모드 만들기

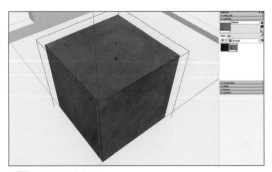

| Ctrl 를 누른 상태에서 매핑

07 | 면적 확인

그룹 편집 모드를 해제하고 매핑한 메트리얼의 면적을 확인해 보면 6제곱미터(㎡)가 정확하게 표시되는 것을 알 수 있습니다.
면적을 확인한 다음 [Area] 창의 〈OK〉 버튼을 클릭해 〈Area〉 창을 닫습니다.

| 그룹 편집 모드 영역 외부를 선택 도구로 클릭해 편집 모드 해제

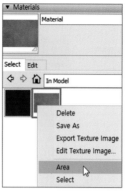

| 마우스 우클릭-Area 클릭

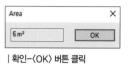

| 확인-〈OK〉 버튼 클릭

| 알아두기 | **디폴트(Default) 메트리얼**

마감재(메트리얼)의 정확한 면적을 산출하기 위해서는 마감재가 붙지 않는 면은 매핑을 하지 않거나 디폴트 메트리얼(Default Material)로 다시 매핑해야 합니다. 디폴트 메트리얼로 매핑하면 매핑을 하지 않은 상태가 됩니다.

디폴트 메트리얼로 매핑하는 방법은 [Materials] 창에서 Set Material to Paint with to Default 아이콘(　)을 클릭하고 매핑한 면을 클릭하면 됩니다.

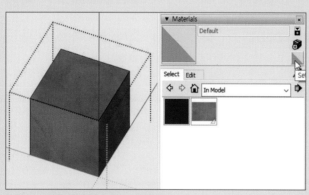

| 편집 모드 만들기-Set Material~ 아이콘 클릭

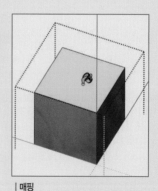

| 매핑

| 면적 확인(1제곱미터가 줄어듦)

08 | 색 모델 선택

불러온 메트리얼이 선택된 상태에서
〈Edit〉 탭을 클릭하고 Picker 옵션
의 내림 버튼 (∨)을 클릭해 HSB 색
모델을 선택합니다. HSB 색 모델은
Hue(색상), Saturation(채도),
Brightness(명도)를 나타내며 메트
리얼의 밝기를 수정할 때 주로 활용하
는 색 모델입니다.

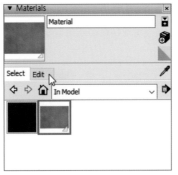

| 〈Edit〉 탭 클릭

| 내림 버튼 클릭-HSB 선택

09 | 밝기 수정

현재 매핑한 메트리얼의 밝기가 조금 어둡게 느껴지기 때문에 B 항목의 숫자를 마우스로 드래그한 다음 선택하고 키보드로
'65'를 입력해서 조금 밝게 수정합니다. 숫자는 수치 입력란에 직접 입력하거나 슬라이드 바를 클릭한 채로 드래그해서 조절할
수 있습니다.

이처럼 매핑한 메트리얼의 밝기는
〈Edit〉 탭의 Picker 항목에서 손쉽
게 수정할 수 있습니다. Picker 옵
션의 내림 버튼 (∨)을 클릭해 가장
일반적인 색 모델인 RGB를 선택합
니다.

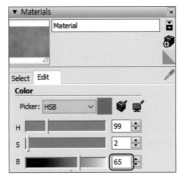

| B : 65 입력

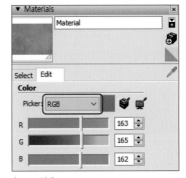

| RGB 선택

| 알아두기 | 수정한 색상 되돌리기

수정한 색상을 되돌리려면 이전의 메트리얼 색상으로 되돌리는 Undo Color
Changes 아이콘(■)을 클릭하거나 원래 색상으로 되돌리는 Reset Color 옵션의
색상 박스를 클릭하면 됩니다.

| 아이콘 클릭 or 색상 박스 클릭

10 | 불투명도 조절

Opacity 옵션의 숫자를 '50'으로 입력하고 매핑한 박스 그룹을 확인해 보면 객체가 투명해지고 메트리얼 미리보기 창의 섬네일 이미지도 투명해진 것을 알 수 있습니다. 확인한 다음 Opacity 옵션의 숫자를 '100'으로 설정합니다. 불투명도는 투명한 재질(ex : 물, 유리)을 표현할 때 설정하면 됩니다.

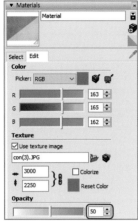

| Opacity : 50 설정

| 객체 확인 : 메트리얼이 투명해짐

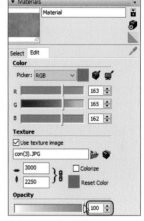

| Opacity : 100 설정

| 알아두기 | 매핑한 메트리얼과 매핑하지 않은 메트리얼 구분하기

객체에 매핑한 메트리얼은 [Materials] 창의 미리보기 이미지 오른쪽 아래에 삼각형 표시가 있고 매핑하지 않은 메트리얼은 삼각형 표시가 없습니다. 이처럼 삼각형 표시 유무로 매핑한 메트리얼과 매핑하지 않는 메트리얼을 쉽게 구분할 수 있습니다.

| 매핑한 메트리얼 구분

11 | 그룹 삭제

선택 도구(Select ⬆)로 박스 그룹을 선택하고 Delete 를 눌러 삭제한 다음 [Materials] 창의 〈Select〉 탭을 클릭하고 '0-2' 장면 탭을 클릭합니다.

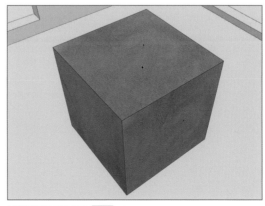

| 선택 도구로 그룹 선택- Delete

| 〈Select〉 탭 클릭

| '0-2' 장면 탭 클릭

[Materials] 창에서 메트리얼 섬네일이 참조 이미지
처럼 보이지 않는 독자분들은 Details 아이콘(▶)을
클릭해서 나타나는 확장 메뉴 중 섬네일을 크게 나타내
는 Large Thumbnails 명령을 클릭하면 됩니다.

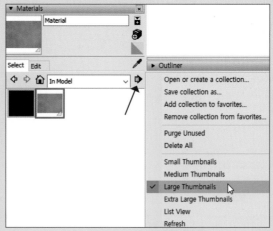

| Detail 아이콘 클릭-Large Thumbnails 클릭

12 | 매핑

'00-1.건축-기초' 그룹을 선택 도구(Select ▶)로 더블클릭해 편집 모드로 만듭니다. 페인트통 도구(Paint Bucket 🖌, 기
본 단축키 B, 암기 필수)의 단축키 B를 눌러 페인트통 도구(Paint Bucket 🖌)를 활성화시키고 Ctrl를 누른 상태에서 면을
클릭해 인접 채우기 방식으로 매핑합니다.

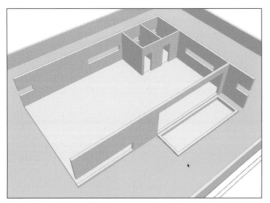

| '00-1.건축-기초' 그룹 편집 모드 만들기

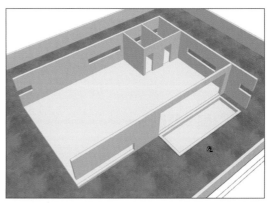

| 인접 채우기 방식으로 매핑

13 | 매핑

선택 도구(Select ▶)의 기본 단축키인 Space Bar를 눌러 선택 도구(Select ▶)를 활성화시키고 '00-2.건축-바닥' 그룹을 더블클릭해 편집 모드로 만든 다음 페인트통 도구(Paint Bucket 🛢)의 단축키 B를 눌러 페인트통 도구(Paint Bucket 🛢)를 활성화시키고 인접 채우기 방식으로 매핑합니다.

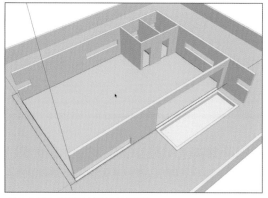

| '00-2.건축-바닥' 그룹 편집 모드 만들기

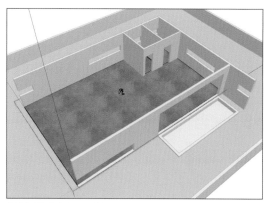

| 인접 채우기 방식으로 매핑

14 | 매핑

13번 내용과 동일한 방법으로 '00-7.건축-수조' 그룹을 인접 채우기 방식으로 매핑한 다음 '00-7.건축-수조' 그룹의 편집 모드를 해제합니다.

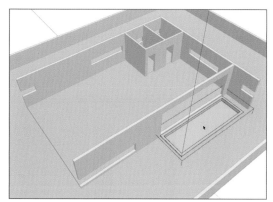

| '00-7.건축-수조' 그룹 편집 모드 만들기

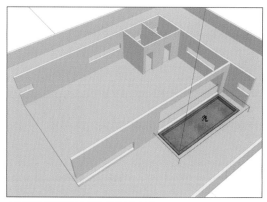

| 인접 채우기 방식으로 매핑-편집 모드 해제

15 | 메트리얼 이름 입력

매핑한 메트리얼은 '00-1.건축-기초', '00-2.건축-바닥', '00-7.건축-수조' 그룹에 매핑한 메트리얼이기 때문에 그룹 이름 및 해당 그룹이 포함된 태그 이름과 일치시키기 위해 메트리얼 이름을 '00-1.00-2.00-7.con'으로 입력합니다. 숫자 뒤의 con은 concrete(콘크리트)의 약자입니다.

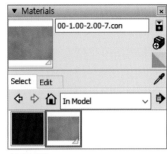

| 이름 입력

16 | 매핑

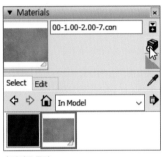

| 아이콘 클릭

윗면 도구(Top ▣)의 단축키를 클릭하고 화장실 부분으로 화면을 이동, 확대합니다. [Materials] 창의 Create Material 아이콘(⑤)을 클릭한 다음 메트리얼 이름을 '00-8.con'으로 입력하고 〈OK〉 버튼을 클릭합니다. 이처럼 동일한 이미지 파일로 특성이 다른 객체에 매핑하려면 또다시 외부에서 불러오는 것이 아니라 불러온 파일의 이름만 다르게 입력해서 사용하면 됩니다.

'00-8.건축-미장-화장실-여', '00-8.건축-미장-화장실-남' 그룹을 각각 편집 모드로 만들고 보이는 면만 매핑한 다음 편집 모드를 해제합니다.

특정 면만 매핑하면 면적을 바로 확인할 수 있다는 장점이 있다는 점을 기억합니다. 즉 '00-8.건축-미장-화장실-여' 그룹과 '00-8.건축-미장-화장실-남' 그룹은 솔리드 그룹이기 때문에 부피(Volume)를 확인할 수 있고 한 면만 매핑했기 때문에 보이는 면의 면적(Area)도 확인할 수 있습니다.

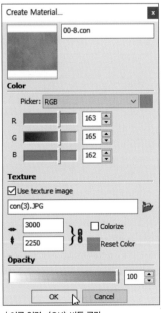

| 이름 입력-〈OK〉 버튼 클릭

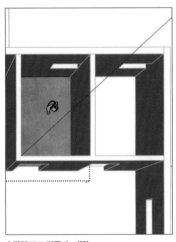

| 편집 모드 만들기-매핑

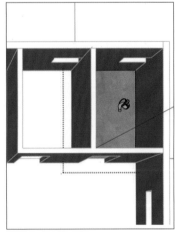

| 편집 모드 만들기-매핑

타일링(tiling), 패턴(pattern)

한 장의 이미지가 상, 하, 좌, 우 반복되면서 매핑되는 현상인 타일링과 동일한 무늬가 반복되는 패턴에 대해서 알아보겠습니다.

1 | 타일링(tiling)

'00-2.건축-바닥' 그룹을 편집 모드로 만듭니다. 마우스 우클릭해 나타나는 확장 메뉴 중 매핑 위치를 수정할 수 있는 Texture-Position 명령을 클릭하면 네 개의 색상 판과 파란색 점선으로 영역이 표시됩니다.

해당 영역은 [Materials] 창에서 입력한 가로x세로 크기에 맞게 표시되며 분할되지 않은 면에 상, 하, 좌, 우로 반복됩니다. 이처럼 한 장의 메트리얼이 타일처럼 상, 하, 좌, 우 반복되는 현상을 타일링이라고 합니다.

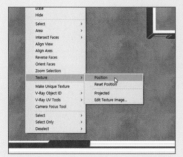

| 편집 모드-마우스 우클릭-Texture-Position 클릭

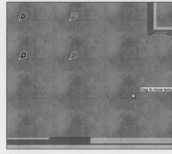

| 영역 확인

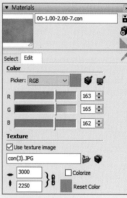

| 설정한 매핑 크기

2 | 패턴 반복

화면을 확대하면 눈에 띄는 특정 패턴이 반복되는 것을 느끼지 못하지만, 화면을 축소하면 특정 패턴이 반복되는 것을 확인할 수 있습니다. 색상이 아닌 모든 이미지 파일은 패턴이 반복되어 보이는 것은 자연스러운 현상입니다.

| 화면 확대 : 패턴이 자연스럽게 보임

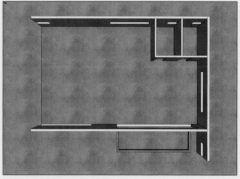

| 화면 축소 : 특정 패턴이 반복됨

3 | 이미지 연결/끊어짐

스케치업을 처음 학습하는 사용자들이 가장 많이 실수하는 부분 중 하나가 끊어진 이미지 파일로 매핑을 한다는 점입니다. 아래의 참조 이미지는 이미지가 연결된 매핑(왼쪽)과 이미지가 끊어진 매핑(오른쪽)을 비교하고 있습니다.

벽돌 이미지가 자연스럽게 연결되어야 하는데 중간중간에 벽돌이 반 장으로 끊어진 채 표현된다면 매핑용 이미지로 사용하지 못합니다.

이처럼 매핑할 때 사용하는 각종 이미지 파일은 끊어짐이 없는 이미지를 선택하여 사용해야 합니다.

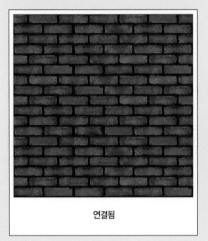
연결됨

끊어짐

| 비교

'건축-벽체-외벽', '건축-벽체-내벽', '건축-담장' 그룹 매핑하고 매핑 위치 수정하기

2

여러 그룹을 매핑하면서 Use Texture image 옵션의 특성, 편집 모드에서 매핑하는 이유, Texture-Position 명령을 사용할 때 유의할 점 등을 알아보겠습니다.

예|제|파|일| 프로그램 1/2강-1.완성.skp   완|성|파|일| 프로그램 1/2강-2.완성.skp

01 | 화각 설정

'0-2' 장면 탭을 클릭하고 카메라 도구 모음(Camera Toolbar ⊕⫯⟲⌕⊠✕⚲⚲⚲) 중에 화면을 확대, 축소하고 화면의 각도인 화각을 설정하는 확대/축소 도구(Zoom ⚲, 기본 단축키 Z, 암기 필수)를 선택한 다음 화면 오른쪽 아래의 수치 입력란에 표시되는 숫자를 확인합니다. 표시되는 35.00 deg는 '0-2' 장면의 화각이 35도라는 의미입니다. 키보드로 '50'을 입력하고 엔터를 눌러 화면의 화각을 50도로 설정합니다. 숫자를 올리면 장면이 더 넓어진다는 것을 알 수 있습니다.

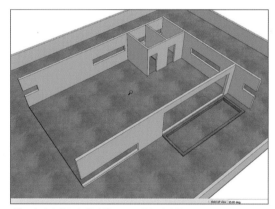

| '0-2' 장면 탭 클릭-확대/축소 도구 선택-화각 확인

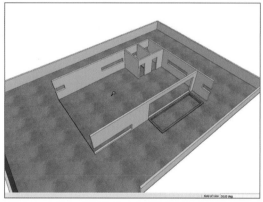

| 50 입력-엔터

| 알아두기 | **스케치업의 기본 화각**

스케치업의 기본 화각은 35도이며 숫자가 올라갈수록 장면이 넓게 표현됩니다.

02 | 장면 설정

카메라 도구 모음(Camera Toolbar 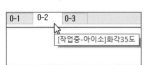) 중에 궤도 도구(Orbit ✥), 화면 확대/축소 도구(Zoom 🔍), 화면 이동 도구(Pan ✋) 등을 이용해 아래의 왼쪽 참조 이미지처럼 외부투시도 장면으로 설정하고 비활성화(숨김) 상태인 '00-5.건축-천장' 태그의 Unhide 아이콘(◯)을 클릭해 '00-5.건축-천장' 태그를 활성화(보임)합니다.

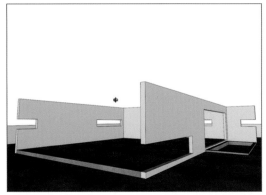

| 장면 설정

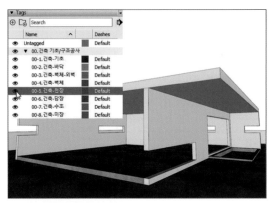

| '00-5.건축-천장' 태그 활성화

| 알아두기 | 궤도 도구를 사용하면서 이동 도구 사용하기

궤도 도구(Orbit ✥)를 사용하면서 마우스 왼쪽 버튼을 클릭하면 화면 이동 도구(Pan ✋)가 활성화되어 클릭한 채로 화면을 이동할 수 있습니다. 클릭한 손가락을 때면 다시 궤도 도구(Orbit ✥)가 활성화됩니다.

---

03 | 장면 추가

[Scenes] 창에서 장면 추가 아이콘(Add Scene ⊕)을 클릭해 장면을 추가하고 장면 이름은 '0-3', 장면 설명은 '[작업중-외부투시도]화각50도'로 입력합니다. 이어서 매핑을 하기 위해 '0-2' 장면 탭을 클릭합니다.

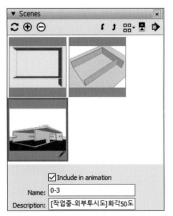

| 장면 추가 아이콘 클릭-장면 이름/장면 설명 입력

| 0-1 | 0-2 | 0-3 |

[작업중-아이소]화각35도

| '0-2' 장면 탭 클릭

04 | 이미지 파일 불러오기

벽체 그룹에 매핑할 이미지 파일을 불러오기 위해 [Materials] 창의 Create Material 아이콘(🟤)을 클릭하고 [Create Material] 창이 나타나면 Use texture image 옵션의 체크 표시를 해제한 다음 Browse for Material Image File 아이콘 (🗁)을 클릭합니다. [Choose image] 창이 나타나면 '제공 파일/material/con(2.4).jpg' 파일을 선택하고 〈열기〉 버튼을 클릭합니다. 'con(2.4).jpg' 파일은 유로폼 노출 콘크리트(concrete) 질감으로 저자가 직접 촬영한 사진으로 만든 이미지 파일입니다.

| Create Material 아이콘 클릭

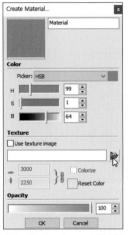

| Use Texture image 옵션 체크
해제-Browse for~ 아이콘 클릭

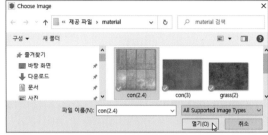

| con(2.4).jpg 파일 선택-〈열기〉 버튼 클릭

05 | 매핑

[Create Material] 창에서 가로 크기를 '2400'으로 설정하고 〈OK〉 버튼을 클릭합니다. '00-3.건축-벽체-외벽-정면' 그 룹을 편집 모드로 만들고 인접 채우기 방식으로 매핑합니다.

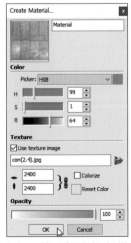

| 가로 크기 '2400' 입력-〈OK〉 버튼
클릭

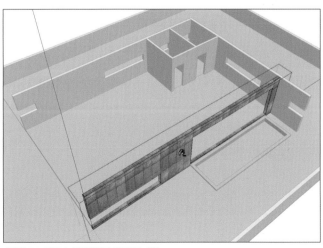

| 편집 모드 만들기-인접 채우기 방식으로 매핑

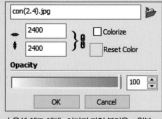 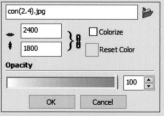
06 | 매핑

나머지 '00-3.건축-벽체-외벽', '00-4.건축-벽체-내벽', '00-6.건축-담장' 그룹을 각각 편집 모드로 만들고 인접 채우기 방식으로 매핑합니다.

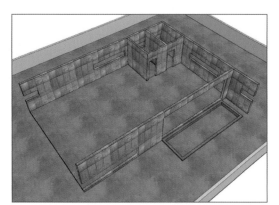 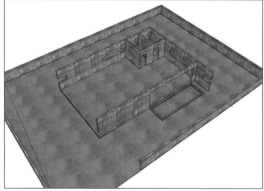

| '00-3.건축-벽체-외벽', '00-4.건축-벽체-내벽' 그룹 매핑 | '00-6.건축-담장' 그룹 매핑

그룹에 매핑한 다음 매핑 위치를 수정하기 위해서는 해당 그룹을 편집 모드로 만들고 다시 매핑하면 되지만, 매핑 위치를 수정하는 일이 많아 번거로우므로 편집 모드에서 매핑하는 습관이 아주 중요합니다.

단 매핑 위치를 수정할 필요가 없거나 면적 산출이 필요 없을 경우는 그룹(or 컴포넌트)에 바로 매핑해도 됩니다.

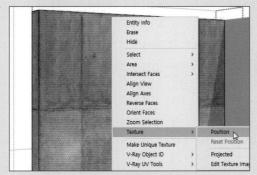

| 그룹 편집 모드 매핑-Texture-Position 명령이 나타남

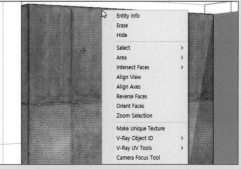

| 그룹 매핑-Texture-Position 명령이 나타나지 않음

07 | 매핑 위치 확인

화면을 확대해서 '00-3.건축-벽체-외벽' 그룹과 '00-4.건축-벽체-내벽' 그룹이 맞닿은 부분의 매핑 위치를 확인합니다. '외벽' 그룹과 '내벽' 그룹의 모델링된 위치의 절대 좌표가 다르기 때문에 매핑 위치가 다른 부분은 당연한 현상입니다. 매핑 위치를 수정하기 위해 오른쪽 참조 이미지를 보고 화면을 설정합니다.

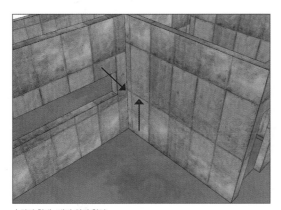

| 화면 확대-매핑 위치 확인

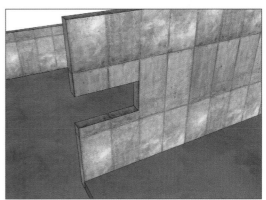

| 화면 설정

08 | 앞면 매핑 위치 수정

'00-3.건축-벽체-외벽-뒷면' 그룹을 편집 모드로 만들고 마우스 우클릭해 나타나는 확장 메뉴 중 매핑 위치를 수정하는 Texture-Position 명령(단축키 추가 필수, F5)을 클릭합니다. 네 개의 색상 핀이 나타나면 이동 핀인 빨간색 핀을 클릭한 채로 위로 조금 드래그하면서 스냅이 잡히는 '00-2.건축-바닥' 그룹 위쪽 끝점에 위치시킨 다음 클릭한 손가락을 때서 매핑 위치를 수정합니다.

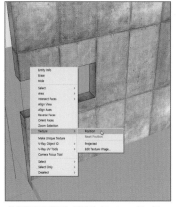

| 편집 모드 만들기-우클릭-Texture-Position 클릭

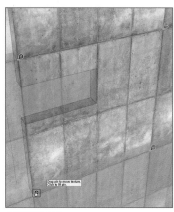

| 빨간색 핀 클릭

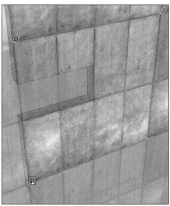

| 클릭한 채로 위로 드래그-스냅이 잡히는 끝점에 위치시킴

09 | 매핑 위치 고정

수정한 매핑 위치를 고정하기 위해 마우스 우클릭해 나타나는 확장 메뉴 중 Done을 클릭합니다.

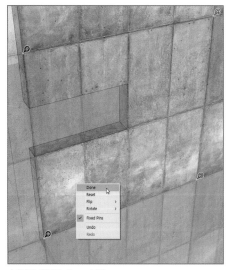

| 마우스 우클릭-Done 클릭

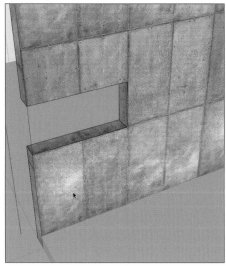

| 완성

10 | 측면 매핑 위치 수정

화면을 조금 회전시키고 측면의 매핑을 앞면과 이어지게 하기 위해 [Materials] 창에서 매핑 위치를 샘플링하는 샘플 페인트 아이콘(Sample Paint ✏️)을 클릭해 선택합니다. 이어서 매핑 위치를 수정한 앞면을 클릭해 샘플링 한 다음 측면을 클릭해 측면의 매핑 위치를 수정합니다. 이 책에서 설명하는 앞면, 뒷면, 측면의 구분은 바라보는 방향을 기준으로 합니다.

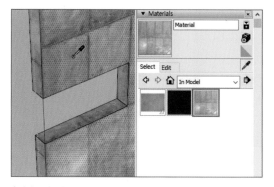
| 화면 회전–샘플 페인트 아이콘 클릭–면 클릭해 샘플링

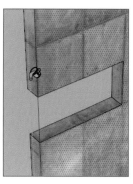
| 클릭

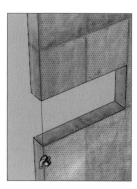
| 클릭

11 | 화면 배치

'00-3.건축–벽체–외벽–뒷면' 그룹이 편집 모드인 상태에서 시점 도구 모음(Views Toolbar 🏠) 중에 화면을 뒷면으로 배치하는 뒷면 도구(Back 🏠)를 클릭합니다.

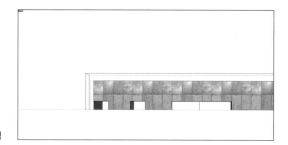
| 뒷면 도구 클릭

12 | 화면 설정

화면 이동 도구(Pan ✋)를 선택하고 화면을 클릭한 채로 아래로 내린 다음 오른쪽 참조 이미지처럼 화면을 확대합니다.

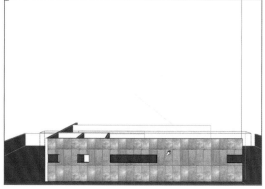
| 화면 이동 도구 선택–클릭한 채로 아래로 드래그

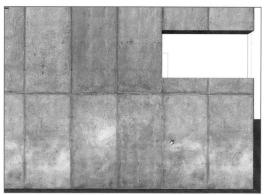
| 화면 확대

13 | 면 분할

매핑 방향을 다르게 표현하기 위해 면을 분할하겠습니다. 선택 도구(Select ▶)로 아래쪽 선을 선택한 다음 이동 도구(Move ✛)를 이용해 위로 200 복사합니다. 이어서 분할된 위쪽 면을 선택하고 마우스 우클릭해 나타나는 확장 메뉴 중 Texture-Position을 클릭합니다.

| 선택 도구로 선 선택

| 이동 도구로 위로 200 복사

| 면 선택-Texture-Position 명령 선택

14 | 매핑 위치 수정

빨간색 핀을 클릭한 채로 오른쪽으로 드래그한 다음 스냅이 잡히는 선 끝점에 위치시킨 후 클릭한 손가락을 떼서 매핑 위치를 수정합니다.

| 빨간 핀 클릭

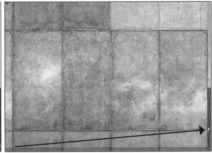

| 클릭한 채로 드래그-끝점에 위치시킴

15 | 매핑 위치 고정

수정한 매핑 위치를 고정하기 위해 마우스 우클릭해 나타나는 확장 메뉴 중 Done을 클릭합니다.

| 마우스 우클릭-Done 클릭

| 완성

16 | 매핑 위치 수정

분할된 아래쪽 면에 매핑한 메트리얼의 매핑 위치를 90도 회전시키도록 하겠습니다. 분할된 아래쪽 면에 마우스 포인터를 위치하고 우클릭해 나타나는 확장 메뉴 중 Texture-Position을 클릭합니다. 이어서 마우스 우클릭해 나타나는 확장 메뉴 중 Rotate-90을 클릭해 90도 회전시킨 다음 마우스 우클릭해 Done 명령을 선택하고 매핑 위치를 고정합니다.

| 마우스 우클릭-Texture Position

| 마우스 우클릭-Rotate-90 클릭

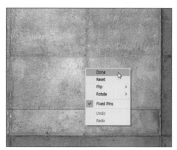

| 마우스 우클릭-Done 클릭

17 | 선 숨기기

주요 도구 모음 (Principal Toolbar) 중에 객체를 지우거나 숨기는 지우개 도구(Eraser , 기본 단축키 E , 암기 필수)를 선택합니다. Shift 를 누른 상태에서 선을 클릭해 선을 숨긴 다음 그룹 편집 모드를 해제합니다.

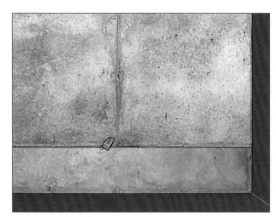

| 지우개 도구 선택- Shift 누른 상태에서 선 클릭

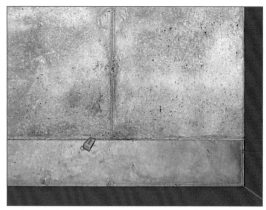

| 선이 숨겨짐-편집 모드 해제

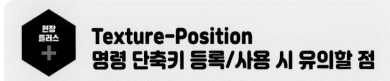

Texture-Position
명령 단축키 등록/사용 시 유의할 점

매핑 위치를 수정하는 Texture Position 명령의 단축키를 등록하는 방법과 사용 시 유의할 점에 대해 알아보겠습니다.

1 | Texture-Position 명령 단축키 등록

면을 선택한 다음 [SketchUp Preference] 창의 Shortcuts 항목에서 Filter 입력란에 검색어를 입력해야 Text-Position 명령이 Function 항목에 나타납니다. 면을 선택하지 않은 상태에서는 검색어를 입력해도 나타나지 않기 때문에 단축키 등록을 할 수 없습니다.

| 면 선택-명령 나타남 : 단축키 등록 가능

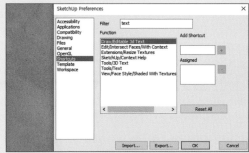

| 면 선택하지 않음-명령 안 나타남 : 단축키 등록 불가능

2 | 표시되는 영역

면에 마우스 포인터를 위치하고 우클릭해 Texture-Position 명령을 클릭하면 우클릭한 곳의 마우스 포인터 위치에 따라 네 개의 핀으로 표시되는 영역의 위치가 다릅니다.

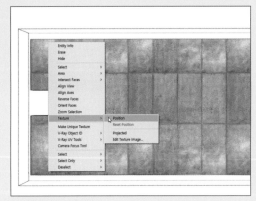

| 왼쪽 끝부분에서 우클릭

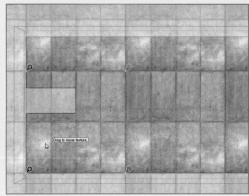

| 왼쪽에 영역이 표시됨

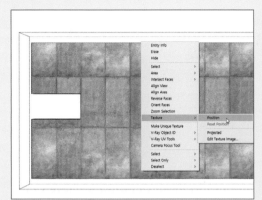

| 중간에서 우클릭

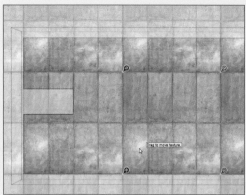

| 중간에 영역이 표시됨

3 | 단축키로 Texture-Position 명령을 사용할 때 유의할 점

면을 선택한 다음 단축키를 누른 다음 마우스 포인터를 조금 이동시켜야 Texture-Position 명령이 활성화됩니다.
마우스 포인터 위치를 이동시키지 않으면 Texture-Position 명령이 활성화되지 않습니다.

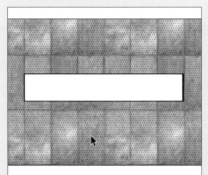

| 면 선택-Texture Position 단축키 누름

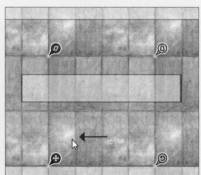

| 마우스 포인터 조금 이동-Texture Position 명령이 활성화됨

4 | 마우스 우클릭과 단축키 실행의 차이점

마우스 우클릭해 Texture-Position 명령을 클릭하면 마우스 포인터가 위치하는 곳에 네 개의 핀이 나타나고 단축키
를 눌러 Texture-Position 명령을 활성화하면 해당 면의 중앙에 네 개의 핀이 나타납니다.

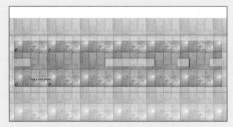

| 마우스 우클릭-마우스 포인터 위치에 네 개의 핀이 나타남

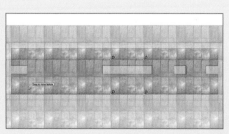

| 단축키 누름-면의 중앙에 네 개의 핀이 나타남

18 | 화면 배치

시점 도구 모음(Views Toolbar) 중에 화면을 정면으로 배치하는 정면 도구(Front 🏠)를 클릭합니다. 이어서 화면 이동 도구(Pan ✋)를 선택하고 화면을 클릭한 채 아래로 내립니다.

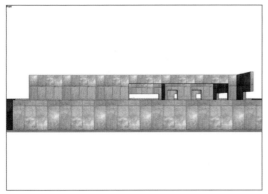

| 정면 도구 클릭

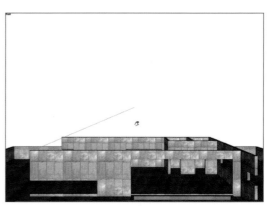

| 화면 이동 도구 선택-클릭한 채 아래로 내림

19 | 화면 확대/면 분할

화면을 확대하고 '00-3.건축-벽체-외벽-정면' 그룹을 편집 모드로 만듭니다. 이어서 면을 분할하기 위해 선택 도구(Select ▶)로 아래쪽 선을 선택한 다음 이동 도구(Move ✤)를 이용해 위로 200 복사합니다.

| 화면 확대

| 편집 모드 만들기-선 선택

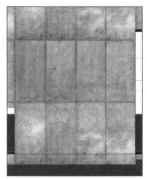

| 이동 도구로 위로 200 복사

20 | 위쪽 면 매핑 위치 수정

분할된 위쪽 면에 마우스 포인터를 위치하고 우클릭해 나타나는 확장 메뉴 중 Texture-Position을 클릭합니다. 빨간색 핀을 클릭한 채 위로 조금 드래그하면서 스냅이 잡히는 끝점에 위치시킨 다음 클릭한 손가락을 때서 매핑 위치를 수정합니다. 이어서 마우스 우클릭해 나타나는 확장 메뉴 중 Done을 클릭해 매핑 위치를 고정합니다.

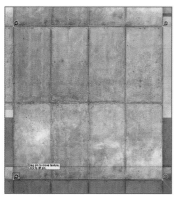

| 빨간 핀 클릭

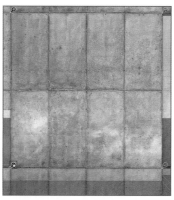

| 클릭한 채로 드래그-끝점에 위치시킴

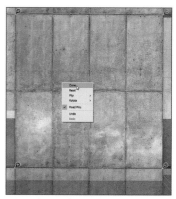

| 우클릭-Done 클릭

21 | 아래쪽 면 매핑 위치 수정

분할된 아래쪽 면에 마우스 포인터를 위치하고 우클릭해 나타나는 확장 메뉴 중 Texture-Position 명령을 클릭합니다. 마우스 우클릭해 나타나는 확장 메뉴 중 Rotate-90을 클릭하고 다시 마우스 우클릭해 나타나는 확장 메뉴 중 Done을 클릭해 매핑 위치를 고정합니다.

| 면 선택-Texture Position

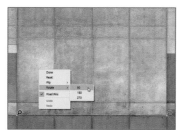

| 마우스 우클릭-Rotate-90 클릭

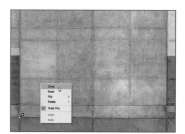

| 마우스 우클릭-Done 클릭

22 | 선 숨기기

지우개 도구(Eraser ✐)를 선택하고 Shift 를 누른 상태에서 선을 클릭해 선을 숨깁니다. 화면을 오른쪽으로 이동한 다음 지우개 도구(Eraser ✐)로 선을 숨깁니다.

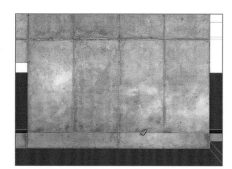

| 지우개 도구 선택- Shift 누른 상태에서 선 클릭해 선을 숨김

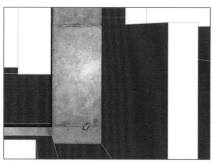

| 오른쪽으로 화면 이동-선을 숨김

23 | 뒷면 매핑 위치 수정

뒷면이 보이도록 화면을 회전시키고 마우스 우클릭해 나타나는 확장 메뉴 중 Texture-Position 명령을 클릭합니다. 빨간색 핀을 클릭한 채로 위로 조금 드래그하면서 스냅이 잡히는 끝점에 위치시켜 매핑 위치를 수정합니다. 이어서 마우스 우클릭해 나타나는 확장 메뉴 중 Done을 클릭해 매핑 위치를 고정합니다.

| 화면 회전-마우스 우클릭-
Texture-Position 클릭

| 빨간색 핀 클릭

| 클릭한 채로 드래그-끝점에 위치시킴

| 마우스 우클릭-Done 클릭

24 | 측면 매핑 위치 수정

아래 왼쪽 참조 이미지를 보고 화면을 설정한 다음 측면도 [Materials] 창의 샘플 페인트 아이콘(Sample Paint ✏)을 이용해 매핑 위치를 수정한 후 편집 모드를 해제합니다.

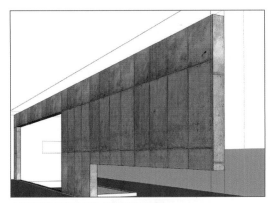

| 샘플 페인트 아이콘 클릭-면을 클릭해 샘플링

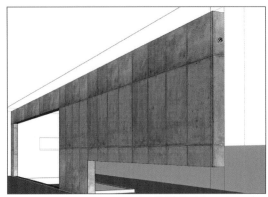

| 매핑

25 | 화면 이동/X-Ray 스타일

아래 왼쪽 참조 이미지를 보고 화면을 이동한 다음 '00-3.건축-벽체-외벽-우측면' 그룹을 편집 모드로 만듭니다. 스타일 도구 모음(Styles Toolbar) 중에 모델을 X-Ray 스타일로 표현하는 X-Ray 도구( )를 클릭합니다.

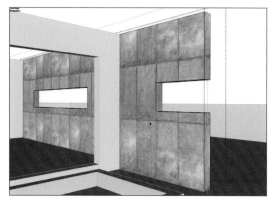

| 장면 이동-편집 모드 만들기

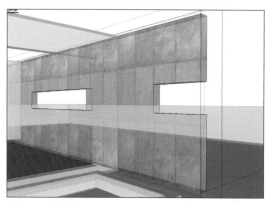

| X-Ray 도구 클릭

26 | 선 복사

그룹의 축이 보여 선의 선택 유무가 잘 확인되지 않기 때문에 그룹의 축을 숨기겠습니다. 메뉴의 View-Axes를 클릭해 체크 표시를 해제하고 축(Axes)을 비활성화합니다.
선택 도구(Select)로 아래쪽 세 개의 선을 다중 선택하고 이동 도구(Move)를 이용해서 위로 200 복사한 다음 활성화 상태의 X-Ray 도구( )를 클릭해 X-Ray 스타일을 비활성화합니다.

> | 알아두기 | **X-Ray 스타일**
>
> X-Ray 도구( )를 클릭해 X-Ray 스타일로 객체를 투명하게 표현하면 반대 방향의 기존에 보이지 않던 선도 선택할 수 있기 때문에 모델링 작업 시 유용하게 활용할 수 있습니다.

| View-Axes 클릭해 비활성화

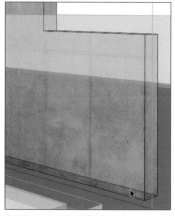

| 선택 도구로 세 개의 선을 다중 선택

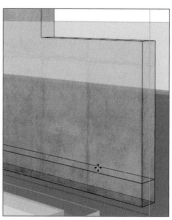

| 이동 도구로 위로 200 복사

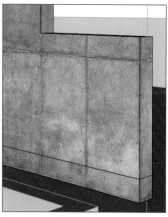

| X-Ray 스타일 비활성화

Intersect Faces

Intersect Faces는 맞닿은 객체 및 교차된 객체를 선으로 분할하는 명령으로 모델링과 매핑 시 자주 사용합니다. Intersect Faces 명령은 그룹(or 컴포넌트) 편집 모드에서 사용해야 합니다.

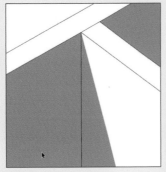

| 두 개의 그룹이 맞닿아 있음

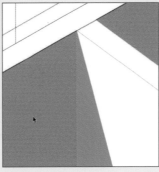

| 하나의 그룹 편집 모드-면 선택-하나로 선택됨

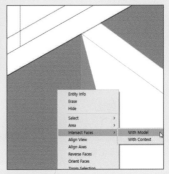

| 마우스 우클릭-Intersect Faces-With Model 클릭

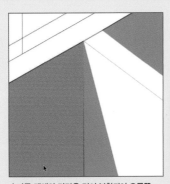

| 다른 객체와 맞닿은 면이 분할되어 오른쪽 면은 선택 안됨

| 편집 모드 해제-맞닿은 그룹 Hide

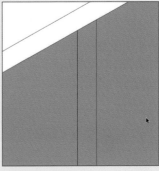

| 다른 객체와 맞닿은 부분이 선으로 분할되어 있음

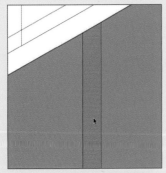

| 편집 모드 만들기-면 선택-면이 분할되어 선택한 면만 선택됨

27 | 앞면, 측면 매핑 위치 수정

지금까지 학습한 내용을 참조해 앞면(두 개의 면)과 측면(두 개의 면)의 매핑 좌표를 수정하고 면을 분할시킨 선을 숨깁니다.

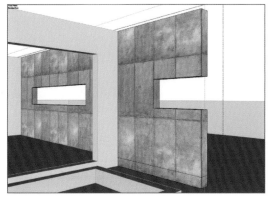

| 수정 전

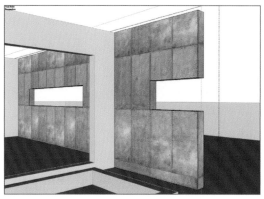

| 수정 후

28 | 화면 이동/X-Ray 스타일

아래 왼쪽 참조 이미지를 보고 '00-3.건축-벽체-외벽-우측면' 그룹의 앞면이 보이게 화면을 이동한 다음 X-Ray 도구(⬤) 를 클릭합니다. 면에 마우스 포인터를 위치하고 우클릭해 나타나는 확장 메뉴 중 맞닿은 객체나 교차된 객체를 선으로 분할시 키는 Intersect Faces-With Model 명령을 클릭합니다. 그룹이 맞닿은 부분에 선이 나타난 것을 확인할 수 있습니다.

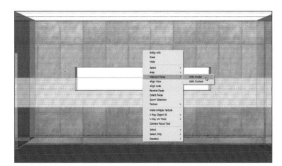

| 화면 이동-X-Ray 도구 클릭-마우스 우클릭-Intersect Faces-With Model 클릭

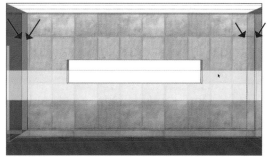

| 선 확인

29 | 매핑 위치 수정

X-Ray 도구(⬤)를 클릭해 X-Ray 스타일을 비활성화하고 면에 마우스 포인터를 위치하고 우클릭해 나타나는 확장 메뉴 중 Texture-Position을 클릭합니다. 매핑 위치를 수정한 다음 Done 명령을 클릭합니다.

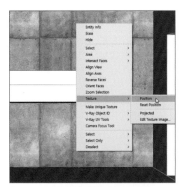

| X-Ray 스타일 비활성화-마우스 우클릭-
Texture-Position 클릭

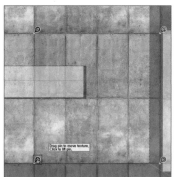

| 빨간색 핀 클릭

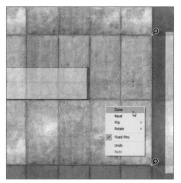

| 오른쪽으로 드래그-끝점에 위치시킴-마우스
우클릭-Done 클릭

30 | 뒷면 매핑 위치 수정

해당 그룹의 뒷면이 보이도록 시점 도구 모음(Views Toolbar 🗔🔲🏠🏠🏠) 중에 오른쪽으로 장면을 배치하는 우측면 도구
(Right 🏠)를 클릭해 장면을 배치하고 동일한 방법으로 매핑 위치를 수정한 다음 선을 숨깁니다.

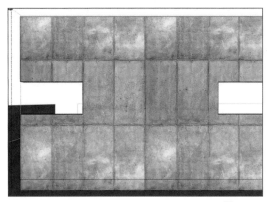

| 수정 전

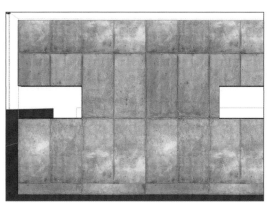

| 수정 후

31 | 측면 매핑 위치 수정

화면을 회전시키고 Sample Paint 아이콘(✏️)을 이용해 측면의
매핑 위치를 수정한 다음 편집 모드를 해제합니다.

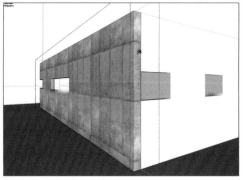

| 화면 회전-매핑 좌표 수정-편집 모드 해제

텍스쳐 혼합(Combine Texture)

두 개 이상의 메트리얼을 한 개로 혼합하는 Combine Texture 기능에 대해 알아보겠습니다. 해당 기능을 사용하기 위해서는 두 개 이상의 메트리얼로 매핑이 되어야 합니다.

두 개의 색상(color) 메트리얼은 혼합하지 못하며 한 개의 이미지 메트리얼과 한 개의 색상 메트리얼은 혼합할 수 있습니다.

따라 할 독자들은 새로운 스케치업 파일을 실행하고 아래와 같이 3000x3000 크기의 사각형을 그립니다. 이어서 con(2.4).jpg 파일로 매핑한 다음 매핑 가로 크기를 2400으로 설정합니다. Texture Position 명령으로 매핑 위치를 아래 왼쪽 참조 이미지처럼 수정하고 따라하기 바랍니다.

1 | 매핑/면 분할

선택 도구(Select ▸)로 위쪽 선을 선택하고 이동 도구(Move ✛)를 이용해 아래로 600 복사하여 면을 분할합니다.

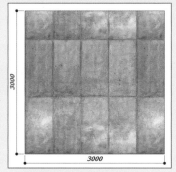
| '3000x3000' 사각형 그리기-매핑

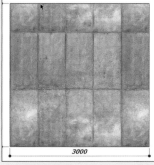
| 선택 도구로 선 선택

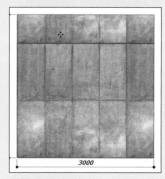
| 이동 도구로 선 복사

2 | 매핑 방향 수정

Texture-Position-Rotate-90 명령을 이용해 분할된 위쪽 면의 매핑 위치를 회전시키고 Done 명령을 클릭해 매핑 위치를 고정합니다.

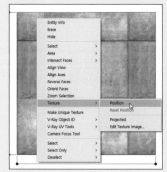
| 마우스 우클릭-Texture-Position 클릭

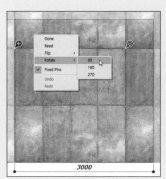
| 우클릭-Rotate-90 클릭

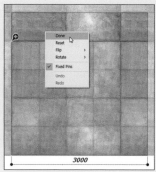
| 우클릭-Done 클릭

3 | Make Unique Texture

매핑 위치를 수정한 면에 마우스 포인터를 위치하고 우클릭해 나타나는 확장 메뉴 중 해당 면에 매핑된 메트리얼을 새로운 메트리얼로 만드는 명령인 Make Unique Texture를 클릭합니다.

이렇게 메트리얼을 하나 더 만드는 이유는 메트리얼을 혼합하는 Combine Texture 명령은 두 개 이상의 메트리얼이 있어야 활성화되기 때문입니다.

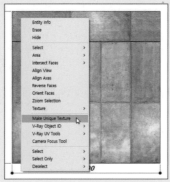

| 마우스 우클릭-Make Unique Texture 클릭

| 메트리얼이 추가됨

4 | Combine Texture

선택 도구(Select ▶)를 트리플클릭해서 면과 선을 모두 선택합니다. 그런 다음 마우스 우클릭해 나타나는 확장 메뉴 중 메트리얼을 혼합하는 Combine Texture 명령을 클릭합니다. 분할된 부분의 선을 지우겠냐는 [SketchUp] 알림창이 나타나면 〈예〉 버튼을 클릭합니다.

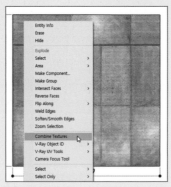

| 트리플클릭-우클릭-Combine Texture 클릭

〈예〉 버튼 클릭

5 | 확인

면을 분할한 선이 지워지고 새로운 메트리얼이 만들어진 것을 확인할 수 있습니다.

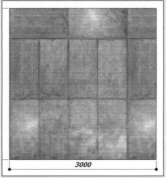

| 선이 지워짐

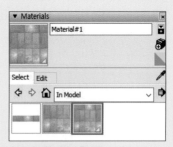

| 새로운 메트리얼이 추가됨

6 | 크기 확인

새롭게 추가된 메트리얼을 선택한 다음 〈Edit〉
탭을 클릭합니다. 가로 크기를 '3000'으로 입력
합니다.

| 메트리얼 선택-〈Edit〉 탭 클릭

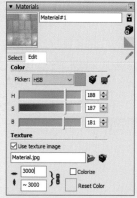

| 가로 크기 '3000' 입력

7 | 매핑

새롭게 만든 메트리얼을 확인하기 위해 3000x3000 사각형을 하나 더 그리고 매
핑합니다.

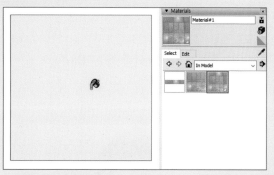

| 사각형 그리기-메트리얼 선택

| 매핑

8 | 매핑 위치 수정

Texture-Position 명령으로 매핑
위치를 수정한 다음 Done 명령을 클
릭해 매핑 위치를 고정합니다.

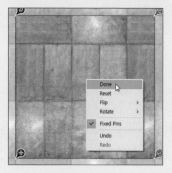

9 | 저장

이처럼 Combine Texture 명령을 사용하면 손쉽게 새로운 메트리얼을 만들 수
있습니다. 새로 만든 메트리얼을 외부로 저장하려면 [Materials] 창에서 새로 만
든 메트리얼에 마우스 포인터를 위치하고 우클릭해 나타나는 확장 메뉴 중
Export Texture Image를 클릭하면 됩니다.

| 외부로 저장

'건축-천장' 그룹 매핑하고
매핑 위치 수정하기

3

'건축-천장' 그룹을 매핑하고 기타 그룹의 매핑 크기를 수정하면서 메트리얼 이름의 입력 방식, Color by Tag의 활용, 이미지 파일을 검색하고 다운로드하는 방법 등을 알아보겠습니다.

예│제│파│일│ 프로그램 1/2강-2.완성.skp   완│성│파│일│ 프로그램 1/2강-3.완성.skp

01 | 매핑

'0-3' 장면 탭을 클릭하고 '00-5.건축-천장' 그룹을 편집 모드로 만듭니다. 이어서 페인트통 도구(Paint Bucket 🎨)를 선택한 다음 오른쪽 참조 이미지를 보고 면을 하나씩 클릭해 매핑합니다. 인접 채우기 방식이 아님을 유의합니다.

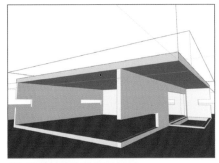

| '0-3' 장면 탭 클릭-편집 모드 만들기

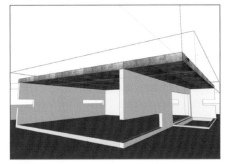

| 매핑

02 | 매핑

화면을 회전시킨 다음 왼쪽 참조 이미지를 보고 두 개의 면을 매핑합니다. [Materials] 창에서 '00-1.00-2.00-7.con'메트리얼을 선택하고 인접 채우기 방식으로 매핑이 되지 않은 면을 한 번에 매핑합니다.

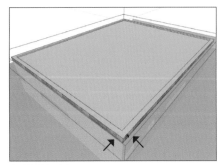

| 화면 회전-매핑

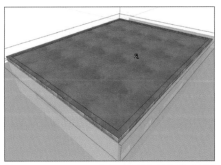

| '00-1.00-2.00-7.con' 메트리얼 선택-인접 채우기 방식으로 매핑

03 | 매핑 위치 수정

화면을 회전시키고 측면의 매핑 좌표를 90도 회전시킵니다.

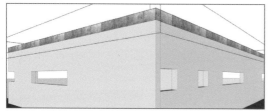

| 수정 전

| 수정 후

04 | 매핑 위치 수정

다시 화면을 회전시키고 측면의 매핑 좌표를 90도 회전시킨 다음 편집 모드를 해제합니다.

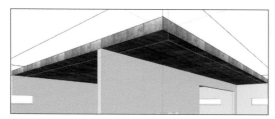

| 수정 전

| 수정 후

05 | 메트리얼 이름/메트리얼 밝기 수정

[Materials] 창에서 '00-1.00-2.00-7.con' 메트리얼의 이름을 '00-1.00-2.00-5.00-7.con'으로 수정합니다. '00-5'를 추가로 입력한 이유는 '00-5.건축-천장' 그룹에도 해당 메트리얼로 매핑했기 때문으로 그룹 이름과 그룹에 매핑한 메트리얼 이름을 일치시키기 위해서입니다. 두 번째 불러와서 매핑한 Material의 이름도 그룹, 태그 이름과 일치시키기 위해 '00-3.00-4.00-5.00-6.con'으로 입력한 다음 〈Edit〉 탭을 클릭합니다. 메트리얼을 조금 밝게 수정하기 위해 색모델을 HSB로 선택하고 B 수치값을 '80'으로 수정한 다음 〈Select〉 탭을 클릭합니다.

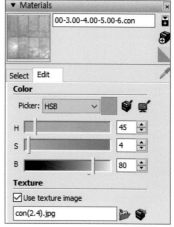

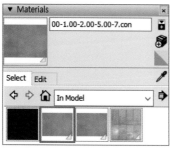

| 이름 수정

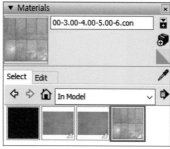

| 이름 수정

| 〈Edit〉 탭 클릭-HSB 색모델 선택-B : 80 입력-〈Select〉 탭 클릭

06 | 메트리얼 이름 수정

기존의 '00-0.dimension' 메트리얼 이름을 '13.dimension'으로 수정합니다. 해당 메트리얼은 치수선을 만들 때 자동으로 생성되는 메트리얼로 항상 필요하기 때문에 '2021 버전 실무 템플릿'을 만들 때 포함시킨 메트리얼입니다.

이 책 이후 과정에서 치수선을 만들고 태그 폴더와 태그를 추가한 다음 이름을 일치시키기 위해 치수선이 포함될 태그 이름 앞에 숫자 '13'을 붙이게 됩니다.

[Materials] 창의 Details 아이콘(▣)을 클릭해 나타나는 확장 메뉴 중 Reflesh 명령을 클릭해 이름순으로 정렬합니다.

| 이름 수정

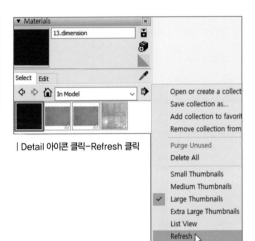

| Detail 아이콘 클릭-Refresh 클릭

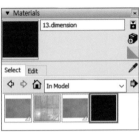

| 확인

07 | 장면 설정

'0-2' 장면 탭을 클릭하고 여자 화장실 부분으로 장면을 설정합니다. 아래 왼쪽 참조 이미지에서 화살표로 표시한 유로폼 거푸집 라인이 보이지 않게 매핑 위치를 수정해 보겠습니다.

해당 그룹을 매핑하고 매핑 위치를 바로 수정하지 않은 이유는 기본적인 매핑 방법과 매핑 위치 수정 방법을 반복적인 학습으로 습득해야 지금부터 학습하는 내용을 잘 이해할 수 있기 때문입니다.

'00-3.건축-벽체-외벽-뒷면' 그룹을 편집 모드로 만들고 창(Window)이 들어갈 벽체의 아랫면에 마우스 포인터를 위치하고 우클릭해 Texture-Position 명령을 클릭하고 다시 우클릭해 Rotate-90 명령을 클릭합니다.

| 화면 설정-편집 모드 만들기

| 우클릭-Texture-Position 클릭

| 우클릭-Rotate-90 클릭

08 | 매핑 위치 수정

마우스 왼쪽 버튼을 클릭한 채 왼쪽으로 드래그하여 유로폼 거푸집 라인이 안보이는 부분으로 매핑 위치를 수정한 다음 마우스 우클릭해 Done 명령을 클릭합니다.

| 마우스 왼쪽 버튼 클릭

| 클릭한 채로 왼쪽으로 드래그

| 마우스 우클릭-Done 클릭

09 | 장면 밝게 설정하기

아래 왼쪽 참조 이미지를 보고 화장실 안쪽에서 외부를 바라보는 장면으로 화면을 설정한 다음 어두운 부분을 밝게 표현하기 위해 [Shadows] 창의 Use sun for shading 옵션에 체크 표시합니다.

| 장면 설정

| [Shadows] 창의 Use sun for shading 옵션 체크 표시

| 알아두기 | Use sun for shading

Use sun for shading 옵션에 체크 표시하면 그림자를 표현하지 않더라도 빛을 받는 부분의 음영을 표현합니다. 빛이 들어오지 않는 실내나 어둡게 표현되는 외부 장면에서 장면을 더 밝게 표현할 수 있는 옵션입니다.

| Use sun for shading 옵션 체크 표시 해제(기본 설정) : 어두움

| Use sun for shading 옵션 체크 표시 : 밝아짐.

이름을 영문으로 입력하고 쉼표(,)가 아닌 마침표(.)로 구분하는 이유

메트리얼 이름을 영문으로 입력하는 이유와 마침표를 사용하는 이유에 대해 알아보겠습니다.

1 | 이름을 영문으로 입력하는 이유

메트리얼 이름을 '00-0.00-1~.con'으로 입력하지 않고 '00-0.00-1~.콘크리트', 즉 한글로 입력하면 알아보기 쉬운데 굳이 영문으로 입력하는 이유는 렌더링 프로그램인 스케치업 브이레이(V-Ray for SketchUp)와의 호환성 때문입니다.

2021년 08월 현재 스케치업 브이레이 5.1 버전은 메트리얼 이름을 한글로 입력해도 문제가 되지 않지만 구버전에서는 한글로 입력했을 때 재질이 표현되지 않는 문제가 있었습니다. 이런 이유로 추후 문제가 발생할 가능성이 있어 영문으로 입력하는 것입니다.

그리고 컴포넌트에 매핑하는 메트리얼 이름을 정리할 때도 한글보다 영문 입력이 편리합니다. 메트리얼을 제외한 그룹(or 컴포넌트), 태그 폴더, 태그 이름은 한글로 입력해도 됩니다.

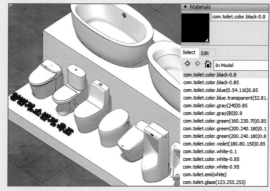

| 저자가 정리한 컴포넌트에 매핑된 메트리얼 이름(영문으로 입력함)

2 | 쉼표(,)가 아닌 마침표(.)로 구분하는 이유

'00-1.00-2.00-5.00-7.con' 이름에서 00-0과 00-2 사이에 쉼표(,)가 아닌 마침표(.)를 입력한 이유도 스케치업 브이레이와의 호환성 때문입니다.

쉼표(,)로 이름을 입력한 다음 스케치업 브이레이의 [V-Ray Asset Editor] 창을 실행시키면 쉼표가 자동으로 밑줄(_)로 수정되는 사소한 문제(스케치업 브이레이 5.1 버전 기준)가 있어 마침표로 입력하는 것입니다.

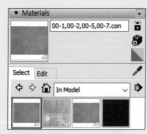

| 쉼표로 구분했을 경우

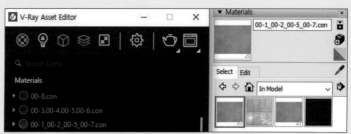

| [V-Ray Asset Editor] 창 실행-쉼표가 밑줄(_)로 자동 수정됨

10 | 샘플링

[Materials] 창의 Sample Paint 아이콘(✎)을 클릭해 매핑 위치를 수정한 아래쪽 면을 클릭해 샘플링한 다음 위쪽 면을 클릭해 매핑 위치를 수정합니다.

| 샘플 페인트 아이콘 클릭-아래쪽 면 클릭해 샘플링

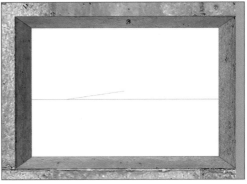

| 위쪽 면 매핑

11 | 매핑 위치 수정/화면 이동

여자 화장실의 매핑 위치를 수정한 방법으로 남자 화장실도 매핑 위치를 수정한 다음 편집 모드를 해제합니다. 아래 오른쪽 참조 이미지를 보고 화면을 이동한 다음 표시한 부분으로 확대합니다.

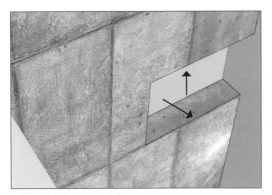

| 매핑 위치 수정-편집 모드 해제

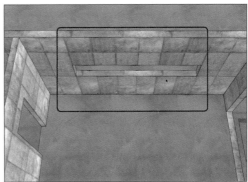

| 화면 이동-화면 확대

12 | 그룹 편집 모드 만들기

'00-3.건축-벽체-외벽-우측면' 그룹을 편집 모드로 만들고 창(Window)이 들어갈 벽체의 아랫면에 마우스 포인터를 위치하고 우클릭해 Texture-Position 명령을 클릭합니다.

| 편집 모드 만들기-우클릭-Texture-Position 클릭

13 | 메트리얼 확대

화면을 축소하고 배율/회전 핀인 녹색 핀을 클릭한 다음 클릭한 채 위로 드래그하여 메트리얼을 확대합니다. 해당 면에 유로폼 거푸집 라인이 보이지 않을 정도로 확대가 되었으면 클릭한 손가락을 떼서 크기 조절을 마칩니다. 녹색 핀은 회전도 되기 때문에 스냅이 잡히는 축의 방향으로 드래그하면서 확대해야 한다는 점을 유의합니다.

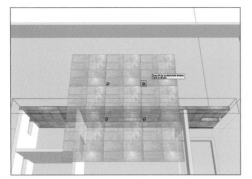

| 화면 축소-녹색 핀 클릭

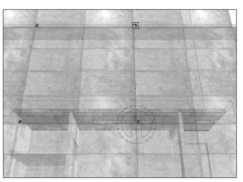

| 클릭한 채로 드래그하면서 확대

14 | 매핑 위치 수정

마우스 왼쪽 버튼을 클릭하고 클릭한 채로 오른쪽으로 드래그합니다. 유로폼 거푸집 라인이 해당 면에 위치하지 않게 이동시킨 다음 클릭한 손가락을 떼고 우클릭 한 다음 Done 명령을 클릭합니다.

| 마우스 왼쪽 버튼 클릭

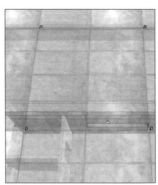

| 드래그

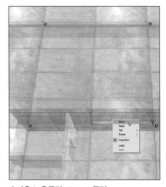

| 마우스 우클릭-Done 클릭

15 | 매핑

매핑 크기를 조절한 면의 위쪽 면은 샘플 페이트 기능으로 매핑한 다음 편집 모드를 해제합니다.

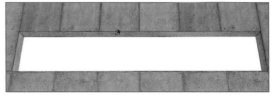

| 샘플 페인트 기능으로 매핑

16 | 매핑 위치/매핑 크기 수정

표시한 부분도 지금까지 학습한 방법으로 각각의 그룹 편집 모드에서 매핑 위치와 매핑 크기를 수정한 다음 편집 모드를 해제합니다.

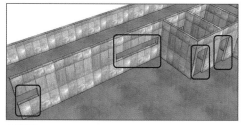
| 수정 전

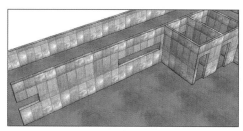
| 수정 후

17 | 선 복사

'00-3.건축-벽체-외벽-정면' 그룹이 보이게 화면을 이동하고 편집 모드로 만듭니다. 오른쪽 아래 선을 선택 도구(Select ►)로 선택한 다음 이동 도구(Move ✥)로 중심점(Midpoint)에 복사해서 면을 분할합니다.

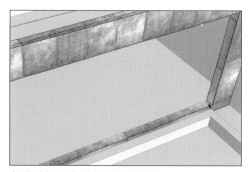
| 그룹 편집 모드 만들기-선택 도구로 선 선택

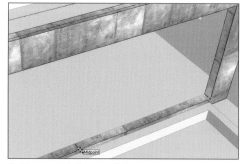
| 이동 도구로 중심점(Midpoint)에 선 복사

18 | 매핑 위치 수정

분할된 오른쪽 면에 마우스 포인터를 위치하고 우클릭해 Texture-Position 명령을 클릭합니다. 이어서 우클릭해 Rotate-90 명령을 클릭한 다음 화면을 축소시키고 녹색 핀을 클릭합니다.

| 마우스 우클릭-Texture-Position 클릭

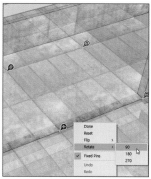
| 우클릭-Rotate-90 클릭

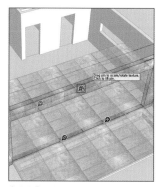
| 화면 축소-녹색 핀 클릭

19 | 메트리얼 확대

녹색 핀을 클릭한 채로 드래그하면서 메트리얼을 확대합니다. 해당 면에 유로폼 거푸집 라인이 보이지 않을 정도로 확대가 되었으면 클릭한 손가락을 떼서 크기 조절을 마칩니다. 마우스 왼쪽 버튼을 클릭하고 클릭한 채로 드래그합니다. 유로폼 거푸집 라인이 해당 면에 위치하지 않게 이동시킨 다음 클릭한 손가락을 떼고 우클릭 한 다음 Done 명령을 클릭합니다.

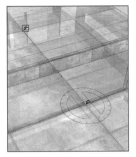
| 클릭한 채로 드래그하면서 확대

| 마우스 왼쪽 버튼 클릭

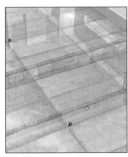
| 클릭한 채로 드래그

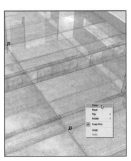
| 마우스 우클릭-Done 클릭

20 | 매핑 위치 수정

[Materials] 창에서 Sample Paint 아이콘(✏)을 클릭해 선택하고 메트리얼 크기를 수정한 면을 클릭해 샘플링 한 다음 왼쪽 면을 클릭해 매핑합니다. 왼쪽 면에 마우스 포인터를 위치하고 우클릭해 Texture-Position 명령을 클릭하고 다시 우클릭해 매핑 위치를 좌, 우 대칭 이동시키는 Flip-Left/Right 명령을 클릭합니다.

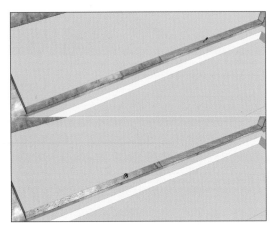
| 샘플 페인트 아이콘 클릭해 샘플링-왼쪽 면 클릭해 매핑

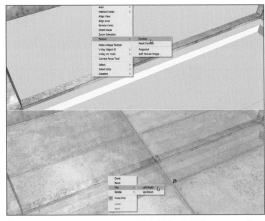
| 마우스 우클릭-Texture-Position 클릭-마우스 우클릭-Flip-Left/Right 클릭

21 | 매핑 위치 수정

마우스 왼쪽 버튼을 클릭하고 클릭한 채로 오른쪽 면의 매핑 이미지와 비슷한 질감이 느껴지는 위치까지 이동시킵니다. 이어서 클릭한 손가락을 떼고 우클릭 한 다음 Done 명령을 클릭합니다.

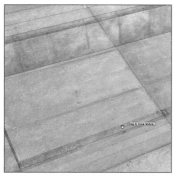

| 마우스 왼쪽 버튼 클릭

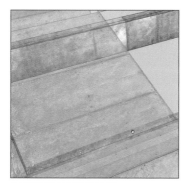

| 클릭한 채로 오른쪽으로 이동

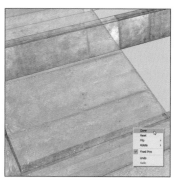

| 마우스 우클릭-Done 클릭

22 | 선 숨기고 매핑 위치/크기 수정

지우개 도구(Eraser ✐)로 중간의 선을 숨깁니다. 핵심은 선을 숨겼을 경우 매핑이 끊어지는 느낌이 나면 안된다는 점입니다.
측면과 윗면도 동일한 방법으로 매핑 위치와 크기를 수정하고 면을 분할시킨 선을 숨깁니다.

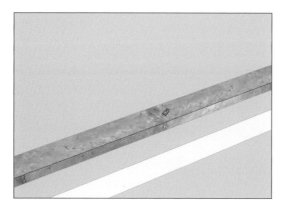

| 지우개 도구로 선 숨기기

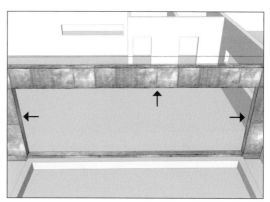

| 매핑 위치/크기 수정

23 | 매핑 위치/크기 수정

'00-3.건축-벽체-외벽-정면' 그룹의 왼쪽 부분도 매핑 위치
와 크기를 수정하고 면을 분할시킨 선을 숨깁니다.

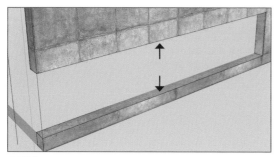

| 수정 후

| 알아두기 | 선으로 면을 분할시키는 이유

길이가 긴 면일 경우 녹색 핀을 이용해 메트리얼 크기를
키우면 메트리얼의 품질이 저하됩니다. 해상도가 높은
이미지 파일로 매핑해도 화면을 축소해서 볼 때와 크게
확대해서 볼 때의 품질 차이가 나타나는 것과 동일한 현
상입니다. 이런 이유로 인해 길이가 긴 면은 길이에 따
라 두 개 또는 여러 개로 분할시켜 각각 매핑한 다음 매
핑 위치를 대칭 이동시켜 매핑이 끊어지지 않고 자연스
럽게 연결되게 만드는 것입니다.

24 | 장면 설정/편집 모드 만들기

'0-2' 장면 탭을 클릭하고 '00-3.건축-벽체-외벽-정면' 그룹을 편집 모드로 만듭니다. 색상 매핑을 하기 위해 [Materials] 창의 내림 버튼(⌄)을 클릭해 Colors 폴더를 선택합니다. 이어서 슬라이드 바를 아래로 내린 다음 'Color M07' 메트리얼을 클릭합니다.

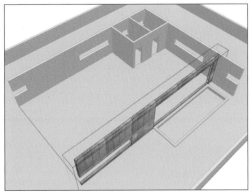

| 내림 버튼 클릭-Colors 클릭

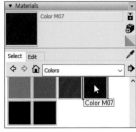

| 'Color M07' 클릭

| '0-2' 장면 탭 클릭-그룹 편집 모드 만들기

25 | 매핑

윗면을 클릭해 매핑합니다. 나머지 '00-3.건축-벽체-외벽', '00-4.건축-벽체-내벽' 그룹을 각각 편집 모드로 만든 다음 윗면을 매핑하고 편집 모드를 해제합니다. 이어서 [Materials] 창의 In Model 아이콘(⌂)을 클릭하고 이름을 '00-3.00-4.wall top'으로 입력한 다음 '0-2' 장면 탭을 클릭합니다.

윗면을 색상으로 매핑한 이유는 아이소 장면을 설정했을 때 윗면을 구분하기 위해서입니다.

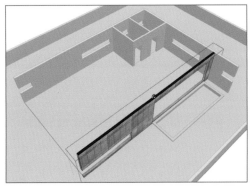

| 매핑

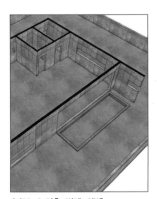

| '00-3.건축-벽체-외벽',
  '00-4.건축-벽체-내벽' 그룹 상부면

| 이름 수정

현장 플러스 + 이름(숫자) 일치의 3요소

지금까지의 과정에서 여러 번 강조한 이름(숫자) 일치의 3요소(그룹 이름, 메트리얼 이름, 태그 이름)에 대해 마지막으로 한 번 더 정립해 보겠습니다. [Materials] 창의 Details 아이콘(➡)을 클릭해 나타나는 확장 메뉴 중 List View 명령을 클릭하면 섬네일 이미지가 아닌 문자로 메트리얼 이름이 표시됩니다.

[Materials] 창, [Tags] 창, [Outliner] 창을 펼친 다음 각 창의 이름을 비교해 보면 숫자로 구분되어 있기 때문에 쉽게 파악할 수 있습니다. 그룹의 이름, 해당 그룹에 매핑한 메트리얼 이름, 해당 그룹이 포함된 태그 이름을 숫자로 일치시키면 특정 숫자를 확인했을 때 해당 숫자에 포함하는 3요소(그룹, 메트리얼, 태그)를 바로 알 수 있기 때문에 실무 작업에 많은 도움이 됩니다.

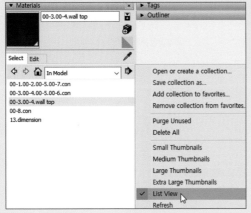

| Detail 아이콘 클릭-List View 클릭

| [Materials], [Tags], [Outliner] 창 확인

[Materials] 창에서 List View로 메트리얼 이름을 확인한 독자분들은 다시 섬네일로 확인하기 위해 Large Thumbnails 명령을 클릭합니다.

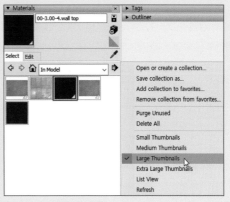

| Large Thumbnails 클릭

26 | Color by Tag

[Tags] 창의 Details 아이콘(➡)을 클릭해서 나타나는 확장 메뉴 중 객체를 태그 색상으로만 표현하는 Color by Tag 명령을 클릭하고 모델을 확인합니다. 작업 모델이 해당 태그에 설정된 색상으로 표현되는 것을 알 수 있습니다.
태그 색상은 랜덤하게 설정되기 때문에 아래 오른쪽 첨부 이미지의 색상과 다를 수 있습니다.

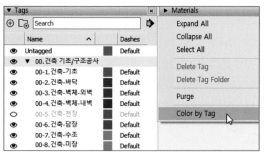

| Detail 아이콘 클릭-Color by Tag 클릭

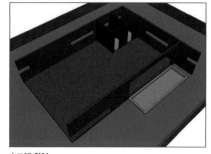

| 모델 확인

| 알아두기 | 태그 색상 박스가 안 보일 경우

태그 색상 박스가 안 보일 경우에는 트레이의 폭을 조금 늘리면 됩니다. 유의할 점은 트레이는 항상 최소 폭으로 작업해야 하기 때문에 폭을 늘렸다면 다시 최소 폭으로 조절해야 합니다.

| 트레이 왼쪽 경계 부분 클릭

| 클릭한 채로 왼쪽으로 드래그-태그 색상 박스가 보임

27 | 태그 색상 설정

[Tags] 창에서 '00-1.건축-기초' 태그의 색상 박스를 클릭합니다. 흰색(R:255,G:255,B:255)을 설정하고 〈OK〉 버튼을 클릭한 다음 모델을 확인합니다. 해당 태그에 포함된 '00-1.건축-기초' 그룹이 흰색으로 표현되는 것을 알 수 있습니다.

| '00-1.건축-기초'태그 색상 박스 클릭

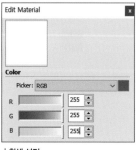

| 흰색 설정

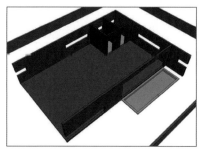

| 모델 확인

28 | 태그 색상 설정

'00.건축 기초/구조공사' 태그 폴더 안에 있는 나머지 태그 색상도 흰색으로 설정합니다.

| 태그 폴더 색상을 흰색으로 설정

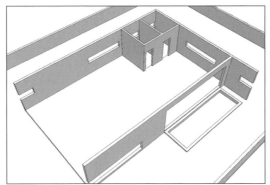

| 모델 확인

| 알아두기 | **Color by Tag 활용**

[Tags] 창에서 태그의 색상을 공종별(작업별)로 다르게 설정하면 Color by Tag 스타일로 모델을 확인할 때 공종별로 구분되기 때문에 특정 공종의 작업 범위를 쉽게 파악할 수 있습니다.

| Color by Tag 체크 해제

| Color by Tag 체크

29 | Color by Tag 체크 해제/장면 업데이트

[Tags] 창의 Details 아이콘(▶)을 클릭하고 체크 되어 있는 Color by Tag 명령을 클릭해 체크 해제합니다. [Scenes] 창에서 '0-1' 장면을 더블클릭해 선택하고 장면을 업데이트하기 위해 Update Scene(s) 아이콘(↻)을 클릭합니다. [Scene Update] 창이 나타나면 〈Update〉 버튼을 클릭해 장면의 변경사항을 업데이트합니다.

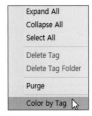

| Color by Tag 체크
해제

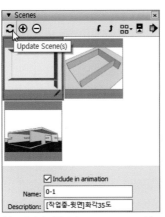

| '0-1' 장면 더블 클릭-Update Scene(s)
아이콘 클릭

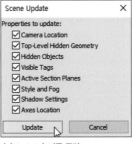

| 〈Update〉 버튼 클릭

30 | 장면 업데이트

'0-2', '0-3' 장면도 동일한 방법으로 업데이트합니다.

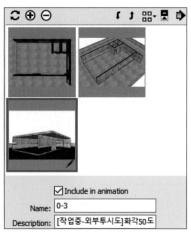

| 장면 업데이트

 현장 플러스 +

이미지 파일 다운로드/촬영한 사진으로 매핑하기

이미지 파일을 검색하고 다운로드하는 방법과 저자가 직접 촬영한 사진을 이용해 매핑한 사례를 알아보겠습니다.

1 | 이미지 파일 다운로드

웹 사이트에서 다운로드하는 이미지 파일의 저작권 문제는 너무 다양하고 광범위해서 일일이 설명하지 못하기 때문에 저작권이 있는 이미지 파일의 사용은 주의하도록 합니다.

① 자재 웹 사이트에서 미리보기 이미지 캡쳐 or 다운로드

현장에서 사용할 마감재를 판매하는 홈페이지에 접속해서 미리보기 이미지를 캡쳐 하거나 다운로드하는 방법입니다. 가장 쉽고 실제 현장에서 사용할 마감재와 동일한 이미지 파일을 구할 수 있다는 장점이 있지만, 해당 웹 사이트에서 제공하는 이미지 파일의 픽셀 크기가 크지 않다는 단점이 있습니다.

② 구글 이미지 검색

구글 이미지 웹 페이지(https://www.google.co.kr/imghp?hl=ko&ogbl)에서 찾고자 하는 마감재 이미지를 검색한 다음 다운로드하는 방법입니다. 이미지 파일의 크기가 크고 다양한 이미지 파일을 구할 수 있다는 장점이 있지만, 실제 현장에서 마감하는 마감재 이미지와 동일한 이미지 파일을 구하기 어렵다는 단점이 있습니다.

저자의 경우에는 실내 건축 현장에서 마감하는 마감재 이미지를 매번 구하거나 만들 수 없기 때문에 저자가 가지고 있는 이미지 파일 중에서 실제로 마감하는 마감재의 패턴과 색상이 비슷한 이미지 파일을 사용해서 매핑하는 경우도 많습니다.

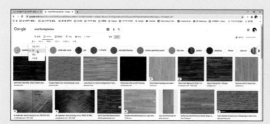

| 구글 이미지 웹 페이지 접속-검색어 입력-검색 옵션(도구-큼) 설정

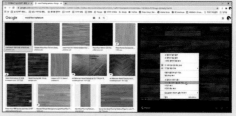

| 이미지 클릭해 선택-마우스 우클릭-다운로드

2 | 직접 촬영한 사진을 이용해 매핑하기

저자가 직접 촬영한 사진을 이용해 매핑하는 경우도 있습니다. 실제 마감재의 이미지 파일이기 때문에 가장 현실감 있고 픽셀 크기가 큰 장점이 있지만 포토샵으로 편집해 사용해야 한다는 조금의 불편함이 있습니다.

참조 이미지는 저자가 촬영한 사진으로 만든 이미지 파일과 해당 이미지 파일로 매핑한 스케치업 모델입니다.

| 스톤(Stone) 이미지 파일

| 매핑한 모델

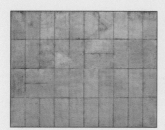

| 유로폼 노출 콘크리트 이미지 파일

| 매핑한 모델

창호(Door, Window) 모델링하고 매핑하기

실제 현장에서의 창호 공사는 '문틀'과 '창틀'이 먼저 설치된 다음 작업 마무리 단계에서 '문'과 '창'이 설치되는 것이 일반적이지만, 이 책에서는 학습 효율상 함께 모델링과 매핑 작업을 하고 각각의 태그로 구분하도록 하겠습니다.

3강

학습 목표

이번 과정은 지난 과정보다 각종 그룹의 이름을 조금 더 상세하게 입력합니다. 이름을 상세하게 입력하는 이유는 [Outliner] 창에서 특정 그룹을 빨리 검색하고 관리하기 위해서입니다. 이번 과정을 통해 이름을 상세하게 입력하는 습관을 만들기 바랍니다.

'문틀', '문짝' 그룹 모델링하고 매핑하기

이번 과정에서는 2D door 컴포넌트를 배치한 다음 해당 컴포넌트를 기준으로 화장실 '문틀'과 '문짝' 그룹을 모델링하면서 동일한 위치에 붙여넣기하는 Paste In Place 명령과 평면 배치용 2D 컴포넌트를 활용하는 방법 등에 대해 알아보겠습니다.

예|제|파|일| 프로그램 1/2강-3.완성.skp   완|성|파|일| 프로그램 1/3강-1.완성.skp

01 | 장면 설정

'0-1' 장면 탭을 클릭하고 장면을 조금 밝게 표현하기 위해 [Shadows] 창의 Use sun for shading 옵션에 체크 표시합니다.

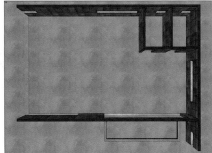

| '0-1' 장면 탭 클릭

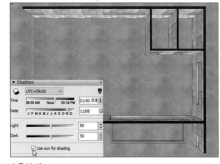

| 옵션 체크

02 | 컴포넌트 배치

화면을 왼쪽 참조 이미지처럼 화장실 앞부분으로 배치하고 '제공 파일/component' 폴더의 윈도우 창의 크기를 줄입니다. 이어서 com.2d.door(900x200x40).skp 컴포넌트 파일을 윈도우상에서 클릭하고 클릭한 채로 '00-1.건축-바닥' 그룹으로 드래그한 다음 클릭한 손가락을 떼서 배치합니다.

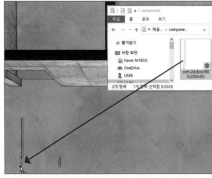

| 'component' 폴더의 윈도우 창 크기 줄임-컴포넌트 클릭한 채로 드래그

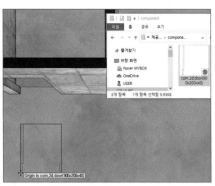

| 배치

03 | 컴포넌트 확인

[Outliner] 창에서 불러온 'com.2d.door(900×200×40)' 컴포넌트를 선택하고 닫힘 아이콘(▶)을 클릭해 계층 구조를 펼치면 해당 컴포넌트는 두 개의 하위 그룹으로 구성되었다는 것을 알 수 있습니다. [Components] 창의 In Model 아이콘(🏠)을 클릭해 현재의 모델에 있는 컴포넌트가 등록되는 라이브러리로 이동하면 불러온 컴포넌트가 등록된 것도 확인할 수 있습니다. 불러온 컴포넌트를 화면에 꽉 차게(Zoom Selection) 배치합니다.

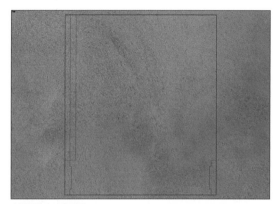

| [Outliner] 창 : 계층 구조 펼치기-[Components] 창:In Model
아이콘 클릭-확인

| 화면에 꽉 차게 배치

| 알아두기 | **컴포넌트 이름**

'com.2d.door(900x200x40)' 컴포넌트의 이름 입력 방식에 대해 알아보겠습니다. com은 component의 약자이며 2d는 볼륨이 없는 2d 컴포넌트라는 의미입니다. 숫자 900은 길이, 200은 폭, 40은 문틀 두께를 의미합니다.
즉 com은 대분류, 2d는 중분류, door는 소분류의 개념입니다.
이처럼 컴포넌트를 만들 때 이름 입력 방식을 정해서 입력하면 효율적인 관리가 됩니다.

---

04 | 숫자 확인

문 열림 기호 표시를 하기 위해 호를 그리겠습니다. 두 개의 점을 이용해 호를 그리는 2점 호 도구(2 Point Arc ⊘, 기본 단축키 A, 암기 필수)를 선택하고 수치 입력란에 표시되는 Sides 숫자를 확인합니다. 키보드로 '36'을 입력하고 엔터를 눌러 36개의 선으로 호를 그리겠습니다.

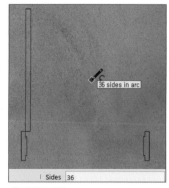

| 2점 호 도구 선택-숫자 확인

| '36' 입력-엔터

05 | 호 그리기

시작점을 클릭하고 끝점을 클릭합니다. 이어서 돌출 방향으로 드래그한 다음 '200'을 입력하고 엔터를 눌러 호를 그립니다.

| 시작점 클릭-끝점 클릭

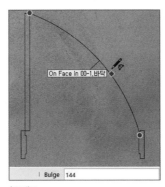

| 드래그

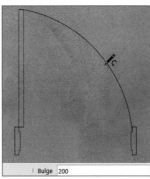

| '200' 입력-엔터

06 | 일점 쇄선 만들기

문 열림 기호는 일반적으로 실선이 아닌 일점 쇄선으로 표현하기 때문에 호를 일점 쇄선으로 만들어 보겠습니다. 호에 마우스
포인터를 위치하고 우클릭해 나타나는 확장 메뉴 중 호를 분해하는 Explode Curve 명령을 클릭합니다. 이제 호는 하나로
연결된 호가 아니라 호를 그릴 때 설정한 숫자인 36개의 선으로 분해되었습니다. 선택 도구로 가운데 부분에 있는 하나의 선을
선택하고 한 칸 띄워서 선을 하나 더 선택한 다음 Delete 를 눌러 삭제합니다.

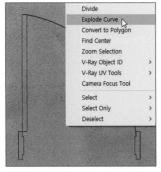

| 마우스 우클릭-Explode Curve 클릭

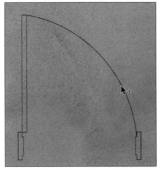

| 선택 도구로 두 개의 선 선택- Delete

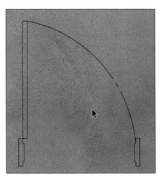

| 완성

07 | 그룹 만들기

선택 도구(Select ▶)로 영역을 지정해 선택하고 그룹으로 만든 다음 그룹 이름을 '열림 기호'로 입력합니다.

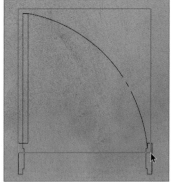

| 선택 도구로 드래그해서 영역 지정

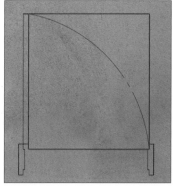

| 그룹 만들기

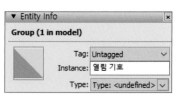

| 그룹 이름 입력

08 | 계층 구조 위치 바꾸기

[Outliner] 창에서 '열림 기호' 그룹을 클릭하여 선택하고 클릭한 채로 'com.2d.door~' 컴포넌트로 드래그한 다음 클릭한 손가락을 떼서 해당 컴포넌트의 하위로 위치를 이동시킵니다. 이처럼 [Outliner] 창에서 특정 객체를 선택해서 간단하게 객체 (그룹, 컴포넌트)의 계층 구조 위치를 바꿀 수 있습니다.

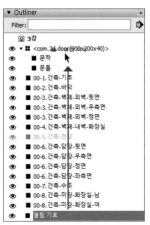

| '열림 기호' 그룹 클릭-클릭한 채로 드래그

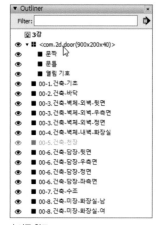

| 이동 완료

현장 플러스 Paste In Place 명령 활용하기

동일한 위치에 객체를 붙여넣기하는 Paste In Place 명령에 대해 알아보겠습니다. 따라 할 독자들은 Ctrl + Z (되돌리기)를 눌러 '열림 기호' 그룹이 'com.2d.door~' 컴포넌트에 포함되기 전으로 되돌립니다.

1 | 자르기(Ctrl + X, 암기 필수)

선택 도구(Select)로 '열림 기호' 그룹을 선택한 다음 Ctrl + X (자르기, 암기 필수)를 눌러 자르기합니다.

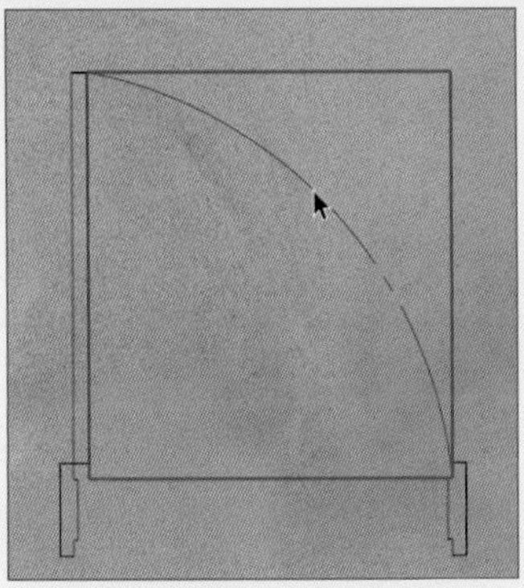

| 선택 도구로 그룹 선택

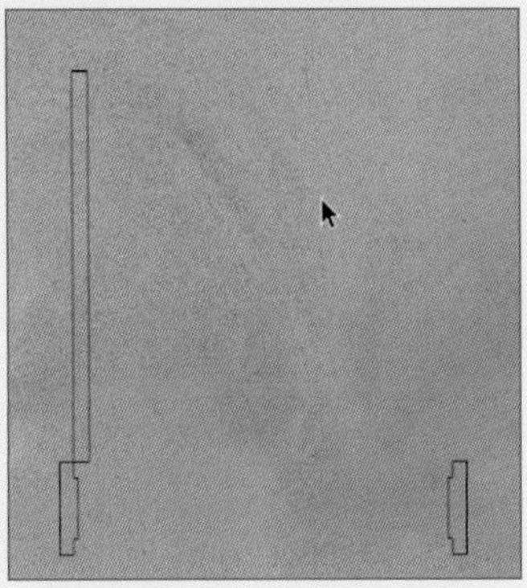

| Ctrl + X

2 | 편집 모드 만들고 동일한 위치에 붙여넣기

'com.2d.door~' 컴포넌트를 편집 모드로 만들고 메뉴의 Edit-Paste In Place 명령(단축키 추가 필수, F6)을 클릭해 동일한 위치에 붙여넣기 한 다음 편집 모드를 해제합니다.

Paste In Place 명령은 복사(Ctrl + C, 암기 필수)하거나 자르기(Ctrl + X) 한 객체를 동일한 위치에 붙여넣기하는 명령으로 모델링 작업 시 아주 유용하게 활용되는 명령입니다.

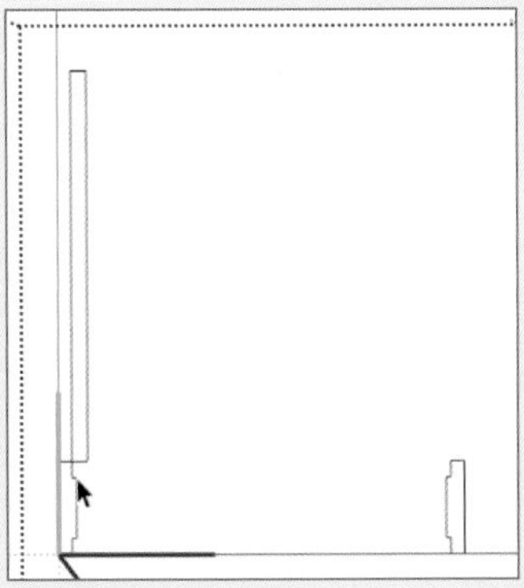

| 컴포넌트 편집 모드 만들기

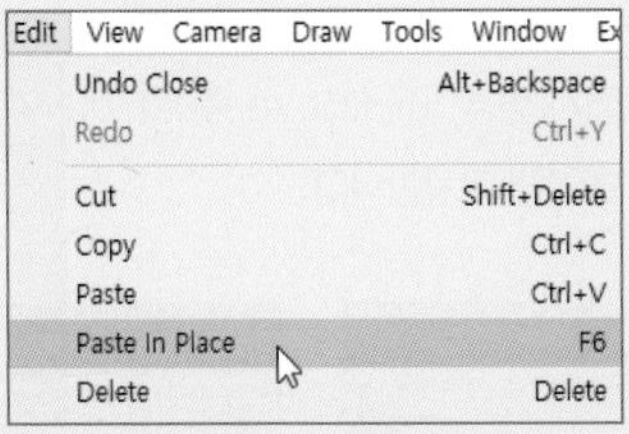

| Edit-Paste In Place 클릭

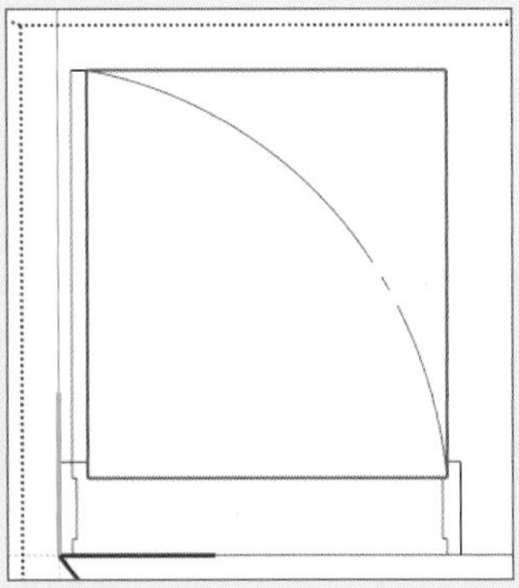

| 동일한 위치에 붙여넣기가 됨-편집 모드 해제

09 | 이동

선택 도구(Select ▶)로 'com.2d.door~' 컴
포넌트를 선택합니다. 이어서 이동 도구(Move
✛)로 '문틀' 그룹 중심점(Midpoint)을 클릭한
후 드래그하여 '00-4.건축-벽체-내벽-화장
실' 그룹의 아래쪽 중심점을 클릭해 배치합니다.

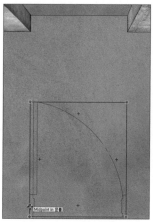

| 선택 도구로 선택-이동 도구로 중심점 클릭 | 드래그-중심점 클릭해 배치

10 | 태그 폴더, 태그 추가/태그 지정

[Tags] 창에서 '01.2D' 태그 폴더를 추가하고 '01.2D' 태그 폴더 안에 '01-1.2D-문' 태그를 추가한 다음 'com.2d.
door~' 컴포넌트를 포함시킵니다.

| 태그 폴더 추가

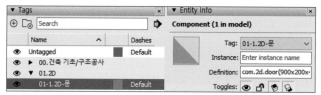

| 태그 추가-태그 지정

11 | 복사

'com.2d.door~' 컴포넌트가 선택된 상태에서 이동 도구(Move ✛)를 '00-4.건축-벽체-내벽-화장실' 그룹 끝점을 클릭
하고 오른쪽으로 드래그한 다음 그룹 끝점을 클릭해 복사합니다.

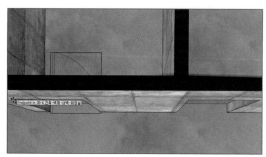

| 끝점 클릭

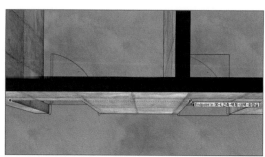

| 드래그-끝점 클릭

12 | 화면 이동/사각형 그리기

문틀을 모델링하기 위해 왼쪽 참조 이미지를 보고 화면을 회전시키고 표시한 부분을 확대합니다. 사각형 도구(Rectangle █)
로 'com.2d.door~' 컴포넌트의 '문틀' 그룹 끝점(시작점)을 클릭하고 대각선 방향으로 드래그한 다음 '문틀' 그룹 끝점을 클
릭해 사각형을 그립니다.

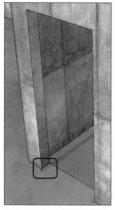

| 화면 회전-표시한 부분 확대

| 사각형 도구 선택-끝점 클릭

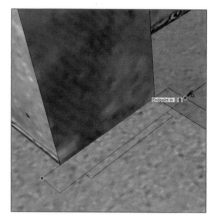

| 드래그-끝점 클릭

13 | 사각형 그리고 선 삭제

왼쪽 참조 이미지를 보고 사각형 도구(Rectangle █)로 사각형을 하나 더 그린 다음 지우개 도구(Eraser █)로 두 개의 사각형
경계에 있는 선을 클릭해 삭제합니다.

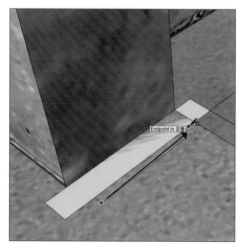

| 사각형 그리기

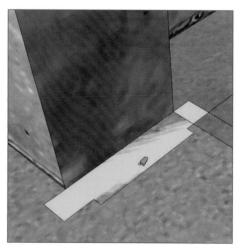

| 지우개 도구로 선 삭제

14 | 선 그리기

선 도구(✏)로 그룹 아래쪽 끝점을 클릭하고 위로 드래그한 다음 그룹 끝점을 클릭해 선을 그립니다. 이어서 오른쪽 참조 이미지를 보고 선을 두 개 더 그립니다.

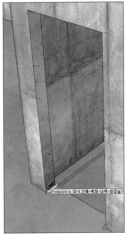

| 선 도구로 그룹 끝점 클릭

| 위로 드래그-끝점 클릭

| 드래그 끝점 클릭-드래그 끝점 클릭

15 | 문틀 모델링

선택 도구(Select ▶)로 하나의 선을 클릭해 선택한 다음 Ctrl 를 누른 상태에서 나머지 두 개의 선을 클릭해 다중 선택합니다. 그런 다음 따라가기 도구(Follow Me 🔄)로 면을 클릭해 문틀 모델링을 완성합니다. 이어서 선택 도구(Select ▶)로 트리플 클릭해 모델링된 객체를 모두 선택한 다음 그룹으로 만듭니다.

| 선택 도구로 세 개의 선을 다중 선택

| 따라가기 도구로 면 클릭

| 완성

| 그룹 만들기

16 | 태그 폴더, 태그 추가/태그 지정

'02.창호공사' 태그 폴더를 추가하고 해당 태그 폴더 안에 '02-1-1.문틀' 태그를 추가한 다음 그룹을 포함시키고 그룹 이름을
'02-1-1.문틀-화장실-여'로 입력합니다.

| 태그 폴더 추가

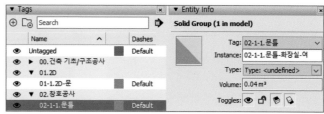

| 태그 추가-태그 지정-그룹 이름 입력

17 | 매핑

[Materials] 창에서 Colors 폴더의 'Color M06' 메트리얼을 선택하고 '02-1-1.문틀-화장실-여' 그룹을 편집 모드로 만
든 다음 인접 채우기 방식으로 매핑합니다. 이어서 편집 모드를 해제하고 [Materials] 창의 In Model 아이콘을 클릭한 다음
메트리얼 이름을 '02-1.color'로 입력합니다.

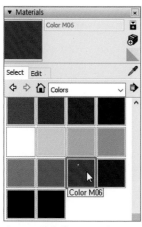

| Colors 폴더의 'Color M06' 메트리얼
선택

| 편집 모드 만들기-매핑

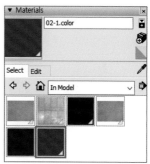

| 이름 수정

| 알아두기 | **작업 순서**

모델링을 하고 매핑을 한 다음 그룹으로 만들어도 되고 그룹을 만든 다음 그룹 편집 모드에서 매핑해도 됩니다.
15~17번 과정은 태그 폴더, 태그, 그룹, 메트리얼의 이름을 순차적으로 일치시키는 과정을 학습하는 내용으로 실무 작업에서
는 해당 작업에 효율적인 순서로 작업하면 됩니다.

18 | 복사/그룹 이름 수정

이동 도구(Move ✛)를 이용해 '02-1-1.문틀-화장실-여' 그룹을 오른쪽으로 복사하고 그룹 이름을 '02-1-1.문틀-화장실-남'으로 수정합니다.

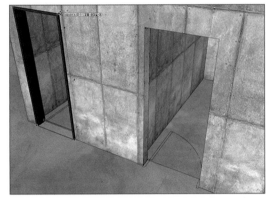

| 선택 도구로 그룹 선택-이동 도구로 그룹 끝점 클릭- Ctrl 누름

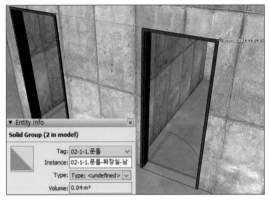

| 드래그-그룹 끝점 클릭해 복사-이름 수정

| 알아두기 | 색상 매핑

색상 매핑이기 때문에 매핑 위치를 수정할 필요는 없지만, 편집 모드에서 매핑한 이유는 면적 산출이 필요한 경우가 있기 때문입니다. 즉 편집 모드에서 매핑하면 금속(ex : 갈바)으로 문틀을 작업했을 경우 해당 자재의 면적과 자재에 마감하는 마감재(ex : 도장)의 면적도 산출할 수 있습니다.

이 책의 내용은 학습 효율상 실제보다 간단하게 모델링했지만, 자재의 정확한 면적을 산출하려면 모델링도 실제처럼 해야 하며 마감하지 않는 면의 매핑은 디폴트 메트리얼로 수정해야 정확한 면적 산출이 됩니다.

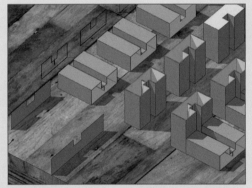

| 저자가 사용하는 금속 프레임 컴포넌트(or 그룹)/따라가기 도구를 사용하기 위한 단면 컴포넌트(or 그룹)의 종류

19 | 사각형 그리기

'무짤' 그룹을 모델링하기 위해 오른쪽 페이지 상단의 왼쪽 참조 이미지를 보고 화면을 여자 화장실 안쪽으로 배치한 다음 사각형 도구(Rectangle ▨)로 사각형을 그립니다. 이어서 밀기/끌기 도구(Push/Pull ◈)로 면을 클릭하고 안으로 조금 드래그한 다음 키보드로 '35'를 입력하고 엔터를 누릅니다.

| 화면 회전

| 사각형 도구로 시작점
  클릭-드래그-끝점 클릭

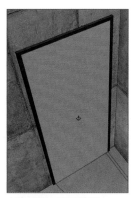
| 밀기/끌기 도구로 면 클릭

| 안으로 드래그-'35' 입력-엔터

20 | 확대

왼쪽 참조 이미지에서 표시
한 부분으로 화면을 확대합
니다.

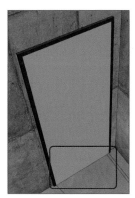
| 그룹 만들기-화면 확대

| 확인

21 | 그룹 숨기기/화면 확대

마우스 포인터를 '00-8.건축-미장-화장실-여' 그룹에 위치시킨 다음 마우스 우클릭해 나타나는 확장 메뉴 중 선택한 객체를
숨기는 명령인 Hide(단축키 추가 필수, Y)를 클릭합니다. 이어서 오른쪽 참조 이미지를 보고 도어 밑면이 보이도록 화면을
회전, 확대합니다.

| 마우스 우클릭-Hide 클릭

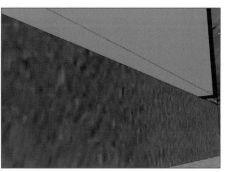
| 화면 회전/확대

22 | 높이 수정/매핑

밀기/끌기 도구(Push/Pull 💠)로 밑면을 클릭합니다. 이어서 위로 조금 드래그한 다음 키보드로 '15'를 입력하고 엔터를 누릅니다. 그런 다음 '02-1.color' 메트리얼를 인접 채우기 방식으로 매핑하고 그룹으로 만듭니다.

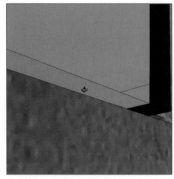

| 밀기/끌기 도구 선택-밑면 클릭

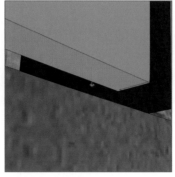

| 위로 드래그-'15' 입력-엔터

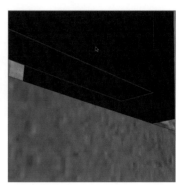

| 매핑-그룹 만들기

| 알아두기 | **문짝의 높이를 수정하는 이유**

'00-8.건축-미장-화장실-남/여' 그룹 위에 별도의 마감재 그룹이 모델링되기 때문에 문짝 높이를 수정한 것입니다. 이처럼 문짝 높이는 바닥 마감재 두께를 감안해서 모델링해야 합니다.

---

23 | 그룹 이름 입력/보조선 만들기

그룹 이름을 '문짝'으로 입력하고 손잡이를 배치하기 위해 아래 오른쪽 참조 이미지를 보고 줄자 도구(Tape Measure 🔍)를 이용해 두 개의 보조선을 만듭니다.

| 그룹 이름 입력

| 줄자 도구를 이용해 두 개의 보조선 만들기

스타일 도구 모음(Styles Toolbar 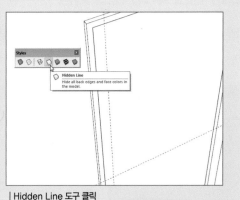)에서 Hidden Line 도구( )를 클릭하면 객체가 검정색 선과 흰색 면으로만 표현되기 때문에 보조선을 만드는 작업이나 보조선 확인을 보다 편리하게 할 수 있습니다. Hidden Line 도구( )를 클릭해 모델을 확인한 독자들은 메트리얼이 올바로 표현되는 기본 작업 스타일로 모델을 수정하기 위해 Shaded With Texture 도구( )를 클릭해 선택합니다.

| Hidden Line 도구 클릭

24 | 손잡이 컴포넌트 배치

'제공 파일/component' 폴더의 com.door.handle.01(좌정첩).skp 컴포넌트 파일을 윈도우상에서 클릭한 채로 드래그해 두 개의 보조선이 만나는 교차점을 클릭하여 배치합니다.

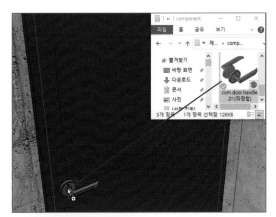

| 손잡이 컴포넌트 클릭한 채로 드래그

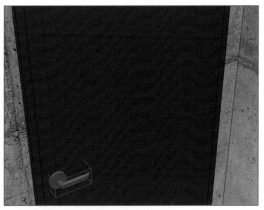

| 보조선이 만나는 교차점을 클릭해 배치

| 알아두기 | **손잡이 컴포넌트의 축의 위치**

X-Ray 도구( )를 클릭해 모델을 X-Ray 스타일로 만들고 com.door.handle.01(좌정첩) 컴포넌트를 선택 도구로 더블클릭하면 컴포넌트를 만들 때 설정한 축의 위치를 확인할 수 있습니다. 해당 컴포넌트는 학습 효율을 위해 축의 위치를 보는 방향에서 손쉽게 배치할 수 있도록 저자가 설정해 놓은 상태입니다.

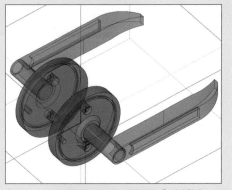

| X-Ray 스타일 만들기-컴포넌트 더블 클릭-축 위치 확인

25 | 태그 추가/태그 지정

'문짝' 그룹과 'com.door.handle.01(좌정첩)' 컴포넌트를 다중 선택하고 그룹으로 만듭니다. '02-1-2.문짝' 태그를 추가한 다음 그룹을 포함시키고 그룹 이름을 '02-1-2.문짝-화장실-여'로 입력합니다.

| 그룹 만들기

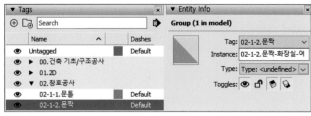

| 태그 추가-태그 지정-그룹 이름 수정

26 | 복사

이동 도구(Move ✛)를 이용해 문짝 그룹을 복사합니다.

| 그룹 선택-끝점(기준점) 클릭

| 드래그-끝점 클릭해 복사

| 알아두기 | **컴포넌트의 특성**

'02-1-2.문짝-화장실-여' 그룹을 편집 모드로 만들고 'com.door.handle.01(좌정첩)' 컴포넌트도 편집 모드로 만든 다음 '안쪽 레버' 그룹을 선택하면 '02-1-2.문짝-화장실-남' 그룹 안에 있는 'com.door.handle.01(좌정첩)' 컴포넌트의 '안쪽 레버' 그룹이 같이 선택되는 것을 확인할 수 있습니다.

이처럼 모델에 배치된 여러 개의 동일한 컴포넌트는 한 번에 선택하거나 편집할 수 있습니다. 그룹과 차별되는 부분으로 컴포넌트의 가장 큰 특성이기도 합니다.

| 선택 전 | 선택 후-동일한 컴포넌트의 하위 그룹이 함께 선택됨

27 | 그룹 이름 수정

복사한 그룹 이름을 '02-1-2.문짝-화장실-남'으로 수정합니다. 그런 다음 메뉴의 Edit-Unhide-Last(단축키 추가 필수, U)를 클릭해 숨긴 '00-8.건축-미장-화장실-여' 그룹을 나타냅니다.

| 그룹 이름 수정

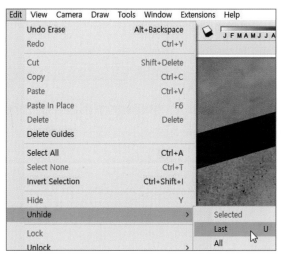

| Edit-Unhide-Last 클릭

평면 배치용 2D 컴포넌트(or 그룹) 활용하기

건축 기초 및 건축 구조 부분의 모델링과 매핑이 마무리되었으면 창호(door, window) 부분의 모델링 및 매핑 작업이 진행됩니다. 이때 모델링을 바로 시작하는 것보다 평면 배치용 2D 컴포넌트(or 그룹)를 평면상에 배치하는 '평면 레이아웃 배치 단계'가 선행되면 실무 모델링 작업을 더 효율적으로 진행할 수 있습니다.

클라이언트와 평면 레이아웃을 검토하는 초반 미팅 시에도 유용하게 활용할 수 있으며 배치한 평면 배치용 2D 컴포넌트를 기준으로 3D 모델링을 진행할 수도 있습니다.

1 | 평면 배치용 2D 컴포넌트 활용예

| 평면

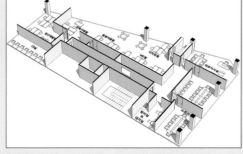

| 아이소

2 | 평면 배치용 2D 컴포넌트 만들기

평면 배치용 2D 컴포넌트는 두 가지 방법으로 만들 수 있습니다.

첫 번째 방법은 캐드 파일을 스케치업으로 불러와서 2D 컴포넌트로 만드는 방법이고 두 번째 방법은 스케치업에서 직접 모델링해서 만드는 방법입니다.

이렇게 만든 2D 컴포넌트를 특성에 맞게 스케치업 파일에 모아서 정리해 놓으면 평면 레이아웃 배치 단계에서 효율적으로 활용할 수 있습니다.

윈도우상에서 각각의 컴포넌트로 하나하나 저장하는 것보단 스케치업 파일에 모아서 정리해 놓고 작업 중인 파일로 복사/붙여넣기하는 방식이 더 효율적이며 저자가 실무 작업에 활용하는 방식이기도 합니다.

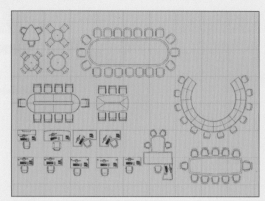

| 사무용 가구 2D 평면 컴포넌트가 배치된 파일

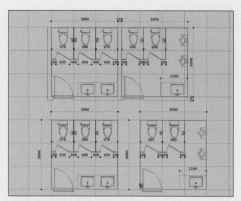

| 화장실 2D 평면 컴포넌트가 배치된 파일

3 | 평면 배치용 2D 컴포넌트를 만들 때 유의할 점

평면 배치용 2D 컴포넌트의 특성상 선으로만 표현되기 때문에 간단한 모양보다는 디테일한 부분까지 표현된 캐드 소스를 활용해서 만들어야 합니다.

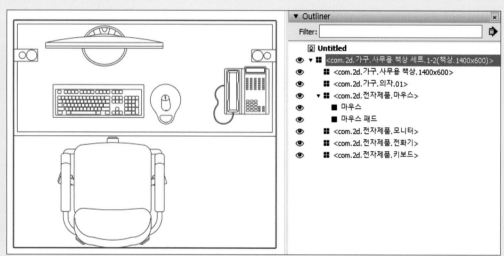

| 디테일한 캐드 소스로 만든 2D 평면 컴포넌트

'창틀-정면(우측)' 그룹 모델링하고 매핑하기

2

'창틀-정면' 그룹을 모델링하면서 특정 축의 방향으로만 이동시킬 수 있는 강제 추정 방법과 이동 도구를 이용해 복사(곱하기)하고 배열(나누기)하는 방법 등을 알아보겠습니다.

예|제|파|일 프로그램 1/3강-1.완성.skp   완|성|파|일 프로그램 1/3강-2.완성.skp

01 | 2D 컴포넌트 배치하기

화면을 왼쪽 참조 이미지처럼 '00-3.건축-벽체-외벽-정면' 그룹의 앞면이 보이게 배치하고 '제공 파일/component' 폴더에서 'com.2d.window.fix(7200×150×50).skp' 컴포넌트 파일을 클릭한 채로 드래그하여 스냅이 잡히는 '00-3.건축-벽체-외벽-정면' 그룹의 끝점에 위치시킨 다음 클릭한 손가락을 때서 배치합니다. 화면을 확대하고 이동 도구(Move ✥)를 이용해 'com.2d.window.fix(7200×150×50)' 컴포넌트를 안으로 70 이동시킵니다.

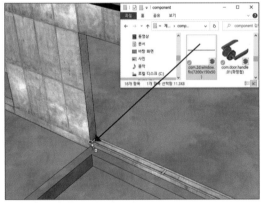

| 클릭한 채로 드래그-끝점 클릭해 배치

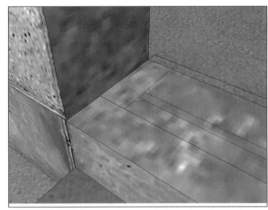

| 안으로 70 이동

| 알아두기 | 창호의 배치 위치

줄자 도구(Tape Measure ✐)를 이용해 확인해 보면 'com.2d.window.fix(7200x150x50)' 컴포넌트를 실내로 20mm 돌출되게 배치했다는 것을 알 수 있습니다. 해당 실내 벽면은 유로폼 노출 마감으로 별도의 마감재가 시공되지 않는 면이기 때문에 20mm만 돌출시켰습니다. 이처럼 창호를 배치하거나 모델링할 때는 해당 벽면의 마감(하지작업+마감재 두께 or 마감재 두께)을 생각하고 배치해야 합니다.

| 줄자 도구로 실내 돌출 거리 확인

02 | 태그 추가/지정

'01.2D' 태그 폴더 안에 '01-2.2D-창' 태그를 추가하고 불러온 컴포넌트를 포함시킵니다. 그런 다음 [Outliner] 창에서
'com.2d.window~' 컴포넌트의 계층 구조를 펼치고 '창틀-가로' 그룹을 클릭해 선택한 다음 복사(Ctrl + C)합니다.

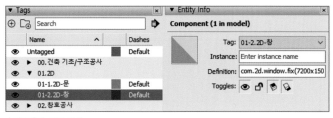

| 태그 추가-태그 지정

| [Outliner] 창에서 그룹 선택

03 | 동일한 위치에 붙여넣기

'com.2d.window~' 컴포넌트의 편집 모드 영역 외부를 선택 도구(Select ▶)로 클릭하고 다시 한번 더 클릭해 편집 모드를
해제한 후 동일한 위치에 붙여넣기(Edit-Paste in Place, 단축키 사용)합니다. 두 번 클릭해 편집 모드를 해제하는 이유는
해당 그룹의 계층 구조 때문입니다. 선택 도구(Select ▶)로 편집 모드 영역 외부를 처음 클릭했을 때 해당 그룹의 상위 그룹
인 '창틀' 그룹의 편집 모드가 해제되고 한 번 더 클릭했을 때 'com.2d.window~' 컴포넌트의 편집 모드가 해제됩니다.

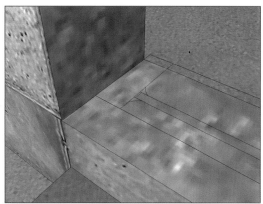

| 편집 모드 해제

| Paste in Place

| 알아두기 | **두께가 없는 객체 편집 모드 만들기**

2D 평면 컴포넌트처럼 두께가 없거나 두께가 얇은 객체(그룹 or 컴포넌트)를 편집 모드로 만들 때는 선택 도구로 객체를 더블클
릭할 경우 의도하지 않게 겹쳐 있는 다른 객체가 편집 모드로 바뀌는 경우가 있습니다.
두께가 없거나 얇은 객체를 편집 모드로 만들려면 선택 도구로 객체를 선택한 다음 엔터를 누르거나 [Outliner] 창에서 컴포넌트
아이콘(▓)이나 그룹 아이콘(■)을 더블클릭해 편집 모드로 만드는 방법이 편리합니다.

04 | 선 그리기

복사한 '창틀-가로' 그룹을 편집 모드로 만들고 선 도구(✏)로 시작점을 클릭하고 드래그한 다음 끝점을 클릭해 선을 그립니다. 그린 선으로 인해 면이 생성된 것을 확인할 수 있습니다.

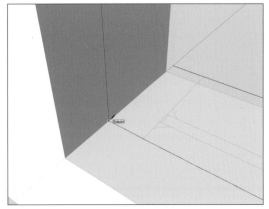

| 편집 모드 만들기-선 도구로 시작점 클릭

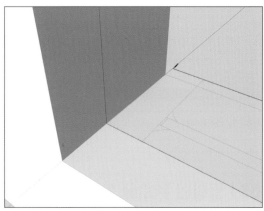

| 드래그-클릭 : 면이 생성됨

05 | 볼륨 만들고 매핑하기

밀기/끌기 도구(Push/Pull ◆)로 위로 50 올리고 '02-1.color' 메트리얼로 매핑(인접 채우기 방식)한 다음 편집 모드를 해제합니다. 이후로는 별다른 설명글이 없으면 모두 편집 모드에서 인접 채우기 방식으로 매핑하기 바랍니다.

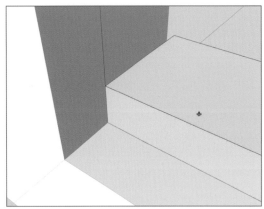

| 밀기/끌기 도구를 이용해 위로 50 올림

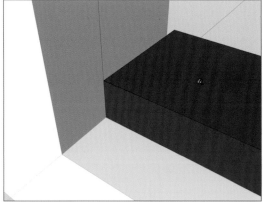

| 매핑

06 | 복사

화면을 축소한 다음 선택 도구(Select ▸)로 '창틀-가로' 그룹을 선택하고 X-Ray 도구(◐)를 클릭합니다. 그런 다음 이동 도구(Move ✛)로 '창틀-가로' 그룹의 위쪽 끝점을 클릭하고 Ctrl 를 눌러 복사 기능을 활성화합니다. 이어서 위(Z축 방향)로 드래그하면서 '00-3.건축-벽체-외벽-정면' 그룹의 선을 클릭해 복사한 다음 X-Ray 도구(⬤)를 클릭해 X-Ray 스타일을 비활성화합니다.

| 그룹 선택

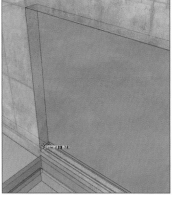
| X-Ray 도구 클릭-이동 도구로 끝점 클릭- Ctrl

| 드래그-클릭해 복사

| 알아두기 | **강제 추정**

객체를 이동하거나 복사할 경우, 참조점이 없는 경우는 꼭 스냅이 잡히는 축의 방향으로 이동시켜야 합니다. 특정 축의 방향으로 강제 추정을 하려면 키보드의 방향키를 누르면 됩니다. X축은 오른쪽 방향키, Y축은 왼쪽 방향키, Z축은 위 방향키를 누르면 해당 축의 방향으로만 이동할 수 있게 강제 추정됩니다.

---

07 | 컴포넌트 이동

아래 오른쪽 참조 이미지를 보고 화면을 확대합니다. [Outliner] 창에서 'com.2d.window~' 컴포넌트를 선택하고 이동 도구(Move ✛)를 이용해 위로 50 올립니다.

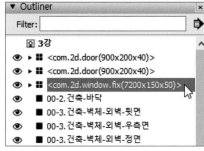
| 컴포넌트 선택

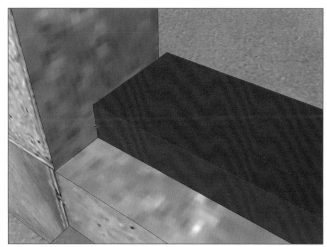
| 위로 50 이동

08 | 복사하고 선 그리기

[Outliner] 창에서 'com.2d.window~' 컴포넌트 안의 가장 왼쪽에 배치된 '창틀-세로' 그룹을 선택하고 복사(Ctrl + C)합니다. 그런 다음 편집 모드 영역 외부를 선택 도구(Select ▶)로 두 번 클릭해 컴포넌트의 편집 모드를 해제하고 동일한 위치에 붙여넣기(Paste in Place)합니다. 이어서 복사한 '창틀-세로' 그룹을 편집 모드로 만들고 선 도구(Line ✏)로 선을 그려 면을 만듭니다.

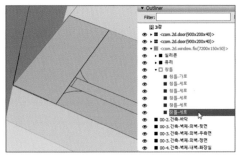

| 그룹 선택-복사

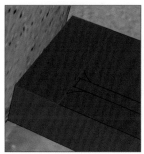

| 편집 모드 해제-붙여넣기

| 선 도구로 시작점 클릭-드래그-끝점 클릭

| 알아두기 | [Outliner] 창에서 편집 모드 해제시키기

편집 모드 상태인 객체의 편집 모드를 해제하려면 편집 모드 영역 외부를 선택 도구로 클릭해 해제할 수 있지만, 계층 구조가 여러 단계인 객체인 경우 선택 도구로 영역 외부를 계속 클릭하는 방법이 번거로울 수 있습니다.

계층 구조가 여러 단계인 객체의 편집 모드를 한 번에 해제하려면 [Outliner] 창에서 가장 위에 표시되는 타이틀(파일 이름)을 클릭하거나 타이틀 옆의 여백을 클릭하면 됩니다.

| '창틀' 그룹 편집 모드 상태

| 타이틀 클릭 : 편집 모드 해제

09 | 볼륨 만들고 매핑하기

밀기/끌기 도구(Push/Pull ◆)로 면을 클릭하고 위(Z축 방향)로 올리면서 '창틀-가로' 그룹의 아래쪽 끝점을 클릭합니다. 그런 다음 '02-1.color' 메트리얼로 매핑하고 편집 모드를 해제합니다. 이어서 이동 도구(Move ✦)로 '창틀-세로' 그룹의 코너를 클릭한 다음 Ctrl 를 눌러 복사 기능을 활성화합니다.

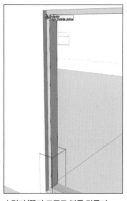

| 밀기/끌기 도구로 볼륨 만들기

| 매핑

| 편집 모드 해제

| 이동 도구로 그룹의 코너 클릭-Ctrl

10 | 선형 배열

맞은편으로 드래그하면서 '창틀-가로' 그룹의 위쪽 끝점을 클릭해 복사한 다음 키보드로 '/4'를 입력하고 엔터를 눌러 선형 배열(나누기)합니다.

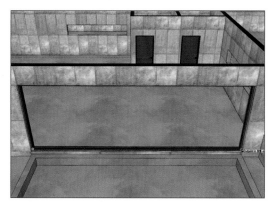

| 복사

| 키보드로 '/4' 입력-엔터-완성(선형 배열)

| 알아두기 | 2d 컴포넌트의 계층 구조

해당 컴포넌트의 계층 구조를 살펴보면 세부적으로 구분되어 모델링된 것을 알 수 있습니다. 2D 평면 컴포넌트는 평면 레이아웃을 표현할 때 주로 사용하지만, 3d 모델링의 기본이 되는 경우도 많기 때문에 2D 평면 컴포넌트(or 그룹)를 만들 때는 정확한 치수로 디테일한 모델링을 해야 합니다.

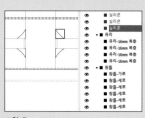

| 확대

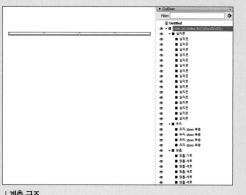

| 계층 구조

11 | 그룹 만들기

[Outliner] 창에서 가장 위에 있는 '창틀-가로' 그룹을 클릭해 선택하고 Shift 를 누른 상태에서 가장 아래에 있는 '창틀-세로' 그룹을 클릭해 다중 선택한 다음 그룹으로 만듭니다.

| 가장 위의 그룹 선택

| Shift 누른 상태에서 가장 아래의 그룹 선택

| 그룹 만들기

12 | 그룹 이름 입력

[Outliner] 창에서 Group을 더블클릭하고 다시 더블클릭한 다음 '02-2-1.창틀-정면(우측)'으로 이름을 입력합니다.

| 더블클릭-더블클릭

| 이름 수정

13 | 태그 추가/지정

'02.창호공사' 태그 폴더 안에 '02-2-1.창틀' 태그를 만들고 그룹을 포함시킵니다. '02-1.color' 메트리얼은 '02-2-1.창틀-정면' 그룹에도 매핑했기 때문에 이름을 '02-1.02-2.color'로 수정합니다.

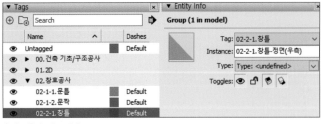

| 태그 추가-태그 지정

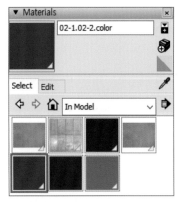

| 메트리얼 이름 수정

그룹, 컴포넌트의 이름을 수정하는 방법

그룹과 컴포넌트의 이름을 수정하는 방법과 유의할 점에 대해 알아보겠습니다.

1 | [Entity Info] 창에서 수정하기

그룹은 [Entity Info] 창의 Instance 항목에서 이름을 수정하면 되고 컴포넌트는 Definition 항목에서 이름을 수정할 수 있습니다.

| 그룹

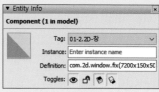

| 컴포넌트

컴포넌트일 경우 Instance 항목에도 이름을 입력하면 컴포넌트의 이름이 중복되어 표시되기 때문에 꼭 Definition 항목에만 입력해야 합니다.

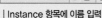

| Instance 항목에 이름 입력

| 이름이 중복됨

2 | [Outliner] 창에서 수정하기

그룹이나 컴포넌트 이름을 더블클릭, 더블클릭해 수정할 수 있습니다.

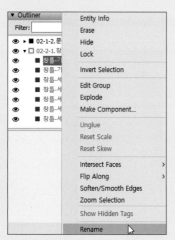

| Rename 클릭

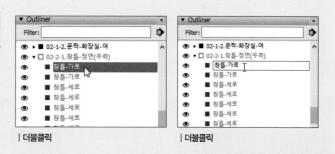

| 더블클릭 | 더블클릭

3 | 확장 메뉴에서 수정하기

[Outliner] 창에서 그룹이나 컴포넌트에 마우스 포인터를 위치하고 우클릭해 나타나는 확장 메뉴 중 Rename 명령을 클릭해 수정할 수 있습니다.

'유리', '실리콘' 그룹 모델링하고 매핑하기

3

유리와 실리콘 그룹을 모델링하면서 메트리얼의 불투명도를 조절하는 방법, 객체에 매핑을 두 번(fake, area)하는 이유, 객체를 대칭 이동시키는 방법 등을 알아보겠습니다.

예|제|파|일|프로그램 1/3강-2.완성.skp 완|성|파|일|프로그램 1/3강-3.완성.skp

01 | 복사/붙여넣기

아래의 왼쪽 참조 이미지를 보고 '02-2-1.창틀-정면(우측)' 그룹의 왼쪽 아래로 화면을 확대합니다. [Outliner] 창에서

'com.2d.window~'
컴포넌트 안의 가장 왼
쪽에 배치된 '유리-
16mm 복층' 그룹을
선택하고 복사(Ctrl
+ C)한 다음 컴포넌트
의 편집 모드를 해제합
니다.

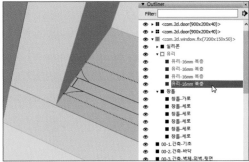

| 그룹 선택-복사

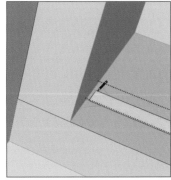

| 편집 모드 해제

02 | 붙여넣고 선 그리기

동일한 위치에 붙여넣기(Paste in Place)하고 편집 모드로 만든 다음 선 도구(✏)로 선을 그려 면을 만듭니다.

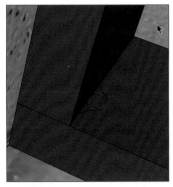

| 붙여넣기

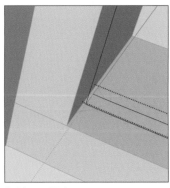

| 편집 모드 만들기

| 선 그리기

03 | 볼륨 만들기

밀기/끌기 도구(Push/Pull ♦)로 면을 클릭하고 위로 드래그한 다음 키보드로 '2295'를 입력하고 엔터를 누릅니다. 이어서 그룹 편집 모드를 해제합니다.

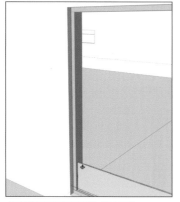
| 밀기/끌기 도구로 면 클릭–위로 드래그

| '2295' 입력 후 엔터

| 편집 모드 해제

| 알아두기 | 유리 모델링

'창틀–가로' 그룹과 '유리' 그룹이 맞닿은 곳을 확대해 보면 틈이 있는 것을 확인할 수 있습니다. [Model Info] 창에서 단위를 설정하는 Units 항목의 Length 정밀도를 소수점 두 자리로 설정하고 줄자 도구(Tape Measure ♪)로 길이를 측정하면 틈의 길이는 2.5로 표시됩니다.

현실에서의 유리 시공도 창틀의 내경(안쪽 치수)과 딱 맞는 크기로 시공하지 않듯이 유리 모델링 역시 여유를 두고 작업하는 것이 좋습니다. 이런 이유 때문에 유리의 상, 하, 좌, 우에 2.5mm씩의 여유를 두고 모델링한 것입니다.

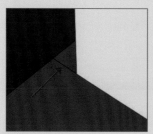
| 화면 확대–틈 확인

| [Model Info] 창의 Units 항목에 있는 Length 정밀도 수정

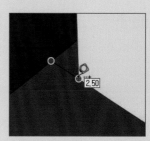
| 줄자 도구로 확인

04 | 가짜(fake) 매핑

[Materials] 창의 내림 버튼(⌄)을 클릭하고 Colors 폴더를 클릭한 다음 'Color A01' 메트리얼을 선택하고 그룹에 바로 매핑합니다. 이어서 In Model 아이콘(🏠)을 클릭하고 〈Edit〉 탭을 클릭합니다.

| 내림 버튼 클릭-Colors 폴더 클릭

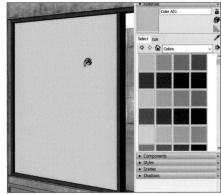

| Color A01 선택-그룹에 매핑

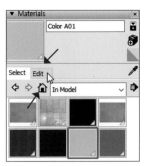

| In Model 아이콘 클릭-〈Edit〉 탭 클릭

05 | 색상 수정

Picker 항목의 내림 버튼(⌄)을 클릭해 RGB 색 모델을 선택하고 'R:100, G:255, B:255'로 수정합니다. 이어서 Opacity(불투명도) 항목의 숫자를 '10'으로 수정하고 〈Select〉 탭을 클릭합니다. [Tags] 창에서 02.창호공사 태그 폴더 안에 '02-3-1.유리-16mm 복층' 태그를 추가한 다음 메트리얼 이름을 '02-3-1.glass-16mm(fake)'로 입력합니다. fake는 가짜라는 의미로 면적 산출용 매핑이 아니라는 부분을 기억합니다.

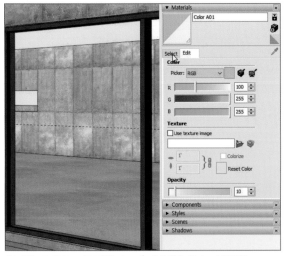

| R:100, G:255, B:255 설정-Opacity '10' 설정-〈Select〉 탭 클릭

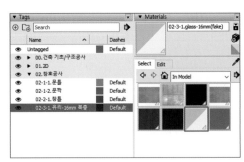

| 태그 추가-메트리얼 이름 입력

06 | 면적 산출용 진짜(area) 매핑

[Materials] 창에서 Create Material 아이콘(⬛)을 클릭하고 이름을 '02-3-1.glass-16mm(area)' 로 입력한 다음
〈OK〉 버튼을 클릭합니다. 이어서 유리 그룹을 편집 모드로 만들고 유리의 면적 산출을 위해 앞면만 매핑한 다음 편집 모드를
해제합니다.

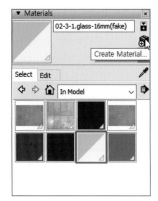

| Create Material 아이콘 클릭

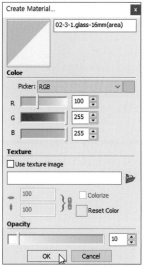

| 이름 입력-〈OK〉 버튼 클릭

| 편집 모드 만들기-앞면만 매핑-편집 모드 해제

| 알아두기 | **가짜(fake) 매핑과 면적 산출용 진짜(area) 매핑의 구분**

가짜 매핑과 진짜 매핑을 구분하려면 진짜(area) 매핑의 불투명도나 색상을 다르게 설정하면 됩니다. 불투명도나 색상을 다르게
설정해서 확인한 다음에는 다시 원래의 불투명도와 색상을 설정해서 동일하게 표현되도록 합니다.

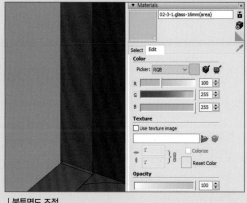

| 불투명도 조절

| 색상 조절

07 | 그룹 선택

선택 도구(Select ▶)로 '유리-16mm 복층' 그룹을 선택하고
이동 도구(Move ✛)로 '창틀-세로' 그룹 끝점을 클릭한 다음 복
사하기 위해 Ctrl 를 누릅니다.

| 유리 그룹 선택-이동 도구로 끝점 클릭- Ctrl 누름

08 | 복사/다중 복사

오른쪽으로 드래그하면서 '창틀-세로' 그룹 끝점을 클릭해 복사한 다음 키보드로 '*3'을 입력하고 엔터를 눌러 다중 복사(곱하
기)합니다.

| 드래그-클릭해 복사

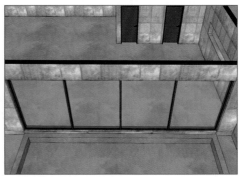

| 키보드로 '*3' 입력-엔터(다중 복사)

09 | 그룹 만들기

선택 도구(Select ▶)로 네 개의 '유리-16mm 복층' 그룹을 선택하고 그룹으로 만듭니다. '02-3-1.유리-16mm 복층' 태
그에 포함시키고 그룹 이름을 '02-3-1.유리-16mm 복층-창틀-정면(우측)'으로 입력합니다.

| 네 개의 유리 그룹 선택-그룹 만들기

| 태그 지정-그룹 이름 입력

10 | 복사

아래 왼쪽 참조 이미지에 표시한 부분으로 화면을 확대합니다. [Outliner] 창에서 'com.2d.window~' 컴포넌트 안의 가장 왼쪽 앞쪽에 배치된 '실리콘' 그룹을 선택하고 복사(Ctrl + C)한 다음 컴포넌트의 편집 모드를 해제합니다.

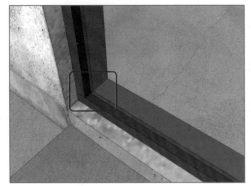

| 표시한 부분으로 화면 확대

| 그룹 선택-복사

11 | 붙여넣고 회전시키기

Ctrl + V (붙여넣기)를 클릭한 다음 '창틀-가로' 그룹의 면을 클릭해 붙여넣기합니다. 회전 도구(Rotate ⟳)를 선택하고 스냅이 잡히는 실리콘 그룹의 코너에 위치하면 파란색 각도기가 표시되는 것을 알 수 있습니다. 각도기의 색상을 바꾸기 위해 오른쪽 방향키를 클릭해 빨간색 각도기를 활성화한 다음 실리콘 그룹의 코너(중심점)를 클릭합니다.

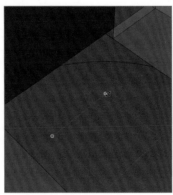

| 편집 모드 해제- Ctrl + V (붙여넣기)

| 회전 도구 선택-그룹의 코너에 위치

| 오른쪽 방향키 클릭해 빨간색 각도기 활성화-
중심점 클릭

12 | 세로 방향으로 회전

그룹의 맞은편 코너(기준점)를 클릭하고 시계
방향으로 조금 회전시킨 다음 키보드로 '90'을
입력하고 엔터를 눌러 90도 회전시킵니다.

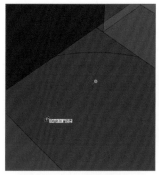

| 기준점 클릭–시계 방향으로 회전

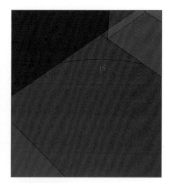

| '90' 입력–엔터

13 | 회전/이동

파란색 각도기로 그룹의 코너(중심점)를 클릭한 다음 회전시킬 기준점이 될 맞은편 코너를 클릭합니다. 이어서 시계 방향으로
조금 회전시킨 다음 '90'을 입력하고 엔터를 눌러 90도 회전시킵니다.

| 중심점 클릭

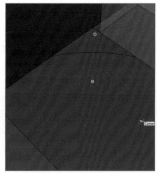

| 기준점 클릭

| 회전–'90' 입력 엔터

14 | 면 만들기

그룹을 분해(Explode)한 다음 선 도구로 선을 그려 면을 만듭니다.

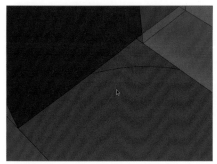

| Explode

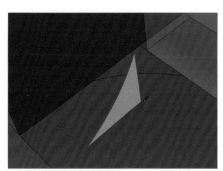

| 선 도구로 시작점 클릭–끝점 클릭

15 | 사각형 그리고 선 선택

화면을 축소하고 왼쪽 참조 이미지를 보고 사각형 도구(Rectangle Tool ▨)로 '창틀-세로' 그룹 위쪽 끝점을 클릭하고 대각선 방향으로 드래그한 다음 '창틀-세로' 그룹 아래쪽 끝점을 클릭해 사각형을 그립니다. 이어서 선택 도구(Select ▸)로 면을 선택하고 Delete 를 눌러 삭제한 다음 선택 도구(Select ▸)로 선을 트리플클릭해 네 개의 선을 선택합니다.

| 사각형 도구로 사각형 그리기

| 선택 도구로 면 선택- Delete

| 선택 도구로 선을 트리플클릭

16 | 따라가기 도구 사용

따라가기 도구(Follow Me ◉)로 면을 클릭해 완성한 다음 경로로 만든 선을 선택 도구(Select ▸)로 트리플클릭해 선택하고 삭제합니다. 이처럼 따라하기 도구(Follow Me ◉)는 따라갈 경로의 선과 따라갈 면이 떨어져 있어도 사용할 수 있으며 따라갈 경로로 만든 선은 불필요하기 때문에 삭제해야 합니다.

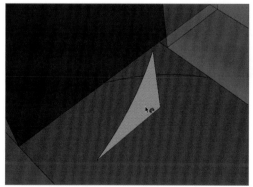
| 따라가기 도구로 면 클릭

| 완성

| 선 선택-삭제

17 | 매핑

[Materials] 창의 Colors 폴더에서 'Color A01' 메트리얼로 매핑합니다. 색상을 'R:130, G:130, B:130'으로 수정하고 이름을 '02-4-1.silicone으로 입력합니다.

| 매핑

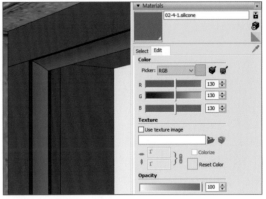

| 색상 수정-이름 수정

18 | 그룹 만들기

모델링한 객체를 선택 도구(Select ▶)로 트리플클릭해 모두 선택하고 그룹으로 만든 다음 그룹 이름을 '실리콘'으로 입력합니다.

| 그룹 만들기

| 그룹 이름 입력

19 | 이동

오른쪽 페이지 상단의 왼쪽 참조 이미지를 보고 화면을 확대한 다음 X-Ray 도구(◖)를 클릭합니다. '실리콘' 그룹이 선택된 상태에서 이동 도구(Move ✣)로 코너를 클릭하고 안으로(Y축 방향) 드래그한 다음 'com.2d.window~' 컴포넌트 안에 있는 '실리콘' 그룹 끝점을 클릭해 이동시킵니다.

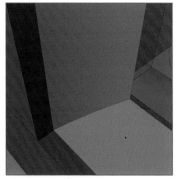
| 화면 확대

| X-Ray 도구 클릭-이동 도구로 코너 클릭

| 드래그-끝점 클릭해 이동시킴

20 | 복사하고 대칭 이동

X-Ray 도구(◉)를 클릭해 X-Ray 스타일을 비활성화합니다. '실리콘' 그룹이 선택된 상태에서 이동 도구(Move ✛)로 시작점을 클릭하고 Ctrl 를 눌러 복사 기능을 활성화합니다. 이어서 Y축 방향으로 조금 드래그한 다음 키보드로 '31'을 입력하고 엔터를 눌러 그룹을 복사합니다. 31은 실리콘 그룹의 두께 15mm와 유리 그룹의 두께 16mm를 더한 값입니다.

화면을 안쪽으로 이동한 다음 복사한 실리콘 그룹에 마우스 포인터를 위치하고 우클릭해 나타나는 확장 메뉴 중 Flip Along-Group's Green을 클릭해 대칭 이동시킵니다.

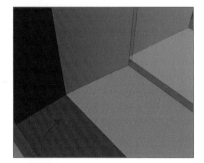
| 그룹 복사

| 화면 이동-마우스 우클릭-Flip Along-
　Group's Green 클릭

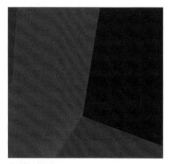
| 대칭 이동됨

21 | 복사

두 개의 '실리콘' 그룹을 선택하고 이동 도구(Move ✛)를 이용해 오른쪽으로 복사한 다음 키보드로 '*3'을 입력하고 엔터를 눌러 다중 복사합니다.

| 복사

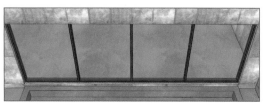
| 다중 복사

22 | 태그 추가/지정

[Outliner] 창에서 '실리콘' 그룹을 다중 선택하고 그룹으로 만듭니다. [Tags] 창에서 '02-4-1.실리콘' 태그를 추가하고 그룹을 포함시킨 다음 그룹 이름을 '02-4-1.실리콘-창틀-정면(우측)'으로 입력합니다.

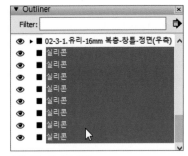

| 실리콘 그룹 다중 선택

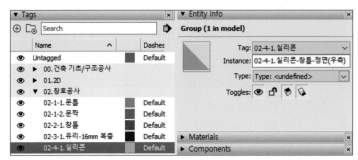

| 태그 추가-태그 지정-그룹 이름 입력

| 알아두기 | [Tags] 창에서 태그 검색하기

[Tags] 창의 태그 검색란을 클릭하고 검색어를 입력하면 해당 단어가 포함된 태그가 검색됩니다. 검색어를 삭제하거나 검색어 삭제 아이콘(❌)을 클릭하면 기존 상태로 되돌아갑니다.

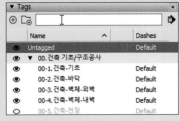

| 태그 검색란

| 단어 입력-확인-검색어 삭제 아이콘 클릭

'창틀-정면(좌측)' 그룹 모델링하기

4

이번 과정은 지난 과정에서 모델링한 여러 그룹을 복사한 다음 모델링을 수정해 새로운 그룹으로 만드는 방법을 알아보겠습니다.

예|제|파|일| 프로그램 1/3강-3.완성.skp   완|성|파|일| 프로그램 1/4강-4.완성.skp

01 | 그룹 선택

왼쪽 참조 이미지를 보고 '02-2-1.창틀-정면(우측)' 그룹의 왼쪽 아래로 화면을 확대합니다. [Outliner] 창에서 '02-2-1.창틀-정면(우측)' 그룹의 하위에 있는 왼쪽 '창틀-세로' 그룹과 아래쪽 '창틀-가로' 그룹을 선택한 다음 복사(Ctrl + C)합니다. 오른쪽 참조 이미지에서 선택한 '02-2-1.창틀-정면(우측)' 그룹의 하위 계층 구조 위치와 독자분들이 따라 하면서 모델링한 파일의 계층 구조 위치는 다를 수 있습니다.

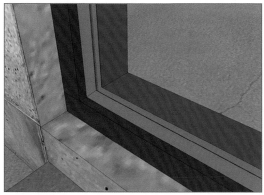

| 화면 이동/확대

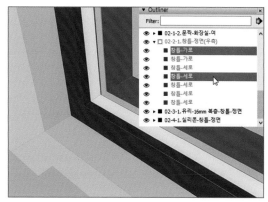

| 두 개의 그룹 선택-복사

| 알아두기 | [Outliner] 창의 계층 구조 펼치고 닫기

[Outliner] 창에서 모든 계층 구조를 펼치려면 파일 제목 옆 여백에 마우스 포인터를 위치하고 우클릭해 나타나는 확장 메뉴 중 Expand All을 클릭하면 됩니다. 그리고 펼쳐진 모든 계층 구조를 닫으려면 Collapse All을 클릭하면 됩니다.

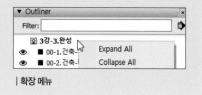

| 확장 메뉴

02 | 붙여넣고 보조선 만들기

편집 모드를 해제한 다음 왼쪽 참조 이미지를 보고 '00-1.건축-기초' 그룹에 붙여넣기(Ctrl + V)합니다. 그런 다음 줄자 도구(Tape Measure 🖉)를 이용해 두 개의 보조선을 만듭니다.

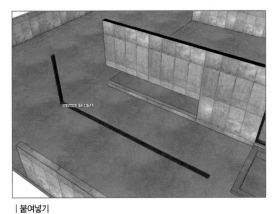

| 붙여넣기

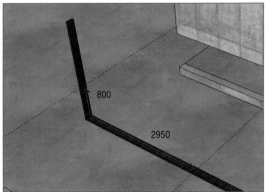

| 줄자 도구로 두 개의 보조선 만들기

03 | 길이 수정

그룹 편집 모드에서 이동 도구(Move ✥)나 밀기/끌기 도구(Push/Pull ◆)를 이용해 줄자 도구(Tape Measure 🖉)로 만든 보조선을 참조점으로 해서 길이를 수정하고 그룹 편집 모드를 해제합니다.

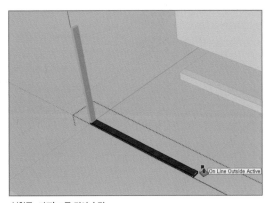

| '창틀-가로' 그룹 길이 수정

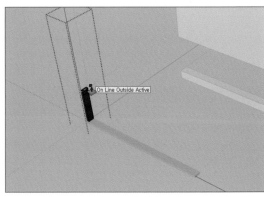

| '창틀-세로' 그룹 길이 수정

04 | 그룹 복사

'창틀-세로' 그룹을 이동 도구(Move ✥)를 이용해 '창틀-가로' 그룹 위쪽 끝점으로 복사합니다.

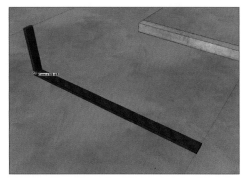

| 이동 도구로 끝점 클릭

| 드래그-끝점 클릭해 복사

05 | 그룹 복사

'창틀-가로' 그룹을 이동 도구(Move ✥)를 이용해 '창틀-세로' 그룹 위쪽 끝점으로 복사합니다.

| 이동 도구로 끝점 클릭

| 드래그-끝점 클릭해 복사

06 | 그룹 만들기

네 개의 그룹을 다중 선택하고 그룹으로 만듭니다. '02-2-1.창틀' 태그에 포함시키고 그룹 이름을 '02-2-1.창틀-정면(좌측)'으로 입력합니다.

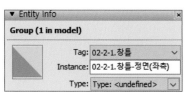

| 태그 지정-그룹 이름 입력

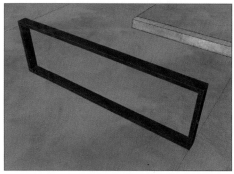

| 그룹 만들기

07 | 복사/붙여넣기

[Outliner] 창에서 '02-3-1.유리-16mm 복층-창틀-정면(우측)'
그룹 안의 '유리-16mm 복층' 그룹을 선택하고 복사한 다음 '창틀-
세로' 그룹의 끝점에 붙여넣기합니다.

| 유리 그룹 선택-복사

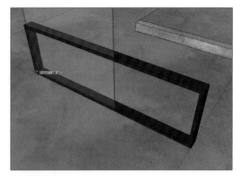

| 붙여넣기

08 | 크기 수정

'유리-16mm 복층' 그룹을 편집 모드로 만들고 밀기/끌기 도구(Push/Pull ◆)를 이용해 '02-2-1.창틀-정면(좌측)' 그룹의
참조점을 클릭해 크기를 수정합니다.

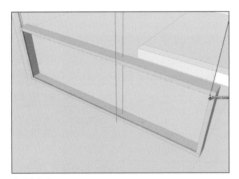

| 길이 수정

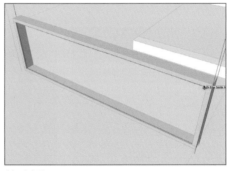

| 높이 수정

09 | 크기 수정

편집 모드 상태에서 아래 왼쪽 참조 이미지를 보고 화면을 회전/확대한 다음 X-Ray 도구(◐)를 클릭합니다. 밀기/끌기 도구
(Push/Pull ◆)를 이용해 측면을 안으로 5 밀고 윗면을 아래로 5 내립니다.

| 화면 회전/확대

| X-Ray 도구 클릭

| 밀기/끌기 도구로 면 밀고 내리기

10 | 이동

'유리-16mm 복층' 그룹의 편집 모드를 해제하고 X-Ray 도구(🔘)를 클릭해 X-Ray 스타일을 비활성화한 다음 이동 도구
(Move ✛)를 이용해 오른쪽(X축 방향)으로 2.5, 뒤쪽(Y축 방향)으로 34 이동시킵니다.

| 편집 모드 해제-X-Ray 도구 클릭해 비활성화

| 이동 도구를 이용해 이동

11 | 태그 지정

'유리-16mm 복층' 그룹을 '02-3-1.유리-16mm 복층' 태그에 포함
시키고 그룹 이름을 '02-3-1.유리-16mm 복층-창틀-정면(좌측)'
으로 수정합니다.

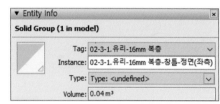

| 태그 지정-그룹 이름 수정

12 | 복사/붙여넣기

[Outliner] 창에서 '02-4-1.실리콘-창틀-정면(우측)' 그룹 안의 '실리콘' 그룹을 선택한 다음 복사하고 '창틀-세로' 그룹의
끝점에 붙여넣기합니다.

| 그룹 복사

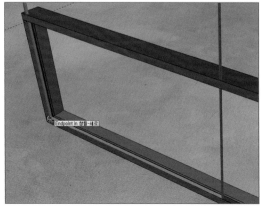

| 붙여넣기

13 | 길이 수정

'실리콘' 그룹을 편집 모드로 만들고 선택 도구(Select ▶)로 영역을 지정해 오른쪽 객체를 선택한 다음 이동 도구(Move ✥)로 선택된 객체의 아래쪽 끝점을 클릭합니다. 이어서 오른쪽(X축 방향)으로 드래그하면서 스냅이 잡히고 'Endpoint Outside Active' 말풍선이 나타나는 끝점을 클릭해 길이를 수정합니다.

| 편집 모드 만들기-선택 도구로 영역 지정해 선택

| 이동 도구로 끝점 클릭

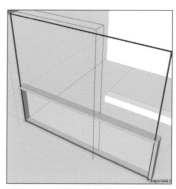
| 드래그-끝점 클릭해 길이 수정

14 | 높이 수정/보조선 만들기

13번 내용과 동일한 방법으로 높이를 수정한 다음 편집 모드를 해제합니다. 오른쪽 참조 이미지를 보고 화면을 확대한 다음 줄자 도구(Tape Measure ♪)로 '유리' 그룹의 아래쪽 선을 더블클릭해 보조선을 만듭니다. 보조선을 만드는 이유는 '실리콘' 그룹을 이동시킬 때 참조점으로 활용하기 위해서입니다.

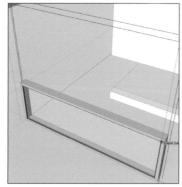
| 높이 수정-편집 모드 해제

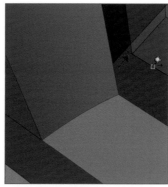
| 줄자 도구로 보조선 만듦

15 | 이동/복사

X-Ray 도구(◉)를 클릭하고 이동 도구(Move ✥)로 '실리콘' 그룹의 코너를 클릭한 다음 드래그하면서 줄자 도구(Tape Measure ♪)로 만든 교차점을 클릭해 이동시킵니다. 이어서 이동 도구(Move ✥)로 시작점을 클릭하고 Ctrl 를 눌러 복사 기능을 활성화합니다. Y축 방향으로 조금 드래그한 다음 키보드로 '31'을 입력하고 엔터를 눌러 그룹을 복사합니다.

| 이동 도구로 코너 클릭

| 드래그-교차점 클릭해 이동

| 이동 도구로 '실리콘' 그룹 복사

16 | 대칭 이동

X-Ray 도구(●)를 클릭해 X-Ray 스타일을 비활성화합니다. 화면을 안쪽으로 이동한 다음 복사한 '실리콘' 그룹에 마우스 포인터를 위치하고 우클릭해 나타나는 확장 메뉴 중 Flip Along-Group's Green을 클릭해 대칭 이동시킵니다.

| X-Ray 도구 클릭-화면 이동-마우스 우클릭-Flip Along-
Group's Green 클릭

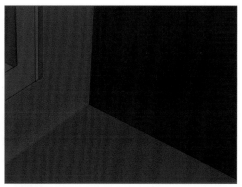

| 대칭 이동됨

17 | 그룹 만들고 태그 지정

두 개의 '실리콘' 그룹을 선택하고 그룹으로 만듭니다. '02-4-1.실리콘' 태그에 포함시키고 그룹 이름을 '02-4-1.실리콘-창틀-정면(좌측)'으로 입력합니다.

| 그룹 다중 선택-그룹 만들기

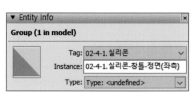

| 태그 지정-그룹 이름 입력

18 | 선택

선택 도구(Select ▶)로 영역을 지정해 선택한 다음 이동 도구(Move ✥)를 '02-2-1.창틀-정면(좌측)' 그룹의 오른쪽 아래 코너를 클릭합니다.

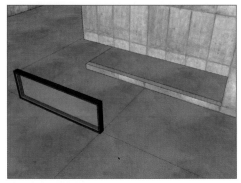

| 선택 도구로 객체 선택

| 이동 도구로 그룹 코너 클릭

19 | 이동

드래그하면서 스냅이 잡히는 '00-3.건축-벽체-외벽-정면 그룹'의 끝점을 클릭해 배치하고 이동 도구(Move ✥)를 이용해 안쪽으로 70 이동시킵니다.

| 드래그-끝점 클릭해 배치

| 안쪽으로 70 이동

| 알아두기 | [Outliner] 창에서 객체 검색하기

[Outliner] 창의 Filter 입력란을 클릭한 다음 검색어를 입력하면 해당 단어가 포함된 객체가 검색되며 특정 객체를 선택하거나 편집 모드로 만들 수 있습니다. 원래의 계층 구조를 나타내려면 검색어를 삭제하면 됩니다.

| 클릭

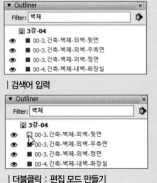

| 검색어 입력

| 더블클릭 : 편집 모드 만들기

객체 배치하고 컴포넌트 만들기

5

이번 과정은 완성된 객체를 다른 파일에서 복사해서 작업 중인 파일에 붙여넣기 한 다음 객체 정보(태그, 그룹 이름)를 수정하는 방법과 컴포넌트를 만드는 방법을 알아보겠습니다.

예|제|파|일| 프로그램 1/3강-4.완성.skp   완|성|파|일| 프로그램 1/3강-5.완성.skp

01 | 파일 실행하고 둘러보기

'제공 파일/File/3강-5.skp' 파일을 실행하고 [Outliner] 창과 [Materials] 창을 열어 구성 요소를 확인합니다. 해당 파일은 학습의 효율을 위해 지난 과정까지 학습한 방법으로 완성된 객체들이 저장된 파일로 그룹 이름과 메트리얼 이름이 입력된 상태입니다.

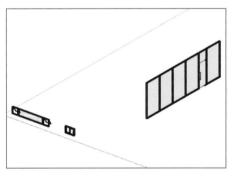

| 파일 실행

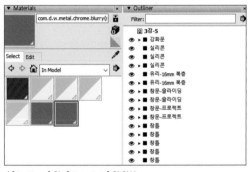

| [Outliner] 창, [Materials] 창 확인

02 | 객체 선택하고 복사하기

'1' 장면 탭을 클릭하고 선택 도구(Select ▶)로 드래그해서 객체를 선택한 다음 복사(Ctrl + C)합니다.

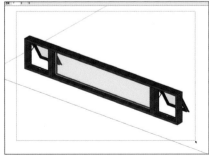

| 선택 도구로 드래그해서 영역 지정

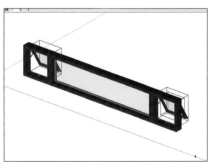

| 객체 선택-복사

03 | 붙여넣고 이동하기

아래 왼쪽 참조 이미지를 보고 화면을 여자 화장실 왼쪽으로 배치하고 '00-3.건축-벽체-외벽-뒷면' 그룹의 끝점에 붙여넣기 (Ctrl + V)하고 이동 도구(Move ✛)를 이용해 앞으로(-Y축 방향) 20 이동시킵니다.

| 붙여넣기

| 이동 도구를 이용해 앞으로 20 이동

04 | 그룹 만들고 태그 지정

선택 도구(Select ▶)로 세 개의 '창틀' 그룹을 다중 선택하거나 [Outliner] 창에서 다중 선택한 다음 그룹으로 만듭니다. '02-2-1.창틀' 태그에 포함시키고 그룹 이름을 '02-2-1.창틀-뒷면'으로 입력합니다.

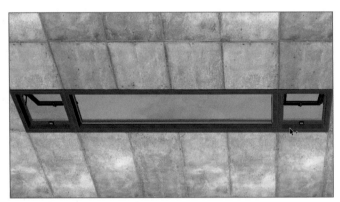

| 세 개의 '창틀' 그룹 다중 선택

| 태그 지정-그룹 이름 입력

05 | 태그 지정/그룹 이름 수정

'유리-16mm 복층' 그룹을 선택하고 '02-3-1.유리-16mm 복층' 태그에 포함시킨 다음 그룹 이름을 '02-3-1.유리-16mm 복층-창틀-뒷면'으로 수정합니다.

| 유리 그룹 선택

| 태그 지정-그룹 이름 입력

06 | 태그 지정/그룹 이름 입력

[Outliner] 창에서 두 개의 '실리콘' 그룹을 선택하고 그룹으로 만듭니다. '02-4-1.실리콘' 태그에 포함시키고 그룹 이름을 '02-4-1.실리콘-창틀-뒷면'으로 입력합니다.

| 실리콘 그룹 선택

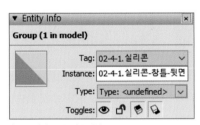

| 태그 지정-그룹 이름 입력

07 | 그룹 만들고 태그 지정

두 개의 '창문-프로젝트' 그룹을 선택하고 그룹으로 만듭니다. [Tags] 창에서 '02-2-2.창문' 태그를 추가하고 그룹을 포함시킨 다음 그룹 이름을 '02-2-2.창문-프로젝트-창틀-뒷면'으로 입력합니다.

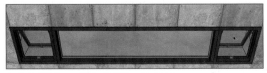

| 두 개의 '창문-프로젝트' 그룹 선택-그룹 만들기

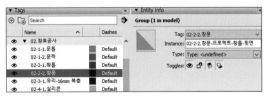

| 태그 추가-태그 지정-그룹 이름 입력

08 | 선택/복사

선택 도구(Select ▶)로 드래그해서 객체를 선택하고 복사(Ctrl + C)한 다음 '00-2.건축-바닥' 그룹에 붙여넣기(Ctrl + V)
합니다.

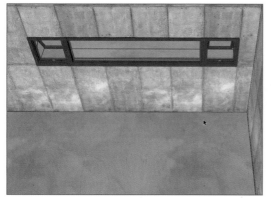

| 선택 도구를 드래그해서 객체 선택-복사

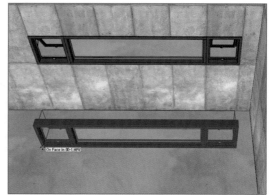

| 붙여넣기

09 | 회전

회전 도구(Rotate ↻)를 이용해 90도 회전시키고 이동 도구(Move ✥)로 '02-2-1.창틀-뒷면' 그룹의 코너를 클릭합니다.

| 회전 도구 선택-중심점 클릭-기준점 클릭

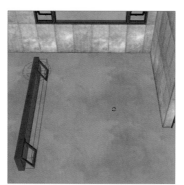

| 시계 반대 방향으로 회전-'90'입력-엔터

| 이동 도구로 코너 클릭

10 | 이동

드래그하면서 화면을 회전시킨 다음 '00-3.건축-벽체-외벽-우측면' 그룹의 끝점을 클릭해 배치하고 앞으로 80 이동시킵니
다. 다른 '창틀' 그룹은 실내로 20mm씩 돌출되게 배치했는데 해당 그룹은 벽면에서 80mm 돌출되게 배치했다는 점을 기억하
도록 합니다.

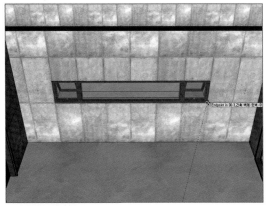

| 드래그-클릭해 배치

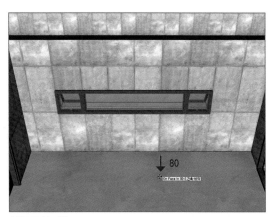

| 앞으로 80 이동

11 | 그룹 이름 수정

'창틀', '유리', '실리콘', '창문' 그룹 이름 마지막의 '뒷면' 글자를 '우측면'으로 수정합니다.

| '창틀' 그룹 이름 수정

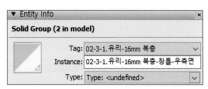

| '유리' 그룹 이름 수정

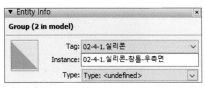

| '실리콘' 그룹 이름 수정

| '창문' 그룹 이름 수정

12 | 복사/붙여넣기

3강-5.skp 파일의 '2'장면 탭을 클릭하고 선택 도구(Select ▶)로 객체를 모두 선택한 다음 복사합니다. 학습 중인 파일의 여자 화장실(왼쪽 화장실)의 '00-3.건축-벽체-외벽-뒷면' 그룹의 끝점을 클릭해 배치합니다. '창틀' 그룹보다 돌출된 '손잡이' 그룹 때문에 붙여넣기할 때 '벽체' 그룹의 끝점에 '창틀' 그룹의 끝점이 일치되지는 않습니다.

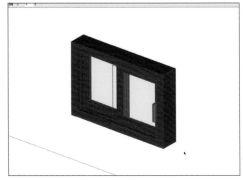

| 객체 선택-복사

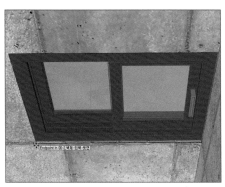

| 붙여넣기-그룹 끝점 클릭

13 | 이동

아래 왼쪽 참조 이미지를 보고 화면을 확대한 다음 이동 도구(Move ✛)로 '창틀' 그룹의 코너를 클릭합니다. 이어서 앞으로 (-Y축 방향) 드래그한 다음 '00-3.건축-벽체-외벽-뒷면' 그룹의 끝점을 클릭해 이동시킵니다. 그런 다음 앞으로(-Y축 방향) 20 더 이동시킵니다.

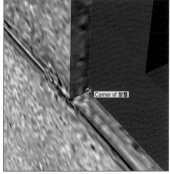

| 그룹의 코너 클릭

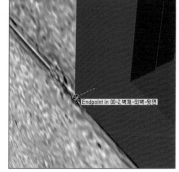

| 드래그-끝점 클릭

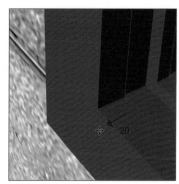

| 20 이동

14 | 이름 수정

창틀 그룹을 선택하고 '02-2-1.창틀' 태그에 포함시킨 다음 그룹 이름을 '02-2-1.창틀-화장실-여'로 수정합니다.

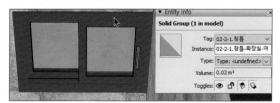

| 창틀 그룹 선택-태그 지정-그룹 이름 수정

15 | 이름 수정

두 개의 '창문-슬라이딩' 그룹을 다중 선택하고 그룹으로 만든 다음 '02-2-2.창문' 태그에 포함시키고 그룹 이름을 '02-2-2.창문-슬라이딩-화장실-여'로 수정합니다.

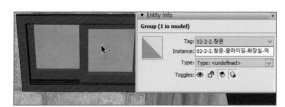

| '창문-슬라이딩' 그룹 다중 선택-그룹 만들기-태그 지정-그룹 이름 수정

16 | 복사

'창틀' 그룹과 '창문-슬라이딩' 그룹을 다중 선택하고 이동
도구(Move ✛)를 이용해 오른쪽(남자 화장실)으로 복사
합니다.

| 객체 선택-이동 도구로 시작점 클릭-드래그-끝점 클릭해 복사

17 | 그룹 이름 수정

'창틀', '창문-슬라이딩' 그룹 이름 중 마지막 글자인 '여'를 '남'으로 수정합니다.

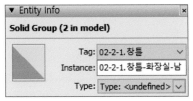

| '창틀' 그룹 이름 수정

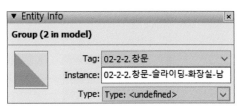

| '창문' 그룹 이름 수정

18 | 복사

아래 왼쪽 참조 이미지를 보고 장면을 설정합니다. 3강-5.skp 파일의 '3' 장면 탭을 클릭하고 객체를 선택한 다음 복사(Ctrl
+ C)합니다.

| 장면 설정

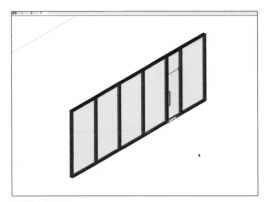

| 객체 선택-복사

19 | 동일한 위치에 붙여넣기

학습 중인 파일에 붙여넣기(Paste In Place)합니다. 해당
객체는 동일한 위치에 붙여넣는 Paste In Place 명령을 한
번 더 강조하기 위해 저자가 학습 중인 파일과 3강-5.skp
파일의 객체 위치를 동일하게 설정해 놓은 상태입니다.

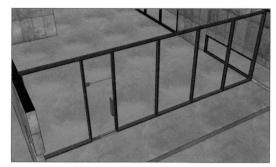

| 동일한 위치에 붙여넣기

20 | 이름 수정

'창틀' 그룹을 선택하고 '02-2-1.창틀' 태그에 포함시킨 다음 그룹 이름을 '02-2-1.창틀-좌측면(입구)'로 수정합니다.

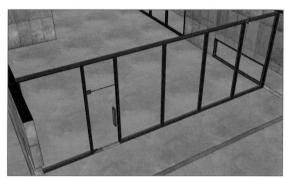

| 그룹 선택

▼ Entity Info

Group (1 in model)

Tag: 02-2-1.창틀

Instance: 02-2-1.창틀-좌측면(입구)

Type: Type: <undefined>

| 태그 지정-이름 수정

21 | 이름 수정

'유리-16mm 복층' 그룹을 선택하고 '02-3-1.유리-16mm 복층' 태그에 포함시킨 다음 그룹 이름을 '02-3-1.유
리-16mm 복층-창틀-좌측면(입구)'로 수정합니다.

| 그룹 선택

▼ Entity Info

Group (1 in model)

Tag: 02-3-1.유리-16mm 복층

Instance: 02-3-1.유리-16mm 복층-창틀-좌측면(입구)

Type: Type: <undefined>

| 태그 지정-이름 수정

22 | 이름 수정

'실리콘' 그룹을 선택하고 '02-4-1.실리콘' 태그에 포함시킨 다음 그룹 이름을 '02-4-1.실리콘-창틀-좌측면(입구)'으로 수정합니다.

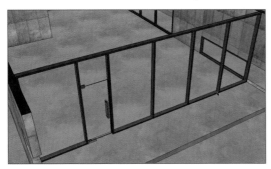

| 그룹 선택

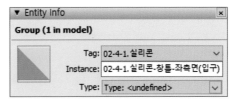

| 태그 지정-이름 수정

23 | 태그 추가/태그 지정

'02-3-2.유리-12mm 강화' 태그를 추가하고 '강화문' 그룹을 포함시킨 다음 그룹 이름을 '02-3-2.유리-12mm 강화-강화문'으로 입력합니다.

| 그룹 선택

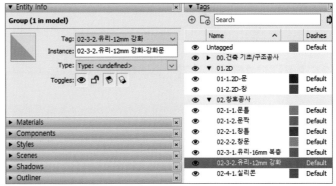

| 태그 지정-이름 수정

| 알아두기 | **'강화문' 그룹 태그 지정**

'강화문' 그룹도 문이기 때문에 기존의 '02-1-2.문짝' 태그에 포함시킬 수도 있겠지만, 해당 그룹에 매핑한 메트리얼(02-3-2.glass-12mm)이 '문짝' 그룹에 매핑한 메트리얼과 다르기 때문에 별도의 태그를 추가해서 포함시킨 것입니다.

24 | 태그 색상 설정

[Tags] 창에서 '02-1-1.문틀', '02-1-2.문짝', '02-2-1.창틀', '02-2-2.창문' 태그 색상을 '02-1.02-2.color' 메트리얼 색상과 동일하게 설정합니다. '02-3-1.유리-16mm 복층', '02-3-2.유리-12mm 강화' 태그 색상을 '02-3-1.glass-16mm' 메트리얼 색상(R:150, G:255, B:255) 및 불투명도(10)와 동일하게 설정합니다.

'02-4-1.실리콘' 태그 색상을 '02-4-1.silicone' 메트리얼 색상과 동일하게 설정합니다.

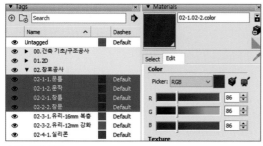

| 태그 색상 설정 | 태그 색상 설정

| 알아두기 | 메트리얼 색상과 태그 색상을 일치

메트리얼(마감재) 색상과 태그 색상을 일치시키면 Color by Tag로 모델을 확인할 때 특정 공종의 작업 범위를 쉽게 확인할 수 있습니다.

---

25 | 컴포넌트 만들기

3강-5.skp 파일의 '2' 장면 탭을 클릭하고 선택 도구(Select ▶)로 드래그해서 객체(창틀, 창문 그룹)를 선택한 다음 이동 도구(Move ✤)를 이용해 앞으로 복사합니다. 복사한 객체에 마우스 포인터를 위치하고 우클릭해 나타나는 확장 메뉴 중 컴포넌트로 만드는 명령인 Make Component를 클릭합니다.

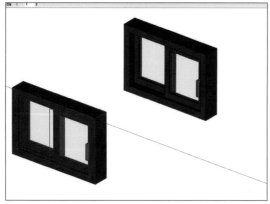
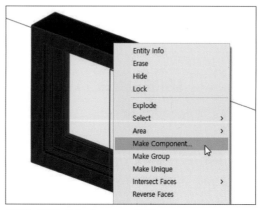

| '2'장면 탭 클릭-선택 도구로 객체 선택-이동 도구로 객체 복사 | 마우스 우클릭-Make Component 클릭

26 | 이름 입력

[Create Component] 창이 나타나면 Definition 항목에 'com.window.sliding(900x600x150)'을 입력하고 축 위치를
재설정하기 위해 〈Set Component Axes〉 버튼을 클릭합니다. 화면을 확대한 다음 창틀 그룹의 왼쪽 끝점을 클릭하고 다시
클릭해 축의 위치를 재설정하고 〈Create〉 버튼을 클릭해 컴포넌트로 만듭니다.

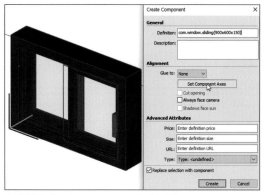

| 이름 입력-〈Set Component Axes〉 버튼 클릭

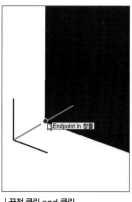

| 끝점 클릭 and 클릭

| 〈Create〉 버튼 클릭

| 알아두기 | 컴포넌트 축의 기본 위치

컴포넌트를 만들 때 축의 위치를 설정하지 않으면 객체 영역 앞쪽의 왼쪽 끝에 축이 자동으로 설정되며 모델의 기본 축의 방향
(X, Y, Z축)과 동일합니다.

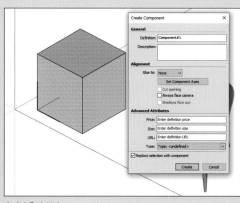

| 기본 축의 위치

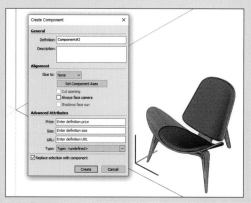

| 기본 축의 위치

27 | 확인

'com.window~' 컴포넌트를 이동 도구(Move ✥)를 이용해 앞으로 복사합니다. 컴포넌트를 더블클릭해 편집 모드로 만들고 '창틀' 그룹을 더블클릭해 편집 모드로 만든 다음 밀기/끌기 도구(Push/Pull ◈)를 이용해 면을 당기면 동일한 컴포넌트의 면도 함께 수정되는 것을 알 수 있습니다.

| 컴포넌트 복사

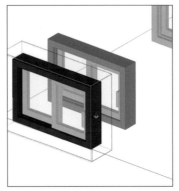

| 편집 모드 만들기-밀기/끌기 도구로 면 클릭

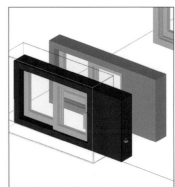

| 면 당기기

28 | 저장

이렇게 새로 만드는 컴포넌트나 외부에서 불러온 컴포넌트는 [Components] 창에 등록되며 클릭한 채로 드래그해서 모델에 배치할 수 있습니다. 배치될 때의 기준점은 컴포넌트를 만들 때 설정한 축 위치입니다. 컴포넌트를 원하는 경로에 저장하려면 컴포넌트에 마우스 포인터를 위치하고 우클릭해 나타나는 확장 메뉴 중 Save As를 클릭하거나 [Components] 창에서 우클릭해 Save As를 클릭하면 됩니다. 이렇게 동일한 컴포넌트는 한 번에 수정할 수 있고 외부로 저장해서 언제든지 활용할 수 있다는 점이 그룹과 다른 점입니다.

| [Components] 창에서 확인-클릭한 채로 화면으로 드래그해서 배치할 수 있음

| 마우스 우클릭-Save As 클릭-원하는 경로에 저장하면 됨

도어, 윈도우 컴포넌트(or 그룹) 활용

문(Door)과 창(Window)은 작업할 때마다 모델링 하는 것이 아니라 기존에 작업하고 정리한 컴포넌트(or 그룹)의 크기를 수정해서 활용하는 방법이 효율적입니다.

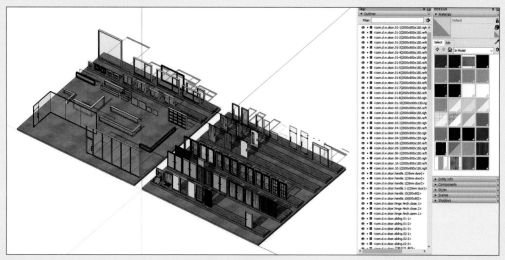

| 저자가 실무 작업에 사용하는 문과 창이 정리된 스케치업 파일.

또한 이 책에서 학습한 문 모델링은 학습 효율상 간단하고 쉽게 모델링 했지만, 실무 작업 시에는 철물 등이 포함된 디테일한 모델(그룹 or 컴포넌트)을 사용하기 바랍니다.

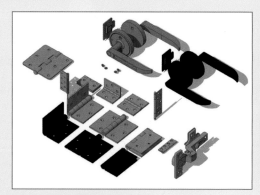

| 저자가 사용하는 철물 컴포넌트(or 그룹)

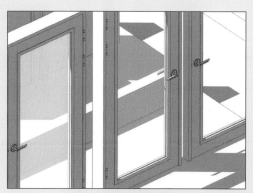

| 저자가 사용하는 문 컴포넌트(or 그룹)의 디테일

목공사/마감공사 모델링하고 매핑하기

목공사의 범위는 크게 천장 목공사와 벽체 목공사로 나눌 수 있으며 벽체 목공사는 기존 건축 벽면에 덧대어 시공하는 '단면 벽체'와 칸막이 용도의 '양면 벽체'로 구분할 수 있습니다. 실내 천장과 벽체 공사는 목공사가 아닌 경량공사로도 작업할 수 있지만, 이 책에서는 목공사에 대해서만 알아보겠습니다.

학습 목표

4강

단면선 그룹은 천장 모델링과 조명 배치를 할 때 유용하게 활용할 수 있기 때문에 단면선 그룹을 활용하는 방법은 꼭 숙지해야 합니다. 또한 각 구조재, 마감재의 두께별로 그룹을 만들고 면적을 산출하기 위한 매핑 방법도 이번 과정을 통해 이해하기 바랍니다.

'목공사-천장' 그룹 모델링하고 매핑하기

이번 과정에서는 단면 도구로 모델의 단면을 만들고 단면선 그룹을 이용해 천장 모델링을 하는 방법에 대해 알아보겠습니다.

예|제|파|일| 프로그램 1/3강-5.완성.skp   완|성|파|일| 프로그램 1/4강-1.완성.skp

01 | 스타일 확인/단면 도구 클릭

[Styles] 창의 In Model 아이콘(🏠)을 클릭해 스타일이 저장된 라이브러리를 확인합니다. 현재는 '실무 템플릿 만들기' 과정에서 만든 '01.기본 모델링' 스타일만 등록된 상태입니다.

'0-2' 장면 탭을 클릭하고 단면 도구 모음(Section Toolbar ⊕ ⊕ 🔲 🔲) 중에 객체의 단면을 표현하는 단면 도구(Section Plane ⊕)를 선택한 다음 '00-3.건축-벽체-외벽-정면' 그룹의 윗면을 클릭합니다.

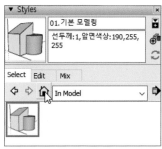

| [Styles] 창 확인

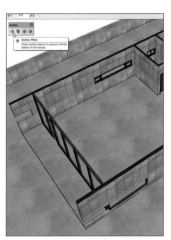

| 장면 탭 클릭-단면 도구 선택

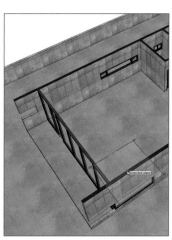

| 면 클릭

| 알아두기 | **스타일 확인**

단면을 표현한 다음 [Styles] 창을 확인하면 현재 모델 스타일에 변동사항이 생겼기 때문에 스타일 미리보기 창에 업데이트 표시가 된 것을 알 수 있습니다.

이때 스타일 미리보기 창을 클릭하면 '01.기본 모델링' 스타일을 현재의 스타일(단면 평면이 활성화된)로 업데이트되기 때문에 스타일 미리보기 창을 클릭하면 안 됩니다. 모델 스타일에 변동이 생겼을 경우는 항상 새로운 스타일로 추가해야 하니 미리보기 창을 클릭해 업데이트하지 않는다는 점을 꼭 기억합니다.

| 스타일 업데이트 표시

02 | 이름 입력/단면 평면 선택

단면 도구(Section Plane ⬦)로 만든 단면 평면이 활성화되며 단면 이름과 심벌을 입력할 수 있는 [Name Section Plane] 창이 나타납니다. Name 입력란에 '단면', Symbol 입력란에는 '윗면'을 입력하고 〈OK〉 버튼을 클릭한 다음 선택 도구(Select ▶)로 단면 평면을 클릭해 선택합니다.

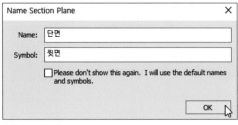

| 이름, 심벌 입력

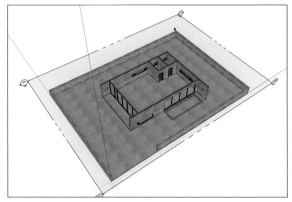

| 선택 도구로 단면 평면 선택

| 알아두기 | **Symbol**

Symbol 입력란에 입력한 문자는 단면 도구로 만든 단면 평면의 기호에 표시됩니다.

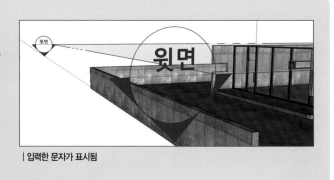

| 입력한 문자가 표시됨

03 | 태그 폴더, 태그 추가/태그 지정

'11.단면' 태그 폴더를 추가하고 '11.단면' 태그 폴더 안에 '11-1.단면-윗면' 태그를 추가한 다음 단면 평면을 포함시킵니다.

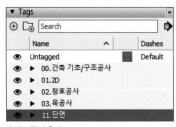

| 태그 폴더 추가

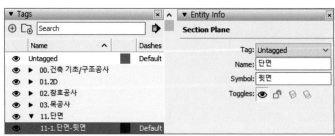

| 태그 추가/태그 지정

04 | 이동/단면선 그룹 만들기

이동 도구(Move ✥)를 이용해 단면 평면을 아래로 1500 이동시킵니다. 이어서 단면 평면에 마우스 포인터를 위치하고 우클릭해 나타나는 확장 메뉴 중 단면선 그룹을 만드는 Create Group from Slice 명령을 클릭합니다.

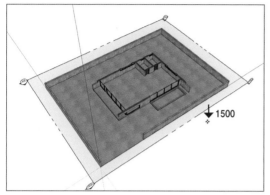

| 이동 도구를 이용해 아래로 '1500' 이동

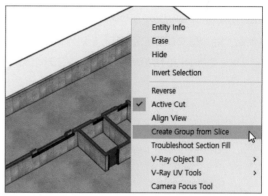

| 마우스 우클릭-Create Group from Slice 명령 클릭

05 | 단면선 그룹 이동

이동 도구(Move ✥)로 여백을 클릭하고 오른쪽(X축 방향)으로 조금 드래그한 다음 키보드로 '30000'을 입력하고 Enter 를 누릅니다. 이어서 [Styles] 창의 '01.기본 모델링' 스타일을 클릭해 단면 평면을 숨깁니다. 스타일 업데이트 표시가 사라지고 활성화된 단면 표시 도구(Display Section Planes ☜, ☜)가 비활성화(☜)됩니다.

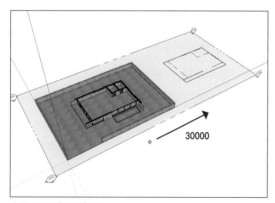

| 이동 도구로 '30000' 이동

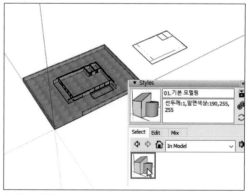

| 기본 스타일 클릭

06 | 단면선 그룹 확인/이동

화면을 확대, 축소하면서 모델을 확인합니다. 단면선 그룹이 잘 보이는 장면도 있고 일부가 보이지 않는 장면이 있다는 것을 알 수 있습니다. 이렇게 화면에 따라 차이가 나는 이유는 '단면 평면'과 '단면선 그룹'이 동일한 평면상에 있기 때문입니다. 즉 현재 비활성화된 단면 평면과 단면선 그룹이 같은 높이에 겹쳐 있어 나타나는 현상입니다.

이동 도구(Move ✛)를 이용해 단면선 그룹을 아래(–Z축 방향)로 '100' 이동시킵니다. 이제는 화면을 확대, 축소해도 선명하게 보인다는 것을 확인할 수 있습니다. 단면선 그룹은 최초에 벽체 윗면에서 1500 아래에서 만들어지고 다시 100 내렸기 때문에 벽체 윗면에서 총 1600 아래에 있다는 점을 기억합니다.

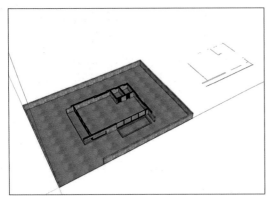

| 화면 확대, 축소하면서 단면선 그룹 확인

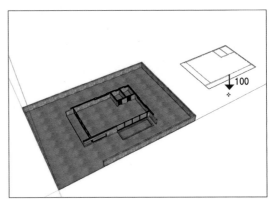

| 이동 도구를 이용해 아래로 100 이동

07 | 장면 설정

화면을 윗면(Top)으로 배치한 다음 선택 도구(Select ▸)로 단면선 그룹을 선택하고 화면에 꽉 차게(Zoom Selection) 배치합니다.

기억할 점은 화면을 윗면으로 배치하기 위해 시점 도구 모음(Views Toolbar [아이콘])의 윗면 도구(Top ▦)를 클릭하는 것이 아니라 윗면 도구(Top ▦)의 단축키를 클릭한다는 점과 단면선 그룹을 화면에 꽉 차게 배치하기 위해 마우스 우클릭해 나타나는 확장 메뉴 중 Zoom Selection을 클릭하는 것이 아니라 Zoom Selection의 단축키를 클릭해 배치한다는 점입니다. '1강. 건축 부분 모델링하기' 과정에서 해당 명령의 단축키를 등록하지 않은 독자분들은 지금 단축키를 등록합니다.

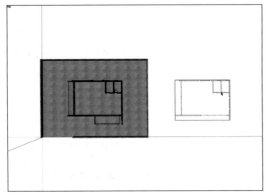

| 윗면으로 장면 설정

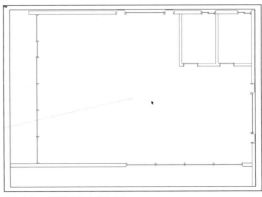

| 단면선 그룹을 화면에 꽉 차게 배치

08 | 화면 축소/장면 추가

해당 단면선 그룹을 이용해 추후 치수선을 만들기 때문에 확대/축소 도구(Zoom 🔍)를 이용해 아래 왼쪽 참조 이미지를 보고 화면을 축소합니다. [Scenes] 창에서 장면 추가 아이콘(Add Scene ⊕)을 클릭해 장면을 추가하고 장면 이름은 '0-4'로 입력합니다. 장면 설명은 '[작업 중-윗면-단면선]화각35도'로 수정한 다음 Move Scene down 아이콘(↓)을 클릭해 장면을 가장 아래로 이동시킵니다.

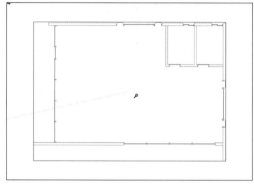

| 화면 축소

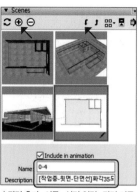

| 장면 추가-이름, 설명 입력-장면 이동

| 알아두기 | 특정 객체(그룹 or 컴포넌트)만 단면 표현하기

기본적으로 단면 도구는 모델에 있는 모든 객체의 단면을 표현하지만, 특정 객체만 단면으로 표현하려면 해당 객체의 편집 모드에서 단면 도구를 사용하면 됩니다.

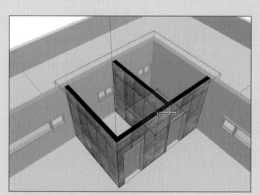

| 그룹 편집 모드-단면 도구로 면 클릭

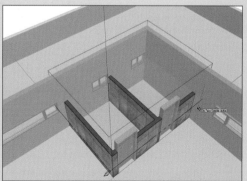

| 선택 도구로 단면 평면 선택-이동 도구로 이동시켜 단면 표현

09 | 단면선 그룹 확인

[Outliner] 창에서 단면선 그룹의 하위 계층 구조를 확인해 보면 많은 컴포넌트로 구성된 것을 알 수 있습니다. 단면선을 만들 때 모델에 있던 모든 그룹(or 컴포넌트)이 단면선 컴포넌트로 각각 만들어지기 때문에 많은 숫자의 컴포넌트로 단면선 그룹은 구성됩니다. 단면선 그룹의 하위 계층 구조를 정리하기 위해 단면선 컴포넌트를 모두 선택한 다음 단면선 그룹 하위에 객체가 없을 때까지 계속해서 Explode(단축키 사용)를 적용합니다.

| 하위 계층 구조 확인

| 그룹 하위에 있는 모든 컴포넌트 선택-Explode 4번

| 완성

10 | 태그 폴더, 태그 추가/태그 지정

'12.단면선' 태그 폴더를 추가하고 '12.단면' 태그 폴더 안에 '12-1.단면선-윗면' 태그를 추가한 다음 단면선 그룹을 포함 시킵니다. 그런 다음 그룹 이름을 '12-1.단면선-윗면'으로 입력합니다.

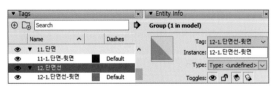

| 태그 폴더, 태그 추가-태그 지정-그룹 이름 입력

| 알아두기 | **단면선 컴포넌트 활용**

단면선 컴포넌트를 이용해 평면 배치용 2D 컴포넌트를 만들어 활용할 수도 있습니다.

| 단면선 컴포넌트

11 | 사각형 그리기

아래 왼쪽 참조 이미지에 표시한 부분으로 화면을 확대한 다음 '목공사-천장' 그룹을 모델링 하기 위해 사각형 도구 (Rectangle Tool ▨)로 그룹의 끝점을 클릭합니다. '0-4' 장면 탭을 클릭하고 대각선 방향의 끝점을 클릭해 사각형을 그립니다.

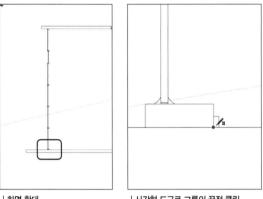

| 화면 확대 | 사각형 도구로 그룹의 끝점 클릭 | 대각선 방향으로 드래그-끝점 클릭

12 | 사각형 그리기

사각형 도구(Rectangle Tool ▨)로 사각형 오른쪽 아래의 끝점을 클릭하고 대각선 방향으로 드래그한 다음 그룹 끝점을 클릭해 사각형을 하나 더 그리고 지우개 도구(Eraser ✐)로 선을 삭제합니다.

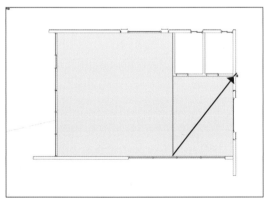

| 사각형 그리기

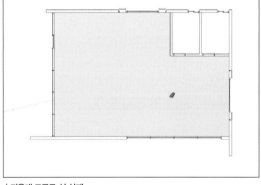

| 지우개 도구로 선 삭제

| 알아두기 | **천장 모델링**

작업 중인 모델에서 천장 모델링을 진행하는 것보다 단면선 그룹을 기준으로 모델링한 다음 작업 중인 모델로 이동시키는 방법이 편리합니다.

13 | 볼륨 만들고 선 복사 ━━━━━━━

왼쪽 참조 이미지를 보고 화면을 회전시킵니다. 밀기/끌기 도구(Push/Pull 🔷)를 이용해 면을 위로 '50' 올리고 표시한 부분으로 화면을 확대합니다. 이어서 선택 도구(Select ▶)로 선을 선택하고 이동 도구(Move ✛)를 이용해 오른쪽(X축 방향) 350 지점에 선을 복사합니다.

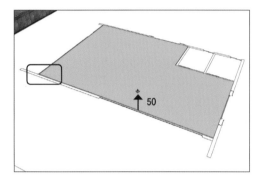

| 화면 회전-밀기/끌기 도구로 '50' 위로 올림-화면 확대

| 선택 도구로 선 선택

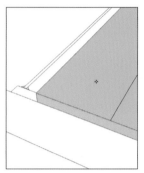

| 이동 도구로 선 복사

14 | 단면 컷 비활성화 ━━━━━━━

단면 도구 모음(Section Toolbar 🔲)에서 활성화된 단면 컷 표시 도구(Display Section Cuts 🔷)를 클릭해 비활성화합니다. 단면 컷 표시 도구(Display Section Cuts 🔷)를 비활성화하는 이유는 숨겨진 절단면을 나타내고 모델링 작업 시 단면 평면에 간섭을 받지 않기 위해서입니다.

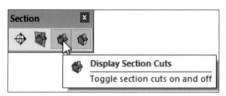

| 활성화된 단면 컷 표시 도구 클릭

| 비활성화

| 알아두기 | 단면 컷 표시 도구

단면 도구 모음(Section Toolbar 🔲)에서 활성화된 단면 컷 표시 도구(Display Section Cuts 🔷)는 숨겨진 절단면을 숨기거나 나타내는 도구로 기본적으로 활성화되어 있습니다.
활성화된 도구를 클릭해 비활성화하면 숨겨진 절단면이 나타납니다.

| 단면 컷 표시 도구 활성화(기본 설정)-
절단면이 숨겨짐

| 단면 컷 표시 도구 비활성화-절단면이 나타남

15 | 볼륨 만들고 선 복사

밀기/끌기 도구(Push/Pull ◈)를 이용해 위로 '300' 올리고 이동 도구(Move ✦)를 이용해 두 개의 선을 복사합니다.

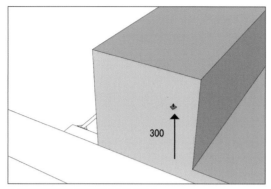

| 밀기/끌기 도구를 이용해 위로 300 올리기

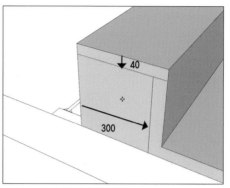

| 이동 도구로 두 개의 선 복사

16 | 면 뚫고 그룹 만들기

밀기/끌기 도구(Push/Pull ◈)로 면을 클릭하고 드래그하면서 끝점을 클릭해 면을 뚫습니다. 이어서 선택 도구(Select ▶)로 트리플클릭한 다음 그룹으로 만듭니다.

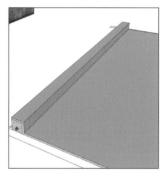

| 밀기/끌기 도구로 면 클릭

| 드래그-끝점 클릭

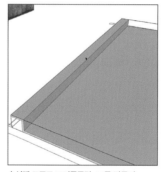

| 선택 도구로 트리플클릭-그룹 만들기

17 | 태그 폴더, 태그 추가/태그 지정

'03.목공사' 태그 폴더를 추가하고 '03.목공사' 태그 폴더 안에 '03-1.목공사-천장' 태그를 추가한 다음 그룹을 포함시킵니다. 그런 다음 그룹 이름을 '03-1-1.목공사-천장-매장'으로 입력합니다.

| 태그 폴더, 태그 추가-태그 지정-그룹 이름 입력

18 | 이동

'03-1-1.목공사-천장-매장' 그룹이 선택된 상태에서 이동 도구(Move ✥)로 그룹의 코너를 클릭하고 왼쪽(-X축 방향)으로 드래그하면서 '창틀-가로' 그룹의 위쪽 끝점을 클릭해 이동시킵니다.

장면을 실내로 설정하고 줄자 도구(Tape Measure ⌀)로 '03-1-1.목공사-천장-매장' 그룹의 끝점을 클릭하고 아래로 드래그한 다음 스냅이 잡히는 '00-2.건축-바닥' 그룹의 선에 위치시키면 말풍선으로 2650이 표시되는 것을 알 수 있습니다. 목공사로 천장이 마감된 실내 높이는 2650임을 기억합니다.

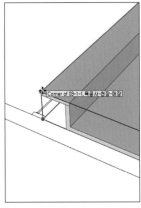

| 이동 도구로 그룹 코너 클릭

| 드래그-끝점 클릭

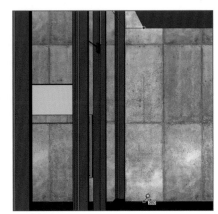

| 실내 높이 확인

19 | 사각형 그리기

화장실 천장 목공사를 모델링하기 위해 '0-4' 장면 탭을 클릭하고 화면을 확대한 다음 사각형 도구(Rectangle ▰)로 사각형을 그립니다.

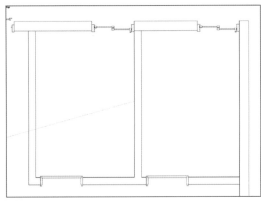

| '0-4' 장면 탭 클릭-화면 확대

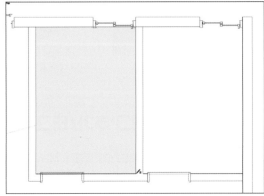

| 사각형 그리기

20 | 볼륨 만들고 태그 지정

밀기/끌기 도구(Push/Pull ◆)를 이용해 위로 50 올리고 선택 도구(Select ▶)로 트리플클릭한 다음 그룹으로 만듭니다. 이어서 '03-1.목공사-천장' 태그에 포함시키고 그룹 이름을 '03-1-2.목공사-천장-화장실-여'로 입력합니다.

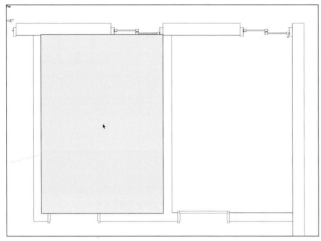

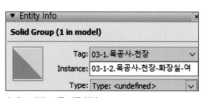

| 태그 지정-그룹 이름 입력

| 밀기/끌기 도구로 위로 '50' 올림-그룹 만들기

21 | 그룹 복사/태그 지정

화면을 회전시키고 이동 도구(Move ✛)를 이용해 그룹을 오른쪽(X축 방향)으로 복사한 다음 그룹 이름을 '03-1-3.목공사-천장-화장실-남'으로 수정합니다.

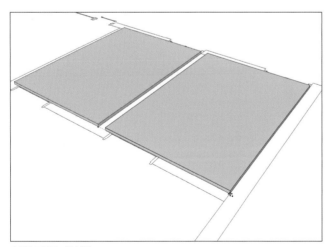

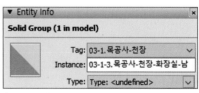

| 그룹 이름 수정

| 이동 도구로 그룹 복사

22 | 그룹 이동

선택 도구(Select ▶)로 두 개의 그룹을 다중 선택하고 이동 도구(Move ✛)로 그룹 코너를 클릭합니다. 이어서 '0-1' 장면 탭을 클릭하고 '00-4.건축-벽체-내벽-화장실' 그룹 위쪽 끝점을 클릭해 배치합니다.

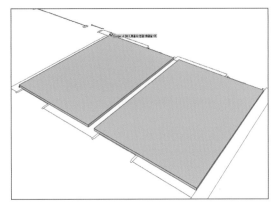

| 두 개의 그룹 선택-이동 도구로 코너 클릭

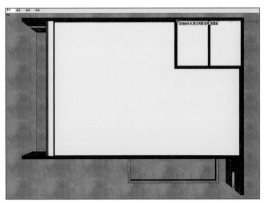

| 드래그-'0-1' 장면 탭 클릭-그룹 끝점 클릭해 배치

23 | 이동/장면 설정

왼쪽 참조 이미지를 보고 화면을 회전, 확대한 다음 '03-1-1.목공사-천장-매장' 그룹의 높이와 맞추기 위해 이동 도구(Move ✛)를 이용해 아래로 300 이동시킵니다. 그런 다음 장면을 밑면으로 배치하기 위해 메뉴의 Camera-Standard Views-Bottom을 클릭합니다.

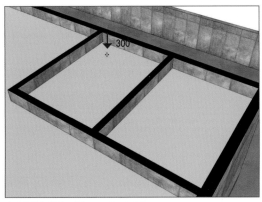

| 화면 회전, 확대-이동 도구로 '300' 내림

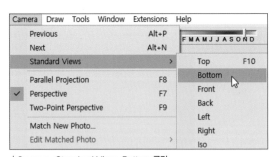

| Camera-Standard View-Bottom 클릭

24 | 장면 설정

[Tags] 창에서 '00-1.건축-기초', '02.건축-바닥', '00-7.건축-수조', '00-8.건축-미장' 태그를 비활성화하고 화면을 축소합니다. 이어서 선택 도구(Select ▶)로 건물 부분을 드래그해서 선택한 다음 화면에 꽉 차게(Zoom Selection) 배치합니다.

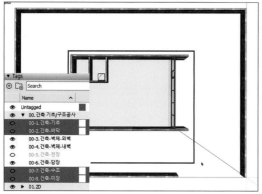

| 태그 비활성화-선택 도구로 영역 지정해 선택

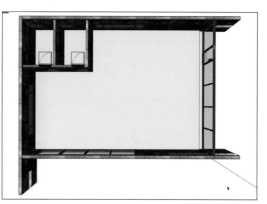

| Zoom Selection

25 | 장면 추가/매핑

장면을 추가하고 장면 이름은 '0-1-1'로 입력하고 장면 설명은 '[작업 중-밑면]화각35도'로 수정합니다. '03-1-3.목공사-천장-화장실-남' 그룹을 편집 모드로 만들고 [Materials] 창에서 Colors 폴더의 'Color A01' 메트리얼로 보이는 면만 매핑한 다음 편집 모드를 해제합니다.

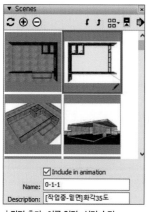

| 장면 추가-이름 입력-설명 수정

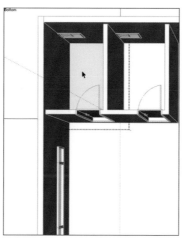

| 그룹 편집 모드 만들기

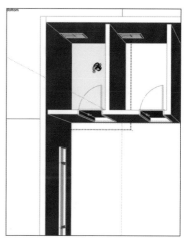

| 매핑-편집 모드 해제

26 | 메트리얼 색상/이름 수정

[Materials] 창의 In Model 아이콘(⌂)을 클릭하고 [Etid] 탭을 클릭한 다음 이름은 '03-1.ceiling'으로 입력하고 색상은 'R:200, G:100, B:0'으로 수정합니다. 이어서 '03-1-2.목공사-천장-화장실-여' 그룹을 편집 모드로 만들고 보이는 면만 매핑하고 편집 모드를 해제합니다.

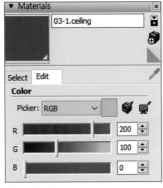

| 이름 입력-색상 수정

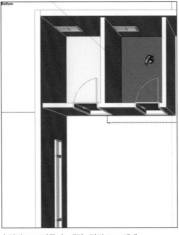

| 편집 모드 만들기-매핑-편집 모드 해제

27 | 매핑

'03-1-1.목공사-천장-매장' 그룹을 편집 모드로 만듭니다. 이어서 아래 오른쪽 참조 이미지를 보고 화면을 이동, 회전, 확대한 다음 보이는 세 개의 면을 각각 매핑합니다. 그런 다음 그룹 편집 모드를 해제합니다.

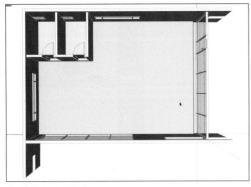

| 그룹 편집 모드 만들기

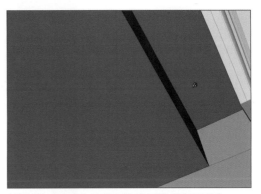

| 화면 이동, 회전, 확대-세 개의 면을 각각 매핑-편집 모드 해제

| 알아두기 | '목공사-천장' 그룹 두께

목공사-천장 그룹을 50mm로 설정한 이유는 30x30 각재 위 9.5T 석고보드 2겹 시공(30+9.5+9.5=49mm)이기 때문입니다. 입구 부분은 '창틀-가로' 그룹의 두께가 50mm이기 때문에 목공사 두께를 40mm로 설정한 것입니다.

'목공사-벽체' 그룹 모델링하고 매핑하기

이번 과정에서는 '목공사-단면 벽체' 그룹과 '목공사-양면 벽체' 그룹을 모델링하는 방법을 알아보겠습니다. 벽면 목공사는 기존 건축 벽체에 덧대어 시공하는 단면 벽체와 칸막이 용도의 양면 벽체가 있으며 현장 상황과 작업자의 숙련도에 따라 다양한 시공 방법이 있기 때문에 이 책에서는 가장 일반적인 벽체 목공사에 대해서만 알아보겠습니다.

예|제|파|일| 프로그램 1/4강-1.완성.skp   완|성|파|일| 프로그램 1/4강-2.완성.skp

01 | 태그 설정/장면 업데이트

'0-1' 장면 탭을 클릭하고 [Tags] 창에서 '03-1.목공사-천장' 태그를 비활성화한 다음 '0-1' 장면 탭에 마우스 포인터를 위치하고 우클릭해 나타나는 확장 메뉴 중 Update를 클릭해 장면을 업데이트합니다. 그런 다음 '0-2' 장면 탭을 클릭하고 '03-1.목공사-천장' 태그를 비활성화한 다음 장면을 업데이트합니다.

| 아이콘 클릭(태그 비활성화)

| 마우스 우클릭-Update 클릭

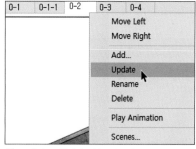

| '03-1' 태그 비활성화-마우스 우클릭-Update 클릭

| 알아두기 | **태그 설정/장면 업데이트**

특정 장면에서 나타낼 필요가 없는 객체(그룹 or 컴포넌트)가 포함된 태그는 비활성화하고 장면을 수시로 업데이트하면서 작업을 진행해야 합니다.
즉 해당 장면에 맞는 태그 설정(활성화 or 비활성화)을 하고 장면을 업데이트하면서 작업을 해야 한다는 의미입니다.

02 | 사각형 그리기

'목공사-단면 벽체' 그룹을 모델링하기 위해 아래 왼쪽 참조 이미지를 보고 '00-3.건축-벽체-외벽-우측면' 그룹의 앞면이 보이게 장면을 설정합니다. 사각형 도구(Rectangle Tool ▱)로 '00-3.건축-벽체-외벽-우측면' 그룹의 왼쪽 아래 끝점을 클릭하고 대각선 방향으로 조금 드래그한 다음 '2650,5850'을 입력하고 Enter 를 눌러 사각형을 그립니다.

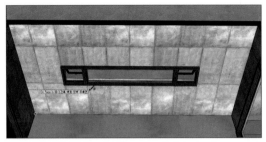

| 사각형 도구로 그룹 끝점 클릭-드래그

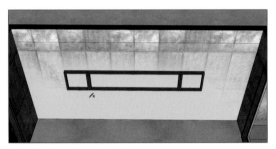

| '2650,5850' 입력- Enter

03 | 볼륨 만들고 면 분할하기

밀기/끌기 도구(Push/Pull ◈)로 면을 클릭하고 앞으로 '50' 당깁니다. 그런 다음 면에 마우스 포인터를 위치하고 우클릭해 나타나는 확장 메뉴 중 교차되거나 맞닿은 객체의 면을 분할시키는 Intersect Faces-with Model 명령을 클릭합니다.

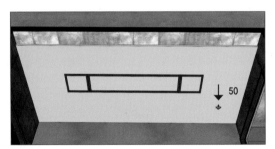

| 밀기/끌기 도구로 '50' 당김

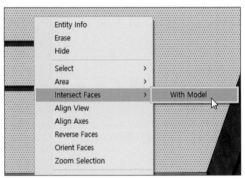

| 마우스 우클릭-Intersect Faces-With Model 클릭

04 | 스케치업 파일 실행/자르기/붙여넣기

'2021 버전 실무 템플릿'으로 스케치업 파일을 하나 더 실행합니다. 이어서 선택 도구(Select ▸)로 면을 트리플클릭해 객체를 선택한 다음 자르기(Ctrl + X)합니다. 그런 다음 새로 실행한 스케치업 파일에 동일한 위치한 붙여넣기(Paste In Place)합니다. 스케치업 파일이 두 개 실행되었기 때문에 학습을 진행하고 있는 파일은 '학습 중인 파일'로 명시하고 새롭게 실행한 파일은 '모델링 파일'로 명시하겠습니다. '모델링 파일'은 계속해서 해당 파일로 붙여넣기한 다음 작업을 해야 하기 때문에 종료시키지 않습니다.

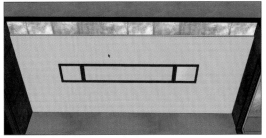

| 선택 도구로 트리플클릭-자르기(Ctrl + X)

| 동일한 위치에 붙여넣기

05 | 장면 설정/선 삭제

아래 왼쪽 참조 이미지를 보고 장면을 설정한 다음 지우개 도구(Eraser 🖋)로 가장 바깥쪽의 선만 남겨두고 나머지 선들은 모두 삭제합니다.

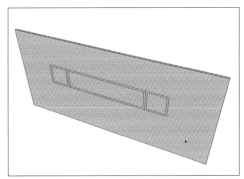

| 장면 설정

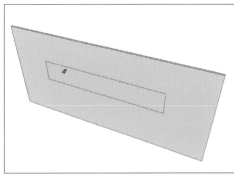

| 지우개 도구로 선 삭제

06 | 면 뚫기

선택 도구(Select ▸)로 면을 클릭해 면이 분할되었는지 확인합니다. 면이 분할되지 않았다면 사각형 도구(Rectangle Tool ▨)로 사각형을 덧그리면 면이 분할됩니다. 분할된 면은 밀기/끌기 도구(Push/Pull ◆)로 면을 뚫습니다.

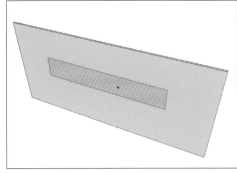

| 선택 도구로 면 클릭해 면 분할 확인

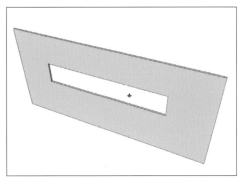

| 밀기/끌기 도구로 면 뚫기

Intersect Faces-With Model 명령으로 교차되거나 맞닿은 객체를 선으로 분할시켰을 경우 가끔 면이 분할되지 않는 경우가 발생합니다. 이럴 경우는 면을 분할하기 전으로 되돌리기(Ctrl+Z)하여 다시 한번 해당 명령을 사용하거나 선 도구(✏)나 사각형 도구(Rectangle Tool ▨)를 이용해 선을 덧그려 주면 면이 분할됩니다.

07 | 붙여넣기

선택 도구(Select ▸)로 트리플클릭해 객체를 모두 선택하고 자르기(Ctrl+X) 합니다. 학습 중인 파일에 붙여넣기(Paste In Place)한 다음 그룹으로 만듭니다.

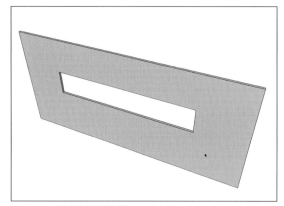

| 선택 도구로 트리플클릭-자르기(Ctrl+X)

| 동일한 위치에 붙여넣기-그룹 만들기

08 | 태그 추가/태그 지정

'03.목공사' 태그 폴더 안에 '03-2.목공사-단면 벽체' 태그를 추가하고 그룹을 포함시킨 다음 그룹 이름을 '03-2.목공사-단면 벽체'로 입력합니다.

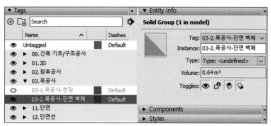

| 태그 추가-태그 지정-그룹 이름 입력

09 | 매핑

[Materials] 창에서 '03-1.ceiling' 메트리얼을 선택하고 Create Material 아이콘을 클릭합니다. 그런 다음 메트리얼 이름을 '03-2.single wall'로 입력하고 〈OK〉 버튼을 클릭합니다. 이어서 '03-2.목공사-단면 벽체' 그룹을 편집 모드로 만든 다음 앞면만 매핑하고 편집 모드를 해제합니다.

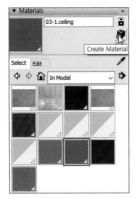

| Create Material 아이콘 클릭

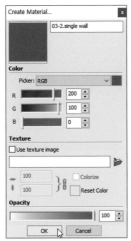

| 이름 입력-〈OK〉 버튼 클릭

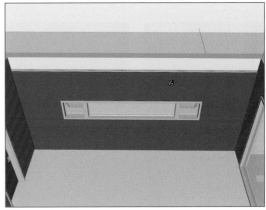

| 그룹 편집 모드 만들기-매핑-편집 모드 해제

10 | 그룹 이동/보조선 만들기

이동 도구(Move ✤)를 이용해 '03-2.목공사-단면 벽체' 그룹을 앞으로 '10' 이동시키고 아래 오른쪽 참조 이미지를 보고 화면을 회전시킵니다. 이어서 '목공사-양면 벽체' 그룹을 모델링하기 위해 줄자 도구(Tape Measure ●)를 이용해 '02-1-1. 문틀-화장실-여' 그룹의 바깥쪽 끝점과 연결되는 보조선과 '00-4.건축-벽체-내벽-화장실' 그룹에서 1200 떨어진 부분에 보조선을 만듭니다.

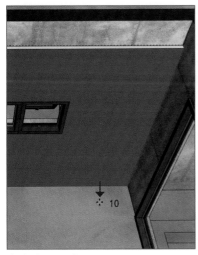

| 그룹 앞으로 10 이동

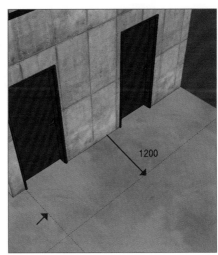

| 화면 회전-보조선 만들기

11 | 추정 기능을 이용해 사각형 그리기

사각형 도구(Rectangle ▨)로 두 개의 보조선이 만나는 교차점을 클릭하고 오른쪽(X축 방향)으로 드래그하면서 '02-1-1. 문틀-화장실-남' 그룹의 바깥쪽 끝점에 위치시킨 다음 수치 입력란에 표시되는 숫자(길이)를 확인합니다. 그런 다음 앞쪽(Y축 방향)으로 드래그한 후 키보드로 '3150,100'을 입력하고 Enter 를 누릅니다. 이처럼 참조점이 있을 경우는 마우스 포인터를 위치시켜 추정 기능을 이용해 수치값을 확인하면서 모델링을 할 수 있습니다.

| 사각형 도구로 교차점 클릭-드래그 | 그룹 끝점에 위치시킴-숫자 확인 | 앞쪽으로 드래그-'3150,100'입력 | 완성

12 | 모델링

밀기/끌기 도구(Push/Pull ◆)를 이용해 위로 '2650' 올립니다. 이어서 사각형 도구(Rectangle ▨)로 끝점을 클릭하고 오른쪽(X축 방향)으로 드래그한 다음 '1500,600'을 입력하고 Enter 를 눌러 사각형을 그립니다. 그런 다음 밀기/끌기 도구(Push/Pull ◆)로 면을 뚫습니다.

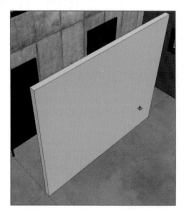
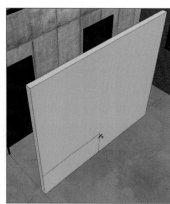
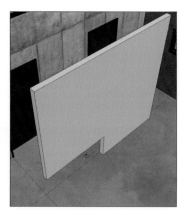

| 밀기/끌기 도구로 면을 '2650' 올리기 | 사각형 도구로 '1500×600' 사각형 그리기 | 밀기/끌기 도구로 면 뚫기

13 | 매핑

[Materials] 창에서 '03-2.single wall' 메트리얼을 클릭하고 Create Material 아이콘을 클릭합니다. 그런 다음 이름을 '03-3.double wall'로 입력하고 〈OK〉 버튼을 클릭한 다음 앞면만 매핑합니다.

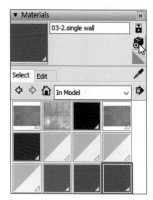

| '03-2.single wall' 메트리얼
  선택-Create Material 아이콘 클릭

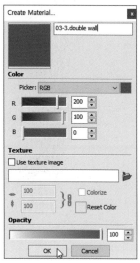

| 이름 입력-〈OK〉 버튼 클릭

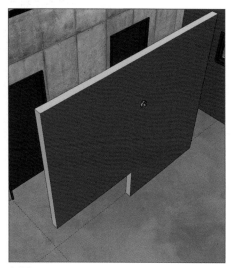

| 매핑

14 | 태그 추가/태그 지정

선택 도구(Select)로 트리플클릭한 다음 그룹으로 만듭니다. 이어서 '03-3.목공사-양면 벽체' 태그를 추가하고 그룹을 포함시킨 다음 그룹 이름을 '03-3-1.목공사-양면 벽체-매장'으로 입력합니다.

| 그룹 만들기

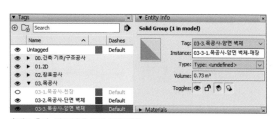

| 태그 추가-태그 지정-그룹 이름 입력

15 | 선 그리고 보조선 만들기

왼쪽 참조 이미지를 보고 선 도구(✏)로 두 개의 선을 축 방향으로 그리고 오른쪽 참조 이미지를 보고 줄자 도구(Tape Measure ⊘)를 이용해 보조선을 만듭니다.

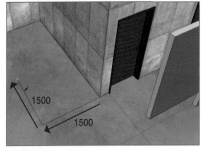

| 선 도구로 선 그리기

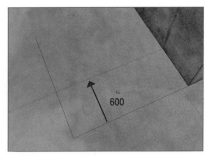

| 줄자 도구로 보조선 만들기

16 | 호 그리기

2점 호 도구(2 Point Arc ⊘)를 선택하고 키보드로 '48'을 입력하고 Enter 를 눌러 48개의 선으로 호를 그릴 수 있게 설정합니다. 2점 호 도구(2 Point Arc ⊘)로 보조선으로 만든 교차점을 클릭하고 맞은편으로 드래그하면서 'Tangent to Edge'라는 말풍선이 나타나고 자동으로 스냅이 잡히는 지점을 더블클릭해 호를 그립니다. Tangent는 접선을 의미하며 2점 호 도구 (2 Point Arc ⊘)를 사용할 때 접선이 되는 지점에 자동으로 스냅이 잡히며 더블클릭하면 기존의 직선은 자동 삭제됩니다.

| 2점 호 도구 선택-교차점 클릭

| 드래그-말풍선 나타나는 지점 클릭

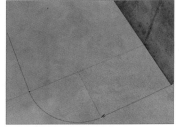

| 완성

17 | 선 복사/면 만들기

선택 도구(Select ▶)를 트리플클릭해 직선과 곡선을 모두 선택하고 간격 띄우기 도구(Offset ⊘)를 이용해 안으로 100 복사합니다. 이어서 선 도구(✏)로 두 개의 선을 그려 면을 만듭니다.

| 선택 도구로 트리플클릭

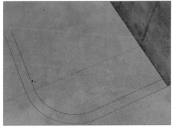

| 간격 띄우기 도구로 선택한 선을 안으로 100 복사

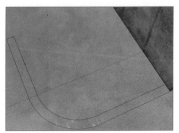

| 선 도구로 선 그리기

18 | 볼륨 만들고 그룹 만들기

밀기/끌기 도구(Push/Pull ◆)를 이용해 면을 위로 2650 올린 다음 그룹으로 만듭니다. 이어서 그룹에 마우스 포인터를 위치하고 우클릭해 나타나는 확장 메뉴 중 객체의 선을 숨기고 선과 접한 면을 부드럽게 만드는 Soften/Smooth Edges 명령을 클릭합니다. [Soften Edges] 창이 나타나고 곡면이 시작되는 부분에 있던 두 개의 선이 숨겨진 것을 확인할 수 있습니다.

| 밀기/끌기 도구를 이용해 위로 2650 올림

| 그룹 만들기-마우스 우클릭-Soften/ Smooth Edges 명령 클릭

| 선이 숨겨짐

| 알아두기 | 작업 중에 추가한 창

작업 중에 창을 추가하면 [Default Tray]가 하나 더 추가됩니다. 추가한 창은 창 타이틀을 클릭한 채로 다른 트레이로 이동시켜 배치하거나 창을 닫으면 됩니다.

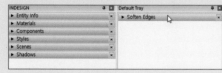

| 창 타이틀 클릭

| 클릭한 채로 드래그해서 배치 or 창 닫기

---

19 | 이동/매핑

| 이동 도구를 이용해 안으로 50 이동

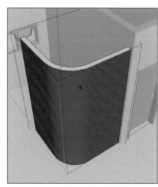

| 편집 모드 만들기-매핑

이동 도구를 이용해 안으로 50 이동시키고 편집 모드로 만든 다음 '03-3.double wall' 메트리얼로 앞면만 매핑합니다. 이어서 편집 모드를 해제하고 '03-3.목공사-양면 벽체' 태그에 포함시킨 다음 그룹 이름을 '03-3-2.목공사-양면 벽체-창고'로 입력합니다.

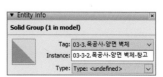

| 태그 지정-그룹 이름 입력

20 | 태그 색상 설정

목공사 태그 색상을 매핑한 메트리얼 색상과 일치
시킵니다.

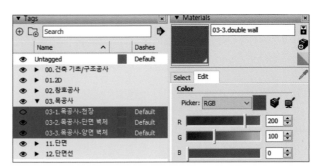

| 목공사 태그 색상 설정

| 알아두기 | '목공사-벽체' 그룹 두께

'목공사-단면 벽체' 그룹을 50mm로 설정한 이유는 30x30 각재 위 9.5T 석고보드 2겹 시공(30+9.5+9.5=49mm)이기 때문입니다.

그리고 '목공사-단면 벽체' 그룹을 벽면에서 10mm 이격시킨 이유는 건축 벽체의 면이 고르지 않기 때문에 10mm 여유를 두고 목공사 모델링을 한 것입니다.

'목공사-양면 벽체' 그룹을 100mm로 설정한 이유는 60x30 각재 위 9.5T 석고보드 양면 2겹 시공(60+9.5+9.5+9.5+9.5=98mm)이기 때문입니다.

'도장공사' 그룹 모델링하고 매핑하기

3

모델링이 완료된 '목공사-천장', '목공사-벽체' 그룹을 이용해 '도장공사' 그룹을 모델링 하는 방법을 알아 보겠습니다.

예|제|파|일| 프로그램 1/4강-2.완성.skp   완|성|파|일| 프로그램 1/4강-3.완성.skp

01 | 장면 업데이트

'0-1-1' 장면 탭을 클릭하고 모델링 작업을 효율적으로 하기 위해 '02-1-2'번 태그부터 '02-4-1.실리콘' 태그까지 비활성화하고 '0-1-1' 장면 탭에 마우스 포인터를 위치하고 우클릭해 나타나는 확장 메뉴 중 Update를 클릭해 장면을 업데이트합니다.

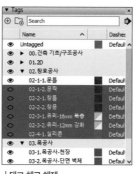

| 태그 체크 해제

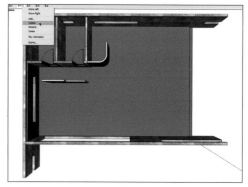

| 장면 업데이트

02 | 면 분할시키기

도장공사 그룹을 모델링하기 위해 '03-1-1.목공사-천장-매장' 그룹을 편집 모드로 만듭니다. 맞닿은 면을 분할시키기 위해 면에 마우스 포인터를 위치시키고 우클릭해 나타나는 확장 메뉴 중 Intersect Faces-With Model을 클릭하고 편집 모드를 해제합니다.

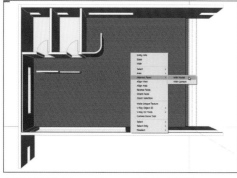

| 마우스 우클릭-Intersect Faces-With Model 클릭

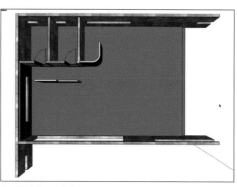

| 그룹 편집 모드 해제

03 | 분할 확인

면의 분할 상태를 확인하기 위해 '03-3-1.목공사-양면 벽체-매장' 그룹과 '03-3-2.목공사-양면 벽체-창고' 그룹을 선택
도구(Select ▶)로 다중 선택하고 숨긴(Hide) 다음 '03-1-1.목공사-천장-매장' 그룹을 편집 모드로 만듭니다. 이어서 기존
의 두 개의 '03-3.목공사-양면 벽체' 그룹이 맞닿은 부분과 분할이 잘 되었는지 선택 도구(Select ▶)로 클릭해 확인합니다.
분할이 되지 않은 면은 선 도구(✏)나 사각형 도구(Rectangle Tool ▱)로 선을 덧그려 면을 분할시킵니다.

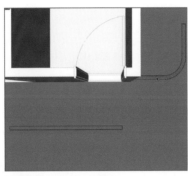
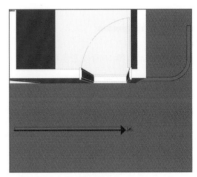

| 두 개의 그룹 선택-Hide | 선택 도구로 클릭해 면 분할 확인 | 선을 덧그려 면을 분할시킴

04 | 복사/디폴트 매핑

선택 도구(Select ▶)로 면을 클릭해 선택하고 복사(Ctrl + C)한 다음 그룹 편집 모드를 해제합니다. 이어서 동일한 위치에
붙여넣기(Paste In Place)하고 디폴트 메트리얼로 매핑합니다. 디폴트 메트리얼로 매핑하는 이유는 해당 면이 천장 목공사
의 면적을 산출하기 위한 '03-1.ceiling' 메트리얼로 기존에 매핑되어 있었기 때문입니다.

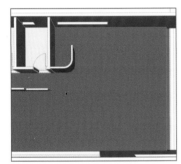
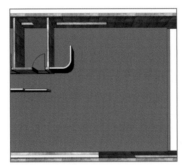
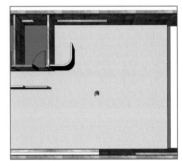

| 선택 도구로 면 클릭-복사-편집 모드 해제 | 동일한 위치에 붙여넣기 | 디폴트 매핑

05 | 볼륨 만들고 사각형 그리기

아래 왼쪽 참조 이미지를 보고 화면을 입구 오른쪽 위로 이동, 확대한 다음 4번 과정에서 복사한 면을 밀기/끌기 도구(Push/Pull ◆)를 이용해 아래로 '3' 내립니다. 그런 다음 사각형 도구(Rectangle Tool ▨)로 볼륨을 만든 면의 아래쪽 끝점을 클릭하고 맞은편으로 드래그한 다음 '03-1-1.목공사-천장-매장' 그룹의 끝점을 클릭해 사각형을 그립니다.

이어서 선택 도구(Select ▶)로 위에 있는 선을 선택한 다음 Ctrl 를 누른 상태에서 영역을 지정해 세로 방향의 선을 다중 선택합니다. 영역을 지정하는 이유는 3mm 두께로 만든 객체의 3mm 선도 선택하기 위해서입니다.

| 밀기/끌기 도구로 아래로 3 내리기 | 사각형 도구 끝점 클릭-드래그-끝점 클릭 | 선택 도구로 위에 있는 선 선택-Ctrl 누름 | 선택 도구로 영역 지정해 세로 방향의 선을 다중 선택

06 | 선 복사

간격 띄우기 도구(Offset ◉)로 선을 클릭하고 바깥쪽으로 드래그한 다음 '3'을 입력하고 Enter 를 눌러 선을 복사합니다. 이어서 지우개 도구(Eraser ✐)를 이용해 오른쪽과 아래의 선을 삭제한 다음 밀기/끌기 도구(Push/Pull ◆)로 '9000' 당깁니다. 그런 다음 선택 도구(Select ▶)로 트리플클릭해 선택하고 자르기(Ctrl + X)합니다.

| 간격 띄우기 도구로 선 복사 | 지우개 도구로 두 개의 선 삭제 | 밀기/끌기 도구로 9000 당기기 | 선택 도구로 트리플클릭

07 | 확인/선 삭제

'모델링 파일'에 동일한 위치에 붙여넣기(Paste In Place)한 다음 객체의 분할된 부분을 확인합니다. 화면을 회전, 확대하고 아래 가운데 참조 이미지를 보고 불필요한 선을 지우개 도구(Eraser ✐)로 삭제하고 화면을 회전시켜 맞은편에 있는 세로 방향의 선도 삭제합니다.

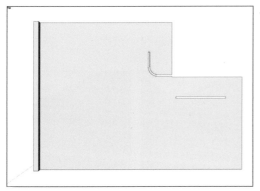

| 붙여넣기-객체 확인

| 지우개 도구로 선 삭제

| 완성

| 맞은편도 선 삭제

08 | 이미지 파일 불러오기

새로운 이미지 파일을 불러와 매핑하기 위해 [Materials] 창의 In Model 아이콘(🏠)을 클릭합니다. 이어서 Create Material 아이콘(🔵)을 클릭하고 Browse for Material Image File 아이콘(📂)을 클릭합니다. [Choose Image] 창이 나타나면 '제공 파일/material/stucco(1.5).jpg' 파일을 선택하고 〈열기〉 버튼을 클릭합니다.

| Create Material 아이콘 클릭

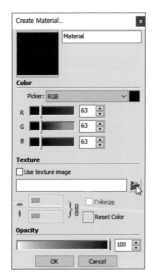

| Browse~ 아이콘 클릭

| stucco(1.5).jpg 파일 선택-〈열기〉 버튼 클릭

09 | 매핑

메트리얼 이름을 '04-1.stucco'로 입력하고 매핑 크기는 가로 '1500'으로 설정한 다음 〈OK〉 버튼을 클릭합니다. 이어서 보이는 세 개의 면을 클릭해 매핑한 다음 선택 도구로 트리플클릭해 선택하고 그룹으로 만듭니다.

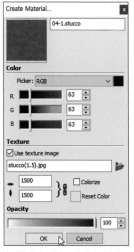

| 이름 입력-매핑 크기 설정-〈OK〉
버튼 클릭

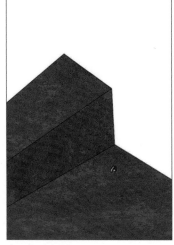

| 보이는 면만 매핑

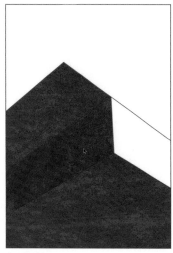

| 그룹 만들기

10 | 태그 추가/지정

'04-1.도장공사-천장' 태그를 추가하고 그룹을 포함시킨 다음 그룹 이름을 '04-1-1.도장공사-천장-매장'으로 입력합니다.

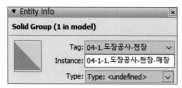

| 태그 지정-그룹 이름 입력

11 | 복사/붙여넣기/태그 이동

'모델링 파일'에서 '04-1-1.도장공사-천장-매장' 그룹을 자르기(Ctrl + X)하고 학습 중인 파일에 붙여넣기(Paste In Place)합니다. 그런 다음 '04.도장공사' 태그 폴더를 추가하고 '04-1.도장공사-천장' 태그를 선택한 다음 클릭한 채로 드래그해서 '04.도장공사' 태그 폴더 안으로 이동시킵니다.

| 태그 폴더 추가

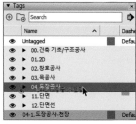

| 태그 선택-클릭한 채로 드래그

| 이동

12 | 사각형 그리고 볼륨 만들기

'0-1-1' 장면 탭을 클릭하고 남자 화장실 천장으로 화면을 확대합니다. 사각형 도구(Rectangle ▨)로 '03-1-3.목공사-천장-화장실-남' 그룹의 끝점을 클릭하고 대각선 방향으로 드래그한 다음 끝점을 클릭해 사각형을 그립니다. 이어서 밀기/끌기 도구(Push/Pull ◈)로 3 당긴 다음 '04-1.stucco' 메트리얼로 보이는 면만 매핑합니다. 그런 다음 선택 도구(Select ▶)로 트리플클릭해 선택하고 그룹으로 만듭니다.

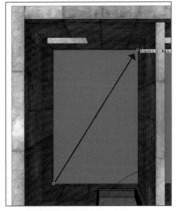  

| 사각형 도구로 그룹 끝점 클릭-드래그-그룹 | 밀기/끌기 도구를 이용해 위로 3 올림 | 매핑-선택 도구로 트리플클릭-그룹 만들기
  끝점 클릭

13 | 그룹 이름 입력

그룹을 '04-1.도장공사-천장' 태그에 포함시키고 그룹 이름을 '04-1-3.도장공사-천장-화장실-남'으로 입력합니다.

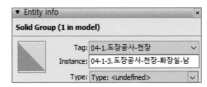

| 태그 지정-그룹 이름 입력

14 | 복사

이동 도구(Move ✥)를 이용해 '04-1-3.도장공사-천장-화장실-남' 그룹을 오른쪽(여자 화장실)으로 복사한 다음 이름을 '04-1-2.도장공사-천장-화장실-여'로 수정합니다.

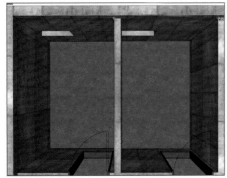 

| 이름 수정

| 오른쪽으로 그룹 복사

15 | 장면 업데이트

'0-2' 장면 탭을 클릭하고 '04-1.도장공사-천장' 태그를 비활성화합니다. 이어서 '0-2' 장면을 업데이트하고 표시한 부분으로 화면을 확대합니다.

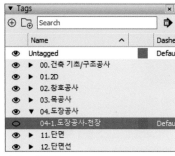

| 태그 비활성화

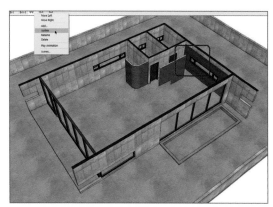

| 장면 업데이트-화면 확대

16 | 면 복사/매핑

'03-2.목공사-단면 벽체' 그룹을 편집 모드로 만들고 선택 도구(Select ▶)로 면을 클릭해 선택한 다음 복사(Ctrl + C)합니다. 그룹 편집 모드를 해제하고 동일한 위치에 붙여넣기(Paste In Place)합니다.

디폴트 메트리얼로 매핑하고 밀기/끌기 도구(Push/Pull ◈)로 면을 앞으로 '3' 당긴 다음 '04-1.stucco' 메트리얼로 앞면만 매핑합니다. 이어서 선택 도구(Select ▶)로 트리플클릭해 선택한 다음 그룹으로 만듭니다.

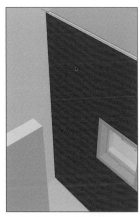

| 그룹 편집 모드-면 선택-복사

| 편집 모드 해제-붙여넣기-
  디폴트 메트리얼로 매핑

| 밀기/끌기 도구로 앞으로 3 당기기

| 매핑-그룹 만들기

17 | 태그 추가/지정

'04-2.도장공사-벽체' 태그를 추가하고 그룹을 포함시킨 다음 그룹 이름을 '04-2-1.도장공사-벽체-단면 벽체'로 입력합니다. 이어서 메트리얼 이름도 '04-1.04-2.stucco'로 수정합니다. '04-1.도장공사-천장', '04-2.도장공사-벽체' 태그 색상을 '04-1.04-2.stucco' 메트리얼 색상(R:177, G:105, B:86)으로 수정합니다.

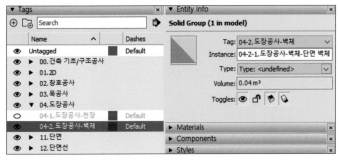

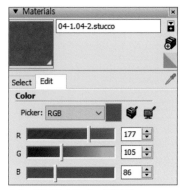

| 태그 추가-태그 지정-그룹 이름 입력

| 메트리얼 이름 수정-태그 색상 수정

18 | 면 복사/그룹 만들기

아래 왼쪽 참조 이미지를 보고 화면을 회전시킨 다음 '03-3-1.목공사-양면 벽체-매장' 그룹을 편집 모드로 만들고 선택 도구(Select ▶)로 면을 클릭해 선택한 다음 복사(Ctrl + C)합니다. 그룹 편집 모드를 해제하고 동일한 위치에 붙여넣기(Paste In Place)합니다. 밀기/끌기 도구(Push/Pull ◈)로 면을 앞으로 '3' 당기고 선택 도구(Select ▶)로 트리플클릭해 선택한 다음 그룹으로 만듭니다.

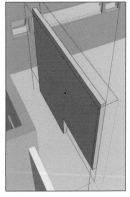

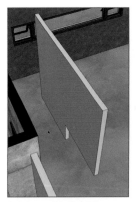

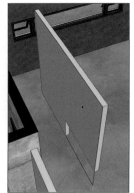

| 그룹 편집 모드-면 복사

| 편집 모드 해제-붙여넣기

| 밀기/끌기 도구로 앞으로 '3' 당기기

| 선택 도구로 트리플클릭-그룹 만들기

19 | 복사/사각형 그리기

이동 도구(Edit ✛)를 이용해 맞은편으로 그룹을 복사합니다. 사각형 도구(Rectangle Tool ▨)로 그룹의 바깥쪽 끝점을 클릭하고 대각선 방향으로 드래그한 다음 바깥쪽 끝점을 클릭해 사각형을 그립니다.

| 이동 도구로 그룹 끝점 클릭- Ctrl 누름

| 드래그-끝점 클릭해 복사

| 사각형 도구로 바깥쪽 끝점 클릭-드래그

| 아래의 바깥쪽 끝점 클릭해 사각형 그리기

20 | 볼륨 만들고 그룹 만들기

밀기/끌기 도구(Push/Pull ✦)를 이용해 앞으로 '3' 당긴 다음 선택 도구(Select ▸)를 트리플클릭해 선택하고 그룹으로 만듭니다.

| 밀기/끌기 도구를 이용해 앞으로 '3' 당김

| 선택 도구로 트리플클릭-그룹 만들기

21 | 사각형 그리고 그룹 만들기

아래 왼쪽 참조 이미지를 보고 화면을 배치한 다음 사각형 도구(Rectangle Tool ▨)로 그룹의 바깥쪽 끝점을 클릭하고 대각선 방향으로 드래그한 다음 그룹의 바깥쪽 끝점을 클릭해 사각형을 그립니다. 밀기/끌기 도구(Push/Pull ✦)로 면을 클릭한 다음 안으로 밀면서 참조점을 클릭해 볼륨(106mm)을 만듭니다.

| 사각형 그리기

| 밀기/끌기 도구로 면 클릭

| 드래그-참조점 클릭

22 | 선 복사

선택 도구(Select 🔺)로 두 개의 선을 다중 선택한 다음 간격 띄우기 도구(Offset 🗐)로 선을 클릭하고 안으로 드래그하면서 '3'을 입력하고 Enter 를 눌러 두 개의 선을 복사합니다.

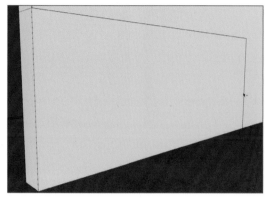

| 선택 도구로 두 개의 선을 다중 선택

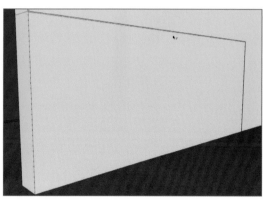

| 간격 띄우기 도구로 선을 복사

23 | 면 뚫고 그룹 만들기

밀기/끌기 도구(Push/Pull ⬥)로 면을 뚫고 선택 도구(Select 🔺)로 트리플클릭해 객체를 선택한 다음 그룹으로 만듭니다.

| 밀기/끌기 도구로 면 뚫기

| 선택 도구로 트리플클릭-그룹 만들기

24 | 사각형 그리고 그룹 만들기

오른쪽 페이지 상단의 왼쪽 참조 이미지를 보고 화면을 맞은편 위로 회전시킵니다. 사각형 도구(Rectangle ▧)로 그룹의 바깥쪽 끝점을 클릭하고 대각선 방향으로 드래그한 다음 아래의 바깥쪽 끝점을 클릭해 사각형을 그립니다. 이어서 밀기/끌기 도구(Push/Pull ⬥)를 이용해 앞으로 '3' 당기고 선택 도구(Select 🔺)를 트리플클릭해 객체를 선택한 다음 그룹으로 만듭니다.

| 사각형 도구로 바깥쪽 끝점 클릭-드래그 | 바깥쪽 끝점 클릭해 사각형 그리기 | 밀기/끌기 도구로 3mm 당기기 | 선택 도구로 트리플클릭-그룹 만들기 |

25 | 그룹 합치고 태그 지정

[Outliner] 창에서 다섯 개의 그룹을 다중 선택하고 외부 셀 도구(Outer Shell ▧)를 클릭해 다섯 개의 그룹을 합칩니다. 이어서 그룹을 '04-2.도장공사-벽체' 태그에 포함시키고 그룹 이름을 '04-2-2.도장공사-벽체-양면 벽체-매장'으로 입력합니다.

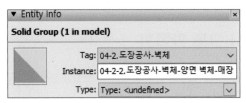

| 다섯 개의 그룹 다중 선택 | OuterShell 도구 클릭

| 태그 추가-태그 지정-그룹 이름 입력

26 | 매핑

'04-2-2.도장공사-벽체-양면 벽체-매장' 그룹을 편집 모드로 만들고 윗면을 제외한 보이는 면을 매핑한 다음 편집 모드를 해제합니다. 두 개의 도장공사 그룹을 각각 편집 모드에서 윗면을 아래로 3 내립니다. 3mm 내리는 이유는 '04-1-1.도장공사-천장' 그룹의 두께가 3mm이기 때문입니다.

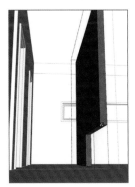
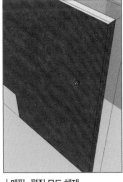

| 편집 모드 만들기-매핑 | 매핑-편집 모드 해제 | 두 개의 그룹 각각 편집 모드에서 면을 아래로 3 내리기

27 | 선 복사

아래 왼쪽 참조 이미지를 보고 화면을 이동하고 '03-3-2.목공사-양면 벽체-창고' 그룹을 편집 모드로 만듭니다. 이어서 선택 도구(Select ▶)로 두 개의 선과 한 개의 호를 다중 선택하고 복사(Ctrl + C)합니다. 그런 다음 편집 모드를 해제하고 붙여넣기(Paste In Place)하고 간격 띄우기 도구(Offset ⌀)를 이용해 3mm 앞으로 복사합니다.

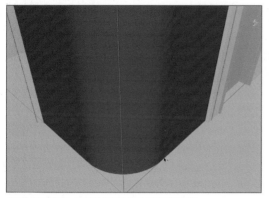
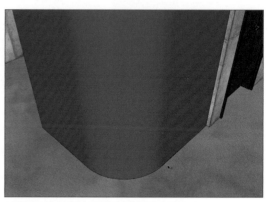

| 편집 모드 만들기-세 개의 선 다중 선택-편집 모드 해제

| 붙여넣기-간격 띄우기 도구를 이용해 앞으로 3 복사

28 | 그룹 만들기

선 도구(✎)로 두 개의 선을 그려 면으로 만들고 밀기/끌기 도구(Push/Pull ⬥)를 이용해 위로 2647 올린 다음 그룹으로 만듭니다. 아래 오른쪽 참조 이미지를 보고 지금까지 학습한 방법으로 두 개의 그룹을 모델링 합니다. '도장공사-천장' 그룹의 두께 때문에 그룹의 높이를 2647로 설정해야 합니다.

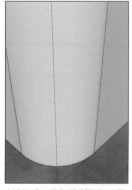

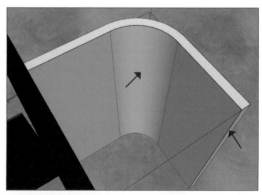

| 선 두 개 그리기-밀기/끌기 도구를
 이용해 위로 2647 올리기

| 그룹 만들기

| 두 개의 그룹 모델링

29 | 그룹 만들기

[Outliner] 창에서 세 개의 그룹을 다중 선택하고 외부 셀 도구(Outer Shell 🔲)를 클릭해 하나의 그룹으로 만듭니다. 이어서 '04-2.도장공사-벽체' 태그에 포함시키고 그룹 이름을 '04-2-3.도장공사-벽체-양면 벽체-창고'로 입력합니다.

| 세 개의 그룹 다중 선택

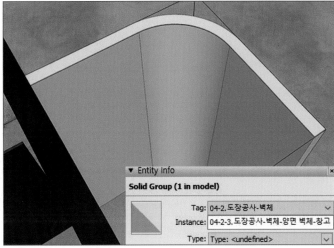

| 외부 셀 도구 클릭-태그 지정-그룹 이름 입력

30 | 매핑

그룹이 선택된 상태에서 마우스 우클릭해 나타나는 확장 메뉴 중 Soften/Smooth Edges 명령을 클릭해 선을 숨깁니다. 이어서 편집 모드로 만들고 세 면을 매핑한 다음 편집 모드를 해제합니다.

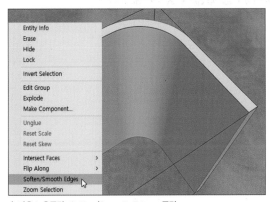

| 마우스 우클릭-Soften/Smooth Edges 클릭

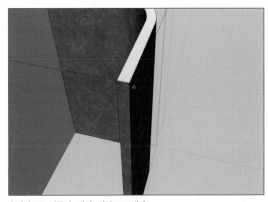

| 편집 모드 만들기-매핑-편집 모드 해제

| 알아두기 | '도장공사' 그룹 두께

도장공사 그룹의 두께는 3mm로 올 퍼티(All Putty) 위 스타코 마감입니다.

조명 컴포넌트 및 기타 컴포넌트를 천장에 배치하기

4

이번 과정에서는 조명 컴포넌트와 기타 컴포넌트를 천장에 배치하면서 태그의 선 속성을 수정해서 그리드를 만드는 방법, 조명 컴포넌트의 구성, 불필요한 파일을 삭제하는 방법 등을 알아보겠습니다.

예 | 제 | 파 | 일 | 프로그램 1/4강-3.완성.skp   완 | 성 | 파 | 일 | 프로그램 1/4강-4.완성.skp

01 | 보조선 만들기

'0-4' 장면 탭을 클릭하고 메뉴의 Camera-Parallel Projection을 클릭해 왜곡이 없는 장면으로 설정합니다. 이어서 [Scenes] 창에서 장면 설명을 [작업 중-평면-단면선]페러렐'로 수정한 다음 '0-4' 장면을 업데이트합니다.

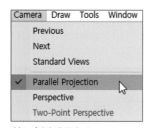

| '0-4'장면 탭 클릭-Camera-
  Parallel Projection 클릭

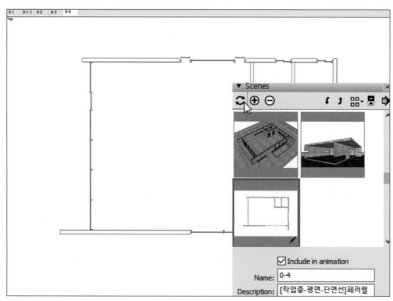

| 장면 설명 수정-장면 업데이트

Parallel Projection(평행 투영법)

Camera를 Parallel Projection으로 선택하면 왜곡이 없는 평면, 아이소, 입면 장면으로 표현할 수 있습니다. 조명을 배치할 경우는 Perspective 설정보다 왜곡이 없는 Parallel Projection 설정이 편리합니다.

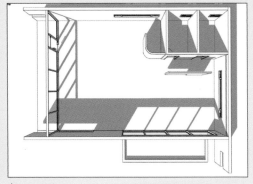

| Perspective
                  | Parallel Projection

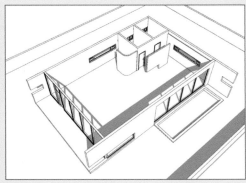

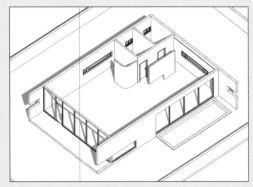

| Perspective
                  | Parallel Projection

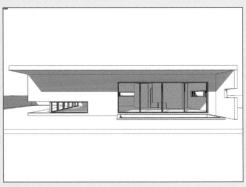

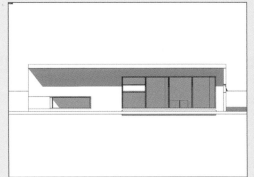

| Perspective
                  | Parallel Projection

02 | 바깥쪽에 보조선 만들고 컴포넌트 배치

조명 컴포넌트를 배치하기 위한 기준점이 될 보조선을 만들기 위해 왼쪽 참조 이미지를 보고 화면 오른쪽 아래에 줄자 도구(Tape Measure 🖋)를 이용하여 두 개의 보조선을 만듭니다. '제공 파일/component/com.light.직부등.원통(105파이).set.skp' 컴포넌트 파일을 윈도우상에서 클릭한 채로 스냅이 잡히는 두 개의 보조선이 만나는 교차점으로 드래그하여 배치합니다.

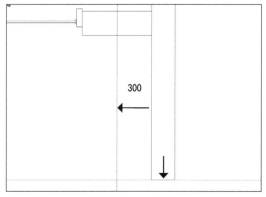

| 줄자 도구로 두 개의 보조선 만들기

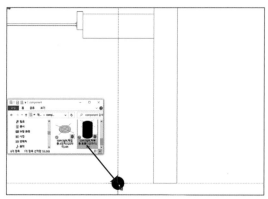

| 클릭 앤 드래그로 컴포넌트 배치

03 | 복사

배치한 컴포넌트를 이동 도구(Move ✛)를 이용해 왼쪽(−X축 방향)으로 2400 복사한 다음 키보드로 '*6'을 입력하고 엔터를 눌러 다중 복사합니다.

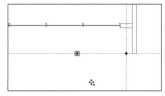

| 이동 도구로 복사

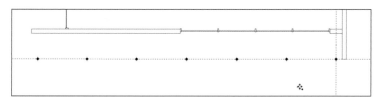

| '*6'입력−엔터

04 | 바깥쪽에 보조선 만들고 컴포넌트 복사하기

오른쪽 페이지 상단의 왼쪽 참조 이미지를 보고 화면 왼쪽 아래에 줄자 도구(Tape Measure 🖋)로 두 개의 보조선을 만듭니다. 이어서 선택 도구(Select ▶)로 'com.light.직부등.원통(105파이).set' 컴포넌트를 선택합니다. 이동 도구(Move ✛)로 'Origin in com.light~' 말풍선이 표시되는 컴포넌트의 원점을 클릭하고 Ctrl 를 눌러 복사 기능을 활성화합니다. 이어서 새롭게 만든 보조선의 교차점으로 드래그하여 복사합니다.

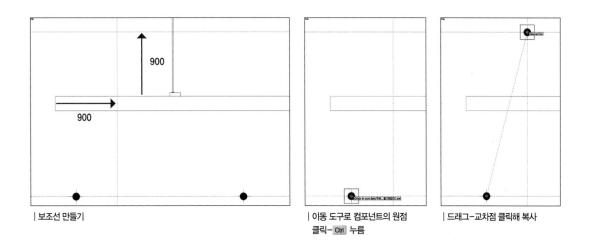

| 보조선 만들기 | 이동 도구로 컴포넌트의 원점
클릭– Ctrl 누름 | 드래그–교차점 클릭해 복사 |

05 | 복사

이동 도구를 이용해 위쪽으로(Y축 방향) 1800 복사한 다음 키보드로 '*4'를 입력하고 엔터를 눌러 다중 복사 합니다.

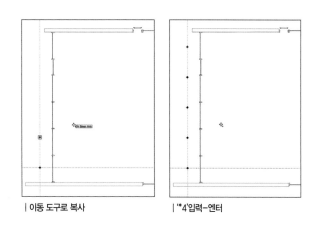

| 이동 도구로 복사 | '*4'입력–엔터 |

06 | 보조선 삭제/보조선 만들기

안쪽에 보조선을 만들기 위해 메뉴의 Edit-Delete Guides를 클릭해 바깥쪽에 만든 보조선을 삭제하고 아래 가운데 참조 이 미지를 보고 보조선을 네 개 만듭니다. 아래쪽의 가로 방향 보조선은 '창틀' 그룹의 오른쪽 단면선에서 실내 방향으로 600 떨어 진 위치에 만든다는 점을 유의합니다.

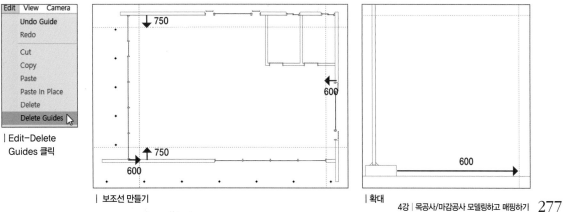

| Edit–Delete
Guides 클릭 | 보조선 만들기 | 확대 |

07 | 선 그리기

아래 왼쪽 참조 이미지를 보고 선 도구(✎)를 이용해 두 개의 선을 그립니다. 이어서 선택 도구(Select ▸)로 세로 방향의 선을 선택한 다음 이동 도구(Move ✛)로 끝점을 클릭하고 Ctrl 를 눌러 복사 기능을 활성화합니다.

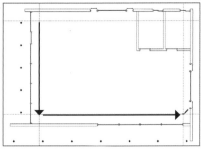

| 선 도구로 두 개의 선 그리기

| 선택 도구로 선 선택-이동 도구로 끝점 클릭- Ctrl 누름

08 | 선 복사

오른쪽(X축 방향)으로 드래그하면서 가로 방향의 선 끝점을 클릭해 복사한 다음 키보드로 '/8'을 입력하고 엔터를 눌러 선형 배열합니다.

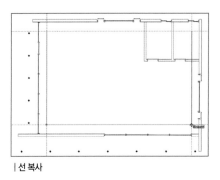

| 선 복사

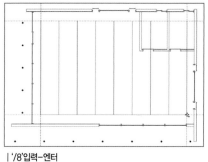

| '/8'입력-엔터

09 | 선 복사

아래 왼쪽 참조 이미지를 보고 선택 도구(Select ▸)로 드래그해서 분할된 가로 방향의 선을 모두 선택하고 이동 도구(Move ✛)로 세로 방향의 위에 있는 선의 끝점으로 복사합니다.

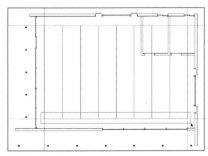

| 선택 도구로 드래그해서 선택

| 이동 도구로 선 복사

10 | 선 복사

키보드로 '/5'를 입력
하고 엔터를 눌러 선형
배열합니다. 이어서
선택 도구(Select ▶)
로 드래그해 선을 모두
선택한 다음 그룹으로
만듭니다.

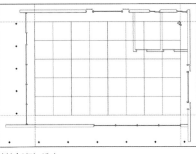

| '/5' 입력-엔터

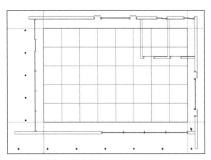

| 선 다중 선택-그룹 만들기

11 | 태그 폴더, 태그 추가/지정

'13.그리드/보조선' 태그 폴더를 추가하고 '13-1.그리드-조명 배치' 태그를 추가한 다음 그룹을 포함시키고 그룹 이름을
'13-1.그리드-조명 배치'로 입력합니다. 이어서 선의 속성을 수정하기 위해 Dashes 항목의 Default를 클릭하고 점선을 클
릭해 선택합니다.

| 태그 폴더/태그 추가-태그 지정-그룹 이름 입력

| Default 클릭-점선 클릭

12 | 확인/컴포넌트 배치

모델의 그리드를 확인하고 메뉴의 Edit-Delete Guides를 클릭해 보조선을 삭제합니다. 줄자 도구(Tape Measure ✎)로
그리드의 간격을 측정해 보면 1500 간격이라는 것을 확인할 수 있습니다.
이어서 '제공 파일/component/com.light.매입등.4인치(125파이).set.skp' 컴포넌트 파일을 윈도우상에서 클릭하고 클
릭한 채로 그리드의 오른쪽 아래 끝점으로 드래그 한 다음 클릭한 손가락을 때서 배치합니다.

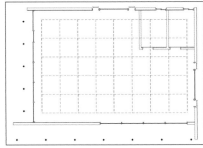

| 그리드 확인-메뉴의 Edit-Delete Guides 클릭

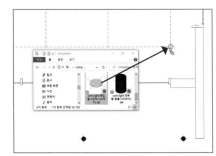

| 화면 확대-컴포넌트 배치

13 | 복사

아래 오른쪽 참조 이미지를 보고 지금까지 학습한 내용을 참고하여 'com.light.매입등.4인치(125파이)set' 컴포넌트를 선택 도구(Select ▶)로 선택하고 이동 도구(Move ✥)로 복사하여 배치합니다. 해당 컴포넌트의 윗면이 흰색이기 때문에 확인을 잘 하기 위해 [Tags] 창의 Details 아이콘(▶)을 클릭하고 태그 색상으로 객체를 표현하는 Color by Tag 명령을 클릭해 Color by Tag 스타일로 모델을 표현하고 배치합니다. 조명을 모두 배치한 후 Color by Tag를 클릭해 체크 표시를 해제합니다.

조명이 배치되지 않은 부분은 조금 더 세밀한 위치 선정이 필요하기 때문에 별도의 파일에서 복사한 다음 붙여넣기(Paste In Place) 방법으로 진행합니다.

| Color by Tag 클릭

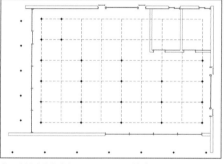

| 조명 복사해서 배치-Color by Tag 클릭

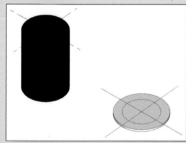

| 조명 컴포넌트

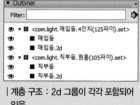

| 계층 구조 : 2d 그룹이 각각 포함되어 있음

| 컴포넌트의 축 위치

14 | 복사/붙여넣기

'제공 파일/file/4강-04.skp' 파일을 실행하고 모든 객체를 선택하기 위해 Ctrl +A(Select All의 단축키, 암기 필수)를 클릭합니다. 이어서 복사(Ctrl + C)한 다음 작업 중인 모델에 붙여넣기(Paste In Place)합니다.

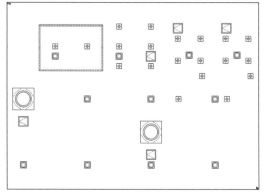

| 파일 실행-전체 선택-복사

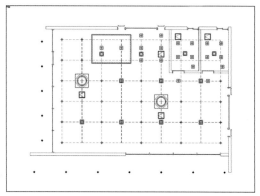

| 작업 중인 모델에 붙여넣기

15 | 태그 추가

'01.2D' 태그 폴더 안에 '01-3.2D-조명', '01-4.2D-전기/전자제품', '01-5.2D-원형 팬 디퓨저, '01-6.2D-점검구' 태그를 추가합니다. 이어서 '03.목공사' 태그 폴더 안에 '03-4. 목공사-점검구' 태그를 추가한 다음 태그 색상을 기존 목공사 태그 색상으로 설정합니다.

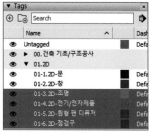

| 태그 추가

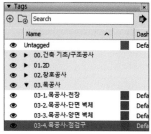

| 태그 추가-태그 색상 설정

16 | 태그 폴더/태그 추가

'05.조명공사' 태그 폴더를 만들고 해당 태그 폴더 안에 '05-1.조명공사-라인등', '05-2.조명공사-매입등', '05-3.조명공사-직부등' 태그를 추가하고 태그 색상을 R:255, G:0, B:0으로 설정합니다. 그런 다음 '10.기타공사' 태그 폴더를 추가하고 '10-1.기타공사-환기설비' 태그를 추가합니다. 이어서 '15.기타' 태그 폴더를 추가하고 '15-1.기타-에어컨' 태그를 추가합니다.

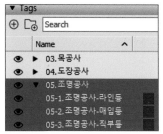

| 태그 폴더 추가-태그 추가

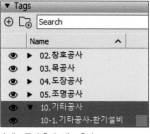

| 태그 폴더 추가-태그 추가

| 태그 추가

17 | 태그 지정

[Outliner] 창에서 'com.duct.원형 팬 디퓨저~' 컴포넌트에 포함된 '원형 팬 디퓨저' 그룹을 선택합니다. 해당 그룹은 컴포 넌트에 귀속되어 있기 때문에 컴포넌트 하위에 있는 동일한 그룹도 작업 모델과 [Components] 창에서 모두 선택된 것을 확 인할 수 있습니다. '원형 팬 디퓨저' 그룹을 '10-1.기타공사-환기설비' 태그에 포함시킵니다. 이어서 [Outliner] 창에서 '원형 팬 디퓨저.2d' 그룹을 선택하고 '01-5.2D-원형 팬 디퓨저' 태그에 포함시킵니다.

| 그룹 선택-태그 지정 | 그룹 선택-태그 지정

18 | 태그 지정

[Outliner] 창에서 'com.elec.에어컨.삼성360.set' 컴포넌트에 포함된 '삼성360' 그룹을 선택하고 '15-1.기타-에어컨' 태그에 포함시킵니다. 이어서 '삼성360.2d' 그룹을 선택하고 '01-4.2D-전기/전자제품' 태그에 포함시킵니다.

| 그룹 선택-태그 지정 | 그룹 선택-태그 지정

19 | 태그 지정

[Outliner] 창에서 'com.hardware.점검구~' 컴포넌트에 포함된 '점검구' 그룹을 선택하고 '03-4.목공사-점검구' 태그에 포함시킵니다. 이어서 '점검구.2d' 그룹을 선택하고 '01-6.2D-점검구' 태그에 포함시킵니다. '점검구' 그룹을 목공사에 포함 시킨 이유는 천장 목공사 작업을 할 때 점검구를 설치하기 때문입니다.

| 그룹 선택-태그 지정 | 그룹 선택-태그 지정

20 | 태그 지정

[Outliner] 창에서 'com.light.라인등~' 컴포넌트에 포함된 '라인등' 그룹을 선택하고 '05-1.조명공사-라인등' 태그에 포함시킵니다. 이어서 '라인등.2d' 그룹을 선택하고 '01-3.2D-조명' 태그에 포함시킵니다.

| 그룹 선택-태그 지정　　　　　　　　　　　　　　　| 그룹 선택-태그 지정

21 | 태그 지정

[Outliner] 창에서 'com.light.매입등~' 컴포넌트에 포함된 '매입등' 그룹을 선택하고 '05-2.조명공사-매입등' 태그에 포함시킵니다. 이어서 '매입등.2d' 그룹을 선택하고 '01-3.2D-조명' 태그에 포함시킵니다.

| 그룹 선택-태그 지정　　　　　　　　　　　　　　　| 그룹 선택-태그 지정

22 | 태그 지정

[Outliner] 창에서 'com.light.직부등~' 컴포넌트에 포함된 '직부등' 그룹을 선택하고 '05-3.조명공사-직부등' 태그에 포함시킵니다. 이어서 '직부등.2d' 그룹을 선택하고 '01-3.2D-조명' 태그에 포함시킵니다.

| 그룹 선택-태그 지정　　　　　　　　　　　　　　　| 그룹 선택-태그 지정

23 | 이동

화면 여백을 선택 도구(Select ▶)로 클릭해 'com.light.직부등~' 컴포넌트의 편집 모드를 해제하고 화면을 아래 참조 이미지처럼 회전시킨 다음 조명 컴포넌트를 위로 이동시키기 위해 활성화된 단면 컷 표시 도구(Display Section Cuts ✦)를 클릭해 비활성화합니다.

[Outliner] 창에서 'com.duct~' 컴포넌트를 선택하고 Shift 를 누른 상태에서 가장 아래에 있는 'com.light.매입등~' 컴포넌트를 클릭해 다중 선택한 다음 이동 도구(Move ✦)를 이용해 위로 1247 이동시킵니다.

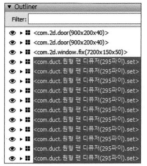

| 컴포넌트 다중 선택

| 컴포넌트 다중 선택

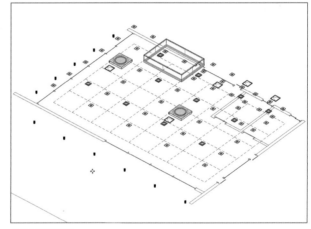

| 위로 '1247' 이동

24 | 이동

'com.light.직부등.~' 컴포넌트를 다중 선택하고 이동 도구(Move ✦)를 이용해 위로 1600 이동시킵니다.

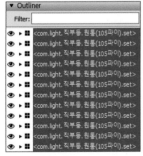

| 컴포넌트 다중 선택

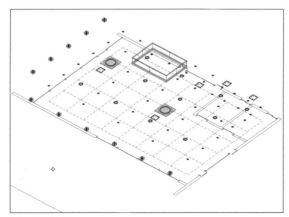

| 위로 '1600' 이동

25 | 조명 컴포넌트 이동

[Outliner] 창에서 가장 위에 있는 'com.duct.~' 컴포넌트를 선택하고 Shift를 누른 상태에서 가장 아래에 있는 'com. light.직부등.~' 컴포넌트를 클릭해 다중 선택합니다. 이어서 이동 도구(Move ✛)를 이용해 단면선 그룹을 만들고 이동시킨 거리 30000 만큼 -X축으로 이동시킵니다.

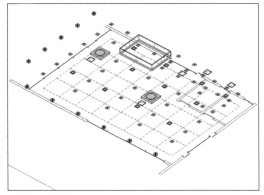

| 컴포넌트 다중 선택

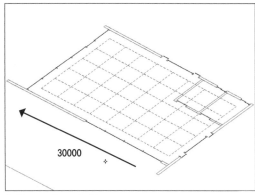

| 이동 도구로 '30000' 이동

| 알아두기 | 컴포넌트 이동 높이

단면 도구(Section Plane ✛)로 단면을 표현하고 단면 평면을 아래로 1500 내린 다음 단면선 그룹과 단면 평면이 동일 평면 상에 위치해 단면선이 잘 보이지 않는 문제 때문에 다시 100을 더 내린 총 1600을 내린 상태입니다.
'com.light.직부등.~' 컴포넌트는 외부 노출 천장면에 바로 배치되기 때문에 기존에 내린 1600만큼 다시 위로 올린 것이고 그 외의 조명 컴포넌트와 기타 컴포넌트는 실내 천장면에 배치가 되기 때문에 기존에 내린 1600에서 건축 천장면에서 내려오는 목 공사 높이 350과 도장 마감 3(총 353)을 빼서 1247 올린 것입니다.

---

26 | 확인

'0-3' 장면 탭을 클릭하고 화면을 회전 확대하면서 외부 천장면과 실내 천장면에 배치가 잘 되었는지 확인합니다.

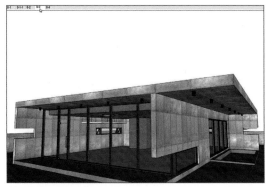

| '0-3' 장면 탭 클릭-확인

| 확인

27 | 그룹 만들기

[Outliner] 창에서 두 개의 'com.2d.door~' 컴포넌트를 다중 선택하고 그룹으로 만듭니다. 이어서 '01-1.2D-문' 태그에 포함시키고 그룹 이름을 '01-1.2D-문'이라고 입력합니다.

| 두 개의 컴포넌트 선택-그룹 만들기

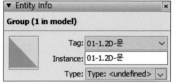

| 태그 지정-그룹 이름 입력

| 알아두기 | 속성이 비슷한 컴포넌트를 그룹으로 만들기

[Outliner] 창을 확인해 보면 조명 컴포넌트가 모델에 배치되면서 [Outliner] 창이 길어진 것을 알 수 있습니다. 이후로도 많은 컴포넌트가 배치되기 때문에 속성이 비슷한 여러 개의 컴포넌트를 하나의 그룹으로 묶지 않으면 [Outliner] 창의 계층 구조는 지금보다 훨씬 더 길어지게 됩니다. [Outliner] 창의 계층 구조를 간략하게 만들고 확인하기 쉽게 하기 위해 속성이 비슷한 여러 개의 컴포넌트를 그룹으로 묶어주는 것이 효율적인 작업 방식입니다.

---

28 | 그룹 만들기

[Outliner] 창에서 'com.2d.window~' 컴포넌트를 선택하고 Explode 시킵니다. 그런 다음 그룹으로 만들고 '01-2.2D.창' 태그에 포함시킨 다음 그룹

| 컴포넌트 선택-Explode

| 태그 지정-그룹 이름 입력

이름을 '01-2.2D-창.fix(7200x150x50)'으로 입력합니다. 'com.2d. window~' 컴포넌트는 모델에 하나 배치되어 있어 컴포넌트의 속성을 유지할 필요가 없기 때문에 Explode 시킨 것입니다.

---

29 | 그룹 만들기

[Outliner] 창에서 'com.duct.~' 컴포넌트를 다중 선택하고 그룹으로 만듭니다. 이어서 태그는 지정하지 않고 그룹 이름을 '10-1.기타공사-환기설비-원형 팬 디퓨저'로 입력합니다.

| 알아두기 | Untagged 설정

'10-1.기타공사-환기설비-원형 팬 디퓨저' 그룹을 별도의 태그로 지정하지 않은 이유는 해당 그룹에 포함된 'com.duct.~' 컴포넌트에 포함된 두 개의 그룹이 이미 각각의 태그로 지정된 상태이기 때문입니다.

같은 컴포넌트를 그룹으로 묶은 이유는 [Outliner] 창의 길어진 계층 구조를 간략하게 만들기 위함이라는 점을 기억합니다.

| 컴포넌트 선택-그룹 만들기

| 그룹 이름 입력

30 | 그룹 만들기

[Outliner] 창에서 두 개의 'com.elec.~' 컴포넌트를 다중 선택하고 그룹으로 만든 다음 그룹 이름을 '15-1.기타-에어컨-삼성360'으로 입력합니다.

| 컴포넌트 선택-그룹 만들기

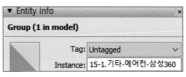

| 그룹 이름 입력

31 | 그룹 만들기

[Outliner] 창에서 'com.hardware~' 컴포넌트를 다중 선택하고 그룹으로 만든 다음 그룹 이름을 '03-4.목공사-점검구'로 입력합니다.

| 컴포넌트 선택-그룹 만들기

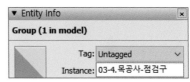

| 그룹 이름 입력

32 | 그룹 만들기

[Outliner] 창에서 모든 조명 컴포넌트(com.lidht.라인등, com.light.매입등, com.light.직부등)를 선택한 다음 그룹으로 만들고 그룹 이름을 '05.조명공사'로 입력합니다.

| 컴포넌트 선택-그룹 만들기

| 그룹 이름 입력

33 | 단면 평면 이름 수정

[Outliner] 창의 가장 아래에 있는 '단면:윗면'을 선택하고 이름을 '11-1.단면'으로 수정합니다. 그런 다음 [Outliner] 창의 계층 구조를 확인하면 각각의 컴포넌트를 그룹으로 묶기 전보다 숫자로만 간략하게 정렬되어 쉽게 구분할 수 있다는 점을 알 수 있습니다.

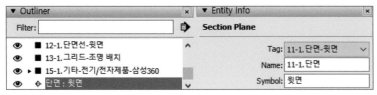

| 단면 : 윗면 선택-이름 수정

34 | 태그 설정/장면 업데이트

'0-2' 장면 탭을 클릭합니다. '01-3.2D-조명', '01-4.2D-전기/전자제품', '01-5.2D-원형 팬 디퓨저', '01-6.2D-점
검구' 태그를 비활성화합니다. 이어서 '03-4.목공사-점검구' 태그, '05.조명공사' 태그 폴더, '10-1.기타공사-환기설비' 태
그, '15-1.기타-에어컨' 태그를 비활성화한 다음 '0-2' 장면을 업데이트합니다.

| 태그 설정

| '0-2' 장면 탭 클릭-태그 설정

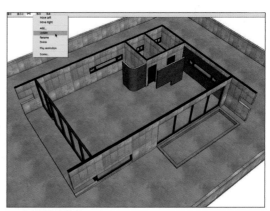

| '0-2' 장면 업데이트

35 | 불필요한 컴포넌트 삭제

[Component] 창을 확장시키고 In Model 아이콘(⌂)을 클릭해 현재의 모델에 있는 컴포넌트를 확인합니다. 모델에 배치한
컴포넌트 외에 아주 많은 컴포넌트가 등록된 것을 알 수 있습니다. 이 컴포넌트는 '4강-1' 과정에서 단면선 그룹을 만들 때 자
동으로 등록된 컴포넌트로 작업 모델에서 Explode를 해도 [Component] 창에서는 삭제가 되지 않는 상태로 남게 됩니다.
[Component] 창의 Details 아이콘(▶)을 클릭해 불필요한 컴포넌트를 삭제하는 명령인 Purge Unused를 클릭합니다. 작
업 모델에 존재하지 않는 불필요한 컴포넌트가 모두 삭제된 것을 확인할 수 있습니다.

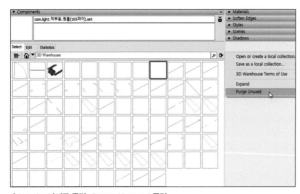

| Details 아이콘 클릭-Purge Unused 클릭

| 불필요한 컴포넌트가 모두 삭제됨

Purge Unused

Purge Unused 명령은 불필요한 파일을 제거하는 명령으로 [Component] 창, [Materials] 창, [Styles] 창에서
각각 실행할 수 있습니다. 불필요한 파일이 있는 경우 Purge Unused 명령이 활성화되고 불필요한 파일이 없는 경
우에는 활성화되지 않습니다.

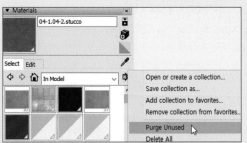

| [Materials] 창

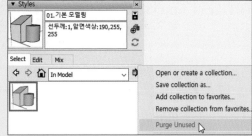

| [Styles] 창

한 번에 해당 파일에서 불필요한 모든 파일(컴포넌트, 메트리얼, 스타일)을 삭제하려면 [Model Info] 창에 있는
Statistics 항목의 〈Purge Unused〉 버튼을 클릭합니다.

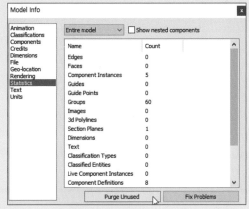

| [Model Info] 창의 Statistics 항목의 〈Purge Unused〉 버튼

'바닥 마감 공사' 그룹 모델링하고 매핑하기

5

이번 과정에서는 '바닥 마감 공사-실내' 그룹과 '바닥 마감 공사-외부' 그룹을 모델링하면서 트림 도구로 객체를 분할하는 방법과 물의 부피를 확인하는 방법 등을 알아보겠습니다.

예 | 제 | 파 | 일 | 프로그램 1/4강-4.완성.skp   완 | 성 | 파 | 일 | 프로그램 1/4강-5.완성.skp

01 | 복사/붙여넣기

'제공 파일/file/4강-5.skp' 파일을 실행하고 선택 도구(Select ▶)로 두 개의 '재료분리대' 그룹을 선택한 다음 작업 모델에 붙여넣기합니다.

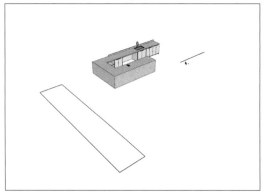

| 파일 실행-그룹 다중 선택

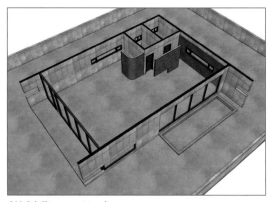

| 붙여넣기(Paste In Place)

02 | 태그 폴더, 태그 추가/지정

'06.바닥 마감공사' 태그 폴더를 추가하고 '06-1.바닥 마감공사-재료분리대' 태그를 추가합니다. [Outliner] 창에서 '재료분리대-입구' 그룹을 선택하고 '06-1.바닥 마감공사-재료분리대' 태그에 포함시킨 다음 그룹 이름을 '06-1.바닥 마감공사-재료분리대-입구'로 수정합니다. 이어서 [Outliner] 창에서 '재료분리대-화장실'그룹을 선택하고 '06-1.바닥 마감공사-재료분리대' 태그에 포함시킨 다음 그룹 이름을 '06-1.바닥 마감공사-재료분리대-화장실'로 수정합니다.

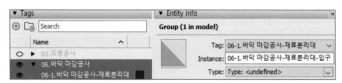

| 태그 폴더 추가-태그 추가-태그 지정-그룹 이름 입력

| 태그 지정-그룹 이름 입력

03 | 메트리얼 이름 수정

[Materials] 창에서 '재료분리대' 그룹에 매핑되어 있는 'cornerbead' 메트리얼을 선택하고 이름 앞에 '06-1.'을 추가합니다. 이어서 '00-2.건축-바닥' 그룹을 편집 모드로 만들고 마우스 우클릭해서 나타나는 확장 메뉴 중 맞닿은 면을 분할시키는 Intersect Faces-with Model 명령을 클릭합니다.

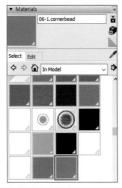

| 이름에 숫자 추가

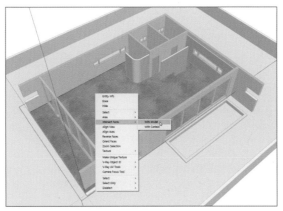

| 그룹 편집 모드 만들기-우클릭-Intersect Faces-with Model 클릭

04 | 확인

그룹 편집 모드를 해제하고 맞닿은 객체의 분할이 잘 되었는지 '00-2.건축-바닥' 그룹과 맞닿아 있던 그룹을 모두 Hide 합니다. 그런 다음 '00-2.건축-바닥' 그룹을 편집 모드로 만들고 화면을 확대하면서 객체들이 맞닿은 부분의 분할 여부를 선택 도구(Select ▶)로 면을 클릭해 확인합니다. 선은 생성되었는데 분할이 되지 않은 '03-3-1.목공사-양면벽체-매장' 그룹과 '04-2-2.도장공사-벽체-양면벽체-매장' 그룹과 맞닿아 있던 바닥으로 화면을 확대하고 선 도구(✏)로 두 개의 선을 덧그려 분할되지 않은 두 개의 면을 각각 분할합니다.

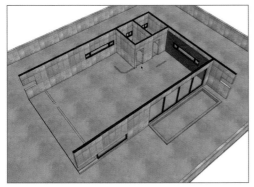

| 그룹 편집 모드 해제-맞닿은 객체 Hide

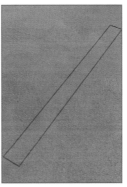

| 편집 모드 만들기-분할 확인

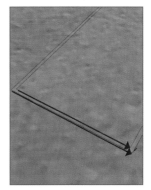

| 선 도구로 두 개의 선을 덧그려 두 개의 면 분할하기

05 | 복사/붙여넣기

선택 도구로 면을 선택하고 복사(Ctrl + C)하고 모델링 파일(복사/붙여넣기 용도의 작업을 위해 실행한 파일)에 붙여넣기 (Paste In Place)합니다.

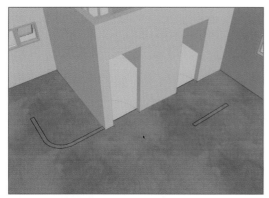

| 선택 도구로 면 선택-복사

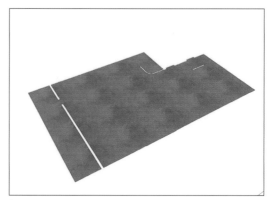

| 모델링 파일에 붙여넣기

06 | 디폴트 매핑

[Materials] 창에서 Set Material to Paint with to Default 아이콘( )을 클릭하고 면을 클릭해 디폴트 메트리얼로 매핑합니다. 아래 오른쪽 참조 이미지를 보고 '4강-5.skp' 파일에 있는 객체(가구)를 선택 도구(Select)로 드래그해서 선택한 다음 복사(Ctrl + C)합니다.

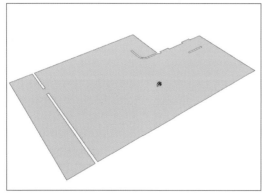

| 디폴트 매핑

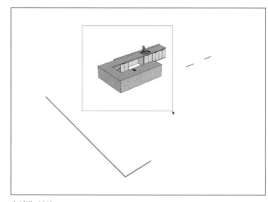

| 선택-복사

07 | 붙여넣기

모델링 파일에 붙여넣기(Paste in Place)한 다음 면에 마우스 포인터를 위치하고 우클릭하여 나타나는 확장 메뉴 중 Intersect Faces-With Model 명령을 클릭해 맞닿은 면을 분할합니다.

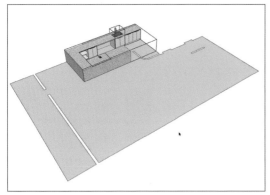

| 붙여넣기

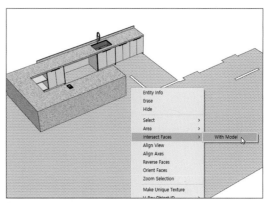

| 우클릭-Intersect Faces-With Model 클릭

08 | 선택 반전

선택 도구(Select ▶)로 면을 더블클릭하여 선택하고 마우스 우클릭해 나타나는 확장 메뉴 중 선택 상태를 반전시키는 Select-Invert Selection 명령을 선택합니다. 이어서 선택된 객체(가구)를 삭제합니다. 해당 객체는 면을 분할하기 위해 임시로 배치한 객체로 추후의 학습 과정에서 작업 중인 모델에 동일한 객체가 배치됩니다.

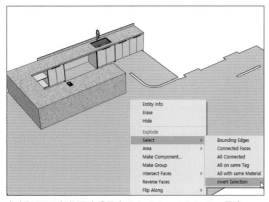

| 선택 도구로 면 더블클릭-우클릭-Select-Invert Selection 클릭

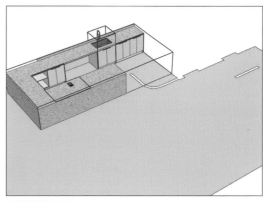

| 선택된 객체 삭제

09 | 확인/볼륨 만들기

분할 여부를 확인하고 밀기/끌기 도구(Push/Pull ◈)를 이용해 위로 8 올립니다. 이어서 이미지 파일을 불러와 매핑하기 위해 [Materials] 창의 Create Material 아이콘(◉)을 클릭합니다.

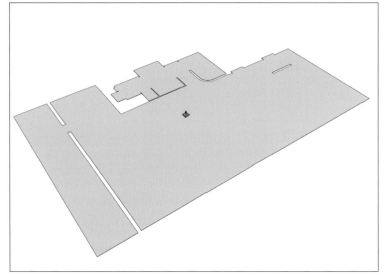

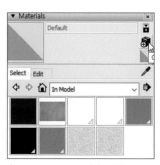

| Create Materials 아이콘 클릭

| 디폴트 매핑-위로 8 올림

10 | 이미지 파일 불러오기

Browse for Material Image File 아이콘(▶)을 클릭하고 '제공 파일/material/gravel(1.5).jpg' 파일을 선택하고 〈열기〉 버튼을 클릭합니다. 이름을 '06-2-1.bean gravel'로 입력하고 매핑 크기는 가로 1500으로 설정한 다음 〈OK〉 버튼을 클릭합니다.

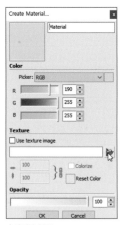

| 아이콘 클릭

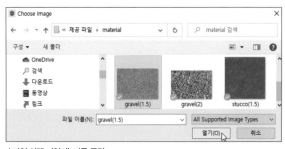

| 파일 선택-〈열기〉 버튼 클릭

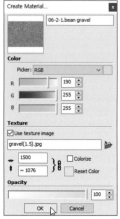

| 이름 입력-가로 크기 설정-〈OK〉 버튼 클릭

11 | 매핑하고 그룹 만들기

윗면만 매핑하고 선택 도구로 트리플 클릭해서 선택한 다음 그룹으로 만듭니다.

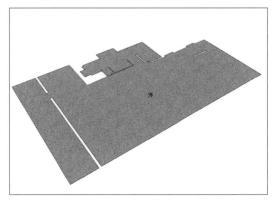

| 윗면만 매핑

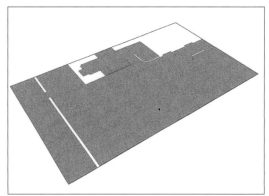

| 선택 도구로 트리플 클릭-그룹 만들기

12 | 태그 추가/지정

'06-2.바닥 마감공사-실내' 태그를 추가하고 그룹을 포함시킨 다음 그룹 이름을 '06-2-1.바닥 마감공사-실내-매장-콩자갈'로 입력합니다.

| 태그 추가-태그 지정-그룹 이름 입력

13 | 복사/붙여넣기

그룹을 선택하고 자르기(Ctrl + X)한 다음 작업 중인 파일의 '0-2'번 장면 탭을 클릭하고 '00-2.건축-바닥' 그룹의 편집 모드를 해제한 다음 붙여넣기(Paste in Place)합니다.

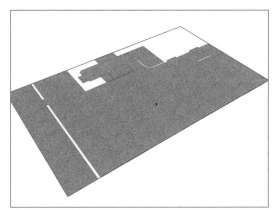

| 그룹 선택-자르기

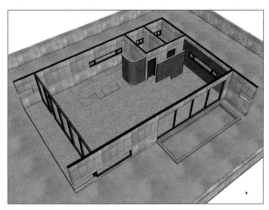

| 장면 탭 클릭-편집 모드 해제-붙여넣기

14 | 태그 폴더에 포함시키기

'06-2.바닥 마감공사-실내' 태그를 클릭한 채로 '06.바닥 마감공사' 태그 폴더로 드래그해서 '06.바닥 마감공사' 태그 폴더에
포함시킵니다.

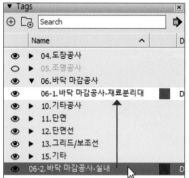

| 태그 클릭한 채로 드래그

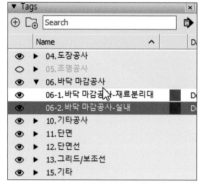

| '06'번 태그 폴더에 포함시킴

15 | 복사/붙여넣기

윗면 도구(Top ▦)를 클릭해 화면을 윗면으로 배치하고 화장실 부분으로 이동합니다. 선택 도구(Select ▶)로 '01-1.2D-
문' 그룹을 선택하고 이동 도구(Move ✤)를 이용해 위로 8 이동시킵니다. '00-8.건축-미장-화장실-여' 그룹을 편집 모드
로 만들고 마우스 우클릭해서 나타나는 확장메뉴 중 Intersect Faces-With Model 명령을 클릭해 '문틀' 그룹과 맞닿은 면
을 분할시킵니다. 선택 도구(Select ▶)로 면을 선택해서 복사(Ctrl + C)하고 '00-8.건축-미장-화장실-여' 그룹의 편집 모
드를 해제한 다음 붙여넣기(Paste In Place)합니다.

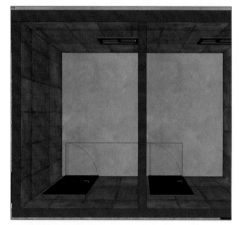

| 그룹 선택-위로 '8' 이동

| 그룹 편집 모드-우클릭-Intersect
Faces-With Model클릭

| 면 선택-복사-편집 모드 해제-붙여넣기

16 | 디폴트 매핑하고 면 올리기

디폴트 메트리얼로 매핑하고 밀기/끌기 도구(Push/Pull ♦)를 이용해 위로 8 올립니다. 이어서 [Materials] 창에서 '00-8. con' 메트리얼을 선택하고 Create Material 아이콘(🎨)을 클릭합니다.

| 디폴트 매핑

| 밀기/끌기 도구를 이용해 위로 8 올리기

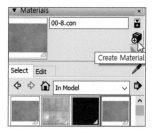

| 메트리얼 선택-Create Materials 아이콘 클릭

17 | 매핑하고 그룹 만들기

메트리얼 이름을 '06-2-2.epoxy'로 입력하고 〈OK〉 버튼을 클릭한 다음 윗면만 매핑합니다. 이어서 선택 도구(Select ▶) 를 트리플 클릭해 선택하고 그룹으로 만듭니다. 그런 다음 '06-2.바닥 마감공사-실내' 태그에 포함시키고 그룹 이름을 '06-2-2.바닥 마감공사-실내-화장실-여-에폭시'로 입력합니다.

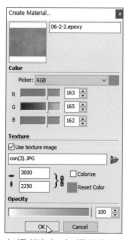

| 이름 입력-〈OK〉 버튼 클릭

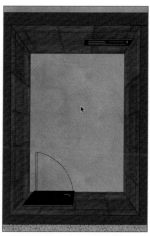

| 윗면만 매핑-선택 도구로 트리플 클릭-그룹 만들기

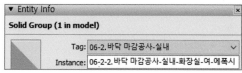

| 태그 지정-그룹 이름 입력

18 | 복사/그룹 이름 수정

이동 도구(Move 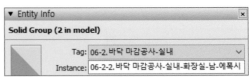)를 이용해 오른쪽으로 복사하고 그룹 이름 중 '여'만 '남'으로 수정합니다.

| 그룹 복사

▼ Entity Info

Solid Group (2 in model)

Tag: 06-2. 바닥 마감공사-실내

Instance: 06-2-2. 바닥 마감공사-실내-화장실-남-에폭시

| 그룹 이름 수정

| **알아두기** | **바닥 마감재 두께 산출 근거**

실내 매장 바닥에 마감된 콩자갈 그룹의 두께는 8mm로 수평 몰탈(셀프 레벨링) 위 콩자갈 마감입니다. 실내 화장실 바닥에 마감된 에폭시 그룹의 두께도 8mm로 수평 몰탈 위 무용제 에폭시 라이닝 마감입니다

19 | 그룹 합치기

'0-2'장면 탭을 클릭하고 [Outliner] 창에서 '00-1', '00-2', '00-3', '00-6', '00-7'번 그룹을 다중 선택하고 복사(Ctrl + C)한 다음 모델링 파일에 붙여넣기(Paste in Place)합니다. 모델링 파일의 [Outliner] 창에서 Ctrl 를 누른 상태로 '00-1. 건축-기초' 그룹만 클릭해 선택 해제하고 솔리드 툴 도구 모음(Solid Tools Toolbar)중에 선택한 솔리드 그룹(or 컴포넌트)를 합치는 외부 셀 도구(Outer Shell)를 클릭합니다.

| 그룹 다중 선택

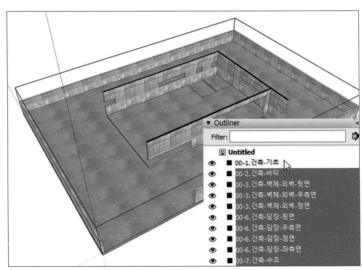

| 붙여넣기-그룹 선택 해제-합치기

20 | 사각형 그리고 그룹 만들기

'잔디' 그룹을 모델링하기 위해 아래 왼쪽 참조 이미지를 보고 사각형을 그립니다. 이어서 밀기/끌기 도구(Push/Pull ◆)를 이용해 위로 50 올린 다음 선택 도구(Select ▶)로 트리플 클릭해 선택하고 그룹으로 만듭니다.

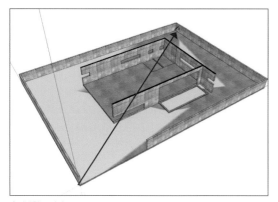

| 사각형 그리기

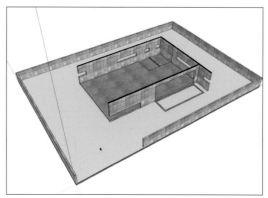

| 밀기/끌기 도구를 이용해 위로 '50' 올리기-선택 도구로 트리플 클릭-그룹 만들기

21 | 트림

선택 도구(Select ▶)로 여백을 클릭해서 그룹 선택 상태를 해제합니다. 솔리드 툴 도구 모음(Solid Tools Toolbar)에 있는 트림 도구(Trim ▣)를 선택하고 1번 그룹(합친 그룹)을 클릭한 다음 2번 그룹(모델링한 그룹)을 클릭합니다. 1번 그룹을 선택한 다음 삭제하고 '00-1.건축-기초' 그룹도 삭제합니다.

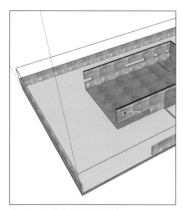

| 트림 도구 선택-1번 그룹 클릭

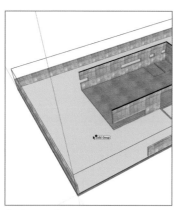

| 2번 그룹 클릭

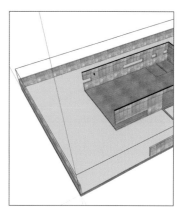

| 그룹 선택-삭제

22 | 객체 삭제

그룹 편집 모드를 만들고 오른쪽 참조 이미지를 보고 선택 도구(Select ▶)로 '건축-수조' 그룹이 위치한 부분의 객체를 트리플 클릭한 다음 Delete 를 눌러 삭제합니다. 이어서 표시한 부분을 확대합니다.

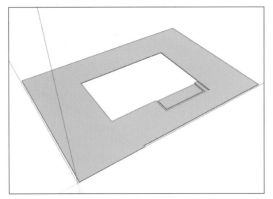

| 그룹을 삭제한 상태

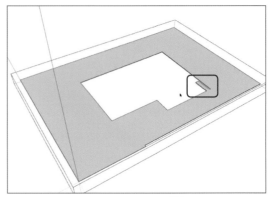

| 편집 모드 만들기-선택 도구로 트리플 클릭- Delete -화면 확대

23 | 확인/디폴트 매핑

측면 부분에 매핑이 된 것을 확인할 수 있습니다. 해당 매핑은 교차된 객체에 매핑되어 있던 메트리얼로 트림 도구(Trim 🖼)를 사용하면 나타나는 현상입니다. 선택 도구(Select ▶)로 객체를 트리플클릭해 선택하고 디폴트 메트리얼로 매핑합니다.

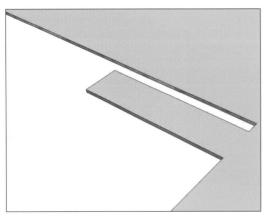

| 확인

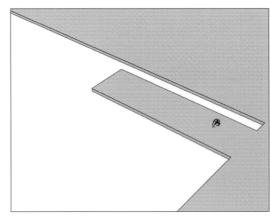

| 디폴트 매핑

24 | 매핑

[Materials] 창에서 '제공 파일/material/grass(2).jpg' 파일을 불러옵니다. 이어서 이름을 '06-3-1.grass'로 입력하고 가로 크기 2000으로 설정한 다음 〈OK〉 버튼을 클릭합니다. 그런 다음 윗면만 매핑하고 편집 모드를 해제합니다.

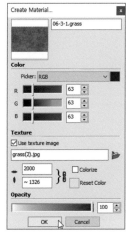

| 이미지 파일 불러오기-이름
입력-가로 크기 입력-〈OK〉 버튼
클릭

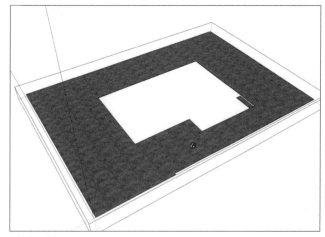

| 윗면만 매핑

25 | 태그 추가/지정

'06-3.바닥 마감공사-외부' 태그를 추가하고 그룹을 포함시킨 다음 그룹 이름을 '06-3-1.바닥 마감공사-외부-잔디'로 입력합니다.

| 태그 추가-태그 지정-그룹 이름 입력

26 | 복사/붙여넣기

선택 도구(Select ▶)로 그룹을 선택하고 자르기(Ctrl + X)한 다음 작업 중인 모델에 붙여넣기(Paste in Place)합니다. 이어서 '06-3.바닥 마감공사-외부' 태그를 '06.바닥 마감공사' 태그 폴더 안으로 이동시킵니다.

| 그룹 선택-자르기

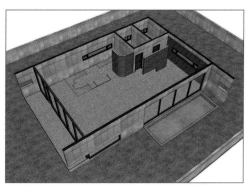

| 붙여넣기

| 태그 이동

27 | 모델링

아래 왼쪽 이미지를 보고 화면을 확대한 다음 X-Ray 도구(◉)를 클릭합니다. 사각형 도구(Rectangle Tool ▨)로 수조 그룹 내부에 사각형을 그립니다. 이어서 X-Ray 도구(◉)를 클릭해 X-Ray 스타일을 비활성화하고 밀기/끌기 도구(Push/Pull ◈)를 이용해 위로 50 올립니다.

| 화면 확대-X-Ray 도구 클릭-사각형 도구로 사각형 그리기

| X-Ray 도구 클릭-밀기/끌기 도구를 이용해 위로 '50' 올림

28 | 매핑

[Materials] 창에서 '제공 파일/material/gravel(2).jpg' 파일을 불러옵니다. 이어서 이름을 '06-3-2.gravel'로 입력하고 가로 크기 2000으로 설정한 다음 〈OK〉 버튼을 클릭하고 윗면만 매핑합니다.

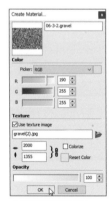

| 이미지 파일 불러오기-
이름 입력-가로 크기
설정-〈OK〉 버튼 클릭

| 윗면만 매핑

29 | 태그 지정/그룹 이름 입력

선택 도구(Select ▶)로 트리플 클릭해 선택하고 그룹으로 만듭니다. 이어서 '06-3.바닥 마감공사-외부' 태그에 포함시키고 그룹 이름을 '06-3-2.바닥 마감공사-외부-자갈'로 입력합니다.

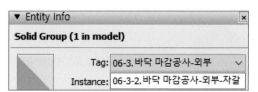

| 태그 지정-그룹 이름 입력

| 선택 도구로 트리플 클릭-그룹 만들기

30 | 모델링

아래 왼쪽 참조 이미지처럼 사각형 도구(Rectangle Tool ▨)로 사각형을 그리고 선택 도구(Select ▸)로 사각형을 더블클릭해 선택합니다. 이어서 이동 도구(Move ✦)를 이용해 아래로 50 이동시킵니다.

[Materials] 창의 'Colors' 폴더에서 Color 메트리얼(아무 색상이나 상관없음)로 사각형을 클릭해 매핑한 다음 메트리얼 이름을 '10-2.water'로 입력합니다. 그런 다음 색상은 R:0, G:120, B:255로 설정하고 불투명도(Opacity)를 15로 설정하고 사각형을 그룹으로 만듭니다.

| 사각형 그리기-선택 도구로 사각형 더블클릭-이동 도구를 이용해 아래로 '50' 이동

| Color 매핑-이름 입력-색상 수정-불투명도 설정-그룹 만들기

31 | 태그 추가/지정

'10.기타공사' 태그 폴더에 '10-2.기타공사-물' 태그를 추가하고 태그 색상과 불투명도를 '10-2.water' 메트리얼과 일치시킵니다. 이어서 그룹을 포함시키고 그룹 이름을 '10-2.기타공사-물'이라고 입력합니다.

| 태그 추가-태그 지정-그룹 이름 입력

물 모델링/물의 부피 확인

부피를 산출하기 위한 물의 모델링 방법과 물의 부피를 확인하는 방법에 대해 알아보겠습니다.

1 | 물 모델링

물의 부피를 확인하려면 부피가 있는 솔리드 그룹으로 모델링 하면 됩니다. 부피가 있는 모델링을 하고 매핑을 했을 경우 보는 방향에 따라 맞닿은 객체의 매핑과 섞여 보이는 현상이 발생하기 때문에 이 책에서 학습한 내용은 면으로만 모델링을 진행했습니다.

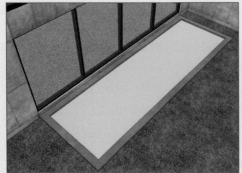

| 솔리드 그룹으로 모델링

| 매핑

| 다른 객체의 매핑과 섞여 표현됨

2 | 물의 부피 확인

물의 부피는 일반적으로 세제곱미터(m^3)가 아닌 리터(L)로 확인합니다.

리터를 확인하기 위해서는 [Model Info] 창의 Units 항목에서 Volume 단위를 Liters로 설정하면 [Entity Info] 창에서 확인할 수 있습니다.

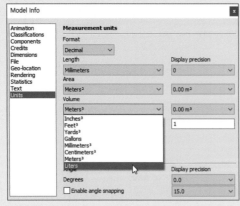

| [Model Info] 창의 Units 항목의 Volume 옵션을 Liters로 설정

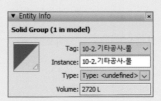

| [Entity Info] 창에서 확인

31 | 태그 색상 설정

'06-1.바닥 마감공사-재료분리대' 태그 색상은 '06-1.cornerbead' 메트리얼 색상과 일치시키고 '06-2.바닥 마감공사-실내' 태그는 '06-2-1.bean gravel' 메트리얼 색상과 일치시킵니다. 이어서 '06-3.바닥 마감공사-외부' 태그는 '06-3-1.grass' 메트리얼 색상과 일치시킵니다. 그런 다음 '0-2'장면 탭을 클릭하고 [Shadow] 창에서 Show/Hide Shadows 아이콘(⬙)을 클릭해 그림자를 활성화합니다.

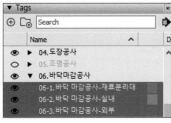

| 태그 색상 설정

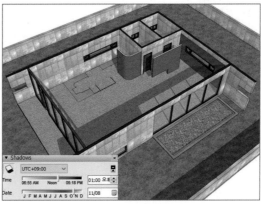

| 그림자 활성화

32 | Color by Tag

[Tag] 창에서 Details 아이콘(➡)을 클릭해서 나타나는 확장 메뉴 중 Color by Tag를 클릭해 태그 색상으로 모델을 확인합니다. 모델 확인을 했으면 활성화된 Show/Hide Shadows 아이콘(⬙)을 클릭해 그림자를 비활성화하고 체크 되어 있는 Color by Tag 명령을 클릭해 체크 해제합니다.

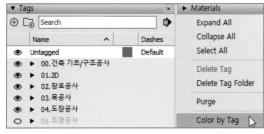

| Color by Tag 클릭

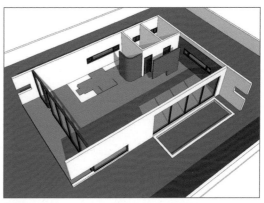

| 확인

> **| 알아두기 | Color by Tag 활용**
>
> 공사 종류별로 태그 색상을 통일시키면 Color by Tag로 모델을 확인할 때 해당 공사의 작업 범위를 쉽게 확인할 수 있으며 태그 색상을 마감재 색상과 동일하게 설정하면 작업 모델의 전체적인 색상 계획을 한 번에 확인할 수 있어 마감재 선정 시에 도움이 됩니다.

작업 모델 완성하기

이번 과정은 실무 예제 따라 하기 마지막 과정으로 각종 컴포넌트를 배치한 다음 치수선을 만들고 각종 장면을 설정하는 방법에 대해 알아보겠습니다.

학습 목표

이번 과정에서 학습하는 치수선 만들기, 공정 순서대로 장면 설정하기, 평면 및 천장도 장면 만들기, 완성 모델 내보내기(Export)는 실무에서 가장 많이 사용하는 내용인 만큼 이번 과정을 통해 꼭 이해하고 실무에 활용하기 바랍니다.

5강

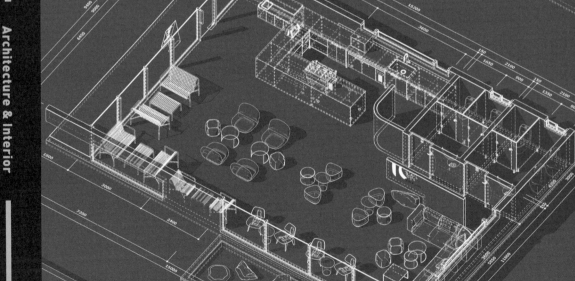

화장실, 카운터 공간에 컴포넌트 배치하고 사인 작업하기

1

이번 과정에서는 화장실, 카운터 공간에 완성된 컴포넌트를 배치하고 png 파일 형식의 이미지를 가지고 Import 매핑하는 방법, 3D 문자 도구(3D Text ▲)를 이용해 3D 문자를 만드는 방법, 인접 채우기 매핑과 재질 바꾸기 매핑의 차이점 등을 알아봅니다.

예 | 제 | 파 | 일 | 프로그램 1/4강-5.완성.skp   완 | 성 | 파 | 일 | 프로그램 1/5강-1.완성.skp

01 | 파일 실행/복사

아래 왼쪽 참조 이미지를 보고 화장실 부분으로 이동합니다. '제공 파일/file/5강-1.skp' 파일을 실행시키고 선택 도구 (Select ▶)로 오른쪽 아래를 클릭한 채로 왼쪽 위로 드래그해 왼쪽에 배치된 가구를 제외한 객체를 선택(크로싱 방식)한 다음 복사(Ctrl + C)합니다.

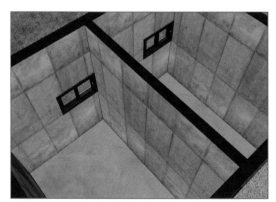

| 화면 이동

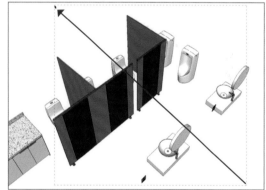

| 파일 실행-선택-복사

| **알아두기** | **객체 선택 방식**

선택 도구(Select ▶)로 왼쪽 위에서 오른쪽 아래로 드래그해 객체를 선택(윈도우 방식)하면 드래그한 영역 안에 모두 포함된 객체가 선택되고 선택 도구(Select ▶)로 오른쪽 아래에서 왼쪽 위로 드래그해 객체를 선택(크로싱 방식)하면 영역 안에 일부라도 포함된 객체가 모두 선택됩니다.

02 | 붙여넣기/태그 폴더, 태그 추가

작업 중인 파일에 붙여넣기(Paste in Place)합니다. '07.화장실공사' 태그 폴더를 추가하고 '07-1.화장실공사-큐비클',
'07-2.화장실공사-도기', '07-3.화장실공사-기타' 태그를 추가한 다음 태그 색상을 R:255, G:100, B:255로 설정합니다.

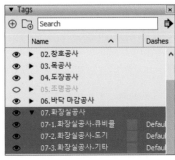

| 태그 폴더 추가-태그 추가-태그 색상 설정

| 붙여넣기

03 | 태그 지정

[Outliner] 창에서 두 개의 'com.toilet.mirror~' 컴포넌트를 선택하고 그룹으로 만듭니다. 이어서 '07-3.화장실공사-기
타' 태그에 포함시키고 그룹 이름을 '07-3.화장실공사-기타-거울'로 입력합니다.

| 컴포넌트 다중 선택-그룹 만들기

| 태그 지정-그룹 이름 입력

04 | 태그 지정

[Outliner] 창에서 'com.toilet.소변기.1', 'com.toilet.양변기~', 'com.toilet.카운터 세면대~' 컴포넌트를 다중 선택하
고 그룹으로 만듭니다. 이어서 '07-2.화장실공사-도기' 태그에 포함시키고 그룹 이름을 '07-2.화장실공사-도기'로 입력합
니다.

| 컴포넌트 다중 선택-그룹 만들기

| 태그 지정-그룹 이름 입력

05 | 태그 지정

[Outliner] 창에서 두 개의 'com.toilet.큐비클~' 컴포넌트를 다중 선택하고 그룹으로 만듭니다. 이어서 '07-1.화장실공사-큐비클' 태그에 포함시키고 그룹 이름을 '07-1.화장실공사-큐비클'로 입력합니다.

| 컴포넌트 다중 선택-그룹 만들기 | 태그 지정-그룹 이름 입력

06 | 선택-붙여넣기

오른쪽 참조 이미지를 보고 화면을 이동시킨 다음 '5강-1.skp' 파일의 '2' 장면 탭을 클릭합니다. 이어서 선택 도구(Select ▶)로 영역을 지정(크로싱 방식)해서 객체를 선택하고 복사(Ctrl + C)한 다음 작업 중인 모델에 붙여넣기(Paste in Place)합니다.

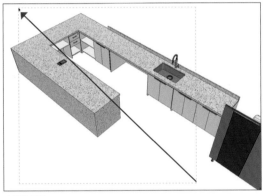

| 선택-복사

| 붙여넣기

07 | 태그 폴더, 태그 추가/지정

'08.가구공사' 태그 폴더를 추가하고 '08-1.가구공사-제작가구', '08-2.가구공사-인조대리석', '08-3.가구공사-의자/테이블/소파' 태그를 추가한 다음 태그 색상을 R:255, G:100, B:100으로 설정합니다. 이어서 [Outliner] 창에서 'com.f.제작가구~' 컴포넌트를 모두 선택하고 그룹으로 만든 다음 '08-1.가구공사-제작가구' 태그에 포함시킵니다. 그런 다음 그룹 이름을 '08-1.가구공사-제작가구'로 입력합니다.

| 태그 폴더 추가-태그 추가-태그 색상 설정

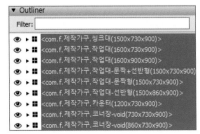

| 컴포넌트 다중 선택-그룹 만들기

| 태그 지정-그룹 이름 입력

08 | 태그 지정

[Outliner] 창에서 가장 아래에 있는 '인조대리석' 그룹을 선택하고 '08-2.가구공사-인조대리석' 태그에 포함시킨 다음 그룹 이름에 '08-2.가구공사-' 문구를 추가합니다.

| 그룹 선택-태그 지정-그룹 이름 입력

09 | 메트리얼 이름 수정

'인조대리석' 그룹에 매핑되어 있는 'terazzo(area)' 메트리얼 이름을 '08-2.terazzo(area)'로 수정하고 'terazzo(fake)' 메트리얼 이름을 '08-2.terazzo(fake)'로 수정합니다.

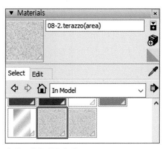

| 메트리얼 이름 수정

| 메트리얼 이름 수정

현장 플러스

마감자재 시공면적 산출

마감자재의 특성에 따라 시공면적을 산출하는 단위는 각각 다르지만, 정확하게 매핑하여 정확한 면적(㎡)을 산출해 놓으면 다른 단위로도 쉽게 환산할 수 있습니다. 시공면적을 산출해야 하는 마감자재일 경우 마감하는 면만 노출(ex:작업 모델의 '도장공사' 그룹)된다면 큰 문제가 없지만, '인조대리석' 그룹처럼 여러 부분이 노출되는 경우에는 진짜(area)와 가짜(fake) 매핑이 필요합니다.

즉 정확한 시공면적을 산출하기 위한 진짜 매핑과 해당 마감자재로 시공된다고 표현해야 할 가짜 매핑을 한다는 의미입니다.

[Materials] 창에서 면적을 산출할 메트리얼에 마우스 포인터를 위치하고 우클릭해 나타나는 확장 메뉴 중 Area를 클릭하면 해당 메트리얼로 매핑한 면의 면적을 바로 확인할 수 있습니다. 견적 산출 시 가장 중요한 데이터가 됩니다.

| 마우스 우클릭-Area 클릭

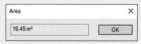

| 면적 확인

10 | png 파일 불러오기

png 파일 형식의 이미지 파일을 불러와 임포트(import) 매핑을 하기 위해 아래 왼쪽 참조 이미지를 보고 '03-3-1.목공사-양면 벽체-매장' 그룹이 보이게 화면을 이동한 다음 메뉴의 File-Import를 클릭합니다.

[Import] 창이 나타나면 파일 형식은 All Supported Types로 선택하고 '제공 파일/image/logo.1.png' 파일을 선택합니다. 이어서 Use image As 옵션 중 image에 체크 표시하고 〈Import〉 버튼을 클릭합니다.

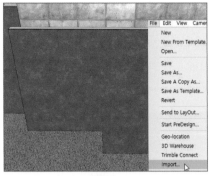

| 화면 이동-File-Import 클릭

| 'logo.1.png' 파일 선택-옵션 체크-〈Import〉 버튼 클릭

11 | 배치

배치할 시작점을 클릭하고 대각선 방향으로 조금 드래그한 다음 키보드로 '1500'을 입력하고 엔터를 누릅니다. 이처럼 import 매핑은 가로 크기를 설정할 수 있습니다.

| 시작점 클릭

| 드래그-'1500' 입력-엔터

12 | 태그 폴더, 태그 추가/태그 지정

[Tags] 창에서 '09.사인공사' 태그 폴더를 추가하고 '09-1.사인공사-커팅시트', '09-2.사인공사-스카시', '09-3.사인공사-기타' 태그를 추가한 다음 태그 색상을 R:255, G:100, B:0으로 설정합니다. 이어서 import 매핑한 객체를 선택하고 [Entity Info] 창에서 객체 정보를 확인합니다. 파일 이름, 파일 형식, 해상도가 표시되는 것을 알 수 있으며 그룹이 아니라는 점도 알 수 있습니다. import 매핑한 객체를 '09-1.사인공사-커팅시트' 태그에 포함시킵니다.

| 태그 폴더/태그 추가-태그 색상 설정

| 태그 지정

> | 알아두기 | **매핑한 객체를 그룹으로 만들기**
>
> Import 매핑한 객체의 속성은 그룹이 아닙니다. 그룹으로 만들려면 Explode 시킨 다음 그룹으로 만들면 됩니다.

현장 플러스 +

png 파일 형식의 특성

png 파일 형식의 특성에 대해 알아보겠습니다.

1 | 활용 범위

import 명령으로 png 파일 형식의 이미지를 불러오면 원하는 부분에 원하는 크기로 이미지를 표현할 수 있기 때문에
다양하게 활용할 수 있습니다. 예를 들어 유리나 벽면에 붙이는 커팅시트 표현이나 긴 벽면의 일부분에만 이미지(ex :
로고, 그림, 일러스트, 기타)를 표현하고자 할 때 유용하게 사용할 수 있습니다.

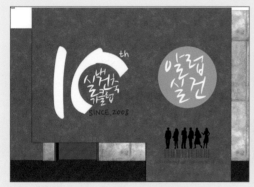

| png 파일 import 매핑 : 벽면에 특정 이미지 표현

| png 파일 import 매핑 : 유리에 붙이는 커팅시트 표현

2 | [Materials] 창에서 매핑했을 경우

배경이 투명한 png 파일 형식의 이미지를 [Materials] 창에서 매핑하면 타일링 현상이 발생하고 이미지 외의 투명한
부분이 그대로 표현되기 때문에 원하는 표현을 할 수 없습니다.

| png 파일 형식의 이미지 매핑 전

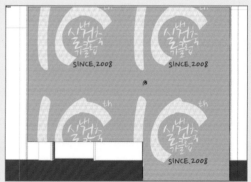

| 매핑 후 : 타일링 현상이 발생하고 배경이 투명해져 반대쪽의 뒷면이 보임

13 | 태그 지정

[Outliner] 창에서 두 개의 'com.sign.화장실.표지판~' 컴포넌트를 선택하고 그룹을 만듭니다. 이어서 '09-3.사인공사-기타' 태그에 포함한 다음 그룹 이름을 '09-3.사인공사-기타'로 입력합니다.

| 두 개의 컴포넌트 선택-그룹 만들기

| 태그 지정-그룹 이름 입력

14 | 3D 문자 만들기

아래 왼쪽 참조 이미지를 보고 '00-3.건축-벽체-외벽-뒷면' 그룹의 왼쪽 끝부분으로 화면을 이동한 다음 축조 도구 모음 (Construction Toolbar [이미지]) 중에 3D 문자를 만드는 3D 문자 도구(3D Text 🔺)를 클릭합니다. 이어서 [Place 3D Text] 창이 나타나면 'Dam Da'를 입력하고 Font는 '맑은 고딕', 'Bold'로 선택한 다음 Height(글자 높이) '100', Extruded(글자 두께) '30'으로 설정하고 〈Place〉 버튼을 클릭합니다.

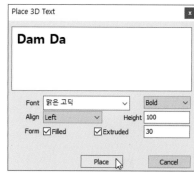

| 화면 이동

| 문자 입력-옵션 설정-〈Place〉 버튼 클릭

15 | 배치/이동

아래 왼쪽 참조 이미지를 보고 'On Face in~' 말풍선이 표시되는 지점을 클릭해 배치합니다. 이어서 이동 도구(Move ✥)를 이용해 앞쪽(-Y축 방향)으로 이동시켜 봅니다. 해당 벽면에서 앞으로 이동되지 않고 배치된 면에서만 이동된다는 것을 알 수 있습니다.

| 클릭해 배치

| 이동 도구를 이용해 앞으로 이동시켜 보기

현장 플러스 3D 문자 컴포넌트의 특성/단점

3D 문자 컴포넌트의 특성과 단점에 대해 알아보겠습니다.

1 | 3D 문자 컴포넌트의 특성

3D 문자 도구(3D Text 🔊)로 문자를 만들고 배치하면 컴포넌트로 자동 등록되며 배치된 면에서만 상, 하, 좌, 우 방향으로 스냅이 잡히고 이동되며 앞뒤로는 이동이 되지 않습니다. 배치된 면에서만 이동할 수 있게 컴포넌트의 축이 자동 설정되기 때문입니다.

| 상, 하(Z축 방향) 이동 가능

| 좌, 우(X축 방향) 이동 가능

| 앞, 뒤(Y축 방향) 이동 불가능

2 | 3D 문자 컴포넌트의 단점

3D 문자 도구(3D Text 🔊)로 만드는 3D 문자는 배율 도구(Scale 📐)를 이용해 크기는 수정할 수 있지만, 입력한 문자는 수정할 수 없다는 단점이 있습니다.

16 | 이동

컴포넌트에 마우스 포인터를 위치하고 우클릭해 나타나는 확장 메뉴 중 Unglue를 클릭해 해당 면에서만 상, 하, 좌, 우로 이동 가능한 설정을 해제합니다. 이어서 아래 오른쪽 참조 이미지를 보고 이동 도구(Move ✛)를 이용해 컴포넌트를 이동시켜 배치합니다.

| 마우스 우클릭-Unglue 클릭

| 이동시켜 배치

17 | 컴포넌트 배치

아래 왼쪽 참조 이미지를 보고 매핑 비교용으로 해당 컴포넌트를 하나 더 배치하기 위해 [Components] 창에서 'Dam Da' 컴포넌트를 드래그하여 배치합니다.

[Materials] 창에서 'Colors' 폴더 안의 'Color M00' 메트리얼(흰색)을 클릭해 선택하고 컴포넌트 편집 모드가 아닌 상태에서 바로 매핑합니다. 편집 모드가 아닌 상태에서 매핑했기 때문에 [Components] 창에서 불러온 컴포넌트는 매핑되지 않고 [Components] 창의 해당 컴포넌트 섬네일 이미지도 매핑이 안 된 상태로 나타납니다.

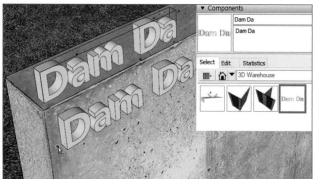

| 컴포넌트 창에서 배치

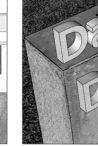

| 매핑-확인

18 | 재질 바꾸기 매핑

Ctrl + Z 를 눌러 매핑하기 전으로 되돌
리고 컴포넌트를 편집 모드로 만듭니다.
이어서 페인트 통 도구(Paint Bucket
🖌)를 선택하고 Shift 를 누른 다음 매핑
합니다. 편집 모드 안에 있는 모든 글자
가 매핑되고 동일한 컴포넌트도 매핑되
었으며 [Components] 창의 해당 컴포
넌트 섬네일 이미지도 매핑된 상태로 수

| 매핑-확인

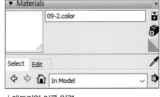

| 메트리얼 이름 입력

정된 것을 확인할 수 있습니다. 컴포넌트 편집 모드를 해제하고 매핑한 메트리얼 이름을 '09-2.color'로 입력합니다.

19 | 복사/붙여넣기

비교용으로 배치한 컴포넌트는 삭제하고 원본 컴포넌트를 선택 도구(Select ▶)로 선택한 다음 복사(Ctrl + C)합니다. 이어
서 아래 오른쪽 참조 이미지를 보고 '00-3.건축-벽체-외벽-우측면' 그룹에 붙여넣기한 다음 회전 도구(Rotate 🔄)로 회전
시키고 이동 도구(Move ✛)로 이동시켜 배치합니다.

| 컴포넌트 삭제-컴포넌트 복사

| 붙여넣기-회전, 이동시켜 배치

20 | 태그 지정

[Outliner] 창에서 두 개의 'Dam Da' 컴포넌트를 다중 선택하고 그룹으로 만듭니다. 이어서 '09-2.사인공사-스카시' 태그
에 포함시키고 그룹 이름을 '09-2.사인공사-스카시-Dam Da'로 입력합니다.

| 컴포넌트 다중 선택-그룹 만들기

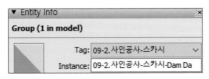

| 태그 지정-그룹 이름 입력

인접 채우기, 재질 바꾸기 방식의 차이점/
재질 바꾸기 방식을 사용할 때 유의할 점

인접 채우기 방식과 재질 바꾸기 방식의 차이점과 재질 바꾸기 방식으로 매핑할 때의 유의할 점에 대해 알아보겠습니다.

1 | 인접 채우기, 재질 바꾸기 방식의 차이점

인접 채우기는 페인트 통 도구(Paint Bucket 🎨)를 선택하고 Ctrl 를 누른 다음 매핑하는 방식이고

재질 바꾸기는 페인트 통 도구(Paint Bucket 🎨)를 선택하고 Shift 를 누른 다음 매핑하는 방식입니다.

인접 채우기 방식은 연결된 객체의 면만 매핑되지만, 재질 바꾸기 방식은 떨어진 객체도 한 번에 매핑됩니다.

 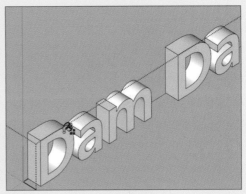

| 페인트 통 도구+ Ctrl : 연결된 면만 매핑됨 | 페인트 통 도구+ Shift : 떨어진 면도 매핑됨

2 | 재질 바꾸기 방식을 사용할 때 유의할 점

재질 바꾸기 방식은 그룹(or 컴포넌트) 편집 모드 상태가 아닌 그룹에 바로 매핑하면 모델에 있는 동일한 메트리얼에도 같이 적용되므로 주의 깊게 사용해야 하는 기능입니다.

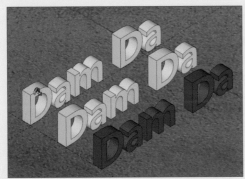 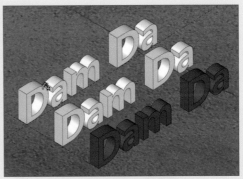

| 그룹 외부에서 매핑 전 | 매핑 : 동일한 메트리얼로 매핑된 다른 객체도 적용됨

'조경석', '나무', '2D 사람' 컴포넌트 배치하기

2

이번 과정에서는 객체를 면에 붙여 배치하는 방법, 이동 도구를 이용해 객체를 회전시키는 방법, 컴포넌트를 대체하는 Reload 명령의 사용 방법, 2D 컴포넌트가 항상 카메라를 바라보게 하는 방법 등을 알아봅니다.

예|제|파|일| 프로그램 1/5강-1.완성.skp   완|성|파|일| 프로그램 1/5강-2.완성.skp

01 | 컴포넌트 배치

아래 왼쪽 참조 이미지를 보고 화면을 이동시키고 '10-2.기타 공사-물' 태그를 비활성화합니다.

이어서 '제공 파일/component/com.stone.set.01.skp' 컴포넌트 파일을 클릭한 채로 '자갈' 그룹 위로 드래그한 다음 클릭한 손가락을 때서 컴포넌트를 배치합니다.

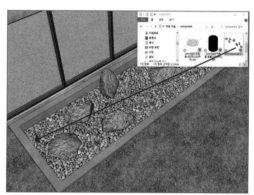

| 클릭 앤 드래그해 배치

02 | 그룹 재배치

'com.stone.set.01' 컴포넌트를 편집 모드로 만들고 아래 왼쪽 참조 이미지처럼 화면을 회전, 확대한 다음 가장 오른쪽에 위치한 'stone' 그룹을 확인하면 바닥에 붙지 않고 떠 있다는 것을 알 수 있습니다.

가장 오른쪽에 위치한 'stone' 그룹을 선택하고 자르기(Ctrl + X) 한 다음 Ctrl + V (붙여넣기)를 클릭해 면에 닿았다는 'On Face Outside Active' 말풍선이 나타나는 지점을 클릭해 'stone' 그룹을 면에 붙여 재배치합니다.

| 그룹 확인-면에 붙지 않고 떠 있음 | 그룹 선택 | 자르기 | 말풍선 나타나는 지점에 붙여넣기

각지거나 곡면 형태의 그룹(or 컴포넌트)을 배치할 때 면에 붙지 않는 경우가 자주 발생합니다. 각지거나 곡면 형태 그룹의 특정 지점에 스냅을 잡고 이동 도구(Move ✣)로 이동시키는 방법은 비효율적이며 자르기 한 다음 면에 닿았다는 'On Face Outside Active' 말풍선이 나타나는 지점을 클릭해 면에 붙이는 방법이 편리하고 효율적인 방법입니다.

03 | 복사/붙여넣기

나머지 'stone' 그룹도 동일한 방법으로 면에 붙여 재배치하고 아래의 왼쪽 참조 이미지를 보고 하나의 'stone' 그룹을 선택한 다음 복사(Ctrl + C)합니다. 이어서 컴포넌트 편집 모드를 해제하고 오른쪽 참조 이미지를 보고 붙여넣기(Ctrl + V) 합니다.

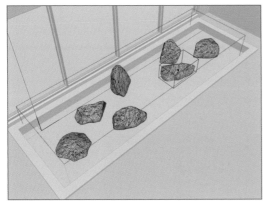

| 'stone' 그룹 재배치-그룹 선택-복사-편집 모드 해제

| 화면 이동-붙여넣기

04 | 회전

아래 왼쪽 참조 이미지를 보고 윗면 도구(Top 🔳)를 클릭해 화면을 윗면으로 배치한 다음 왜곡이 없는 장면을 표현하기 위해 메뉴의 Camera-Parallel Projection을 클릭합니다. 그런 다음 이동 도구(Move ✣)를 선택하고 오른쪽 빨간색 조절점을 클릭한 다음 시계 반대 방향으로 조금 회전시켜 '양면벽체' 그룹과 최대한 일직선이 되게 배치합니다.

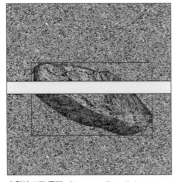

| 윗면 도구 클릭-Camera-Parallel
  Projection 클릭

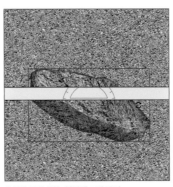

| 이동 도구 선택-빨간색 그립 클릭

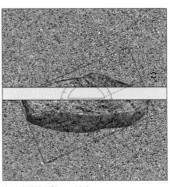

| 시계 반대 방향으로 회전

05 | 그룹 만들기

회전시킨 'stone' 그룹의 그룹 영역을 수정하기 위해 'stone' 그룹을 Explode 한 다음 다시 그룹으로 만들고 그룹 이름을 'stone'으로 입력합니다. 현재 태그 지정은 하지 않은 상태입니다.

| Explode

| 그룹 만들기

| 그룹 이름 입력

06 | 대칭 이동

그룹에 마우스 포인터를 위치하고 우클릭해 나타나는 확장 메뉴 중 Flip Along-Group's Red를 클릭해 X축 방향으로 대칭 이동합니다. 대칭 이동시키는 이유는 심미적인 부분과 해당 명령을 복습하는 의미입니다.

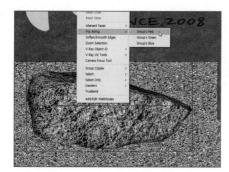

| 마우스 우클릭-Flip Along-Group's Red 클릭

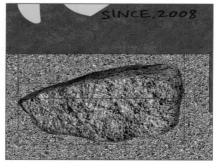

| X축 방향으로 대칭 이동됨

07 | 그룹 만들기

[Tags] 창에서 '10.기타공사' 태그 폴더 안에 '10-3.기타공사-조경석' 태그를 포함시키고 태그 색상은 'com.stone.1' 메트리얼과 일치시킵니다. [Outliner] 창의 Filter 입력란에 'stone'을 입력하고 검색된 'com.stone.set.1' 컴포넌트와 'stone' 그룹을 다중 선택하고 그룹으로 만듭니다. 이어서 '10-3.기타공사-조경석' 태그에 포함시키고 그룹 이름을 '10-3.기타공사-조경석'으로 입력한 다음 [Outliner] 창의 Filter 입력란에 입력한 글자를 지워 기본적인 계층 구조가 나타나게 합니다.

| 태그 추가-태그 색상 설정

| 검색-객체 다중 선택-그룹 만들기

| 태그 지정-그룹 이름 입력-Filter 입력란의 글자 삭제

이동 도구를 이용한 객체의 회전

이동 도구(Move ✛)를 이용한 객체의 회전 방법을 알아보겠습니다.

객체를 회전시킬 때는 회전 도구(Rotate ⟳)보다 이동 도구(Move ✛)가 편리한 경우가 많습니다. 'stone' 그룹처럼 각이 지고 평평하지 않은 면으로 구성된 그룹(or 컴포넌트)을 회전시킬 때 회전 도구(Rotate ⟳)로는 원하는 지점에 스냅을 잡기 힘들어 영역의 코너를 잡아서 회전시킬 수 있지만, 회전 반경이 크기 때문에 편리한 방법이 아닙니다.

| 회전 도구 객체에 위치시킴-원하는 지점에 스냅 잡기 힘듦

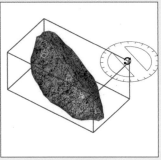

| 객체의 코너에 스냅 잡음-클릭

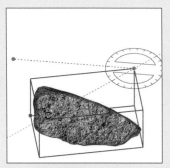

| 회전-회전 반경이 큼

회전 도구(Rotate ⟳)에 비해 이동 도구(Move ✛)는 빨간색 조절점을 클릭해 객체의 중심에서 회전시킬 수 있는 장점이 있습니다.

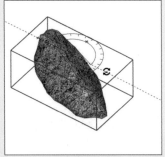

| 이동 도구 객체에 위치시킴-빨간색 조절점 클릭 | 회전-객체의 중심을 기준으로 회전됨

아래와 같은 객체를 회전시킬 때도 회전 도구(Rotate ⟳) 보다 이동 도구(Move ✛)가 편리합니다.

| 이동 도구 객체에 위치시킴-빨간색 조절점 클릭 | 회전-객체의 중심을 기준으로 회전됨

08 | 면 분할

'0-2' 장면 탭을 클릭하고 '00-7.건축-수조' 그룹으로 화면을 이동, 확대합니다. 이어서 '10-2.기타공사-물' 그룹을 편집 모드로 만들고 마우스 우클릭한 후 Intersect Faces-With Model을 클릭해 면을 분할하고 편집 모드를 해제합니다.
면을 분할하는 이유는 맞닿은 객체를 선으로 분할하여 디테일을 표현하기 위해서입니다.

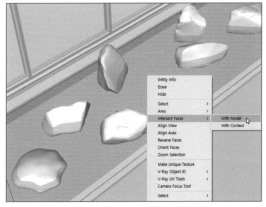

| 편집 모드 만들기-우클릭-Intersect Faces-With Model 클릭

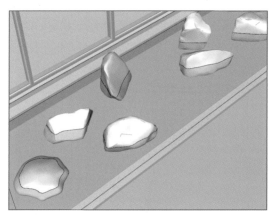

| 면 분할됨

09 | 사각형 그리기

아래 왼쪽 참조 이미지를 보고 화면을 이동한 다음 사각형 도구(Rectangle Tool ▨)로 5000x5000 크기의 사각형을 그립니다. 이어서 선택 도구(Select ▶)로 더블클릭해 사각형을 선택하고 마우스 우클릭해 나타나는 확장 메뉴 중 선택한 객체를 컴포넌트로 만드는 Make Component 명령을 클릭합니다. [Create Component] 창이 나타나면 이름을 'fake'로 입력하고 축 방향을 설정하기 위해 〈Set Component Axes〉 버튼을 클릭합니다.

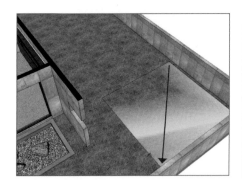

| 화면 이동-사각형 그리기

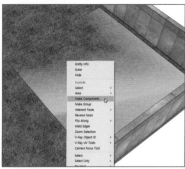

| 선택 도구로 더블클릭-우클릭-Make Component 클릭

| 이름 입력-〈Set Component Axes〉 버튼 클릭

| 알아두기 | 컴포넌트 대체(Reload)

'Fake' 컴포넌트는 컴포넌트 대체 명령인 Reload를 적용할 컴포넌트입니다. Reload 명령을 사용할 때 유의할 점은 원본 컴포넌트(fake)의 축과 대체되는 컴포넌트의 축 위치가 같거나 비슷해야 한다는 부분입니다. 설정한 축을 기준으로 모델에 배치되기 때문입니다.

10 | 중심점에 스냅 잡기

아래 왼쪽 이미지를 참조해서 마우스 포인터를 스냅이 잡히는 선의 중심점에 위치시키고 'Midpoint' 말풍선을 확인한 다음 위쪽 선으로 드래그해 중심점에 위치시킵니다.

역시 'Midpoint' 말풍선을 확인하고 가운데 지점으로 드래그하여 'From Point'라는 말풍선이 나타나는 중심점을 클릭합니다.

| 마우스 포인터 위치-말풍선 확인

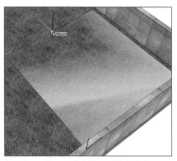

| 드래그-마우스 포인터 위치-말풍선 확인

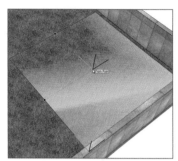

| 중심으로 드래그-말풍선 확인-클릭

11 | 완성

X축 방향으로 조금 드래그한 다음 클릭하고 다시 한번 더 클릭합니다. 연속해서 더블클릭이 아니라는 점을 유의합니다. [Create Component] 창이 나타나면 〈Create〉 버튼을 클릭해 컴포넌트 만들기를 완성합니다. [Components] 창을 확인하면 'fake' 컴포넌트가 등록된 것을 알 수 있습니다.

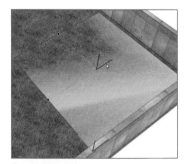

| 드래그 클릭-클릭

| 〈Create〉 버튼 클릭

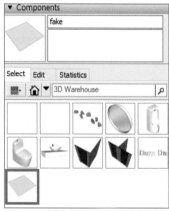

| [Components] 창 확인

| 알아두기 | **두께가 없는 컴포넌트의 축 위치 변경**

두께가 없는 객체를 컴포넌트로 만들 때 간섭받는 객체가 없을 경우는 중심점만 클릭하고 다시 클릭하면 되지만, 객체가 있을 경우 다른 객체와 간섭이 생기는 경우가 있기 때문에 본문 내용은 X축 방향으로 조금 드래그한 다음 클릭하고 클릭한 것입니다.

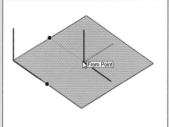

| 중심점 클릭

| 클릭 : 축 설정됨

12 | 복사

'0-2' 장면 탭을 클릭하고 화면을 왜곡 없이 표현하기 위해 메뉴의 Camera-Parallel Projection 명령을 클릭합니다. 이어서 아래 왼쪽 참조 이미지를 보고 확대/축소 도구 (Zoom 🔍)를 이용해 화면을 축소한 다음 이동 도구(Move ✛)를 이용해 복사합니다.

'fake' 컴포넌트의 중심(축 위치)에 나무 컴포넌트가 대체(Reload)되기 때문에 정확한 치수와 개수로 복사할 필요는 없습니다. 복사가 끝났으면 이동 도구(Move ✛)를 이용해 몇몇 컴포넌트의 위치를 랜덤하게 이동하고 회전합니다. 나무 컴포넌트를 자연스럽게 배치하기 위한 과정입니다.

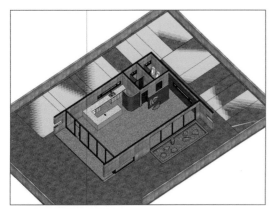

| 이동 도구로 컴포넌트 복사

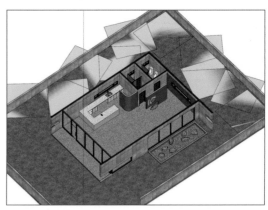

| 이동 도구로 컴포넌트 이동/회전

13 | 컴포넌트 선택

'fake' 컴포넌트에 마우스 포인터를 위치하고 우클릭해 나타나는 확장 메뉴 중 컴포넌트를 대체하는 Reload 명령을 클릭합니다. 이어서 [열기] 창이 나타나면 '제공 파일/component/com.tree.07.skp' 컴포넌트 파일을 선택하고 〈열기〉 버튼을 클릭합니다.

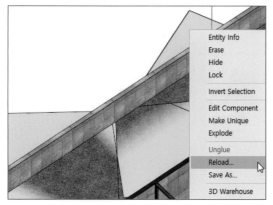

| 마우스 우클릭– Reload 클릭

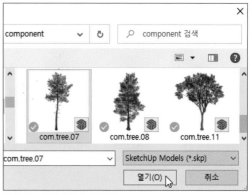

| 컴포넌트 선택–〈열기〉 버튼 클릭

14 | 확인

'fake' 컴포넌트가 있던 위치에 'com.tree.07' 컴포넌트가 대체된 것을 알 수 있으며 [Components] 창도 'fake' 컴포넌트에서 'com.tree.07' 컴포넌트로 대체된 것을 확인할 수 있습니다.

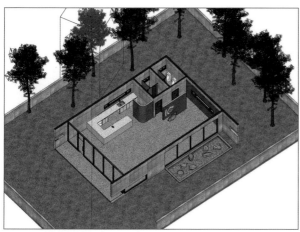

| 나무 컴포넌트로 대체됨

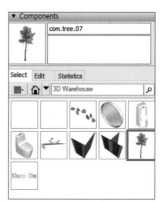

| [Components] 창 확인 : 나무 컴포넌트로 대체됨

15 | 크기 조절

배율 도구(Scale 🔳)를 이용해 몇몇 컴포넌트의 크기를 조절해 더 자연스럽게 연출합니다. 크기를 조절할 때 컴포넌트 편집
모드에서 조절하면 컴포넌트의 속성상 동일한 컴포넌트가 모두 조절되기 때문에 편집 모드가 아닌 상태에서 크기를 조절한다는
점을 유의합니다.

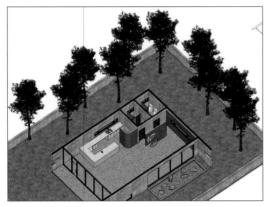

| 크기 조절 전

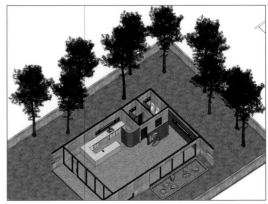

| 크기 조절 후

16 | 태그 추가/태그 지정

[Tags] 창에서 '15-3.기타-나무' 태그를 추가하고 [Outliner] 창에서 'com.tree.07' 컴포넌트를 모두 선택한 다음 그룹으
로 만듭니다. 이어서 '15-3.기타-나무' 태그에 포함시킨 다음 그룹 이름을 '15-3.기타-나무-com.tree.07'로 입력합니다.

| 태그 추가

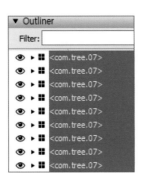

| 컴포넌트 다중 선택

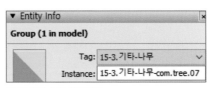

| 태그 지정-그룹 이름 입력

> ### | 알아두기 | 'fake' 컴포넌트 크기 조절
>
> 두께가 없는 fake 컴포넌트의 크기를 조절한 다음 Reload 명령으로 컴포넌트를 대체하면 가로, 세로(높이) 크기가 조절되어서
> 배치되는 것이 아니라 가로 크기만 조절되어서 배치되기 때문에 컴포넌트의 크기가 왜곡됩니다.
> 두께가 있는 fake 컴포넌트의 크기를 조절하면 가로, 세로(높이) 크기가 조절되어서 대체됩니다.

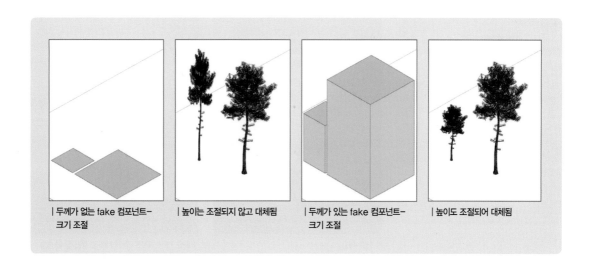

| 두께가 없는 fake 컴포넌트-크기 조절 | 높이는 조절되지 않고 대체됨 | 두께가 있는 fake 컴포넌트-크기 조절 | 높이도 조절되어 대체됨 |

17 | 2D 사람 컴포넌트 배치

'0-3' 장면 탭을 클릭하고 '제공 파일/component/com.2d.human.실루엣.w.18.skp' 컴포넌트 파일을 아래 왼쪽 참조 이미지를 보고 배치합니다. 배치한 'com.2d.human~' 컴포넌트가 정면(카메라)을 바라보지 않고 측면을 바라보고 있다는 것을 알 수 있습니다. 컴포넌트 설정을 수정하기 위해 [Components] 창에서 'com.2d.human~' 컴포넌트를 선택하고 〈Edit〉 탭을 클릭합니다.

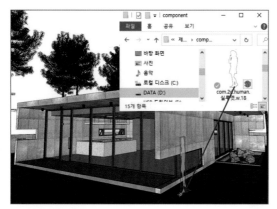

| 컴포넌트 배치-확인

| [components] 창에서 컴포넌트 선택-〈Edit〉 탭 클릭

18 | 옵션 설정

항상 카메라(정면)를 바라보게 만드는 Always face camera 옵션에 체크 표시합니다. 배치된 컴포넌트를 확인하면 카메라를 바라보게 수정된 것을 알 수 있습니다. 이제는 궤도 도구(Orbit ✤)로 화면을 회전시켜도 항상 카메라를 바라보게 됩니다.

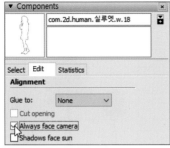

| 옵션 체크

| 화면 확인

| 화면 회전-확인 : 항상 카메라(정면)를 바라봄

| 알아두기 | **Always face camera 옵션**

평면 배치용 2d 컴포넌트와 다르게 실내 투시도, 외부 투시도, 입면도 장면에 배치하는 2d 컴포넌트는 항상 카메라를 바라보게 Always face camera 옵션을 체크해야 합니다.
카메라를 바라보게 설정할 2d 컴포넌트의 종류는 2d 사람, 2d 수목(나무, 식물) 컴포넌트가 있습니다.

---

19 | 그림자 표현하기

아래 왼쪽 참조 이미지를 보고 '제공 파일/component' 폴더에 있는 'com.2d.human~' 컴포넌트를 모델에 여러 개 배치한 다음 그림자를 활성화합니다. 'com.2d.human~' 컴포넌트는 그림자가 표현되지 않는다는 것을 확인할 수 있습니다. 그림자를 표현하기 위해 [Materials] 창에서 'com.2d.human~' 컴포넌트에 매핑된 'com.2d.human~' 메트리얼을 선택하고 〈Edit〉 탭을 클릭합니다.

| 2d 사람 컴포넌트 배치-그림자 활성화-확인

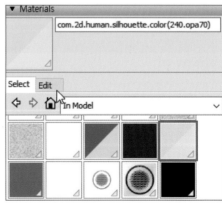

| [Materials] 창에서 메트리얼 선택-〈Edit〉 탭 클릭

20 | 불투명도 수치값 수정

불투명도를 설정하는 Opacity 수치값을 기존 '69'에서 '70'으로 수정한 다음 모델을 확인하면 'com.2d.human~' 컴포넌트에도 그림자가 표현되는 것을 알 수 있습니다.

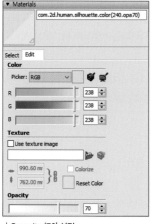

| Opacity '70' 설정

| 확인

21 | 태그 추가/태그 지정

[Tags] 창에서 '01.2D' 태그 폴더 안에 '01-7.2D-사람' 태그를 추가하고 태그 색상과 불투명도를 'com.2d.human~' 메트리얼과 일치시킵니다. 이어서 [Outliner] 창에서 작업 모델에 배치한 'com.2d.human~' 컴포넌트를 모두 선택하고 그룹으로 만든 다음 '01-7.2D-사람' 태그에 포함시키고 그룹 이름을 '01-7.2D-사람-실루엣'으로 입력합니다.

| 태그 추가-태그 지정

| 컴포넌트 다중 선택

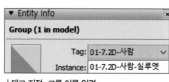

| 태그 지정-그룹 이름 입력

지면(ground)보다 아래에 있는 객체의 그림자 표현

아래 왼쪽 이미지를 보고 화면을 이동한 다음 그림자를 확인해 보면 어색하게 표현되고 있다는 것을 알 수 있습니다. '건축-수조' 그룹은 스케치업의 기본 원점(origin)보다 아래에 모델링되어 있기 때문에 나타나는 현상입니다. 즉 스케치업의 지면(ground)보다 아래에 객체가 있으면 해당 현상처럼 그림자가 어색하게 표현됩니다.

그림자를 제대로 표현하려면 [Shadows] 창에서 지면(ground)에 그림자를 표현하는 On ground 옵션의 체크 표시를 해제하면 됩니다. 해당 옵션은 추후 장면을 설정하거나 추가할 때 설정해야 하기 때문에 꼭 기억하도록 합니다.

| 화면 이동-그림자 확인

| [Shadows] 창의 On ground 옵션 체크 해제-그림자 확인

치수선 만들기

이번 과정에서는 보조선을 이용해 객체에서 떨어진 치수선을 만드는 방법, 치수선을 컴포넌트로 만드는 이유, 특정 치수선의 옵션을 수정하는 방법 등에 대해 알아보겠습니다.

해당 과정은 작업 파일의 전체 화면 이미지를 본문에 첨부하여도 지면의 한계상 작게 보여 확인이 어려운 부분이 있을 수 있기 때문에 '제공 파일/참조 이미지' 폴더의 이미지 파일을 확인하면서 따라하기 바랍니다. 참조할 이미지 파일 이름은 본문 내용에 표기되어 있습니다.

예|제|파|일| 프로그램 1/5강-2.완성.skp　　**완|성|파|일|** 프로그램 1/5강-3.완성.skp

01 | 장면 업데이트

치수선을 표시하기 위해 '0-4' 장면 탭을 클릭하고 '13-1.그리드-조명 배치', '15-3.기타-나무' 태그를 비활성화한 다음 '0-4' 장면을 업데이트합니다.

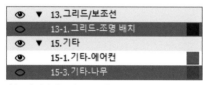

| '0-4' 장면 탭 클릭-태그 비활성화

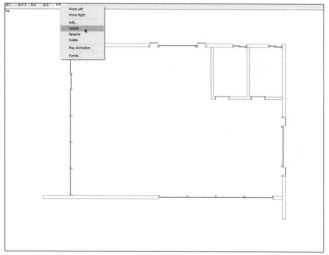

| '0-4' 장면 업데이트

| 알아두기 | 치수선을 단면선 그룹에서 만드는 이유

높이와 두께가 다른 많은 객체가 있는 작업 중인 모델에서 치수선을 만드는 방법은 무척 번거롭고 비효율적인 방법입니다. 조명을 배치할 때와 마찬가지로 두께가 없는 '단면선' 그룹에서 치수선을 만든 다음 작업 모델로 이동시키는 방법이 가장 편리하고 효율적인 작업 방식입니다.

02 | 치수선이 위치할 보조선 만들기

치수선을 표시할 기준점이 되는 보조선을 만들겠습니다. 아래 왼쪽 참조 이미지(제공 파일/참조 이미지/5강-3-1.jpg)에서 화살표로 표시한 부분만 선에서 아래로 2600 떨어진 위치에 줄자 도구(Tape Measure)를 이용해 보조선을 만들고 나머지 세 방향은 선에서 200 떨어진 위치에 보조선을 만듭니다.
이어서 아래 오른쪽 참조 이미지(제공 파일/참조 이미지/5강-3-2.jpg)를 보고 네 개의 보조선에서 600 떨어진 위치에 네 개의 보조선을 추가로 만듭니다. 화면을 확대, 축소하면서 작업하도록 합니다.

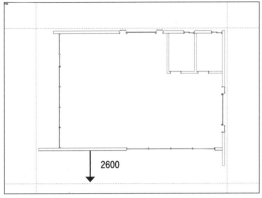

| 네 개의 보조선 만들기

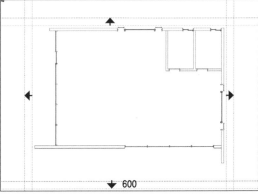

| 네 개의 보조선 만들기

03 | 치수선이 위치할 보조선 만들기

아래 왼쪽 참조 이미지(5강-3-3.jpg)를 보고 2번 과정에서 표시한 치수선에서 300 떨어진 위치에 네 개의 보조선을 추가로 만듭니다. 화면 아래쪽의 보조선이 보이지 않으면 화면 이동 도구를 이용해 화면을 조금 위로 올리고 '0-4' 장면을 업데이트합니다. 이어서 아래 오른쪽 참조 이미지(5강-3-4.jpg)를 보고 아래쪽의 제외한 방향에 보조선에서 300 떨어진 위치에 보조선을 추가로 세 개 더 만듭니다.

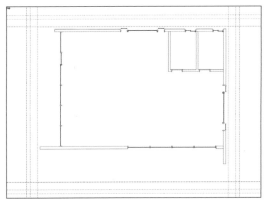

| 네 개의 보조선 만들기

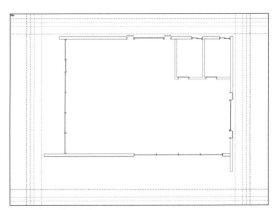

| 세 개의 보조선 만들기

스케치업 치수선의 특성/보조선을 만드는 이유

스케치업 치수선의 특성과 보조선을 만드는 이유에 대해 알아보겠습니다.

1 | 스케치업 치수선의 특성

스케치업의 치수선과 치수는 객체의 크기를 수정할 때 같이 수정된다는 장점이 있지만, 해당 이유로 인해 치수선이 객체에 붙어 있기 때문에 객체에서 떨어진 치수선을 만들지 못한다는 단점도 있습니다.

| 치수선 만들기

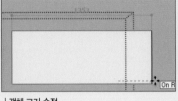

| 객체 크기 수정

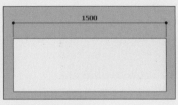

| 치수선과 치수도 수정됨

2 | 보조선을 만드는 이유

보조선을 만드는 이유는 치수선을 객체로부터 좀 더 간격을 주어 조금 더 세련되게 표현하기 위해서입니다.

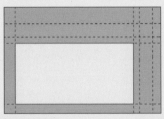

| 보조선 만들기

| 치수선 만들기

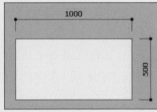

| 보조선 삭제 또는 숨기기

04 | 태그 추가/태그 지정

보조선이 많아지면 작업 화면이 복잡해지기 때문에 보조선을 각각의 태그로 구분하도록 하겠습니다. '13.그리드/보조선' 태그 폴더에 '13-2.보조선-치수선', '13-3.보조선-건축 벽체', '13-4.보조선-창호' 태그를 추가합니다.

그런 다음 보조선을 만들면서 화면을 확대, 축소했기 때문에 '0-4' 장면 탭을 클릭하고 선택 도구(Select ▶)로 보조선을 모두 선택한 다음 그룹으로 만들고 '13-2.보조선-치수선' 태그에 포함시킵니다.

이어서 그룹 이름을 '13-2.보조선-치수선'으로 입력하고 '13-2.보조선-치수선' 태그를 비활성화한 다음 계속되는 작업을 위해 '0-4' 장면을 업데이트합니다.

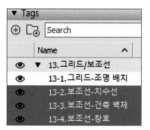

| 태그 추가

| 그룹 만들기

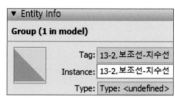

| 태그 지정-그룹 이름 입력-태그 비활성화-
  장면 업데이트

05 | 건축 벽체와 연장되는 보조선 만들기

아래 왼쪽 참조 이미지(5강-3-5.jpg)에서 화살표로 표시한 부분만 2400 아래에 보조선을 만들고 나머지 보조선은 '건축 벽체' 그룹의 단면선을 더블클릭해 해당 단면선과 연장되는 보조선을 만듭니다.

그런 다음 보조선을 만들면서 화면을 확대, 축소했기 때문에 '0-4' 장면 탭을 클릭하고 보조선을 모두 선택한 다음 그룹으로 만들고 '13-3.보조선-건축 벽체' 태그에 포함시킵니다. 이어서 그룹 이름을 '13-3.보조선-건축 벽체'로 입력하고 '03-3.보조선-건축 벽체' 태그를 비활성화한 다음 계속되는 작업을 위해 '0-4' 장면을 업데이트합니다.

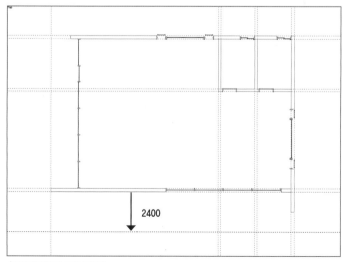

| 보조선 만들기-그룹 만들기

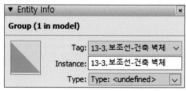

| 태그 지정-그룹 이름 입력-태그 비활성화-장면
  업데이트

무한한 보조선과 길이가 있는 보조선

줄자 도구(Tape Measure)로 클릭하는 선의 위치에 따라 무한한 보조선과 길이가 있는 보조선이 만들어 집니다.

1 | 무한한 보조선

줄자 도구(Tape Measure)로 선에 위치시킨 다음 선에 닿았다는 'On Edge in~' 말풍선이 나타나는 지점이나 중심점을 의미하는 'Midpoint in~' 말풍선이 나타나는 지점을 더블클릭하면 무한한 보조선이 만들어집니다.

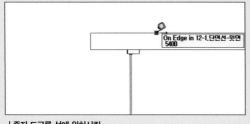

| 줄자 도구를 선에 위치시킴

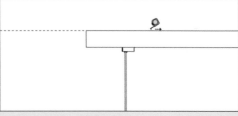

| 더블클릭-무한한 보조선이 만들어짐

2 | 길이가 있는 보조선

줄자 도구(Tape Measure)로 끝점(Endpoint in~)을 더블클릭하면 보조선이 만들어지지 않습니다.

줄자 도구(Tape Measure)로 끝점을 클릭하고 원하는 방향으로 조금 드래그한 다음 키보드로 수치값(길이)을 입력하고 엔터를 누르면 입력한 길이의 보조선이 만들어집니다.

| 줄자 도구로 끝점 클릭

| 드래그-수치값 입력

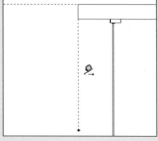

| 엔터

06 | 외부 창호와 연장되는 보조선 만들기

아래 왼쪽 참조 이미지(5강-3-6.jpg)를 보고 '창호' 그룹이 배치된 부분의 단면선과 연장되는 보조선을 만듭니다. 그런 다음 '0-4' 장면 탭을 클릭하고 선택 도구(Select ▶)로 보조선을 모두 선택한 다음 그룹으로 만듭니다. 이어서 '13-4.보조선-창호' 태그에 포함시키고 그룹 이름을 '13-4.보조선-창호'로 입력합니다.

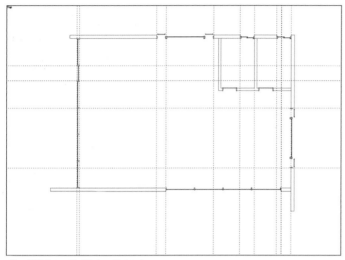

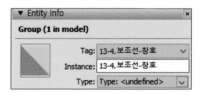

| 태그 지정-그룹 이름 입력-태그 비활성화

| [크게 첨부] 보조선 만들기-그룹 만들기

07 | 태그 설정

'13-4.보조선-창호' 태그를 비활성화하고 '13-2.보조선-치수선', '13-3.보조선-건축 벽체' 태그를 활성화합니다. 이어서 '0-4' 장면을 업데이트하고 표시한 부분으로 화면을 확대합니다.

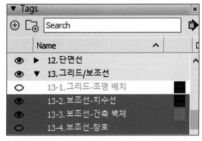

| 태그 설정

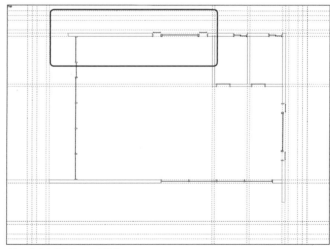

| '0-4' 장면 업데이트-화면 확대

08 | 건축 벽체 치수선 만들기

축조 도구 모음(Construction Toolbar [Construction]) 중에 치수선을 만드는 치수 도구(Dimension ✕. 단축키 추가 필수:D)를 클릭합니다. 교차된 보조선으로 인해 스냅이 잡히는 교차점(Intersection)을 클릭하고 오른쪽으로 드래그한 다음 '건축-벽체-내벽' 그룹의 단면선과 연장되는 보조선의 교차점을 클릭합니다.

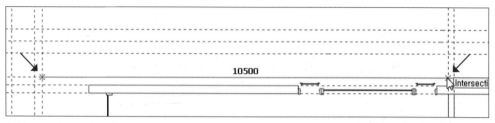

| 치수 도구 선택-교차점(시작점) 클릭-교차점(끝점) 클릭

09 | 치수선 만들기

아래 이미지를 참조해서 위쪽으로 드래그하면서 위에서 두 번째 가로 방향의 보조선이 있는 지점을 클릭해 치수선을 만듭니다. 치수 위치를 참조하기 위해 만든 가로 방향의 보조선은 스냅이 잡히지 않기 때문에 최대한 가로 보조선의 위치와 동일한 위치를 클릭하면 됩니다.

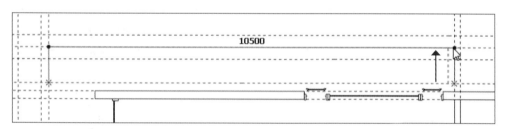

| 드래그-클릭

10 | 치수선 만들기

동일한 방법으로 '건축-벽체-내벽' 그룹의 단면선을 연장해서 만든 보조선의 교차점을 클릭하고 드래그한 다음 교차점을 클릭합니다.

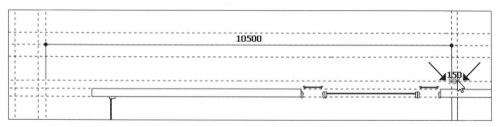

| 시작점 클릭-드래그-끝점 클릭

11 | 치수선 만들기

위로 드래그하면서 자동으로 스냅이 잡히는 부분을 클릭해 치수선을 만듭니다.

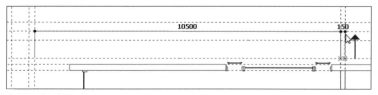

| 위로 드래그-클릭

> | 알아두기 | **연속적인 치수선 만들기**
>
> 이전에 표시한 치수선의 위치(돌출 거리)와 동일한 위치에 자동으로 스냅이 잡히기 때문에 연속적인 치수선을 만들 때 편리합니다.

12 | 치수선 만들기

아래 참조 이미지를 보고 연속해서 치수선을 만듭니다.

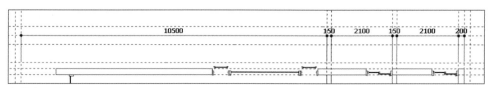

| 치수선 만들기

13 | 치수선 만들기

오른쪽 참조 이미지(5강-3-7.jpg)를 보고 오른쪽에 치수
선을 만듭니다.

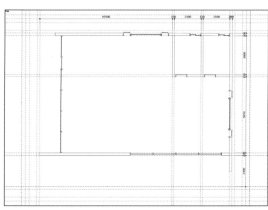

| 치수선 만들기

14 | 치수선 만들기

오른쪽 참조 이미지(5강-3-8.jpg)를 보고 왼쪽과 아래쪽
에 치수선을 만듭니다.

> **| 알아두기 | 치수선 표시 방식**
>
> 일반적으로 건축은 벽체 중심에서 치수선을 표시하고
> 실내건축은 벽체 안쪽(내경)에서 치수선을 표시합니
> 다. 이 책의 내용은 실내건축 표시 방식으로 이해하기
> 바랍니다.

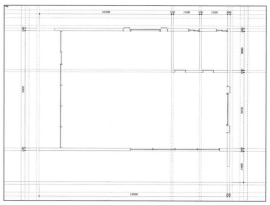

| 치수선 만들기

15 | 장면 업데이트

'0-4' 장면 탭을 클릭하고 '13-
4'번 태그에 체크 표시하고
'0-4' 장면을 업데이트합니다.

| 태그 체크

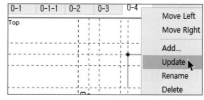

| 장면 업데이트

16 | 창호 치수선 만들기

오른쪽 참조 이미지(5강-3-9.jpg)
를 보고 창호가 배치되는 위치의 치수
선을 만듭니다.

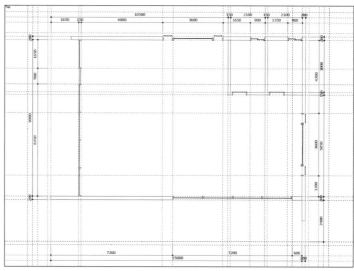

| 창호 치수선 만들기

17 | 전체 치수선 만들기

아래 참조 이미지(5강-3-10.jpg)를 보고 전체 치수선을 만듭니다.

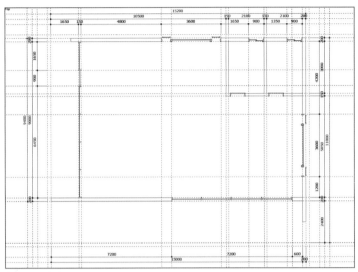

| 전체 치수선 만들기

18 | 장면 업데이트

선택 도구(Select ▶)로 드래그해 치수선을 모두 선택한 다음 장면에 꽉 차게(Zoom Selection) 배치하고 '0-4' 장면을 업데이트합니다. 그런 다음 이미지 파일 형식으로 내보내기하기 위해 메뉴의 File-Export-2D Graphic 명령을 클릭합니다.

[Export 2D Graphic] 창에서 저장 경로를 설정하고 파일 이름은 '치수선.1.기본 옵션'으로 입력합니다. 이어서 파일 형식은 jpg로 선택하고 내보내기 크기를 설정하기 위해 〈Option〉 버튼을 클릭합니다.

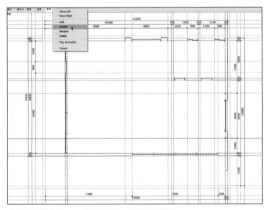

| 치수선 선택-Zoom Selection-장면 업데이트

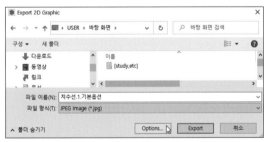

| 경로 지정-이름 입력-파일 형식 지정-〈Options〉 버튼 클릭

19 | 내보내기 크기 설정

현재의 화면 크기로 내보내기하는 Use view size 옵션의 체크 표시를 해제합니다. 이어서 가로(Width) 픽셀 크기를 '4961'로 입력한 다음 〈OK〉 버튼을 클릭하고 [Export 2D Graphic] 창의 〈Export〉 버튼을 클릭해 내보내기합니다.

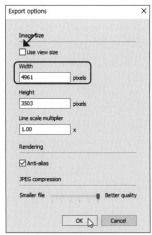

| 옵션 체크 해제-가로 픽셀 크기 '4961' 입력

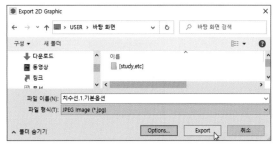

| 〈Export〉 버튼 클릭

> **| 알아두기 | 내보내기 픽셀 크기**
>
> 스케치업 작업 영역의 크기를 표준 규격 크기와 최대한 비슷하게 설정한다는 것을 실무 템플릿 만들기 과정에서 학습했습니다. 일반적으로 제안서 작업을 할 때 가장 많이 사용하는 규격인 A3 규격의 픽셀 크기는 가로 4961픽셀 x 세로 3508 픽셀입니다.
> A3 규격과 비슷하게 작업 영역을 설정하면 나머지 표준 규격인 A4, A2, A1, A0와도 가로세로 비율이 거의 같은 크기로 내보내기할 수 있습니다.

20 | 확인

내보내기 한 이미지 파일에서 치수의 크기를 확인해 보면 스케치업 화면에서 보는 크기와 다르게 작게 표시된다는 것을 알 수 있습니다.

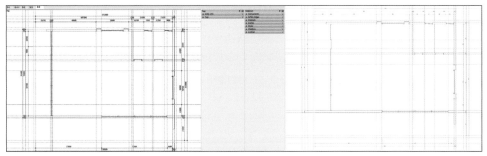

| 왼쪽 이미지 : 스케치업 작업 화면, 오른쪽 이미지 : 내보내기한 이미지 파일

> **| 알아두기 | 치수 크기**
>
> 스케치업 2021.1 버전(2021년 08월 현재) 기준으로 치수선의 기본 설정(Point 타입)으로 내보내기하면 치수가 작게 표시되는 버그가 있습니다.

21 | 옵션 설정

[Model Info] 창을 열고 Dimensions 항목의 〈Fonts〉 버튼을 클릭합니다. 이어서 [Font] 창이 나타나면 치수 크기를 설정하는 Size 옵션의 Height에 체크 표시하고 크기는 '150'으로 설정한 다음 〈OK〉 버튼을 클릭합니다.

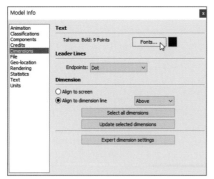

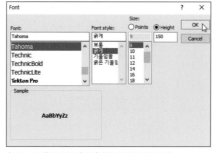

| Height 옵션 체크-'150'입력-〈OK〉 버튼 클릭

| [Model Info] 창 열기-Dimensions 항목의 〈Fonts〉 버튼 클릭

22 | 업데이트/내보내기

〈Select all dimensions〉 버튼을 클릭해 작업 모델의 치수선을 모두 선택하고 〈Update selected dimensions〉 버튼을 클릭해 수정한 옵션으로 업데이트한 다음 [Model Info] 창을 닫습니다. 이어서 메뉴의 File-Export-2D Graphic을 클릭하고 파일 이름을 '치수선.2.height'로 입력하고 〈Export〉 버튼을 클릭합니다. 그런 다음 저장된 이미지 파일을 확인하면 치수가 화면에서 보는 크기와 동일하게 출력된 것을 알 수 있습니다.

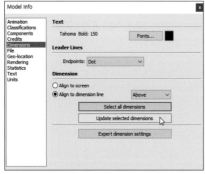

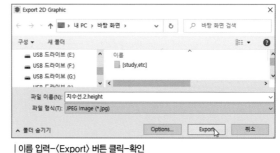

| 이름 입력-〈Export〉 버튼 클릭-확인

| 〈Selectall dimensions〉 버튼 클릭-〈Update selected dimensions〉 버튼 클릭

| 알아두기 | Point/Height

치수의 크기는 Size 옵션에서 설정할 수 있으며 Point는 화면을 확대, 축소해도 치수의 크기가 변동 없는 방식이고 Height는 화면을 확대하면 치수가 커지고 화면을 축소하면 치수가 작아지는 방식입니다. 스케치업 2021.1 버전(2021년 08월 현재) 기준으로 Point 방식으로 설정하면 화면에서 보는 치수의 크기와 내보내기한 이미지의 치수 크기가 다르기 때문에 Height 방식으로 설정해서 내보내기해야 합니다.

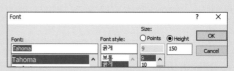

[Font] 창의 Size 옵션

23 | 치수 선택

선택 도구로 모든 치수선을 선택한 다음 마우스 우클릭해 나타나는 확장 메뉴 중 컴포넌트로 만드는 Make Component 명령을 클릭합니다.

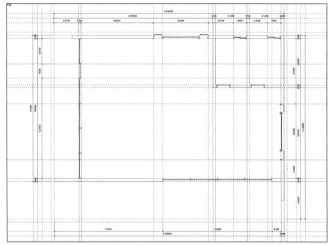

| 마우스 우클릭-Make Component 클릭

| 선택 도구로 치수선 선택

24 | 컴포넌트 만들기/복사

[Create Component] 창이 나타나면 이름을 'com.치수선.평면'으로 입력하고 〈Create〉 버튼을 클릭해 컴포넌트로 만듭니다. 이어서 선택 도구(Select ▶)로 'com.치수선.평면' 컴포넌트를 선택하고 이동 도구(Move ✛)를 이용해 왼쪽(-X축 방향)으로 30000 복사합니다.

| 이름 입력-〈Create〉 버튼 클릭

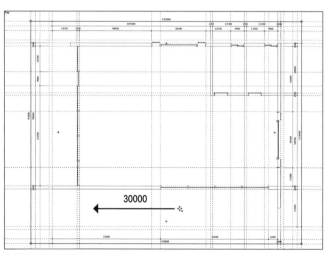

| 치수선 컴포넌트 복사

25 | Zoom Selection

'0-1' 장면 탭을 클릭하고 'com.치수선.평면' 컴포넌트를
화면에 꽉 차게(Zoom Selection) 배치합니다. 이어서
[Tags] 창에서 '14.치수선' 태그 폴더를 추가하고 '14-1.
치수선-평면' 태그를 추가합니다.

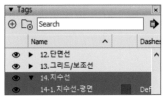

| 태그 폴더 추가-태그 추가

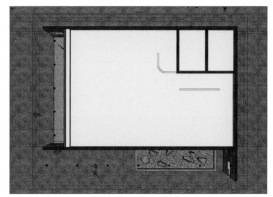

| '0-1' 장면 탭 클릭-Zoom Selection

26 | 태그 지정

[Outliner] 창에서 두 개의 'com.치수
선.평면' 컴포넌트를 다중 선택하고 그룹
으로 만듭니다. 이어서 '14-1.치수선-
평면' 태그에 포함시키고 그룹 이름을
'14-1.치수선-평면'으로 입력합니다.

| 컴포넌트 다중 선택

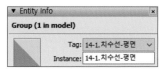

| 태그 지정-그룹 이름 입력

| 알아두기 | **치수선을 컴포넌트로 만드는 이유**

치수선은 추후에 부분적으로 추가하거나 수정해야 할 경우가 자주 발행합니다. 작업 모델에 위치한 치수선을 수정하는 방법은 번
거롭고 '단면선' 그룹에 위치한 치수선을 수정하는 것이 편리합니다.
컴포넌트로 만들었기 때문에 '단면선 그룹'에 위치한 치수선을 수정하면 작업 모델에 배치된 치수선도 함께 수정됩니다.

27 | 장면 업데이트

'01.2D' 태그 폴더, '03-4.목공사-점검구' 태그, '04-1.
도장공사-천장' 태그, '05.조명공사', '10.기타공사', '13.
그리드/보조선',
'14.치수선',
'15.기타' 태그
폴더를 비활성
화하고 '0-1' 장
면을 업데이트
합니다.

| 태그 설정

| 태그 설정

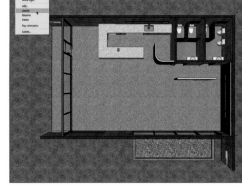

| 장면 업데이트

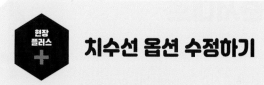

치수선 옵션 수정하기

1 | 특정 치수만 수정할 경우

특정 치수만 수정할 경우는 선택 도구(Select ▶)로 해당 치수를 더블클릭하거나 마우스 우클릭해 나타나는 확장 메뉴 중 Edit Text 명령을 클릭하고 치수를 수정한 다음 치수 선택 영역 외부를 클릭합니다.

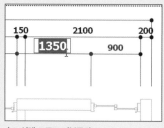

| 1.선택 도구로 더블클릭

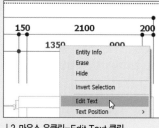

| 2.마우스 우클릭-Edit Text 클릭

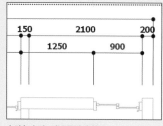

| 치수 수정-외부 클릭해 완성

2 | 특정 치수와 치수선의 옵션을 수정할 경우

특정 치수와 치수선의 옵션을 수정할 경우는 치수를 선택하고 [Entity Info] 창의 Show Advanced Attributes 아이콘(⛃)을 클릭해 세부 옵션을 펼치고 수정합니다.

| 치수 선택

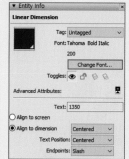

| 아이콘 클릭-옵션 수정

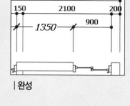

| 완성

3 | 그룹(or 컴포넌트)으로 묶인 치수선 수정

그룹(or 컴포넌트)으로 묶인 치수선은 그룹 편집 모드에서 옵션을 수정한 다음 〈Selectall dimension〉 버튼을 클릭해 치수선을 선택하고 〈Update selected dimension〉 버튼을 클릭해 업데이트합니다.

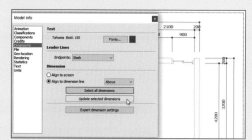

| 그룹 편집 모드-옵션 수정-치수 모두 선택-업데이트

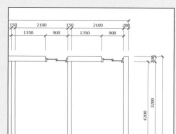

| 완료

컴포넌트 배치하고 공정 순서대로 장면 설정하기

4

이번 과정에서는 테이블, 의자, 소파, 소품 등등의 컴포넌트를 배치하고 작업 공정(working process) 별로 장면 설정을 하는 방법을 알아보겠습니다. 스케치업을 처음 접하거나 태그 설정을 잘 하지 않은 독자 들은 지금까지 학습한 태그 설정 과정이 조금은 번거롭게 느껴졌을 수도 있지만, 이번 과정을 통해 태그와 장면의 상관관계를 이해하게 됩니다.

고품질 컴포넌트가 제공되는 관계로 컴포넌트를 복사, 붙여넣기할 때 독자분들의 컴퓨터 사양에 따라 시간 이 조금 걸리는 경우가 발생할 수 있습니다.

예 | 제 | 파 | 일 ┃ 프로그램 1/5강-3.완성.skp   완 | 성 | 파 | 일 ┃ 프로그램 1/5강-4.완성.skp

01 | 그룹 복사/붙여넣기

'제공 파일/file/5강-4.skp' 파일을 실행하고 '08-3.가구공사-의자/테이블/소파' 그룹을 선택한 다음 복사(Ctrl + C)합니 다. 이어서 작업 중인 모델에 붙여넣기(Paste In Place)한 다음 '08-3.가구공사-의자/테이블/소파' 태그에 포함시킵니다.

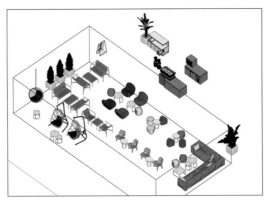

| 파일 실행-그룹 선택-복사

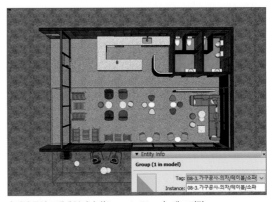

| 작업 중인 모델에 붙여넣기(Paste In Place)-태그 지정

02 | 태그 추가

[Tags] 창에서 '15.기타' 태그 폴더 안에 '15-2.기타-전기/전자제품' 태그와 '15-4.기타-화분' 태그를 추가합니다.

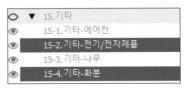

| 태그 추가

03 | 그룹 복사/붙여넣기

'5강-4.skp' 파일에서 '15-4.기타-화분' 그룹을 선택하고 복사(Ctrl + C)한 다음 작업 중인 모델에 붙여넣기(Paste In Place)합니다. 이어서 '15-4.기타-화분' 태그에 포함시킵니다. '15.기타' 태그 폴더가 현재 비활성화 상태이기 때문에 '15-4.기타-화분' 그룹은 숨겨집니다.

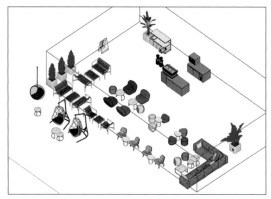

| 그룹 선택

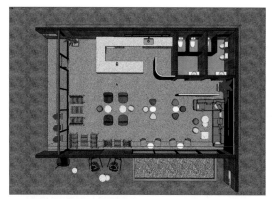

| 붙여넣기-태그 추가-태그 지정

04 | 그룹, 컴포넌트 복사/붙여넣기

'5강-4.skp' 파일에서 '15-2.기타-전기/전자제품' 그룹, 'com.f.제작가구.진열대.set' 컴포넌트, 'com.sign. stand.1-1' 컴포넌트를 다중 선택하고 복사(Ctrl + C)한 다음 작업 중인 모델에 붙여넣기합니다.

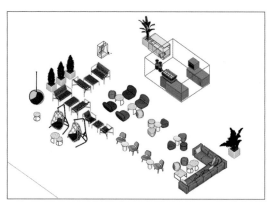

| 그룹과 컴포넌트 다중 선택

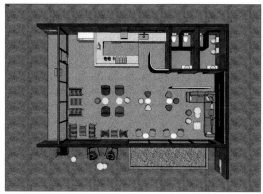

| 붙여넣기(Paste In Place)

05 | 자르기/붙여넣기

'15-2.기타-전기/전자제품' 그룹을 '15-2.기타-전기/전자제품' 태그에 포함시킵니다. 이어서 [Outliner] 창에서 'com. f.제작가구.진열대.set' 컴포넌트를 선택하고 자르기(Ctrl + X)한 다음 '08-1.가구공사-제작가구' 그룹을 편집 모드로 만들고 붙여넣기(Paste In Place)합니다.

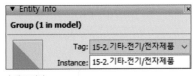

| 태그 지정

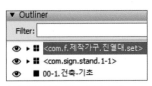

| 컴포넌트 선택-자르기(Ctrl + X)

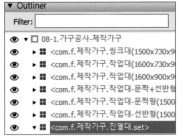

| 그룹 편집 모드 만들기-붙여넣기(Paste In Place)

| 알아두기 | [Outliner] 창에서 컴포넌트와 그룹 편집 모드 만들기

[Outliner] 창에서 컴포넌트를 편집 모드로 만들려면 컴포넌트 아이콘(▦)을 더블클릭하고 그룹을 편집 모드로 만들려면 그룹 아이콘(■)을 더블클릭합니다.

---

06 | 자르기/붙여넣기

[Outliner] 창에서 'com.sign. stand.1-1' 컴포넌트를 선택하고 자르기(Ctrl + X)합니다. 이어서 '09-3.사인공사-기타' 그룹을 편집 모드로 만들고 붙여넣기(Paste In Place)한 다음 그룹 편집 모드를 해제합니다.

| 자르기(Ctrl + X)

| 붙여넣기(Paste In Place)-편집 모드 해제

---

07 | 태그 설정/장면 업데이트

작업 중인 장면은 모든 객체를 나타내고 무겁게 작업할 필요가 없기 때문에 무거운 객체가 포함된 태그를 비활성화해서 장면을 업데이트하겠습니다. '08-3'번 태그를 비활성화하고 '0-1' 장면을 업데이트합니다.

이어서 '0-1-1' 장면 탭을 클릭하고 '06.바닥 마감공사', '07.화장실공사', 08.가구공사', 09.사인공사', '13.그리드/보조선', '14.치수선' 태그 폴더를 비활성화합니다. 이어서 '01-1', '01-7', '10-2', '10-3', '15-2', '15-3', '15-4' 태그를 비활성화하고 '0-1-1' 장면을 업데이트합니다.

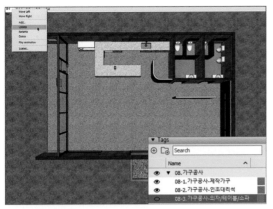

| 태그 설정-장면 업데이트

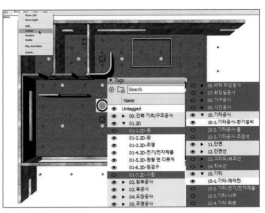

| 태그 설정-장면 업데이트

| 알아두기 | **[Scenes] 창의 장면 섬네일 이미지 업데이트**

장면 탭에서 장면을 업데이트할 때 [Scenes] 창을 펼치고 업데이트해야 [Scenes] 창의 장면 섬네일 이미지도 업데이트가 됩니다. [Scenes] 창을 닫고 장면 탭에서 업데이트하면 장면 섬네일 이미지는 업데이트되지 않습니다.

[Scenes] 창을 펼치고 장면 업데이트-장면 섬네일 이미지도 업데이트됨

08 | 장면 업데이트

'0-1' 장면 탭을 클릭하고 아래 왼쪽 참조 이미지처럼 장면을 설정(Zoom Selection)한 다음 '0-2' 장면 탭에 마우스 포인터를 위치하고 우클릭해 나타나는 확장 메뉴 중 Update 명령을 클릭해 '0-2' 장면을 업데이트합니다.

이어서 아래 오른쪽 참조 이미지를 보고 이전 과정에서 설정한 '0-3' 장면처럼 화각을 50도로 입력하고 장면을 외부 투시도 장면으로 설정한 다음 '00-5.건축-천장' 태그를 활성화하고 '0-3' 장면을 업데이트합니다.

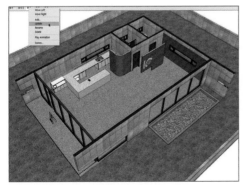

| '0-1' 장면 탭 클릭-장면 설정-'0-2장면 업데이트

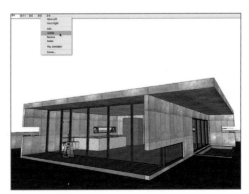

| 화각 설정-장면 설정-태그 활성화-장면 업데이트

09 | 장면 설정

'0-2' 장면 탭을 클릭하고 왜곡 없는 아이소 장면을 설정하기 위해 메뉴의 Camera-Parallel Projection 명령을 클릭합니다. 그런 다음 아래 왼쪽 참조 이미지를 보고 확대/축소 도구 (Zoom 🔍)를 이용해 화면을 축소하고 선택 도구(Select ▶)로 드래그해 객체를 선택합니다. 이어서 선택한 객체를 화면에 꽉 차게(Zoom Selection) 배치합니다.

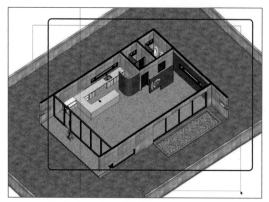

| '0-2' 장면 탭 클릭-화면 축소-선택 도구로 객체 선택

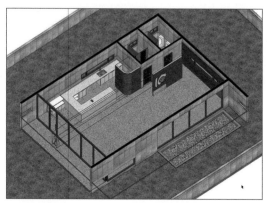

| Zoom Selection

10 | 스타일 수정하기

현재의 스타일을 수정하기 위해 [Styles] 창에서 In Model 아이콘을 클릭하고 〈Edit〉 탭을 클릭합니다. 이어서 면 색상을 설정하는 Face Settings 아이콘(▢)을 클릭하고 앞면 색상을 설정하는 Front color 색상 박스를 클릭합니다. 그런 다음 [Choose Color] 창에서 R:255로 설정하고 〈OK〉 버튼을 클릭합니다.

| In Model 아이콘 클릭-〈Edit〉 탭 클릭

| Face Settings 아이콘 클릭-Front Color 색상 박스 클릭

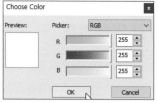

| R:255 설정-〈OK〉 버튼 클릭

11 | 새로운 스타일 만들기

스타일 이름은 '02.앞면 흰색', 설명은 '앞면색상:흰색'으로 수정한 다음 새로운 스타일로 만드는 Create new Style 아이콘(🔳)을 클릭합니다. 그런 다음 〈Select〉 탭을 클릭해 '02.앞면 흰색' 스타일이 등록된 것을 확인합니다.

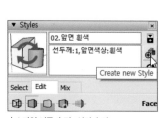

| 스타일 이름 수정-설명 수정

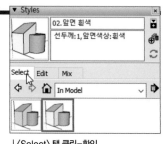

| 〈Select〉 탭 클릭-확인

| 알아두기 | **앞면 색상**

Front Color는 매핑을 하지 않은 면의 앞면 색상을 설정하는 항목으로 매핑 유무를 쉽게 확인하기 위해 별도의 색상을 설정해서 '01.기본 모델링' 스타일로 만들고 작업을 진행했습니다. 완성된 장면은 매핑이 안 된 면이 눈에 잘 띄는 기본 모델링 스타일로 모델을 표현하는 것 보다 특정 색상이 설정된 스타일을 사용하는 것이 효율적인 작업 방식입니다.

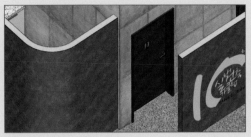

| '01.기본 모델링' 스타일의 앞면 색상

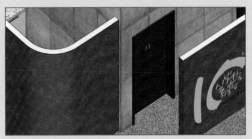

| '02.앞면 흰색' 스타일의 앞면 색상

12 | 태그 비활성화

[Tags] 창에서 '01.2D' 태그 폴더를 클릭해 선택하고 Shift 를 누른 상태에서 가장 아래의 '15.기타' 태그 폴더를 클릭해 다중 선택하고 '02.창호공사' 태그 폴더를 비활성화합니다. 나머지 활성화된 태그 폴더들도 함께 비활성화된 것을 확인할 수 있습니다.

이어서 [Scenes] 창에서 장면 추가 아이콘(Add Scene ⊕)을 클릭해 장면을 추가하고 장면 이름은 'P1', 장면 설명은 '[아이소]건축 기초/구조공사'로 수정한 후 MoveScene down 아이콘(↓)을 두 번 클릭해 장면을 가장 아래로(장면 탭에서는 가장 오른쪽) 이동합니다. 장면 이름 'P1'은 작업 공정(Process) 첫 번째 장면이라는 의미입니다.

| 태그 폴더 다중 선택

| '02.창호공사' 태그 폴더 비활성화

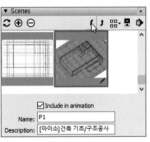

| 장면 추가-장면 이름/설명 수정-장면 위치 이동

13 | 선 삭제

'00-2.건축-바닥' 그룹을 확인하면 Intersect Faces-With Model 명령으로 인해 다른 객체와 맞닿은 부분에 선이 생긴 것을 알 수 있습니다. '00-2.건축-바닥' 그룹을 편집 모드로 만들고 오른쪽 페이지의 '현장 플러스'를 먼저 읽어본 다음 지우개 도구(Eraser ✐)와 선택 도구(Select ▶)로 객체를 선택하여 선을 삭제합니다.

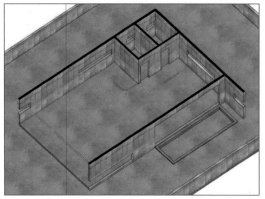

| 선 확인

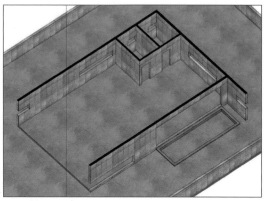

| 선 삭제

14 | 그림자 설정

'P1' 장면 탭을 클릭하고 [Shadows] 창에서 그림자를 활성화한 후 그림자 시간을 오후 두 시로 설정한 다음 On ground 옵션의 체크 표시를 해제합니다. 스케치업 지면 아래에 객체가 있을 경우 그림자가 어색하게 표현되기 때문에 On ground 옵션의 체크 표시를 해제한다고 지난 과정에서 학습했습니다. 이어서 그림자를 비활성화하고 'P1' 장면을 업데이트합니다.

| 그림자 활성화-오후 두 시 설정-On ground 체크 해제

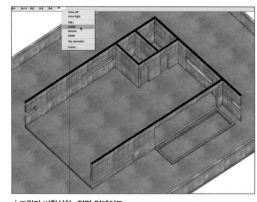

| 그림자 비활성화-장면 업데이트

| 알아두기 | 그림자를 비활성화하고 장면을 업데이트하는 이유

그림자를 활성화하면 모델에 객체가 많을 경우 파일이 무거워져 작업할 때 불편합니다. 이런 이유로 완성 이미지를 내보내기(Export)할 때만 그림자를 활성화하고 작업 중일 때는 비활성화해야 합니다.

해당 장면의 그림자를 활성화하고 그림자 설정을 한 다음 다시 비활성화하고 업데이트한 이유는 그림자 비활성화 상태이지만, 그림자 활성화된 상태의 시간과 옵션을 장면에 저장하기 위해서입니다.

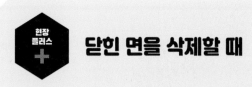

닫힌 면을 삭제할 때

닫힌 면을 선택 도구(Select ▸)로 드래그해 선택한 다음 Delete 를 눌러 삭제하면 연결된 면이 함께 삭제됩니다.

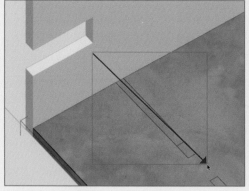

| 선택 도구로 드래그해 선택

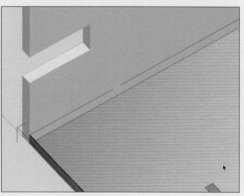

| Delete –연결된 면이 같이 삭제됨

닫힌 면을 삭제할 때는 선택 도구(Select ▸)나 지우개 도구(Eraser ✐)로 닫힌 면에서 하나의 선을 삭제한 다음 선택 도구(Select ▸)를 드래그해 선택하고 삭제하면 됩니다.

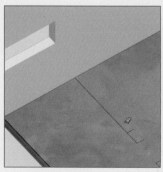

| 지우개 도구로 선 삭제

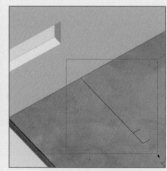

| 선택 도구로 드래그해 선 다중 선택

| 삭제

15 | 태그 설정/장면 추가

[Tags] 창에서 '02.창호공사' 태그 폴더를 활성화하고 '02-1-1.문틀', '02-2-1.창틀' 태그만 활성화한 다음 나머지 태그는 비활성화합니다. 이어서 장면을 추가하고 장면 이름은 'P2', 장면 설명은 [아이소] 창호공사-문틀,창틀'로 수정합니다.

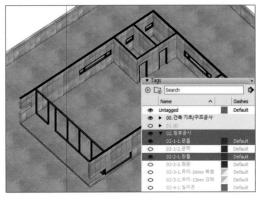

| 태그 설정

| 장면 추가-장면 이름/설명 수정

16 | 태그 설정/장면 추가

[Tags] 창에서 '03.목공사' 태그 폴더를 활성화합니다. 이어서 장면을 추가하고 장면 이름은 'P3', 장면 설명은 [아이소]목공사'로 수정합니다.

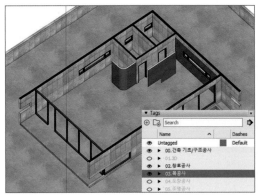

| 태그 설정

| 장면 추가-장면 이름/설명 수정

17 | 태그 설정/장면 추가

[Tags] 창에서 '04.도장공사' 태그 폴더를 활성화합니다. 이어서 장면을 추가하고 장면 이름은 'P4', 장면 설명은 '[아이소]도장공사'로 수정합니다.

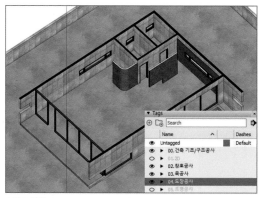

| 태그 설정

| 장면 추가-장면 이름,설명 수정

18 | 태그 설정/장면 추가

[Tags] 창에서 '08.가구공사' 태그 폴더를 활성화하고 [Outliner] 창에서 'com.f.제작가구.진열대.set' 컴포넌트를 비활성화합니다. 'com.f.제작가구.진열대.set' 컴포넌트를 비활성화한 이유는 해당 가구(컴포넌트)는 바닥 마감공사가 완료된 다음에 배치되기 때문입니다.

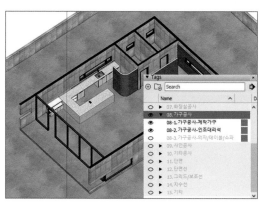

| '08.가구공사'태그 폴더 활성화

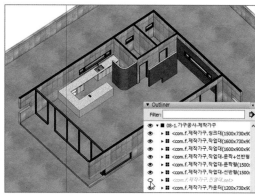

| 컴포넌트 비활성화

19 | 장면 추가

장면을 추가하고 장면 이름은 'P5', 장면 설명은 '[아이소]제작가구'로 수정합니다.

| 장면 추가-장면 이름/설명 수정

20 | 태그 설정/장면 추가

[Tags] 창에서 '06.바닥 마감공사' 태그 폴더를 활성화합니다. 이어서 장면을 추가하고 장면 이름은 'P6', 장면 설명은 '[아이소]바닥 마감공사'로 수정합니다.

| 태그 설정

| 장면 추가-장면 이름,설명 수정

21 | 태그 설정/장면 추가

[Tags] 창에서 '07.화장실공사' 태그 폴더를 활성화합니다. 이어서 장면을 추가하고 장면 이름은 'P7', 장면 설명은 '[아이소]화장실공사'로 수정합니다.

| 태그 설정

| 장면 추가-장면 이름/설명 수정

22 | 태그 설정/장면 추가

[Tags] 창에서 '02-1-2'번, '02-2-2'번, '02-3-1'번, '02-3-2'번, '02-4-1'번 태그를 활성화합니다. 이어서 장면을 추가하고 장면 이름은 'P8', 장면 설명은 '[아이소] 창호공사'로 수정합니다.

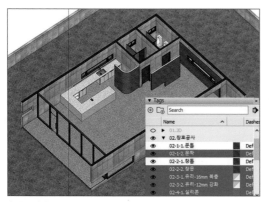

| 태그 설정

| 장면 추가–장면 이름/설명 수정

23 | 태그 설정/장면 추가

[Tags] 창에서 '09.사인공사', '10.기타공사' 태그 폴더를 활성화한 다음 '10-1.기타공사–환기설비' 태그를 비활성화합니다. 이어서 장면을 추가하고 장면 이름은 'P9', 장면 설명은 '[아이소]사인/기타공사'로 수정합니다.

| 태그 설정

| 장면 추가–장면 이름, 설명 수정

24 | 태그 설정/장면 추가

'08-3' 태그를 활성화하고 '15.기타' 태그 폴더를 활성화한 다음 '15-1'번, '15-3'번 태그를 비활성화합니다. 이어서 [Outliner] 창에서 'com.f.제작가구.진열대.set' 컴포넌트를 활성화합니다.

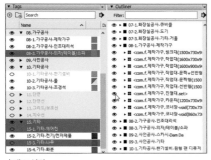

| 태그 설정

25 | 장면 추가

장면을 추가하고 장면 이름은 'P10', 장면 설명은 '[아이소]완성'으로 수정합니다.

| 장면 추가-장면 이름/설명 수정

26 | 애니메이션 재생

[Scenes] 창에서 '0-1'번 장면을 클릭해 선택하고 Ctrl 를 누른 상태에서 '0-1-1', '0-2', '0-3', '0-4' 장면을 클릭해 다중 선택합니다. 그런 다음 해당 장면을 애니메이션에 포함하는 Include in animation 옵션의 체크 표시를 해제합니다. 해당 옵션의 체크를 해제하면 애니메이션 재생에서 제외되며 장면 탭에서 장면 이름에 괄호 '()' 표시가 되어 애니메이션 재생에 포함된 장면과 구분됩니다.

'P1' 장면 탭에 마우스 포인터를 위치하고 우클릭해 나타나는 확장 메뉴 중 애니메이션으로 장면을 재생하는 Play Animation 명령을 클릭해 'P1' 장면부터 'P10' 장면까지 애니메이션으로 확인합니다. 애니메이션 확인을 했으면 Animation 창의 〈Stop〉 버튼을 클릭해 애니메이션 재생을 중지합니다.

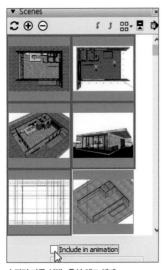

| 장면 다중 선택-옵션 체크 해제

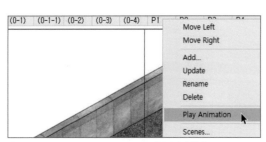

| 마우스 우클릭-Play Animation 클릭-애니메이션 확인

| 〈Stop〉 버튼 클릭

Animation 설정/동영상 파일로 내보내기

장면 전환시간과 장면 대기시간을 설정하는 방법과 동영상 파일로 내보내기할 때 설정해야 하는 옵션에 대해 알아보겠습니다.

1 | 장면 전환시간과 장면 대기시간 설정

[Model Info] 창의 Animation 항목에 있는 장면 전환시간(Enable scene transitions)과 장면 대기시간(Scene Delay)에 따라 애니메이션이 재생됩니다. 즉 장면 전환시간이 2초로 설정되어 있으면 '1' 장면에서 '2' 장면으로 전환되는 시간이 2초 걸린다는 의미이고 장면 대기시간이 1초로 설정되어 있으면 '2' 장면에서 1초 동안 멈춘다음 '3' 장면으로 이동한다는 의미입니다.

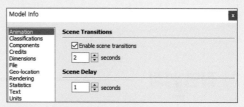

| [Model Info] 창의 Animation 항목

2 | 동영상 파일로 내보내기

메뉴의 File-Export-Animation을 클릭하고 [Export Animation] 창에서 내보내기 경로(저장 경로)를 설정하고 파일 이름을 입력한 다음 파일 형식을 mp4로 설정하고 〈Options〉 버튼을 클릭하면 [Export Options] 창이 나타납니다.

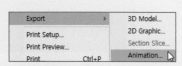

| 메뉴의 File-Export-Animation클릭

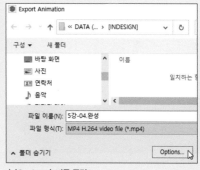

| 〈Options〉 버튼 클릭

[Export Options] 창에서 가장 중요한 옵션은 Frame rate이며 기본으로 설정된 수치값은 '24'입니다. 24는 1초당 24컷을 찍는다는 의미로 Frame rate 수치값이 높으면 초당 컷 수가 많기 때문에 부드러운 동영상을 만들 수 있습니다. 저자가 권장하는 수치값은 30으로 Frame rate에 설정할수 있는 최댓값은 120입니다. 수치값을 올릴수록 동영상 품질은 부드러워 지지만 출력 시간은 길어집니다.

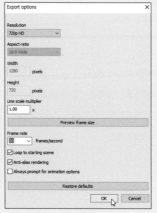

| 옵션 설정-〈OK〉 버튼 클릭

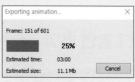

| 내보내기(출력) 과정이 표시됨

'윗면', '평면', '천장도' 장면 만들기

이번 과정에서는 '윗면', '평면', '천장도' 장면을 만들면서 [Styles] 창의 옵션을 수정해 다양한 스타일을 만드는 방법에 대해 알아보겠습니다.

예|제|파|일 프로그램 1/5강-4.완성.skp   완|성|파|일 프로그램 1/5강-5.완성.skp

01 | 장면 설정

'P10' 장면 탭을 클릭하고 메뉴의 Camera-Perspective를 클릭합니다. 그런 다음 윗면 도구(Top █)를 클릭하고 아래 오른쪽 참조 이미지를 보고 선택 도구(Select ▶)로 객체를 선택한 다음 화면에 꽉 차게(Zoom Selection) 배치합니다.

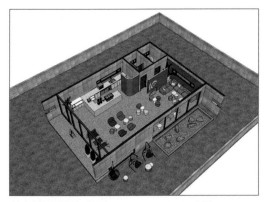

| 'P10' 장면 탭 클릭-메뉴의 Camera-Perspective 클릭

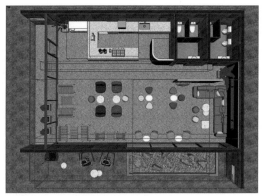

| 윗면 도구 클릭-객체 선택-Zoom Selection

02 | 장면 추가

[Shadow] 창을 열고 그림자를 활성화합니다. 그림자가 길게 표현되기 때문에 그림자 시간을 수정하겠습니다. 시간은 오후 한 시, 날짜는 09월 01로 설정하고 그림자를 비활성화합니다. 이어서 [Scenes] 창에서 장면을 추가하고 장면 이름은 '1', 장면 설명은 '[윗면]화각35도,13시,0901'로 수정합니다.

| 그림자 활성화-그림자 시간, 날짜 설정

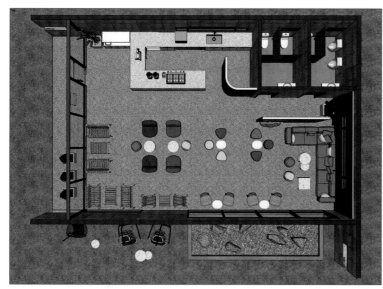

| 장면 추가-장면 이름/설명 수정

| 그림자 비활성화

03 | 장면 설정

'0-4' 장면 탭을 클릭하고 아래 왼쪽 참조 이미지를 보고 화면 이동 도구(Pan ✋)를 이용해 화면을 왼쪽으로 이동합니다. 그런 다음 [Tags] 창에서 '01-7.2D-사람' 태그, '13.그리드/보조선' 태그 폴더를 비활성화합니다.

이어서 선택 도구(Select ▶)로 '14-1.치수선-평면' 그룹을 선택하고 엔터를 눌러 편집 모드로 만든 다음 선택 도구(Select ▶)로 'com.치수선.평면' 컴포넌트를 선택합니다.

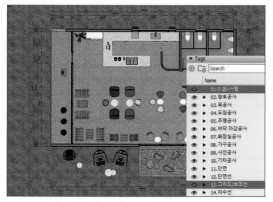

| 장면 이동-태그 및 태그 폴더 비활성화

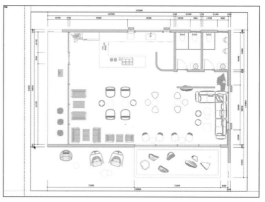

| '14-1'번 그룹 편집 모드 만들기-'com.치수선.평면' 컴포넌트 선택

04 | 화면 배치

선택한 'com.치수선.평면' 컴포넌트를 화면에 꽉차게(Zoom Selection) 배치한 다음 그룹 편집 모드를 해제합니다. 이어서 치수선을 보다 더 잘 확인하기 위해 Hidden Line 도구(○)를 클릭합니다.

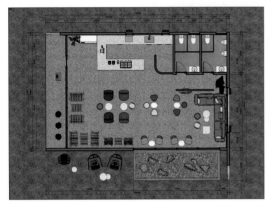

| '치수선' 컴포넌트 선택-Zoom Selection-편집 모드 해제

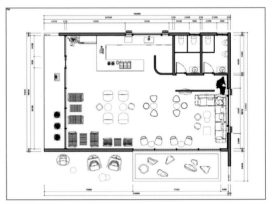

| Hidden Line 도구 클릭

05 | 스타일 수정

스타일을 수정하기 위해 [Styles] 창의 〈Edit〉 탭을 클릭하고 Modeling Settings 아이콘(●)을 클릭합니다. 이어서 단면선의 색상을 수정하기 위해 Section Lines 색상 박스를 클릭하고 R:255로 설정한 다음 〈OK〉 버튼을 클릭합니다.

| 〈Edit〉 탭 클릭

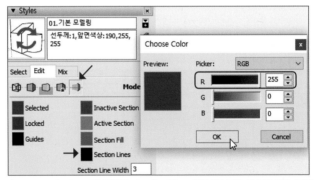

| Modeling Settings 아이콘 클릭-Section Lines 색상 박스 클릭-R:255 설정-〈OK〉 버튼 클릭

06 | 새로운 스타일 만들기

단면선 두께를 설정하는 Section Line Width 수치값을 '2'로 설정합니다. 그런 다음 스타일 이름은 '03.섹션', 설명란에 '단면선 색상:255,0,0,단면선 두께:2' 문구를 추가한 다음 새로운 스타일로 만들기 위해 Create new Style 아이콘(●)을 클릭합니다. 이어서 〈Select〉 탭을 클릭해 추가된 스타일을 확인합니다.

| Section Line Width '2' 입력-스타일 이름 수정-설명 추가-아이콘 클릭

| 〈Select〉 탭 클릭-스타일 확인

07 | 그룹/컴포넌트 비활성화

단면 평면의 높이 때문에 간섭받는 객체들을 숨기겠습니다. [Outliner] 창에서 '02-2-2.창문-프로젝트-창틀-뒷면' 그룹과 '02-2-2.창문-프로젝트-창틀-우측면' 그룹을 비활성화합니다. 이어서 '08-3.가구공사-의자/테이블/소파' 그룹을 편집 모드로 만들고 외부에 있는 가구를 선택 도구(Select ▶)로 드래그해 선택한 다음 [Outliner] 창에서 비활성화하고 편집 모드를 해제합니다.

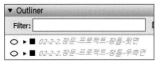

| 그룹 비활성화

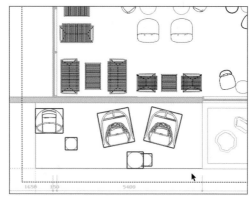

| 그룹 편집 모드 만들기-객체 선택

| 태그 비활성화

08 | 그룹/컴포넌트 비활성화

[Outliner] 창에서 '15-2.기타-전기/전자제품' 그룹 안에 있는 두 개의 'com.elec.grinder.1' 컴포넌트를 비활성화하고 '15-4.기타-화분' 그룹을 비활성화하고 편집 모드를 해제합니다. 이어서 그림자를 활성화하고 날짜를 09월 01일로 설정한 다음 On ground 옵션의 체크 표시를 해제합니다.

| 컴포넌트, 그룹 비활성화

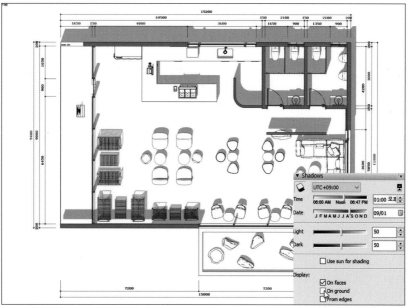

| 그림자 활성화-날짜 설정-On ground 옵션 체크 해제

09 | 태그 설정

On ground 옵션의 체크를 해제해도 다른 그룹들이 있어서 그림자는 계속 건물 외부 바닥에 표현되고 있습니다. '00-1.건축-기초', '00-2.건축-바닥', '06-3.바닥 마감공사-외부' 태그를 비활성화하여 지면(ground)의 그림자가 치수선에 간섭되지 않도록 설정합니다.

| 태그 비활성화

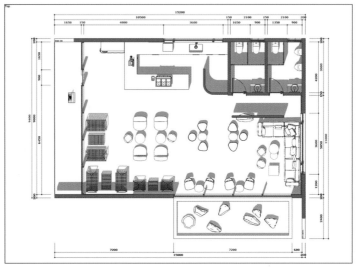

| 완성

10 | 장면 추가/장면 설정

그림자를 비활성화하고 [Scenes] 창에서 장면을 추가한 다음 장면 이름은 '1-1', 장면 설명은 '[평면도]페러렐,03.섹션 스타일'로 수정하고 가장 아래로 이동합니다. 이어서 '1' 장면 탭을 클릭하고 카메라를 Parallel Projection으로 설정한 다음 '14.치수선' 태그 폴더를 활성화합니다. '14-1.치수선-평면' 그룹을 편집 모드로 만들고 'com.치수선.평면' 컴포넌트를 선택한 다음 화면에 꽉차게(Zoom Selection) 배치하고 그룹 편집 모드를 해제합니다.

| 장면 추가-장면 이름/설명 수정

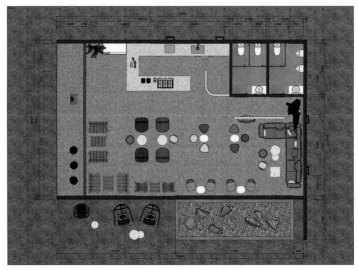

장면 설정

11 | 스타일 만들기

Hidden Line 도구( )를 클릭하고 '01.2D' 태그 폴더를 활성화한 다음 '01-7.2D-사람' 태그만 비활성화합니다. 이어서 [Styles] 창에서 스타일 이름은 '04.히든라인', 설명란에 '히든라인 스타일' 문구를 추가한 다음 Create new Style 아이콘 ( )을 클릭합니다.

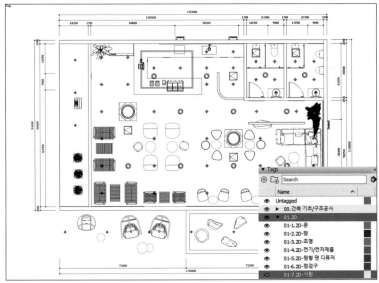

| 스타일 이름 입력-설명 추가-Create
New Styles 아이콘 클릭

| 태그 폴더 활성화-태그 비활성화

12 | 장면 추가

[Scenes] 창에서 장면을 추가하고 장면 이름은 '1-2', 장면 설명은 '[천장도]페러렐,04.히든라인 스타일'로 수정한 다음 장면을 가장 아래로 이동합니다. 그런 다음 천장에 배치된 '조명' 컴포넌트와 '기타' 컴포넌트를 조금 더 강조하기 위해 '06-2.바닥 마감공사-실내', '07-2.화장실공사-도기', '07-3.화장실공사-기타' 태그, '08.가구공사', '09.사인공사', '10.기타공사', '15.기타' 태그 폴더를 비활성화합니다.

| 장면 추가-장면 이름/설명 수정

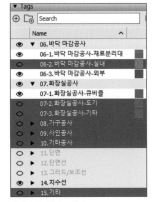

| 태그 폴더/태그 설정

13 | 장면 추가

객체 뒷면의 선을 표현하는 Back Edges 도구(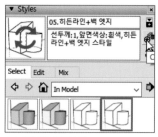)를 클릭하고 [Styles] 창에서 스타일 이름은 '05.히든라인+백 엣지', 설명란의 문구 중에 '히든라인 스타일'을 '히든라인+백 엣지 스타일'로 수정한 다음 Create new Style 아이콘(⚙)을 클릭합니다.

이어서 장면을 추가하고 장면 이름은 '1-2-1', 장면 설명은 '[천장도]페러렐,05.히든라인+백 엣지 스타일'로 수정합니다.

| 스타일 이름/설명 수정-Create New Styles 아이콘 클릭

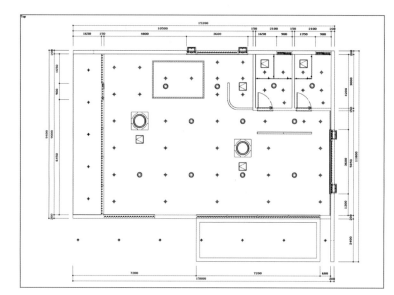

| 장면 추가-장면 이름/설명 수정

천장도 다양하게 표현하기

현장 플러스 +

천장도를 다양하게 표현하는 방법에 대해 알아보겠습니다.

1 | 조명의 간격 표시

치수선을 추가로 만들어 '02-2-1.창틀-정면(좌측)' 그룹의 위치를 표시할 수도 있고 천장에 배치되는 조명의 간격을 표시할 수도 있습니다.

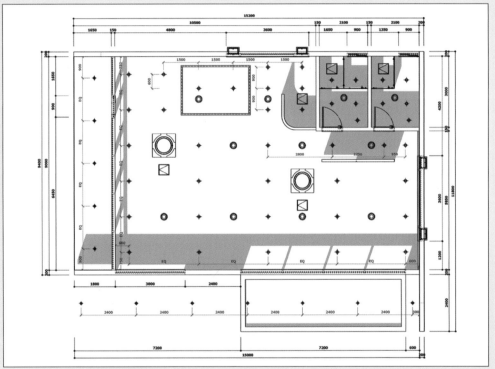

| '창틀' 그룹의 치수선 표시-조명 간격 표시

2 | 천장에 배치된 객체 강조하기

모든 객체(그룹, 컴포넌트)를 활성화하고 별도의 사각형 그룹을 만든 다음 해당 그룹에 매핑한 메트리얼의 불투명도를
조절해 바닥에 배치된 객체보다 천장에 배치된 객체를 더 강조할 수도 있습니다.

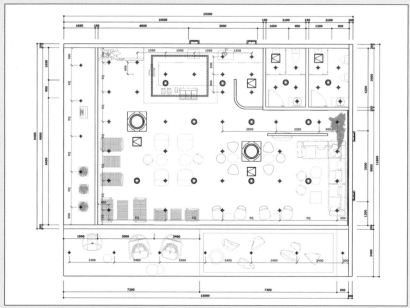

| 모든 객체 활성화-천장에 배치된 객체 강조

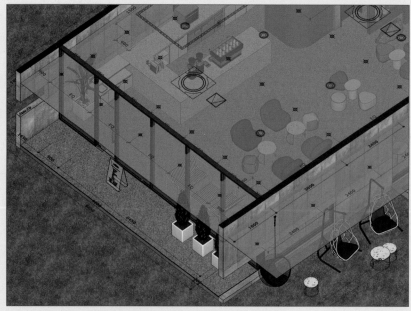

| 아이소 장면:사각형 그룹에 매핑한 메트리얼의 불투명도로 천장에 배치된 객체 강조

'외부 투시도', '실내 투시도', '아이소' 장면 만들기

6

이번 과정에서는 '외부 투시도', '실내 투시도', '아이소' 장면을 만들면서 여러 가지 다양한 실무 팁을 종합적으로 알아보겠습니다.

예|제|파|일| 프로그램 1/5강-5.완성.skp   완|성|파|일| 프로그램 1/5강-6.완성.skp

01 | 태그 설정

'0-3' 장면 탭을 클릭하고 [Tags] 창의 Untagged에 마우스 포인터를 위치하고 우클릭해 나타나는 확장 메뉴 중 계층 구조를 펼치는 Expand All 명령을 클릭합니다. 그런 다음 다시 마우스 우클릭해 모든 태그 폴더와 태그를 선택하는 Select All 명령을 클릭하고 비활성화된 '01.2D' 태그 폴더를 활성화합니다.

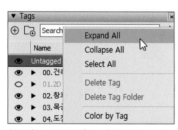

| '0-3' 장면 탭 클릭-[Tags] 창에서 Expand All 클릭

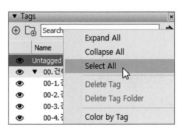

| Select All 클릭

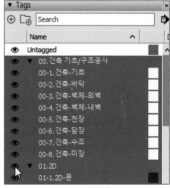

| 태그 폴더 활성

02 | 태그 설정

Untagged를 클릭하고 '01.2D' 태그 폴더의 태그 중에서 '01-7.2D-사람' 태그만 활성화하고 나머지 태그는 비활성화한 다음 '12.단면선', '13.그리드/보조선', '14.치수선' 태그 폴더를 비활성화합니다. 이어서 Untagged에 마우스 포인터를 위치하고 우클릭해 계층 구조를 닫는 Collapse All 명령을 클릭합니다.

| 태그 설정

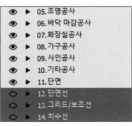

| 태그 폴더 비활성화

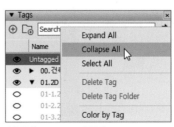

| 우클릭-Collapse All 클릭

03 | 모델 확인

[Styles] 창의 〈Edit〉 탭을 클릭하고 Background Settings 아이콘(◻)을 클릭한 다음 Sky, Ground 옵션에 체크 표시합니다. 작업 모델을 확인해 보면 아래 오른쪽 참조 이미지의 화살표가 지시하듯이 하늘(Sky)과 지면(Ground)이 만나는 경계(지평선)가 보이고 '물' 그룹의 불투명도가 달라졌으며 나무와 화분의 식물에 선이 보인다는 것을 알 수 있습니다.

| [Styles] 창의 〈Edit〉 탭 클릭-Background
Settings 아이콘 클릭-Sky,Ground 체크

| 모델 확인

| 알아두기 | **나무 컴포넌트에 선이 보이는 이유**

모델링된 객체의 선과 면이 많으면 파일이 무거워집니다. 이런 이유 때문에 나무나 식물의 '잎(leaf)'은 일일이 모델링 하는 것이 아니라 배경이 투명한 png 파일 형식의 '잎' 이미지를 면에 매핑해서 용량을 크지 않게 모델링하는 경우가 많습니다. 제공되는 '나무'와 '식물' 컴포넌트 역시 다각형의 면을 만들고 png 파일 형식의 '잎' 이미지로 매핑했기 때문에 선이 보이게 됩니다.

보이는 선을 지우개 도구(Eraser ✎)로 일일이 숨길 수도 있겠지만, '잎'을 모델링할 때 하나의 컴포넌트로 만들고 복사했다면 선을 숨기는 과정이 번거롭지 않지만 그렇지 않은 경우는 아주 번거로운 일이 됩니다.

| 나무 컴포넌트-선이 보임

| 매핑된 png 파일 형식의 '잎과 가지' 이미지(포토샵 화면)

04 | 스타일 수정

[Styles] 창의 Edge Settings 아이콘(⬚)을 클릭하고 가장자리 선의 두께를 설정하는 Profiles 옵션의 체크 표시를 해제합니다. '나무', '식물' 컴포넌트의 선이 안 보이는 것을 확인할 수 있습니다. 이어서 궤도 도구(Orbit ✦)를 이용해 지평선 라인이 보이지 않게 화면을 회전시킵니다.

| Edge Settings 아이콘 클릭-Profiles 체크 해제

| 궤도 도구로 화면 회전

05 | 화면 설정

기운 세로 방향의 선을 수직선으로 만들기 위해 메뉴의 Camera-Two Point Perspective 명령을 클릭합니다. 이어서 아래 오른쪽 참조 이미지를 보고 활성화된 화면 이동 도구(Pan ✋)로 화면을 클릭한 채 아래로 내립니다.

| 메뉴의 Camera-Two Point Perspective 클릭

| 화면 이동 도구를 이용해 화면을 내림

장면 설정의 3원칙

저자가 강조하는 외부 투시도 장면과 실내 투시도 장면에 적용하는 장면 설정의 3원칙에 대해 알아보겠습니다.

1 | 화각 설정

스케치업의 기본 화각인 '35'도 보다 높게 설정해서 작업 모델을 넓게 표현합니다.

| 기본 화각 35도 : 화면이 좁고 '담장' 그룹의
간섭이 생김

| 화각 50도 : 화면이 넓고 '담장' 그룹의 간섭이
생기지 않음

2 | Two-Point Perspective 설정

기울어진 세로 방향의 선을 수직선으로 표현합니다.

| Camera-Perspective

| Camera-Two Point Perspective

3 | 눈높이 설정

장면의 안정감을 표현합니다.

| 눈높이가 낮음(장면의 안정감이 느껴지지 않음)

| 눈높이가 적당함(장면의 안정감이 느껴짐)

06 | 스타일 수정/그림자 설정

[Styles] 창에서 Background Settings 아이콘(⬜)을 클릭하고 Sky 색상 박스를 클릭한 다음 R:130, G:180, B:255로 설정합니다. 그런 다음 스케치업 지면(Ground)의 투명도를 설정하는 Transparency 옵션의 슬라이드 바를 클릭한 채로 가장 오른쪽으로 이동시켜 지면이 '물' 그룹에 간섭을 주지 않도록 설정합니다.

이어서 그림자를 활성화하고 실내로 그림자가 유입되게 그림자 시간을 오후 4시로 설정하고 On ground 옵션의 체크 표시를 해제합니다.

| Sky 색상 설정-Transparency 설정

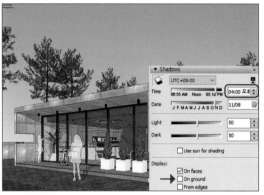

| 그림자 활성화-On ground 체크 해제

07 | 스타일/장면 추가

그림자를 비활성화하고 [Styles] 창에서 스타일 이름은 '06.스카이/그라운드'로 입력하고 설명란에 '프로파일 체크 해제, 스카이/그라운드 체크' 문구를 추가한 다음 Create new Style 아이콘(🔄)을 클릭합니다. 그런 다음 장면을 추가하고 장면 이름은 '2'로, 설명은 '[외부투시도-입구를 바라봄]화각50도,16시,1108,프로파일 체크 해제,06.스카이/그라운드 스타일'로 수정하고 장면 위치를 가장 아래로 내립니다.

| 스타일 이름/설명 수정-아이콘 클릭

| 장면 추가-장면 이름/설명 수정-장면 이동

| 알아두기 | **장면 이름에 숫자만 입력하는 이유**

실무 작업은 많은 장면을 설정하게 됩니다. 장면 이름을 길게 적었을 때 장면 이름에 입력한 글자 수만큼 장면 탭의 폭이 넓어져 장면을 계속해서 추가하다 보면 장면 탭이 화면을 벗어나는 경우가 발생하게 됩니다.

장면이 많아 장면 탭이 화면에서 초과하면 장면 좌, 우 이동 아이콘(◀ ▶)이 장면 탭 오른쪽 끝부분에 나타나며 아이콘을 클릭해 장면을 이동해서 확인해야 하는 번거로움이 있습니다. 아래 참조 이미지처럼 장면 이름을 짧게 입력해도 장면 탭을 초과하는 경우가 발생하는데 장면 이름을 길게 입력한다면 장면 이동이 더 불편해집니다. 장면 이름을 길게 적지 않아도 장면 탭에 마우스 포인터를 위치하면 장면 설명란(Description)에 입력한 장면 설명이 말풍선으로 나타나기 때문에 불편함은 없습니다.

| 1 | 1-1 | 2 | 2-1 | (2-1.AB) | (2-1.AB) | 2-2 | 2-3 | (2-3.상) | 2-4 | (2-4.상) | 2-5 | 2-6 | (2-6.상) | 2-7 | (2-7.브) | 2-7-1 | (2-8.브) | 2-9 | 2-10 | 2-11 | 2-12 | 2-13) | (2-13.상) | 2-14 | (2-14.상) | 2-18 | 2-20.소 | 2-20-1 | 2-20-2 | 3 | 3-1 |

| 저자가 작업하는 실무 파일의 장면 탭 : 장면이 많아 오른쪽에 장면 좌, 우 이동 아이콘이 생김

08 | 화면 설정

좌측면 도구(Left 🗗)를 클릭하고 아래 오른쪽 참조 이미지를 보고 화면을 조금 확대한 다음 화면 이동 도구(Pan 🖐)로 화면을 클릭한 채로 아래로 내립니다. '00-6.건축-담장-좌측면' 그룹과 지평선 라인이 보이지 않게 장면을 설정합니다.

| 좌측면 도구 클릭

| 화면 확대-화면 이동 도구를 이용해 아래로 이동

09 | 화면 설정

메뉴의 Camera-Two Point Perspective 명령을 클릭하고 아래 왼쪽 참조 이미지를 보고 화면을 축소한 다음 화면 이동 도구(Pan 🖐)를 이용해 화면을 아래로 내립니다. 이어서 '01-7.2D-사람' 그룹을 편집 모드로 만들고 화분 컴포넌트와 겹쳐 어색하게 표현되는 'com.2d.human.실루엣.w.31' 컴포넌트를 숨긴 다음 그룹 편집 모드를 해제합니다. 그런 다음 [Styles] 창의 〈Edit〉 탭을 클릭하고 Watermark Settings 아이콘(🗐)을 클릭한 다음 워터마크를 추가하기 위해 Add Watermarks 아이콘(⊕)을 클릭합니다.

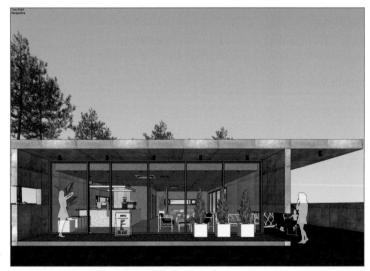

| Two-Point Perspective 설정-화면 축소-화면 이동 도구로 화면 내림.
   -'com.2d.human.w.31' 컴포넌트 숨김

| [Styles] 창의 〈Edit〉 탭 클릭-Watermark Settings 아이콘 클릭-Add Watermarks 아이콘 클릭

10 | 이미지 파일 불러오기

[Styles] 창의 워터마크 기능으로 로고를 표현하기 위해 '제공 파일/image/logo.2.png' 파일을 선택하고 〈열기〉 버튼을 클릭합니다. 이어서 [Create Watermark] 창이 나타나면 이름을 '로고'로 입력하고 〈Next〉 버튼을 클릭하고 다시 〈Next〉 버튼을 클릭합니다.

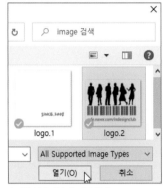

| 파일 선택-〈열기〉 버튼 클릭

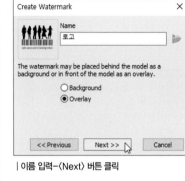

| 이름 입력-〈Next〉 버튼 클릭

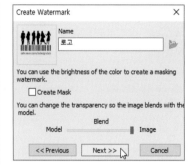

| 〈Next〉 버튼 클릭

11 | 옵션 설정

불러온 이미지 파일을 원하는 위치에 배치하기 위해 Position in the screen 옵션에 체크하고 아홉 개의 위치 중 오른쪽 아래에 체크합니다. 이어서 아래 오른쪽 참조 이미지를 보고 Scale 옵션의 슬라이드 바를 클릭한 채로 왼쪽으로 이동시켜 화면에 표시된 이미지 파일의 크기를 조절한 다음 〈Finish〉 버튼을 클릭합니다.

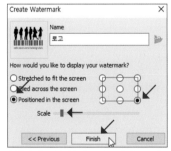

| [옵션 체크-위치 클릭-크기 조절-〈Finish〉
버튼 클릭

| 완성

12 | 이미지 파일 불러오기

이미지 파일을 한 장 더 불러와서 워터마크로 표시하기 위해 Add Watermarks 아이콘(⊕)을 클릭하고 '제공 파일/image/bg.1.jpg' 파일을 선택하고 〈열기〉 버튼을 클릭합니다. 이어서 [Create Watermark] 창이 나타나면 이름을 '배경'으로 입력하고 모델의 배경으로 표현하기 위해 Background 옵션에 체크 표시한 다음 〈Next〉 버튼을 클릭합니다.

| Add Watermark 아이콘 클릭

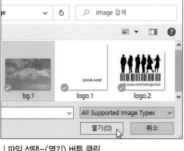

| 파일 선택-〈열기〉 버튼 클릭

| 이름 입력-Background 옵션 체크 표시-〈Next〉 버튼 클릭

13 | 옵션 설정

배경으로 표현한 이미지 파일의 선명도를 조금 연하게 설정하기 위해 Blend 옵션의 슬라이드 바를 클릭한 채로 왼쪽으로 조금 이동시키고 〈Next〉 버튼을 클릭합니다. 이어서 원본 이미지 비율로 적용되는 Lock Aspect Ratio 옵션의 체크 표시를 해제해 화면(작업 영역)에 꽉차게 표시한 다음 〈Finish〉 버튼을 클릭해 완성합니다.

| 선명도 조절-〈Next〉 버튼 클릭

| Lock Aspect Ratio 옵션 체크 해제-〈Finish〉 버튼 클릭

Lock Aspect Ratio 옵션

Lock Aspect Ratio 옵션은 워터마크로 표현한 이미지 파일의 원본 비율을 적용하는 옵션으로 기본적으로 체크되어 있습니다. 불러온 'bg.1.jpg' 파일은 저자가 직접 촬영한 사진으로 '5184x3456' 픽셀 크기의 고품질 이미지 파일입니다.
현재 작업 모델의 화면 비율을 A3 비율과 비슷하게 설정해서 불러온 파일의 원본 비율과 맞지 않기 때문에 작업 모델 위, 아래에 여백이 나타나게 됩니다.

Lock Aspect Ratio 옵션의 체크 표시를 해제하면 원본 비율을 무시하고 작업 영역에 꽉차게 배치됩니다.

| 옵션 체크(기본 설정) : 모델 위, 아래에 여백이 생김

| 옵션 체크 해제 : 작업 화면에 꽉차게 표현됨

적용한 배경 이미지는 해당 옵션의 체크 표시를 해제해도 이미지의 왜곡이 느껴지지 않기 때문에 사용해도 되지만, 특정 비율의 문자를 워터마크로 표현하고 해당 옵션의 체크 표시를 해제하면 문자의 크기가 왜곡되기 때문에 사용하지 못합니다.

| Lock Aspect Ratio 옵션 체크(기본 설정)

| Lock Aspect Ratio 옵션 체크 해제 : 이미지가 왜곡됨

14 | 새로운 스타일 만들고 장면 추가하기

[Styles] 창에서 Background Settings(🔲) 아이콘을 클릭하고 Sky, Ground 옵션의 체크 표시를 해제합니다. 이어서 새로운 스타일로 만들기 위해 스타일 이름은 '07.워터마크:로고/배경', 설명란의 문구 중에 '스카이/그라운드 체크'를 '워터마크:로고/배경 표현'으로 수정한 다음 Create new Style 아이콘(⊕)을 클릭합니다.

이어서 장면을 추가하고 장면 이름은 '2-1', 설명은 [외부투시도-좌측면-입구]화각50도,16시,1108,프로파일 체크 해제,07.워터마크:로고/배경 스타일'로 수정합니다.

| Sky/Ground 체크 해제-스타일 이름/설명
수정-Create New Style 아이콘 클릭

| 장면 추가-장면 이름/설명 수정

15 | 장면 설정

아래 왼쪽 참조 이미지를 보고 궤도 도구(Orbit ⊕)를 이용해 화면을 약간 회전시켜 Two-Point Perspective 설정해서 Perspective 설정으로 수정합니다. 이어서 오른쪽 참조 이미지를 보고 화면 이동 도구(Pan ✋)로 화면을 내린 다음 조금 확대합니다.

| 궤도 도구로 화면 회전

| 이동 도구로 장면을 아래로 내림-확대

'2d 배경' 컴포넌트 활용하기

외부 투시도 장면에서 '2d 배경' 컴포넌트를 작업 모델 주변에 여러 개 배치하면 더 현실감 있게 표현할 수 있습니다.

| 2d 배경 컴포넌트가 배치된 상태 | 아이소 장면에서 봤을 때

2d 배경 컴포넌트에서 하늘 부분이 없는 이유는 배경 컴포넌트를 여러 개 배치해야 하는 경우가 많기 때문입니다. 하늘 부분이 포함된 직사각형 '2d 배경' 컴포넌트를 여러 개 배치하면 하늘 부분이 눈에 띄고 겹쳤을 경우 어색하게 표현됩니다.

하늘 부분의 면은 그리기 도구 모음(Drawing Toolbar 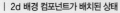)에 있는 프리핸드 도구(Freehand ✍)를 사용해서 분할한 다음 삭제하면 됩니다.

| 직사각형 모양의 배경 컴포넌트 배치 : 어색함 | 아이소 장면에서 봤을 때

Two Point Perspective 설정과 Perspective 설정의 차이점

Two Point Perspective 설정은 화면 이동 도구(Pan)를 이용해 장면의 높이를 수정하면 높이와 관계없이 작업 모델이 동일한 모양으로 표현되고 Perspective 설정은 장면의 높이에 따라 작업 모델의 모양이 다르게 표현됩니다.

| Two Point Perspective

| 화면을 아래로 내림 : 모델이 동일하게 표현됨

| Perspective

| 화면을 아래로 내림 : 모델이 높이에 따라 다르게 표현됨

16 | 실내 진입

아래 왼쪽 참조 이미지를 보고 화면 이동 도구(Pan)를 클릭한 채로 아래로 내려 실내로 진입합니다. 이어서 아래 오른쪽 참조 이미지를 보고 궤도 도구(Orbit)와 화면 이동 도구(Pan)를 이용해 장면을 설정합니다.

| 실내 진입

| 화면 회전

외부 투시도 장면에서 실내 투시도 장면으로 진입할 때 마우스 스크롤 버튼을 밀면서 장면을 확대하면서 진입하다 보면 객체에 간섭을 받는 경우를 자주 경험하게 됩니다. 특히 불투명도가 설정된 재질(유리, 물, 기타)로 매핑된 객체는 스크롤 버튼을 많이 밀어야 실내로 겨우 진입하게 되고 원하지 않는 장면으로 설정되는 경우가 많습니다. 외부 투시도 장면에서 실내 투시도 장면으로 진입할 때는 위 과정에서 학습한 방법처럼 천장에서 아래로 진입하는 방법이 편리합니다.

| 실내 장면 진입 전

| 화면을 확대하면서 진입 : 유리에 막혀 진입이 천천히 됨

17 | 스타일 추가/장면 추가

아래 왼쪽 참조 이미지를 보고 Two Point Perspective로 장면을 설정하고 이동 도구(Pan ✋)로 화면을 아래로 조금 내린 다음 [Styles] 창의 Edge Settings(◉) 항목의 Profiles 옵션에 체크 표시합니다.

이어서 [Styles] 창에서 스타일 이름은 '07-1.워터마크:로고/배경(프로파일 체크)'로 수정하고 설명란의 문구 중 'Profiles 체크 해제'만 'Profiles 체크'로 수정한 다음 Create new Style 아이콘(◉)을 클릭합니다.

그런 다음 [Scenes] 창에서 장면을 추가하고 장면 이름은 '3', 설명은 '[실내투시도-안쪽을 바라봄]화각50도,16시,1108,07-1.워터마크:로고/배경(프로파일 체크) 스타일'로 수정합니다.

| 장면 설정-[Styles] 창에서 Profiles 옵션 체크

| 스타일 이름/설명 수정-스타일 추가-
장면 추가-장면 이름/설명 수정

Profiles 옵션

Profiles 옵션의 체크를 해제하면 지난 과정에서 학습한 것처럼 나뭇잎의 테두리 선을 보이지 않게 표현할 수 있다는 장점이 있지만 곡면이 부드러운 객체의 선도 보이지 않는 단점이 있습니다. Profiles 옵션의 체크 유무가 직선에는 영향을 주지 않지만, 부드러운 곡선에는 영향을 주기 때문입니다. 이런 이유로 불필요한 선을 보이지 않게 설정해야 하는 장면을 제외하고는 Profiles 옵션에 체크 표시하기 바랍니다.

| Profiles 체크 해제 : 선이 안 보임

| Profiles 체크 : 선이 보임

Hidden Line 도구( )를 클릭해 작업 모델을 Hidden Line 스타일로 확인하면 차이점을 명확하게 비교할 수 있습니다.

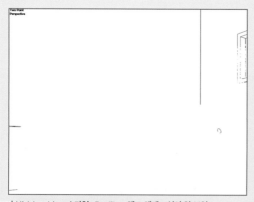
| Hidden Line 스타일-Profiles 체크 해제 : 선이 안 보임

| Profiles 체크 : 선이 보임

18 | 장면 추가

아래 왼쪽 참조 이미지를 보고 궤도 도구(Orbit ✦), 화면 이동 도구(Pan ✐)와 둘러보기 도구 (Look Around ◉)를 이용해 장면을 설정(Two-Point Perspective)합니다. 이어서 장면을 추가하고 장면 이름은 '3-1', 설명란의 대괄호 안의 문구만 '[실내투시도-입구를 바라봄]'으로 수정합니다.

| 장면 설정

| 알아두기 | **실내 이동**

실내 장면에서 화면을 회전시킬 때 궤도 도구(Orbit ✦)를 사용하면 회전 반경이 커서 원하는 장면을 설정하기 힘든 경우가 많습니다. 좁은 실내 장면에서는 회전 반경이 적은 둘러보기 도구 (Look Around ◉)로 화면을 이동하는 방법이 편리합니다.

| 장면 추가-장면 이름/설명 수정

19 | 스타일 믹스

[Styles] 창에서 '04.히든라인' 스타일을 클릭하고 스타일을 혼합하기 위해 〈Mix〉 탭을 클릭합니다. 이어서 [Styles] 창의 아래쪽에 추가된 〈Select〉 탭의 In Model 아이콘(🏠)을 클릭하고 '07-1.워터마크:로고/배경(프로파일 체크)' 스타일을 클릭한 다음 워터마크에만 적용하기 위해 〈Mix〉 탭의 Watermark Settings 항목을 클릭합니다.

그런 다음 스타일 이름은 '04-1.히든라인+워터마크:로고/배경'으로 입력하고 설명란 문구 중 '히든라인 스타일'을 '히든라인+워터마크:로고/배경 표현'으로 수정하고 Create new Style 아이콘(🏠)을 클릭해 새로운 스타일로 만듭니다.

| '04'번 스타일 클릭-〈Mix〉 탭 클릭

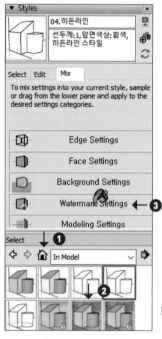

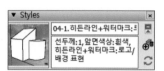

| 스타일 이름/설명 수정-Create New Style 아이콘 클릭

| In Model 아이콘 클릭-'07-1'번 스타일 클릭-Watermark Settings 항목 클릭

| 알아두기 | png 파일 형식의 특성

작업 모델에서 그림자를 활성화하면 Import 매핑한 png 파일이 그림자의 영향을 받지 않는다는 것을 알 수 있습니다. 즉 배경이 투명한 png 파일 형식의 이미지로 매핑한 객체(ex : Import 매핑, 2d 사람 컴포넌트)는 그림자를 활성화했을 경우 빛을 받지 않아도 밝게 표현되는 특성이 있어 작업 모델에 배치한 로고처럼 재밌는 연출을 할 수 있습니다.

| 그림자 활성화-확인.

| png 파일 형식으로 매핑한 저자의 2d 컴포넌트(오른쪽) : 밝게 표현됨

20 | 장면 추가

[Scenes] 창에서 장면을 추가하고 장면 이름은 '3-1-1', 설명은 '[실내투시도–입구를 바라봄]화각50도,04-1.히든라인+ 워터마크:로고/배경 스타일'로 수정합니다.

| 작업 화면

| 장면 추가–장면 이름/장면 설명 수정

현장
플러스
+

저자가 실무에 사용하는 스타일

저자는 아래 참조 이미지처럼 많은 스타일을 만들어 작업 모델에 적용하고 있습니다. 프로젝트의 규모나 성격에 맞는
스타일을 적용해 제안서 작업이나 프레젠테이션 시 활용합니다.

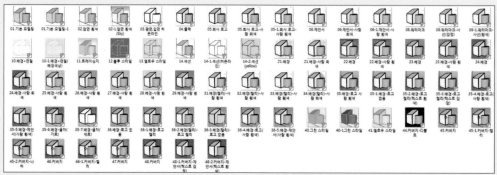

| 저자가 실무에 사용하는 스타일의 종류

| 스타일 적용 이미지

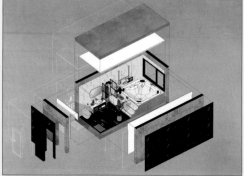

| 스타일 적용 이미지

| 스타일 적용 이미지

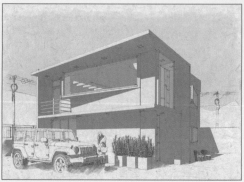

| 스타일 적용 이미지

21 | 아이소 장면 추가

'P10' 장면 탭을 클릭하고 장면을 추가한 다음 장면 이름은 '4', 설명은 '[아이소.1]페러렐'로 입력한 다음 장면을 가장 아래로
이동합니다.

| 작업 화면

| 장면 추가-장면 이름/장면 설명
  수정-장면 이동

22 | 아이소 장면 추가

아래 왼쪽 참조 이미지를 보고 장면을 회전시킨 다음 선택 도구(Select)로 객체를 선택하고 화면에 꽉차게(Zoom
Selection) 배치합니다. 이어서 장면을 추가하고 장면 이름은 '4-1', 설명은 '[아이소.2]페러렐'로 입력합니다.

| 작업 화면

| 장면 추가-장면 이름/장면 설명 수정

23 | 장면 옵션 설정

[Scenes] 창에서 작업 중 장면들과 '1-1', '1-2', '1-2-1' 장면만 Include in animation 옵션에 체크 해제하고 나머지 장면은 해당 옵션에 체크합니다. 이어서 완성 모델을 이미지 파일로 내보내기 위해 '2-1' 장면 탭을 클릭하고 그림자를 활성화합니다.

| 옵션 체크 해제/옵션 체크

| '2-1' 장면 탭 클릭-그림자 활성화

| 알아두기 | 선 색상 수정하기

[Styles] 창에서 Edge Settings 아이콘(🖾)을 클릭하고 선의 색상을 설정하는 Color 옵션의 색상 박스를 클릭하면 선의 색상을 수정할 수 있습니다.

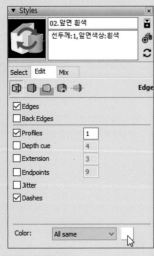

| 선 색상 흰색 설정

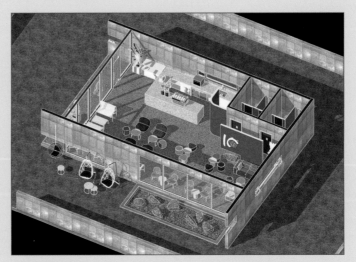

| 선이 흰색으로 표현됨

24 | 이미지 파일로 내보내기

완성 모델을 이미지 파일로 내보내기 위해 메뉴의 File-Export-2D Graphic을 클릭합니다. [Export 2D Graphic] 창이 나타나면 저장 경로를 지정하고 파일 이름은 '라인 스케일 1'로 입력한 다음 파일 형식은 JPEG로 선택하고 〈Options〉 버튼을 클릭합니다. 가로(Width) 크기는 '4961' 픽셀로 설정하고 선의 두께를 설정하는 Line Scale multiplier 옵션의 수치값은 '1'로 설정한 다음 〈OK〉 버튼을 클릭하고 [Export 2D Graphic] 창의 〈Export〉 버튼을 클릭해 내보내기합니다.

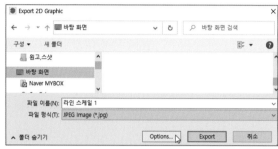

| 저장 경로 지정-파일 이름 입력-파일 형식 선택-〈Options〉 버튼 클릭

| Width '4691' 입력-Line Scale multiplier '1' 입력-〈OK〉 버튼 클릭

| 〈Export〉 버튼 클릭

25 | 이미지 파일 내보내기

이어서 동일한 방법으로 내보내기 이미지 파일 이름은 '라인 스케일 2'로 입력하고 Line Scale multiplier 수치값도 '2'로 설정한 다음 내보내기합니다. 그런 다음 저장된 두 장의 이미지 파일의 선의 품질을 비교해 봅니다.

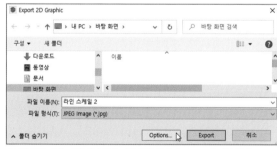

| 저장 경로 지정-파일 이름 입력-파일 형식 선택-〈Options〉 버튼 클릭

| Width '4691' 입력-Line Scale multiplier '2' 입력-〈OK〉 버튼 클릭

| 〈Export〉 버튼 클릭

| 알아두기 | Line Scale multiplier

내보내기 이미지 파일의 픽셀 크기가 작으면 선이 진하게 표현되고 픽셀 크기가 크면 선이 연하게 표현되기 때문에 내보내기 픽셀 크기에 맞는 선의 두께를 설정해야 합니다. Line Scale multiplier 옵션은 선의 두께를 설정하는 옵션으로 저자의 경우 A3 픽셀 크기로 내보내기하면 Line Scale multiplier 수치값을 '2'로 설정하고 A2 픽셀 크기로 내보내기하면 Line Scale multiplier 수치값을 '3'으로 설정합니다.

26 | 파일 저장

메뉴의 File-Save A Copy As를 클릭해 파일을 저장합니다. Save A Copy As
는 원본 파일은 저장하지 않고 현재의 파일을 저장하는 명령입니다. 따라하기 과정은
끝이 났지만, 다양한 장면을 연출해 보면서 반복해서 연습해 보기 바랍니다.

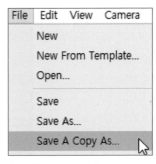

| 메뉴의 File-Save A Copy As
클릭-저장

입면도(Elevation)

투시도가 아닌 왜곡이 없는 입면도(정면도, 배면도, 우측면도, 좌측면도)를 만들려면 시점 도구 모음(Views Toolbar
)에 있는 정면 도구(Front ⌂), 우측면 도구(Right ⌂), 뒷면 도구(Back ⌂), 좌측면 도구(Left ⌂)
중에서 표현하고자 하는 장면에 맞는 하나의 도구를 클릭하고 메뉴의 Camera-Parallel Projection을 클릭하면 됩
니다.

| '2' 장면

| 좌측면 도구 클릭

| 메뉴의 Camera-Parallel Projection 클릭-화면 확대/이동해서
  장면 설정

| 입면도(좌측면도) 완성 : '00-6.건축-담장-좌측면' 그룹 Hide-
  그림자 활성화

단면 도구(Section Plane ⬦)를 이용해 실내 입면도를 만들 수도 있습니다.

| 단면 도구를 이용한 실내 입면도

| 스타일 적용

스케치업의
기본 기능
학습하기

프로그램 2 과정에서는 메뉴(Menu), 창(Window), 도구(Tool) 사용법에 대해 학습합니다. 해당 과정을 먼저 학습하는 것보다 프로그램 1 과정의 실무 템플릿 만들기와 실무예제 따라하기를 학습하면서 프로그램 2 내용을 참조하는 방법을 권장합니다. 프로그램 2 과정의 내용을 먼저 학습하게 되면 다소 지루할 수 있기 때문입니다.

각종 메뉴 알아보기

이번 과정에서는 스케치업의 각종 메뉴에 대해서 알아보겠습니다. 각종 도구(Tool)와 중복되는 메뉴는 도구 아이콘을 첨부하고 중복되는 설명은 간단히 설명하거나 생략하겠습니다.

학습목표

1강

이번 과정에서 학습하는 메뉴들은 스케치업의 전반적인 기능들이 포함되어 있어 중요하기 때문에 각종 메뉴의 기능을 이해하기 바랍니다. 특히 File 메뉴의 Import(가져오기), Export(내보내기) 명령은 실무 작업 시 가장 많이 사용하는 명령인 만큼 각 파일 형식에 따른 출력 옵션의 차이와 설정 방법을 꼭 숙지하기 바랍니다.

File 메뉴 알아보기

File(파일) 메뉴에는 새로 만들기, 새로운 템플릿 불러오기, 파일 열기, 저장하기, 다른 이름으로 저장하기, 다른 이름으로 복사본 저장하기, 새로운 템플릿으로 저장하기, 되돌리기, 레이아웃으로 보내기, 지리적 위치 추가, 3D Warehouse, Trimble Connect, 파일 가져오기, 파일 내보내기, 인쇄 설정, 인쇄 미리보기, 인쇄하기, 보고서 생성, 최근 파일 보기, 끝내기 등의 명령이 포함되어 있습니다.

상세 기능

① New(새로 만들기 ⊕)

새로운 스케치업 파일을 시작합니다.

② New From Template(새로운 템플릿 불러오기)

템플릿(Template)을 불러와 스케치업 파일을 시작합니다.

③ Open(열기 📂)

스케치업 파일을 실행합니다.

④ Save(저장하기 💾)

현재의 파일을 저장합니다.

⑤ Save As(다른 이름으로 저장하기)

현재의 파일을 다른 이름으로 저장합니다.

⑥ Save A Copy As(다른 이름으로 복사본 저장하기)

현재의 파일은 남겨두고 똑같은 파일을 만듭니다.

⑦ Save As Template(새로운 템플릿으로 저장하기)

현재의 파일을 새로운 템플릿으로 저장합니다.

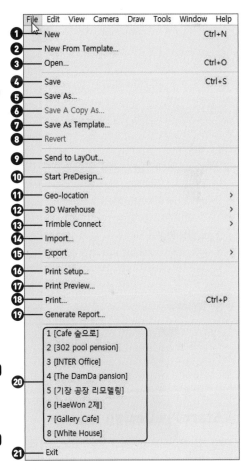

⑧ Revert(되돌리기)

현재의 파일을 마지막으로 저장된 시점으로 되돌립니다.

⑨ Send to LayOut(레이아웃으로 보내기)

현재의 파일을 Layout으로 내보냅니다. 레이아웃으로 내보내기 하려면 현재의 스케치업 파일을 저장해야 합니다.

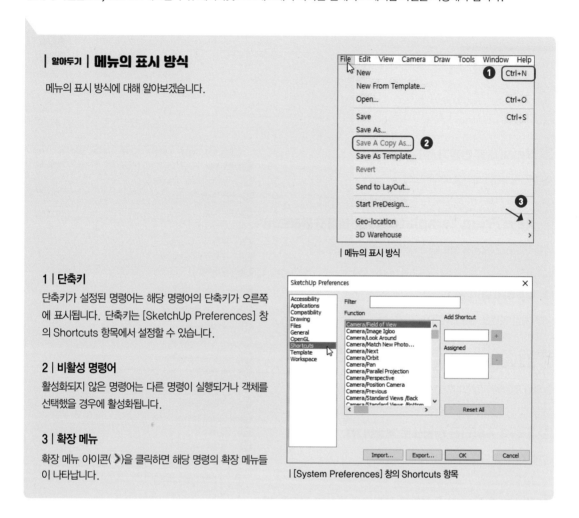

| 알아두기 | **메뉴의 표시 방식**

메뉴의 표시 방식에 대해 알아보겠습니다.

| 메뉴의 표시 방식

1 | 단축키

단축키가 설정된 명령어는 해당 명령어의 단축키가 오른쪽에 표시됩니다. 단축키는 [SketchUp Preferences] 창의 Shortcuts 항목에서 설정할 수 있습니다.

2 | 비활성 명령어

활성화되지 않은 명령어는 다른 명령이 실행되거나 객체를 선택했을 경우에 활성화됩니다.

3 | 확장 메뉴

확장 메뉴 아이콘(❯)을 클릭하면 해당 명령의 확장 메뉴들이 나타납니다.

| [System Preferences] 창의 Shortcuts 항목

⑩ Start PreDesign

지역별 기후 데이터를 제공하고 프로젝트에 가장 적합한 지역 환경을 제안하는 PreDesign(유료)을 시작합니다.

⑪ Geo-location(지리적 위치)

현재의 파일에 지리적 위치를 설정합니다.

| Add Location...
| Clear Location
| Show Terrain

| 지리적 위치를 설정하기 전의 확장 메뉴

| Add More Imagery...
| Clear Location
| Show Terrain

| 지리적 위치를 설정한 다음의 확장 메뉴

• **Add Location(위치 추가 ■)** : 지리적 위치를 추가합니다. 위치 도구 모음(Location Toolbar ■)의 위치 추가 도구(Add Location ■)와 [Model Info] 창 Geo-location 항목의 〈Add Location〉 버튼과 동일한 기능입니다. 지리적 위치를 추가하면 지리적 위치 그룹(선택한 위치 이미지로 매핑된 그룹)이 스케치업 모델로 추가되며 [Model Info] 창의 Geo-location 항목에도 지리적 위치(국가, 지역, 위도, 경도)가 표시됩니다.

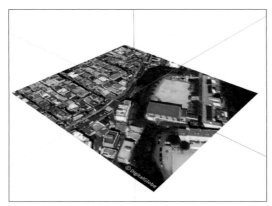

| 스케치업 모델에 추가됨

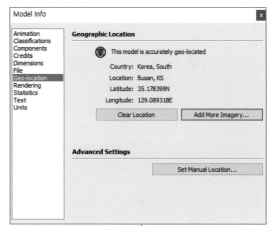

| [Model Info] 창의 Geo-location 항목에도 표시됨

• **Clear Location(위치 지우기)** : 스케치업 모델에 추가한 지리적 위치 그룹을 삭제합니다.

• **Show Terrain(지형 표시 ▼)** : Show Terrain 명령을 클릭해 체크하면 지리적 위치 그룹을 평면이 아닌 굴곡이 있는 지형으로 표시합니다. 다시 클릭하여 체크 해제하면 평면 지형으로 표시합니다. 위치 도구 모음(Location Toolbar ■)의 지형 표시 도구(Toggle Terrain ▼)와 연동됩니다.

| Show Terrain 체크

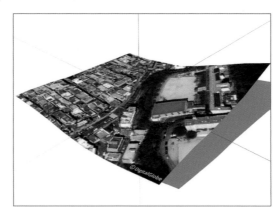

| 굴곡이 있는 지형으로 표시됨

⑫ 3D Warehouse(3D 웨어하우스)

스케치업 모델 공유 사이트인 3D 웨어하우스에서 모델을 다운로드하거나 자신의 모델을 업로드합니다.

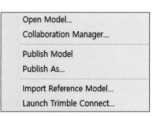

| 3D Warehouse의 확장 메뉴

- **Share Component(컴포넌트 공유하기 &)** : 3D Warehouse에 자신의 컴포넌트를 업로드합니다.
- **Share Models(모델 공유하기 @)** : 3D Warehouse에 자신의 모델을 업로드합니다.

⑬ Trimble Connect

스케치업 작업 모델을 온라인에 저장, 공유, 작업할 수 있는 트림블 컨넥트(Trimble Connect)에 파일을 올리거나 트림블 컨넥트에 저장된 파일을 실행합니다.

| Trimble Connect의 확장 메뉴

- **Open Model(모델 열기)** : 트림블 컨넥트(Trimble Connect)에 저장된 파일을 실행합니다.

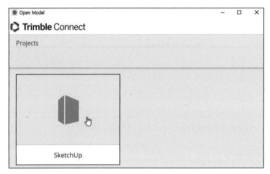

| SketchUp 폴더 클릭

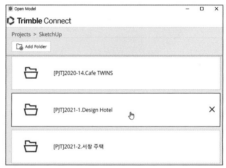

| 실행할 파일 클릭-파일이 실행됨

- **Collaboration Manager(공동작업 관리자)** : [Collaboration Manager] 창을 실행합니다.

- **Publish Model(모델 게시)** : 현재의 모델을 트림블 컨넥트에 업로드합니다.

| SketchUp 폴더 클릭

| 업로드할 폴더 추가 or 폴더 선택

| 〈Publish Model〉 버튼 클릭-파일이 업로드됨.

• **Publish As(다른 이름으로 게시)** : 다른 이름으로 업로드합니다.

• **Import Reference Model(참조 모델 가져오기)** : 트림블 컨넥트에 저장된 참조 모델을 불러옵니다.

• **Launch Trimble Connect(Trimble Connect 시작)** : 트림블 컨넥트를 시작합니다.

| SketchUp 폴더 클릭

| 프로젝트 폴더 클릭

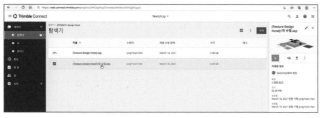

| 프로젝트 클릭

| 트림블 컨넥트에서 스케치업이 실행됨

⑭ Import(가져오기)

각종 2D, 3D 파일을 가져옵니다. Import를 클릭하면
[Import] 창이 나타나며 파일 형식 항목의 내림 버튼 (∨)
을 클릭하면 가져오기 가능한 파일 형식이 나타납니다.
⟨Options⟩ 버튼이 활성화되는 파일 형식은 ⟨Options⟩
버튼을 클릭해 세부 옵션을 설정할 수 있습니다.

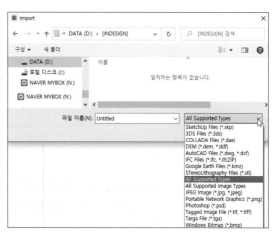

| 가져오기 가능한 파일 형식

- SketchUp Files(*.skp) : 스케치업 파일 형식인 skp 파일을 불러옵니다.
- 3DS Files(*.3ds) : 3ds 파일을 불러옵니다.
- COLLADA Files(*.dae) : 3D 파일 공유 포맷인 COLLADA 파일 형식인 dae 파일을 불러옵니다.
- EDM(*.EDM,*.DFD) : 수치고도 모델 파일 형식인 dem,ddf 파일을 불러옵니다.
- AutoCAD Files(*.dwg,dxf) : AutoCAD 파일 형식인 dwg,dxf 파일을 불러옵니다.
- IFC Files(*.ifc, *.ifcZIP) : BIM의 공통 파일 형식인 ifc, ifcZIP 파일을 불러옵니다.
- Google Earth Files(*.kmz) : Google Earth 파일 형식인 kmz 파일을 불러옵니다.
- STereoLithography Files(*.stl) : 3D 프린터의 표준 파일 형식인 stl 파일을 불러옵니다.
- All Supported Image Types : 지원되는 모든 이미지 파일을 불러옵니다.
- JPEG Image(*.jpg) : jpg 이미지 파일을 불러옵니다.
- Portable Network Graphics(*.png) : png 이미지 파일을 불러옵니다.
- Photoshop(*.psd) : Photoshop 파일 형식인 psd 파일을 불러옵니다.
- Tagged Image File(*.tif) : tif 이미지 파일을 불러옵니다.
- Targe File(*.tga) : tga 이미지 파일을 불러옵니다.
- Windows Bitmap(*.bmp) : bmp 이미지 파일을 불러옵니다.

⑮ Export(내보내기)

작업한 모델을 다양한 파일 형식으로 내보내기합니다. 비활성화된 명령들은 모델링된 객체가 있거나 객체의 단면을 표시하거나 장면이 추가되면 활성화됩니다.

3D Model...	3D Model...	3D Model...	3D Model...
2D Graphic...	2D Graphic...	2D Graphic...	2D Graphic...
Section Slice...	Section Slice...	Section Slice...	Section Slice...
Animation...	Animation...	Animation...	Animation...

| Export의 하위 메뉴-빈 파일일 경우 | 모델링 된 객체가 있을 경우 | 그룹(or 컴포넌트)의 단면을 표시한 경우 | 두 개 이상의 장면이 있을 경우

- **3D Model(3D 모델)** : 스케치업 파일을 3D 파일로 내보냅니다. 3D Model의 내보내기 가능한 파일 형식은 3DS File(*.3ds), AutoCAD File(*.dwg/*.dxf), COLLADA File(*.dae), FBX File(*.fbx), IFC File(*.ifc), Google Earth File(*.kmz), OBJ File(*.obj), STereoLithography File(*.stl), VRML File(*.wrl), XSI File(*.xsi)이 있습니다.

| 3D Model로 내보내기 가능한 파일 형식

[Import AutoCAD DWG/DXF Options] 창의 구성 요소

스케치업으로 가장 많이 가져오는 파일 형식인 AutoCAD Files로 선택하고 〈Options〉 버튼을 클릭했을 때 나타나는 [Import AutoCAD DWG/DXF Options] 창의 구성 요소에 대해 알아보겠습니다.

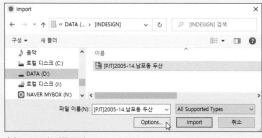

| 〈Options〉 버튼 클릭

| 옵션 창

1 | Geometry

• Merge coplanar faces : 체크 표시하면 동일 평면상의 불필요한 선들을 제거해 가져옵니다.
• Orient faces consistently : 체크 표시하면 면의 방향을 일치시킵니다.
• Import Materials : 체크 표시하면 메트리얼을 가져옵니다.

2 | Position

• Preserve drawing origin : 체크 표시하면 캐드에서 작업한 원점을 기준으로 캐드 파일이 스케치업 화면에 배치되고, 체크 표시를 해제하면 스케치업의 원점(Origin)으로 캐드 파일이 배치됩니다. 체크 표시 해제하고 가져오는 방법이 모델링 작업에 효율적입니다.

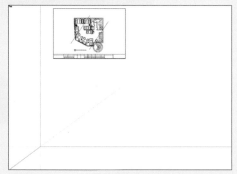

| Preserve drawing origin 체크 표시-원점에 배치되지 않음

| 체크 표시 해제-원점에 배치됨

3 | Scale

• Units (단위) : 단위를 설정하는 옵션으로 Millimeters를 선택해야 합니다.

- **2D Graphic(2D 그래픽)** : 스케치업 파일을 2D 이미지로 내보냅니다. 2D Graphic의 내보내기 가능한 파일 형식은 PDF File(*.pdf), EPS File(*.eps), Window Bitmap(*.bmp), JPEG Image(*.jpg), Tagged Image File(*.tif), Portable Network Graphic(*.png), Piranesi EPix(*.epx), AutoCAD DWG File(*.dwg/dxf)입니다.

| 2D Graphic으로 내보내기 가능한 파일 형식

- **Section Slice(단면 분할)** : 단면 도구(Section Plane Tool ⊕)를 사용해서 만든 단면을 CAD 파일로 내보냅니다.

| 모델의 단면을 만들지 않음-명령 비활성

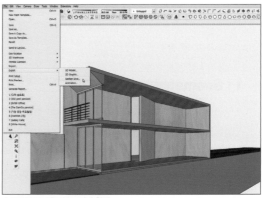

| 모델의 단면을 만듦-명령 활성

유의할 점은 전체 모델이 아닌 특정 그룹(or 컴포넌트)안에서 단면을 만들면 해당 명령이 활성화되지 않습니다.

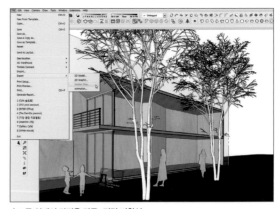

| 그룹 안에서 단면을 만듦-명령 비활성

- **Animation(애니메이션)** : 스케치업 파일을 동영상 파일(mp4)이나 이미지 파일로 내보냅니다.

[Export Options] 창의 구성 요소

파일을 2D 이미지와 동영상으로 내보낼 때 설정하는 [Export Options] 창의 구성요소에 대해 알아보겠습니다.

1 | [Export 2D Graphic] 창의 [Export Options] 창

메뉴의 File-Export-2D Graphic을 클릭하면 [Export 2D Graphic] 창이 나타납니다. 파일 형식을 jpg(or bmp, tif, png)로 선택한 다음 〈Options〉 버튼을 클릭하면 [Export options] 창이 나타납니다. 일반적으로 가장 많이 사용하는 이미지 파일 형식인 jpg와 png 파일에 대해서 알아보겠습니다.

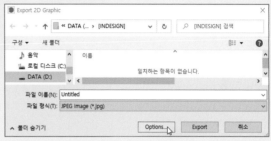

| [Export 2D Graphic] 창

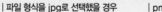

| 파일 형식을 jpg로 선택했을 경우

| png로 선택했을 경우

① **Image Size** : 출력(내보내기) 크기를 설정합니다.
- **Use view size** : 체크 표시하면 화면에 보이는 크기대로 출력되며 체크 표시를 해제하면 사용자가 입력한 크기로 출력됩니다.
- **Width/Height** : 가로, 세로 출력 크기를 설정합니다. 가로 크기를 키보드로 입력하면 세로 크기는 화면(작업 영역)의 크기에 맞게 자동으로 설정됩니다.

• **Line scale multiplier** : 선 두께를 설정합니다. 기본값은 1이며 수치를 올릴수록 선 두께가 두꺼워집니다.

| Line Scale Multiplier : 1

| Line Scale Multiplier : 3

② **Rendering** : 출력 품질을 설정합니다.

• **Anti-alias** : 체크 표시를 하면 선들이 각지는 계단 현상을 완화시킵니다.

• **Transparent background** : 파일 형식을 png와 tif를 선택했을 때 나타나는 옵션으로 체크 표시하면 배경을 투명하게 출력합니다. 원도우상에서는 설치된 사진 미리보기 앱에 따라 배경 부분의 투명도 확인이 안 되는 경우가 있기 때문에 아래 참조 이미지는 독자분들의 이해를 돕기 위해 포토샵에서 이미지를 불러온 스샷입니다.

| 체크 해제 : 배경이 투명하지 않음

| 체크 : 배경이 투명함

유의할 점은 [Styles] 창에서 Watermark 기능으로 배경이 표현되어 있거나 Background Settings 옵션의 Sky, Ground에 체크가 되어 있으면 해당 옵션에 체크가 되어 있어도 배경이 투명하게 출력되지 않습니다.

| Watermark 기능으로 배경이 표현된 경우 | Background Settings 옵션의 Sky가 체크된 경우

③ JPEG Compression

JPEG 이미지의 품질을 설정합니다. Better quality로 갈수록 이미지의 품질이 좋아집니다. 항상 최고 품질(Better quality)로 출력하기 바랍니다.

2 | [Export 2D Graphic] 창의 [DWG/DXF Export options] 창

[Export 2D Graphic] 창에서 파일 형식을 dwg(or dxf)로 선택한 다음 〈Options〉 버튼을 클릭하면 [DWG/DXF Export options] 창이 나타납니다.

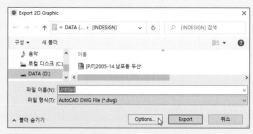

| [Export 2D Graphic] 창

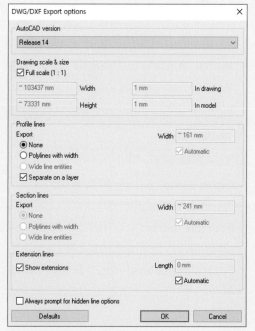

| [DWG/DXF Export options] 창

① AutoCAD Version

CAD 버전을 선택합니다. 내림 버튼 (✓)을 클릭하면
호환되는 버전을 확인할 수 있습니다.

② Drawing Scale & Size

도면 크기를 설정합니다.

- **Full Scale(1 : 1)** : 체크 표시하면 1:1 배율로 출력됩니다. Full Scale 옵션을 활성화하려면 스케치업 모델의
  화면이 시점 도구 모음(Views Toolbar 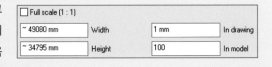)의 화면으로 설정되거나 [Camera] 메뉴의 Standard
  Views 중에서 설정되어 있어야 하며 [Camera] 메뉴에서 Parallel Projection(평행 투영법)에 체크 표시가 되어
  있어야 합니다. Full Scale에 체크 표시가 되어 있으면 하부 옵션들은 자동으로 비활성 되고 체크 표시 해제하면
  활성화됩니다.

- Width/Height : Full scale 옵션에 체크 표시를 해제하면 활성화되며 도면의 Width(가로)와 Height(세로) 크기
  를 입력합니다. Width에 수치를 입력하면 Height는 자동으로 수치가 생성됩니다.

- **In Drawing/In Model** : Full scale 옵션에 체크
  표시를 해제하면 활성화되며 축척을 설정합니다. 이
  옵션도 스케치업 모델의 화면이 시점 도구 모음
  (Views Toolbar)의 화면으로 설정되

☐ Full scale (1 : 1)			
~ 49080 mm	Width	1 mm	In drawing
~ 34795 mm	Height	100	In model

거나 [Camera] 메뉴의 Standard Views 중에서 설정되어 있어야 하며 [Camera] 메뉴에서 Parallel
Projection(평행 투행법)에 체크 표시가 되어 있어야 합니다. 1 : 100 스케일로 출력하고자 한다면 In Drawing
항목에 1을 입력하고 In Model 항목에 100을 입력하면 됩니다.

③ Profile Lines

윤곽선의 두께를 설정합니다.

- **Export-None** : 표준적인 두께로 출력합니다.
- **Polylines with width** : 폴리라인(폭이 있는 다중선)으로 출력합니다.
- **Wide line entities** : 스케치업에서 작업한 두께로 출력합니다. 캐드 버전을 2000 버전 이상으로 선택해야 활
  성화됩니다.
- **Separate on a layer** : 캐드의 레이어에 ProfileEdges 레이어를 추가해서 출력합니다.
- **Automatic** : Export 타입이 Polylines with width나 Wide line entities로 선택되어 있을 때 자동으로 체크
  표시됩니다.
- **Width** : Automatic의 체크를 해제하면 윤곽선의 두께를 직접 입력할 수 있습니다.

④ Section Lines

단면선의 두께를 설정합니다. Profile Lines의 옵션과 같습니다.

- **Export-None** : 표준적인 두께로 출력합니다.
- **Polylines with width** : Polyline으로 출력합니다.
- **Wide line entities** : 스케치업에서 작업한 두께로 출력합니다. 캐드 버전을 2000 버전 이상으로 선택해야 활성화됩니다.
- **Separate on a layer** : 캐드의 레이어에 SectionCutEdges 레이어를 추가하면서 출력합니다.
- **Automatic** : Export 타입이 Polylines with width나 Wide line entities로 선택되어 있을 때 자동으로 체크됩니다.
- **Width** : Automatic의 체크를 해제하면 윤곽선의 두께를 직접 입력할 수 있습니다.

⑤ Extension Lines

연장선을 설정합니다.

- **Show Extension** : 연장선을 표시합니다.
- **Automatic** : 자동으로 연장선의 두께를 표시합니다.
- **Length** : Automatic의 체크를 해제하면 연장선의 두께를 직접 입력할 수 있습니다.

⑥ Always Prompt for Hidden Line Options

체크 표시하면 항상 히든 라인을 표시합니다.

⑦ Defaults

기본 설정값으로 되돌립니다.

3 | [Export Animation] 창의 [Export options] 창

메뉴의 File-Export-Animation을 클릭하면 [Export Animation] 창이 나타나며 [Export Animation] 창의 〈Options〉 버튼을 클릭하면 [Export options] 창이 나타납니다. 동영상 포맷인 mp4 파일 형식을 선택한 경우와 이미지 파일 형식(jpg, png, tif, bmp)을 선택했을 경우의 차이는 이미지의 각이지는 계단 현상을 완화시키는 Anti-alias rendering 옵션의 유무입니다.

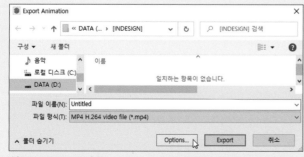

| [Export Animation] 창

| mp4 파일 형식으로 선택했을 경우

| 이미지 파일 형식으로 선택했을 경우

① Resolution

해상도를 설정합니다.

② Aspect ratio

이미지 비율을 설정합니다. Resolution 옵션에서 1080p, 720p, 480p를 선택했
을 때는 자동으로 설정되며 Custom으로 설정했을 때는 임의로 수정할 수 있습니다.

③ Width/Height

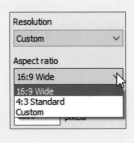

가로, 세로 크기를 설정합니다. Resolution 옵션을 Custom으로 설정하고
Aspect ratio 옵션을 16:9나 4:3으로 설정하면 가로 크기를 입력할 수 있으며 가
로 크기를 입력하면 세로 크기는 화면 비율에 맞게 자동으로 설정됩니다. Aspect
ratio 옵션을 Custom으로 설정하면 화면 비율과 관계없이 세로 크기를 입력할 수 있습니다.

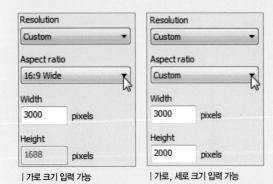

| 가로 크기 입력 가능 | 가로, 세로 크기 입력 가능

④ Line scale multiplier

선 두께를 설정합니다. 기본값은 1이며 수치를 올릴수록 선 두께가 두꺼워집니다.

⑤ Preview frame size

출력되는 동영상 크기를 미리보기 합니다.

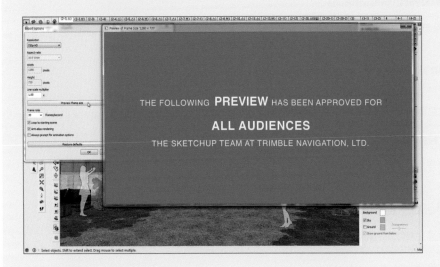

⑥ Frame rate

1초당 설정되는 프레임 속도를 설정합니다. Frame rate를 30으로 설정하면 1초당 30컷을 찍는다는 의미로 동영상이 부드럽게 출력됩니다.

⑦ Loop to starting scene

동영상 마지막에 시작 장면 추가 여부를 설정합니다.

⑧ Anti-alias rendering

계단 현상 완화 여부를 설정합니다.

⑨ always prompt for animation options

애니메이션 옵션 확인 여부를 설정합니다.

⑩ Restore defaults

초기값으로 되돌립니다.

⑯ Print Setup(인쇄 설정)

인쇄 설정을 합니다.

⑰ Print Preview(인쇄 미리보기)

인쇄 설정 화면을 미리 보기 합니다.

⑱ Print (인쇄하기 🖨)

인쇄합니다.

⑲ Generate Report(보고서 생성)

스케치업 파일의 속성을 보고서로 생성합니다.

⑳ Recent File(최근 파일)

실행된 스케치업 파일을 순차적으로 표시하며 총 여덟 개의 스케치업 파일이 표시됩니다.

㉑ Exit(끝내기)

스케치업을 종료합니다.

Edit 메뉴 알아보기

2

상세
기능

Edit(편집) 메뉴에는 실행한 명령 되돌리기, 다시 실행하기, 자르기, 복사하기, 붙여넣기, 동일한 위치에 붙여넣기, 삭제하기, 보조선 삭제하기, 모든 객체 선택하기, 선택 취소하기, 선택된 객체 반전시키기, 숨기기, 숨기기 취소, 잠금, 잠금 해제, 컴포넌트 만들기, 그룹 만들기, 그룹/컴포넌트 편집 모드 해제하기, 교차, 선택한 객체의 정보를 나타내는 명령 등이 포함되어 있습니다.

① Undo(되돌리기 ✋)

실행한 명령을 되돌립니다.

② Redo(다시 실행하기 👉)

Undo로 되돌린 명령을 다시 실행합니다.

③ Cut(잘라내기 ✂)

선택한 객체를 잘라내고 컴퓨터의 임시저장 공간인 클립보드에 복사합니다.

④ Copy(복사하기 🗐)

선택한 객체를 복사합니다.

⑤ Paste(붙여넣기 📋)

복사한 객체를 붙여넣기합니다.

⑥ Paste In Place(동일한 위치에 붙여넣기)

Cut 명령과 Copy 명령으로 복사한 객체를 동일한 위치에 붙여넣기합니다.

⑦ Delete(삭제하기)

선택한 객체를 삭제합니다.

⑧ Delete Guides(보조선 삭제)

줄자 도구(Tape Measure 🖉)로 만든 모든 보조선을 삭제합니다.

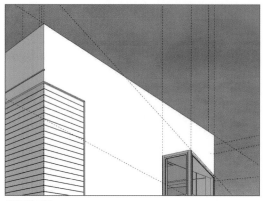

| 보조선 표시

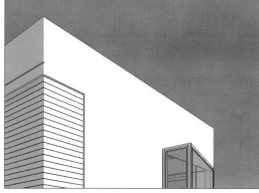

| Delete Guides 클릭 : 모든 보조선이 삭제됨

⑨ Select All(모든 객체 선택)

모든 객체를 선택합니다. 숨겨진(Hide) 객체는 선택되지 않습니다.

⑩ Select None(선택 취소)

선택한 객체를 선택 해제합니다.

⑪ Insert Selection(선택 객체 반전)

선택 상태를 반전합니다.

| 객체 선택

| Insert Selection 클릭

⑫ Hide(숨기기)

선택한 객체를 숨깁니다. 객체를 선택하고 마우스 우클릭해 나타나는 확장 메뉴 중 Hide를 선택해도 됩니다.

⑬ Unhide(숨기기 취소)

Hide로 숨긴 객체를 나타냅니다.

| Unhide 확장 메뉴

- **Selected** : Hide로 숨긴 객체 중 선택한 객체를 나타냅니다. Selected 명령은 View 메뉴의 Hidden Objects에 체크 표시가 되어 있어야 하며 선택 도구(Select ▶)로 객체를 선택해야 활성화됩니다.

| Hide 안 된 상태 | Hide 상태 | View-Hidden Objects
체크-객체 선택-Selected 명령 | 선택한 객체만 나타남

- **Last** : Hide로 숨긴 객체 중 마지막으로 숨긴 객체를 나타냅니다.
- **All** : Hide로 숨긴 모든 객체를 나타냅니다.

⑭ Lock(잠금)

선택한 그룹(or 컴포넌트)을 수정하지 못하게 잠그며 잠긴 객체를 선택하면 빨간색 라인으로 영역이 표시됩니다. 객체를 선택하고 마우스 우클릭해 나타나는 확장 메뉴 중 Lock을 클릭해도 됩니다. 그룹(or 컴포넌트)이 아닌 객체는 Lock 명령을 사용할 수 없습니다.

| 잠기지 않은 객체 선택-파란색으로 영역이 표시됨 | 잠긴 객체-빨간색으로 영역이 표시됨

⑮ Unlock(잠금 해제)

Lock으로 잠긴 객체의 잠금 상태를 해제합니다. 객체를 선택하고 마우스 우클릭해 나타나는 확장 메뉴 중 Unlock을 클릭해도 됩니다.

- **Selected** : Lock으로 잠긴 객체 중 선택한 객체의 잠금 상태를 해제합니다.
- **All** : Lock으로 잠근 모든 객체의 잠금 상태를 해제합니다.

Selected
All

| Unlock 확장 메뉴

⑯ Make Component(컴포넌트 만들기 🦋)

선택된 객체를 컴포넌트(Component)로 만듭니다. 객체를 선택하고 마우스 우클릭해서 나타나는 확장 메뉴 중 Make Component를 클릭해도 됩니다.

⑰ Make Group(그룹 만들기)

선택된 객체를 그룹(Group)으로 만듭니다. 객체를 선택하고 마우스 우클릭해서 나타나는 확장 메뉴 중 Make Group을 클릭해도 됩니다.

⑱ Close Group/Component(그룹/컴포넌트 편집 모드 해제)

편집 상태인 그룹과 컴포넌트의 편집 상태를 해제합니다. 편집 중인 객체 외부에 마우스 포인터를 위치하고 우클릭해 나타나는 확장 메뉴 중 Close Group(or Close Component)를 클릭해도 됩니다.

| 그룹(or 컴포넌트) 편집 모드 상태

| Close Group/Component 클릭-편집 모드 해제

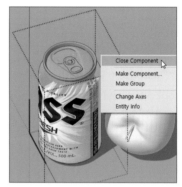
| 확장 메뉴의 명령을 클릭해도 됨

⑲ Intersect Faces(교차)

맞닿은 객체(그룹 or 컴포넌트)나 교차되는 객체를 분할합니다.

With Model
With Selection
With Context

| Intersect 확장 메뉴

- **With Model(모델과 교차)** : 선택한 객체와 교차되는 부분을 분할하는 모델링 작업 중에 가장 많이 사용하는 명령입니다. 객체를 선택하고 마우스 우클릭해 나타나는 확장 메뉴의 중 With Model을 클릭해도 됩니다. 유의할 점은 그룹(or 컴포넌트) 편집 모드가 아닌 상태에서 해당 명령을 실행하면 해당 객체의 교차된 부분이 분할되는 것이 아니라 교차된 부분에 선이 표시됩니다. 교차된 객체를 Hide 한 다음 선을 선택해 보면 그룹 외부라는 것을 확인할 수 있습니다.

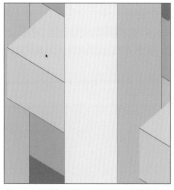

| 그룹이 교차됨-교차된 부분이 선으로 구분되지 않음

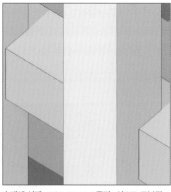

| 객체 선택-With Model 클릭-선으로 구분됨

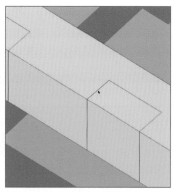

| 객체를 숨기고(Hide) 선을 선택한 상태-객체는 분할되지 않음

그룹을 더블클릭해 편집 모드 상태에서 해당 명령을 사용해야 교차된 부분이 면으로 분할됩니다.

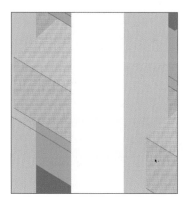

| 그룹 편집 모드에서 객체를 선택

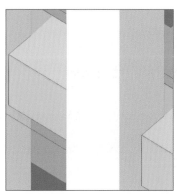

| With Model 클릭

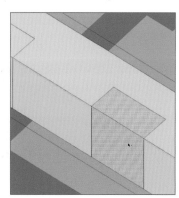

| 객체를 숨기고 확인-면이 분할됨

- **With Selection(선택한 객체와 교차)** : 두 개 이상 선택한 객체의 교차되는 부분을 분할합니다. 객체를 선택하고 마우스 우클릭해 나타나는 확장 메뉴 중 With Selection을 클릭해도 됩니다. 해당 명령은 그룹(or 컴포넌트) 편집 모드 상태에서 사용했을 때는 교차 부분을 찾을 수 없다는 메시지 창이 나타나며 사용하지 못합니다.

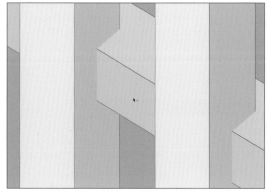

| 교차된 부분이 선으로 표시되지 않은 두 개의 그룹 선택

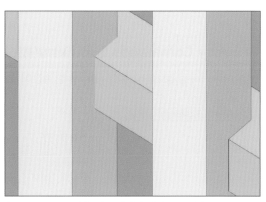

| With Selection 명령 클릭-교차된 부분이 선으로 표시됨

- **With Context (내부 교차)** : 편집 모드 상태에 있는 그룹(or 컴포넌트)을 외부의 객체에는 간섭을 주지 않으며 교차되는 부분을 선으로 나타냅니다. 단일 그룹(or 컴포넌트)이 아닌 여러 개의 그룹으로 구성된 그룹에 사용하는 명령이며 객체를 선택하고 마우스 우클릭해서 나타나는 확장 메뉴 중 With Context를 클릭해도 됩니다. With Context 명령을 사용하면 면은 분할되지 않고 교차된 부분에 선이 표시됩니다.

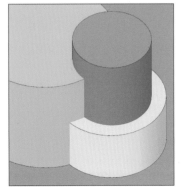 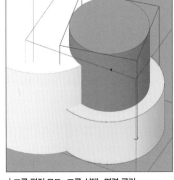 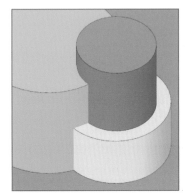

| 명령 사용하기 전 | 그룹 편집 모드-그룹 선택-명령 클릭 | 교차된 부분이 선으로 구분됨

With Model 명령과 다른 점은 With Model은 교차된 모든 객체를 선으로 구분하지만 With Context 명령은 해당 그룹 안에서 교차된 그룹만 선으로 구분합니다.

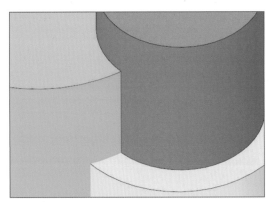 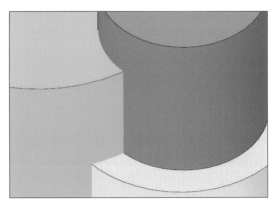

| 객체의 교차된 부분이 모두 선으로 구분됨 | With Context : 그룹 안에 교차된 부분만 선으로 구분됨.

⑳ Entity Commands Submenu(정보와 확장 메뉴)

선택한 객체의 구성 정보를 나타내며 사용 가능한 확장 메뉴들이 나타납니다.

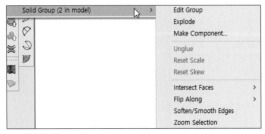 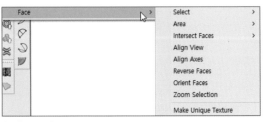

| 그룹을 선택했을 경우 | 면을 선택했을 경우

View 메뉴 알아보기

View(보기) 메뉴에는 도구 모음, 장면 탭, 숨긴 선, 숨긴 객체, 단면, 단면 컷, 축, 보조선, 그림자, 안개, 가장자리 선 스타일, 면 스타일, 컴포넌트 편집, 애니메이션 설정에 관한 명령 등이 포함되어 있습니다.

3

상세
기능

① Toolbar(도구 모음)

각종 도구 모음(Toolbar)을 나타내거나 숨기는 [Toolbars] 창을 나타냅니다.

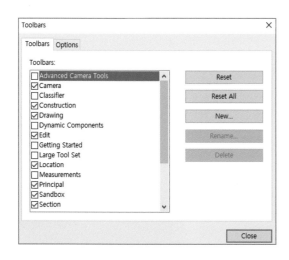

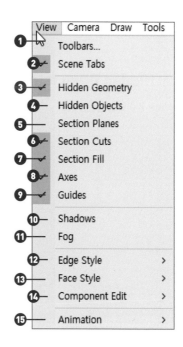

② Scene Tabs(장면 탭)

장면(Scene) 탭을 나타내거나 숨깁니다.

| 체크 : 장면 탭이 표시됨

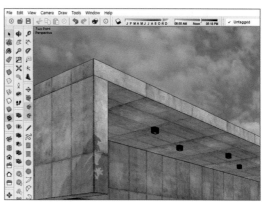

| 체크 해제 : 장면 탭이 표시되지 않음

③ **Hidden Geometry(숨긴 선)**

숨긴 선을 나타내거나 숨깁니다.

| Hidden Geometry 체크 해제

| Hidden Geometry 체크 : 숨긴 선이 표시됨

④ **Hidden Objects(숨긴 객체)**

Hide 명령으로 숨긴 객체를 나타내거나 숨깁니다.

| Hidden Object 체크 해제 : 숨긴 객체가
  표시되지 않음

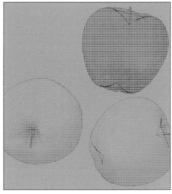

| Hidden Object 체크 : 숨긴 객체가 표시됨

| Hidden Object, Hidden Geometry 체크
  : 숨긴 객체와 객체의 선이 표시됨

⑤ **Section Planes(단면 평면, Display Section Planes ⬚)**

단면 평면(Section Plane)을 나타내거나 숨깁니다.

⑥ **Section Cut(단면 컷, Display Section Cuts ⬚)**

단면 도구(Section Plane Tool ⬥)를 이용해 표현한 단면 절단 효과를 나타내거나 숨깁니다.

⑦ **Section Fill (단면 채우기, Display Section Fill ⬚)**

단면을 면으로 채우거나 채우지 않습니다.

⑧ Axes(축)

축을 나타내거나 숨깁니다.

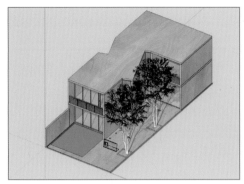

| Axes 체크

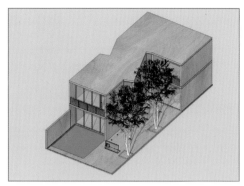

| Axes 체크 해제

⑨ Guides(보조선)

줄자 도구(Tape Measure 🖉)로 만든 모든 보조선을 나타내거나 숨깁니다.

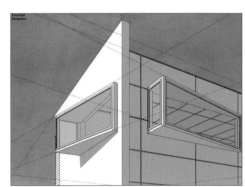

| Guides 체크

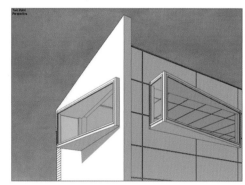

| Guides 체크 해제

⑩ Shadows(그림자, Show/Hide Shadows 🍪)

[Shadows] 창에서 설정한 그림자 효과를 표현하거나 표현하지 않습니다. [Shadows] 창의 Show/Hide Shadows 아이콘(🍪)과 연동됩니다.

| Shadows 체크

| Shadows 체크 해제

⑪ Fog(안개)

[Fog] 창에서 설정한 안개 효과를 표현하거나 표현하지 않습니다. [Fog] 창의 Display Fog 옵션과 연동됩니다.

| Fog 체크

| Fog 체크 해제

⑫ Edge Style(가장자리 선 스타일)

객체의 가장자리 선(Edge) 스타일을 설정합니다. [Styles] 창의 〈Edit〉 탭에 있는
Edge Settings(⬜) 항목과 연동됩니다.

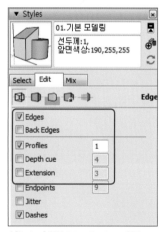

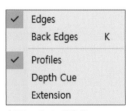

| Edge Style 하위 메뉴

| [Styles] 창의 Edge Settings 항목

⑬ Face Style(면 스타일)

모델의 면 스타일을 설정합니다. [Styles] 창의 〈Edit〉 탭에 있는 Face Settings(⬜)
항목 중 Styles 옵션과 연동되며 스타일 도구 모음(Styles Toolbar ⬜⬜⬜⬜⬜⬜)
과도 연동되지만 Back Edges (⬜) 스타일은 스타일 도구 모음에만 나타납니다.

| Face Style 하위 메뉴

| [Styles] 창의 Face Settings 항목 중
Style 옵션

⑭ Component Edit(컴포넌트 편집)

컴포넌트와 객체를 편집할 때 주변 객체를 숨기거나 나타냅니다. [Model Info] 창의 Components 항목에 있는 Components/Group Editing-Hide 옵션과 연동됩니다. Hide Rest Of Model은 Fade rest of model의 Hide 옵션과 연동되고 Hide Similar Components는 Fade similar components의 Hide 옵션과 연동됩니다.

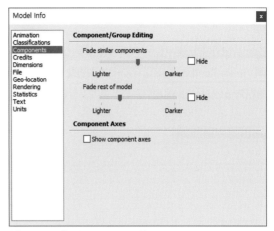

| [Model Info] 창의 Components 항목

❶ Hide Rest Of Model(나머지 모델 숨기기) : 체크 표시하면 편집 모드인 객체 주변의 모든 객체를 숨깁니다.

❷ Hide Similar Components(동일한 컴포넌트 숨기기) : 체크 표시하면 편집 모드인 컴포넌트와 동일한 컴포넌트를 숨깁니다.

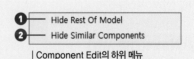

| Component Edit의 하위 메뉴

⑮ Animation(애니메이션)

장면과 애니메이션을 편집합니다.

❶ Add Scene(장면 추가) : 장면을 추가합니다.

❷ Update Scene(장면 업데이트) : 선택한 장면을 업데이트합니다.

❸ Delete Scene(장면 삭제) : 선택한 장면을 삭제합니다.

❹ Previous Scene(이전 장면) : 이전 장면을 선택합니다.

❺ Next Scene(다음 장면) : 다음 장면을 선택합니다.

❻ Play(재생) : 단계적으로 설정된 장면들을 애니메이션으로 재생합니다.

❼ Settings(설정) : [Model Info] 창의 Animation 항목을 나타냅니다.

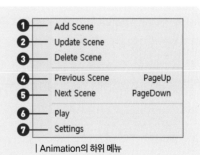

| Animation의 하위 메뉴

Camera 메뉴 알아보기

4

Camera(카메라) 메뉴에는 카메라 도구 모음(Camera Toolbar ⊕⌒⌕⊡✕☜⎐⚲), 시점 도구 모음(Views Toolbar ⊕⌂⌂⎅⌂⎅)과 화면을 나타내는 방식(평행 투영법, 원근법, 2소점 투시도), 포토매치(Photo Match)에 관련된 명령 등이 포함되어 있습니다.

상세 기능

① Previous(이전 시점 도구 ☜)

이전 시점을 표시합니다.

② Next(다음 시점)

다음 시점을 표시합니다.

③ Standard Views(표준 시점)

총 7개의 기본 시점을 표시합니다.

시점 도구 모음(Views Toolbar ⊕⌂⌂⎅⌂⎅)에서도 Bottom을 제외한 여섯 개의 시점을 선택할 수 있습니다.

시점을 선택하면 Iso(아이소) 시점을 제외한 다른 시점들은 작업 영역 왼쪽 상단에 문자로 표시됩니다. 카메라 설정을 Parallel Projections으로 설정하면 Iso 시점을 제외한 시점들은 왜곡(입체감)이 없는 2D 시점으로 표현되며 Perspective로 설정하면 왜곡(입체감)이 있는 3D 시점으로 설정됩니다.

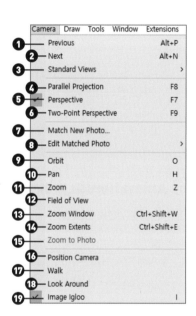

Camera	Draw	Tools	Window	Extensions
❶	Previous			Alt+P
❷	Next			Alt+N
❸	Standard Views			>
❹	Parallel Projection			F8
❺	Perspective			F7
❻	Two-Point Perspective			F9
❼	Match New Photo...			
❽	Edit Matched Photo			>
❾	Orbit			O
❿	Pan			H
⑪	Zoom			Z
⑫	Field of View			
⑬	Zoom Window			Ctrl+Shift+W
⑭	Zoom Extents			Ctrl+Shift+E
⑮	Zoom to Photo			
⑯	Position Camera			
⑰	Walk			
⑱	Look Around			
⑲	Image Igloo			I

Top
Bottom
Front
Back
Left
Right
Iso

| Standard Views 확장 메뉴

• **Top(윗면) 🖼** : 위에서 모델을 바라봅니다.

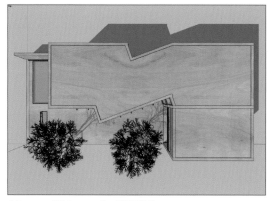 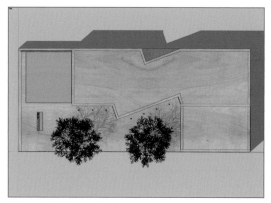

| Camera 설정 Perspective(화각 35도)　　　　　　　| Camera 설정 Parallel Projection

• **Bottom(밑면)** : 아래에서 모델을 바라봅니다.

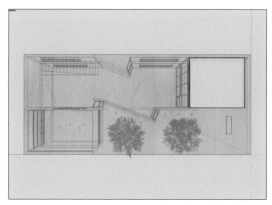 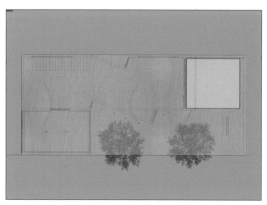

| X-Ray 스타일 : Camera 설정 Perspective(화각 35도)　　| X-Ray 스타일 : Camera 설정 Parallel Projection

• **Front(정면) 🏠** : 앞에서 모델을 바라봅니다.

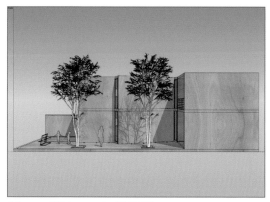 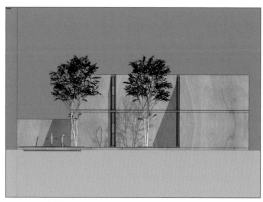

| Camera 설정 Perspective(화각 35도)　　　　　　　| Camera 설정 Parallel Projection

• **Back(뒷면 ⌂)** : 뒤에서 모델을 바라봅니다.

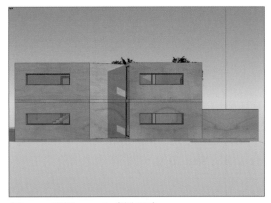

| Camera 설정 Perspective(화각 35도)

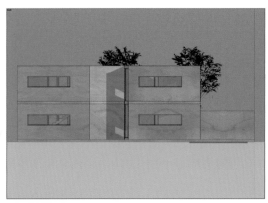

| Camera 설정 Parallel Projection

• **Left(좌측면 ⬒)** : 왼쪽에서 모델을 바라봅니다.

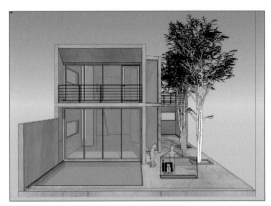

| Camera 설정 Perspective(화각 35도)

| Camera 설정 Parallel Projection

• **Right(우측면 ⬓)** : 오른쪽에서 모델을 바라봅니다.

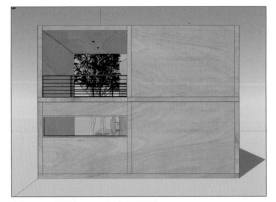

| Camera 설정 Perspective(화각 35도)

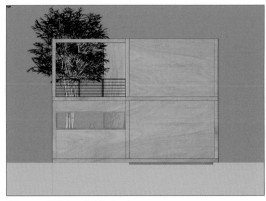

| Camera 설정 Parallel Projection

• **Iso(아이소 )** : 아이소 시점으로 모델을 바라봅니다.

| Camera 설정 Perspective(화각 35도)

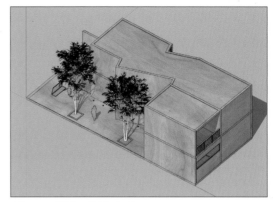

| Camera 설정 Parallel Projection

④ Parallel Projection(평행 투영법)

모델을 왜곡 없이 표현하는 평행 투영법으로 표현합니다. 화면을 Parallel Projection으로 선택하면 화면의 화각을 설정하는 Field Of View 명령을 사용하지 못합니다. 왜곡이 없는 아이소(Isometric), 입면(Elevation), 평면(Floorplan) 장면을 표현할 때 주로 사용하는 명령입니다.

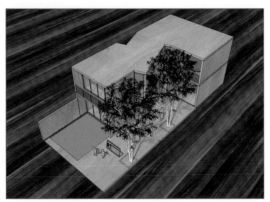

| Camera-Perspective : 왜곡이 있음

| Camera-Parallel Projection : 왜곡이 없음

⑤ Perspective(원근법-투시도)

모델을 원근감이 느껴지는 원근법으로 표현합니다. 스케치업 작업 시에 가장 많이 사용하는 카메라 설정입니다. 화면을 Perspective로 선택하면 화면의 화각을 설정하는 Field Of View 명령을 사용해 다양한 원근감을 표현할 수 있습니다.

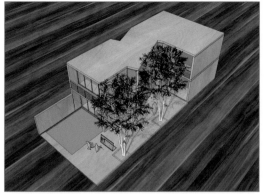

| 아이소 : Perspective 화각 35도

| Perspective 화각 60도

| 외부 투시도 : Perspective 화각 35도

| Perspective 화각 60도

⑥ Two-Point Perspective(2소점 투시도)

세로 방향의 선들을 수직으로 표현하는 2소점 투시도로 나타냅니다. 실내 투시도, 외부 투시도 장면을 표현할 때 기본적으로 설정해야 하는 명령입니다.

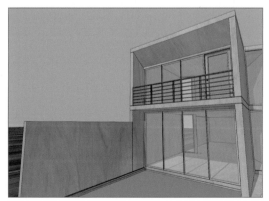

| Perspective 설정 : 세로 방향의 선이 기울어 있음

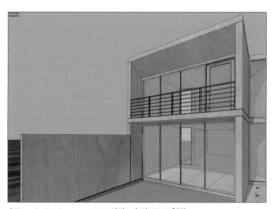

| Two Point Perspective 설정 : 수직으로 표현됨

⑦ **Match New Photo(새로운 포토 매치)** : 새로운 포토 매치(Photo Match)를 시작합니다.

⑧ **Edit Matched Photo(포토 매치 편집)** : 포토 매치를 편집합니다.

⑨ **Orbit(궤도 도구 ✛)** : 화면을 회전합니다.

⑩ **Pan(화면 이동 도구 ✍)** : 화면을 상하/좌우로 이동합니다.

⑪ **Zoom(확대/축소 도구 ♾)** : 화면을 확대, 축소합니다.

⑫ **Field of View(화각)** : 화면의 화각을 설정합니다.

⑬ **Zoom Window(창 확대 도구 ♾)** : 선택한 영역을 확대합니다.

⑭ **Zoom Extents(범위 확대 도구 ⌘)** : 현재 작업 중인 전체 모델을 화면 안에 배치합니다.

⑮ **Zoom to Photo(사진 확대/축소)** : 포토 매치 작업 중에 확대/축소된 사진을 원상태로 되돌립니다.

⑯ **Position Camera(카메라 배치 도구 ♟)** : 카메라를 배치합니다.

⑰ **Walk(걸기 도구 ⋔)** : 모델 내부를 특정 눈높이로 걸어 다닙니다.

⑱ **Look Around(둘러보기 도구 ◉)** : 특정 눈높이에서 모델을 둘러봅니다.

⑲ **Image Igloo(이글루 이미지)** : Matched Photo를 사용할 때 두 장 이상의 사진을 불러와야 활성화되는 명령으로 여러 장의 사진을 비교합니다.

Draw 메뉴 알아보기

5

Draw(그리기) 메뉴에는 그리기 도구 모음(Drawing Toolbar 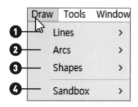)의 도구들과 샌드박스(Sandbox) 도구들이 포함되어 있습니다.

상세
기능

❶ Lines   >
❷ Arcs   >
❸ Shapes   >
❹ Sandbox   >

① Line(선)

선과 자유 그림을 그립니다.

❶ Line(선 도구 ✎) : 선을 그립니다.
❷ Freehand(자유 그림 도구 ✎) : 손으로 그리는 느낌의 자유 그림을 그립니다

| ❶ | Line | L |
| ❷ | Freehand | |

| Line의 확장 메뉴

② Arcs(호)

호를 그립니다.

❶ Arc(호 도구 ◿) : 중앙에서 그려지는 호를 그립니다.
❷ 2 Point Arc(2점 호 도구 ◠) : 두 개의 점을 기준으로 호를 그립니다.
❸ 3 Point Arc(3점 호 도구 ◡) : 세 개의 점을 기준으로 호를 그립니다.
❹ Pie(파이 도구 ◢) : 닫히는 호를 그립니다.

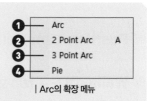

❶	Arc	
❷	2 Point Arc	A
❸	3 Point Arc	
❹	Pie	

| Arc의 확장 메뉴

③ Shapes(도형)

사각형, 원, 다각형을 그립니다.

❶ Rectangle(사각형 도구 ▬) : 사각형을 그립니다.
❷ Rotated Rectangle(회전 사각형 도구 ▬) : 각도가 있는 사각형을 그립니다.
❸ Circle(원 도구 ●) : 원을 그립니다.
❹ Polygon(다각형 도구 ●) : 다각형을 그립니다.

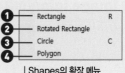

❶	Rectangle	R
❷	Rotated Rectangle	
❸	Circle	C
❹	Polygon	

| Shapes의 확장 메뉴

④ Sandbox
(샌드박스)

지형이나 곡면 형태의 객체를 만듭니다.

❶ From Contours(등고선 도구 ●) : 높이를 가진 다양한 지형을 만듭니다.
❷ From Scratch(스크래치 도구 ▬) : 지형을 만들 수 있는 격자 모양의 그리드 평면을 만듭니다.

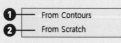

| ❶ | From Contours |
| ❷ | From Scratch |

| Sandbox 확장 메뉴

Tools 메뉴 알아보기

6

상세
기능

Tools(도구) 메뉴에는 기본 도구 모음(Principal Toolbar 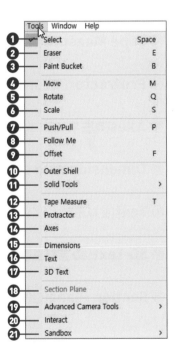) 중 컴포넌트 만들기 도구(Make Component 🖾)를 제외한 도구들과 편집 도구 모음(Edit Toolbar 🖾), 솔리드 툴 도구 모음(Solid Tools 🖾), 축조 도구 모음(Construction Toolbar 🖾), 단면 도구 모음(Section Toolbar 🖾) 중 단면 도구(Section Plane ➡), 다이내믹 컴포넌트 도구 모음(Dynamic Component Toolbar 🖾)중 상호작용 도구(Interact ⟲), 샌드박스 도구 모음 (Sandbox Toolbar 🖾) 중 등고선 도구(From Contours 🖾)와 격자형 지형 생성 도구(From Scratch 🖾)를 제외한 도구, 고급 카메라 도구 모음(Advanced Camera Tools Toolbar 🖾) 등이 포함되어 있습니다.

① **Select(선택 도구 ▶)** : 객체를 선택합니다.

② **Eraser(지우개 도구 ✐)** : 객체를 지우고 선을 숨기거나 각진 면을 부드럽게 만듭니다.

③ **Paint Bucket(페인트 통 도구 ✧)** : 객체에 재질(메트리얼)을 입힙니다.

④ **Move(이동 도구 ✦)** : 객체를 이동시키고 객체를 회전, 복사, 다중 복사합니다.

⑤ **Rotate(회전 도구 ✪)** : 객체를 회전시키고 객체를 복사, 원형 복사합니다.

⑥ **Scale(배율 도구 ▧)** : 객체의 크기를 조절합니다.

⑦ **Push/Pull(밀기/끌기 도구 ✦)** : 면을 밀거나 당깁니다.

⑧ **Follow Me(따라가기 도구 ✧)** : 지정한 경로를 따라 면을 생성합니다.

⑨ **Offset(간격 띄우기 도구 ✧)** : 선이나 면의 간격을 띄우면서 복사합니다.

⑩ **Outer Shell(외부 셸 도구 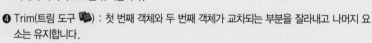)** : 선택한 모든 솔리드 그룹(or 컴포넌트)을 합치며 교차된 부분의 내부 요소를 삭제합니다.

⑪ **Solid Tools(솔리드 툴)**

교차된 객체(솔리드 그룹 or 솔리드 컴포넌트)를 합치거나 유지하거나 삭제합니다.

❶ Intersect(교차 도구 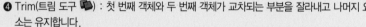) : 교차된 부분만 남겨두고 나머지 요소를 삭제합니다.

❷ Union(결합 도구) : 선택한 모든 객체를 단일 객체로 결합하고 맞닿아 있지 않은 내부의 요소는 유지합니다.

❸ Subtract(빼기 도구) : 첫 번째 객체와 두 번째 객체가 교차된 부분을 삭제하고 두 번째 객체의 나머지 요소는 유지합니다.

❹ Trim(트림 도구) : 첫 번째 객체와 두 번째 객체가 교차되는 부분을 잘라내고 나머지 요소는 유지합니다.

❺ Split(분할 도구) : 교차된 객체를 분할시키고 교차된 부분을 새로운 그룹으로 만듭니다.

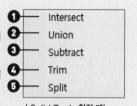

❶ ─ Intersect
❷ ─ Union
❸ ─ Subtract
❹ ─ Trim
❺ ─ Split

| Solid Tools 확장 메뉴

⑫ **Tape Measure(줄자 도구)** : 객체의 거리를 측정하고 보조선을 만들며 객체의 크기를 조절합니다.

⑬ **Protractor(각도기 도구)** : 각도를 측정하고 보조선을 만듭니다.

⑭ **Axes(축 도구)** : 축을 배치합니다.

⑮ **Dimensions(치수 도구)** : 치수선을 만듭니다.

⑯ **Text(문자 도구)** : 지시선 문자(Leader Text)와 화면 문자(Screen Text)를 만듭니다.

⑰ **3D Text(3D 문자 도구)** : 입체감이 있는 3D 문자를 만듭니다.

⑱ **Section Plane(단면 도구)** : 객체의 단면을 만듭니다.

⑲ Advanced Camera Tools(고급 카메라 도구)

고급 카메라 도구 모음(Advanced Camera Toolbar [Advanced Camera Tools])과 동일한 메뉴입니다.

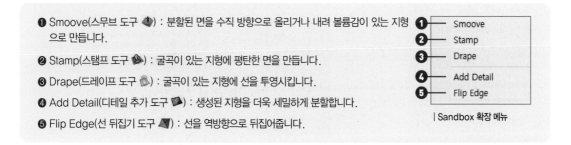

❶ Create Camera(카메라 생성 도구 🐞) : 카메라를 생성합니다.

❷ Looks through camera(카메라로 보기 도구 👁) : 카메라 생성 도구
(Create Camera 🐞)로 만든 카메라를 통해 장면을 봅니다.

❸ Locks/Unlocks current camera(카메라 잠금/잠금 해제 도구 🐞) :
카메라를 잠금/잠금 해제합니다.

❹ Show/Hide all camera(카메라 표시/숨기기 도구 🐞) : 모든 카메라
를 표시하거나 숨깁니다.

| Advanced Camera Tools 확장 메뉴

❶ Create Camera
❷ Look Through Camera
❸ Lock/Unlock Current Camera
❹ Show/Hide All Cameras
❺ Show/Hide Camera Frustum Lines
❻ Show/Hide Camera Frustum Volume
❼ Reset Camera
❽ Select Camera Type

❺ Shows/Hides all camera frustums lines(절두체 라인 표시/숨기기 도구 🐾) : 화면에 보이는 영역을 표시한 점선 그룹
(frustum_rays 그룹)을 표시하거나 숨깁니다.

❻ Shows/Hides all camera frustums volumes(절두체 볼륨 표시/숨기기 도구 🐾) : 화면에 보이는 영역을 표시한 그룹
(frustum_faces 그룹)을 표시하거나 숨깁니다.

❼ Reset Camera(카메라 재설정 도구 🔲) : 기본 카메라로 돌아갑니다.

❽ select Camera Type(카메라 종류 선택) : 카메라 종류를 선택합니다.

⑳ Interact(상호작용 도구 🖐)

다이나믹 컴포넌트(Dynamic Component)를 클릭해서 컴포넌트의 변화를 살펴봅니다.

㉑ Sandbox(샌드박스)

곡면 형태의 객체를 만들고 평탄한 면을 만들며 선을 투영합니다.

❶ Smoove(스무브 도구 🥄) : 분할된 면을 수직 방향으로 올리거나 내려 볼륨감이 있는 지형
으로 만듭니다.

❷ Stamp(스탬프 도구 🥄) : 굴곡이 있는 지형에 평탄한 면을 만듭니다.

❸ Drape(드레이프 도구 🥄) : 굴곡이 있는 지형에 선을 투영시킵니다.

❹ Add Detail(디테일 추가 도구 🥄) : 생성된 지형을 더욱 세밀하게 분할합니다.

❺ Flip Edge(선 뒤집기 도구 🥄) : 선을 역방향으로 뒤집어줍니다.

| Sandbox 확장 메뉴

❶ Smoove
❷ Stamp
❸ Drape
❹ Add Detail
❺ Flip Edge

Window 메뉴 알아보기

7

Window(윈도우) 메뉴는 각종 창이 배치되는 트레이(Tray)를 관리하는 명령과 [Model Info] 창,
[SketchUp Preferences] 창, [3D Warehouse] 창, [Component Options] 창,
[Component Attributes] 창을 나타내는 명령이 포함되어 있습니다.

**상세
기능**

① Default Tray(기본 트레이)

기본 트레이를 설정합니다. 트레이를 보이게 설정(Show Tray)하고 나타내고자
하는 창에 체크 표시를 하면 기본 트레이에 추가됩니다.

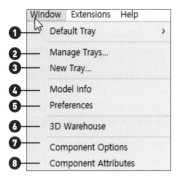

❶ Show/Hide Tray : 트레이를 나타내거나
숨겨줍니다.

❷ Rename Tray : 트레이 이름을 수정합니다.

❸ Entity Info : 체크하면 선택한 객체의 정보
를 볼 수 있으며 객체의 속성을 변경할 수 있
는 [Entity Info] 창을 추가합니다.

❹ Material : 체크하면 메트리얼을 나타내고
새로운 메트리얼을 불러오는 [Materials]
창을 추가합니다.

❺ Components : 체크하면 작업 모델의 컴포
넌트를 나타내고 새로운 컴포넌트를 불러오고 관
리하는 [Components] 창을 추가합니다.

❻ Style : 체크하면 세부적인 스타일을 설정
할 수 있는 [Styles] 창을 추가합니다.

| Default Tray의 확장 메뉴-추가하고자 하는 창에 체크

❼ Tags : 체크하면 태그를 관리하는 [Tags] 창을 추가합니다.

❽ Scenes : 체크하면 장면(Scenes)을 관리하는 [Scenes] 창을 추가합니다.

❾ Shadows : 체크하면 그림자를 표현하고 그림자의 밝기와 방향 등을 조절하는 [Shadow Setting] 창을 추가합니다.

② Manage Trays(매니저 트레이)

트레이를 추가하거나 삭제하고 각종 창의 추가 여부를 설정할 수 있는 [Manage Tray] 창을 나타냅니다.

③ New Tray(새로운 트레이)

새로운 트레이를 추가하고 각종 창의 추가 여부를 설정할 수 있는 [New Tray] 창을 나타냅니다.

④ Model Info(모델 정보 ⓘ)

스케치업 모델의 각종 정보를 나타내며 치수, 글자, 단위 등을 설정할 수 있는 [Model Info] 창을 나타냅니다.

⑤ Preferences(환경 설정)

스케치업 모델의 각종 환경 설정을 할 수 있는 [SketchUp Preferences] 창을 나타냅니다.

⑥ 3D Warehouse(3D 웨어하우스 🔍)

스케치업 모델을 다운로드하거나 업로드할 수 있는 [3D Warehouse] 창을 나타냅니다.

⑦ Component Options(컴포넌트 옵션 📋)

다이나믹 컴포넌트(Dynamic Component)와 관련된 [Component Options] 창을 나타냅니다.

⑧ Component Attributes(컴포넌트 속성 ▶)

다이나믹 컴포넌트(Dynamic Component)와 관련된 [Component Attributes] 창을 나타냅니다.

Extensions 메뉴 알아보기

Extensions 메뉴에는 Extension Warehouse, Extension Manage, Developer 명령이 포함되어 있으며 특정 루비를 설치하면 해당 루비의 명령이 추가됩니다.

8

상세
기능

❶ Extension Warehouse : 루비를 검색하고 설치할 수 있는 [Extension Warehouse] 창을 나타냅니다.

❷ Extension Manager : 루비를 설치, 업데이트, 삭제 등의 관리를 할 수 있는 [Extension Manager] 창을 나타냅니다.

❸ Developer : 루비 개발자를 위한 메뉴입니다.

· Ruby API Documentation : Ruby API 문서 웹 페이지에 접속합니다.

· Ruby Console : [Ruby Console] 창을 나타냅니다.

| 확장 메뉴

Help 메뉴 알아보기

Help(도움말) 메뉴에는 Welcome to SketchUp(스케치업 시작), Knowledge Center(지식 센터), Contact Us(사용자 문의), License(라이선스), Check for Update(업데이트 확인), Check Your System(시스템 점검), About SketchUp(스케치업 정보), Sign In/Sign Out(로그인 정보)에 관련된 명령이 포함되어 있습니다.

9

상세 기능

① Welcome to SketchUp(스케치업 시작)

라이선스를 추가하고 템플릿을 선택하는 [Welcome to SketchUp] 창을 나타냅니다.

② Help Center(도움말 센터)

스케치업 도움말 센터 웹페이지에 접속합니다.

③ Contact Us(사용자 문의)

사용자 문의 웹페이지에 접속합니다.

④ Manage Licensing(매니저 라이선스)

[Welcome to SketchUp] 창이 나타나며 라이선스를 확인할 수 있습니다.

Help	
❶	Welcome to SketchUp...
❷	Help Center
❸	Contact Us
❹	Manage Licensing
❺	Check for Update
❻	Check Your System
❼	About SketchUp...
❽	Sign Out (inde9898@naver.com)

| 〈Manage Subscription〉 버튼 클릭

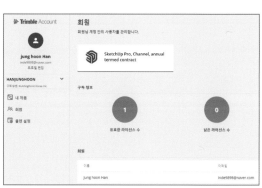

| 확인

⑤ **Check for Update(업데이트 확인)**

업데이트를 확인합니다.

⑥ **Check Your System(시스템 점검)**

스케치업 Help Center 웹페이지에 접속해서 컴퓨터와 스케치업과의 호환성을 확인할 수 있는 Checkup 프로그램을 다운로드할 수 있습니다. Checkup 프로그램을 설치하여 스케치업과의 호환성을 확인할 수 있습니다.

| Checkup 설치 후 〈Run Checkup〉 버튼 클릭

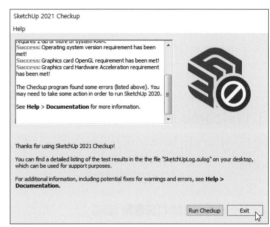

| 결과 확인

⑦ **About SketchUp(스케치업 정보)**

Sketchup 정보를 나타내는 [About SketchUp] 창을 나타냅니다.

⑧ **Sign In/Sign Out(로그인 정보)**

로그인 정보를 나타냅니다.

각종 창의 구성 요소
알아보기

이번 과정에서는 스케치업의 각종 창(Window)에 대해서 알아보겠습니다. 활용도가 있는 창의 설명은 상세히 다루고 활용도가
거의 없거나 메뉴 및 도구 모음 설명 부분과 중첩되는 일부 창의 설명은 생략하도록 하겠습니다.

학습 목표

[Model Info] 창, [Styles] 창, [SketchUp Preferences] 창은 효율적인
실무 작업을 위한 옵션들이 있기 때문에 각 창의 구성 요소 및 세부 옵션들의
기능을 이해해야 합니다. 특히 [Styles] 창의 옵션들은 스케치업 완성 이미지를
더욱더 다양하게 표현해주기 때문에 꼭 숙지해서 실무에 활용하기 바랍니다.

2강

Architecture & Interior

[Model Info] 창 알아보기

[Model Info] 창은 Animation, Classifications, Components, Credits, Dimension, File, Geo-location, Rendering, Statistics, Text, Units 항목으로 구성되며 작업 모델의 각종 정보를 나타내고 세부 옵션을 설정할 수 있습니다. 메뉴의 [Window]-Model Info를 클릭하거나 표준 도구 모음(Standard Toolbar ⊕ 🖻 🖪 ┃ ◆ 🗈 🗈 ⊙ ┃ ◆ ◆ ┃ ◈ ┃ ⊙)의 Model Info 도구를(⊙)을 클릭하면 [Model Info] 창이 나타납니다.

1

상세 기능

01 | Animation 알아보기

Animation 항목은 스케치업에서 장면(Scene) 탭을 클릭하거나 동영상으로 내보내기(Export)할 경우 장면 전환 시간 및 대기 시간을 설정합니다.

❶ Scene Transitions

    시간으로 장면이 전환됩니다.

    • Seconds : 장면 전환 시간을 설정합니다.

❷ Scene Delay

    장면 대기 시간을 설정합니다.

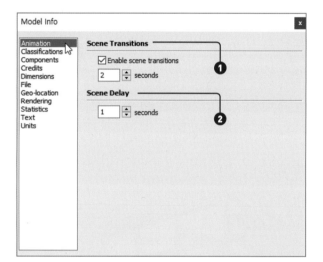

| 알아두기 | **애니메이션으로 재생하기**

[Scenes] 창에서 장면을 추가하면 스케치업 작업 영역 왼쪽 상단의 장면 탭에 추가한 장면들이 표시됩니다. 장면 탭에 마우스 포인트를 위치하고 우클릭해 나타나는 확장 메뉴 중 Play Animation을 클릭하면 Animation 항목에서 설정한 장면 전환 시간과 장면 대기 시간으로 장면이 순차적으로 스케치업 작업 영역에서 재생됩니다.

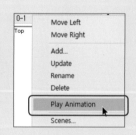

02 | Classifications 알아보기

Classifications 항목에서는 BIM(Building Information Modeling)의 표준 파일 형식인 IFC 파일을 가져오거나 내보내고 삭제할 수 있습니다.

❶ Delete : IFC 파일을 삭제합니다.

❷ Import : IFC 파일을 가져옵니다.

❸ Export : IFC 파일을 내보냅니다.

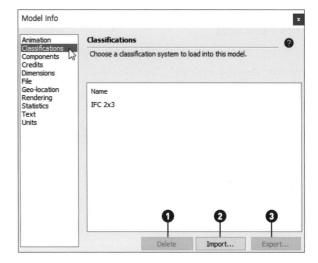

03 | Components 알아보기

Components 항목은 컴포넌트(Component)와 그룹(Group)을 편집할 때 주변 객체(컴포넌트, 그룹, 그룹이 아닌 객체)의 변화를 설정합니다.

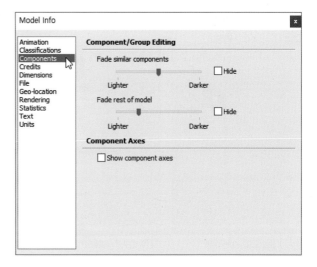

컴포넌트/컴포넌트 편집 모드

1 | 컴포넌트

컴포넌트(Component)는 모델링된 객체를 말하며 외부에서 작업 중인 파일로 가져올 수 있고 작업 중인 파일에서 외부로 내보낼 수도 있습니다.

여러 개의 동일한 컴포넌트는 한 번에 편집할 수 있기 때문에 작업 중인 모델에서만 사용 가능한 그룹(Group)과는 개념이 다릅니다.

자신이 모델링한 객체를 컴포넌트로 만들어 사용할 수 있으며 전 세계 스케치업 사용자들의 파일 공유 사이트인 3D 웨어하우스(https://3dwarehouse.sketchup.com/)에서 컴포넌트를 다운로드해 사용할 수도 있습니다.

2 | 편집 모드/편집 모드 해제

컴포넌트(or 그룹)를 편집 모드로 만드는 방법과 편집 모드를 해제하는 방법에 대해 알아보겠습니다.

① 편집 모드 만들기

컴포넌트(or 그룹)를 편집하려면 편집 모드로 만들어야 합니다. 편집 모드로 만드는 방법은 선택 도구(Select ▶)로 컴포넌트를 더블클릭하거나 컴포넌트(or 그룹)에 마우스 포인트를 위치하고 우클릭해 나타나는 확장 메뉴 중 Edit Component(or Edit Group)를 클릭하면 됩니다.

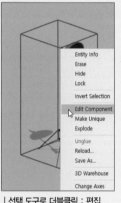

| 편집 모드가 아닌 상태 | 선택 도구로 더블클릭 : 편집 모드가 됨 | Edit Component 명령 클릭 | 편집 모드가 됨

② 편집 모드 해제

편집 모드를 해제하려면 선택 도구(Select ▶)로 컴포넌트(or 그룹) 편집 영역 외부를 클릭하거나 컴포넌트(or 그룹)
편집 모드 영역 안의 여백에 마우스 포인트를 위치하고 우클릭해 나타나는 확장 메뉴 중 Close Component(or
Close Group)를 클릭하면 됩니다.

| 편집 모드 상태

| 외부 클릭 : 편집 모드가 해제됨

| Close Component 클릭

| 편집 모드가 해제됨

① Component/Group Editing

컴포넌트(or 그룹)를 편집할 때 주변 객체의 변화를 설정합니다. 변화를 확인하려면 컴포넌트(or 그룹)를 편집 모드로 만들어
야 합니다.

• **Fade similar Component** : 편집 모드인 컴포넌트와 동일한 컴포넌트의 밝기를 설정합니다.

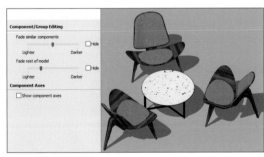
| 컴포넌트 편집 모드 아님

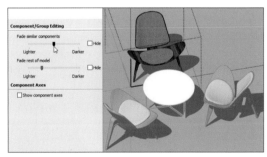
| 컴포넌트 편집 모드 상태

슬라이드 바를 Lighter 쪽으로 움직이면 편집 모드인 컴포넌트와 동일한 컴포넌트는 점차 밝아지며 Darker 쪽으로 움직이면 점차 어두워집니다.

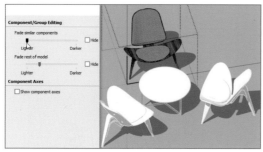

| Lighter 쪽으로 이동 : 동일한 컴포넌트가 밝아짐

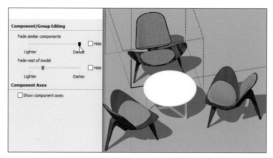

| Darker 쪽으로 이동 : 동일한 컴포넌트가 어두워짐

Hide에 체크 표시하면 편집 모드인 컴포넌트와 동일한 컴포넌트를 숨깁니다. 컴포넌트의 편집 모드를 해제하면 숨겨진 동일한 컴포넌트는 다시 나타납니다.

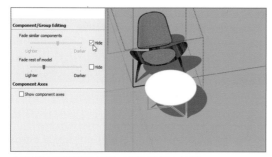

| 편집 모드 상태에서 체크 표시 : 동일한 컴포넌트 숨겨짐.

• **Fade rest of model** : 편집 모드인 컴포넌트(or 그룹)의 주변에 있는 객체의 밝기를 설정합니다. Fade rest of model 의 슬라이드 바를 Lighter 쪽으로 움직이면 주변의 객체는 점차 밝아지며 Darker 쪽으로 움직이면 점차 어두워집니다.

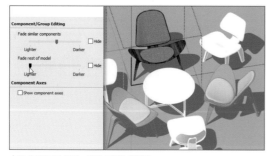

| Light 쪽으로 이동 : 주변 모델이 밝아짐

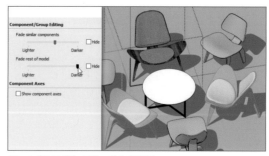

| Dark 쪽으로 이동 : 주변 모델이 어두워짐

Hide에 체크 표시하면 편집 모드인 컴포넌트 주변의 객체를 숨깁니다. 편집 모드를 해제하면 숨겨진 객체는 나타납니다.

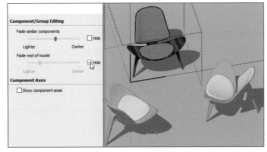

| 편집 모드 상태에서 체크 표시 : 컴포넌트와 다른 모델은 숨겨짐

② Component Axes

• **Show component axes** : 옵션에 체크 표시하면 컴포넌트가 모델에 배치될 때 기준이 되는 컴포넌트의 축 (Axes)이 표시됩니다.

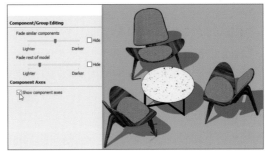

| 체크 표시-컴포넌트의 축이 표시됨.

04 | Credits 알아보기

Credits 항목은 현재 파일의 저작권자(제작자)와 모델에 배치된 컴포넌트의 저작권자를 표시합니다. Credits를 사용하기 위해서는 구글(or Trimble, Apple)에 자신의 계정이 있어야 합니다.

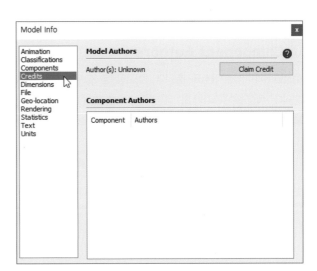

① Model Authors

자신의 모델에 저작권자를 표시합니다.

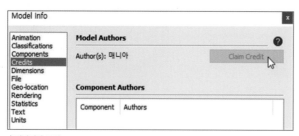

| 저작권자 표시

- **도움말 아이콘(②)** : 해당 기능을 설명하는 웹 페이지에 접속합니다.
- **Claim Credit** : 저작권자를 표시합니다. 〈Claim Credit〉 버튼은 현재의 스케치업 파일에 객체가 존재해야 활성화되며 〈Claim Credit〉 버튼을 클릭하면 저작권자가 표시됩니다. 로그인이 되어 있지 않으면 로그인을 하고 〈Claim Credit〉 버튼을 클릭하면 됩니다.

저작권자가 표시되면 화면 좌측 하단의 Credits 비활성 아이콘(②)이 Credits 활성 아이콘(③)으로 수정됩니다.

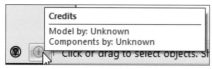

| 저작권자 표시 전

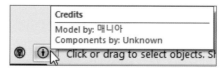

| 저작권자 표시 후

② Component Authors

컴포넌트의 저작권자를 표시합니다. 컴포넌트를 3D 웨어하우스에서 다운로드하면 해당 컴포넌트의 저작권자를 확인할 수 있습니다. 예를 들어 저자가 3D 웨어하우스에 업로드한 컴포넌트를 다운로드하면 Component Authors 항목에 저자의 닉네임이 표시됩니다.

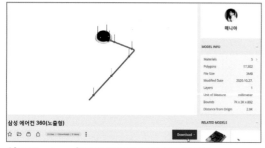

| [3D Warehouse]에서 저자가 업로드한 컴포넌트 다운로드

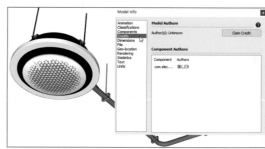

| 모델에 배치-저작권자가 표시됨

05 | Dimensions 알아보기

Dimensions 항목은 치수 도구(Dimension ✕)를 사용해서 만드는 치수의 글꼴, 치수선의 크기, 모양, 위치 등을 설정합니다.

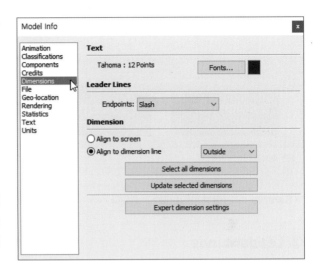

① Text

치수의 글꼴, 크기, 색상을 나타내며 〈Fonts〉 버튼을 클릭하면 세부 설정을 할 수 있는 [Font] 창이 나타납니다. 〈Fonts〉 버튼 옆의 색상 박스를 클릭하면 치수의 색상을 설정할 수 있습니다.

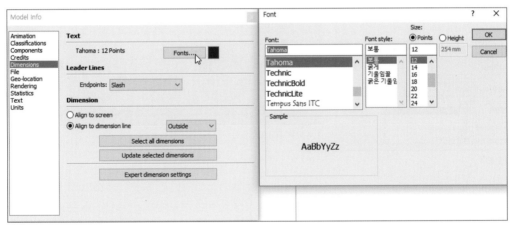

| 〈Fonts〉 버튼 클릭-[Font] 창이 나타남

- **Font** : 글꼴을 설정합니다.
- **Font style** : 글꼴 스타일을 설정합니다.

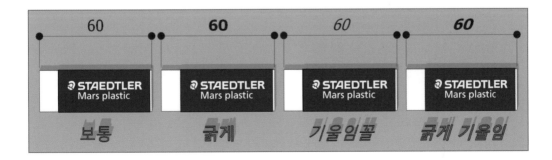

• **Size(Points, Height)** : 글자의 크기를 설정합니다. Points로 설정한 치수와 치수선의 끝점 모양은 화면을 확대하거나 축소해도 동일한 크기로 표시되지만 Height로 설정한 치수와 치수선의 끝점 모양은 화면을 확대, 축소하면 따라서 크기가 변화됩니다.

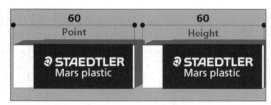

| 화면 축소 전 | 화면 축소 : Height로 설정한 치수는 작아짐.

• **Sample** : 적용한 속성을 미리보기 합니다.

② Leader Lines

치수선의 끝점 모양을 설정합니다. 내림 버튼(∨)을 클릭해 다양한 모양을 설정할 수 있습니다.

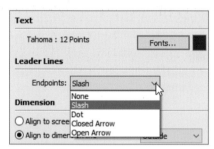

| 내림 버튼 클릭

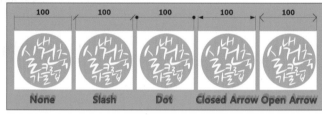

| 치수선의 끝점 모양

③ Dimension

치수의 위치를 설정합니다.

• **Align to screen** : 치수를 항상 평행하게 표시합니다.

| 화면 축소 : Height로 설정한 치수는 작아짐.

• **Align to dimension line** : 치수의 정렬 위치를 설정합니다. 내림 버튼(✔)을 클릭해 다양한 위치로 설정할 수 있습니다.

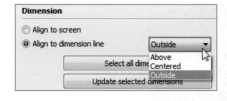 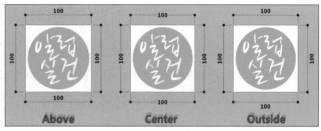

④ Select all dimensions

모든 치수선을 선택합니다.

⑤ Update selected dimensions

선택된 모든 치수선을 새롭게 수정한 설정으로 업데이트합니다.

⑥ Expert Dimension Settings

출력되는 치수와 치수선의 상태를 설정합니다. 클릭하면 [Expert Dimension Settings] 창이 나타납니다.

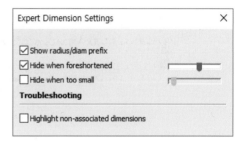

• **Show radius/diam prefix** : 체크 표시하면 치수 앞에 반지름과 지름의 기호가 표시되며 체크 해제하면 치수만 표시됩니다.

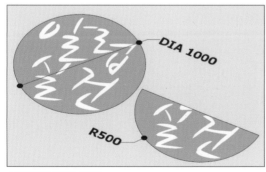

| 체크 표시 : 기호가 표시됨.

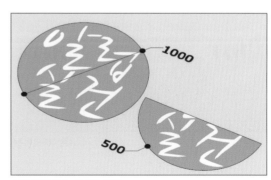

| 체크 표시 해제 : 치수만 표시됨.

- **Hide when foreshortened** : 체크 표시하면 화면을 회전할 때 치수선을 숨깁니다. 슬라이드 바가 왼쪽으로 갈수록 적용 범위가 증가합니다.

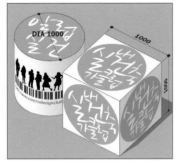

| 회전 하기 전 상태

| 옵션 체크-화면 회전 : 치수선이 숨겨짐

| 옵션 체크 해제-화면 회전 : 치수선이 보임

- **Hide when too small** : 체크 표시하면 화면을 축소할 때 작게 보이는 치수선을 숨깁니다. 슬라이드 바가 오른쪽으로 갈수록 적용 범위가 증가합니다.

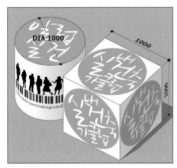

| 화면 축소 전

| 옵션 체크-화면 축소 : 치수선이 숨겨짐

- **Troubleshooting-Highlight non-associated dimensions** : 체크 표시하면 삭제한 객체에 표시되어 있던 치수선을 색상박스에서 설정한 색상으로 표시합니다. 색상 박스를 클릭해 색상을 변경할 수도 있습니다.

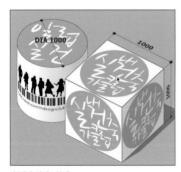

| 객체 선택-삭제

| 삭제된 객체의 치수선이 빨간색으로 표시됨

치수와 치수선을 수정하는 방법에 대해 알아보겠습니다.

1 | [Entity Info] 창에서 치수와 치수선의 속성 수정하기

[Entity Info] 창에서는 하나 또는 여러 개의 치수와 치수선의 속성을 각각 다르게 설정할 수 있습니다.

수정을 원하는 치수를 선택 도구(Select ▶)로 클릭해 선택하고 [Entity Info] 창에서 색상, 글꼴, 치수 크기, 치수선 모양, 치수선 위치 등을 수정할 수 있습니다.

트레이(Tray)에 [Entity Info] 창을 추가하지 않았으면 치수나 치수선에 마우스 포인터를 위치하고 우클릭해 나타나는 확장 메뉴 중 Entity Info를 클릭하면 Default Tray가 추가되며 [Entity Info] 창이 나타납니다.

| 수정 전 : Align to dimension-Above

| 수정 후 : Align to dimension-Centered

2 | 확장 메뉴(Edit Text)에서 치수 수정하기

표시된 치수를 특정 치수로 수정하려면 수정할 치수에 마우스 포인터를 위치하고 우클릭해 나타나는 확장 메뉴 중 Edit Text를 클릭한 다음 치수를 입력하고 엔터를 누르면 됩니다.

| 마우스 우클릭-Edit Text 클릭

| 치수 입력

| 엔터(완성)

06 | File 알아보기

File 항목은 작업 파일의 저장 경로, 용량 등의 각종 기본 정보와 컴포넌트의 정렬 방식을 나타냅니다.

❶ General

• Location : 파일의 저장된 경로를 표시합니다.

• Size : 파일의 용량을 표시합니다.

• Name : 파일의 이름을 입력할 수 있습니다.

• Description : 파일에 대한 내용이나 설명을 입력할 수 있습니다.

• Redefine thumbnail on save : 체크 표시하면 파일 저장 시 미리보기 이미지가 갱신됩니다.

❷ Alignment : 컴포넌트 정렬 방식을 설정합니다.

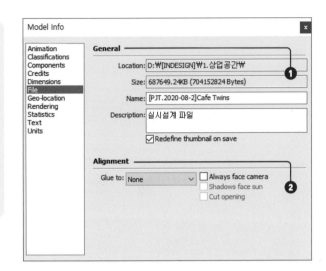

07 | Geo-location 알아보기

Geo-location 항목은 작업 모델의 지리적 위치(Geo-location)를 설정합니다.

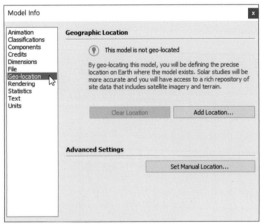

| 지리적 위치가 설정되지 않은 상태

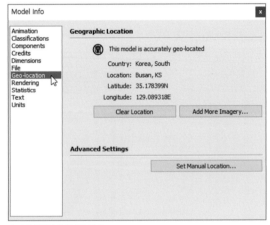

| 지리적 위치가 설정된 상태

① Geographic Location

• **Clear Location** : 스케치업으로 불러온 지리적 위치 그룹(해당 위치 이미지로 매핑된 그룹)을 삭제합니다.

• **Add Location** : 지리적 위치를 추가합니다.

② Advanced Settings

〈Set Manual Location〉버튼을 클릭하면 [Set Manual Geo-location] 창이 나타나며 국가, 지역, 위도, 경도를 직접 입력할 수 있습니다.

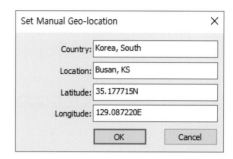

08 | Rendering 알아보기

Rendering 항목은 렌더링 품질을 설정합니다.

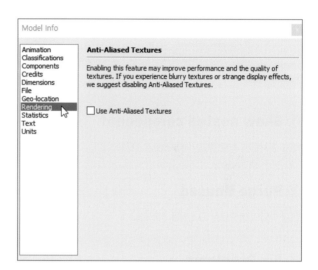

① Anti-Aliased Textures

• **Use Anti-Aliased Textures** : 옵션에 체크 표시하면 텍스쳐(매핑한 메트리얼)의 계단 현상을 완화하기 위해 조금 흐릿하게 표현합니다. 체크 해제해야 텍스쳐가 선명하게 보입니다.

| 체크 표시 : 멀리 보이는 텍스쳐가 흐릿하게 보임

| 체크 해제 : 멀리 있는 텍스쳐도 선명하게 보임

09 | Statistics 알아보기

Statistics 항목은 현재 파일의 각종 정보를 표시합니다. 기본적으로 현재 파일의 모든 구성 요소를 나타내는 Entire model 이 선택되어 있으며 내림 버튼 (∨)을 클릭해 Only components를 선택하면 현재 파일의 컴포넌트 정보만 나타냅니다.

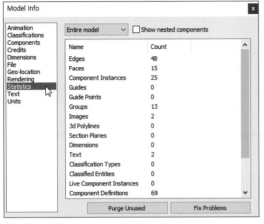

| Entire model

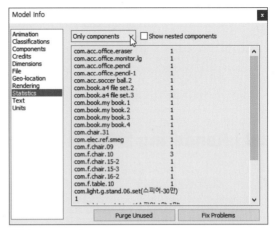

| Only conponents

① Show nested component

체크 표시하면 컴포넌트만 세부적으로 표시합니다.

② Purge Unused

현재 파일의 불필요한 요소들을 정리합니다.

③ Fix Problems

현재 파일의 문제점을 수정합니다.

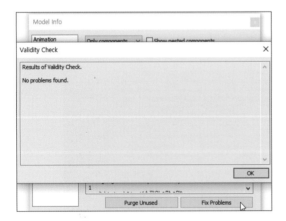

10 | Text 알아보기

Text 항목은 화면 문자 및 지시선 문자의 크기와 글꼴, 지시선 모양 등을 설정합니다.

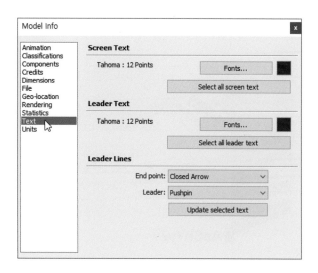

① Screen Text

문자 도구(Text 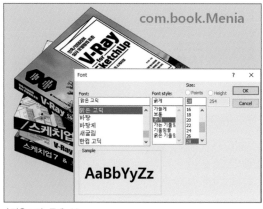)를 화면에 클릭해 만드는 화면 문자의 글꼴, 크기, 색상을 나타냅니다.

- **Fonts** : 〈Fonts〉 버튼을 클릭하면 글꼴과 문자의 크기를 설정할 수 있는 [Font] 창이 나타납니다. [Fonts] 창의 구성 요소는 Dimension 항목의 내용과 동일합니다.

| 맑은 고딕, 굵게, 28

| 맑은 고딕, 굵게 기울임, 28

- **Select all screen text** : 화면 문자를 모두 선택합니다.

② Leader Text

문자 도구(Text 📄)를 객체에 클릭해 만드는 지시선 문자의 글꼴, 크기, 색상을 설정합니다.
하위 옵션은 Screen Text 하위 옵션과 동일합니다.

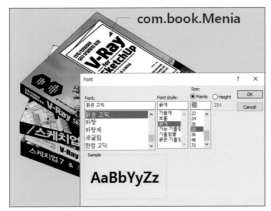

| 맑은 고딕, 굵게, 28 | 맑은 고딕, 굵게 기울임, 28

③ Leader Lines

지시선 끝점의 모양과 방향을 설정합니다.

- **End point** : 지시선 끝점의 모양을 설정합니다. 내림 버튼(∨)을 클릭하면 여러 가지 모양을 설정할 수 있습니다.

- **Leader** : 시점에 따른 지시선의 위치를 설정합니다. 내림 버튼(∨)을 클릭하면 여러 가지 방향으로 설정할 수 있습니다.
  - **View Based** : 지시선과 지시선 문자의 방향을 고정합니다.
  - **Pushpin** : 시점에 따라 지시선과 지시선 문자의 방향이 이동합니다.

④ Update Selected Text

선택한 문자와 지시선을 수정한 설정으로 업데이트합니다.

| 알아두기 | 문자 수정하기

문자를 수정하는 방법에 대해 알아보겠습니다.

1 | [Entity Info] 창에서 문자의 속성 수정하기

[Entity Info] 창에서는 하나 또는 여러 개의 문자의 속성을 각각 다르게 설정할 수 있습니다.

수정을 원하는 문자를 선택 도구(Select ▶)로 클릭해 선택하고 [Entity Info] 창에서 색상, 글꼴, 문자 크기, 문자 내용, 지시선 모양, 지시선 위치 등을 수정하면 됩니다.

| 수정 전

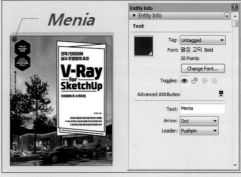

| 수정 후

2 | 확장 메뉴(Edit Text)에서 문자 수정하기

문자를 수정하려면 수정할 문자에 마우스 포인터를 위치하고 우클릭해 나타나는 확장 메뉴 중 Edit Text를 클릭합니다. 그런 다음 문자를 입력하고 선택 도구(Select ▶)로 문자 영역 외부를 클릭하면 입력한 문자가 적용됩니다.

| 마우스 우클릭-Edit Text 클릭

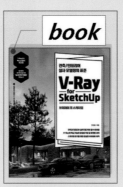

| 문자 입력

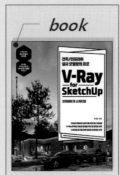

| 외부 클릭 : 완성

11 | Units 알아보기

Units 항목은 각종 단위를 설정합니다.

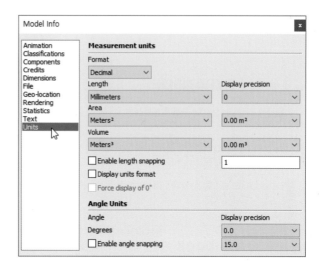

① Measurement Units

길이(Length), 면적(Area), 부피(Volume)의 단위 및 정밀도를 설정합니다.

• **Format** : 단위를 설정합니다. 내림 버튼(∨)을 클릭하면 여러 가지 단위로 설정할 수 있지만, 우리나라는 십진법을 사용하기 때문에 Decimal로 설정하기 바랍니다.

• **Display Precision** : 정밀도를 설정하며 소수점 여섯째 자리까지 설정할 수 있습니다. Precision 옵션에서 설정한 정밀도는 치수선, 지시선 문자, 수치 입력란에 나타나는 수치값에 반영됩니다.

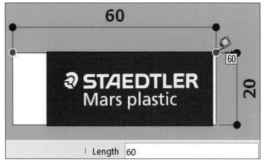

| Precision : 0(정수) 설정

| Precision : 0.00(소수점 두 자리) 설정

• **Length** : 길이의 단위를 설정합니다. Millimeters(밀리미터)로 설정하기 바랍니다.

• **Area** : 면적의 단위를 설정합니다. Meters²(제곱미터)로 설정하기 바랍니다.

• **Volume** : 부피의 단위를 설정합니다. Meters³(세제곱미터)로 설정하기 바랍니다.

• **Enable length snapping** : 설정한 길이마다 스냅을 잡는 옵션으로 모델링 시에 계속해서 스냅이 잡히면 불편하므로 해당 옵션의 체크 해제를 권장합니다.

- **Display units format** : 치수 단위의 표시 유무를 설정합니다. 실무 도면은 mm를 표시하지 않기 때문에 체크 해제하기 바랍니다. 치수선, 화면 문자, 지시선 문자, 수치 입력란에 나타나는 수치값에 반영됩니다.

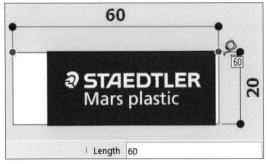

| 체크 해제 : 단위가 표시되지 않음

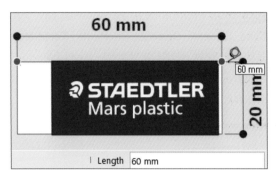

| 체크 : 단위가 표시됨

- **Force display of o"** : Format을 'Architecture'로 설정했을 때 활성화되는 옵션입니다.

② Angle Units

각도의 단위를 설정합니다.

- **Degrees** : 각도의 단위인 도의 정밀도를 설정합니다.
- **Enable angle snapping** : 설정한 각도마다 스냅을 잡는 옵션으로 모델링 시 스냅이 항상 적용되면 불편할 수 있으므로 해당 옵션의 비활성화를 권장합니다.

[SketchUp Preferences] 창 알아보기

2

상세
기능

[SketchUp Preferences] 창은 Accessibility, Applications, Compatibility, Drawing, Files, General, OpenGL, Shortcuts, Template, Workspace 항목으로 구성되며 해당 항목들의 세부 옵션을 설정할 수 있습니다. 메뉴의 [Window]−Preferences를 클릭하면 [SketchUp Preferences] 창이 나타나며 각 항목의 세부 옵션을 수정했으면 하단 부분의 〈OK〉 버튼을 클릭해야 적용됩니다.

01 | Accessibility

Accessibility 항목은 축의 색상, 평행선, 수직선, 접선 등의 색상을 설정합니다. 해당 항목은 색을 분별하는 능력이 정상보다 부족한 증상인 색약 환자를 위한 옵션이기 때문에 색약 환자가 아니라면 기본 상태를 유지하기 바랍니다.

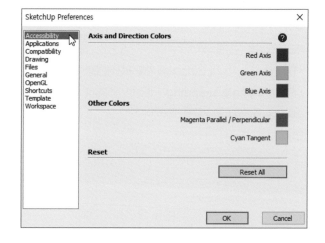

① Axis and Direction Colors

축의 색상을 설정합니다.

• Red Axis : X축의 색상을 설정합니다.
• Green Axis : Y축의 색상을 설정합니다.
• Blue Axis : Z축의 색상을 설정합니다.

② Other Colors

각종 선의 색상을 설정합니다.

• Magenta Parallel/Perpendicular : 평행선, 수직선의 색상을 설정합니다.
• Cyan Tangent : 접선의 색상을 설정합니다.

③ Reset

• 〈Reset All〉 버튼 : 〈Reset All〉 버튼을 클릭하면 초기 설정으로 되돌아갑니다.

02 | Applications 알아보기

Applications 항목은 이미지(메트리얼)의 편집 프로그램을 설정합니다. 스케치업 작업 시 유용하게 활용할 수 있기 때문에 꼭 설정하기 바랍니다.

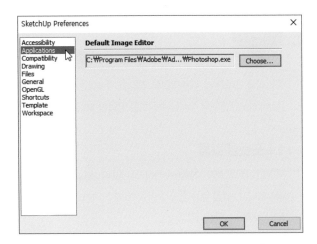

① Default Image Editor

이미지 편집 프로그램을 설정합니다.

〈Choose〉 버튼을 클릭해 포토샵 실행 파일 (Photoshop.exe)을 선택하고 〈열기〉 버튼을 클릭하면 이미지 편집 프로그램으로 포토샵이 설정됩니다.

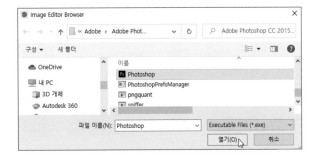

03 | Compatibility 알아보기

Compatibility 항목은 컴포넌트(Component)나 그룹(Group)을 선택할 때 표현 범위와 마우스 휠의 호환성을 설정합니다.

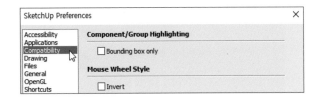

① Component/Group Highlighting

• **Bounding box only** : 컴포넌트(or 그룹) 선택 시 범위를 나타내는 박스만 표시할 것이지 객체 내부의 선도 표시할지를 선택합니다. 체크 표시하면 객체의 범위만 표시합니다.

② Mouse Wheel Style

• **Invert** : 체크 표시하면 마우스 휠의 기능을 반대로 설정합니다.

포토샵 활용

포토샵을 활용해서 메트리얼의 색상을 수정하는 방법을 알아보고 포토샵에서 색상을 수정하는 방법과 스케치업 [Materials] 창에서 색상을 수정하는 방법의 차이점을 알아보겠습니다.

1 | 포토샵 활용

매핑한 메트리얼의 색상을 수정하고자 할 때 [Materials] 창에서 수정할 메트리얼 위에 마우스 포인트를 위치하고 우클릭합니다. 확장 메뉴 중 Edit Texture Image 명령을 클릭하면 바로 포토샵이 실행되고 선택한 메트리얼이 포토샵 작업 화면에 나타납니다.

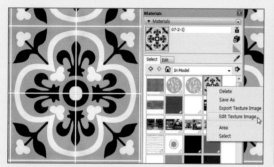

| Edit Texture Image 클릭.

| 포토샵으로 이미지가 불러와 짐.

포토샵에서 색상을 수정한 다음 해당 이미지를 저장하면 스케치업 작업 모델에 바로 반영됩니다.

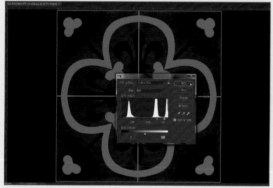

| 색감 보정-저장

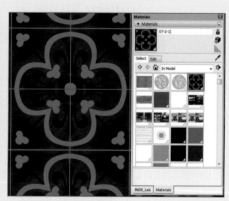

| 스케치업 작업 모델에 반영됨

2 | 포토샵에서의 색상 수정과 [Materials] 창에서의 색상 수정의 차이점

포토샵이 아니더라도 스케치업 [Materials] 창에서
도 색상을 수정할 수 있습니다. 메트리얼의 〈Edit〉 탭
을 클릭한 다음 Picker 항목에서 색 모델을 선택하고
색상을 수정하면 작업 모델에 바로 반영됩니다.

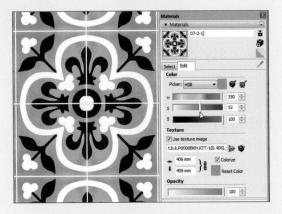

포토샵과의 차이점은 포토샵에서 색상 수정한 이미지는 외부로 저장했을 때 수정한 이미지가 저장되지만, 스케치업
[Materials] 창에서 수정한 이미지는 수정 전의 원본 이미지가 저장된다는 점입니다.

| 포토샵에서 수정한 이미지-저장

| 수정한 이미지가 저장됨

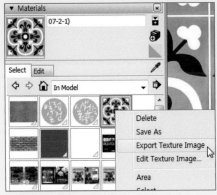

| 스케치업에서 수정한 이미지-저장

| 수정 전의 원본 이미지가 저장됨

04 | Drawing 알아보기

Drawing 항목은 선 도구(Line ✏)와 각종 도구의 조작 방식을 설정합니다.

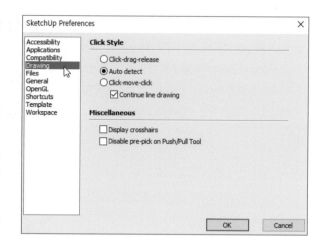

① Click Style

선 도구(Line ✏)를 사용할 때 클릭하는 스타일을 설정합니다.

• **Click-drag-release** : 선 도구(Lin ✏)를 사용할 때 시작점을 클릭한 후 마우스를 드래그하여 그리기를 완성하는 방법입니다.

• **Auto detect** : Click-drag-release와 Click-move-click 두 가지를 모두 사용하는 방법입니다.

• **Click-move-click** : 선 도구(Lin ✏)를 사용할 때 시작점을 클릭하고 끝점을 클릭해 그리기를 완성하는 방법입니다.

• **Continue line drawing** : 선이 연속성을 가지고 그려집니다.

② Miscellaneous

기타 사항을 설정합니다.

• **Display crosshairs** : 체크를 표시하면 각종 도구를 사용할 때 도구 아이콘 끝부분에 십자선을 표시합니다.

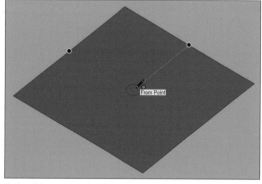

| 체크 해제

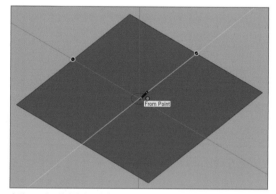

| 체크 표시 : 십자선이 표시됨

• **Disable pre-pick on Push/Pull Tool** : 체크를 표시하면 밀기/끌기 도구(Push/Pull ⬥)의 사전 선택 기능을 비활성화합니다. 체크 해제된 상태에서는 화면에서 보이지 않는 선택된 면을 밀기/끌기 도구(Push/Pull ⬥)로 모델링할 수 있지만, 체크 표시하면 모델링하지 못합니다.

05 | Files 알아보기

Files 항목은 각종 파일의 경로를 지정합니다.

① File Location

각종 파일의 경로를 지정합니다.

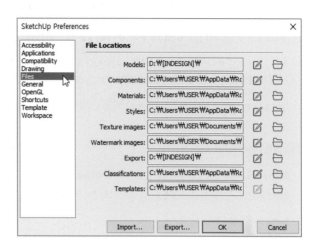

- **Models** : 작업 파일의 경로를 지정합니다.
- **Components** : 컴포넌트의 경로를 지정합니다.
- **Materials** : 메트리얼의 경로를 지정합니다.
- **Styles** : Styles의 경로를 지정합니다.
- **Texture image** : Texture image의 경로를 지정합니다.
- **Watermark images** : Watermark images 의 경로를 지정합니다.
- **Export** : 작업 파일의 내보내기 경로를 지정합니다.
- **Classifications** : Classifications 경로를 지정합니다.
- **Templates** : Templates 경로를 지정합니다.
- **Change File Location Preferences 아이콘(☑)** : 아이콘을 클릭하면 새로운 경로를 지정할 수 있습니다.
- **Open this forder in Window Explorer 아이콘(🗁)** : 아이콘을 클릭하면 설정한 경로의 폴더가 윈도우상에서 열립니다.

② Import/Export

경로 설정 파일을 가져오거나(Import) 내보내기(Export)합니다.

06 | General 알아보기

General 항목은 작업 파일의 자동 저장 시간, 문제점 체크, 업데이트 알림 등의 일반적인 사항을 설정합니다.

① Saving

백업 파일의 생성 여부와 자동 저장 시간을 설정합니다.

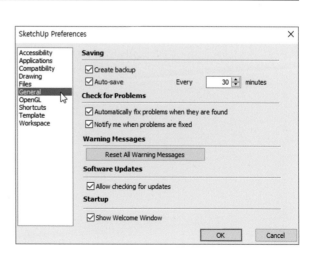

- **Create backup** : 백업 파일을 생성합니다. 스케치업 파일의 확장자는 'skp'이며 백업 파일의 확장자는 'skb'입니다.
- **Auto-save** : 자동 저장 시간을 설정합니다.

② Check models for problems

- **Automatically fix problems when they are found** : 문제가 발견되면 자동으로 해결합니다.
- **Notify me when problems are fixed** : 문제가 수정될 때 알림을 받습니다.

③ Warning Messages

- **〈Reset all warning messages〉 버튼** : 버튼을 클릭하면 모든 경고 메시지를 초기화합니다.

④ Software Updates

- **Allow check for updates** : 업데이트 확인을 허용합니다. 체크 표시하면 인터넷에 연결되어 있을 때 업데이트를 확인합니다.

⑤ Startup

- **Show Welcome Window** : 스케치업을 실행할 때 [Welcome to SketchUp] 창을 나타냅니다. 해당 옵션에 체크가 해제되어 있으면 [Welcome to SketchUp] 창이 나타나지 않고 기본 템플릿 파일이 실행됩니다.

07 | OpenGL 알아보기

OpenGL 항목은 그래픽 환경을 설정합니다.

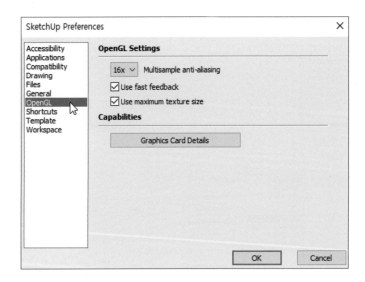

① OpenGL Settings

OpenGL을 설정합니다.

• **Multisample anti-aliasing** : 선이 구불구불하게 표현되고 각이지는 계단 현상을 제어합니다. 내림 버튼(∨)을 클릭해 표시되는 수치값을 선택할 수 있으며 수치값은 컴퓨터에 설치된 그래픽 카드 사양에 따라 다르게 나타납니다. 수치가 낮을수록 선의 품질이 좋지 않고(계단 현상 발생) 수치가 높을수록 선의 품질이 좋아집니다.

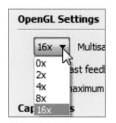

| 나타나는 수치값

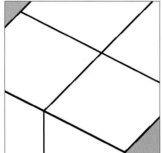

| 2x 선택 : 선의 품질이 좋지 않음

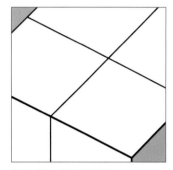

| 16x 선택 : 선의 품질이 좋음

• **Use maximum texture size** : 텍스쳐(메트리얼) 크기를 가장 크게 설정해서 선명하게 표현합니다. [Model Info] 창의 Rendering 항목에 있는 Use Anti-Aliased Texture 옵션의 체크 유무는 스케치업 화면상에서만 차이가 나타나며 내보내기(Export) 이미지에 영향을 주지 않지만, 해당 옵션은 스케치업 화면과 내보내기 이미지 모두 영향을 주기 때문에 꼭 체크해 작업하기 바랍니다.

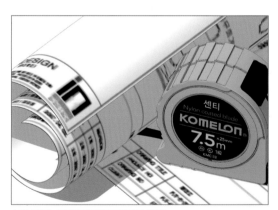

| 체크 해제 : 도면에 매핑한 메트리얼이 흐릿함

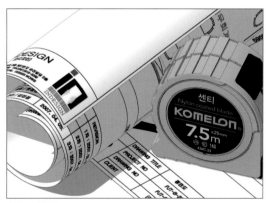

| 체크 : 선명함

• **Use fast feedback** : 모델링 작업 시 성능을 향상시킵니다. 체크 표시하여 작업하기 바랍니다.

② Capabilities

• **〈Graphics Card Details〉 버튼** : 버튼을 클릭하면 [OpenGL Details] 창이 나타나며 설치된 그래픽 카드 정보를 확인할 수 있습니다.

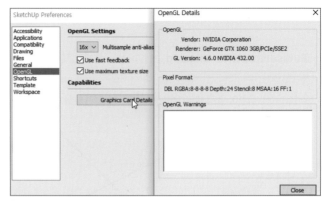

| 버튼 클릭 : 그래픽 카드 정보 확인

08 | Shortcuts 알아보기

Shortcuts 항목은 각종 도구의 단축키를 설정합니다.

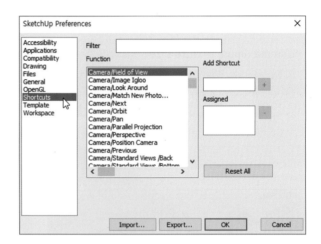

① Filter

단어를 입력하면 입력한 단어와 연관된 명령들이 Function 항목에 표시됩니다.

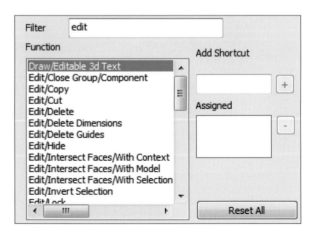

② Function

Filter 항목에서 입력한 단어와 연관된 각종 명령이 나타나며 특정
명령을 클릭해 단축키를 확인할 수 있습니다. 단축키가 등록된 명령
은 단축키가 Assigned 항목에 표시됩니다.

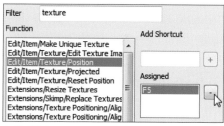

| 단축키 확인

③ Add Shortcut

선택한 명령의 단축키를 입력합니다. 단축키를 입력하면 단축키 추가 버튼(Add Shortcut ＋)이 활성화되며 버튼을 누르면
Assigned 항목에 단축키가 표시됩니다.

④ Assigned

설정한 단축키를 표시합니다. 단축키를 삭제하려면 단축키를 선택하고 단축키 삭제 버튼(Delete Shortcut －)을 클릭하면
됩니다.

⑤ Reset All

새로 변경한 단축키 설정을 최초 상태로 되돌립니다.

⑥ Import/Export

단축키 설정값을 가져오거나(Import) 내보내기(Export) 합니다.

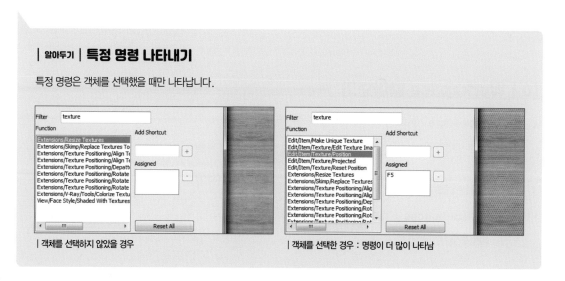

| 알아두기 | **특정 명령 나타내기**

특정 명령은 객체를 선택했을 때만 나타납니다.

| 객체를 선택하지 않았을 경우 | 객체를 선택한 경우 : 명령이 더 많이 나타남

09 | Template 알아보기

Template 항목에서는 사용 가능한 템플릿을 나타냅니다.

① Default Drawing Template

템플릿을 나타냅니다.

원하는 템플릿을 선택하고 〈OK〉 버튼을 클릭하면 새로운 스케치업 파일을 실행시킬 때 나타나는 [Welcome to SketchUp] 창에서 기본 템플릿으로 선택됩니다.

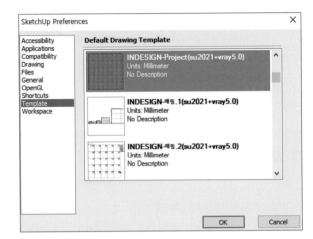

| 알아두기 | **템플릿 파일의 저장 경로**

템플릿 파일의 기본 저장 경로(윈도우 10 기준)는 아래와 같습니다.
C:\Users\USER\AppData\Roaming\SketchUp\SketchUp 2021\SketchUp\Templates

해당 경로는 시스템 폴더로 기본적으로 숨겨져 있기 때문에 윈도우상에서 해당 폴더를 확인하려면 보기 메뉴에서 '숨긴 항목' 옵션에 체크 표시해야 합니다.

| 숨김 항목 체크(윈도우 10 기준)

10 | Workspace 알아보기

Workspace 항목은 도구 아이콘의 크기를 설정하고 작업 환경을 초기화합니다.

① Tool Palette

- **Use large tool buttons** : 체크를 표시하면 도구 아이콘을 크게 표시합니다.

② Workspace

- **Reset Workspace 버튼** : 작업 환경을 초기화합니다.

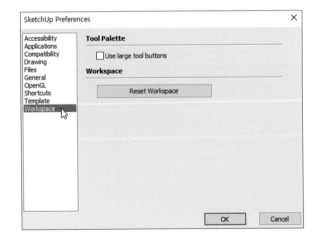

[Extension Manager] 창 알아보기

[Extension Manager] 창은 루비의 설치, 업데이트, 삭제 등의 관리를 할 수 있는 창으로 메뉴의
Extensions-Extension Manager를 클릭하면 [Extension Manager] 창이 나타납니다.

3

상세
기능

01 | Home 탭 알아보기

설치한 루비 리스트를 나타내며 〈Install
Extension〉 버튼을 클릭해 확장자가 rbz인
루비 파일을 설치할 수 있습니다.

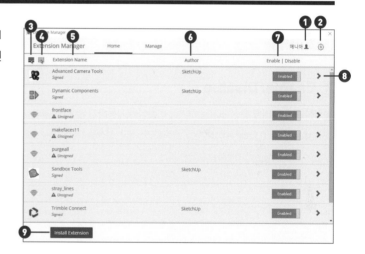

① 로그인(매니아 👤)

로그인 정보를 나타냅니다.

② 세팅(Settings ⚙)

[Settings] 창을 나타내며 세 가지 방식 중 한 가지의 방식으로 루
비를 설치할 수 있습니다. 방식을 수정한 다음 〈Confirm〉 버튼을
클릭하면 적용됩니다. 저자의 경우에는 기본으로 체크 표시된
Unrestricted 방식으로 루비를 설치합니다.

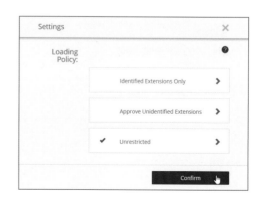

- **Identified Extension Onl**y : 확인된 개발자의 루비만 설
  치합니다.
- **Approve Unidentified Extension** : 알 수 없는 개발자
  의 루비 설치 시 경고 메시지를 표시합니다.
- **Unrestricted** : 알 수 없는 개발자의 루비도 경고 없이 설치합니다.

2강 | 각종 창의 구성 요소 알아보기 471

펼침 아이콘(❯)을 클릭하면 해당 방식의 설명을 확인할 수 있습니다.

| 펼침 아이콘 클릭

| 설명 확인

③ **Select All(⬚)** : 설치된 루비를 모두 선택합니다.

④ **Select None(⬚)** : 선택한 루비를 선택 해제합니다.

⑤ **Extension Name** : 루비 이름을 표시합니다.

⑥ **Author** : 해당 루비의 저작권자를 표시합니다.

⑦ **Enable/Disable**

설치한 모든 루비를 활성화(사용)하거나 비활성화(사용하지 않음)합니다.
〈Enable〉 or 〈Disable〉 버튼을 클릭하면 해당 설정을 취소하는 〈Discard Changes〉 버튼과 해당 설정을 승인하는 〈Apply Changes〉 버튼이 나타납니다.

| Enable : 설치한 전체 루비를 사용함

| Disable : 설치한 루비를 모두 사용 안 함

특정 루비만을 활성 or 비활성 하려면 특정 루비의 Enabled or Disabled 버튼을 클릭하면 됩니다.

| 버튼 클릭

⑧ 펼침 아이콘(>)

펼침 아이콘을 클릭하면 해당 루비의 버전, 저작권자, 간단한 설명을 나타냅니다.

⑨ 〈Install Extension〉 버튼

〈Install Extension〉 버튼을 클릭하면 확장자가 rbz인 루비 파일을 선택해서 설치할 수 있습니다.

02 | Manage 탭 알아보기

설치한 루비를 업데이트하거나 삭제할 수 있습니다.

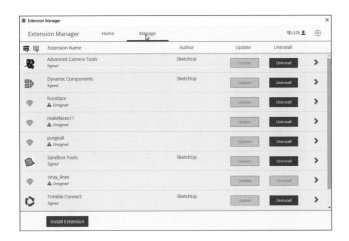

① Update

해당 루비를 업데이트합니다. Update 버튼은 기본적으로 비활성화 상태이며 업데이트가 필요한 루비가 있으면 스케치업 실행 시 메시지 창으로 알림이 표시됩니다. 업데이트가 필요한 루비는 Update 버튼이 활성화 상태로 자동 수정되며 Update 버튼을 클릭하면 업데이트됩니다.

② Uninstall

특정 루비를 선택하고 버튼을 클릭하면 해당 루비가 삭제됩니다.

[Entity Info] 창 알아보기

[Entity Info] 창은 선택한 객체의 정보를 확인하거나 객체의 속성을 변경할 수 있습니다. [Entity Info] 창의 옵션 중 활성 옵션들은 수정할 수 있고 비활성된 옵션들은 수정하지 못합니다. 객체를 선택했을 때 나타나는 옵션이나 명령 중 동일한 부분의 설명은 생략합니다.

4

상세
기능

01 | 선(Edge)을 선택했을 때 나타나는 [Entity Info] 창의 구성 요소 -

선을 선택했을 때 나타나는 [Entity Info] 창의 구성 요소에 대해 알아보겠습니다.

① Title

선택한 객체의 성질을 표시합니다. 선을 선택했기 때문에 Edge로 표시됩니다.

② Paint thumbnail

선택한 객체의 메트리얼을 나타냅니다. 선을 선택했기 때문에 디폴트로 표시됩니다.

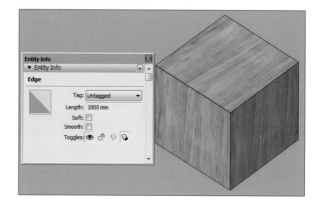

③ Tag

선이 포함된 태그를 표시합니다. 내림 버튼(∨)을 클릭해 태그를 지정하거나 지정된 태그를 다른 태그로 수정할 수 있습니다.

④ Length

선택한 선의 길이를 표시합니다. 여러 개의 선을 선택하면 선택한 선들의 총 길이를 표시합니다. 길이의 단위, 정밀도는 [Model Info] 창의 Units 항목에서 설정할 수 있습니다. 단위는 Millimeters로 설정하고 정밀도는 작업의 특성에 맞게 그때그때 설정하기 바랍니다.

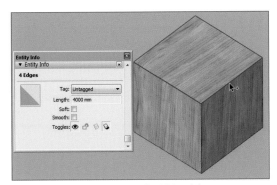

| 여러 개의 선 다중 선택 : 선택한 선의 총 길이가 표시됨

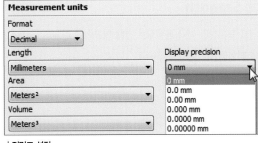

| 정밀도 설정

| 알아두기 | **선의 길이 수정하기**

면을 공유하거나 닫혀 있는 선일 경우는 Length 입력란이 비활성화되어 수정을 못 하지만, 단일 선일 경우에는 Length 입력란이 활성화되어 수치값을 수정한 다음 엔터를 누르면 수정한 수치값이 적용됩니다.

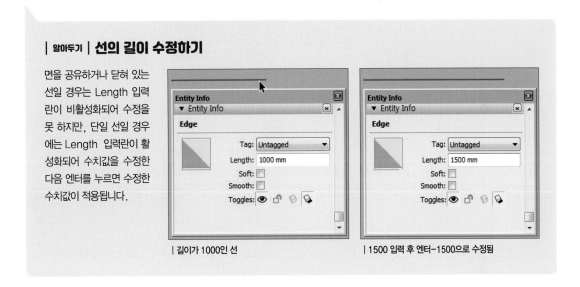

| 길이가 1000인 선 | 1500 입력 후 엔터-1500으로 수정됨

⑤ Soft

체크 표시하면 선이 숨겨지며 면을 부드럽게 만듭니다. 선과 공유한 면을 하나의 면으로 인식하지만, 숨긴 선의 흔적이 보입니다.

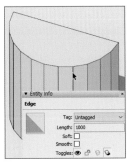

| 선 선택

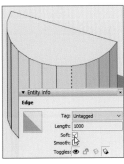

| Soft 체크 표시

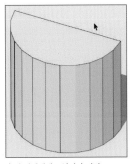

| 선 선택해제 : 선이 숨겨짐

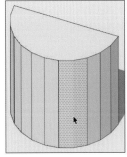

| 선택 도구로 면 클릭 : 하나의 면으로 선택됨

⑥ Smooth

체크 표시하면 선과 공유되는 면을 매끄럽게 만들며 음영이 표현됩니다. 선을 숨기지 않은 상태에서는 선을 공유하고 있는 면의 변화를 확인하지 못합니다.

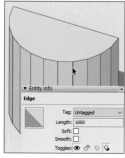

| 선 선택

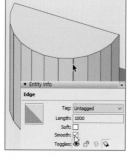

| Smooth 체크 표시

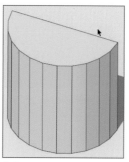

| 선 선택해제-선이 그대로 보임

선을 선택하고 [Entity Info] 창에서 Hide 아이콘(👁)을 클릭해 선을 숨긴 다음 면을 클릭하면 면이 공유되는 것이 아니라 각각 선택되는 것을 알 수 있습니다.

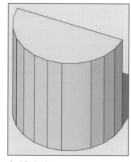

| 선을 숨김

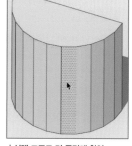

| 선택 도구로 면 클릭해 확인

| 알아두기 | Soft, Smooth 옵션의 차이점

Soft 옵션에 체크한 선은 숨겨지고 선이 있던 자리에 흔적이 남지만, Smooth 옵션에 체크한 선은 흔적이 남지 않습니다. 단 Smooth 옵션을 적용한 선은 숨겨지지 않기 때문에 [Entity Info] 창에서 Hide 아이콘(👁)을 클릭해 선을 숨긴 다음 확인해야 합니다.

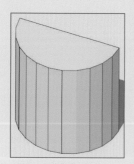

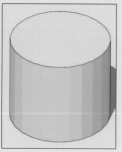

| Soft : 선의 흔적이 보임

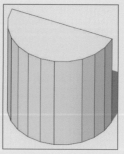

| Smooth : 선의 흔적이 안 보임

⑦ Toggles

토글 항목에 있는 옵션들은 on(활성), off(비활성) 개념으로 두 상태 중 하나를 클릭해 선택할 수 있습니다. 토글 항목에 있는
각종 아이콘의 모양은 현재의 상태를 나타내며 아이콘에 마우스 포인터를 위치했을 때 나타나는 말풍선은 해당 아이콘을 클릭
했을 때의 상태를 표시합니다.

- **Unhide/Hide(◉/◯)** : 선을 나타내거나 숨깁니다. 선을 숨겼을 때는 선이 선택되지 않기 때문에 [Entity Info] 창에서
  정보를 확인할 수 없습니다. 메뉴의 View-Hidden Geometry를 클릭해 체크 표시하면 숨긴 선이 나타나며 선을 선택할
  수 있습니다.

| 활성된 hide 아이콘 클릭

| 선이 숨겨짐

| Hidden Geometry 명령 체크 : 숨겨진 선이
  보임

- **UnLock/Lock(🔓/🔒)** : 객체를 잠금 해제하거나 잠급니다. 옵션으로 선을 선택했을 때는 사용하지 못합니다.
- **receive shadows/Don't receive shadows(◐/◑)** : 주변 객체가 해당 객체에 반영하는 그림자를 표현하거나
  표현하지 않는 옵션으로 선을 선택했을 경우는 사용하지 못합니다.
- **cast shadows/Don't cast shadows(◐/◑)** : 해당 객체의 그림자를 활성화하거나 비활성화합니다. 선의 그림자를
  표현하려면 [Shadows] 창의 From edges에 체크 표시가 되어 있어야 합니다.

| From edges 옵션 체크 표시

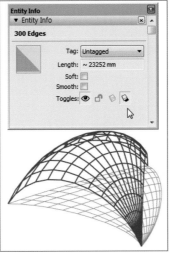

| 선의 그림자가 표현됨

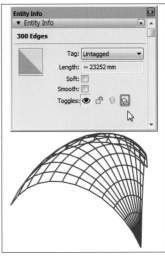

| 선의 그림자가 표현되지 않음

메뉴의 [View]-Hidden Geometry 명령을 클릭해 체크하면 숨겨진 모든 선이 점선으로 표시되고 선택할 수 있습니다.

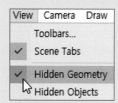

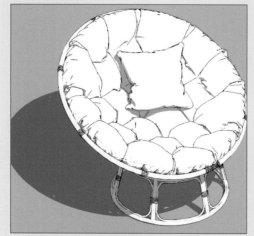

| Hidden Geometry 체크 해제된 상태

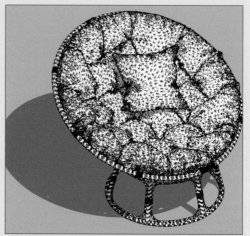

| 체크 표시한 상태 : 숨긴 선들이 표시됨

| Hidden Geometry 체크 해제된 상태

| 체크 표시한 상태 : 숨긴 선들이 표시됨

02 | 원(Circle), 호(Arc)를 선택했을 때 나타나는 [Entity Info] 창의 구성 요소

원, 호를 선택했을 때 나타나는 [Entity Info] 창의 구성 요소에 대해서 알아보겠습니다.

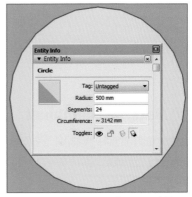

| 원, 호를 선택했을 때 나타나는 [Entity Info] 창

① Radius

선택한 원(호)의 반지름을 나타냅니다. 볼륨이 없는 단면 상태에서 원(호)을 선택하고 수치값을 수정한 다음 Enter 를 누르면 바로 적용됩니다.

② Segments

선택한 원(호)을 이루는 선의 개수를 나타냅니다. 선의 개수가 적으면 각진 원으로 모델링되고 선의 개수가 많으면 부드러운 원으로 모델링됩니다. 볼륨이 없는 단면 상태에서 원(호)을 선택하고 수치값을 수정한 다음 Enter 를 누르면 바로 적용됩니다.

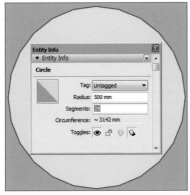

| Segments 24 : 각진 원

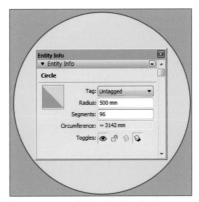

| Segments 96 입력 후 엔터-부드러운 원

| 알아두기 | **곡면이 부드러운 객체 모델링**

원 도구(Circle ◉), 호 도구(호 도구(Arc ◢), 2점 호 도구(2 Point Arc ◈), 3점 호 도구(3 Point Arc ◟), 파이 도구 (Pie ◢)를 사용해서 모델링할 때 Segments(Sides)의 수치값이 낮으면 각진 원이나 호가 만들어지고 수치값이 높으면 부드러운 원이나 호가 만들어집니다. 곡면이 부드러운 객체를 모델링하려면 Segments의 수치값을 높게 설정해야 합니다.

03 | 면(Face)을 선택했을 때 나타나는 [Entity Info] 창의 구성 요소

면을 선택했을 때 나타나는 [Entity Info]의 구성 요소에 대해서 알아보겠습니다.

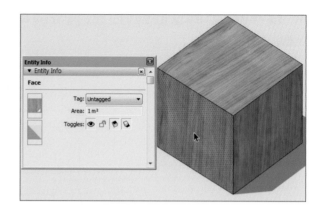

① Material thumbnail

선택한 면의 앞면(위 섬네일)과 뒷면(아래 섬네일)에 매핑되어 있는 메트리얼의 미리보기 이미지를 나타냅니다.

| 알아두기 | **면의 방향**

면의 색상을 설정하는 방법과 매핑이 된 객체의 면 방향을 알아보는 방법에 대해 알아보겠습니다.

1 | 면의 색상 설정

두께가 없는 면을 모델링 하면 앞면과 뒷면으로 구분됩니다.

앞면, 뒷면 색상은 [Styles] 창의 Face Settings(◻) 항목에서 설정된 색상으로 표현됩니다.

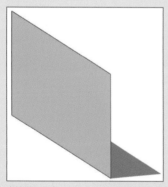

| 앞면(Front)

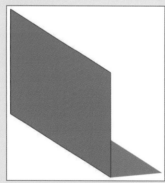

| 뒷면(Back)

| [Styles] 창에서 설정한 앞면, 뒷면 색상

2 | 매핑된 객체의 면 방향 확인하기

매핑이 된 객체의 면 방향을 확인하려면 스타일 도구 모음(Styles Toolbar)의 Monochrome 도구(◻)를 클릭하면 [Styles] 창에서 설정한 앞면, 뒷면 색상만으로 모델을 표현하기 때문에 면의 방향을 쉽게 확인할 수 있습니다.

| 기본 상태 : Shaded With Textures 스타일

| Monochrome 스타일 : 앞면과 뒷면 색상으로만 객체를 표현

② Area

선택한 면의 면적을 나타냅니다. 여러 개의 면을 선택한 경우 선택한 면들의 총면적을 나타냅니다.

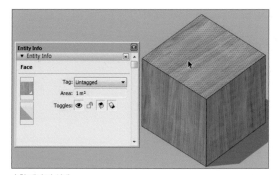

| 한 개의 면 선택

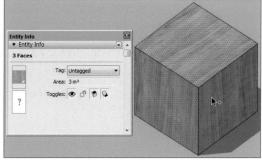

| 세 개의 면 선택

면적의 단위, 정밀도는 [Model Info] 창의 Units 항목에서 설정할 수 있습니다. 단위는 Meters²를 설정하고 정밀도는 작업의 특성에 맞게 그때그때 설정하기 바랍니다.

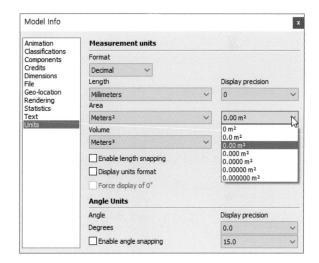

③ Toggles

다른 객체에 반영하는 그림자와 해당 객체 그림자의 활성화, 비활성화 여부를 설정합니다.

- **receive shadows/Don't receive shadows(/)** : 주변 객체가 해당 객체에 반영하는 그림자를 활성화하거나 비활성화합니다.

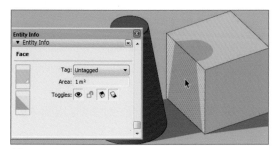

| 활성 : 그림자가 반영됨

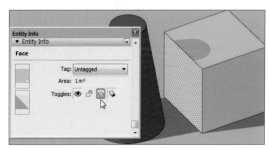

| 비활성 : 그림자가 반영되지 않음

• **cast shadows/Don't cast shadows(** **/) :** 해당 객체의 그림자를 활성화하거나 비활성화합니다.

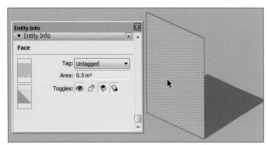

| 활성 : 그림자가 표현됨

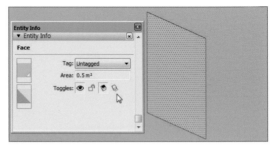

| 비활성 : 그림자가 표현되지 않음

| 알아두기 | **[Entity Info] 창에서 메트리얼 변경하기**

매핑한 메트리얼을 다른 메트리얼로 변경하는 방법에 대해 알아보겠습니다. [Entity Info] 창에 나타나는 앞면 메트리얼의 섬네일(위 섬네일)을 클릭해 [Choose Paint] 창을 나타내고 원하는 메트리얼로 선택한 다음 [OK] 버튼을 클릭하면 메트리얼이 변경됩니다. [Choose Paint] 창에는 현재의 모델에 매핑한 메트리얼이 나타납니다.

| 앞면 메트리얼 섬네일 클릭

| 선택-〈OK〉 버튼 클릭

| 변경됨

---

04 | 그룹(or 컴포넌트)을 선택했을 때 나타나는 [Entity Info] 창의 구성 요소

그룹(Group)과 컴포넌트(Component)를 선택했을 때 나타나는 [Entity Info] 창의 구성 요소에 대해서 알아보겠습니다. 컴포넌트를 선택했을 때는 컴포넌트의 이름을 표시하는 Definition Name 항목과 세부 정보를 입력할 수 있는 Advanced Attributes 옵션이 추가됩니다.

Show Advanced Attributes/Hide Advanced Attributes 아이콘(/)을 클릭하면 확장 옵션이 열리거나 닫힙니다.

① **Title** : 해당 객체의 성질을 표시합니다. 그룹을 선택하면 Solid Group(or Group)으로 표시되며 컴포넌트를 선택하면 Solid Component(or Component)로 표시됩니다. 선택한 그룹(or 컴포넌트)과 동일한 그룹(or 컴포넌트)의 개수도 표시되기 때문에 물량 산출 시에 유용하게 활용할 수 있습니다.

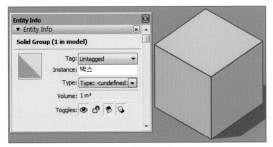

| 그룹을 선택했을 때의 [Entity Info] 창의 구성 요소

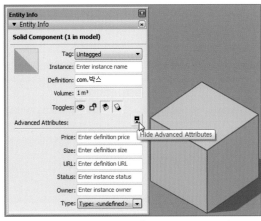

| 컴포넌트를 선택했을 때의 [Entity Info] 창의 구성 요소

② **Tag** : 선택한 객체가 포함된 태그를 표시합니다.

③ **Instance** : 그룹의 이름을 표시합니다.

④ **Definition** : 컴포넌트의 이름을 표시합니다.

⑤ **Type** : IFC 파일 타입을 나타냅니다.

⑥ Volume

선택한 Solid Group(or Solid Component)의 부
피(Volume)를 나타냅니다. 부피를 확인하기 위해서
는 해당 객체가 Solid Group(or Solid
Component)으로 만들어져야 합니다.

부피의 단위, 정밀도는 [Model Info] 창의 Units 항
목에서 설정할 수 있습니다. 단위는 Meters³를 설정
하고 정밀도는 작업의 특성에 맞게 그때그때 설정하
기 바랍니다.

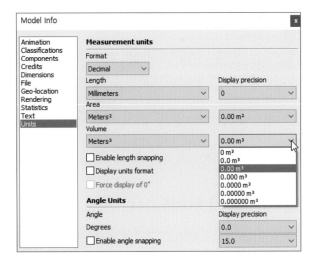

⑦ Toggles

객체의 잠금, 잠금 해제 상태를 설정하고 그림자 활성화, 비활성화 여부를 설정합니다.

• **UnLock/Lock 아이콘(🔓/🔒)** : 선택한 그룹(or 컴포넌트)의 잠금을 해제하거나 잠급니다. 객체가 잠기게 되면 어떠한
작업도 할 수 없습니다.

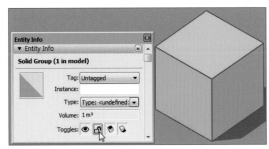

| 잠금 해제 상태

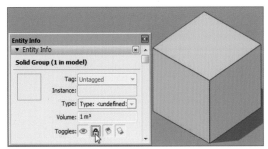

| 잠긴 상태

- **receive shadows/Don't receive shadows(/)** : 주변 객체가 해당 객체에 반영하는 그림자를 활성화하거나 비활성화합니다.

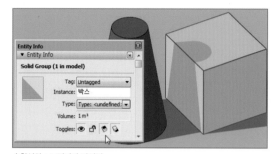

| 활성화 : 그림자가 반영됨

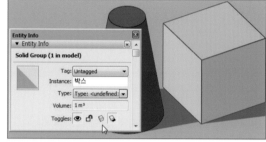

| 비활성화 : 그림자가 반영되지 않음

- **cast shadows/Don't cast shadows(/)** : 해당 객체의 그림자를 활성화하거나 비활성화합니다.

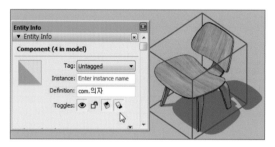

| 활성화 : 그림자가 표현됨

| 비활성화 : 그림자가 표현되지 않음

⑧ Advanced Attributes

컴포넌트를 만들 때 Advanced Attributes 항목에 입력한 내용이 표시됩니다.

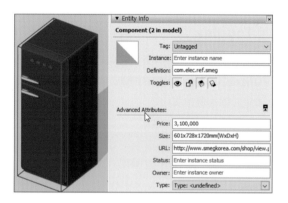

> | **알아두기** | **Lock/Unlock 명령**
>
> 객체에 마우스 포인터를 위치하고 우클릭해 나타나는 확장 메뉴 중 Lock/Unlock 명령을 클릭하거나 [Outliner] 창에서 객체에 마우스 포인터를 위치하고 우클릭해 나타나는 확장 메뉴 중 Lock/Unlock 명령을 클릭해도 됩니다.

05 | 치수선(Dimension)을 선택했을 때 나타나는 [Entity Info] 창 —

치수선의 [Entity Info] 창의 구성 요소에 대해서 알아보겠습니다. 전체적인 치수와 치수선을 수정하려면 [Model Info] 창의 Dimension 항목에서 수정하면 되고 특정 치수와 치수선을 수정하려면 [Entity Info] 창에서 수정하면 됩니다.

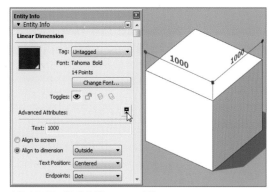

| 확장 옵션을 펼친 상태의 [Entity Info] 창

① Color thumbnail

치수와 치수선의 색상을 나타냅니다. 색상 박스를 클릭해 나타나는 [Choose Paint] 창의 [Edit] 탭을 클릭해 색상을 설정하면 치수와 치수선에 반영됩니다.

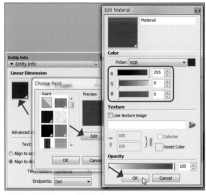

| 색상 수정-〈OK〉 버튼 클릭

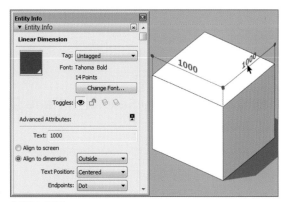

| 색상이 수정됨

② Change Font

〈Change Font〉 버튼을 클릭하면 [Font] 창이 나타나며 글꼴, 크기 등을 설정할 수 있습니다.

③ Advanced Attributes

확장 옵션으로 치수선의 정렬방식, 위치, 끝점의 모양 등을 설정할 수 있습니다. Show Advanced Attributes/Hide Advanced Attributes 아이콘(🖬/🖳)을 클릭하면 확장 옵션이 열리거나 닫힙니다.

[Materials] 창 알아보기

[Materials] 창에서는 매핑한 메트리얼을 나타내며 skm 파일 형식 또는 이미지 파일 형식 (jpg, png, etc)의 메트리얼을 불러오고 매핑 크기 및 불투명도를 조절할 수 있습니다.

5

상세
기능

01 | ⟨Select⟩ 탭의 구성 요소 알아보기

⟨Select⟩ 탭의 구성 요소에 대해 알아보겠습니다.

① **Material Preview** : 선택한 메트리얼을 미리보기 합니다.

② **Material Name** : 메트리얼의 이름을 표시합니다.

③ **Display the Secondary Selection Pane 펼침/닫힘 아이콘(🔳, 🔲)**

아래쪽에 Select 패널을 표시하거나 숨깁니다. In Model 아이콘(🏠)을 클릭해 In Model 라이브러리로 이동하면 Select 패널의 메트리얼을 클릭한 채로 드래그하여 In Model 라이브러리에 등록할 수 있습니다.

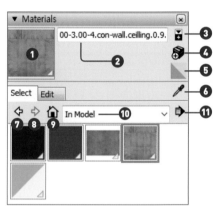

| ⟨Select⟩ 탭

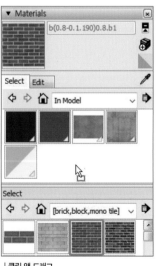

| 클릭 앤 드래그

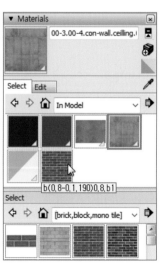

| 메트리얼이 등록됨

④ **Create Material()** : 새로운 메트리얼을 만들거나 불러옵니다.

⑤ **Set Material to Paint with to Default()**

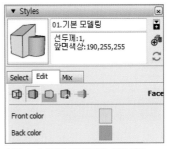

| [Styles] 창에서 설정된 앞면, 뒷면 색상

매핑하기 전의 디폴트(Default) 상태로 만들어주는 디폴트 메트리얼로 매핑합니다.
면의 방향에 따라 [Styles] 창의 Face Settings() 항목에 설정된 앞면 색상
(Front Color)과 뒷면 색상(Back Color)으로 매핑됩니다.

⑥ **Sample Paint()**

메트리얼을 샘플링합니다. Sample Paint 아이콘()을 클릭해 선택하고 샘플링할 면을 클릭하면 페인트 통 도구(Paint Bucket)가 활성화되고 매핑할 면을 클릭하면 샘플링한 면에 매핑된 메트리얼로 매핑됩니다. 매핑 좌표(방향)를 일치시키거나 무늬 및 패턴이 연결되는 매핑을 적용할 때 유용하게 사용할 수 있는 기능입니다.

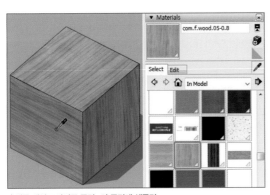

| 샘플 페인트 아이콘 클릭-면 클릭해 샘플링

| 매핑 : 매핑이 연결됨

⑦ **Back()** : 이전의 메트리얼 라이브러리로 이동합니다.

⑧ **Forward()** : 이동한 라이브러리를 되돌립니다.

⑨ **In Model()** : 현재 모델에 매핑된 메트리얼이 있는 라이브러리로 이동합니다.

⑩ **내림 버튼()** : 각종 skm 파일 형식의 메트리얼이 저장된 메트리얼 폴더를 나타냅니다.

⑪ Details(➡)

세부 메뉴를 나타냅니다.

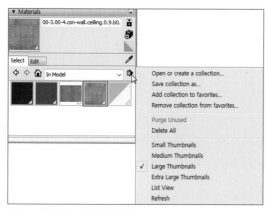

| In model 라이브러리의 디테일 메뉴

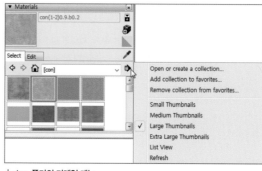

| skm 폴더의 디테일 메뉴

- **Open or create a collection** : 컬렉션 폴더를 열거나 새로운 컬렉션 폴더를 만듭니다.
- **Save collection as** : In Model 라이브러리에 있는 모든 메트리얼을 선택한 폴더나 새로 만든 폴더에 저장합니다. Save collection as로 저장하면 스케치업 전용 메트리얼 파일 형식인 skm 파일 형식으로 저장됩니다.
- **Add collection to favorites** : 컬렉션 폴더를 추가합니다.
- **Remove collection from favorites** : 추가한 컬렉션 폴더를 삭제합니다.
- **Purge Unused** : 매핑이 되지 않은 메트리얼을 삭제합니다.
- **Small/Medium/Large/Extra Large Tunmbnails** : 메트리얼의 미리보기 형식을 선택합니다.
- **List View** : 섬네일 형식이 아닌 목록 형식으로 메트리얼을 표시합니다.
- **Refresh** : 변경사항을 갱신합니다.

| 알아두기 | 매핑된 메트리얼과 매핑이 안 된 메트리얼 구분 방법

매핑이 된 메트리얼은 미리보기 이미지 오른쪽 하단에 흰색 삼각형이 표시되고 매핑이 안 된 메트리얼은 삼각형이 표시되지 않습니다. 삼각형 표시가 없는 매핑이 안 된 메트리얼은 Purge Unused 명령을 클릭했을 때 삭제됩니다.

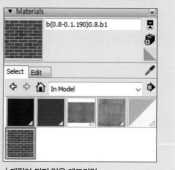

| 매핑이 되지 않은 메트리얼

02 | 〈Edit〉 탭의 구성 요소 알아보기

〈Edit〉 탭의 구성 요소에 대해 알아보겠습니다.

① Picker

매핑한 메트리얼의 색상을 수정합니다. 내림 버튼(⌄)을 클릭하면 색상을 수정할
수 있는 여러 가지 채널을 선택할 수 있습니다.

② Undo Color Changes

이전의 메트리얼 색상으로 되돌립니다.

③ Match Color of object in model(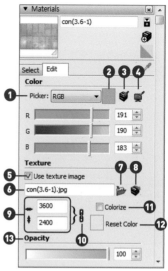)

현재 메트리얼의 색상을 다른 메트리얼에서 샘플링한 색상과 일치시킵니다. 해당
기능은 객체만 선택할 수 있습니다.

| 〈Edit〉 탭

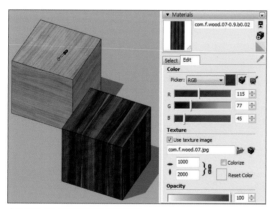

| 아이콘 클릭-샘플링 할 메트리얼 클릭

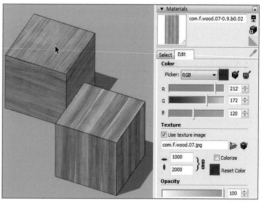

| 샘플링한 메트리얼의 색상과 일치됨

해당 기능은 색상 코드를 샘플링해 적용하는 기능으로 이해
하기 바랍니다.

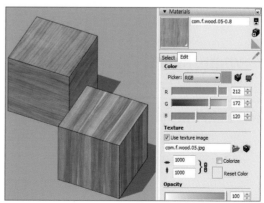

| 샘플링한 메트리얼의 색상 코드 : 해당 기능을 적용한 메트리얼의 RGB 색상
코드와 일치됨

④ Match Color on screen()

현재 메트리얼의 색상을 화면상에서 샘플링한 색상과 일치시킵니다. Match Color of object in model 기능은 객체만 선택할 수 있지만, Match Color on screen 기능은 객체와 화면상의 모든 색상을 선택할 수 있습니다.

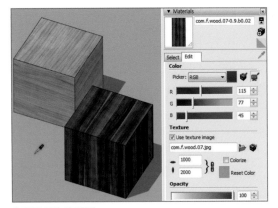

| 아이콘 클릭-배경 클릭

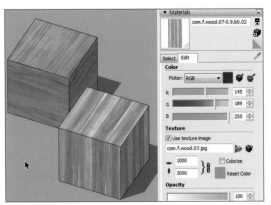

| 배경 색상으로 현재의 메트리얼 색상이 변경됨

⑤ Use texture image : 현재의 텍스쳐(메트리얼) 이미지 비율을 사용합니다. 해당 옵션을 체크 해제하고 새로운 메트리얼을 불러오면 메트리얼의 원본 비율이 적용됩니다.

⑥ Texture name : 텍스쳐의 원본 이름을 표시합니다. 이름을 수정하면 텍스쳐 무늬는 사라지고 텍스쳐 색상만으로 표현됩니다.

⑦ Browse for Material Image File(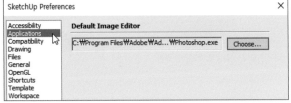) : 새로운 메트리얼을 불러와서 현재의 메트리얼을 대체합니다.

⑧ Edit texture image in external editor(○) : 텍스쳐를 편집하기 위해 [SketchUp Preferences] 창의 Applications 항목에서 설정한 이미지 편집 프로그램(포토샵)을 실행합니다.

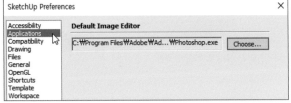

| [SketchUp Preferences] 창의 Applications 항목 : 포토샵이 설정됨

⑨ Width/Height : 메트리얼의 가로, 세로 크기를 설정합니다. 가로나 세로 크기 중 한 부분의 수치값을 입력하면 나머지 부분은 자동으로 설정됩니다.

⑩ Lock/Unlock Aspect Ratio(○, ○) : 가로/세로 크기 비율을 잠그거나 해제합니다. 메트리얼의 특정 방향의 크기만 수정할 때 유용하게 사용할 수 있는 옵션입니다. Lock 아이콘(○)을 클릭하면 Unlock(○) 상태가 되며 가로, 세로 크기를 각각 임의로 설정할 수 있습니다.

| Lock 상태

| 클릭해 Unlock 상태로 만듦

| 크기 수정

| 클릭해 다시 Lock 상태로 만듦

⑪ Colorize

색상 보정을 합니다. 색상 수정 시 적절한 색상이 표현되지 않는 경우 체크하면 통일된 색상으로 보정됩니다.

| 색상 수정 전 | 색상 수정 : 색상이 이상하게 표현됨 | Colorize 체크 : 통일된 색상으로 표현됨

⑫ Reset Color : 원래 색상으로 되돌립니다.

⑬ Opacity

메트리얼의 불투명도를 조절합니다. 유리(glass), 물(water) 등의 불투명도가 있는 재질을 표현할 때 사용하는 옵션으로 수치값을 입력하거나 슬라이드 바를 이동하여 설정할 수 있습니다. 수치값이 100일 경우 완전히 불투명하고 수치값이 0일 경우 완전히 투명합니다. 수치값이 70 미만이면 그림자가 표현되지 않습니다.

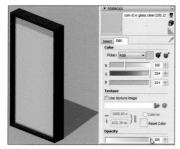 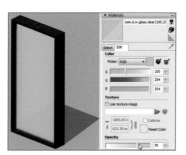 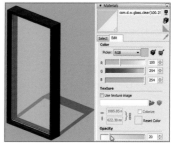

| Opacity 100 : 유리의 투명도가 없음 | Opacity 70 : 유리가 투명해짐 | pacity 20 : 유리의 그림자가 표현되지 않음

03 | 확장 메뉴 알아보기

[Materials] 창의 In Model 라이브러리에 등록된 메트리얼 위로 마우스 포인트를 위치하고 우클릭하면 나타나는 확장 메뉴에 대해 알아보겠습니다.

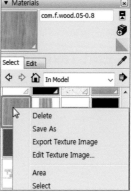

| 확장 메뉴

① **Delete** : 선택한 메트리얼을 삭제합니다.

② Save As

선택한 메트리얼을 다른 이름으로 저장합니다. 유의할 점은 매핑한 메트리얼의 원본 파일 형식(예 : jpg, png 파일 형식)이 아닌 스케치업 전용 메트리얼 파일 형식인 skm 파일 형식으로만 저장된다는 부분입니다.

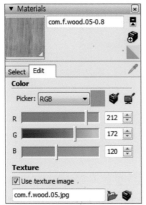

| jpg 파일 형식의 메트리얼

| Save As 클릭

| skm 파일 형식으로만 저장됨

③ Export Texture Image

선택한 메트리얼을 원본 파일 형식 그대로 저장하며 다른 이미지 파일 형식을 선택해서 저장할 수도 있습니다.

| Export Texture Image.

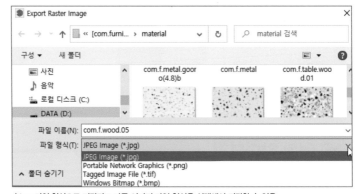

| jpg 파일 형식으로 저장되고 다른 이미지 파일 형식을 선택해서 저장할 수 있음

④ Edit Texture Image

[SketchUp Preferences] 창의 Application 항목에서 설정한 메트리얼 편집 프로그램(포토샵)이 실행되며 선택한 메트리얼이 포토샵 작업 화면에 나타납니다.

⑤ Area

해당 메트리얼이 매핑된 면적을 나타냅니다. 실무에서 아주 유용한 명령으로 표시되는 면적은 [Model Info] 창의 Units 항목에서 설정한 Area 단위로 표시됩니다.

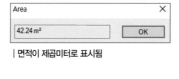

| 면적이 제곱미터로 표시됨

| Area 클릭

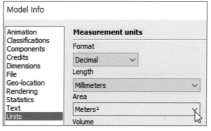

| [Model Info] 창의 Units 항목의 Area 단위:제곱미터

⑥ Select

메트리얼을 선택합니다. 선택된 면은 파란색 망점으로 표시되며 그룹(or 컴포넌트)으로 묶인 면은 선택하지 못합니다.

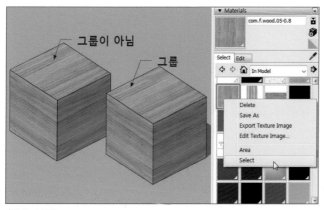

| Select 클릭

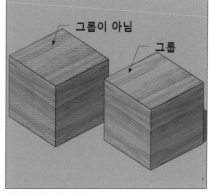

| 그룹이 아닌 면만 선택됨

[Components] 창 알아보기

[Components] 창은 컴포넌트를 불러오고 컴포넌트의 세부적인 속성을 설정합니다.

6

상세
기능

01 | <Select> 탭의 구성 요소 알아보기

① **Thumbnail** : 선택한 컴포넌트의 미리 보기 화면입니다.

② **Name** : 선택한 컴포넌트의 이름을 표시합니다.

③ **Component Description** : 선택한 컴포넌트의 설명을 표시합니다.

④ **Display the Secondary Selection Pane 펼침/닫힘 아이콘(🔖,🖥)** : 아래쪽에 Select 패널을 표시하거나 숨깁니다. In Model 라이브러리 상태에서 Select 패널의 컴포넌트를 클릭한 채로 드래그하면 In Model 라이브러리에 등록됩니다.

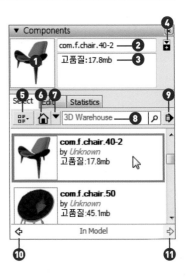

⑤ **View Options(▦)**

컴포넌트의 미리보기 방식을 설정합니다.

- **Small Thumbnails** : 섬네일 이미지를 작게 표시합니다.
- **Large Thumbnails** : 섬네일 이미지를 크게 표시합니다.
- **Details** : 일반적인 미리보기 방식으로 섬네일 이미지와 해당 컴포넌트의 설명을 표시합니다.
- **List** : 미리보기 방식을 섬네일 이미지가 아니라 리스트로 표시합니다.
- **Refresh** : 변경 사항을 갱신합니다.

⑥ **In Model(🏠)** : 현재 모델에 있는 컴포넌트를 나타내는 In Model 라이브러리로 이동합니다.

⑦ **Navigation(▼)** : 기본적으로 제공하는 컴포넌트 라이브러리를 표시하고 탐색합니다. 원하는 항목을 클릭하면 3D Warehouse에 접속해서 컴포넌트를 검색하고 다운로드 할 수 있지만 웨어하우스 도구 모음(Warehouse Toolbar 🔍🔍⊕✄)의 3D Warehouse 도구 (3D Warehouse 🔍)를 클릭해 직접 [3D warehouse] 창을 열어 검색하고 다운로드하는 방법이 효율적입니다.

⑧ **Search 3D Warehouse** : 스케치업 파일 공유 사이트인 Warehouse 검색 창입니다. 검색어를 입력해서 컴포넌트를 검색하고 컴포넌트를 클릭하면 다운로드할 수 있지만, 3D Warehouse 도구(3D Warehouse ⑧)를 클릭해 [3D warehouse] 창을 열어 검색하고 다운로드하는 방법이 효율적입니다.

⑨ **Details( )** : 세부 메뉴를 나타냅니다.

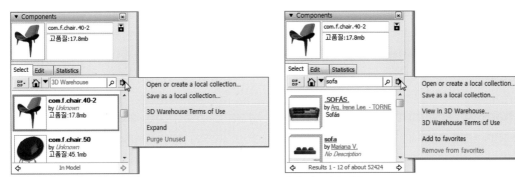

| In Model 라이브러리 | 컴포넌트 라이브러리

- **Open or create a local collection** : 컴포넌트 폴더를 열거나 새로운 컬렉션 폴더를 만듭니다.
- **Save as a local collection** : 현재의 컴포넌트 라이브러리에 있는 컴포넌트를 컬렉션 폴더에 저장합니다.
- **View in 3D Warehouse** : 3D Warehouse 웹 페이지에 접속합니다.
- **3D Warehouse Terms of Use** : 3D Warehouse의 서비스 약관 페이지를 나타냅니다.
- **Add to favorites** : 즐겨찾기에 추가합니다.
- **Remove from favorites** : 즐겨찾기에서 삭제합니다.
- **Expand** : 컴포넌트에 포함된 하위 컴포넌트를 모두 표시합니다.
- **Purge Unused** : 불필요한 컴포넌트를 삭제합니다.

⑩ **Back** : 이전의 라이브러리로 이동합니다.

⑪ **Forward** : 이후의 라이브러리로 이동합니다.

02 | ⟨Edit⟩ 탭의 구성 요소 알아보기

[Components] 창의 In Model 라이브러리에 있는 컴포넌트를 클릭해 선택하고 ⟨Edit⟩ 탭을 클릭하면 컴포넌트의 정렬 방식과 여러 옵션을 설정할 수 있습니다.

① Glue to

컴포넌트의 정렬 방향을 설정합니다. 내림 버튼(⌄)을 클릭하면 정렬 방향을 설정할 수 있습니다.

- **None** : 정렬 방향을 설정하지 않습니다. 컴포넌트를 만들 때 배치한 축을 기점 으로 배치합니다.

- **Any** : 수평, 수직, 경사면에 모두 배치합니다.
- **Horizontal** : 수평면에 배치합니다.
- **Vertical** : 수직면에 배치합니다.
- **Sloped** : 경사면에 배치합니다.

② **Cut opening** : 컴포넌트와 접하는 면을 오프닝 시키면서 배치합니다.

③ **Always face camera** : 항상 카메라를 바라보는 시점으로 배치합니다. 화면을 회전시켜도 컴포넌트가 항상 카메라를 바라보게 됩니다.

④ **Shadow face sun** : Always face camera 옵션에 체크 표시가 되어 있어야 활성화되는 옵션으로 컴포넌트의 그림자 방향을 고정합니다. 체크 표시하면 그림자가 객체에 붙어서 표현되지 않고 체크 해제하면 객체에 붙어서 표현됩니다.

⑤ **Loaded From** : 컴포넌트의 임시 저장 경로가 표시되며 폴더 아이콘(📂)을 클릭해 컴포넌트를 불러오면 현재의 컴포넌트를 대체합니다.

03 | 〈Statistics〉 탭의 구성 요소 알아보기

〈Statistics〉 탭은 컴포넌트를 구성하는 각종 요소 정보를 나타냅니다.

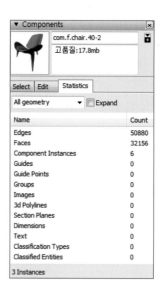

① 내림 버튼(∨)

내림 버튼(∨)을 클릭하면 All geometry와 Component를 선택할 수 있습니다. All geometry를 선택하면 컴포넌트의 모든 정보를 표시하며 Component를 선택하면 하위 컴포넌트가 있을 경우 하위 컴포넌트의 수를 표시합니다.

② Expand

체크 표시하면 모든 정보를 더 세부적으로 표시합니다.

04 | 컴포넌트 확장 메뉴 알아보기

In Model 라이브러리에 등록된 컴포넌트에 마우스 포인트를 위치하고 우클릭하면 확
장 메뉴가 나타납니다.

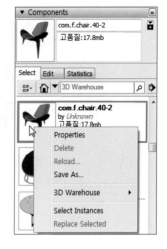

① **Properties** : [Components] 창의 〈Edit〉 탭을 나타냅니다.

② **Delete** : 컴포넌트를 삭제합니다.

③ **Reload** : 다른 컴포넌트를 불러와서 현재의 컴포넌트를 대체합니다.

④ **Save As** : 다른 이름으로 저장합니다.

⑤ **3D Warehouse** : 3D Warehouse에 해당 컴포넌트를 공유하거나 3D
Warehouse에서 검색한 컴포넌트와 대체합니다.

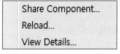

| 확장 메뉴

• **Share Component** : 해당 컴포넌트를 3D Warehouse에 공유합니다. Share Component를 클릭하면 MODEL
DETAILS 웹 페이지가 나타나며 모델의 정보를 입력한 다음 Upload 버튼을 클릭하면 컴포넌트가 3D Warehouse에 업
로드됩니다.

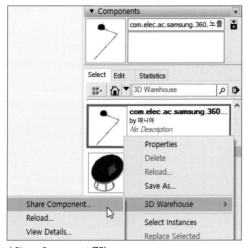

| Share Component 클릭

| 정보 입력 후 〈Upload〉 버튼 클릭

• **Reload** : 3D Warehouse의 컴포넌트와 대체합니다. Reload 명령을 클릭하면 3D Warehouse 웹 페이지가 실행되며 컴포넌트를 검색하고 현재의 컴포넌트와 대체할 수 있습니다.

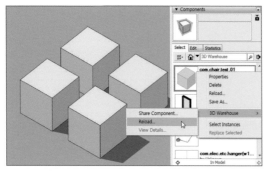

| Reload 클릭

| 컴포넌트 검색-대체할 컴포넌트 클릭

| 〈Download〉 버튼 클릭

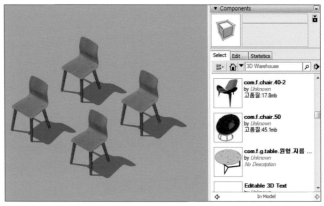

| 컴포넌트가 대체됨

컴포넌트가 대체되면서 배치되는 기준점은 해당 컴포넌트의 축의 방향입니다. 축의 방향을 확인하려면 컴포넌트를 더블클릭해 편집 모드로 만들면 됩니다.

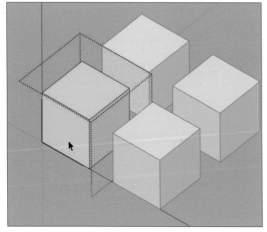

| 원본 컴포넌트의 축의 방향

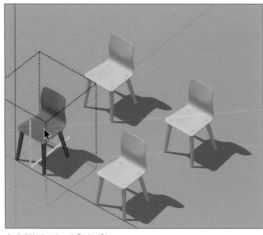

| 대체된 컴포넌트의 축의 방향

- **View Details** : 3D Warehouse에 업로드한 컴포넌트의 디테일을 확인합니다. View Details 명령을 클릭하면 [3D Warehouse] 창이 열리며 미리보기 화면의 〈Launch 3D Web viewer〉 버튼을 클릭하면 3D 웹 뷰어 페이지가 나타납니다.

  3D 웹 뷰어 페이지에서 화면을 회전, 확대, 축소하면서 해당 컴포넌트의 디테일을 확인할 수 있습니다.

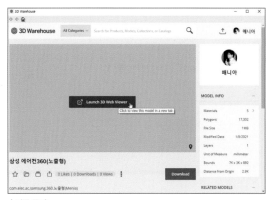

| 버튼 클릭

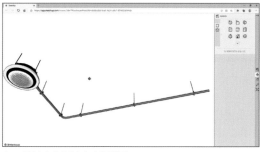

| 3D 웹 뷰어 페이지에서 디테일 확인

⑥ **Select Instances** : 모델에서 동일한 컴포넌트를 선택합니다.

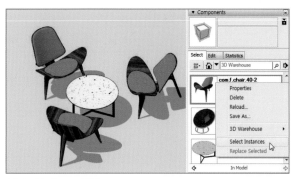

| Select Instances 클릭

| 동일한 컴포넌트가 선택됨

⑦ **Replace Selected** : 모델에서 선택된 컴포넌트를 해당 컴포넌트로 대체합니다.

| 컴포넌트 선택-Replace Selected 클릭

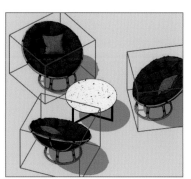

| 선택한 컴포넌트가 대체됨

[Styles] 창 알아보기

[Styles] 창에서는 작업한 모델의 각종 선(Edges), 면(Faces), 배경(Sky, Ground, Background) 등의 스타일을 세부적으로 설정할 수 있으며 외부에서 이미지 파일을 불러오거나 스케치업에서 제공하는 스타일을 이용해 다양한 이미지를 만들 수도 있습니다.

7

상세
기능

01 | 〈Select〉 탭의 구성 요소 알아보기

[Styles] 창의 〈Select〉 탭은 각종 스타일을 불러올 수 있으며 현재의 모델에 적용된 스타일을 확인할 수 있습니다.

① Style Preview(Update Style with changes)

스타일 미리보기 화면입니다. 스타일을 수정하면 업데이트 표시가 나타납니다.

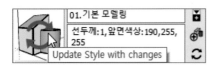

② Name

스타일 이름을 표시합니다.

③ Description

해당 스타일의 세부적인 설명을 표시합니다.

④ Display the Secondary Selection Pane 펼침/닫힘(🔒, 🔓)

아래쪽에 Select 패널을 표시하거나 숨깁니다. In Model 라이브러리에서 Select 패널의 스타일을 클릭하거나 드래그하면 In Model 라이브러리에 등록됩니다.

| 스타일 등록전

| 스타일 클릭-등록됨

| 클릭한 채로 드래그

| 등록됨

⑤ Create new Style(🔧)

새로운 스타일을 In Model 라이브러리에 추가합니다. 기존의 스타일을 수정하면 스타일 미리보기 화면에 업데이트 표시가 되며 아이콘을 클릭하면 스타일이 추가됩니다.

| 스타일 수정-아이콘 클릭

| 새로운 스타일이 추가됨

⑥ Update Style with changes(🔄)

현재의 스타일을 업데이트합니다. 현재의 스타일에 변동사항이 있으면 미리보기 화면에 업데이트가 표시되며 업데이트를 할 수 있는 Update Style with changes 아이콘(🔄)이 활성화됩니다. 스타일을 수정한 다음 Update Style with changes 아이콘(🔄)을 클릭하거나 스타일 미리보기 화면을 클릭하면 현재의 스타일이 수정한 내용으로 업데이트됩니다.

| 스타일 수정-아이콘 클릭

| 기존 스타일이 업데이트 됨

⑦ **Back(↩)** : 이전의 스타일 라이브러리로 이동합니다.

⑧ **Forward(↪)** : 이후의 스타일 라이브러리로 이동합니다.

⑨ **In Model(🏠)** : 현재의 모델에 적용된 스타일들을 나타내는 라이브러리로 이동합니다.

⑩ **내림 버튼(⌄)** : 내림 버튼(⌄)을 클릭하면 다양한 스타일이 저장된 스타일 폴더들이 나타나며 각각의 폴더를 클릭해서 폴더 내의 스타일을 클릭하면 현재의 모델에 해당 스타일이 반영되고 In Model 라이브러리에 등록됩니다.

⑪ **Details(▸)**

세부 메뉴를 나타냅니다.

- **Open or create a collection** : 컬렉션 폴더를 열거나 새로운 컬렉션 폴더를 만듭니다.
- **Save collection as** : In Model 라이브러리에 있는 모든 스타일을 선택한 폴더나 새로 만든 폴더에 저장합니다.
- **Add collection to favorites** : 즐겨찾기 컬렉션에 추가합니다.
- **Remove collection from favorites** : 추가한 컬렉션 폴더를 컬렉션 경로에서 삭제합니다.
- **Purge Unused** : 사용하지 않는 스타일을 삭제합니다.
- **Small(작은 크기)/Medium(중간 크기)/Large(큰 크기)/Extra Large Thumbnails(가장 큰 크기)/List View(문자 리스트로 보기)** : 스타일의 미리보기 방식을 설정합니다.
- **Refresh** : 변경된 사항을 갱신합니다.

02 | 〈Edit〉 탭의 구성 요소 알아보기

〈Edit〉 탭에서는 모델의 전반적인 스타일을 설정합니다.

① Edge Settings(🖉)

선(Edge)의 속성을 설정합니다. 각 옵션의 수치값은 픽셀 크기이기 때문에 내보내기(Export) 이미지의 픽셀 크기에 따라 다르게 설정해야 합니다. 즉 내보내기 픽셀 크기가 3000픽셀일 때 수치값이 1 이였다면 6000 픽셀일 경우에는 1보다 높게 설정해야 한다는 의미입니다. 또한 옵션 체크 및 수치값 수정으로 인한 선의 변화는 각종 도구를 사용할 때 자동 스냅 기능에는 영향을 주지 않습니다.

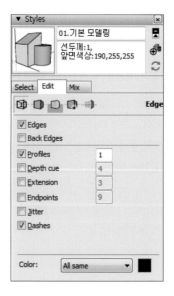

• **Edges** : 선을 표현합니다.

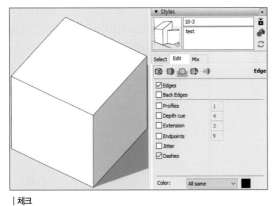

| 체크

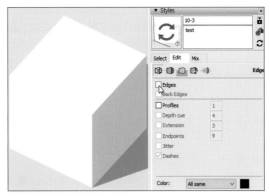

| 체크 해제

• **Back Edges** : 보이지 않는 부분의 선을 점선으로 표현합니다. Back Edges 옵션은 스타일 도구 모음(Styles Toolbar)의 Back Edges 도구(◎)와 동일한 기능입니다.

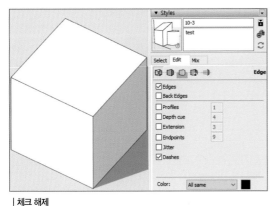

| 체크 해제

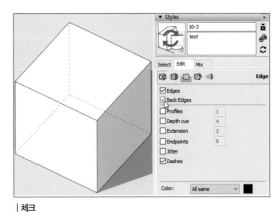

| 체크

• **Profiles** : 가장자리 선(윤곽선)의 두께를 설정합니다.

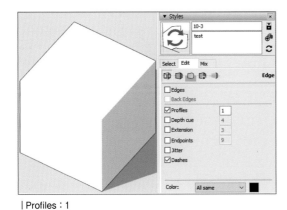

| Profiles : 1

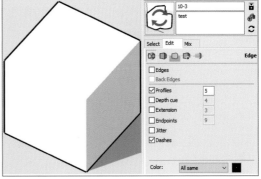

| Profiles : 5

• **Depth cue** : 화면 앞쪽의 선을 뒤쪽의 선보다 두껍게 표현합니다.

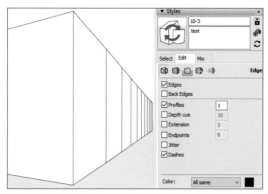

| 체크 해제

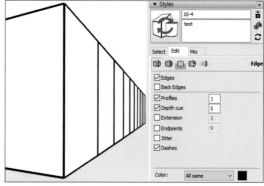

| 체크 : Depth cue 5

• **Extension** : 연장선을 표현합니다.

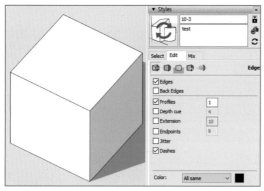

| 체크 해제

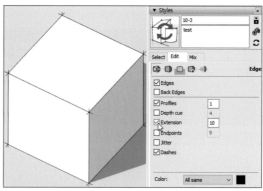

| 체크 : Extension 10

• **Endpoint** : 선의 끝점을 진하게 표현합니다.

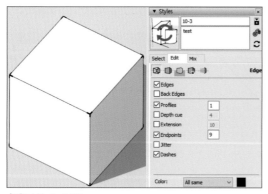

| 체크 : Endpoint 9

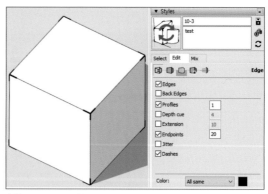

| 체크 : Endpoint 20

- **Jilter** : 손으로 스케치한 것처럼 선을 거칠게 표현합니다.

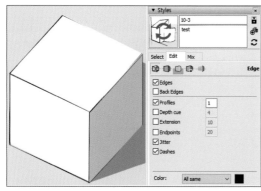

| 체크 : Profiles 1

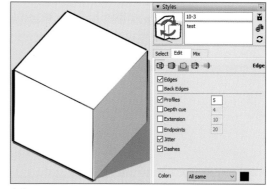

| 체크 : Profiles 5

- **Dashes** : 해당 객체가 포함된 태그의 Dashes(선의 속성) 설정을 표현합니다. Dashes 설정이 점선으로 되어 있으면 점선으로 객체를 표현합니다.

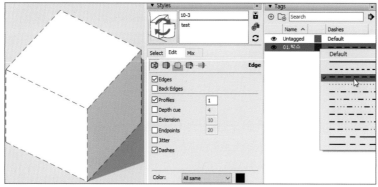

| 체크 : 객체가 포함된 태그의 Dashes 설정이 점선으로 설정되어 있음

- **Color** : 선의 색상을 설정합니다. 색상 박스를 클릭해서 선의 색상을 설정할 수 있습니다.

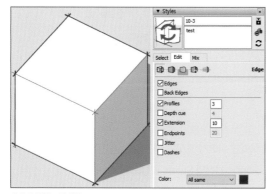

| 선의 색상 : 빨간색

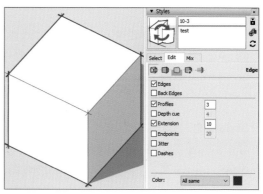

| 파란색

| 알아두기 | **Color 옵션의 확장 메뉴**

Color 옵션의 내림 버튼(ⵠ)을 클릭하면 나타나는 확장 메뉴에 대해 알아보겠습니다.

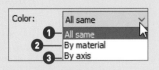

❶ All Same : 선을 [Choose Color] 창에서 설정한 색상으로 표현합니다.

❷ By material : 선을 메트리얼(Material) 색상으로 표현합니다. 편집 모드에서 매핑 하면 효과를 못 보며 그룹(or 컴포넌트)에 바로 매핑해야 효과를 볼 수 있습니다.

❸ By axis : 선을 축의 색상으로 표현합니다.

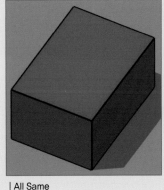

| All Same

| By material

| By axis

② Face Settings(◨)

앞면과 뒷면의 색상을 설정합니다. Face Setting에서 설정한 색상이 모델링 된 객체의 매핑이 되지 않은 앞면(Front Color)과 뒷면 색상(Back Color)으로 표현됩니다.

• **Front color** : 객체의 앞면 색상을 설정합니다. Front color 옆의 색상 박스를 클릭하면 나타나는 [Choose Color] 창에서 다양한 색상으로 변경할 수 있습니다. 저자의 Front Color 색상은 이 책에서 설정한 RGB 색 모델 수치값으로 R:190, G:255, B:255입니다.

• **Back color** : 객체의 뒷면 색상을 설정합니다. 뒷면 색상은 특별한 경우가 아닌 이상 수정하지 않는 것을 권장합니다. 뒷면임을 쉽게 알 수가 있기 때문에 대부분의 스케치업 사용자들도 Back color는 기본으로 설정된 색상을 유지합니다.

• **Style** : 면(Face)의 스타일을 설정합니다. Style 항목에 있는 스타일들은 스타일 도구 모음(Styles Toolbar ⬚⬚⬚⬚⬚⬚⬚)의 도구 중에서 Back Edges 도구(◌)를 제외한 나머지 도구와 동일한 기능으로 스타일 도구 모음 (Styles Toolbar ⬚⬚⬚⬚⬚⬚⬚)과 [Styles] 창의 Face Settings 옵션의 Styles 설정은 서로 연동됩니다.

작업을 진행할 때는 텍스쳐가 표현되는 가장 기본적인 스타일인 Display shaded using textures 스타일(⬢)로 작업하고 완성 이미지를 출력할 때는 옵션을 수정해서 다양한 스타일로 출력해 보기 바랍니다.

– Display in wireframe mode(Wireframe 도구 ✎) : 객체를 선으로만 표현합니다.

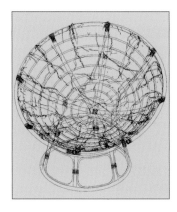 

– Display in hidden line mode(Hidden Line 도구 ◇) : [Styles] 창의 Background Settings(◻)에서 설정한 배경(Background) 색상으로 객체를 표현합니다.

– Display in shaded mode(Shaded 도구 ◗) : 객체를 메트리얼 색상만으로 표현합니다. Display shaded using textures 스타일(Shaded With Texture 도구 ◗)로 용량이 큰 작업 모델을 표현할 때 많은 메모리가 필요하기 때문에 화면에 반영되는 시간이 지체되는 경우가 있습니다. 이런 경우 Display in shaded mode 스타일(Shaded 도구 ◗)로 작업 모델을 표현하면 화면에 반영되는 시간이 단축됩니다.

- **Display shaded using textures(Shaded With Texture 도구 )** : 메트리얼이 올바로 표현되는 일반적인
스타일입니다.

- **Display shaded using all same(Monochrome 도구 )** : 객체를 Face Settings에서 설정한 Front color와
Back color로만 표현합니다. 매핑이 되어 있더라도 객체의 보이는 면이 뒷면이면 바로 확인이 가능한 스타일입니다.

- **Display in X-Ray mode(X-Ray 도구 )** : 다른 도구와 같이 사용하며 객체를 투명하게 표현합니다. 면에 가려
보이지 않는 선을 선택할 때 유용하게 활용할 수 있습니다.

| Display shaded using textures+X-ray | Display shaded using textures+X-ray

• **Material transparency** : 불투명도가 설정된 메트리얼의 투명도를 표현합니다.

| 체크

| 체크 해제

– **Transparency quality** : 투명도의 품질을 설정합니다.

　Faster : 빠르게 표현합니다.

　Nicer : 고품질로 표현합니다.

– **X-Ray opacity** : Transparency quality를 Nicer로 설정했을 때 활성화되며 X-Ray 스타일의 불투명도를 조절할 수 있습니다.

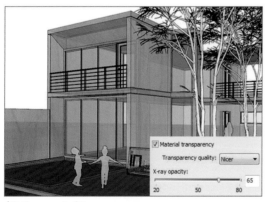

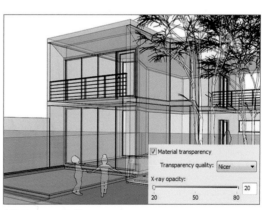

| X-Ray opacity 65

| X-Ray opacity 20

③ Background Settings(🖼)

배경(Background), 하늘(Sky), 지면(Ground) 색상의 표현 여부를 설정합니다. Background, Sky, Ground 옵션 옆의 색상 박스를 클릭해 원하는 색상으로 변경할 수 있습니다.

• **Background** : 색상 박스에서 설정한 배경 색상을 표현합니다.

| R:255, G:255, B:255

| R:255, G:255, B:180

• **Sky** : 체크하면 색상 박스에서 설정한 하늘 색상을 표현합니다.

| R:120, G:190, B:255

• **Ground** : 체크하면 색상 박스에서 설정한 지면 색상을 표현합니다.

| R:255, G:240, B:190

– Transparency : Ground 옵션에 체크하면 활성화되는 옵션으로 Ground 색상의 투명도를 설정합니다. 시점을 지면 아래로 해야 확인되는 옵션으로 슬라이드 바가 오른쪽으로 갈수록 투명해집니다.

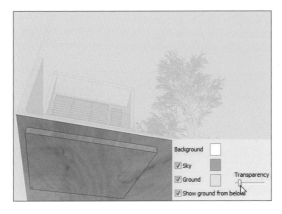 

• Show ground from below : 체크 시 시점이 지면 아래에 있으면 Ground 색상을 표현합니다.

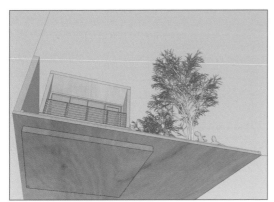 

| 체크 : 그라운드 색상이 표현됨 | 체크 해제 : 그라운드 색상이 표현되지 않음

④ Watermark Settings ( )

작업 모델에 불러온 이미지를 워터마크로 표시합니다. 비활성
된 아이콘들은 워터마크를 불러온 다음 워터마크를 선택하면
활성화됩니다.

| 워터마크를 추가하기 전의
  스타일 창

| 워터마크를 추가한 후의 스타일 창

- **Display watermarks** : 워터마크를 표시합니다.
- **Add Watermarks(⊕)** : 워터마크를 추가합니다.
- **Delete Watermarks(⊖)** : 선택한 워터마크를 삭제합니다.
- **Edit Watermarks Settings(✿)** : [Edit Watermark]
  창이 나타나며 워터마크를 수정할 수 있습니다. 워터마크를 더블클릭해도 [Edit
  Watermarks Settings] 창이 나타납니다.
- **Move Watermarks Down/Up(↓ / ↑)** : 선택한 워터마크를 아래/위로 이동합니다.
- **Thumb/Name** : 워터마크의 섬네일 이미지와 이름을 표시합니다.

워터마크 활용하기

워터마크 기능의 다양한 활용 방법을 알아보겠습니다.

01 | 회사 로고 표시하기

이미지 파일을 불러와서 회사 로고를 표현하는 방법에 대해 알아보겠습니다. 실무 예제 따라하기 과정에서 학습하는 내용이지만, 회사 로고나 기타 이미지 파일을 가지고 따라 해 보면 학습에 더 큰 도움이 됩니다. 유의할 점은 배경을 투명하게 표현하는 PNG 파일 형식이 로고 표현에 적합하다는 부분입니다.

① [이미지 파일 불러오고 이름 입력]

Add Watermarks 아이콘(⊕)을 클릭해 워터마크 이미지를 불러오면 작업 영역 중앙에 불러온 이미지가 표시되며 워터마크의 이름과 배치되는 위치를 설정할 수 있는 [Create Watermark] 창이 나타납니다. 이미지가 작업 모델 앞에 배치되게 Overlay 옵션의 체크를 확인하고 워터마크 이름을 입력한 다음 〈Next〉 버튼을 클릭합니다. Background에 체크 표시를 하면 작업 모델 뒤에 이미지가 표시됩니다.

| png 파일 형식의 이미지 불러옴

| 이름 입력-〈Next〉 버튼 클릭

② [워터마크 옵션 설정]

워터마크의 투명도를 조절하는 옵션들이 표시됩니다. Create Mask 옵션은 마스크 기능을 이용할 때 체크하면 되고 Blend는 워터마크의 투명도를 설정하는 옵션입니다. Image 쪽으로 슬라이드 바가 갈수록 워터마크가 선명해지며 Model 쪽으로 슬라이드 바가 갈수록 투명해집니다. 기본 설정을 유지하고 〈Next〉 버튼을 클릭하면 워터마크의 표시 방식과 위치를 설정하는 옵션들이 표시됩니다. 화면에 배치할 위치를 지정하는 옵션인 Positioned in the screen에 체크 표시합니다.

| 〈Next〉 버튼 클릭

| Positioned in the screen 옵션 체크 표시

③ [완성]

아홉 개의 위치 중 원하는 위치를 클릭해 체크합니다. Scale의 슬라이드 바를 왼쪽으로 이동해 크기를 알맞게 조절하고 〈Finish〉 버튼을 클릭해 워터마크 배치를 완료합니다. 배치한 워터마크는 화면을 회전해도 항상 동일한 위치에 표시됩니다.

④ [스타일 추가/장면 업데이트 or 장면 추가]

스타일 옵션을 수정했을 때 가장 중요한 부분은 수정한 스타일을 Create new Style 아이콘(⊕)을 클릭해 새로운 스타일로 만든 다음 장면을 업데이트하거나 새로운 장면을 추가해야 한다는 점입니다. 위 내용의 작업을 하지 않으면 다른 장면을 선택했을 때 수정한 스타일은 사라지며 불필요한 파일을 제거하는 Purge 명령을 클릭했을 때 수정한 스타일이 삭제되기 때문입니다.

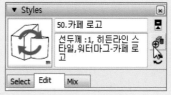

| 스타일 이름/설명 입력-스타일 추가

| 장면 업데이트 or 장면 추가

02 | 배경 표현하기

이미지 파일을 불러와서 배경을 표현하는 방법에 대해 알아보겠습니다.

① [이미지 파일 불러오고 이름 입력]

워터마크를 하나 더 추가하기 위해 Add Watermarks 아이콘(⊕)을 클릭하고 배경으로 사용할 사진을 불러옵니다. 워터마크는 여러 장의 이미지 파일을 불러와서 적용할 수 있습니다. 배경으로 표현하기 위해 Background에 체크 표시를 하고 이름을 입력한 다음 〈Next〉 버튼을 클릭합니다.

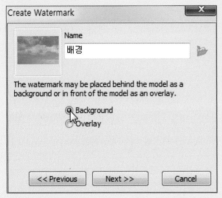

| 이미지 파일 불러옴-Background 체크-이름 입력-〈Next〉 버튼 클릭

| 배경으로 표현된 상태

② [옵션 확인]

배경이 너무 선명하면 Blend 옵션의 슬라이드 바를 움직여 배경의 불투명도를 조절할 수 있습니다. 〈Next〉 버튼을 클릭합니다.

| 〈Next〉 버튼 클릭

③ [옵션 설정]

배경으로 표현한 이미지의 비율과 스케치업 화면(작업 영역) 비율이 맞지 않으면 스케치업 화면 아래, 위로 여백이 나타납니다. 배경을 스케치업 작업 화면에 꽉 차게 표현하기 위해 원본 이미지 비율을 고정하는 Lock Aspect Ratio 옵션의 체크 표시를 해제해 화면에 꽉 차게 배치한 다음 〈Finish〉 버튼을 클릭합니다.

| Lock Aspect Ratio 옵션 체크 해제 | 이미지가 스케치업 작업 화면에 꽉 차게 배치됨

④ [스타일 추가/장면 추가 or 장면 업데이트]

Create new Style 아이콘(⊕)을 클릭
해 새로운 스타일로 만든 다음 장면을 추
가하거나 장면을 업데이트합니다.

| 스타일 이름/설명 입력–스타일 추가

03 | 워터마크의 표시 방식

워터마크의 표시 방식에 대해 알아보겠습니다.

① **Stretched to fit the screen** : 워터마크를 화면 전체에 표시합니다.
Lock Aspect Ratio 항목에 체크하면 워터마크가 불러온 이미지의 원본 비율
로 표시되며 체크를 해제하면 화면 전체에 표시됩니다. 워터마크로 불러온 이미
지가 가로세로 비율이 화면 비율과 맞지 않으면 왜곡되어 보이는 현상이 발생합니다.

| 장면 추가 or 장면 업데이트

| Lock Aspect Ratio 옵션 체크

| 원본 비율로 배치됨

| Lock Aspect Ratio 옵션 체크 해제

| 화면 비율이 맞지 않아 세로 크기가 길게 왜곡되어 보임

② Tiled across the screen : 워터마크의 크기를 조절하면서 규칙적인 타일 형식으로 표시합니다.

| 옵션 체크-크기 조절

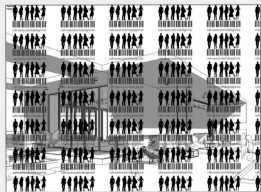

| 타일 형식으로 표시됨

저자는 해당 옵션을 이미지 도용 방지 스타일로 만들어 사용하고 있습니다.

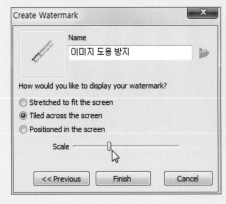

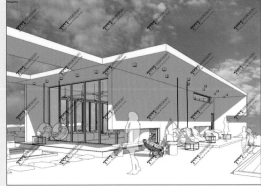

| 이미지 도용 방지 스타일

③ **Positioned in the screen** : 워터마크의 크기를 조절하면서 아홉 개의 영역 중 체크 표시한 영역에 워터마크를 표시합니다.

⑤ **Modeling Settings(🖼)**

모델링된 객체의 면이나 단면선의 색상, 축의 표시 여부, 매치 포토(Match Photo)에 관한 옵션 등을 설정합니다.

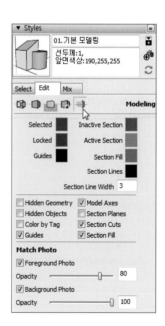

- **Selected** : 선택 도구(Select ▶)로 객체를 선택하면 표시되는 색상을 설정합니다. 기본 색상을 유지하는 것을 권장합니다.

| 선 선택-파란색 선 | 면 선택-파란색 망점

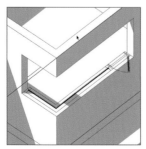

| 그룹 or 컴포넌트 선택-파란색 영역

- **Locked** : Lock 명령어로 잠긴 객체를 선택 했을 때 객체의 영역을 표시하는 색상을 설정합 니다. 기본 색상을 유지하는 것을 권장합니다.

- **Guides** : 줄자 도구(Tape Measure ⟋)로 만드는 보조선의 색상을 설정합니 다. 저자는 보조선을 더 강조하기 위해 색 상을 수정해 사용하는 경우가 있습니다.

| 기본 색상 : 검정색

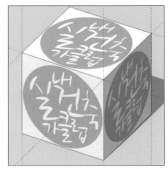

| 수정 색상 : 빨간색 (R:255, G:0, B:0)

- **Inactive Section** : 비활성화된 Section Plane의 색상을 설정합니다. 비활성화의 의미는 단면 도구(Section Plane ⟺)로 단면을 표시한 다음 단면 컷 표시 도구(Display Section Cuts ⟁)가 비활성화 상태(⟺▢⟁▢)가 된 것을 말합니 다. 기본 색상을 유지하는 것을 권장합니다.

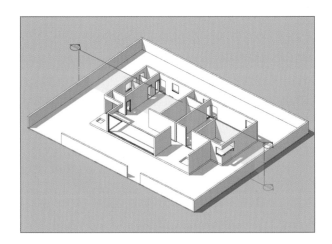

- **Active section** : 활성화된 Section Plane 의 색상을 설정합니다. 기본 색상을 유지하는 것 을 권장합니다.

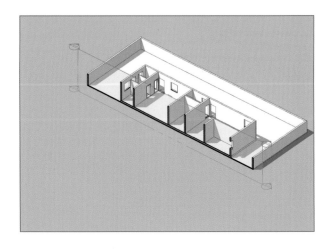

• **Section Fill** : 단면 색상을 설정합니다. 저자는 단면을 더 강조하기 위해 색상을 수정해서 사용하는 경우가 있습니다.

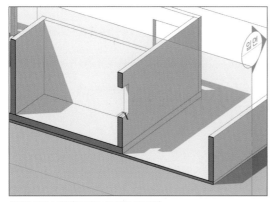

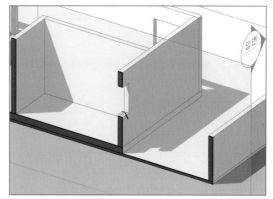

| 기본 색상 : 회색(R:127, G:127, B:127)

| 수정 색상 : 빨간색 (R:255, G:0, B:0)

• **Section Line** : 단면선의 색상을 설정합니다. 저자는 단면선을 더 강조하기 위해 색상을 수정해 사용하는 경우가 있습니다.

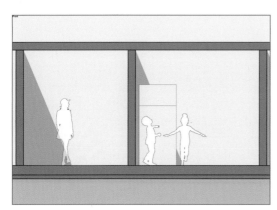

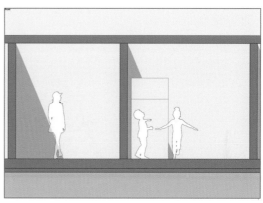

| 기본 색상 : 검정색

| 수정 색상 : 빨간색(R:255, G:0, B:0)

• **Section cut width** : 단면선의 두께를 설정합니다.

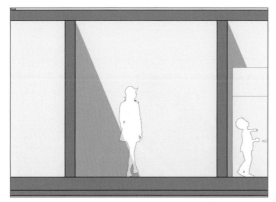

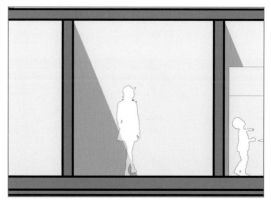

| 기본 설정 : 3

| 10

- **Hidden Geometry(기본 설정 : 체크 해제)** : 숨긴 선의 표현 여부를 설정합니다. 메뉴의 View-Hidden Geometry 명령과 연동됩니다.

| Hidden Geometry 체크 해제.

| Hidden Geometry 체크

- **Hidden Objects(기본 설정 : 체크 해제)** : 숨긴 객체의 표현 여부를 설정합니다. 메뉴의 View-Hidden Objects 명령과 연동됩니다.

| Hidden Object 체크 해제.

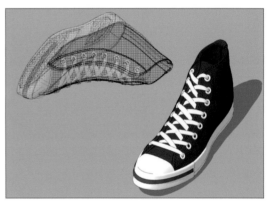

| Hidden Object 체크

- **Color by Tag(기본 설정 : 체크 해제)** : 설정한 태그 색상으로 객체를 표현하는 Color by Tag의 표현 여부를 설정합니다. 체크하면 [Tags] 창의 Color by tag 명령과 연동됩니다.

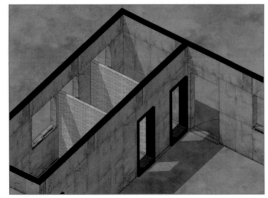

| 체크 해제

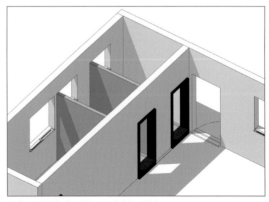

| 체크 : 설정한 태그 색상으로 객체가 표현됨

- **Guides(기본 설정 : 체크)** : 보조선의 표시 여부를 설정합니다. 메뉴의 View-Guides 명령과 연동됩니다.
- **Model Axes(기본 설정 : 체크)** : 작업 모델의 축 표시 여부를 설정합니다. 메뉴의 View-Axes 명령과 연동됩니다.
- **Section Planes(기본 설정 : 체크 해제)** : Section Planes을 나타내거나 숨깁니다. 기본 설정은 체크 해제되어 있지만, 단면을 표시하면 자동으로 체크가 되며 단면 표시 도구(Display Section Planes ◈)와 연동됩니다.

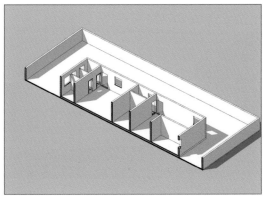

| 체크 해제

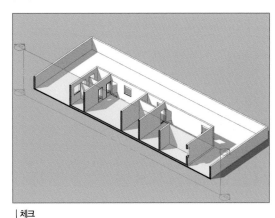

| 체크

- **Section Cuts(기본 설정 : 체크)** : 숨겨진 절단면을 나타내거나 숨깁니다. 단면 컷 표시 도구(Display Section Cuts ◈)와 연동됩니다.

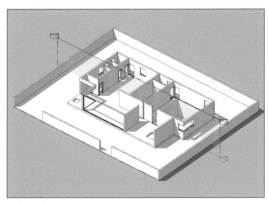

| 체크 해제

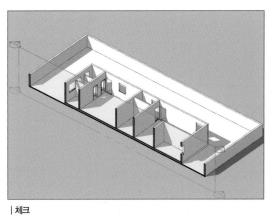

| 체크

- **Section Fill(기본 설정 : 체크)** : 단면을 채우거나 채우지 않습니다.

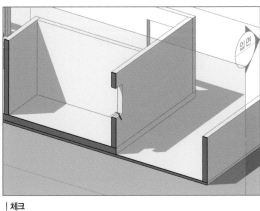

| 체크

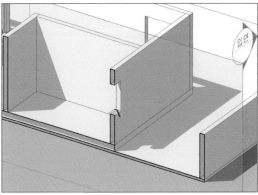

| 체크 해제

- **Match Photo-Foreground Photo(기본 설정 : 체크 표시, Opacity 80)** : 매치 포토 사용 시 모델링된 객체에 반영되는 전경 그림의 표현 여부를 설정합니다. Opacity 옵션의 슬라이드 바를 이용해 불투명도를 조절할 수 있습니다.

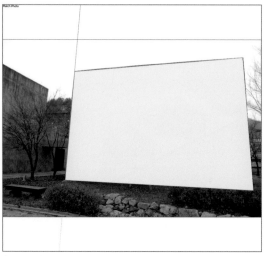

| 체크-전경 사진이 표현됨.

| 체크 해제-전경 사진이 표현되지 않고 모델링된 객체만 표현됨

- **Background Photo (기본 설정 : 체크 표시, Opacity 100)** : 매치 포토 사용 시에 배경 이미지의 표현 여부를 설정합니다. Opacity 옵션의 슬라이드 바를 이용해 불투명도를 조절할 수 있습니다.

| 체크 : 배경 이미지가 전체 표현됨

| 체크 해제 : 모델링 된 객체에만 이미지가 표현됨

03 | <Mix> 탭의 구성 요소 알아보기

여러 개의 스타일을 부분적으로 적용할 수 있는 [Mix] 탭의 구성 요소에 대해 알아보겠습니다.

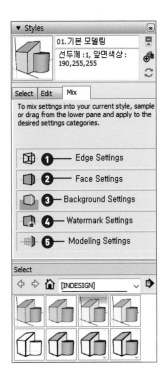

❶ Edge Settings : 선택한 스타일의 Edge Settings을 현재의 스타일에 적용합니다.

❷ Face Settings : 선택한 스타일의 Face Settings을 현재의 스타일에 적용합니다.

❸ Background Settings : 선택한 스타일의 Background Settings을 현재의 스타일에 적용합니다.

❹ Watermark Settings : 선택한 스타일의 Watermark Settings을 현재의 스타일에 적용합니다.

❺ Modeling Settings : 선택한 스타일의 Modeling Settings을 현재의 스타일에 적용합니다.

04 | 확장 메뉴 알아보기

[Styles] 창에서 스타일에 마우스 포인트를 위치하고 우클릭하면 나타나는 확장 메뉴에 대해 알아보겠습니다.

| In Model 라이브러리의 확장 메뉴

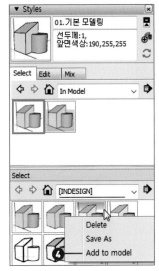

| Select 패널의 확장 메뉴

❶ Delete : 스타일을 삭제합니다.

❷ Save As : 스타일을 저장합니다.

❸ Make a copy : 스타일을 In Model 라이브러리에 복사합니다.

❹ Add to model : 스타일을 현재 모델에 적용하고 In Model 라이브러리에 추가합니다.

스타일 혼합하기(Mix)

스타일을 혼합하기 위해서는 [Styles] 창의 Display the Secondary Selection Pane 펼침 아이콘(🔒)을 클릭해 [Select] 패널을 열고 원하는 스타일을 선택한 다음 적용할 세팅 항목을 클릭하면 됩니다.

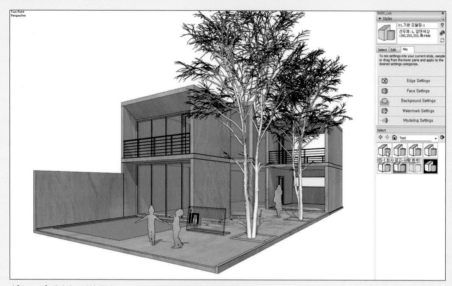

| [Select] 패널의 스타일 클릭

| 적용할 세팅 항목 클릭-스타일이 혼합됨

계속해서 스타일을 혼합하려면 위 과정을 반복하면 됩니다.

| [Select] 패널의 스타일 클릭

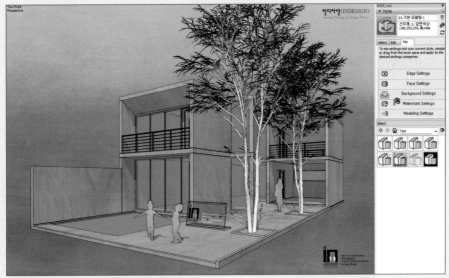

| 적용할 세팅 항목 클릭-스타일이 혼합됨

[Tags] 창 알아보기

[Tags] 창은 태그를 관리하는 창입니다. 태그(Tag)는 그룹과 컴포넌트를 묶어서 관리하는 관리자 개념으로 [Tags] 창의 설정 즉 활성(보임), 비활성(숨김)은 각각의 장면(Scene)과 연동됩니다. 모델링을 진행할수록 많은 객체(그룹 or 컴포넌트)가 만들어지고 배치되기 때문에 객체의 성격에 맞는 태그를 만들고 해당 객체를 각각의 태그에 포함시켜 관리하는 것이 중요합니다.

8

상세 기능

01 | [Tags] 창의 구성 요소 알아보기

태그를 추가, 삭제, 색상, 선의 속성 등을 설정할 수 있는 [Tags] 창의 구성 요소에 대해 알아보겠습니다. [Tags] 창에서 타이틀이 표시되는 각각의 상부 탭을 클릭하면 오름차순, 내림차순으로 태그가 정렬됩니다.

① Add Tag(⊕) : 태그를 추가합니다.

② Add Tag Folder(⫟) : 태그 폴더를 추가합니다.

③ Search : 태그 검색란으로 특정 단어를 입력하면 단어가 포함된 태그가 표시됩니다.
검색한 다음 전체 태그를 다시 나타내려면 입력한 단어를 삭제하면 됩니다.

④ Details(⟩)

세부 메뉴를 나타냅니다. 세부 메뉴는 태그나 태그 폴더에 마우스 포인터를 위치하고 우클릭해서 나타나는 확장 메뉴에서 Purge 명령을 제외한 다른 명령과 동일합니다.

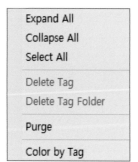

| Details의 하위 메뉴

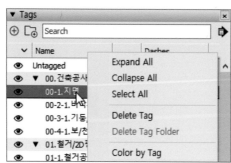

| 태그의 확장 메뉴

- **Expand All** : 태그의 계층 구조를 펼칩니다.
- **Collapse All** : 태그의 계층 구조를 닫습니다.
- **Select All** : 모든 태그를 선택합니다.
- **Delete Tag** : 선택한 태그를 삭제합니다.
- **Delete Tag Folder** : 선택한 태그 폴더를 삭제합니다.
- **Purge** : 객체가 포함되지 않은 불필요한 태그 폴더와 태그를 삭제합니다.
- **Color by Tag** : 색상 박스에서 설정된 태그 색상으로 객체를 표현합니다.

⑤ **Unhide/Hide(👁 / 👁)** : 해당 태그에 속한 객체들의 숨김을 해제(Unhide)하거나 숨깁(Hide)니다. 아이콘을 클릭하면 숨김, 숨김 해제 상태가 반복되어 설정됩니다.

⑥ **Name** : 태그 이름을 표시합니다.

⑦ **Color** : 해당 태그의 색상을 표시하며 색상 박스를 클릭해서 색상을 설정할 수 있습니다.

⑧ **Dashes**

태그에 포함된 객체의 선의 속성을 설정합니다. Dashes 항목을 클릭하면 설정할 수 있는 다양한 선이 표시되며 특정 선을 클릭해서 선택하면 태그에 포함된 객체에 반영됩니다.

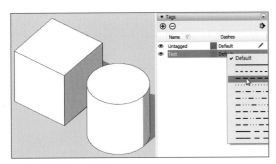

| 기본 설정 : Default(실선) | 점선으로 수정 : 객체에 반영됨

| **알아두기** | **Dashes 설정**

태그의 Dashes를 설정할 때 유의할 점은 원이나 호를 만들 때 원이나 호를 구성하는 선의 개수인 Segments(Sides) 수치값을 높게 설정하면 화면의 원근감(확대, 축소)에 따라 선의 속성이 표현되지 않는 경우가 있습니다. 즉 화면을 축소했을 때는 표현되지 않다가 화면을 확대하면 표현됩니다.

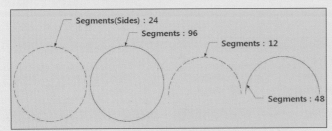

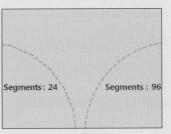

| 화면 축소 : 선의 개수(Segments)를 높게 설정한 호와 원은 선의 속성이 점선이 아닌 실선으로 표현됨

| 화면 확대 : 점선으로 표현됨

⑨ Current Tag

활성 태그를 표시합니다. 기본적인 활성 태그는 삭제할 수 없는 Untagged이며 다른 태그를 활성 태그로 설정하려면 태그 항목의 가장 오른쪽을 클릭하면 연필 모양의 Current Tag(✎)아이콘이 표시되며 활성 태그가 됩니다. 활성 태그가 되면 이후에 작업하는 모든 객체는 해당 활성 태그에 포함됩니다.

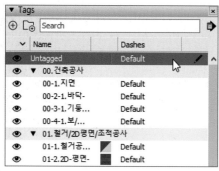

| 기본 활성 태그

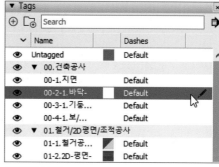

| 활성 태그 수정

02 | 태그 폴더 및 태그 추가하고 이동시키기

태그 폴더와 태그를 추가하고 삭제하는 방법에 대해 알아보겠습니다.

① 태그 폴더 추가하기

Add Tag Folder 아이콘(📁)을 클릭하면 태그 폴더가 추가되며 태그 폴더 이름을 입력하고 엔터를 누릅니다. 태그 폴더 이름을 수정하려면 입력한 이름을 더블클릭하여 수정합니다.

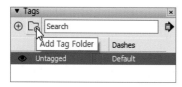

| 태그 폴더 추가 아이콘 클릭

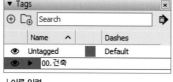

| 이름 입력

| 완성

② 태그 추가하기

Add Tag 아이콘(⊕)을 클릭하면 태그가 추가되며 태그 이름을 입력하고 엔터를 누릅니다. 태그 이름을 수정하려면 입력한 이름을 더블클릭하여 수정합니다.

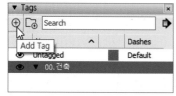

| 태그 추가 아이콘 클릭

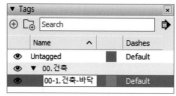

| 이름 입력

| 완성

③ 태그를 태그 폴더에 포함하기

한 개 또는 여러 개의 태그를 태그 폴더에 포함하려면 태그를 클릭해 선택 또는 다중선택(Ctrl 키 누른 상태에서 다른 태그 클릭)한 다음 태그 폴더로 드래그하면 됩니다. 태그 폴더 이름 앞의 닫힘/펼침 아이콘(▶/ ▼)을 클릭하면 포함된 태그의 계층 구조가 닫히거나 펼쳐집니다.

| 태그를 클릭해 선택

| 클릭한 채로 태그 폴더로 드래그

| 태그 폴더에 태그가 포함됨 : 계층 구조가 펼쳐진 상태

| 계층 구조가 닫힌 상태

④ 태그 위치 이동시키기

태그 폴더 안의 태그를 태그 폴더 외부로 이동시키려면 이동하고자 하는 태그를 클릭한 채로 태그 폴더 외부(위 or 아래)로 드래그하면 이동됩니다.

| 태그 클릭

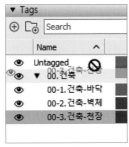

| 클릭한 채로 태그 폴더 외부(위)로 드래그

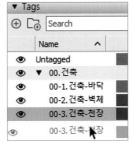

| 클릭한 채로 태그 폴더 외부(아래)로 드래그

| 태그 폴더에서 외부로 이동됨

03 | 태그 지정하기

객체(그룹 or 컴포넌트)를 특정 태그에 지정(포함)하는 방법을 알아보겠습니다.

① [Entity Info] 창에서 지정하기

객체를 선택하고 [Entity Info] 창의 내림 버튼(⌄)을 클릭한 후 객체가 포함될 태그를 클릭해 선택합니다.

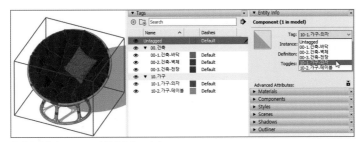

| 객체 선택-[Entity Info] 창에서 태그 지정

태그 폴더 및 태그를 추가할 때 유의할 점

태그 및 태그 폴더를 추가할 때 유의할 점에 대해 알아보겠습니다.

1 │ 태그 폴더가 선택된 상태에서 태그 폴더를 추가한 경우

태그 폴더 안에 새로운 태그 폴더가 만들어집니다.

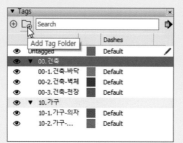

| 태그 폴더 선택-태그 폴더 추가 아이콘 클릭

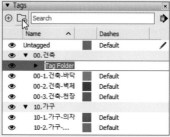

| 태그 폴더 안에 새로운 태그 폴더가 만들어짐

2 │ 태그가 선택된 상태에서 태그 폴더를 추가한 경우

선택한 태그를 포함하는 태그 폴더가 만들어집니다.

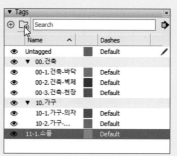

| 태그 선택-태그 폴더 추가 아이콘 클릭

| 태그를 포함한 태그 폴더가 만들어짐

3 │ 태그 폴더 안의 태그가 선택된 상태에서 태그 폴더를 추가한 경우

태그 폴더 외부에 선택한 태그를 포함하는 태그 폴더가 만들어집니다.

| 태그 폴더 안의 태그 선택-태그 폴드 추가 아이콘 클릭

| 태그 폴더 외부에 태그를 포함한 태그 폴더가 만들어짐

4 │ Untagged 태그가 선택된 상태에서 태그 폴더 및 태그를 추가한 경우

태그 폴더와 태그를 추가하는 가장 일반적인 방법으로 디폴트 태그인 Untagged 태그를 선택하고 태그 폴더나 태그를 추가하면 기존 태그 폴더 및 태그의 계층 구조 간섭 없이 태그 폴더와 태그가 추가됩니다.

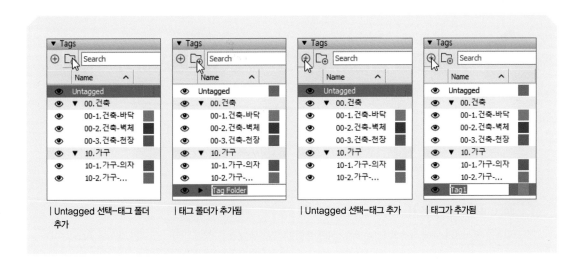

| Untagged 선택-태그 폴더
추가 | 태그 폴더가 추가됨 | Untagged 선택-태그 추가 | 태그가 추가됨 |

② 태그 도구(Tags   )에서 지정하기

객체를 선택하고 태그 도구(Tags   )의 내림 버튼( )을 클릭한 후 객체가 포
함될 태그를 클릭해 선택합니다.

| 객체 선택-태그 도구에서 태그 지정

04 | [Delete Tags Containing Entities] 창의
세부 옵션 알아보기

객체가 포함된 태그를 삭제할 때 나타나는 [Delete
Tags Containing Entities] 창의 세부 옵션에 대해
알아보겠습니다.

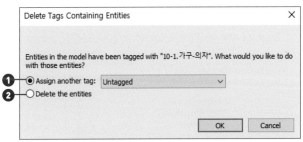

① Assign another tag

해당 태그는 삭제하고 태그에 포함된 객체는 삭제하지
않고 다른 태그로 이동시킵니다. 기본적으로 디폴트
태그인 Untagged로 선택되어 있으며 내림 버튼( )을 클릭해
다른 태그를 선택할 수 있습니다.

② Delete the entities

해당 태그와 태그에 포함된 객체를 삭제합니다.

캐드 파일 불러와서 태그, 메트리얼 정리하기

캐드 파일을 스케치업으로 불러와서 정리하는 방법에 대해 알아보겠습니다. 본인이 가지고 있는 캐드 파일을 이용해서 따라 해보기 바랍니다. 불필요한 파일을 한 번에 정리하는 루비가 있지만, 기본 기능은 숙지하고 있어야 하기 때문에 특정 루비는 사용하지 않습니다.

1 | 캐드 파일 불러오기

캐드 파일을 불러오기 위해 메뉴의 File-Import를 클릭합니다. 〈Import〉 창이 나타나면 파일 형식을 AutoCAD Files(*.dwg, *.dxf)로 선택하고 캐드 파일을 선택한 다음 〈Options〉 버튼을 클릭합니다.

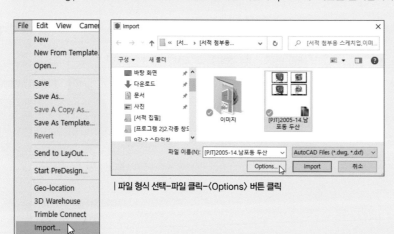

| 파일 형식 선택-파일 클릭-〈Options〉 버튼 클릭

| 메뉴의 File-Import 클릭

2 | 옵션 설정하기

[Import AutoCAD DWG/DXF Options] 창이 나타나면 아래 왼쪽 이미지처럼 옵션을 설정하고 〈OK〉 버튼을 클릭합니다. [Import] 창이 나타나면 〈Import〉 버튼을 클릭합니다.

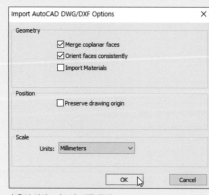

| 옵션 설정 – 〈OK〉 버튼 클릭

| 〈Import〉 버튼 클릭

3 | 확인

불러오기 결과를 보여주는 [Import Results] 창이 나타납니다. 〈Close〉 버튼을 클릭하면 캐드 파일이 화면에 배치됩니다.

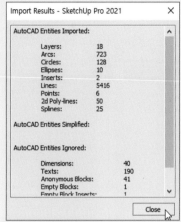

| 〈Close〉 버튼 클릭

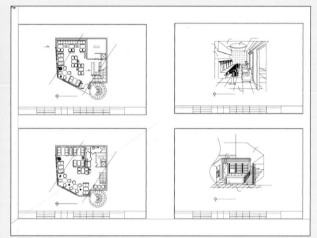

| 캐드 도면이 화면에 배치됨

4 | 각 창 확인하기

[Tags] 창, [Materials] 창, [Components] 창, [Outliner] 창을 확인합니다. [Materials] 창, [Components] 창은 In Model 아이콘(⌂)을 클릭해 In Model 라이브러리에서 확인합니다. 캐드 파일을 불러오면 불필요하게 추가되는 요소들이 많이 있습니다. 각 창에 추가된 요소들은 캐드 작업 방식에 따라 다르게 나타납니다.

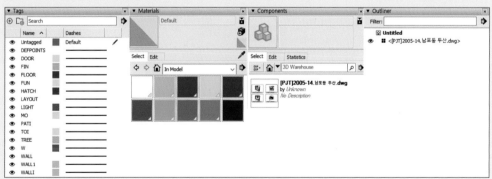

| 각 창 확인

5 | 태그 폴더 추가하기

[Tags] 창에서 태그 폴더를 하나 추가하고 '00-0.캐드'로 입력합니다. 캐드 파일을 불러오면서 추가된 가장 위에 있는 태그를 클릭해 선택하고 Shift 를 누른 상태에서 가장 아래에 있는 태그를 클릭해 다중 선택합니다.

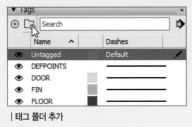

| 태그 폴더 추가

| 이름 입력

| 가장 위의 태그 클릭

| Shift 키를 누른 상태에서 가장 아래의 태그를 클릭해 다중 선택

6 | 태그 이동시키기

클릭한 채로 '00-0.캐드' 폴더로 드래그하여 '00-0.캐드' 폴더에 포함하고 닫힘 아이콘(▶)을 클릭해 태그 폴더를 확장한 후 확인합니다.

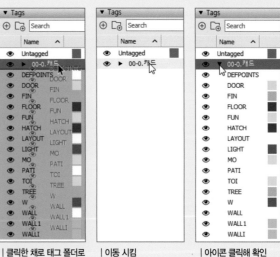

| 클릭한 채로 태그 폴더로 드래그 | 이동 시킴 | 아이콘 클릭해 확인

7 | 메트리얼 삭제하기

캐드 파일을 불러오면서 추가된 불필요한 메트리얼을 삭제하기 위해 [Materials] 창의 Details 아이콘(⇨)을 클릭해 나타나는 확장 메뉴 중 Purge Unused 명령을 클릭합니다.

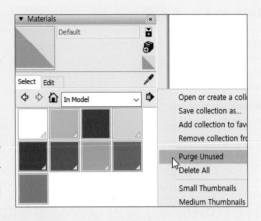

Purge Unused 명령으로도 삭제가 안 되는 메트리얼이 있습니다. 다시 Details 아이콘(⇨)을 클릭해 나타나는 확장메뉴 중 Delete All 명령을 클릭해 모든 메트리얼을 삭제합니다. 이처럼 Delete All 명령을 클릭하면 작업 모델의 모든 메트리얼을 한 번에 삭제할 수 있습니다.

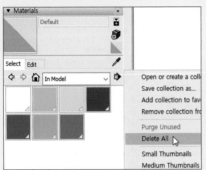

| Delete All 클릭

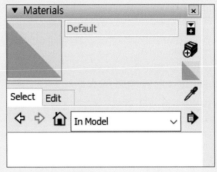

| 모든 메트리얼이 삭제됨

8 | 작업 시작하기

불러온 캐드 도면의 특성에 따라 각각의 그룹으로 만들거나 모델링 시에 간섭을 받지 않게 잠근(Lock) 다음 스케치업 모델링 작업을 시작하면 됩니다.

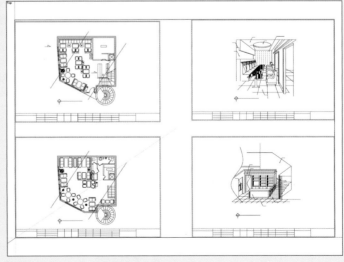

| 잠금

[Outliner] 창 알아보기

[Outliner] 창은 그룹과 컴포넌트의 계층 구조를 나타냅니다.

9

01 | [Outliner] 창의 구성 요소 알아보기

[Outliner] 창의 구성 요소에 대해 알아보겠습니다.

① Filter

검색어를 입력하면 검색어(그룹 이름 or 컴포넌트 이름)가 포함된 그룹, 컴포넌트를
필터링해서 나타냅니다. 필터링한 다음 원래의 계층 구조를 나타내려면 검색어를
지우면 됩니다.

| 필터링

② Details(⇨)

세부 메뉴를 나타냅니다. Details 아이콘(⇨)을 클릭하지 않아도 [Outliner] 창 여백에 마우
스 포인트를 위치하고 우클릭하면 세부 메뉴가 나타납니다.

> Expand All
> Collapse All
> ✓ Sort by Name

- **Expand All** : 그룹과 컴포넌트의 계
층 구조를 모두 펼칩니다. 하나의 컴포
넌트(or 그룹)의 계층 구조를 펼치려면
이름 앞의 닫힘 아이콘(▶)을 클릭하면
됩니다.

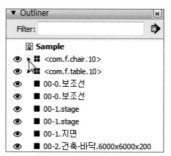

| 닫힘 아이콘 클릭

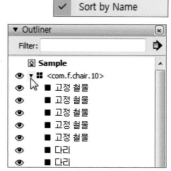

| 하위 계층 구조 나타남

- **Collapse All** : 그룹과 컴포넌트의 계층 구조를 모두 닫습니다. 하나의 컴포넌트(or그룹)의 계층 구조를 닫으려면 펼침 아이콘(▼)을 클릭하면 됩니다.
- **Sort by Name** : 이름을 기준으로 정렬합니다.

③ **Title** : 파일 이름을 나타냅니다.

④ **Contents** : 해당 스케치업 파일의 그룹과 컴포넌트의 계층 구조를 나타냅니다.

02 | [Outliner] 창 활용하기

[Outliner] 창을 활용하는 방법에 대해 알아보겠습니다.

① 단일 객체 선택/편집 모드 만들기

[Outliner] 창에서 객체를 선택하면 작업 모델에 해당 객체가 선택되며 [Outliner] 창에서 해당 그룹(or 컴포넌트)이름 앞의 그룹 아이콘(█)이나 컴포넌트 아이콘(█)을 더블클릭하면 선택한 객체의 편집 모드가 됩니다.

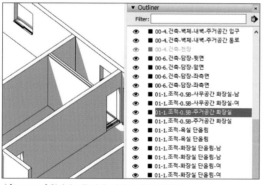

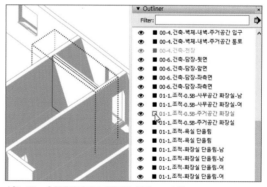

| [Outliner] 창에서 그룹 선택–작업 모델에도 선택됨 | [Outliner] 창에서 아이콘 더블클릭–편집 모드가 됨

② 편집 모드 해제/선택 해제

편집 모드인 상태의 객체를 편집 해제하거나 선택된 객체를 선택 해제하려면 파일 이름 옆의 여백을 클릭하거나 선택 도구 (Select ▶)로 해당 객체 외부를 클릭하면 됩니다.

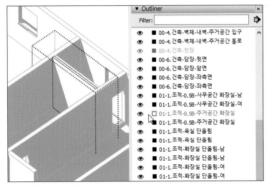 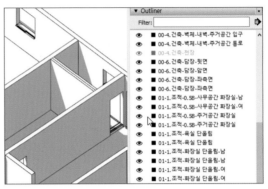

| 그룹 편집 모드 상태 | 그룹 이름 앞의 여백 클릭-편집 모드 해제됨

③ 다중 객체 선택

Ctrl , Shift 를 이용한 다중 선택 방법을 알아보겠습니다.

- Ctrl 이용 : 한 개의 객체를 선택한 다음 Ctrl 을 누른 채 다른 객체를 계속해서 다중 선택할 수 있습니다.
- Shift 이용 : 순차적으로 배열된 객체를 선택하려면 가장 위의 객체를 선택하고 Shift 를 누른 다음 가장 아래의 객체를 클릭하면 다중 선택됩니다.

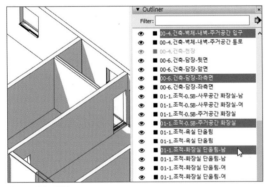 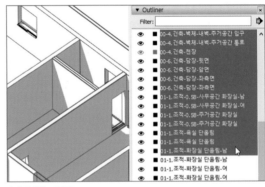

| 다중 선택 : Ctrl | 다중 선택 : Shift

| 알아두기 | **[Outliner] 창 닫기**

작업 중인 모델에 객체가 많이 없어 용량이 작은 파일은 크게 문제 되지 않지만, 많은 객체가 포함된 용량이 큰 모델이라면 해당 작업을 종료할 때 꼭 [Outliner] 창을 닫고 스케치업을 종료해야 합니다. [Outliner] 창을 닫지 않고 펼친 상태로 스케치업을 종료하면 이후에 스케치업 파일을 열었을 때 [Outliner] 창이 열린 상태로 실행되기 때문에 파일 로딩 시간이 더 길어집니다.

또한 [Outliner] 창은 효율적인 작업에 도움을 주는 창이지만, 펼친 상태로 작업을 진행하면 자동 저장 시 시간이 더 오래 걸리기 때문에 [Outliner] 창은 필요한 때만 펼치고 다른 작업 중에는 항상 닫은 상태로 작업하기 바랍니다.

[Scenes] 창 알아보기

[Scenes] 창은 장면(Scene)을 추가, 삭제, 이동, 업데이트 등의 장면을 관리합니다.

10

상세
기능

01 | [Scenes] 창의 구성 요소 알아보기

장면을 관리하는 [Scenes] 창의 구성 요소에 대해서 알아보겠습니다.

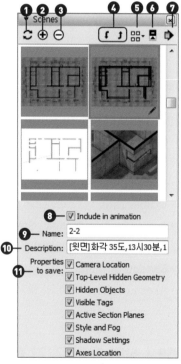

① Update Scene(s)(⟳) :

장면을 업데이트합니다.

② Add Scene(⊕) :

장면을 추가합니다.

③ Remove Scene(s)(⊖) :

장면을 삭제합니다.

④ Move Scene down/up(↧ ↥) :

장면을 목록에서 아래, 위로 이동합니다.

⑤ View Options(⊞▾)

장면 미리보기 방식을 설정합니다.

| Small Thumbnails

| Large Thumbnails

| Details

| Scenes
| 2-2
| 2-3
| 2-3.브
| 2-4
| 2-4.브
| 2-5
| 2-6
| 2-6.브
| 2-7
| 2-7.브
| 2-7.야

| List

⑥ **Show/Hide Detail(▤, ▤)** : 세부 옵션들을 나타내거나 숨깁니다.

⑦ **Menu(➡)**

세부 메뉴를 표시합니다.

- **Add Scene** : 장면을 추가합니다.
- **Update Scene** : 장면을 업데이트합니다.
- **Rename Scene** : 장면의 이름을 수정합니다.
- **Delete Scene** : 장면을 삭제합니다.
- **Use Scene Thumbnails** : 미리보기 이미지를 표시합니다.
- **Update Scene Thumbnail** : 미리보기 이미지를 업데이트합니다.
- **Add Scene with Matched Photo** : 매치 포토에 사용할 이미지를 불러오고 매치 포토 장면을 추가합니다.
- **Edit Matched Photo for this Scene** : 매치 포토를 편집할 수 있는 화면으로 전환합니다.
- **Show/Hide Detail** : 세부 옵션들을 나타내거나 숨깁니다.

⑧ **Include in animation** : 체크하면 애니메이션 재생 시 장면을 포함합니다.

⑨ **Name** : 장면 이름을 입력하거나 나타냅니다.

⑩ **Description** : 장면에 대한 설명을 입력하거나 나타냅니다.

⑪ **Properties to save** : 세부 옵션 설정의 저장 여부를 설정합니다.
- **Camera Location** : 카메라 위치를 저장합니다.
- **Top-Level Hidden Geometry** : 가장 상위 객체의 숨김, 보임 상태를 저장합니다.
- **Hidden Objects** : 객체의 숨김, 보임 상태를 저장합니다.
- **Visible Tags** : 태그의 Visible, Invisible 설정을 저장합니다.
- **Active Section Planes** : Section Plane의 활성화 여부를 저장합니다.
- **Style and Fog** : 스타일과 안개 효과를 저장합니다.
- **Shadow Settings** : 그림자 설정을 저장합니다.
- **Axes Location** : 축의 위치를 저장합니다.

02 | 장면 추가/장면 탭의 세부 메뉴 알아보기 ━━━━━━

장면을 추가하는 방법과 장면 탭의 세부 메뉴에 대해 알아보겠습니다.

① 장면 추가

화면을 원하는 장면으로 설정하고 Add Scene 아이콘(⊕)을 클릭하면 장면이 추가되며 [Scenes] 창과 작업화면 왼쪽 상단의 장면 탭에 장면이 추가됩니다. Name 항목에 이름을 입력하고 Description 항목에 장면의 설명을 입력합니다.

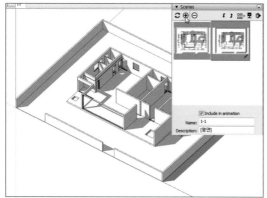

| 장면 추가 아이콘 클릭

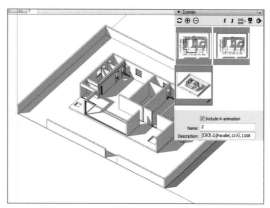
| [Scenes] 창과 장면 탭에 추가한 장면이 나타남-장면 이름/설명 입력

② 장면 탭의 세부 메뉴 알아보기

장면 탭에 마우스 포인트를 위치하고 우클릭해 나타나는 세부 메뉴에 대해 알아보겠습니다.

- **Move Left** : 선택한 장면을 장면 탭의 왼쪽으로 이동시킵니다.
- **Move Right** : 선택한 장면을 장면 탭의 오른쪽으로 이동시킵니다.
- **Add** : 새로운 장면을 추가합니다.
- **Update** : 선택한 장면을 업데이트합니다.
- **Delete** : 선택한 장면을 삭제합니다.
- **Play Animation** : 장면 탭의 장면을 애니메이션(동영상)으로 재생합니다.
- **Scene Manager** : [Scenes] 창을 나타냅니다.

[Shadows] 창 알아보기

11

[Shadows] 창은 그림자 도구 모음(Shadow Toolbar 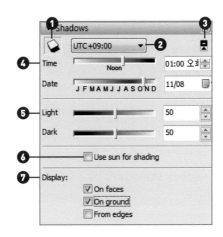)과 연동되며 그림자를 표현하고 그림자의 밝기와 방향 등을 설정합니다.

01 | [Shadows] 창의 구성 요소 알아보기

그림자를 설정하는 [Shadows] 창의 구성 요소를 알아보겠습니다.

① Show/Hide Shadows

그림자 효과를 활성화하거나 비활성화합니다.

② UTC

세계 협정 시를 설정합니다. 우리나라의 UTC는 +9시입니다.

③ Show/Hide Detail(⬛, ⬛)

세부 옵션의 표시 유무를 설정합니다.

④ Time/Date

날짜와 시간을 설정합니다.

⑤ Light/Dark

Light는 빛을 받는 객체의 밝기를 설정하며 Dark는 그림자의 밝기를 설정합니다.

⑥ Use sun for shading

체크 표시하면 그림자를 표현하지 않더라도 빛을 받는 부분의 음영을 표현합니다. 빛이 들어오지 않는 어두운 실내나 어둡게 표현되는 외부 장면에서 유용하게 활용할 수 있습니다.

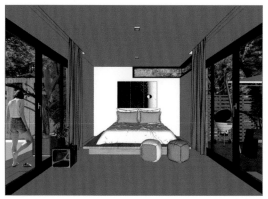

| 체크 해제 : 실내가 어두움

| 체크 : 실내가 밝아짐

| 체크 해제 : 외부가 어두움

| 체크 : 외부가 밝아짐

⑦ Display

· **On faces** : 면에 그림자를 표현합니다.

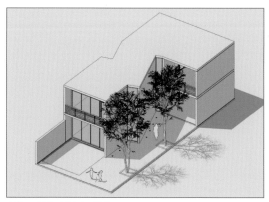

| 체크 : 면에 그림자가 표현됨

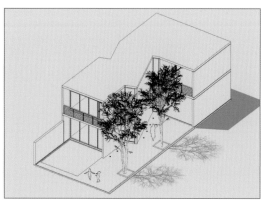

| 체크 해제 : 면에 그림자가 표현되지 않음

· **On ground** : 지면에 그림자를 표현합니다.

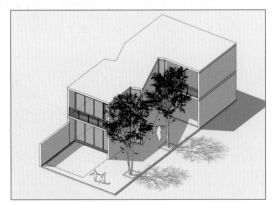

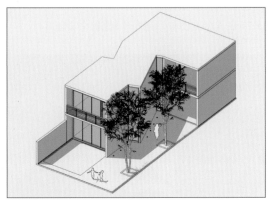

| 체크 : 지면에 그림자가 표현됨

| 체크 해제 : 지면에 그림자가 표현되지 않음

· **From edges** : 선의 그림자를 표현합니다.

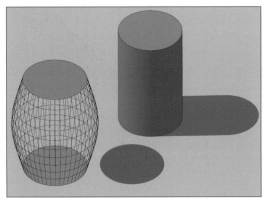

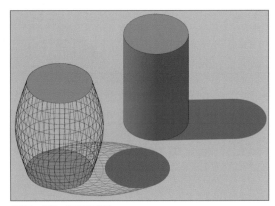

| 체크 해제 : 선의 그림자가 표현 안 됨

| 체크 : 선의 그림자가 표현됨

지면보다 객체가 아래에 있을 경우

아래의 모델에 있는 수공간처럼 객체가 지면(ground)보다 아래인 −Z축에 배치되어 있으면 그림자를 표현했을 때 어색하게 표현됩니다.

| 그림자가 어색하게 표현됨

지면보다 아래에 객체가 있는 경우에는 [Shadow Setttings] 창의 Display 항목에 있는 지면에 그림자를 표현하는 On ground 옵션의 체크 표시를 해제하면 그림자가 자연스럽게 표현됩니다.

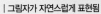

| 그림자가 자연스럽게 표현됨

[Fog] 창 알아보기

[Fog] 창은 안개 효과를 설정합니다.

01 | [Fog] 창의 구성 요소 알아보기

안개 효과를 설정하는 [Fog] 창의 구성 요소에 대해 알아보겠습니다.

① Display Fog

체크하면 안개 효과를 표현합니다.

| 체크 해제

| 체크

② Distance

슬라이드 바를 이용해 안개 효과의 거리에 의한 농도 차이를 설정합니다.

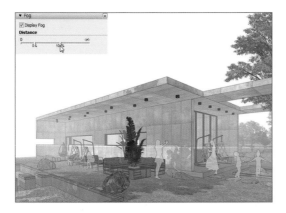 

③ Color

안개의 색상을 설정합니다. 해당 색상은 [Styles] 창에서
설정된 배경(Background) 색상입니다. 다른 색상을 설정
하려면 Use Background Color 옵션의 체크 표시를 해
제하고 색상 박스를 클릭해 설정하면 됩니다.

| 색상 설정

[Soften Edges] 창 알아보기

[Soften Edges] 창은 선택한 객체의 선을 숨기고 선과 접한 면들을 부드럽게 만듭니다.

13

01 | [Soften Edges] 창의 구성 요소 알아보기

[Soften Edges] 창의 구성 요소에 대해 알아보겠습니다.

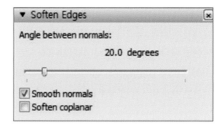

① Angle between normals

법선의 각도를 나타내며 기본값은 20입니다. 슬라이드를 오른쪽으로 이동시켜 값을 올리면 선이 숨겨집니다.

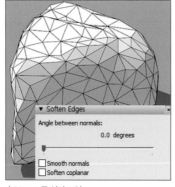

| 0도 : 모든 선이 보임

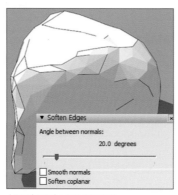

| 20도(기본값) : 일부 선이 보임

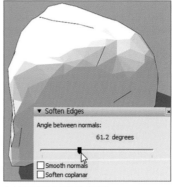

| 수치값 올림 : 선이 더 숨겨짐

② Smooth normals

법선을 부드럽게 만드는 옵션으로 체크 표시하면 선과 인접한 면들을 부드럽게 만듭니다. 슬라이드 바를 오른쪽으로 이동할수록 부드러움의 강도가 증가합니다.

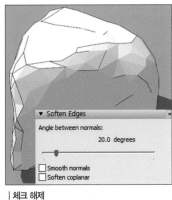
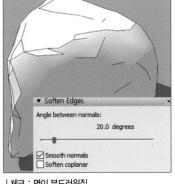
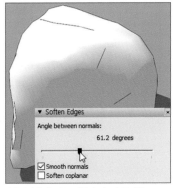

| 체크 해제

| 체크 : 면이 부드러워짐

| 수치값 올림 : 부드러움의 강도가 증가함

③ Soften coplanar

체크 표시하면 면과 공유하는 선들을 숨깁니다. 면이 분할되지 않은 선들은 남아 있고 선으로 인해 면이 분할된 부분의 선만 숨깁니다.

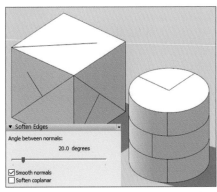
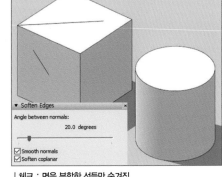

| 체크 해제

| 체크 : 면을 분할한 선들만 숨겨짐

| 알아두기 | **숨긴 선 보이게 하기**

[Soften Edges] 창에서 숨긴 선들은 메뉴의 [View]−Hidden Geometry 명령을 클릭해 체크하면 점선으로 나타납니다.

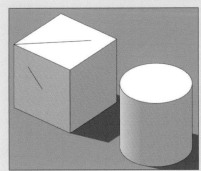

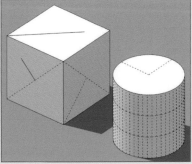

| 선을 숨긴 상태

| 메뉴의 View−Hidden Geometry 클릭

주요 도구 모음
(Principal Toolbar)
사용하기

주요 도구 모음(Principal Toolbar)에는 객체를 선택하는 선택 도구(Select), 선택한 객체를 컴포넌트로 만드는 컴포넌트 만들기 도구(Make Component), 객체에 메트리얼(Material)을 입히는 페인트 통 도구(Paint Bucket), 객체를 삭제하고 선을 숨기거나 면을 부드럽게 만드는 지우개 도구(Eraser)가 포함되어 있습니다.

학습 목표

3강

모델링 작업 시에 가장 많이 사용하는 선택 도구(Select)의 사용 방법과 페인트 통 도구(Paint Bucket)로 매핑하는 다양한 방법을 꼭 익히기 바랍니다. 그리고 대부분의 도구는 메뉴에서도 선택할 수 있지만, 메뉴보다는 도구 아이콘을 클릭해 사용하기 바라며 자주 사용하는 도구의 경우에는 꼭 단축키를 등록해서 사용하기 바랍니다.

선택 도구(Select) 알아보기

선택 도구(Select ▶ , 기본 단축키 : [Space Bar])는 객체를 선택할 때 사용하는 도구로 모델링 작업 시 많이 사용하는 가장 기본적인 도구입니다.

01 | 선택한 객체의 표시

선택 도구(Select ▶)를 선택한 다음 선을 클릭하면 파란색 실선으로, 면을 클릭하면 파란색 망점으로, 그룹이나 컴포넌트를 클릭하면 파란색 실선으로 객체의 경계가 표시되며 잠겨있는(Lock) 그룹이나 컴포넌트는 빨간색 실선으로 경계가 표시됩니다.

| 선 클릭

| 면 클릭

| 그룹(or 컴포넌트) 클릭

| 잠겨있는 그룹(or 컴포넌트) 클릭

| 알아두기 | **도구 설명(툴 팁, 말풍선, Instructor 창)**

각종 도구를 사용할 때 나타나는 툴 팁, 말풍선, [Instructor] 창에 대해 알아보겠습니다. 해당 도구의 기능을 간략하게 설명하기 때문에 스케치업 공부를 시작한 사용자에게 도움이 됩니다.

1 | 툴 팁
각종 도구를 선택하면 화면 왼쪽 하단에 해당 도구의 사용법을 설명하는 툴 팁이 나타납니다.

> Click or drag to select objects. Shift = Add/Subtract. Ctrl = Add. Shift + Ctrl = Subtract.

| 선택 도구를 선택했을 때 나타나는 문구

2 | 말풍선
도구에 마우스 포인터를 위치하면 해당 도구의 간략한 설명이 표시되는 말풍선이 나타납니다.

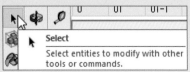

| 선택 도구의 말풍선

3 | [Instructor] 창

[Instructor] 창을 트레이에 추가하면 선택한 도구의 사용 방법을 설명하는 화면이 나타납니다.

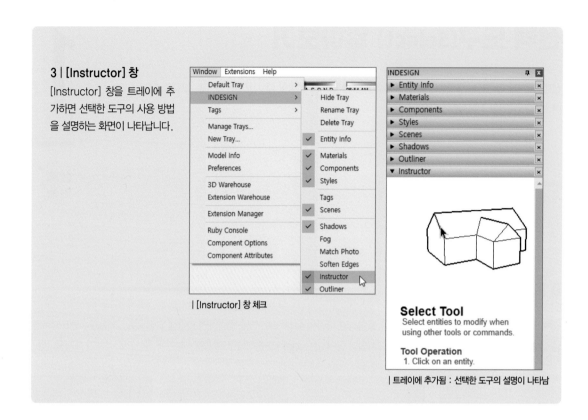

| [Instructor] 창 체크

| 트레이에 추가됨 : 선택한 도구의 설명이 나타남

---

02 | 클릭 횟수에 따른 객체의 선택 영역

선택 도구(Select ▶)의 클릭 횟수에 따라 선택 영역이 달라집니다.

① 면(Face) 클릭

선택 도구(Select ▶)로 그룹으로 묶이지 않은 면을 클릭하면 선택한 면만 선택되고 면을 더블클릭하면 면과 인접한 선이 같이 선택되며 트리플클릭하면 연결된 모든 면과 선이 선택됩니다.

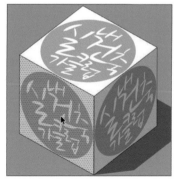

| 면 클릭

| 더블클릭

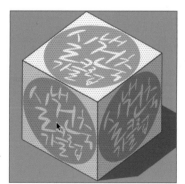

| 트리플클릭

② 선(Edge) 클릭

선택 도구(Select ▶)로 그룹으로 묶이지 않은 선을 클릭하면 선택한 선이 선택되고 선을 더블클릭하면 선과 인접한 면이 같이 선택되며 트리플클릭하면 연결된 모든 선과 면이 선택됩니다.

| 선 클릭

| 더블클릭

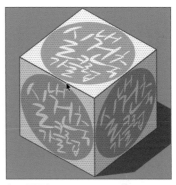
| 트리플클릭

③ 그룹 or 컴포넌트(Group or Component) 클릭

선택 도구(Select ▶)로 그룹(or 컴포넌트)을 클릭하면 선택한 그룹이 선택되고 그룹을 더블클릭하면 그룹을 편집할 수 있는 편집 모드가 되며 트리플클릭하면 편집 모드 상태의 객체가 모두 선택됩니다.

| 그룹을 클릭

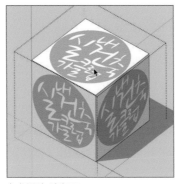
| 더블클릭-편집 모드

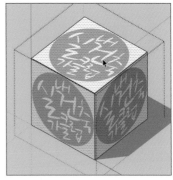
| 트리플클릭-객체가 모두 선택됨

현장
플러스
+

그룹(or 컴포넌트)을 편집 모드로 만드는 방법

그룹(or 컴포넌트)을 편집 모드로 만드는 다양한 방법을 알아보겠습니다. 그룹에 마우스 포인터를 위치하고 우클릭해 나타나는 확장 메뉴 중 Edit Group을 클릭해도 편집 모드가 되지만, 다소 번거로운 방법이기 때문에 아래의 방법 중 하나를 사용하기 바랍니다.

① 선택 도구로 더블클릭 : 선택 도구로 그룹을 더블클릭하면 편집 모드가 됩니다.

② 선택 도구로 그룹을 선택한 다음 Enter

선택 도구로 그룹(or 컴포넌트)을 클릭해 선택한 다음 Enter 를 누르면 편집 모드가 됩니다. 두께가 얇은 그룹을 편집 모드로 만들기 위해 더블클릭을 하면 면이 맞닿아 있는 다른 그룹이 선택되고 편집 모드가 되는 경우가 있기 때문에 두께가 얇은 그룹을 편집 모드로 만들 때 유용하게 활용할 수 있습니다.

| 선택 도구로 선택

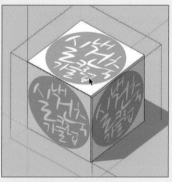

| Enter : 편집 모드가 됨

③ [Outliner] 창에서 그룹 아이콘(■) or 컴포넌트 아이콘(▦)을 더블클릭

[Outliner] 창에서 해당 그룹(or 컴포넌트) 이름 앞에 있는 아이콘을 더블클릭하면 편집 모드가 됩니다.

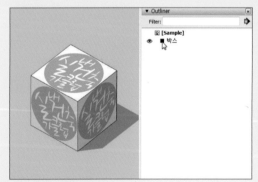

| 그룹 아이콘 더블클릭 전

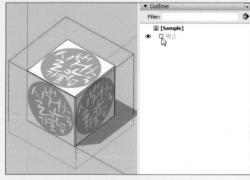

| 그룹 아이콘 더블클릭 후 : 해당 그룹이 편집 모드가 됨

왼쪽 페이지의 참조 이미지는 하위 그룹이 없는 단일 그룹의 스샷이지만, 아래 참조 이미지처럼 여러 개의 하위 그룹을 가진 그룹(or 컴포넌트)일 경우에 특정 하위 그룹을 편집 모드로 만들 때 유용하게 활용할 수 있습니다.

즉 선택 도구로 하위 그룹을 더블클릭하는 과정을 여러 번 반복하는 것이 아니라 [Outliner] 창에서 한 번의 더블클릭으로 하위 그룹을 편집 모드로 만들 수 있는 장점이 있습니다. 해당 그룹의 하위 계층 구조가 많으면 많을수록 유용하게 사용할 수 있는 방법입니다.

| 편집 모드 전

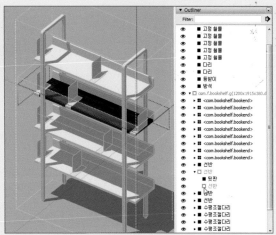

| [Outliner] 창에서 원하는 그룹 더블 클릭 : 한 번에 편집 모드로 만듦

03 | 객체를 선택하는 방법

① 윈도우(Window) 방식

선택 도구(Select ▶)를 클릭한 채로 왼쪽에서 오른쪽으로 드래그해서 영역을 지정하면 선택한 영역에 모두 포함된 객체만 선택됩니다.

| 왼쪽에서 오른쪽으로 드래그

| 선택 영역에 모두 포함된 객체만 선택됨

② 크로싱(Crossing) 방식

선택 도구(Select ▶)를 클릭한 채로 오른쪽에서 왼쪽으로 드래그해 영역을 지정하면 선택한 영역에 일부라도 포함된 객체는 모두 선택됩니다.

| 오른쪽에서 왼쪽으로 드래그

| 선택 영역에 일부라도 포함된 객체는 모두 선택됨

| 알아두기 | **화면 확대/축소**

각종 도구를 사용할 때 마우스 스크롤 버튼을 밀면 화면이 확대되고 당기면 축소됩니다.

---

04 | Ctrl , Shift 를 이용해 선택(다중 선택), 선택 해제(다중 취소), 반전시키기 ─

선택 도구(Select ▶)와 Ctrl , Shift 를 함께 사용하면 다양한 방법으로 선택(다중 선택)하거나 선택 해제(다중 취소)할 수 있습니다.

① 선택(다중 선택, +)

선택 도구(Select ▶)를 선택하고 Ctrl 를 누르면 선택 도구(Select ▶) 옆에 + 표시가 나타나(▶+) 객체를 다중 선택할 수 있습니다.

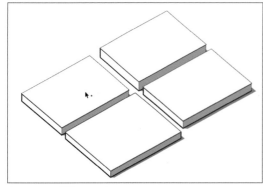

| 객체 선택 후 Ctrl 누름

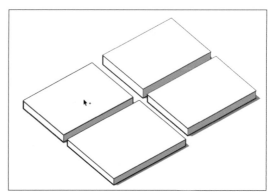

| 선택 : 다중 선택됨

② 선택 해제(다중 취소, -)

선택 도구(Select ↖)를 선택하고 Ctrl + Shift 를 누르면 선택 도구(Select ↖) 옆에-표시가 나타나(↖ -) 선택된 객체를 다중 취소할 수 있습니다.

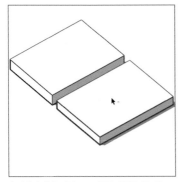

| 선택된 객체-선택 도구+ Ctrl + Shift 키 누름

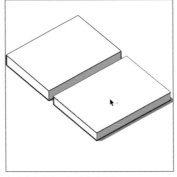

| 선택된 객체 클릭-선택 해제됨

| 선택된 객체 클릭-선택 해제됨

③ 선택/선택 해제/반전(+, -)

선택 도구(Select ↖)를 선택하고 Shift 를 누르면 객체를 다중 선택하거나 선택한 객체를 다중 취소할 수 있으며 객체의 선택 상태를 반전시킬 수도 있습니다. 선택(다중 선택)만 할 수 있는 Ctrl 과 선택 해제(다중 취소)만 할 수 있는 Ctrl + Shift 를 사용하는 것보다 편리한 방식입니다.

- **다중 선택/다중 취소** : 선택 도구(Select ↖)를 선택하고 Shift 를 누르면 선택 도구(Select ↖) 옆에 +/- 표시가 나타나며(↖ ±) 객체를 다중 선택하거나 선택한 객체를 다중 취소할 수 있습니다.

| 선택 도구+ Shift -객체 선택

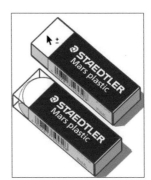

| 다중 선택

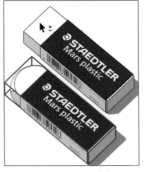

| 선택된 객체 클릭해 선택 해제

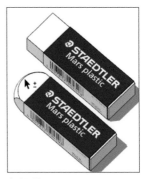

| 다중 취소

- **반전** : 객체를 선택한 다음 Shift 를 누른 상태에서 선택 도구(Select ▶)로 다른 객체를 선택하면 객체의 선택 상태가 반전됩니다.

| 두 개의 그룹이 선택된 상태

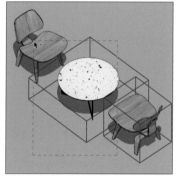

| 선택 도구 + Shift 누름 - 모든 객체 선택

| 반전됨

| **알아두기** | **서적 참조 이미지의 카메라 설정**

스케치업을 처음 학습하는 독자들은 객체를 모델링했을 때 서적의 예제 이미지와 본인의 스케치업 화면이 다른 점을 느낄 수 있습니다.

이 부분은 카메라 설정에 의한 차이로 Camera 메뉴에서 Perspective로 설정하면 화면이 왜곡되는 투시도로 표현되고 Parallel Projection으로 설정하면 왜곡 없는 평행 투영법으로 표현됩니다. 서적의 참조 이미지를 왜곡 없는 장면으로 첨부하기 위해서 Parallel Projection으로 설정한 것입니다.

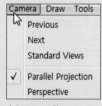

| Camera 메뉴

| Perspective 설정

| Parallel Projection 설정

컴포넌트 만들기 도구(Make Component) 알아보기

2

상세 기능

컴포넌트 만들기 도구(Make Component 🔩)는 선택된 객체를 컴포넌트로 만드는 도구로 컴포넌트로 만들 객체에 마우스 포인터를 위치하고 우클릭해 나타나는 확장 메뉴 중 Make Component 명령을 클릭해도 됩니다.

01 | 컴포넌트(Component)란

컴포넌트의 정의는 만들어져 있는 스케치업 파일이라고 할 수 있습니다. 작업 파일 안에서만 사용 가능한 그룹과는 개념이 다르며 외부로 저장할 수 있고 저장한 컴포넌트를 언제든지 작업 파일로 불러올 수도 있습니다. 그리고 동일한 컴포넌트를 작업 모델에 여러 개를 배치한 다음 하나의 컴포넌트만 수정해도 동일한 다른 컴포넌트도 수정되기 때문에 편집 작업이 그룹보다 편리합니다. 또한 전 세계 스케치업 사용자들의 스케치업 파일 공유 사이트인 3D Warehouse에 접속해서 아주 다양한 컴포넌트를 무료로 다운로드할 수 있습니다.

3D Warehouse 주소 https : //3dwarehouse.sketchup.com/

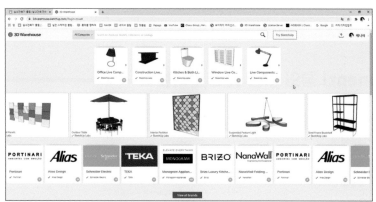

| 3D Warehouse

02 | 컴포넌트 만들기(Make Component)

선택 도구(Select ▶)로 객체를 모두 선택한 다음 컴포넌트 만들기 도구(Make Component 🔩)를 클릭하면 [Create Component] 창이 나타납니다. 컴포넌트의 이름과 설명을 입력하고 원하는 설정을 한 다음 〈Create〉 버튼을 누르면 컴포넌트로 만들어집니다.

| 객체 선택

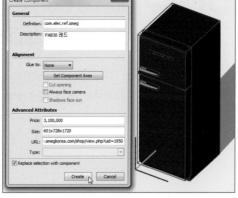

| 컴포넌트 만들기 아이콘 클릭-내용 입력-Create 버튼 클릭

객체에 마우스 포인터를 위치하고 우클릭해 나타
나는 확장 메뉴 중 Make Component를 클릭
해도 컴포넌트로 만들 수 있습니다. 새롭게 만든
컴포넌트는 [Component] 창의 In Model(🏠)
라이브러리에 등록됩니다.

| 마우스 우클릭-Make Component 클릭

| [Component] 창에 등록됨

03 | [Create Component] 창의 구성 요소 알아보기

컴포넌트 만들기 도구(Make Component 🏠)를 클릭하면 컴포넌트의 세부
설정을 할 수 있는 [Create Component] 창이 나타납니다.

① **General** : 컴포넌트의 이름과 설명을 입력합니다.

• **Definition** : 컴포넌트의 이름을 입력합니다.
• **Description** : 해당 컴포넌트에 관한 내용(설명)을 입력합니다.

② **Alignment** : 컴포넌트의 정렬 방식을 설정합니다.

• **Glue to** : 축에 의한 컴포넌트의 정렬 방향을 설정합니
다. 내림 버튼(⌄)을 클릭해 원하는 정렬 방식을 설정할 수
있습니다.

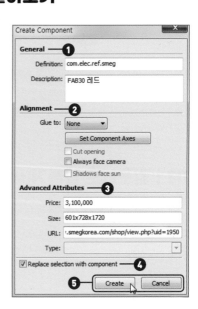

- **None** : 정렬 방향을 설정하지 않습니다. 컴포넌트를 만들 때 배치한 축(Axes)을 기점으로 배치가 됩니다.
- **Any** : 수평, 수직, 경사면에 모두 배치가 됩니다.
- **Horizontal** : 수평면에 배치가 됩니다.
- **Vertical** : 수직면에 배치가 됩니다.
- **Sloped** : 경사면에 배치가 됩니다.

• **Set Component Axes** : 컴포넌트 축의 위치를 설정합니다. 〈Set Component Axes〉 버튼을 누르면 마우스 포인터에 축이 나타납니다.

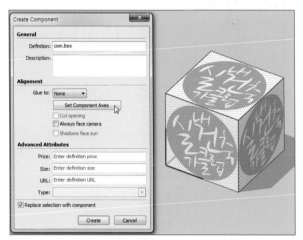

| 〈Set Component Axes〉 버튼 클릭

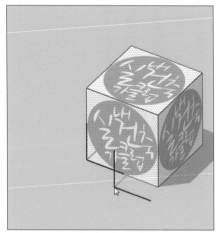

| 마우스 포인트에 재설정할 축이 나타남

변경하고자 하는 위치를 클릭한 다음 X축, Y축, Z축 순서로 클릭하면 축의 위치가 새롭게 설정됩니다. X, Y, Z축의 방향을 수정하는 것이 아니라 축의 위치만 수정하려면 변경하고자 하는 위치를 클릭한 다음 다시 클릭하면 됩니다. 축의 위치를 설정하고 [Create Component] 창의 〈Create〉 버튼을 클릭하면 수정된 축의 위치가 적용됩니다.

• **Cut opening** : 컴포넌트와 접하는 면을 오프닝 시키면서 컴포넌트가 배치됩니다. Cut opening은 배치할 객체의 두께에 영향을 받으며 객체가 그룹 이면 그룹 편집 모드에서 배치해야 합니다.

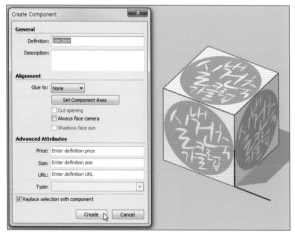

| 축 위치 수정-〈Create〉 버튼 클릭

- **Always face camera** : 항상 보는 시점으로 컴포넌트가 배치됩니다. 화면을 회전시켜도 컴포넌트가 항상 카메라를 바라보게 됩니다.

| 2D 사람, 2D 나무 컴포넌트 배치

| Always face camera 체크-화면 회전 :
   항상 카메라를 바라봄

| Always face camera 체크 해제-화면
   회전 : 2D 컴포넌트의 방향이 회전됨

만들어진 컴포넌트라도 [Components] 창의 〈Edit〉 탭에서 설정할 수 있습니다.

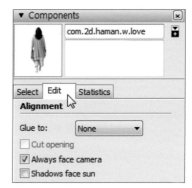

| [Component] 창의 〈Edit〉 탭

- **Shadow face sun** : Always face camera 옵션에 체크 표시가 되면 활성화되며 컴포넌트의 그림자 모양을 고정합니다. 체크 표시하면 그림자가 객체에 붙어서 표현되지 않고 체크 해제하면 객체에 붙어서 표현됩니다.

| 체크 : 그림자가 객체와 떨어져서 표현됨

| 체크 해제 : 그림자가 객체와 붙어서 표현됨

③ Advanced Attributes : 고급 특성을 입력합니다.

- **Price** : 가격을 입력합니다.
- **Size** : 크기를 입력합니다.
- **URL** : url 주소를 입력합니다.
- **Type** : IFC 타입을 설정합니다.

이렇게 입력한 내용은 해당 컴포넌트를 선택한 다음 [Entity Info]
창의 Advanced Attributes 옵션에서 확인할 수 있습니다.

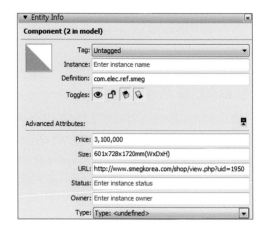

④ Replace selection with component : 기본적으로 체크 되어 있으며 선택한 객체를 컴포넌트로
만듭니다. 체크 해제하면 컴포넌트로 만들어지지 않습니다.

⑤ Create/Cancel : 컴포넌트로 만들거나 만들지 않습니다.

| 알아두기 | **축의 기본 위치**

컴포넌트를 만들 때 축의 위치를 수정하지 않으면 객체 영역의 앞쪽 왼쪽 하단부 끝점에 자동으로 축이 설정됩니다. 해당 축의 방
향은 스케치업의 기본 축 방향과 동일합니다.
그룹의 축도 동일한 위치로 설정되며 그룹의 축 위치는 수정하지 못합니다. 모든 컴포넌트와 그룹의 축을 나타내려면 [Model
Info] 창의 Components 항목의 Show component axes 옵션을 체크합니다.

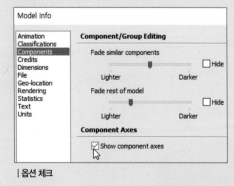

| 옵션 체크

| 모델의 모든 그룹과 컴포넌트의 축이 표시됨

04 | 컴포넌트 저장하기/가져오기

컴포넌트를 저장하는 방법과 가져오는 방법을 알아보고 3D Warehouse에서 컴포넌트를 검색하고 다운로드하는 방법에 대해 알아보겠습니다.

① 컴포넌트 저장하기

작업 모델에서 새롭게 만든 컴포넌트를 외부로 저장하려면 컴포넌트에 마우스 포인터를 위치하고 우클릭하면 나타나는 확장 메뉴 중 Save As를 클릭합니다. 그런 다음 [다른 이름으로 저장] 창이 나타나면 경로를 지정하고 〈저장〉 버튼을 클릭합니다. 경로를 설정하지 않으면 [SketchUp Preferences] 창의 File 항목에서 설정된 경로에 저장됩니다. 저장할 때 파일 형식의 내림 버튼 (∨)을 클릭하면 스케치업 하위 버전으로도 저장할 수 있습니다.

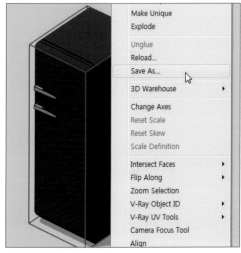

| Save As

| 경로 설정-파일 형식 지정-〈저장〉 버튼 클릭

② 컴포넌트 가져오기

작업 중인 모델에 저장된 컴포넌트를 가져와서 배치하는 방법에 대해 알아보겠습니다.

• **클릭한 채로 드래그** : 가장 일반적인 방식으로 컴포넌트가 저장된 폴더의 윈도우를 작게 만든 다음 가져올 컴포넌트를 윈도우 폴더에서 클릭한 채로 드래그해 작업 모델에 배치하는 방식입니다.

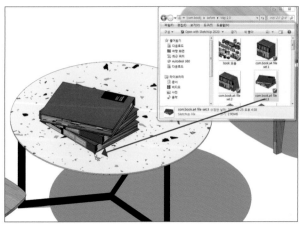

| 클릭한 채로 드래그해서 배치하기

- **복사/붙여넣기** : 저자가 주로 사용하는 방식으로 컴포넌트가 정리된 스케치업 파일을 실행시킨 다음 가져올 컴포넌트를 복사(Ctrl + C)해서 작업 중인 모델에 붙여넣기(Ctrl + V) 합니다. 아래 참조 이미지는 듀얼 모니터 스샷으로 오른쪽은 컴포넌트(or 그룹)가 정리된 파일, 왼쪽은 작업 중(컴포넌트를 가져올) 파일입니다. 스케치업 파일로 정리되어 있을 때 유용하게 사용할 수 있는 방식입니다.

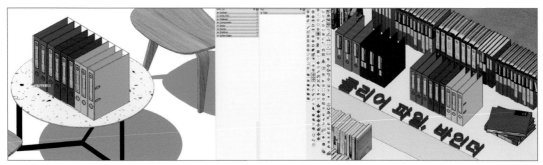

| 정리된 스케치업 파일에서 복사-작업 중인 파일에 붙여넣기

05 | 컴포넌트 수정

컴포넌트는 그룹과 다르게 하나의 컴포넌트를 수정하면 동일한 컴포넌트는 같이 수정됩니다. 동일한 컴포넌트 전체를 수정하는 방법과 하나의 컴포넌트만 수정하는 방법에 대해 알아보겠습니다.

① 동일한 컴포넌트 한 번에 수정하기

하나의 컴포넌트를 편집 모드에서 수정하면 동일한 컴포넌트도 같이 수정됩니다. [Components] 창에서도 수정된 부분이 반영되어 표시되며 컴포넌트를 불러오면 수정된 컴포넌트가 배치됩니다.

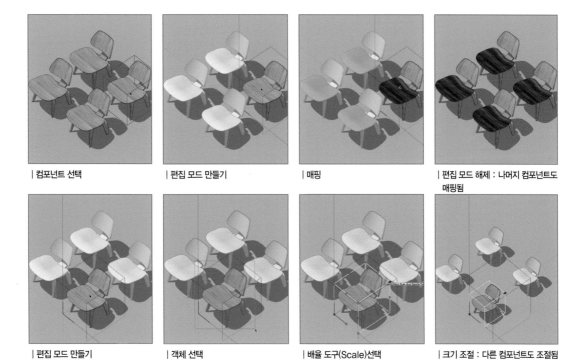

| 컴포넌트 선택 | 편집 모드 만들기 | 매핑 | 편집 모드 해제 : 나머지 컴포넌트도 매핑됨

| 편집 모드 만들기 | 객체 선택 | 배율 도구(Scale)선택 | 크기 조절 : 다른 컴포넌트도 조절됨

② 하나의 컴포넌트만 수정하기

편집 모드가 아닌 상태에서는 하나의 컴포넌트만 수정할 수 있으며 Make Unique 명령을 사용하면 편집 모드인 경우에도 하나의 컴포넌트만 수정할 수 있습니다.

• **편집 모드가 아닌 상태에서 수정하기** : 편집 모드가 아닌 상태에서 하나의 컴포넌트를 수정하면 동일한 컴포넌트는 수정되지 않습니다. 크기를 수정하고 Save As 명령으로 저장하려면 수정한 크기로 저장하겠냐는 내용의 [SketchUp] 알림 창이 나타납니다. 〈예〉 버튼을 클릭하면 크기를 수정한 상태로 저장됩니다.

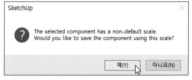

| [SketchUp] 알림 창

| 컴포넌트 선택-배율 도구 선택

| 크기 조절-나머지 컴포넌트에는 영향을 주지 않음

• **Make Unique 명령 사용하기** : Make Unique 명령은 동일한 여러 개의 컴포넌트 중 한 개의 컴포넌트만 별도의 컴포넌트로 만드는 명령입니다. 컴포넌트에 마우스 포인트를 위치하고 우클릭해 나타나는 확장 메뉴 중 Make Unique를 클릭하면 별도의 컴포넌트로 만들어지며 [Components] 창에도 새로운 컴포넌트로 등록됩니다. 새로운 컴포넌트로 만들어졌기 때문에 편집 모드 상태에서 수정해도 해당 컴포넌트만 수정됩니다.

| Make Unique 클릭

| [Components] 창에 등록됨

| 편집 모드에서 매핑

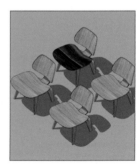

| 다른 컴포넌트에 영향을 주지 않음

06 | 컴포넌트를 선택하면 나타나는 확장 메뉴

컴포넌트에 마우스 포인트를 위치하고 우클릭해 나타나는 확장 메뉴에 대해서 알아보겠습니다.

❶ Entity Info : [Entity Info] 창을 나타냅니다.

❷ Erase : 컴포넌트를 삭제합니다.

❸ Hide : 컴포넌트를 숨깁니다.

❹ Lock/Unlock : 컴포넌트를 잠그거나 잠금 해제합니다.

❺ Invert Selection : 선택 상태를 반전시킵니다.

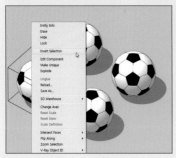

| Invert Selection

| 선택하지 않은 컴포넌트가 선택됨

| 확장 메뉴

❻ Edit Component : 컴포넌트를 편집 모드 상태로 만듭니다.

❼ Make Unique : 동일한 여러 개의 컴포넌트 중 한 개의 컴포넌트만 새로운 컴포넌트로 만듭니다.

❽ Explode : 컴포넌트를 분해합니다.

❾ Unglue : 컴포넌트의 정렬 방식이 Any로 설정되어 있을 경우 맞닿아 있는 면을 분리합니다. 특정 축 방향으로 컴포넌트가 이동되지 않을 경우에 활용하는 명령입니다.

❿ Reload : 다른 컴포넌트를 불러와서 현재의 컴포넌트를 대체합니다.

⓫ Save As : 다른 이름으로 저장합니다.

⓬ 3D Warehouse : 3D Warehouse에 해당 컴포넌트를 공유하거나 3D Warehouse에서 검색한 컴포넌트와 대체합니다.

• Share Component : 해당 컴포넌트를 3D Warehouse에 공유합니다.

• Reload : 3D Warehouse의 컴포넌트와 대체합니다.

• View Details : 3D Warehouse에 업로드한 컴포넌트의 디테일을 확인합니다.

> Share Component...
> Reload...
> View Details...
>
> | 확장 메뉴

⓭ Change Axes : 축의 방향을 재설정합니다.

⓮ Reset Scale : 배율 도구(Scale 🔳)로 크기 조절하기 전의 상태로 되돌립니다.

⓯ Reset Skew : 기울이기를 재설정합니다.

⓰ Scale Definition : 배율 도구(Scale 🔳)로 크기 조절한 상태를 고정합니다. 크기를 조절한 다음 Scale Definition을 클릭하면 크기 조절하기 전의 상태로 되돌리는 Reset Scale 명령이 활성화되지 않습니다.

⓱ Intersect Faces : 객체와 교차되는 부분을 분할합니다.

⓲ Flip Along : 축의 방향으로 대칭 이동시킵니다.

　• Component's Red : X축(Red) 방향으로 대칭 이동시킵니다.

　• Component's Green : Y축(Green) 방향으로 대칭 이동시킵니다.

　• Component's Blue : Z축(Blue) 방향으로 대칭 이동시킵니다.

  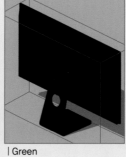 

| 대칭 이동 전 상태　　　| Red　　　　| Green　　　| Blue

⓳ Soften/Smooth Edges : 객체를 부드럽게 만드는 [Soften Edges] 창을 나타냅니다. 해당 명령은 하위 컴포넌트가 없는 단일 컴포넌트 일 경우에 활성화됩니다.

⓴ Zoom Selection : 선택한 컴포넌트를 화면에 가득 차게 확대합니다.

㉑ Dynamic Components : 다이내믹 컴포넌트 관련 명령들을 나타냅니다.

페인트 통 도구(Paint Bucket) 알아보기

페인트 통 도구(Paint Bucket 🐾, 기본 단축키 B)는 객체에 메트리얼을 입히는 도구입니다.

01 | 매핑하기

[Materials] 창에서 메트리얼을 선택하고 페인트 통 도구(Paint Bucket 🐾)로 객체의 면을 클릭해 메트리얼을 입히는 과정
을 매핑이라고 합니다. 페인트 통 도구(Paint Bucket 🐾)를 선택하면 [Materials] 창이 나타나며 스케치업을 설치할 때 자
동으로 설치가 되는 skm 파일 형식으로 매핑할 수도 있고 다른 이미지 파일 형식(jpg, png, etc)을 불러와서 매핑할 수도 있
습니다.

| 알아두기 | **메트리얼, 재질, 이미지**

메트리얼을 가장 쉽게 이해하려면 타일, 벽지, 마루판 등등의 각종 자재(공사 구조재, 공사 마감재, 기타) 이미지라고 생각하면
됩니다. 서적에서 설명하는 메트리얼(Material), 재질(텍스쳐,Texture), 이미지(Image)는 모두 같은 의미의 단어로 이해하기
바랍니다.

---

① skm 파일 형식으로 매핑하기

skm 파일 형식은 스케치업 전용 메트리얼 파일 형식으로 [Materials] 창에서 바로 선택해서 매핑할 수 있습니다. skm 파일
형식 외의 이미지 파일 형식(jpg, png, bmp, etc)은 [Materials] 창에서 미리보기가 되지 않으며 외부에서 불러와서 매핑
해야 합니다.

- **그룹(or 컴포넌트)이 아닌 객체 매핑하기** : [Materials] 창의 내림 버튼(✓)을 클릭해 원하는 폴더를 선택하고 매핑할 메트리얼을 선택하면 페인트 통 도구(Paint Bucket 🎨)가 활성화되며 면을 클릭하면 매핑됩니다.

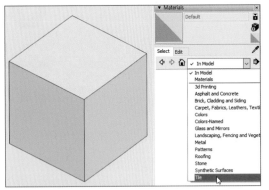

| 내림 버튼 클릭-폴더 클릭

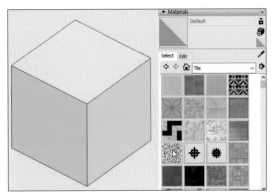

| 메트리얼 클릭

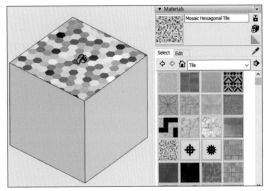

| 면 클릭해 매핑

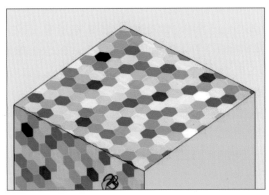

| 계속해서 매핑

[Materials] 창에서 In Model 아이콘(🏠)을 클릭하면 현재의 모델에 매핑한 메트리얼이 등록되는 In Model 라이브러리에 등록된 것을 확인할 수 있습니다.

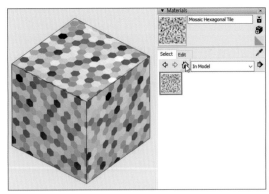

| In Model 아이콘 클릭 : In Model 라이브러리에 등록됨

- **그룹(or 컴포넌트)에 매핑하기** : 그룹(or 컴포넌트)에 매핑할 경우에는 선택 도구(Select ▶)로 그룹(or 컴포넌트)을 더블 클릭해 편집 모드로 만든 다음 매핑합니다.

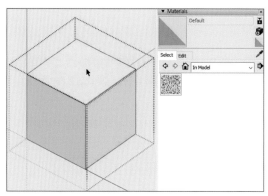

| 선택 도구로 더블클릭-편집 모드 만듦

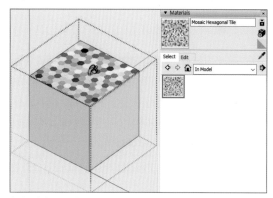

| 메트리얼 선택-매핑

- **매핑 크기 조절하기** : 매핑 크기를 조절하려면 In Model 라이브러리에서 크기를 조절할 메트리얼을 선택한 다음 〈Edit〉 탭 을 클릭하고 가로나 세로 수치값을 입력하면 됩니다. 가로나 세로의 한 부분만 입력하면 나머지 한 부분은 메트리얼의 원본 크기 비율에 맞게 자동으로 입력됩니다.

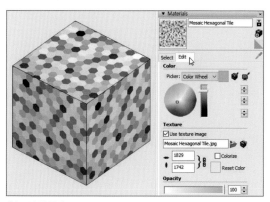

| 〈Edit〉 탭 클릭

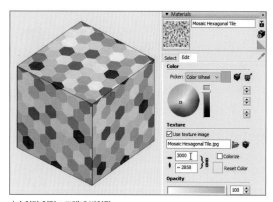

| 수치값 입력 : 모델에 반영됨

그룹(or 컴포넌트)에 바로 매핑하지 않는 이유

그룹(or 컴포넌트)을 편집 모드로 만들지 않고 바로 매핑하면 그룹 전체가 한 번에 매핑되기 때문에 매핑하기 편리하다고 생각할 수 있습니다. 하지만, 그룹 외부에서 바로 매핑하면 매핑한 메트리얼의 위치를 수정할 수가 없고 매핑한 메트리얼의 정확한 면적(Area)도 산출되지 않기 때문에 효율적인 매핑 방법이 아닙니다.

그룹에 매핑할 경우에는 항상 편집 모드 안에서 매핑하기 바랍니다. 단, 면적 산출이 필요 없는 메트리얼일 경우에는 그룹 외부에서 바로 매핑해도 됩니다.

그룹에 바로 매핑하는 것을 그룹 매핑이라고 하고 그룹 편집 모드에서 매핑하는 것을 편집 모드 매핑이라고 합니다.

1 | Texture Position 명령

Texture Position 명령은 매핑한 메트리얼의 위치를 수정할 수 있고, 확대, 축소, 회전 등을 할 수 있는 유용한 명령으로 매핑한 면에 마우스 포인트를 위치시키고 우클릭하면 나타나는 확장 메뉴에 있습니다. 그룹에 바로 매핑하면 해당 명령은 나타나지 않습니다.

① **편집 모드 매핑** : 편집 모드에서 매핑하면 매핑한 면에 마우스 포인트를 위치하고 우클릭해 나타나는 확장 메뉴에 Texture Position이 나타납니다.

| 그룹 편집 모드 안에서 매핑

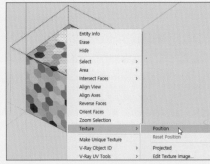

| 우클릭 : Texture-Position 명령 나타남

② **그룹 매핑** : 그룹 매핑을 하면 그룹에 마우스 포인터를 위치하고 우클릭했을 때 Texture Position 명령이 나타나지 않으며 편집 모드를 만들고 우클릭해도 해당 명령이 나타나지 않습니다.

Texture Position 명령을 나타나게 하려면 편집 모드 안에서 한 번 더 매핑해야 합니다.

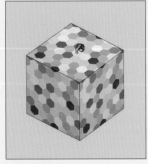

| 그룹에 바로 매핑

| 우클릭 : Texture-Position 명령
나타나지 않음

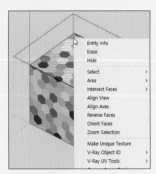

| 편집 모드 만듦 : Texture-Position
명령 나타나지 않음

2 | 면적(Area) 산출

매핑을 하면 매핑한 메트리얼의 면적(Area)을 바로 확인할 수 있습니다. 즉 매핑만 잘하면 실무 현장에서 사용하는 각종 마감재의 면적을 바로 알 수 있기 때문에 견적에서 가장 중요한 정보를 바로 확인할 수 있습니다.

오른쪽 참조 이미지 박스의 총면적은 6제곱미터(m^2)입니다.

가로x세로가 면적(m^2)이기 때문에 1000(1m)x1000(1m) 크기의 면이 여섯 개가 있기 때문입니다.

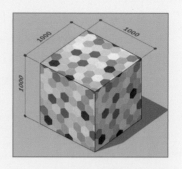

① **편집 모드 매핑** : 그룹 편집 모드에서 매핑한 메트리얼에 마우스 포인터를 위치하고 우클릭해 나타나는 확장 메뉴 중 Area 명령을 클릭하면 매핑한 면적이 [Area] 창에 표시됩니다. 6제곱미터로 정확하게 산출되는 것을 확인할 수 있습니다.

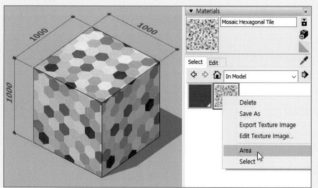

| 그룹 편집 모드 안에서 매핑-마우스 우클릭-Area 클릭

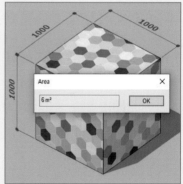

| 정확한 면적이 표시됨

② **그룹 매핑** : 그룹에 바로 매핑하고 Area 명령을 클릭하면 실제 매핑한 면적보다 두 배 많은 면적이 [Area] 창에 표시됩니다.

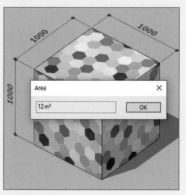

| 두 배로 표시됨

3 | 매핑 정보

편집 모드 매핑과 그룹 매핑은 [Entity Info] 창에서 매핑 정보가 다르게 나타납니다. 편집 모드에서 매핑한 그룹을 선택하고 [Entity Info] 창의 메트리얼 정보를 확인하면 매핑이 되지 않은 상태인 디폴트로 표시되고 그룹에 바로 매핑한 그룹은 매핑한 메트리얼이 표시됩니다. 이처럼 [Entity Info] 창의 매핑 정보로 인해 그룹 편집 모드에서 매핑을 했는지 그룹에 바로 매핑을 했는지가 바로 확인됩니다.

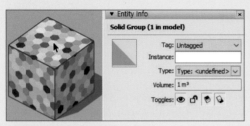

| 편집 모드 매핑 : 디폴트 메트리얼이 표시됨

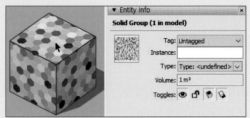

| 그룹 매핑 : 매핑한 메트리얼이 표시됨

② jpg 파일 형식으로 매핑하기

jpg 파일 형식은 매핑할 때 가장 많이 사용하는 이미지 파일 형식입니다. jpg 파일을 매핑하려면 [Materials] 창의 Create Material 아이콘(⬢)을 클릭한 후 [Create Material] 창을 나타나면 Browse(▶) 아이콘을 클릭해 매핑할 이미지 파일을 선택하고 〈열기〉 버튼을 클릭합니다.

| Create Material 아이콘 클릭

| Browse 아이콘 클릭

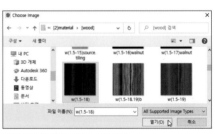

| 이미지 파일 선택–〈열기〉 버튼 클릭

[Create Material] 창에서 이름과 매핑 크기를 입력한 다음 〈OK〉 버튼을 클릭하면 [Materials] 창의 In Model 라이브러리에 등록되며 객체를 클릭해 매핑합니다.

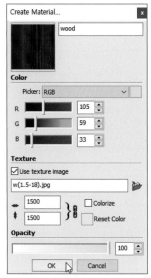

| 이름/매핑 크기 입력-〈OK〉 버튼 클릭

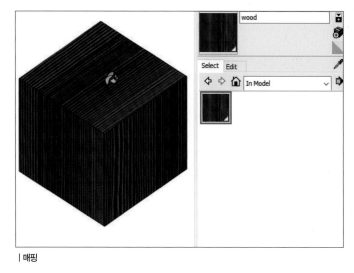

| 매핑

③ 배경이 투명한 png 파일 형식으로 매핑하기

배경이 투명한 png 파일 형식으로 매핑하면 매핑 이미지의 투명한 부분을 스케치업 상에서도 투명하게 표현할 수 있습니다. 매핑하는 방법은 jpg 파일 형식과 동일합니다.

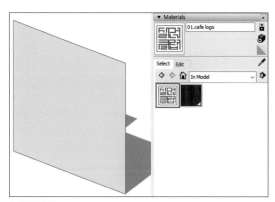

| 매핑하기 전

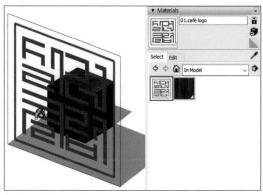

| 매핑 : 배경이 투명하게 표현됨

skm 파일 형식

skm 파일 형식에 대해 알아보겠습니다.

1 | skm 파일이란

스케치업에서 매핑할 수 있는 파일 형식은 스케치업을 설치하면 자동으로 설치가 되는 skm 파일 형식(스케치업 전용 메트리얼 파일 형식)과 jpg, png 파일 같은 이미지 파일 형식으로 크게 나눌 수 있습니다. skm 파일 형식은 스케치업 [Materials] 창에서 바로 확인할 수 있고 매핑할 수 있다는 부분이 장점입니다.

[Materials] 창의 내림 버튼(∨)을 클릭하면 여러 개의 메트리얼 폴더가 나타나며 원하는 폴더를 클릭하면 폴더 안의 다양한 메트리얼이 나타납니다. 원하는 메트리얼을 선택한 다음 객체를 클릭하면 매핑됩니다.

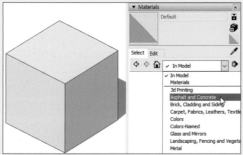

| 내림 버튼 클릭-skm 폴더 선택

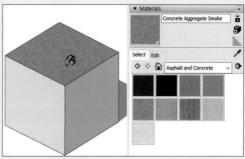

| 메트리얼 선택-객체를 클릭해 매핑

[Materials] 창의 In Model 아이콘(⌂)을 클릭하면 매핑한 메트리얼이 등록되는 In Model 라이브러리에 등록된 것을 확인할 수 있습니다.

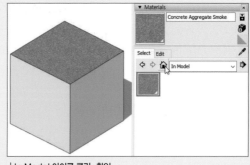

| In Model 아이콘 클릭-확인

2 | skm 파일 형식의 특성

skm 파일 형식을 사용하면 외부에서 일일이 메트리얼을 불러오지 않아도 손쉽게 매핑할 수 있지만, 저자의 경우에는 기본으로 설치된 skm 폴더 중에서 Colors, Colors-Named 두 개의 폴더 안의 메트리얼만 사용하고 나머지 폴더의 메트리얼은 거의 사용하지 않습니다.

기본으로 설치된 skm 파일 형식의 메트리얼을 사용하지 않는 이유는 두 가지입니다. 첫 번째는 대부분 품질이 좋지 않고 두 번째는 국내에서 사용하는 마감재 느낌의 메트리얼이 없기 때문입니다. [Materials] 창에서 외부로 저장할 메트리얼에 마우스 포인터를 위치하고 우클릭해 나타나는 확장 메뉴 중 Export Texture Image를 클릭하면 skm 파일 형식이 아닌 원본 파일 형식으로 메트리얼이 저장됩니다. 저장된 이미지의 크기를 확인해 보면 크기가 작다는 것을 알 수 있습니다. 크기가 작다는 의미는 품질이 좋지 않다는 의미이기도 합니다.

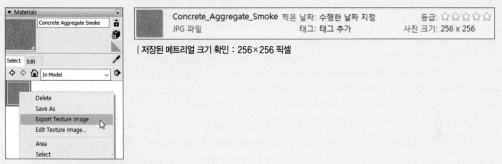

| 저장된 메트리얼 크기 확인 : 256×256 픽셀

| Export Texture Image 클릭해 외부로 저장

4 | skm 파일 만들기

저자의 경우에는 저자가 직접 촬영한 마감재 사진 등을 이용해 skm 파일을 직접 만들어 사용하고 있습니다. 즉 품질이 좋은 실제 마감재 이미지를 메트리얼로 사용한다는 의미입니다. 매핑한 이미지 파일 형식의 메트리얼을 skm 파일 형식으로 만드는 방법에 대해 알아보겠습니다.

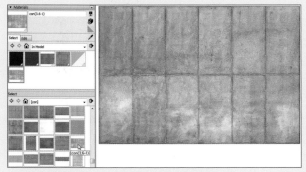

| 저자가 직접 촬영한 사진으로 만든 skm 파일로 매핑한 참조 이미지

• **Save As** : skm 파일 형식으로 저장할 메트리얼에 마우스 포인터를 위치하고 우클릭해 나타나는 확장 메뉴 중 Save As를 클릭한 다음 원하는 폴더에 저장하면 됩니다. 메트리얼을 저장하는 또 하나의 명령인 Export Texture Image 명령과의 차이점은 Export Texture Image 명령은 매핑한 원본 파일 형식으로 저장되지만 Save As 명령은 skm 파일 형식으로만 저장된다는 부분입니다.

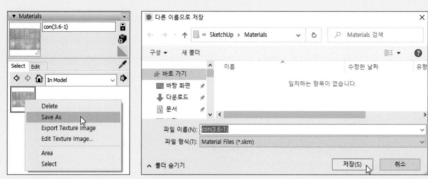

| Save As | | 폴더 선택-〈저장〉 버튼 클릭 |

- **클릭 앤 드래그** : Display the Secondary Selection Pane 펼침 아이콘(📦)을 클릭해 [Materials] 창 하단부에 [Select] 창을 나타내고 skm 파일로 저장할 메트리얼을 클릭 앤 드래그로 이동시키면 skm 파일 형식으로 저장됩니다. skm 파일이 저장되는 경로에 별도의 폴더를 미리 만들어 놓으면 더 효율적으로 활용할 수 있습니다.

| 아이콘 클릭

| [Select] 창이 추가됨-메트리얼을 클릭한 채로 드래그

| skm 파일 형식으로 저장됨

이렇게 저장한 skm 파일은 추후에 [Select] 창을 열고 바로 매핑하면 됩니다.

| [Select] 창 열기-메트리얼 선택 | | 매핑 : In Model 라이브러리에 등록됨 |

- **Save Correction As** : 저자가 추천하는 방식으로 개수가 많은 메트리얼을 한 번에 skm 파일로 저장할 수 있는 유용한 방법입니다. 한두 개의 메트리얼을 skm 파일로 저장하려면 Save As 명령이나 클릭 앤 드래그 방식으로 저장하면 되지만, 많은 개수의 메트리얼을 저장하기에는 효율적인 방식이 아니므로 꼭 Save Correction As 명령으로 저장하기 바랍니다.

저장하는 방법은 [Materials] 창에서 Details 아이콘(⮕)을 클릭해 나타나는 확장 메뉴 중 Save Correction As 명령을 클릭합니다. [Select a collection~] 창이 나타나면 저장할 경로를 지정하고 해당 경로 여백에 마우스 포인터를 위치하고 우클릭해 나타나는 확장 메뉴 중 새 폴더를 클릭해 새로운 폴더를 만듭니다.

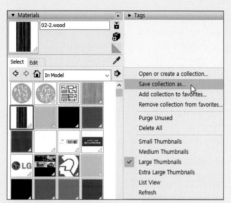

| Save collection as 클릭

| 경로 지정-새폴더 만들기 or 미리 만들어 놓은 폴더 선택

폴더 이름을 입력하고 [폴더 선택] 버튼을 클릭하면 해당 폴더로 모든 메트리얼이 skm 파일 형식으로 저장됩니다. skm 파일이 저장되는 기본 경로에 저장해 놓으면 [Select] 창에서 바로 매핑할 수 있기 때문에 아주 효율적으로 작업할 수 있습니다.

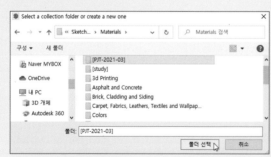

| 이름 입력-〈폴더 선택〉 버튼 클릭

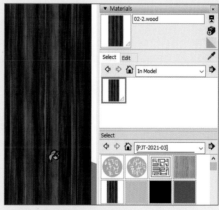

| [Select] 창에서 바로 매핑할 수 있음

5 | skm 파일의 기본 경로

skm 파일의 기본 경로(윈도우 10 기준)는 아래와 같습니다.

C:\ProgramData\SketchUp\SketchUp 2021\SketchUp\Materials

Program Data 폴더는 기본적으로 숨겨져 있으므로 윈도우 보기 메뉴의 숨긴 항목 옵션에 체크해야 확인할 수 있습니다.

| 숨긴 항목 체크 표시

해당 경로의 폴더를 열어서 skm 파일을 확인해 보면 연결 프로그램이 SketchUp Application일 경우 섬네일 이미지로는 볼 수 있지만, jpg 파일(or 기타 이미지 파일 형식) 형식처럼 더블클릭해 확인할 수는 없습니다.

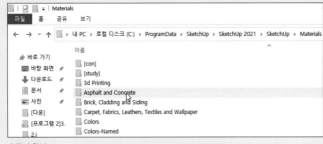

| 폴더 확인

| 섬네일 이미지 확인

02 | 다양한 매핑 방법

페인트 통 도구(Paint Bucket 🪣)와 보조키(Ctrl , Shift)를 함께 사용해서 매핑하는 방법에 대해 알아보겠습니다.

① 인접 채우기(Ctrl 🪣) : 페인트 통 도구(Paint Bucket 🪣)를 선택하고 Ctrl 를 누른 다음 그룹이 아닌 객체(or 그룹 편집 모드 상태)의 면을 클릭하면 연결된 모든 면이 한 번에 매핑됩니다.

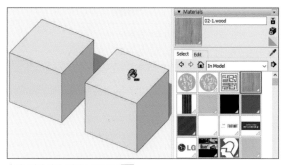

| 메트리얼 선택-페인트 통 도구+ Ctrl

| 매핑-연결된 면들이 한 번에 매핑됨

인접 채우기는 같은 메트리얼만 적용되며 다른 메트리얼은 적용되지 않습니다.

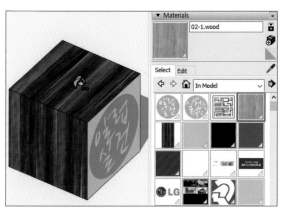

| 한 면이 다른 메트리얼로 매핑 되어 있음

| 인접 채우기 방식으로 다시 매핑-다른 메트리얼은 적용 안 됨

② 재질 바꾸기(Shift 🪣) : 페인트 통 도구(Paint Bucket 🪣)를 선택하고 Shift 를 누른 다음 그룹이 아닌 객체의 면을 클릭하면 면이 연결되어 있지 않아도 모두 매핑됩니다.

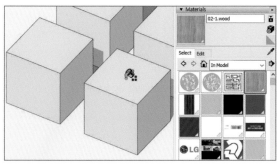

| [매핑이 안된 경우] 메트리얼 선택-페인트 통 도구+ Shift

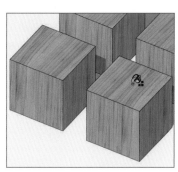

| 클릭-떨어져 있는 면도 매핑됨

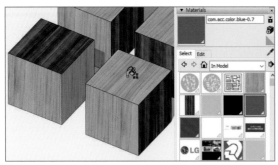
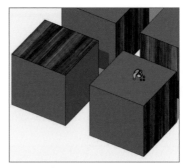

| [매핑이 된 경우] 메트리얼 선택-페인트 통 도구+ Shift

| 클릭-동일한 메트리얼이 모두 변경됨

그룹일 경우 그룹 편집 모드에서 재질 바꾸기 방식으로 매핑하면 해당 그룹만 매핑이 되고 다른 객체는 매핑되지 않습니다. 즉 재질 바꾸기 방식은 그룹이 아닌 객체들은 매핑이 모두 수정되지만, 그룹 편집 모드에서 매핑하면 해당 그룹 내부만 매핑됩니다.

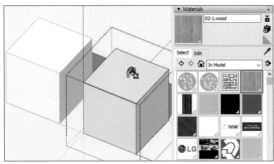
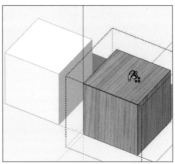

| 그룹 편집 모드 : 재질 바꾸기 방식으로 매핑

| 다른 객체는 매핑되지 않음

③ 재질 샘플링(Alt 🖊)

[Material] 창에서 샘플 페인트 아이콘(Sample Paint 🖊)을 선택하고 샘플링할 면을 클릭하면 페인트 통 도구(Paint Bucket 🎨)로 바뀌면서 해당 면의 메트리얼이 샘플링되며 다른 면을 클릭하면 샘플링된 메트리얼로 매핑됩니다. 페인트 통 도구(Paint Bucket 🎨)가 선택된 상태에서는 Alt 를 누르면 샘플 페인트 아이콘(Sample Paint 🖊)이 활성화됩니다.

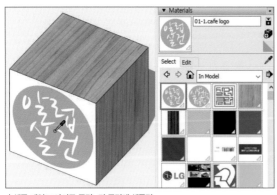

| 샘플 페인트 아이콘 클릭-면 클릭해 샘플링

| 다른 면 클릭-샘플링한 메트리얼로 매핑됨

면의 방향성

스케치업은 두께가 없는 면이라도 앞면, 뒷면의 방향성이 있습니다. 뒷면에 매핑하면 문제가 발생하기 때문에 꼭 보이는 면이 항상 앞면이 되게 모델링 해야 합니다.

1 | 면의 방향 확인

면의 방향(앞면, 뒷면)을 확인하는 방법에 대해 알아보겠습니다.

• **매핑을 하지 않은 면** : [Styles] 창의 〈Edit〉
탭에서 Face Settings 아이콘(▣)을 클릭해
앞면 색상(Front color)과 뒷면 색상(Back
color)을 확인할 수 있습니다. 아래 참조 이미
지의 앞면과 뒷면 색상은 이 책에서 설정한
'01.기본 모델링' 스타일의 색상입니다.

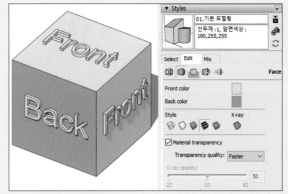

| [Styles] 창의 앞면, 뒷면 색상 확인

• **매핑을 한 면** : 매핑을 한 면은 스타일 도구 모음(Styles Toolbar ▦▦▦▦▦▦)에 있는 Monochrome 도구(◍)를 클릭해 확인할 수 있습니다. 기본적으로 텍스쳐를 표현하는 Shaded With Textures 도구(◉)가 활성화되어 있으며 모델에 있는 모든 객체의 앞면과 뒷면을 한 번에 확인하려면 [Styles] 창에서 설정한 앞면 뒷면 색상만으로 객체를 표현하는 Monochrome 도구(◍)를 클릭해 Monochrome 스타일로 확인하면 됩니다.

| Shaded With Textures 스타일(기본 스타일)

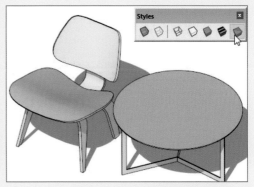

| Monochrome 스타일 : 앞면과 뒷면 색상으로만 객체를 표현함

2 | 뒷면에 매핑했을 경우

타일, 석재, 마루판 등의 반복되는 문양이 있는 이미지 파일이나 색상 메트리얼은 뒷면에 매핑해도 앞면과의 차이점을 느끼지 못하지만, 글자가 있는 이미지 파일을 매핑하면 차이점을 바로 확인할 수 있습니다. 뒷면에 매핑하면 반전되어 매핑되기 때문입니다.

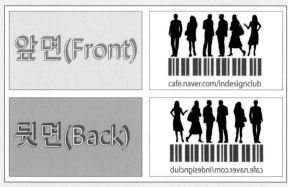

| 뒷면에 매핑 : 이미지가 반전됨

03 | 텍스쳐 조정 (Texture-Position)

Texture Position 명령을 사용하면 매핑한 메트리얼을 다양하게 조정할 수 있습니다. 매핑된 면에 마우스 포인터를 위치하고 우클릭해 나타나는 확장 메뉴 중 Texture-Position을 클릭하면 네 개의 핀이 나타나며 마우스 왼쪽 버튼을 클릭하면 포인터가 손바닥 모양으로 바뀝니다. 클릭한 채로 이동하면 메트리얼이 이동됩니다.

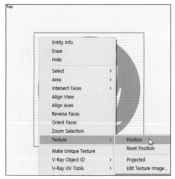

| Texture-Position 클릭

| 네 개의 핀이 나타남

| 클릭한 채로 드래그 : 메트리얼이 이동됨

① 이동 핀(Move Pin-빨간색)

메트리얼을 이동시킵니다. 이동 핀을 클릭한 채로 드래그하면 메트리얼의 위치가 이동됩니다.

| 빨간색 핀 클릭

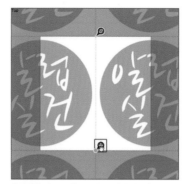

| 클릭한 채로 드래그 : 메트리얼이 이동됨

② 배율/회전 핀(Scale/Rotate Pin-녹색)

메트리얼을 확대, 축소하며 회전시킵니다. 배율/회전 핀을 클릭한 채로 좌우로 드래그하면 이동 핀을 기준으로 메트리얼이 확대, 축소, 회전됩니다.

| 녹색 핀 클릭

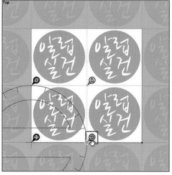

| 클릭한 채로 드래그-축소

| 회전

③ 왜곡 핀(Distort Pin-노란색)

메트리얼을 왜곡시킵니다. 왜곡 핀을 클릭한 채로 드래그하면 나머지 세 개의 핀을 기준으로 메트리얼이 비틀어지면서 왜곡됩니다.

| 노란색 핀 클릭

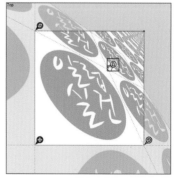

| 클릭한 채로 드래그 : 왜곡됨

④ 배율/변형 핀(Scale/Shear Pin-파란색)

메트리얼의 배율을 조절하거나 변형합니다. 배율/변형 핀을 클릭한 채로 드래그하면 이동 핀과 배율/회전 핀을 기준으로 메트리얼의 배율을 조절하거나 변형시킵니다. 배율 조절은 가로, 세로 비율이 같이 조절되는 것이 아니라 이동 핀을 기준으로 한 방향의 비율만 조절됩니다.

| 파란색 핀 클릭

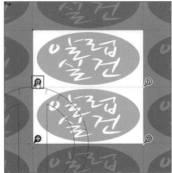

| 배율 조절

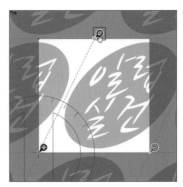

| 기울이기(변형)

⑤ 고정핀 모드/자유 핀 모드

고정핀(Fixed Pins) 모드는 네 가지의 색깔이 있는 핀이 나타나는 모드이며 자유 핀 모드는 색깔이 없는 핀이 나타나는 모드입니다. 고정핀 모드일 경우에는 네 가지 핀이 각각의 기능을 수행하지만 자유핀 모드일 경우에는 이미지를 늘이고 줄이는 기능만을 수행합니다. 고정핀 모드나 자유핀 모드일 때 Shift 키를 누르고 있으면 모드가 변환됩니다.

• **고정핀 모드** : 색깔이 있는 네 개의 핀이 나타나며 각 핀의 기능을 수행합니다.

| 고정핀(Fixed Pins) 모드

• **자유 핀 모드** : 재질 조정 모드(Texture-Position) 상태에서 마우스 오른쪽 버튼을 클릭하면 확장 메뉴가 나타나며 체크되어 있는 Fixed Pins을 클릭하면 체크 해제되며 자유 핀 모드로 바뀝니다. 자유 핀 모드는 색깔이 없는 네 개의 핀만 나타나며 메트리얼을 늘이고 줄이는 기능만 수행합니다.

| 마우스 우클릭-Fixed Pins 체크 표시 클릭

| 체크 표시가 해제됨 : 자유 핀 모드로 수정됨

| 클릭한 채로 드래그 : 메트리얼이 변형됨

⑥ Texture-Position의 확장 메뉴 알아보기

재질 조정 모드 상태에서 마우스 오른쪽 버튼을 클릭하면 나타나는 확장 메뉴에 대해 알아보겠습니다.

| 확장 메뉴

- **Done** : 메트리얼 조정을 마칩니다.
- **Reset** : 메트리얼 조정 전의 상태로 초기화합니다.
- **Flip** : 메트리얼의 방향을 뒤집습니다. (좌, 우-Left/Right, 상, 하-Up/Down)
- **Rotate** : 메트리얼의 방향을 회전시킵니다.(90도, 180도, 270도)
- **Fixed Pins** : 고정핀 모드와 자유핀 모드를 선택합니다. Fixed Pins에 체크가 되어 있으면 고정핀 모드이며 클릭해 체크 해제하면 자유 핀 모드가 됩니다.
- **Undo** : 메트리얼 조정 단계를 한 단계씩 되돌립니다.
- **Redo** : 되돌린 단계를 다시 실행합니다.

| 알아두기 | **스냅 기능/핀의 위치 변경**

1 | 스냅 기능

각 핀은 선의 끝점(Endpoint)과 중심점(Midpoint)에 녹색 점으로 자동 스냅이 잡힙니다. 스냅을 잡지 않으려면 Ctrl 를 누르고 있으면 됩니다.

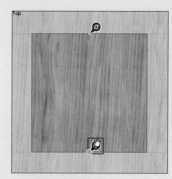

| 중심점에 스냅이 잡힘

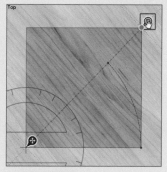

| 끝점에 스냅이 잡힘

2 | 핀의 위치 변경(클릭-드래그-클릭)

네 개의 핀과 핀 옆의 아이콘을 클릭하면 핀만 활성화되어 위치를 바꿀 수 있습니다.

| 핀 클릭

| 드래그

| 클릭-핀의 위치가 변경됨

04 | 매핑한 면(Face)을 선택하면 나타나는 확장 메뉴 ——

매핑한 면에 마우스 포인터를 위치하고 우클릭해 나타나는 확장 메뉴에 대해
알아보겠습니다.

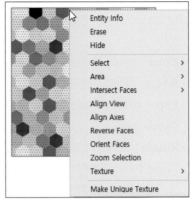

| 확장 메뉴

① **Entity Info** : [Entity Info] 창을 확장합니다.

② **Erase** : 선택한 면을 삭제합니다.

③ **Hide** : 선택한 면을 숨깁니다.

④ **Select** : 선택한 면과 속성이 같은 객체를 선택합니다.
- **Bounding Edges** : 선택한 면과 연결되는 선을 선택합니다.
- **Connected Faces** : 선택한 면과 연결된 면을 선택합니다.
- **All Connected** : 선택한 면과 연결된 모든 선과 면을 선택합니다.
- **All on same Tag** : 선택한 면이 속해 있는 태그에 포함된 모든 객체를 선
택합니다.
- **All with same Material** : 선택한 면과 동일한 메트리얼로 매핑된 면을
모두 선택합니다. 그룹으로 묶인 면은 선택하지 못합니다.
- **invert Selection** : 선택 영역을 반전시킵니다.

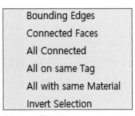

| Select 확장 메뉴

⑤ **Area** : 면적을 나타냅니다.

| Area 확장 메뉴

- **Selection** : 선택한 면의 면적을 나타냅니다.

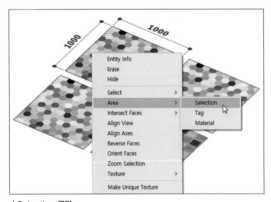

| Selection 클릭

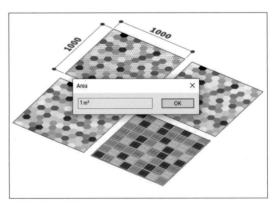

| 면적이 나타남

- **Tag** : 선택한 면이 속해 있는 태그에 포함된 모든 객체의 면적을 나타냅니다. 그룹의 면적은 포함되지 않으며 매핑한 메트리얼의 면적이 아님을 기억합니다.
- **Material** : 선택한 면과 동일한 메트리얼로 매핑된 모든 객체의 면적을 나타냅니다. 그룹의 면도 포함됩니다.

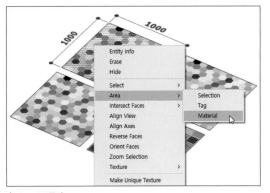

| Material 클릭

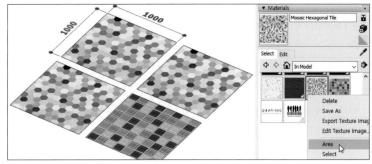

| 면적이 나타남

[Materials] 창에서 매핑한 메트리얼에 마우스 포인트를 위치하고 우클릭해 나타나는 확장 메뉴 중 Area 명령도 동일한 기능을 수행합니다.

| Area 명령

⑥ **Intersect Faces** : 교차되는 객체를 분할합니다.

⑦ **Align View** : 선택한 면이 정면으로 보이게 화면을 정렬합니다.

⑧ **Align Axes** : 선택한 면에 축을 배치합니다.

⑨ **Reverse Faces** : 선택한 면을 뒤집습니다. 모델링 된 객체의 보이는 면이 뒷면일 경우 앞면으로 뒤집기 위해 사용하는 명령입니다.

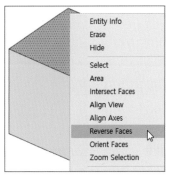

| 뒷면에 마우스 포인터 위치-우클릭-Reverse Faces 클릭

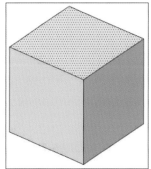

| 앞면으로 뒤집힘

⑩ **Orient Faces** : 선택한 면과 연결된 면의 방향(앞면, 뒷면)을 일치시킵니다. 연결된 많은 수의 면 중에 뒷면이 많으면 한 번에 앞면으로 뒤집을 때 유용하게 사용하는 명령입니다.

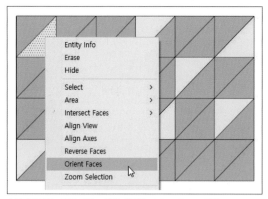

| 앞면인 면에 마우스 포인트 위치-우클릭-Orient Faces 클릭

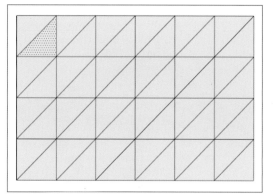

| 뒷면이었던 면이 한 번에 앞면으로 뒤집힘

⑪ **Zoom Selection** : 선택한 면을 화면에 꽉 차게 배치합니다.

⑫ **Texture** : 텍스쳐(메트리얼)를 조정하거나 투영합니다.

| Texture 확장 메뉴

• **Position** : 메트리얼의 크기, 위치 등을 조정합니다.

• **Reset Position** : 조정한 메트리얼을 원상태로 되돌립니다.

• **Projected** : 메트리얼을 투영합니다.

• **Edit Texture Image** : [System Preferences] 창의 Application항목에서 설정한 텍스쳐 편집 프로그램(포토샵)이 실행되며 선택한 메트리얼이 편집 프로그램 작업화면에 나타납니다. 작업한 다음 저장하면 작업한 내용이 스케치업에 적용됩니다.

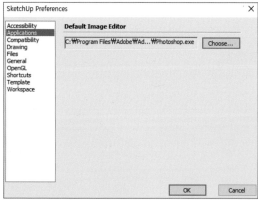

| 메트리얼 편집 프로그램 : 포토샵 설정

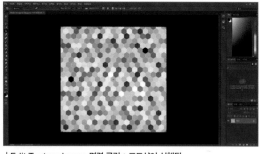

| Edit Texture Image 명령 클릭 : 포토샵이 실행됨

⑬ **Make Unique Texture** : 매핑한 메트리얼의 특정 부분을 새로운 메트리얼로 만듭니다. Make Unique Texture 명령으로 새로 만든 메트리얼은 [Materials] 창의 In Model 라이브러리에 등록되어 사용할 수 있습니다.

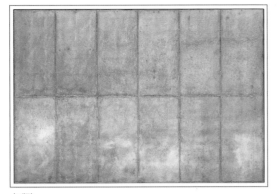

| 매핑

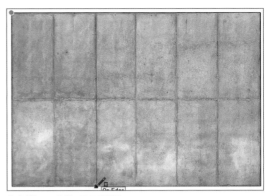

| 사각형 도구나 선 도구로 면 분할

| 분할된 면에 마우스 포인터 위치–우클릭–Make Unique Texture 클릭

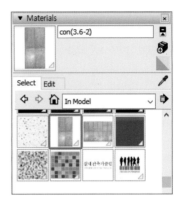

| [Materials] 창에 등록됨

현장
플러스

텍스쳐 투영(Texture-Projected)

평면에 매핑하면 문제가 없지만 곡면에 매핑하면 메트리얼이 불규칙하게 매핑되는 문제가 발생합니다. 곡면을 이루는 면의 개수가 많으면 많을수록 더 촘촘하게 매핑됩니다. 이런 문제로 인해 평면이 아닌 면은 텍스쳐 투영(Texture Projected) 매핑을 해야 합니다. 텍스쳐 투영 매핑을 하는 방법에 대해 알아보겠습니다.

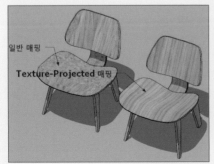

| 일반 매핑과 Texture-Projected 매핑의 차이점

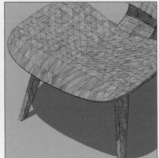

| 확대 : 불규칙하게 매핑됨

① **면 만들기** : 텍스쳐 투영 매핑을 하려면 먼저 텍스쳐를 투영할 면이 있거나 새로 만들어야 합니다.

| 텍스쳐 투영을 할 사각형 모델링

② **텍스쳐 투영** : 사각형에 마우스 포인터를 위치하고 우클릭해 나타나는 확장 메뉴 중 Texture-Projected를 클릭해 체크합니다. Projected 명령에 체크가 되면 해당 메트리얼은 텍스쳐 투영 상태입니다.

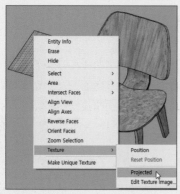

| 마우스 우클릭-Texture-Projected 클릭

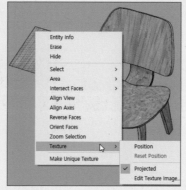

| 체크 상태

③ **샘플링/매핑** : 페인트통 도구(Paint Bucket 🎨)를 선택한 상태에서 Alt 키를 누르거나 [Materials] 창에서 샘플 페인트 아이콘(Sample Paint. 🖉)을 클릭해 텍스쳐 투영 상태의 메트리얼을 클릭해 샘플링한 다음 매핑하면 됩니다.

| 샘플 페인트 아이콘을 클릭해 샘플링

| 매핑

| 매핑-완성

지우개 도구(Eraser) 알아보기

지우개 도구(Eraser ✐, 기본 단축키 E)는 객체를 삭제하고 각진 면을 부드럽게 만들며 객체를 숨기는 도구입니다.

01 | 객체 삭제

지우개 도구(Eraser ✐)를 선택하고 삭제하고자 하는 객체를 클릭하거나 지우개 도구(Eraser ✐)를 클릭한 채로 객체 위로 드래그하면 삭제가 됩니다.

① **선 삭제** : 지우개 도구(Eraser ✐)를 삭제할 선 위에 위치하고 클릭하거나 클릭한 채로 선 위로 이동하면 삭제가 됩니다.

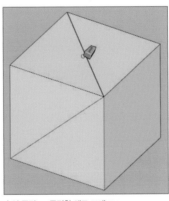

| 선 클릭 or 클릭한 채로 드래그

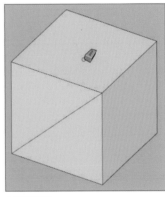

| 선이 삭제됨

② **면 삭제** : 면을 공유하고 있는 선을 삭제하면 면도 삭제가 됩니다.

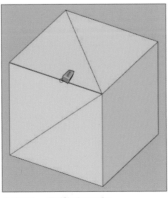

| 선 클릭 or 클릭한 채로 드래그

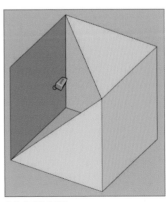

| 선과 면이 삭제됨

| 알아두기 | **숨긴 선 삭제하기**

평면이 아닌 곡면일 경우 기본적으로 객체를 구성하는 선이 보이지 않기 때문에 메뉴의 View-Hidden Geometry를 클릭해
Hidden Geometry 명령에 체크해서 숨긴 선들을 나타낸 다음 선을 삭제하면 됩니다.

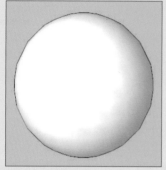
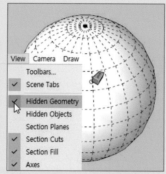
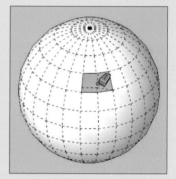

| 숨긴 선이 보이지 않음 | View-Hidden Geometry 클릭-숨긴 선이 보임-지우개 도구로 선 클릭 | 선과 면이 삭제됨

③ **그룹이나 컴포넌트의 삭제** : 지우개 도구(Eraser ✐)를 그룹이나 컴포넌트의 가장자리 부분을 클릭하거나 클
릭한 채로 객체 위로 지나가면 삭제됩니다.

| 지우개 도구 선택 | 객체 클릭 | 삭제됨

그룹(or 컴포넌트)의 크기와
그룹(or 컴포넌트) 영역의 크기

현장
플러스

그룹(or 컴포넌트)의 영역에 대해 알아보고 그룹의 크기와 그룹의 영역이 다른 객체를 삭제하는 방법에 대해 알아보겠습니다.

1 | 객체의 영역

아래 참조 이미지를 보면 그룹을 선택하기 전에 보이는 그룹의 크기와 그룹을 선택한 다음의 그룹 영역의 크기가 다르다는 것을 알 수 있습니다. 이처럼 그룹 영역의 크기가 다른 경우는 객체를 그룹으로 만들 때 객체의 가장 외부를 기준으로 그룹의 영역이 박스형으로 만들어지기 때문입니다.

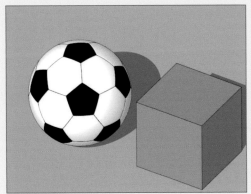

| 그룹의 크기

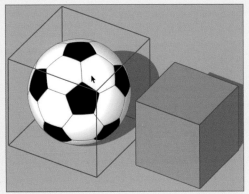

| 그룹 영역의 크기

2 | 그룹의 크기와 그룹 영역의 크기가 다른 그룹 삭제

박스처럼 그룹의 영역이 그룹의 크기와 같으면 지우개 도구(Eraser ✐)로 그룹을 클릭해 삭제할 수 있지만, 아래 참조 이미지의 축구공처럼 그룹의 크기와 그룹 영역의 크기가 다를 경우에는 지우개 도구(Eraser ✐)를 그룹 위로 드래그해서 그룹이 선택되면 삭제됩니다.

| 지우개 도구 선택

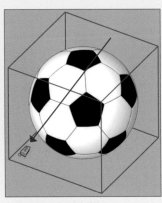

| 객체 위로 드래그해서 선택

| 삭제됨

하지만 이 방법은 한 번에 드래그해서 선택되는 경우가 흔하지 않기 때문에 그룹 영역의 크기가 다른 그룹은 선택 도구 (Select ▸)로 그룹을 클릭해 선택한 다음 키보드의 Delete를 눌러 삭제하는 방법이 효율적입니다.

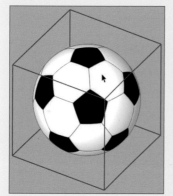
| 선택 도구로 객체 선택

| Delete 눌러 삭제

02 | 지우개 도구의 다양한 기능들

지우개 도구(Eraser ✐)는 객체를 삭제하는 기능만 있는 것이 아니라 객체를 숨길 수 있고 면을 부드럽게 만들 수도 있습니다.

① 선이나 그룹(컴포넌트) 숨기고 나타내기

객체를 숨기고 나타내는 방법에 대해 알아보겠습니다.

• **숨기기** : 지우개 도구(Eraser ✐)를 선택하고 Shift 를 누르고 선을 클릭하면 선이 숨겨지고 그룹(or 컴포넌트)을 클릭하면 해당 그룹이나 컴포넌트가 숨겨집니다. 숨겨진 선을 공유하는 면은 각각의 면으로 인식됩니다.

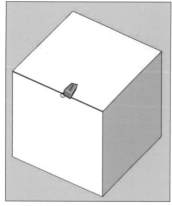
| 지우개 도구+ Shift

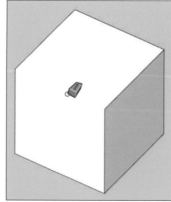
| 선이 숨겨짐

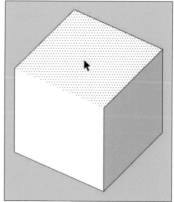
| 단일 면으로 인식

- **나타내기** : 숨긴 선을 나타내려면 메뉴의 View-
  Hidden Geometry을 클릭해 체크하면 숨겨진
  선이 점선으로 나타납니다.

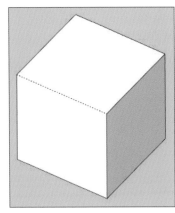

나타난 점선을 실선으로 바꾸려면 점선을 클릭하고 [Entity Info] 창에서 비활성화된 Hide(◯) 아이콘을 클릭해 Unhide
(◉) 상태로 만들면 됩니다.

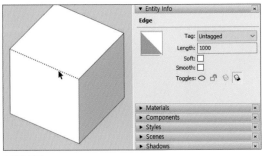

| 점선 클릭

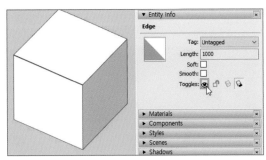

| 비활성 아이콘 클릭해 활성-선이 나타남

그룹(or 컴포넌트)을 숨겼을 때는 메뉴의 Hidden Objects 명령을 클릭해 체크하면 숨겨진 그룹이 보입니다.

| 그룹

| 지우개 도구+ Shift : 숨겨짐

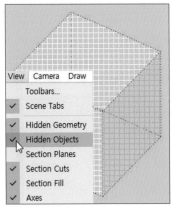

| View-Hidden Objects 체크 : 그룹이 보임

숨김 해제 상태를 만들려면 그룹을 클릭하고 [Entity Info] 창에서 비활성화된 Hide(◯) 아이콘을 클릭해 Unhide(◉) 상태로 만들면 됩니다.

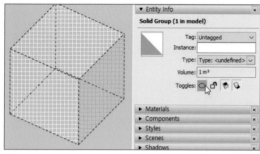
| 그룹 클릭

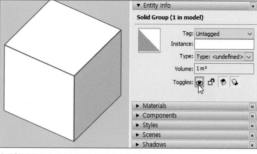
| 비활성화된 아이콘 클릭해 활성-그룹이 나타남

② 면을 부드럽게 만들기

지우개 도구(Eraser ✐)를 선택하고 Ctrl 를 누르고 선을 클릭하면 선은 사라지고 선을 공유하는 면들은 부드러워집니다. 사라진 선을 공유하는 면은 각각의 면이 아니라 하나의 면으로 인식합니다.

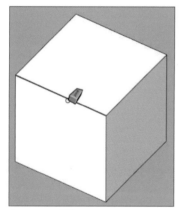

| 지우개 도구+ Ctrl .

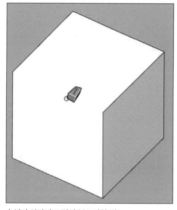
| 선이 사라지고 면이 부드러워 짐

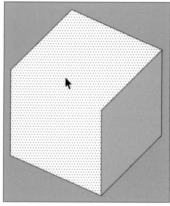
| 단일 면으로 인식.

지우개 도구(Eraser ✐)+ Ctrl 로 사라진 선은 메뉴의 View-Hidden Geometry 명령에 체크하면 점선으로 표시되지만, 지우개 도구(Eraser ✐)+ Shift 로 숨긴 선의 [Entity Info] 창 정보와 다르게 나타납니다. 선을 숨긴 것이 아니고 모델링을 변형했기 때문에 Unhide 아이콘(◉)이 활성화되어 있습니다. 체크되어 있는 Soft 옵션을 클릭해 체크 해제해야 선이 나타납니다.

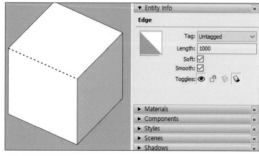
| Soft 옵션 체크 상태

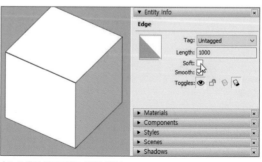
| Soft 옵션 체크 해제 : 선이 나타남

| 알아두기 | **곡면을 부드럽게 표현하기**

곡면을 부드럽게 만들려면 지우개 도구(Eraser ✐)+ Shift 로 곡면의 선들을 숨기면 곡면에 각이 지기 때문에 지우개 도구 (Eraser ✐)+ Ctrl 를 사용해야 합니다.

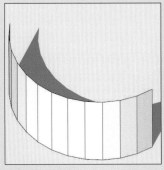 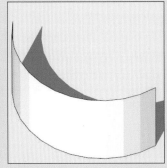 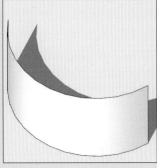

| 곡면에 선들이 보임

| 지우개 도구+ Shift : 선이 숨겨지고 곡면이 각짐

| 지우개 도구+ Ctrl : 곡면이 부드러움

그리기 도구 모음
(Drawing Toolbar) 사용하기

그리기 도구 모음(Drawing Toolbar 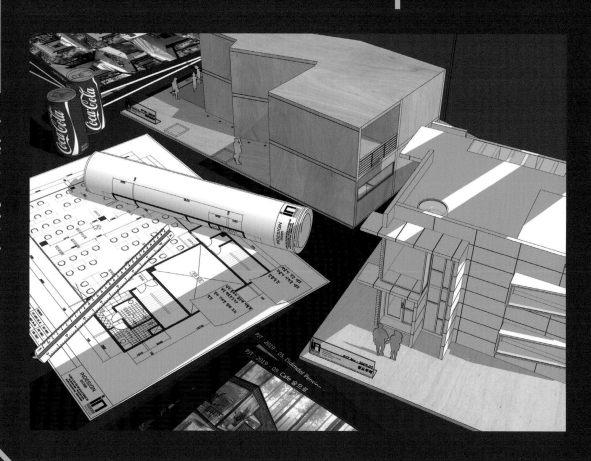)에는 선을 그리는 선 도구(Line ✏️), 자유 곡선을 그리는 프리핸드 도구(Freehand 〰️), 사각형을 그리는 사각형 도구(Rectangle Tool ▱), 회전 사각형 도구(Rotated Rectangle ▱), 원을 그리는 원 도구(Circle ◯), 다각형을 그리는 다각형 도구(Polygon ⬡), 호를 그리는 호 도구(Arc ◢), 2점 호 도구(2 Point Arc ⊘), 3점 호 도구(3 Point Arc ⟋), 파이 도구(Pie ◢)가 포함되어 있습니다.

학습 목표

객체를 모델링할 때 일일이 수치값을 확인하지 않고 그려진 객체를 참조해서 객체를 그리는 추정 기능은 모델링 작업 속도를 향상시킵니다. 이번 과정에서 학습하는 각 도구의 기본적인 사용법과 추정 기능을 숙지하고 원이나 호를 만들 때 Sides 수치값을 높게 설정해서 부드럽게 모델링하는 방법을 이해합니다.

4강

Architecture & Interior

선 도구(Line) 알아보기

선 도구(Line ✏, 기본 단축키 L)는 선을 그리는 도구입니다.

01 | 선 그리기

선을 그리려면 선 도구(Line ✏)로 시작점을 클릭하고 원하는 방향으로 드래그한 다음 끝점을 클릭하면 됩니다. 시작점을 클릭하고 원하는 방향으로 드래그한 다음 키보드로 수치를 입력하고 엔터를 누르면 입력한 수치(길이)의 선을 그릴 수 있습니다. 또한 절대 좌표와 상대 좌표를 입력하여 선을 그릴 수도 있습니다.

① 수치(길이)를 입력해서 선 그리기

선 도구(Line ✏)로 시작점을 클릭하고 그리고자 하는 방향으로 조금 드래그한 다음 키보드로 수치(길이)를 입력하고 엔터를 누르면 입력한 길이의 선이 그려집니다. 기본 축(X, Y, Z축) 방향으로는 해당 축의 말풍선이 나타나면서 자동으로 스냅이 작동합니다.

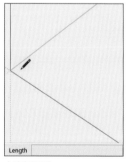

| 시작점 클릭

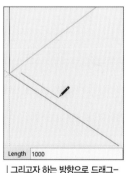

| 그리고자 하는 방향으로 드래그-
키보드로 수치(길이) 입력

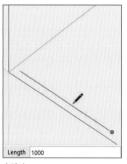

| 엔터

| 입력한 길이의 선이 그려짐

② 좌표를 이용한 선 그리기

선 도구는 절대 좌표(원점을 기준으로 하여 표현되는 좌표)와 상대 좌표(주어진 시작점으로부터의 거리 개념에서 정의된 좌표)로 선을 그릴 수 있습니다. 절대 좌표는 [X,Y,Z] 형식으로 입력하고 상대 좌표는 〈X,Y,Z〉 형식으로 입력하면 됩니다. 예를 들어 시작점을 클릭하고 키보드로 [1000,0,1000] 을 입력하고 엔터를 누르면 X축으로 1000mm, Y축은 원점, Z축으로 1000mm의 선이 그려집니다.

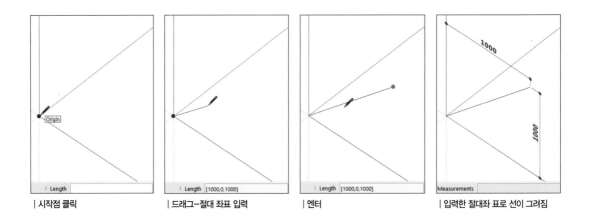

| 시작점 클릭 | 드래그-절대 좌표 입력 | 엔터 | 입력한 절대좌표로 선이 그려짐

③ 평행선 그리기

평행선을 그리려면 시작점을 클릭하고 맞은편으로 드래그해서 자동으로 스냅이 잡히고 자홍색으로 평행이 되었다는 것이 표시되는 지점을 클릭하면 됩니다.

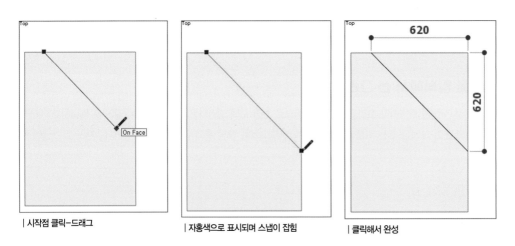

| 시작점 클릭-드래그 | 자홍색으로 표시되며 스냅이 잡힘 | 클릭해서 완성

④ 직각선 그리기

직각 선을 그리려면 시작점을 클릭하고 맞은편으로 드래그하면서 자홍색으로 선이 표시되고 직각(Perpendicular to Edge)이 되었다는 말풍선이 나타나는 지점을 클릭하면 됩니다.

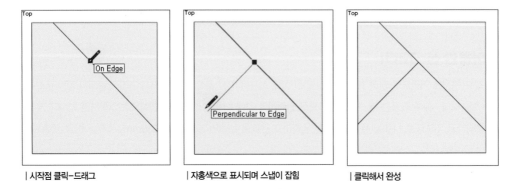

| 시작점 클릭-드래그 | 자홍색으로 표시되며 스냅이 잡힘 | 클릭해서 완성

02 | 선과 면의 분할/분할된 선 연결하기

선과 면을 분할하는 방법과 분할된 여러 개의 선을 하나로 연결하는 방법에 대해 알아보겠습니다.

① 선과 면의 분할

선 도구(Line ✏)로 선을 분할하려면 해당 선과 연결되는 다른 하나의 선을 그리면 되고 면을 분할하려면 닫힌 선을 그리면 됩니다.

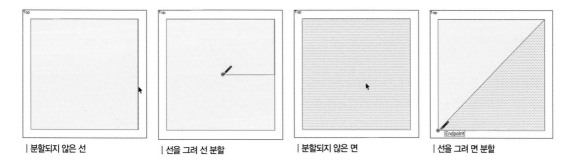

| 분할되지 않은 선 | 선을 그려 선 분할 | 분할되지 않은 면 | 선을 그려 면 분할

② 분할된 선 연결하기

선택 도구(Select ▶)로 분할된 선을 다중 선택한 다음 마우스 우클릭해서 나타나는 확장 메뉴 중 Weld Edges를 클릭하면 분할된 여러 개의 선이 하나의 선으로 연결됩니다.

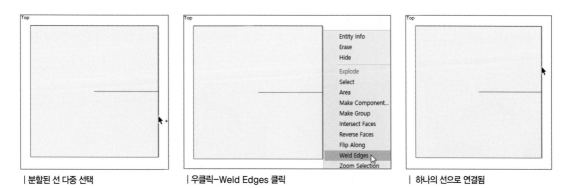

| 분할된 선 다중 선택 | 우클릭-Weld Edges 클릭 | 하나의 선으로 연결됨

03 | 추정 기능

모델링을 할 때 추정 기능을 이용하면 효율적으로 작업할 수 있습니다.

① **말풍선** : 선 도구(Line ✏️)를 포함한 각종 도구를 객체에 위치시키면 객체의 특성을 알려주는 말풍선이 나타납니다.

• **객체에 위치시켰을 때** : 선 도구(Line ✏️)를 점에 위치시키면 Mid Point, End Point, 선에 위치시키면 On Edge, 면에 위치시키면 On Face, 그룹(or 컴포넌트)에 위치시키면 On Face(or On Edge, Mid Point, End Point : 스냅이 잡힌 객체의 속성) in 이름(그룹과 컴포넌트의 이름)이 말풍선으로 나타납니다.

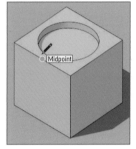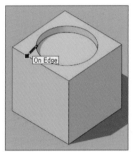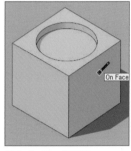

| 점 : Midpoint(녹색) | 선 : On Edge(빨간색) | 면 : On Face(파란색) | 그룹 : 그룹 이름

• **원의 중심점** : 원의 중심점은 Center로 말풍선이 나타납니다. 원의 중심점에 스냅이 바로 잡히지 않으면 원의 가장자리에 선 도구(Line ✏️)를 위치시키고 말풍선(Endpoint)이 나타난 다음에 중간으로 이동하면 스냅이 잡힙니다.

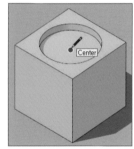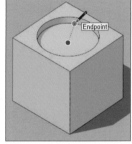

| Center(파란색) | 스냅이 잡히지 않을 경우 : 끝점에 댄 다음 중간으로 이동

② **추정선** : 객체의 끝점(or 중심점)에 선 도구(Line ✏️)를 대었다가 말풍선이 나타난 다음 축 방향으로 이동하면 From Point라는 말풍선이 나타나며 점선으로 추정 선이 표시됩니다. 추정 선을 기준으로 모델링을 하거나 추정한 객체와 같은 치수의 모델링을 할 수 있습니다.

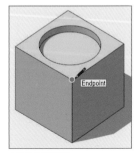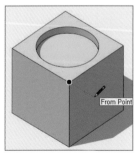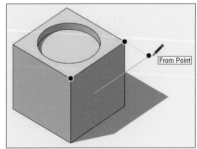

| 끝점에 위치시킴 | 축 방향으로 이동-추정선 나타남 | 추정 기능을 이용해 선 그림

③ 강제 추정 : 선 도구(Line ✏)로 객체를 클릭하고 드래그한 다음 키보드의 화살표(방향키)를 이용해서 해당 축 방향으로 강제 추정할 수 있습니다. X축은 오른쪽 방향키, Y축은 왼쪽 방향키, Z축은 위 방향키로 강제 추정할 수 있습니다. 강제 추정을 해제하려면 해당 방향키를 한 번 더 누르면 됩니다.

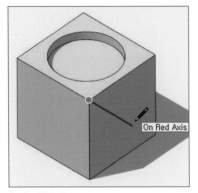

| X축 강제 추정

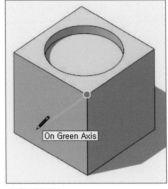

| Y축 강제 추정

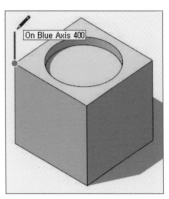

| Z축 강제 추정

| **알아두기** | Shift **를 이용한 추정 잠금**

선 도구(Line ✏)로 시작점을 클릭한 다음 축 방향으로 드래그하면서 Shift 를 누르고 있으면 실선이 굵은 선으로 표시되며 추정 잠금 상태가 되어 해당 축의 방향으로만 선이 그려집니다.

---

04 | 하나의 선(Edge)을 선택하면 나타나는 확장 메뉴 ━━━

하나의 선을 선택하면 나타나는 확장 메뉴에 대해서 알아보겠습니다.

① **Entity Info** : [Entity Info] 창을 확장합니다.

② **Erase** : 선을 삭제합니다.

③ **Hide** : 선을 숨깁니다.

④ **Select** : 선과 객체를 선택합니다.
- **Connected Faces** : 선택한 선의 인접한 면을 선택합니다.
- **All Connected** : 선택한 선이 속한 객체를 모두 선택합니다.
- **All on same Tag** : 선택한 선이 속한 태그의 모든 객체를 선택합니다.
- **Invert Selection** : 선택 상태를 반전시킵니다.

| Select 확장 메뉴

⑤ **Soften** : 선만 있으면 이 기능의 변화는 없지만, 면과 공유하고 있는 선이라면 선을 숨기고 면을 부드럽게 만듭니다. Soften을 적용하면 선과 공유된 면은 하나로 선택됩니다.

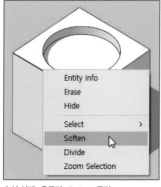
| 선 선택-우클릭-Soften 클릭

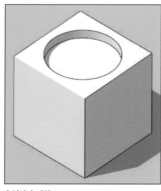
| 선이 숨겨짐

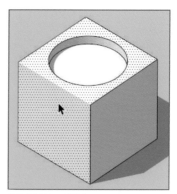
| 하나의 면으로 인식됨

| 알아두기 | **Soften 옵션으로 숨긴 선 나타내기**

메뉴의 View-Hidden Geometry를 클릭해 체크해서 나타난 점선을 선택 도구(Select ▶)로 선택한 다음 [Entity Info]창에서 체크된 Soft 옵션의 체크를 해제하면 숨은 선이 나타납니다.

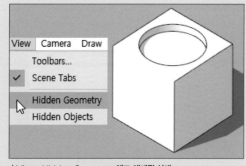
| View-Hidden Geometry 체크 해제된 상태

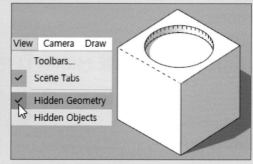
| 클릭해서 체크 : 숨은 선이 점선으로 나타남

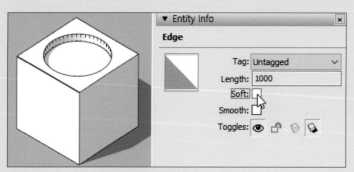
| 점선 선택-[Entity Info] 창의 Soft 옵션 체크 해제

⑥ **Divide** : 선을 분할합니다. Divide를 클릭하면 수치 입력란에 분할된 선의 개수(숫자)가 나타나며 마우스 포인터를 좌우로 이동하면 수치 입력란의 숫자도 따라서 변동합니다. 드래그하면서 원하는 등분이 되면 클릭하거나 수치 입력란에 숫자를 입력하고 Enter 를 누르면 입력한 숫자만큼 선이 분할됩니다. 이렇게 분할된 선들은 각각 Endpoint라는 말풍선이 나타나면서 스냅이 잡힙니다.

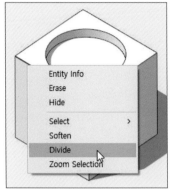
| Divide 클릭

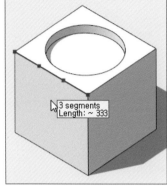
| 키보드로 3 입력 후 엔터

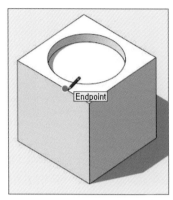
| 3개의 선으로 분할됨

⑦ **Zoom Selection** : 선택한 선이 화면에 꽉 차게 확대합니다.

05 | 여러 개의 선을 선택했을 때 나타나는 확장 메뉴

여러 개의 선을 선택하면 나타나는 확장 메뉴에 대해서 알아보겠습니다.

❶ Entity Info : [Entity Info] 창을 확장합니다.

❷ Erase : 선을 삭제합니다.

❸ Hide : 선을 숨깁니다.

❹ Explode : 그룹(or 컴포넌트)을 선택했을 때 활성화되는 명령이며 그룹을 분해합니다. 한 개의 단일 선은 그룹(or 컴포넌트)으로 만들지 못하지만, 한 개 이상의 선을 선택하면 그룹으로 만들 수 있습니다.

❺ Select: 선과 객체를 선택합니다.

❻ Area : 면의 면적을 나타내기 때문에 선을 선택한 경우에는 활용하지 못합니다.

❼ Make Component : 컴포넌트로 만듭니다.

❽ Make Group : 그룹으로 만듭니다.

❾ Intersect Faces : 교차 부분에 관한 명령어이지만, 선은 교차되는 지점이 자동 분할되기 때문에 활용하지 못합니다.

❿ Reverse Faces : 면을 뒤집어 주는 명령이므로 선을 선택한 경우에는 활용하지 못합니다.

⓫ Flip Along : 선택한 선을 대칭이동시킵니다.

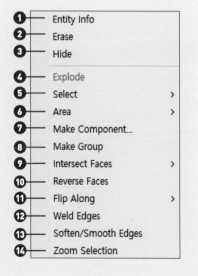

⓬ Weld Edges : 선택한 여러 개의 선을 하나의 선으로 합치는 명령으로 이어진 선이 아닐 때는 합칠 수 없습니다. Weld Edges 명령으로 합친 선은 선에 마우스 포인터를 위치하고 우클릭해서 나타나는 확장 메뉴 중 Explode Curve를 클릭하면 다시 분할됩니다.

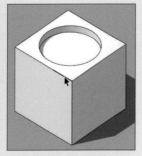

| 선 선택-우클릭-Explode Curve | 선이 분할됨

⓭ Soften/Smooth Edges : [Soften Edges] 창을 나타냅니다.

⓮ Zoom Selection : 선택한 선이 화면에 꽉 차게 확대합니다.

프리핸드 도구(Freehand) 알아보기

프리핸드 도구(Freehand ⟨S⟩)는 자유로운 곡선을 그리는 도구입니다.

01 | 자유로운 곡선 그리기

프리핸드 도구(Freehand ⟨S⟩)를 선택하고 시작점을 클릭한 다음 드래그하면 자유로운 곡선이 그려집니다. 닫힌 곡선으로 만들면 면으로 생성되어 다른 면과 분할됩니다.

| 시작점 클릭

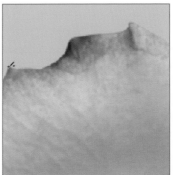

| 확대

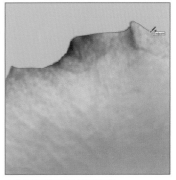

| 이미지를 따라 자유 곡선을 그림

| 완성 : 면이 분할됨

| 지우개 도구로 선 삭제

| 완성

프리핸드 도구를 이용해 2D 컴포넌트 만들고 활용하기

2D 컴포넌트는 두께가 없는 컴포넌트를 의미합니다. 직접 촬영한 사진이나 웹상에서 다운로드한 사진을 선 도구(Line ✏)나 사각형 도구(Rectangle ▨)로 모델링한 사각형에 매핑을 하고 프리핸드 도구(Freehand ∾)를 이용해 이미지의 테두리에 자유 곡선을 그려 면을 분할시키면 2D 컴포넌트로 활용할 수 있습니다.

저자의 경우에는 프리핸드 도구(Freehand ∾)를 이용해 2D 사람, 2D 나무, 2D 배경 컴포넌트 등을 만들어 모델에 배치하고 있습니다.

| 저자가 만든 2D 사람 컴포넌트

| 2D 사람 컴포넌트(+2D 배경 컴포넌트)를 배치한 모델

| 저자가 만든 2D 배경 컴포넌트

| 2D 배경 컴포넌트(+2D 사람, 2D 나무 컴포넌트)를 배치한 모델

사각형 도구(Rectangle) 알아보기

사각형 도구(Rectangle █, 기본 단축키 R)는 사각형을 그리는 도구입니다.

01 │ 사각형 그리기

사각형 도구(Rectangle █)로 시작점을 클릭하고 사각형을 만들 방향으로 드래그한 다음 키보드로 수치값(X, Y)을 입력하고
엔터를 누르면 됩니다. 키보드로 수치값을 입력하면 화면 오른쪽 하단 수치 입력란에 입력한 수치가 나타납니다.

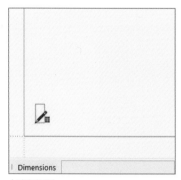
| 시작점 클릭

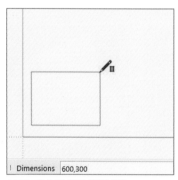
| 드래그한 후 키보드로 수치값 입력

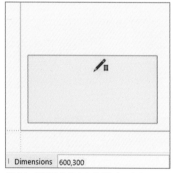
| 엔터 : 입력한 수치값의 사각형이 그려짐

사각형 도구(Rectangle █)로 시작점을 클릭하고 Ctrl 를 누르면 중심에서 확장되는 사각형을 그릴 수 있습니다.

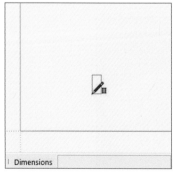
| 시작점 클릭

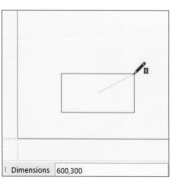
| Ctrl 누름-드래그 후 키보드로 수치값 입력

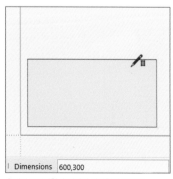
| 엔터 : 입력한 수치값의 사각형이 그려짐

02 | 정사각형과 황금비율로 사각형 그리기

시작점을 클릭해서 드래그하면 정사각형이 되는 지점에 말풍선(Square)이 나타나면서 정사각형이 되었음을 표시하고 황금비율(황금분할)인 1:1.618의 사각형도 말풍선(Golden section)이 나타납니다. 말풍선이 나타날 때 클릭하면 정사각형과 황금비율의 직사각형을 그릴 수 있습니다.

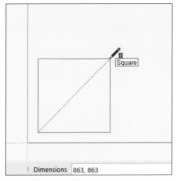

| 정사각형으로 사각형 그리기

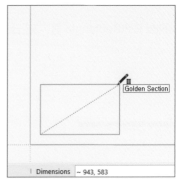

| 황금비율로 사각형 그리기

03 | Shift 를 이용해 면의 각도를 추정한 사각형 그리기

사각형 도구(Rectangle ▨)를 경사진 면 또는 선, 점에 위치시킨 다음 Shift 를 누르면 면의 각도가 추정됩니다.

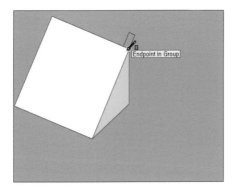

| 사각형 도구 배치

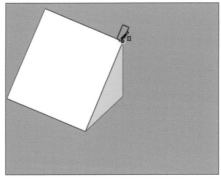

| Shift 누름 : 면의 각도가 추정됨

드래그한 다음 사각형을 그리면 추정한 면의 각도와 동일한 사각형을 그릴 수 있습니다.

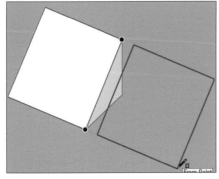

| 사각형 그리기

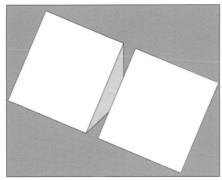

| 완성

| 알아두기 | 방향키를 이용해 Z축으로 모델링 하기

아무 객체가 없는 상태에서는 X축과 Y축을 기준으로 하는 평면상에서만 모델링이 되지만, 방향키를 이용하면 추정 기능을 이용해 높이 값을 가진 Z축으로도 모델링할 수 있습니다. 추정 기능을 이용하지 않으려면 해당 방향키를 다시 한번 클릭하면 됩니다.

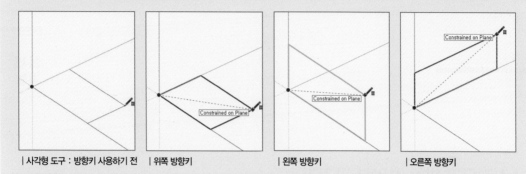

| 사각형 도구 : 방향키 사용하기 전 | 위쪽 방향키 | 왼쪽 방향키 | 오른쪽 방향키

Drew 메뉴의 Arcs 명령에 포함된 도구와 Shapes 명령에 포함된 도구들이 방향키를 이용해 Z축으로 모델링할 수 있는 도구입니다.

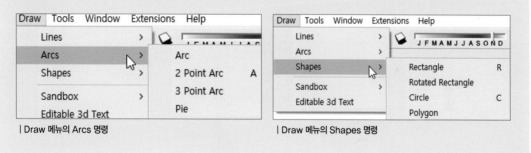

| Draw 메뉴의 Arcs 명령 | Draw 메뉴의 Shapes 명령

회전 사각형 도구(Rotated Rectangle) 알아보기

4

상세
기능

회전 사각형 도구(Rotated Rectangle ▨)는 평면이 아닌 경사면에 사각형을 모델링할 때 사용하는 도구입니다.

01 | 각도가 있는 사각형 그리기

첫 번째 점을 클릭하고 두 번째 점을 클릭한 다음 사각형을 그릴 방향으로 드래그합니다. 이어서 회전 사각형의 폭과 각도를 키보드로 입력하고 엔터를 누르면 회전된 사각형이 모델링됩니다.

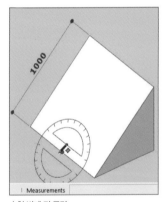

| 첫 번째 점 클릭

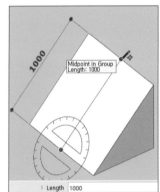

| 두 번째 점 클릭

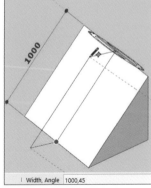

| 드래그 – 폭, 회전각도 입력 – 엔터

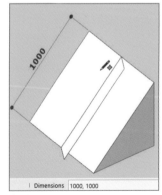

| 완성

원 도구(Circle) 알아보기

5

상세
기능

원 도구(Circle ⊘.기본 단축키: C)는 원을 그리는 도구입니다.

01 | 원 그리기

원을 그리려면 원 도구(Circle ⊘)를 선택하고 원을 구성할 선의 개수(숫자)를 키보드로 입력한 다음 엔터를 누릅니다. 이어서
시작점(중심점)을 클릭하고 원하는 방향으로 드래그한 다음 키보드로 반지름을 입력하고 엔터를 누르면 됩니다.

| 원 도구 선택-숫자 입력-엔터

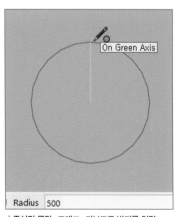

| 중심점 클릭-드래그-키보드로 반지름 입력

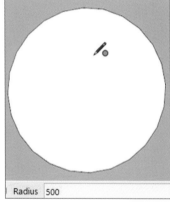

| 엔터

02 | 다각형 및 부드러운 원 만들기

원 도구(Circle ⊘)를 선택하면 화면 오른쪽 하단의 수치 입력란에 숫자(Sides)가 표시됩니다. 표시되는 숫자는 총 몇 개의
선으로 원을 그리겠냐는 의미로 숫자가 높을수록 부드러운 원을 그릴 수 있습니다. 기본으로 표시되는 숫자는 24로 총 24개의
선으로 구성된 원을 그린다는 의미입니다.

① 원 도구(Circle ◉) 선택 후 수치 입력란에 숫자 입력

원 도구(Circle ◉)를 선택한 후 키보드로 숫자를 입력하고 엔터를 누르면 입력한 숫자만큼의 다각형과 부드러운 원이 만들어 집니다.

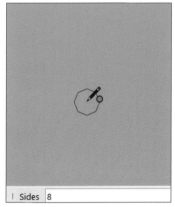

| Sides | 8

| 원 도구 선택-8 입력-엔터

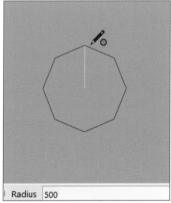

| Radius | 500

| 중심점 클릭-드래그-반지름 입력

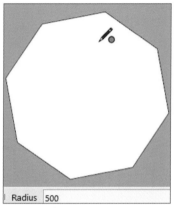

| Radius | 500

| 엔터-팔각형이 만들어짐

② 원을 만들고 난 다음 수치 입력란에 숫자s 입력

원을 만들고 난 다음에는 키보드로 '숫자s'를 입력하고 엔터를 누르면 입력한 숫자가 적용됩니다.

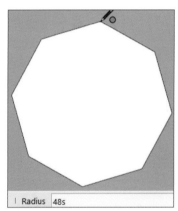

| Radius | 48s

| 8각형 만듦-48s 입력

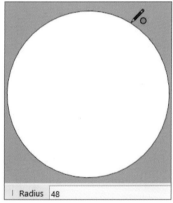

| Radius | 48

| 엔터 : 48개의 선으로 구성된 원으로 수정됨

③ [Entity Info] 창에서 설정하기

원을 선택하고 [Entity Info] 창의 Segments 입력란의 숫자를 수정하고 엔터를 누르면 수정한 숫자가 적용됩니다.

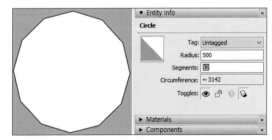

| Segments 12 : 각진 원

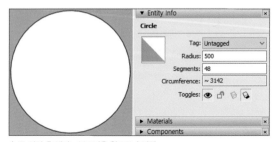

| 48 입력 후 엔터 : 부드러운 원으로 수정됨

03 | 원(Circle)을 선택하면 나타나는 확장 메뉴

원을 선택하고 마우스 우클릭하면 나타나는 확장 메뉴에 대해 알아보겠습니다. 원의 확장 메뉴와 호의 확장 메뉴는 동일합니다.

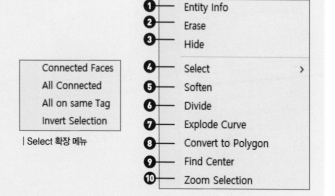

❶ Entity Info : [Entity Info] 창을 확장합니다.

❷ Erase : 원을 삭제합니다.

❸ Hide : 원을 숨깁니다.

❹ Select: 선과 객체를 선택합니다.

- Connected Faces : 선택한 원의 인접한 면을 선택합니다.
- All Connected : 선택한 원이 속한 객체를 모두 선택합니다.
- All on same Tag : 선택한 원이 속한 태그의 모든 객체를 선택합니다.
- Invert Selection : 선택 상태를 반전시킵니다.

> Connected Faces
> All Connected
> All on same Tag
> Invert Selection
>
> | Select 확장 메뉴

❺ Soften : 원만 있으면 이 기능의 시각적인 변화는 없지만, 면과 공유하고 있는 원이라면 원을 숨기고 면을 부드럽게 만듭니다. Soften을 적용하면 면과 공유된 면은 하나로 선택됩니다.

❻ Divide : 원을 분할합니다. Divide를 클릭하면 수치 입력란에 분할된 선의 숫자가 나타나며 마우스 포인트를 좌우로 이동하면 숫자도 따라서 변동합니다. 드래그하면서 원하는 등분이 되면 클릭하거나 수치 입력란에 숫자를 입력하고 Enter 를 누르면 입력한 숫자만큼 선이 분할됩니다. 이렇게 분할된 선들은 각각 Endpoint라는 말풍선이 나타나면서 스냅이 잡힙니다.

❼ Explode Curve : 연결된 원을 분해합니다. 원을 만들 때 지정한 Sides 숫자만큼 선이 분해됩니다.

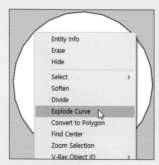

| Explode Curve 클릭

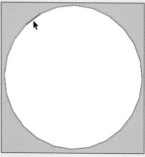

| 연결된 선이 분해됨

분해된 선을 다시 연결하려면 선택 도구(Select ▶)로 원을 더블클릭해 원의 선과 면을 모두 선택하고 선택 도구(Select ▶)+ Shift 키를 누른 상태에서 면을 클릭해 면의 선택 상태를 해제합니다. 이어서 마우스 우클릭해 나타나는 확장 메뉴 중 Weld Edges를 클릭하면 됩니다.

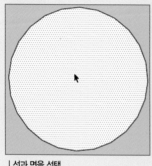

| 선과 면을 선택

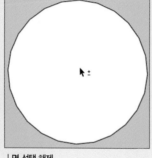

| 면 선택 해제

| Weld Edges 클릭

❽ Convert to Polygon: 원을 다각형으로 변환시킵니다. 평면 상태에서는 확인할 수 없고 밀기/끌기 도구(Push/Pull)로 면을 끌어 올리면 측면이 선으로 분할되는 것을 확인할 수 있습니다. 원을 만들 때 지정한 Sides 숫자만큼 선으로 분할되며 각각의 평면으로 인식하기 때문에 밀기/끌기 도구(Push/Pull)를 사용할 수 있습니다.

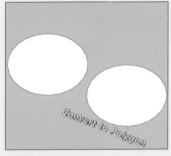

| 평면

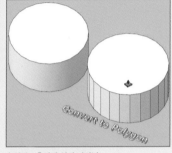

| 입체 : 측면에 선이 나타남

| 밀기/끌기 도구 사용 가능

❾ Fine Center : 원의 중심점을 표시합니다.

| Find Center 클릭

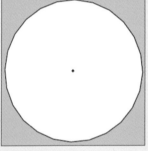

| 원의 중심점이 표시됨

❿ Zoom Selection : 선택한 원을 화면에 꽉 차게 확대합니다.

| 알아두기 | **부드러운 원 만들기**

원을 모델링할 때 수치 입력란에 표시되는 숫자(Sides)가 낮으면 각진 원으로 모델링되기 때문에 숫자를 높여 부드러운 원으로 모델링해야 합니다. 각진 원보다 부드러운 원의 모델링 용량은 크지만, 이미지의 품질이 좋기 때문입니다. 숫자는 기본으로 설정된 24의 배수로 설정하는 것이 효율적입니다.

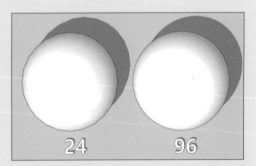

| Sides 24로 모델링한 구 : 각진 구. Sides 96으로 모델링한 구 : 부드러운 구.

다각형 도구(Polygon) 알아보기

6

다각형 도구(Polygon ⬡)는 다각형을 만드는 도구입니다.

**상세
기능**

01 | 다각형 그리기

다각형을 그리려면 다각형 도구(Polygon ⬡)를 선택하고 다각형을 구성할 선의 개수(숫자)를 키보드로 입력한 다음 [Enter]를 누릅니다. 이어서 시작점(중심점)을 클릭하고 원하는 방향으로 드래그한 다음 키보드로 반지름을 입력하고 [Enter]를 누르면 됩니다.

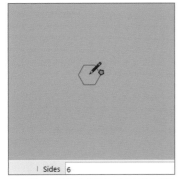

| 다각형 도구 선택-숫자 입력-엔터-중심점 클릭

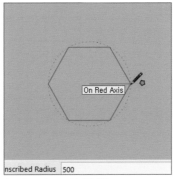

| 드래그-키보드로 반지름 입력

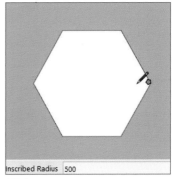

| 엔터

02 | 다각형의 조각 개수 변경하기

다각형 도구(Polygon ⬡)를 선택하면 화면 오른쪽 하단의 수치 입력란에 숫자(Sides)가 표시됩니다. 표시되는 숫자는 총 몇 개의 선으로 다각형을 그리겠냐는 의미로 기본으로 표시되는 숫자는 6으로 육각형의 다각형을 그린다는 의미입니다.

① **다각형 도구(Polygon ⬡) 선택 후 수치 입력란에 숫자 입력** : 다각형 도구(Polygon ⬡)를 선택하고 키보드로 숫자를 입력해 여러 가지 다각형을 만들 수 있습니다.

② **다각형을 만들고 나서 수치 입력란에 숫자s 입력** : 다각형을 만들고 난 다음에는 수치 입력란에 숫자s 를 입력하고 엔터를 누르면 입력한 숫자의 다각형이 만들어집니다.

원 도구와 다각형 도구로 만든 원의 차이

평면상에서는 원 도구(Circle)와 다각형 도구(Polygon)로 만든 원이 동일하게 보이지만, 밀기/끌기 도구 (Push/Pull)를 이용해 원기둥을 만들면 차이점이 나타납니다.

1 | 선의 유무

밀기/끌기 도구(Push/Pull)를 이용해 원기둥을 만들면 원 도구로 만든 원기둥은 선이 보이지 않지만, 다각형 도구로 만든 원기둥은 선이 보이며 면이 분할되어 있습니다. 다각형 도구로 만든 원기둥에 보이는 선의 개수는 수치 입력란에 입력한 선의 숫자로 24를 입력하고 원을 만들면 원기둥에 24개의 선이 표시됩니다.

| 원 도구와 다각형 도구로 원을 그림

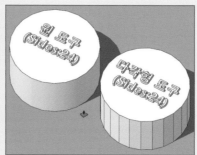

| 원기둥 만듦-다각형 도구로 만든 원기둥은 선이 보임

원 도구(Circle)로 만든 원기둥의 측면(곡면)은 밀기/끌기 도구 (Push/Pull)를 사용할 수 없지만, 다각형 도구(Polygon)로 만든 원기둥의 측면(곡면)은 선으로 분할되어 각각의 평면으로 인식하기 때문에 밀기/끌기 도구(Push/Pull)를 사용할 수 있습니다. 밀기/끌기 도구(Push/Pull)는 기본적으로 평면에서는 사용할 수 있지만, 곡면에서는 사용할 수 없기 때문입니다.

| 원 도구로 만든 원기둥은 밀기/끌기 도구를 사용하지 못함

2 | 숨은 선 나타내기

메뉴의 Edit-Hidden Geometry 명령을 클릭해서 체크 표시하면 숨은선들이 나타납니다. 선으로 인해 면이 분할되어 곡면이 평면으로 수정되었기 때문에 원 도구로 만든 원기둥도 밀기/끌기 도구 (Push/Pull)를 사용할 수 있습니다.

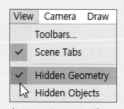

| Hidden Geometry 체크 표시

| 숨어 있는 선들이 나타남 : 밀기/끌기 도구 사용할 수 있음

호 도구(Arc) 알아보기

7

호 도구(Arc ✒)는 중앙에서 그려지는 호를 만드는 도구입니다.

01 | 호 그리기

호를 그리려면 호 도구(Arc ✒)를 선택하고 호를 구성할 선의 개수(숫자)를 키보드로 입력한 다음 엔터를 누릅니다. 이어서 시작점(중심점)을 클릭하고 원하는 방향으로 드래그한 다음 키보드로 반지름을 입력하고 엔터를 누른 후 마우스 포인터를 회전시키면서 두 번째 지점을 클릭하거나 각도를 입력하고 엔터를 누르면 됩니다.

| 호 도구 선택-숫자 입력-엔터-
중심점 클릭

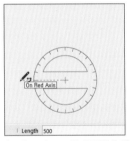

| 드래그-키보드로 반지름 입력 후 엔터

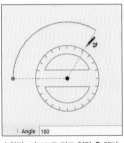

| 회전-키보드로 각도 입력 후 엔터

| 호가 만들어짐

| 알아두기 | 각도기 고정

호 도구(Arc ✒)는 객체가 없으면 기본적으로 평면상에서만 각도기가 나타나고 모델링 되지만, 키보드의 화살표를 이용하면 특정 축 방향으로 각도기를 고정할 수 있습니다. 특정 축 방향의 고정 상태를 해제하려면 다시 한번 해당 방향키를 누르면 됩니다.

| 기본 상태

| 오른쪽 방향키 클릭

| 왼쪽 방향키 클릭

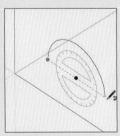

| 호 모델링

02 | 호의 조각 개수 변경하기

호 도구(Arc ◢)를 선택하면 화면 오른쪽 하단의 수치 입력란에 숫자(Sides)가 표시됩니다. 표시되는 숫자는 총 몇 개의 선으로 호를 그리겠냐는 의미로 기본으로 표시되는 12는 12개의 선으로 호를 그린다는 의미입니다. 숫자가 높을수록 부드러운 호가 만들어집니다.

① **호 도구(Arc ◢) 선택 후 수치 입력란에 숫자 입력** : 호 도구(Arc ◢)를 선택하고 키보드로 숫자를 입력해 호를 만들 수 있습니다.

② **호를 만들고 나서 수치 입력란에 숫자s 입력** : 호를 만든 다음에는 키보드로 숫자s를 입력하고 엔터를 누르면 입력한 숫자가 적용됩니다.

③ **[Entity Info] 창에서 설정하기** : 호를 선택하고 [Entity Info] 창의 Segments 입력란의 숫자를 수정한 다음 엔터를 누르면 수정한 숫자가 적용됩니다.

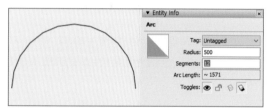

| Segments 12 : 각진 호

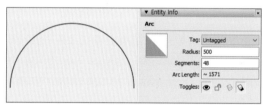

| 48 입력 후 엔터 : 부드러운 호로 수정됨

| 알아두기 | **부드러운 호 만들기**

숫자가 낮으면 각진 호로 모델링되기 때문에 숫자를 높여 부드러운 호로 모델링해야 합니다. 각진 호보다 부드러운 호의 모델링 용량은 크지만, 이미지의 품질이 좋기 때문입니다. 숫자는 기본으로 설정된 12의 배수로 설정하는 것이 효율적입니다.

2점 호 도구(2 Point Arc) 알아보기

2점 호 도구(2 Point Arc ⬦, 기본 단축키 A)는 두 개의 점을 기준으로 호를 그리는 도구입니다.

01 | 2점 호 그리기

2점 호를 그리려면 2점 호 도구(2 Point Arc ⬦)를 선택하고 2점 호를 구성할 선의 개수(숫자)를 키보드로 입력한 다음 엔터를 누릅니다. 이어서 시작점을 클릭하고 원하는 방향으로 드래그한 다음 끝점을 클릭하거나 키보드로 길이를 입력하고 엔터를 누릅니다. 그런 다음 마우스를 돌출 방향으로 드래그해 클릭하거나 돌출 거리를 입력하고 엔터를 누르면 됩니다. 돌출 거리가 반원(Half Circle)이 되면 Half Circle이라는 말풍선이 나타나며 스냅이 잡힙니다.

| 호 도구 선택-숫자 입력-엔터

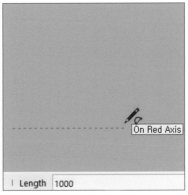

| 시작점 클릭-드래그-길이 입력-엔터

| 드래그-돌출 거리 입력-엔터

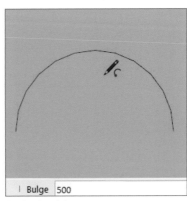

| 2점 호가 그려짐

3점 호 도구(3 Point Arc) 알아보기

9

3점 호 도구(3 Point Arc ✎)는 세 개의 점을 기준으로 호를 그리는 도구입니다.

01 | 3점 호 그리기

3점 호를 그리려면 3점 호 도구(3 Point Arc ✎)를 선택하고 3점 호를 구성할 선의 개수(숫자)를 키보드로 입력한 다음 엔터를 누릅니다. 이어서 시작점을 클릭하고 원하는 방향으로 드래그한 다음 끝점을 클릭하거나 키보드로 길이를 입력하고 엔터를 누릅니다. 그런 다음 마우스를 드래그해서 호의 끝점을 클릭하거나 각도를 입력한 다음 엔터를 누르면 됩니다.

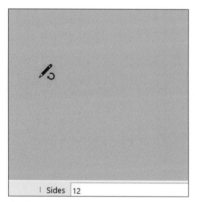

| 3점 호 도구 선택-숫자 입력-엔터

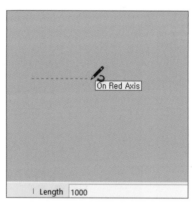

| 시작점 클릭-드래그-길이 입력-엔터

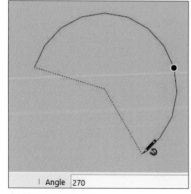

| 드래그-각도 입력-엔터

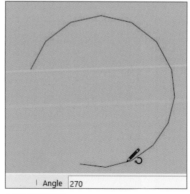

| 3점 호가 그려짐

파이 도구(Pie) 알아보기

10

상세
기능

파이 도구(Pie ▧)는 닫힌 호를 그리는 도구입니다.

01 | 닫힌 호 그리기

닫힌 호를 그리려면 파이 도구(Pie ▧)를 선택하고 닫힌 호를 구성할 선의 개수(숫자)를 키보드로 입력한 다음 엔터를 누릅니다. 이어서 중심점을 클릭하고 원하는 방향으로 드래그한 다음 끝점을 클릭하거나 키보드로 반지름을 입력하고 엔터를 누릅니다. 그런 다음 마우스를 드래그해서 호의 끝점을 클릭하거나 각도를 입력한 다음 엔터를 누르면 됩니다.

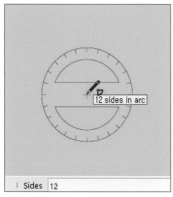

| 파이 도구 선택-숫자 입력-엔터

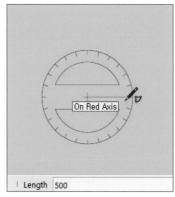

| 중심점 클릭-드래그-반지름 입력

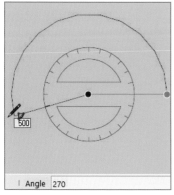

| 엔터-회전-각도 입력-엔터

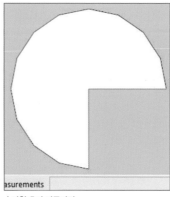

| 닫힌 호가 만들어짐

| 알아두기 | **자동 스냅**

파이 도구(Pie ▧), 호 도구(Arc
▧)를 사용할 때 90도 단위로 스냅이 잡힙니다.

카메라 도구 모음(Camera Toolbar) 사용하기

카메라 도구 모음(Camera Toolbar )에는 화면을 회전시킬 때 사용하는 궤도 도구(Orbit), 화면을 상, 하, 좌, 우로 움직이는 화면 이동 도구(Pan), 화면을 확대하고 축소하는 확대/축소 도구(Zoom), 선택된 영역을 확대하는 창 확대 도구(ZoomWindow), 작업 중인 전체 모델을 화면에 배치하는 범위 확대 도구(ZoomExtents), 이전 시점으로 화면을 되돌리는 이전 시점 도구(Previous), 카메라를 배치하는 카메라 배치 도구(Position Camera), 특정 눈높이에서 화면을 둘러보는 둘러보기 도구(Look Around), 작업 모델을 걸어가면서 볼 수 있는 걷기 도구(Walk)가 포함되어 있습니다.

학습 목표

5강

실내 투시도(실내 장면), 외부 투시도(외부 장면), 아이소 장면 등을 설정할 때 카메라 설정과 화각이 중요한 만큼 이번 과정에서 학습하는 장면에 적합한 카메라 설정과 화각에 대해 잘 이해하고 숙지하기 바랍니다.

궤도 도구(Orbit) 알아보기

궤도 도구(Orbit ✤, 기본 단축키 O)는 화면을 회전시킬 때 사용하는 도구입니다.

1

**상세
기능**

01 | 화면 회전

궤도 도구(Orbit ✤)를 화면에 클릭한 채로 드래그하면 화면이 회전합니다.

| 궤도 도구 선택

| 클릭한 채로 드래그 : 화면이 회전함

02 | 보조키 활용

① Shift : 궤도 도구(Orbit ✤)를 사용하면서 Shift 를 누르면 화면 이동 도구(Pan ✍)가 활성화되어 화면을 상, 하, 좌, 우
로 이동할 수 있습니다.

② **마우스 왼쪽 버튼 클릭** : 궤도 도구(Orbit ✤)를 사용하면서 마우스 왼쪽 버튼을 클릭하면 화면 이동 도구(Pan ✍)가 활성
화됩니다.

③ Ctrl : 궤도 도구(Orbit ✤)를 사용하면서 Ctrl 를 누르고 있으면 화면 회전 시 중력이 없어집니다. 참조 이미지처럼 장면을
의도적으로 기울게 설정하거나 특별한 장면을 설정할 때 활용할 수 있습니다.

| 중력이 없어짐

| 중력이 없어짐

03 | 궤도 도구 활성

다른 도구를 사용하면서 마우스 스크롤 버튼을 누르고 있으면 궤도 도구(Orbit ✥)가 활성화되며 스크롤 버튼에서 손가락을 때면 기존 도구가 다시 활성화됩니다. 단 걷기 도구(Walk 👣)만 스크롤 버튼을 눌렀을 때 궤도 도구(Orbit ✥)가 아닌 둘러보기 도구(Look Around 👁)가 활성화됩니다.

화면 이동 도구(Pan) 알아보기

화면 이동 도구(Pan ✋, 기본 단축키 H)는 화면을 상, 하, 좌, 우로 이동시킬 때 사용하는 도구입니다.

2

상세
기능

01 | 화면 이동

화면 이동 도구(Pan ✋)를 화면에 클릭한 채로 이동하고자 하는 방향으로 이동하면 됩니다.

| 화면 이동 도구 선택

| 클릭한 채로 이동

02 | 화면 이동 도구 활성

화면 이동 도구를 활성화하는 방법에 대해 알아보겠습니다.

① Shift +마우스 스크롤 버튼 : 다른 도구를 사용할 때 Shift 를 누르면서 마우스 스크롤 버튼을 누르면 화면 이동 도구(Pan ✋)가 활성화됩니다.

② 궤도 도구에서 전환 : 궤도 도구(Orbit ✦)를 사용할 때 Shift 나 마우스 왼쪽 버튼을 누르면 화면 이동 도구(Pan ✋)가 활성화됩니다.

확대/축소 도구(Zoom) 알아보기

확대/축소 도구(Zoom 🔍, 기본 단축키 Z)는 화면을 확대, 축소하고 화각을 설정하는 도구입니다.

3

01 | 화면 확대/축소

확대/축소 도구(Zoom 🔍)를 선택한 상태에서 Shift 를 누르면 화각을 변경하면서 화면이 축소/확대되지만, 실무에서는 사용하지 않는 방식입니다. 모델의 세로 방향 선을 수직선으로 표현하는 Two-Point Perspective로 설정하지 못하는 단점이 있고 키보드로 숫자를 입력해 화각을 설정하는 방법이 더 효율적이기 때문입니다.

① **화면 확대/축소** : 확대/축소 도구(Zoom 🔍)를 선택하고 화면을 클릭한 채로 위로 이동하면 화면이 확대되고 아래로 이동하면 화면이 축소됩니다. 화면이 확대/축소되어도 화각의 변동은 없습니다.

| 확대/축소 도구 선택 | 클릭한 채로 위로 이동 : 화면이 확대됨

② Shift **키를 사용해서 화면 확대/축소** : 확대/축소 도구(Zoom 🔍)를 선택하고 Shift 를 누른 상태에서 화면을 확대/축소하면 화각이 변경되면서 화면이 확대/축소됩니다.

장면이 Two-Point Perspective(Camera 메뉴의 Two-Point Perspective)로 설정되어 있으면 Shift 를 누른 상태에서 화면을 확대/축소했을 때 Two-Point Perspective 설정이 해제되며 수직선인 세로 방향의 선이 기울어집니다.

| 확대/축소 도구 선택

| Shift 누르고 클릭한 채로 위로 이동 : 화각이 변경되면서 화면이 확대됨

02 | 화각 및 초점 거리로 화면 각도 조절하기

확대/축소 도구(Zoom 🔍)를 클릭하면 화면 오른쪽 하단 수
치 입력란에 화면의 각도를 나타내는 화각이 표시되며 숫자
를 입력해 화면의 각도를 화각과 초점 거리로 조절할 수 있
습니다. 스케치업의 기본 화각은 35도입니다.

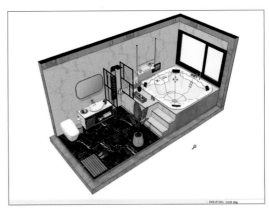

| 기본 화각(35도)

① **화각(Field of View) :** 화각은 화면의 넓이 또는 화면의 각도를 말합니다. 화각이 높으면 화면의 넓이(각도)가
넓어져 광각으로 표현되고 화각이 낮으면 화면의 넓이(각도)가 좁아집니다. 확대/축소 도구(Zoom 🔍)를 선택하고 키보드로
숫자를 입력하고 엔터를 누르면 입력한 숫자(화각)가 적용됩니다. 화각은 1.00deg(1도) ~ 120deg(120도)까지 설정할 수
있습니다.

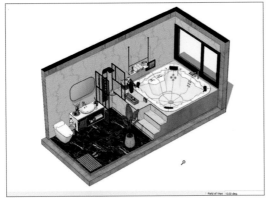

| 아이소 장면 : 화각 10도

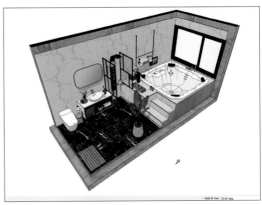

| 화각 50도

| 실내 투시도 : 화각 35도

| 화각 60도

| 알아두기 | **카메라 설정**

화각을 조절하려면 카메라가 Perspective(Camera 메뉴의 Perspective 체크)로 설정되어 있어야 합니다. 화면이 Parallel Projection(Camera 메뉴의 Parallel Projection 체크)으로 설정되어 있으면 수치 입력란이 비활성화되어 화각을 설정할 수 없습니다.

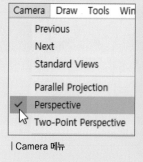

| Camera 메뉴

| Field of View 35.00 deg.
| Perspective : 화각 조절 가능

| Measurements
| Parallel Projection : 화각 조절 못 함

② **초점 거리(Focal Length)** : 키보드로 수치 입력란에 숫자mm를 입력하고 엔터를 누르면 초점 거리(Focal Length)가 적용됩니다. 초점 거리의 숫자가 낮으면 화면의 각도가 넓어지고 숫자가 높으면 화면의 각도가 좁아집니다. 초점 거리에서 다시 화각으로 조정하려면 수치 입력란에 숫자deg를 입력하고 엔터를 누르면 됩니다.

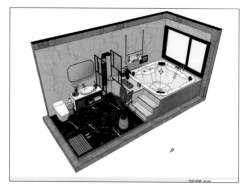

| 50mm

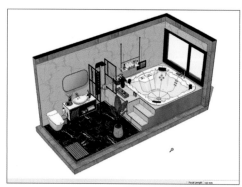

| 100mm

장면에 적합한 화각 설정

장면에 적합한 화각에 대해서 알아보겠습니다.

1 | 실내 투시도(실내 장면)

실내 장면은 화각을 넓게(숫자를 높게) 설정합니다. 실내의 경우 화각을 좁게(숫자를 낮게) 설정하면 주변 객체(ex : 벽체)에 간섭을 받는 경우가 자주 발생해 원하는 장면으로 설정하기 힘들기 때문입니다.

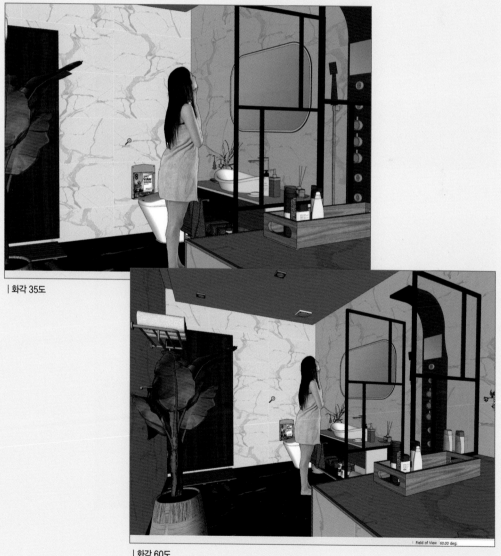

| 화각 35도

| 화각 60도

2 | 외부 투시도(외부 장면)

실내 장면과 마찬가지로 외부 장면 역시 화각을 넓게 설정합니다.

| 화각 35도

| 화각 60도

3 | 아이소(아이소 장면)

저자의 경우 아이소 장면만큼은 화각을 설정할 수 있는 Perspective(Camera 메뉴의 Perspective) 설정을 하지 않고 화각을 설정할 수 없는(왜곡이 없는) Parallel Projection(Camera 메뉴의 Parallel Projection) 설정을 사용합니다. Parallel Projection 설정이 모델의 왜곡이 없고 장면의 안정감을 주기 때문입니다.

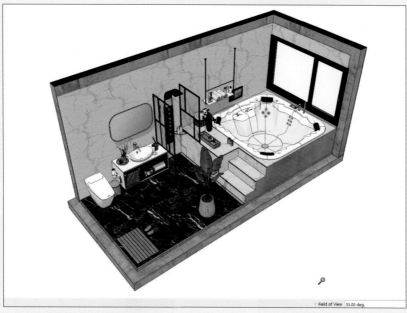

| Camera-Perspective : 화각 35도

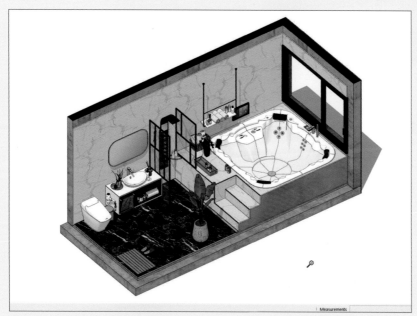

| Camera-Parallel Projection

창 확대(Zoom Window), 범위 확대 (Zoom Extents), 이전 시점 도구(Previous) 알아보기

선택한 영역을 확대하는 창 확대 도구(Zoom Window 🔍), 모델 전체를 화면에 표시하는 범위 확대 도구 (Zoom Extentsi ✖), 이전 시점으로 되돌리는 이전 시점 도구 (Previous 🔍)에 대해 알아보겠습니다.

4

상세 기능

01 | 창 확대 도구

창 확대 도구(Zoom Window 🔍)는 선택한 영역을 확대하는 도구입니다. 창 확대 도구(Zoom Window 🔍)를 화면에 클릭한 채로 확대하고자 하는 영역을 드래그해 지정한 다음 클릭한 버튼에서 손가락을 때면 선택한 영역이 확대됩니다.

| 도구 선택 – 시작점 클릭 – 드래그해서 영역 지정

| 확대됨

02 | 범위 확대 도구

범위 확대 도구(Zoom Extents ✖)는 현재의 모델에 있는 모든 객체를 화면에 표시하는 도구입니다.

03 | 이전 시점 도구

이전 시점 도구(Previous 🔍)는 카메라의 시점을 현재 시점에서 이전 시점으로 되돌리는 도구입니다.

카메라 배치 도구(Position Camera) 알아보기

5

상세
기능

카메라 배치 도구(Position Camera 🚶)는 모델에 카메라를 배치하는 도구입니다.

01 | 카메라 배치하기

카메라를 배치하려면 카메라 배치 도구(Position Camera 🚶)를 선택하고 수치 입력란에 눈높이를 입력한 다음 엔터를 누릅니다. 이어서 카메라를 배치하고자 하는 곳을 클릭하면 입력한 눈높이에 카메라가 배치됩니다.

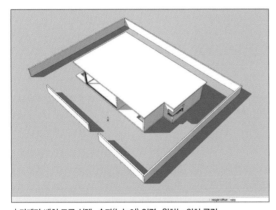

| 카메라 배치 도구 선택-숫자(눈높이) 입력-원하는 위치 클릭

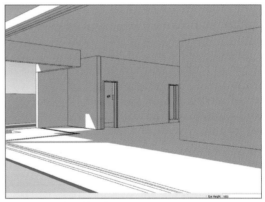

| 입력한 눈높이에 카메라가 배치됨

02 | 눈높이 수정하기

카메라가 배치되면 둘러보기 도구(Look Around 👁)가 활성 되고 수치 입력란에 눈높이(Eye Height)가 표시됩니다. 눈높이를 수정하려면 키보드로 눈높이를 입력하고 엔터를 누르면 됩니다.

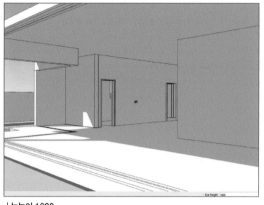

| 눈높이 1600

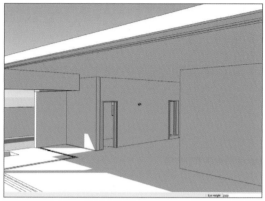

| 2500 입력-엔터 : 눈높이 2500

03 | 특정 지역 바라보기

특정 지역을 바라보려면 카메라 배치 도구(Position Camera 🔍)를 모델에 배치하고 마우스 버튼을 클릭한 채로 바라보고자
하는 부분으로 드래그한 다음 클릭한 버튼에서 손가락을 뗍니다.

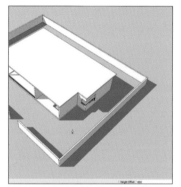

| 카메라 배치 도구 배치

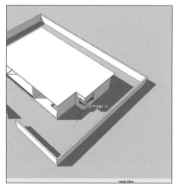

| 클릭한 채로 드래그

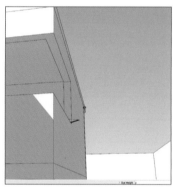

| 클릭한 지점을 바라봄

| 알아두기 | 좁은 실내에서의 화면 회전

좁은 실내 장면일 경우 궤도 도구(Orbit 💠)로 화면을 회전하면 이동 반경이 크기 때문에 원하는 장면을 설정하기 힘든 경우가
많습니다. 실내 장면에서는 둘러보기 도구(Look Around 👁)를 사용해서 조금씩 화면을 회전하는 방법이 편리합니다.

둘러보기 도구(Look Around) 알아보기

6

둘러보기 도구(Look Around 👁)는 한 자리에서 주변을 둘러보거나 눈높이를 설정하는 도구입니다. Two-Point Perspective(Camera 메뉴의 Two-Point Perspective) 설정이 된 장면에서 둘러보기 도구(Look Around 👁)를 사용하면 Two-Point Perspective 설정이 해제되고 Perspective(Camera 메뉴의 Perspective) 설정으로 변경됩니다.

상세 기능

01 | 주변 둘러보기

둘러보기 도구(Look Around 👁)를 클릭한 채로 상, 하, 좌, 우로 이동하면 한 자리에서 주변을 둘러볼 수 있습니다.

| 둘러보기 도구 선택

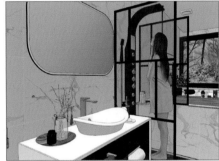

| 클릭한 채로 이동

02 | 눈높이 설정하기

둘러보기 도구(Look Around 👁)를 선택하면 수치 입력란에 눈높이가 표시됩니다. 키보드로 숫자(눈높이)를 입력하고 엔터를 누르면 입력한 눈높이가 적용됩니다.

| 눈높이 : 1000

| 눈높이 : 2000

걷기 도구(Walk) 알아보기

7

걷기 도구(Walk 👣)는 모델링된 공간을 걷거나 뛰어다니는 도구입니다.
Two-Point Perspective(Camera 메뉴의 Two-Point Perspective) 설정이 된 장면에서 걷기
도구(Walk 👣)를 사용하면 Two-Point Perspective 설정이 해제되고 Perspective(Camera 메
뉴의 Perspective) 설정으로 변경됩니다.

**상세
기능**

01 | 걸어가기

걷기 도구(Walk 👣)를 화면에 클릭하고 마우스를 클릭한 채로 드래그하면 실제 걷는 것처럼 화면이 이동합니다. 걷기 도구
(Walk 👣)를 화면에 클릭하면 나타나는 십자선 모양에서 멀어지면 빨리 이동하고 십자선에서 가까워지면 천천히 이동하며 객
체가 있으면 더 이상 진입할 수 없습니다.

| 도구 선택 | 클릭한 채로 드래그 | 객체가 있으면 진입이 안 됨.

| **알아두기** | **눈높이 수정/둘러보기 도구 활성**

걷기 도구(Walk 👣)를 선택하면 수치 입력란에 눈높이(Eye Height)가 표시되며 키보드로 숫자(눈높이)를 입력하고 엔터를 누
르면 입력한 눈높이가 적용됩니다. 걷기 도구(Walk 👣)가 선택된 상태에서 마우스 스크롤 버튼을 클릭하고 있으면 둘러보기 도
구(Look Around 👁)가 활성화됩니다.

02 | 보조키를 이용한 걷기 도구의 활용 ━━━━━━━━━━━

보조키를 사용하면 다양한 방법으로 활용할 수 있습니다.

① **뛰어가기(+** Ctrl **)** : 걷기 도구로 모델을 클릭하고 Ctrl 를 누르면서 드래그하면 화면이 빨리 이동합니다.

② **수직/수평으로 이동하기(+** Shift **)** : 걷기 도구로 모델을 클릭하고 Shift 를 누르면서 드래그하면 화면이 수직, 수평으로 이동합니다.

③ **벽면 통과하기(+** Alt **)** : 걷기 도구로 모델을 클릭하고 Alt 를 누르면서 드래그하면 벽면을 통과하면서 이동합니다.

편집 도구 모음
(Edit Toolbar) 사용하기

편집 도구 모음(⟨이미지⟩)에는 객체를 이동시키고 복사하는 이동 도구(Move ⟨이미지⟩), 면을 밀고 당기는 밀기/끌기
도구(Push/Pull ⟨이미지⟩), 객체를 회전시키고 복사하는 회전 도구 (Rotate ⟨이미지⟩), 경로를 따라가며 면을 생성하는 따라가기
도구(Follow me ⟨이미지⟩), 객체의 크기를 조절하는 배율 도구(Scale ⟨이미지⟩), 선이나 면의 간격을 띄우면서 복사하는 간격 띄우기
도구(Offset ⟨이미지⟩)가 포함되어 있습니다.

학습 목표

이동 도구(Move ⟨이미지⟩)와 회전 도구(Rotate ⟨이미지⟩)는 객체를 다중 복사/배열할 수
있는 유용한 기능이 있습니다. 이번 과정을 통해 이동 도구와 회전 도구의 사용
방법을 숙지하도록 합니다.

6강

이동 도구(Move) 알아보기

이동 도구(Move ✥, 기본 단축키 M)는 선택한 객체를 이동시키며 복사하는 도구입니다.

01 | 객체(선, 중심점, 면, 끝점, 그룹 or 컴포넌트)의 이동/회전

선택하는 객체에 따라 이동 도구(Move ✥)를 다양하게 활용할 수 있습니다.

① 선(Edge)과 중심점(Midpoint)의 이동

이동 도구(Move ✥)를 그룹(or 컴포넌트)이 아닌 객체의 선에 위치시키면 On Edge, 중심점에 위치시키면 Midpoint 말풍선이 나타납니다. 선을 클릭하고 이동할 방향으로 드래그하면 선이 이동합니다. 정확한 거리로 이동시키려면 이동할 방향으로 드래그한 다음 키보드로 숫자(거리)를 입력하고 엔터를 누르면 됩니다.

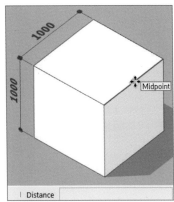

| 선 클릭

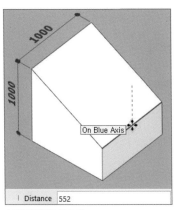

| 이동할 방향으로 드래그

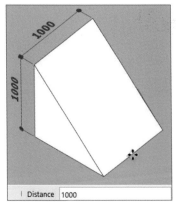

| 클릭해 이동 완료

② 끝점(EndPoint)의 이동

이동 도구(Move ✥)를 그룹(or 컴포넌트)이 아닌 객체의 선이 만나는 끝점에 위치시키면 Endpoint 말풍선이 나타납니다. 끝점을 클릭하고 드래그한 다음 클릭하면 객체를 접을 수 있습니다.

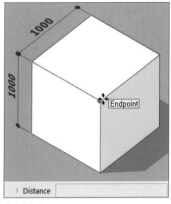
| 끝점 클릭.

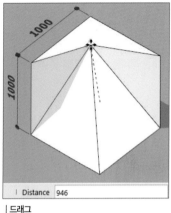
| 드래그

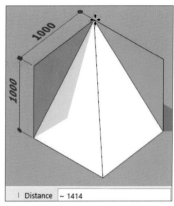
| 클릭

③ 면(Face)의 이동

이동 도구(Move ✛)를 그룹(or 컴포넌트)이 아닌 객체의 면에 위치시키면 On Face 말풍선이 나타납니다. 면을 클릭하고 이동할 방향으로 드래그하면 면이 이동합니다. 정확한 거리로 이동시키려면 이동할 방향으로 드래그한 다음 키보드로 숫자(거리)를 입력하고 엔터를 누르면 됩니다. 면을 밀고 당기는 밀기/끌기 도구(Push/Pull ◈)와 같은 기능입니다.

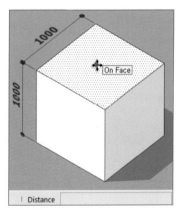
| 면 클릭

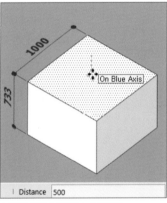
| 이동할 방향으로 드래그−숫자 입력

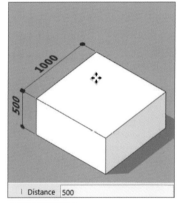
| 엔터 : 면이 이동됨

| 알아두기 | 추정 잠금/강제 자동 접기

축 방향으로 추정을 잠그는 방법과 강제 자동 접기를 하는 방법에 대해 알아보겠습니다.

① **추정 잠금** : 이동 도구(Move ✛)로 끝점을 클릭하고 Shift 키를 누른 상태에서 드래그하면 드래그한 축 방향으로만 접기가 됩니다.

② **강제 자동 접기** : 접기가 안 되면 이동 도구(Move ✛)로 끝점이나 선을 클릭하고 Alt 를 눌러 강제 자동 접기 기능을 사용하면 됩니다. Alt 를 누를 때마다 강제 자동 접기 기능이 활성화/비활성화됩니다.

④ 그룹(or 컴포넌트)의 이동

그룹(or 컴포넌트)을 이동시킬 때는 그룹의 스냅이 잡히는 지점을 클릭해 이동시키는 방법과 시작점을 클릭해 이동시키는 방법이 있습니다. 이동 도구(Move ✥)로 시작점을 클릭하고 Shift 키를 누른 상태에서 드래그하면 드래그한 축 방향으로만 이동됩니다.

- **객체에 스냅을 잡고 이동시키는 방법** : 선택 도구(Select ▶)로 그룹(or 컴포넌트)을 선택하고 이동 도구(Move ✥)로 객체의 스냅이 잡히는 부분을 클릭합니다. 이어서 이동할 방향으로 조금 드래그한 다음 키보드로 숫자(거리)를 입력하고 엔터를 누르면 입력한 거리만큼 이동합니다.

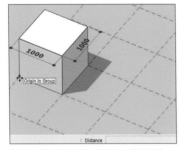 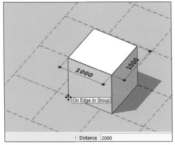 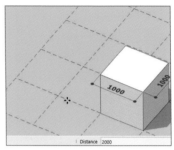

| 객체 선택–이동 도구로 객체의 스냅이 잡히는 부분 클릭　　　| 드래그–수치값 입력　　　| 엔터–이동됨

- **시작점을 클릭해 이동시키는 방법** : 선택 도구(Select ▶)로 그룹을 선택하고 이동 도구(Move ✥)로 시작점을 클릭합니다. 이어서 이동할 방향으로 조금 드래그한 다음 키보드로 숫자(거리)를 입력하고 엔터를 누르면 입력한 거리만큼 이동합니다.

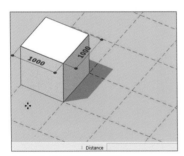 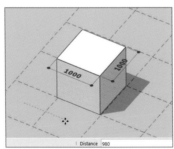 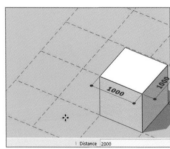

| 체 선택–이동 도구로 시작점 클　　　| 드래그–수치값 입력　　　| 엔터–이동됨

그룹(or 컴포넌트)의 보이지 않는 부분에 스냅 잡기

이동 도구(Move ✥)를 그룹(or 컴포넌트)에 위치시키면 그룹을 회전시킬 수 있는 빨간색 조절점과 스냅을 잡을 수 있는 회색점이 나타납니다. 이동 도구(Move ✥)를 회색점에 위치시키면 그룹이 투명해지며 보이지 않는 그룹의 코너, 중심점, 측면의 중심, 그룹의 중심 등에 스냅을 잡아 이동시킬 수 있습니다.

기본적으로 보이지 않는 그룹의 코너(Coner of Group)에 스냅이 잡히며 Alt 를 누르면 스냅을 잡을 수 있는 부분이 변경됩니다. Alt 를 누르는 횟수에 따라 스냅을 잡을 수 있는 회색점의 위치가 반복해서 나타납니다.

| 이동 도구를 객체에 가져감-
회색 점이 나타남

| 회색점에 위치-스냅이 잡히고
객체가 투명해 짐

① **그룹의 코너(Coner of Group)/그룹의 중심점(Midpoint of Group)** : 기본적으로 그룹의 코너(Coner of Group)에 스냅이 잡히며 Alt 를 누르면 그룹의 중심점(Midpoint of Group)에 스냅을 잡을 수 있습니다.

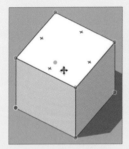

| 이동 도구를 객체에 위치시킴

| 회색점에 위치-그룹의 코너에
스냅이 잡힘

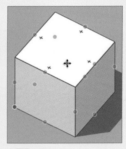

| Alt 누름

| 그룹의 중심점에 스냅이 잡힘

② **그룹 측면의 중심(Side Center of Group)/그룹의 중심(Center of Group)** : 다시 Alt 를 누르면 그룹 측면의 중심(Side Center of Group)에 스냅을 잡을 수 있으며 계속해서 Alt 를 누르면 그룹의 중심(Center of Group)에 스냅을 잡을 수 있습니다.

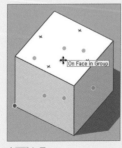

| Alt 누름

| 측면의 중심

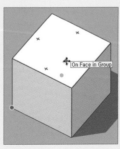

| Alt 누름

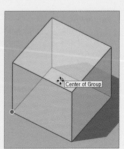

| 그룹의 중심점

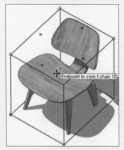

| 회색점에 스냅 잡기 힘듦 | 확대해서 스냅 잡음 | 회색점에 스냅 잡기 힘듦 | 확대해서 스냅 잡음

⑤ 그룹(or 컴포넌트)의 회전

이동 도구(Move ✥)로 그룹(or 컴포넌트)의 면을 선택하면 빨간색 조절점이 나타납니다. 빨간색 조절점에 마우스 포인터를
위치시키면 회전 각도기가 나타나 객체를 회전시킬 수 있습니다.

• **평면상에서 회전 :** 그룹(or 컴포넌트)에 이동 도구(Move ✥)를 위치시키면 십자 모양의 빨간색 조절점이 나타나며 조절점
을 클릭하면 파란색 회전 각도기가 활성화됩니다. 회전할 방향으로 조금 회전시키고 키보드로 회전할 각도(숫자)를 입력한
다음 엔터를 누르면 입력한 각도만큼 회전합니다.

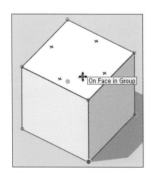

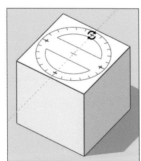

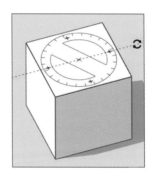

| 이동 도구 위치시킴-조절점 나타남 | 조절점 클릭-회전 각도기 활성 | 회전시킴

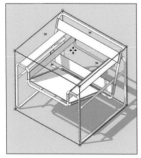

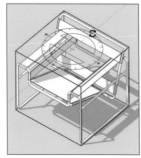

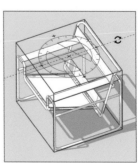

| 이동 도구 위치시킴-조절점 나타남 | 조절점 클릭-회전 각도기 활성 | 회전시킴

- **입면 상에서 회전** : 그룹(or 컴포넌트)의 측면에 이동 도구(Move ✛)를 위치시키면 십자 모양의 빨간색 조절점이 나타나며 조절점을 클릭하면 녹색(or 빨간색)의 회전 각도기가 활성화됩니다. 회전할 방향으로 조금 회전시키고 키보드로 회전할 각도 (숫자)를 입력한 다음 엔터를 누르면 입력한 각도만큼 회전합니다.

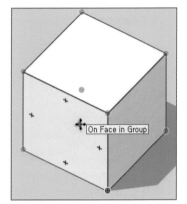

| 이동 도구 위치시킴-조절점 나타남

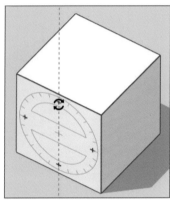

| 조절점 클릭-회전 각도기 활성

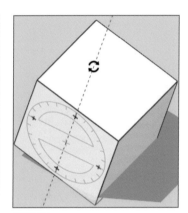

| 회전시킴

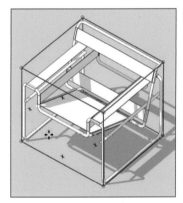

| 이동 도구 위치시킴-조절점 나타남

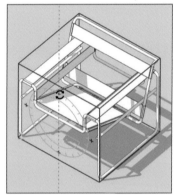

| 조절점 클릭-회전 각도기 활성

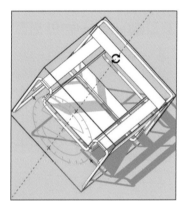

| 회전시킴

| **알아두기** | **회전 각도기의 색상**

회전 각도기는 바라보는 축의 색상으로 표시되며 축의 방향과 다른 객체의 면은 검정색 각도기로 표시됩니다.

| 파란색 각도기

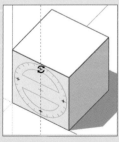

| 녹색 각도기

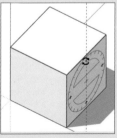

| 빨간색 각도기

| 축의 방향과 다름 : 검정색 각도기

02 | 객체(선, 면, 그룹 or 컴포넌트)의 복사/다중 복사/선형 배열

이동 도구(Move ✢)를 선택하고 Ctrl 를 누르면 복사기능이 활성화되어 다중 복사, 배열을 할 수 있습니다.

① 복사

선택 도구(Select ▸)로 객체를 선택하고 이동 도구(Move ✢)를 선택한 다음 Ctrl 를 누르면 도구 아이콘에 '+' 표시(✢)가 되며 복사기능이 활성 되어 드래그하면 객체가 복사됩니다. 정확한 거리로 복사하려면 복사하고자 하는 방향으로 조금 드래그한 다음 키보드로 숫자(거리)를 입력하고 엔터를 누르면 됩니다.

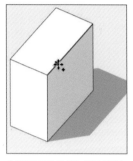

| 선택 도구로 선 선택-이동 도구로 선 클릭

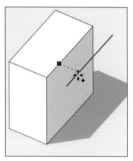

| Ctrl 누름-이동-거리 입력-엔터

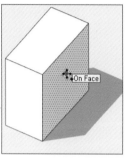

| 선택 도구로 면 선택-이동 도구로 면 클릭

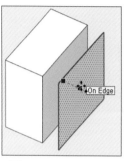

| Ctrl 누름-이동-거리 입력-엔터

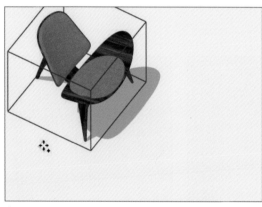

| 선택 도구로 그룹(or 컴포넌트) 선택-이동 도구로 시작점 클릭

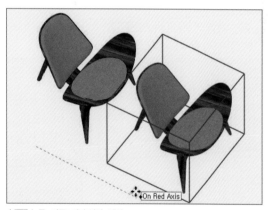

| Ctrl 누름-이동-거리 입력-엔터

| 알아두기 | **객체를 선택할 때**

작업하다 보면 많은 객체가 존재하기 때문에 이동 도구(Move ✢)로 객체를 바로 선택하는 것이 아니라 객체를 선택하는 선택 도구(Select ▸)로 객체를 선택한 다음에 추가 작업을 하는 것이 효율적인 작업 방식입니다.

② 다중 복사(곱하기)/선형 배열(나누기)

이동 도구(Move ✛)를 이용해 다중 복사하는 방법과 선형 배열하는 방법을 알아보겠습니다.

- **다중 복사(곱하기)** : 객체를 복사한 다음 키보드로 수치 입력란에 '*숫자' 또는 '숫자*'를 입력하고 엔터를 누르면 동일한 간격으로 다중 복사가 됩니다. 다중 복사한 다음 다시 수치 입력란에 숫자(개수)를 입력하고 엔터를 누르면 재입력한 개수가 적용되어 복사(곱하기)됩니다.

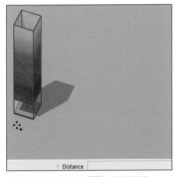 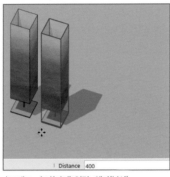 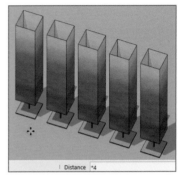

| 객체 선택-이동 도구+ Ctrl -시작점 클릭 | 드래그-숫자(거리) 입력-엔터(복사) | *4(개수) 입력-엔터-다중 복사가 됨

- **선형 배열(나누기)** : 객체를 복사하고 수치 입력란에 '/숫자' 또는 '숫자/'를 입력하고 엔터를 누르면 두 객체 사이에 동일한 간격으로 나눠지면서 복사됩니다. 선형 배열한 다음 다시 수치 입력란에 숫자(개수)를 입력하고 엔터를 누르면 재입력한 개수가 적용되어 복사(나누기)됩니다.

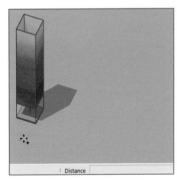 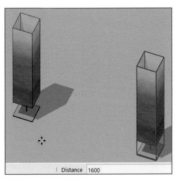 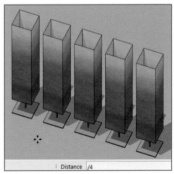

| 객체 선택-이동 도구+ Ctrl -시작점 클릭 | 드래그-숫자(거리) 입력-엔터(복사) | /4(개수) 입력-엔터-선형 배열(나누기)이 됨

객체를 복사하는 다양한 방법

이동 도구(Move ✛)가 아닌 다른 방법으로 객체를 복사하는 방법에 대해 알아보겠습니다.

① 복사해서 붙여넣기(Ctrl + C , Ctrl + V)

선택 도구(Select ➤)로 복사할 객체를 선택하고 Ctrl + C (복사)를 눌러 복사합니다. 그런 다음 Ctrl + V (붙여넣기)를
눌러 복사할 지점을 클릭해 복사합니다.

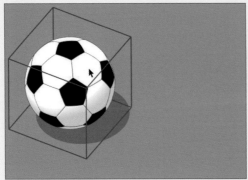

| 객체 선택 - Ctrl + C (복사)

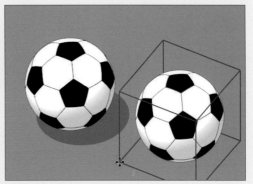

| Ctrl + V (붙여넣기)

② 잘라내고 붙여넣기(Ctrl + X , Ctrl + V)

선택 도구(Select ➤)로 복사할 객체를 선택하고 Ctrl + X (자르기)를 눌러 객체를 잘라내고 Ctrl + V 를 눌러 복사할
지점을 클릭해 복사합니다.

| 객체 선택 - Ctrl + X (자르기)

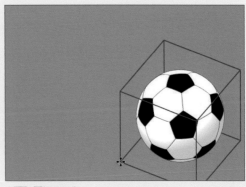

| Ctrl + V (붙여넣기)

③ 잘라내고 동일한 위치에 붙여넣기(Ctrl + X , Paste In Place)

실무에서 활용도가 높은 방법으로 자르기(Ctrl + X)로 복사한 객체를 다른 스케치업 파일의 동일한 위치에 붙여넣을
때 사용합니다.

사용 방법은 객체를 선택하고 Ctrl + X (자르기)로 잘라내고 다른 스케치업 파일에서 메뉴의 Edit-Paste in Place를
클릭해 동일한 위치에 붙여넣기합니다.

그런 다음 붙여넣기 한 파일에서 추가 작업을 하고 Ctrl + X 로 잘라내고 원본 파일에서 메뉴의 Edit-Paste in
Place를 클릭해 동일한 위치에 붙여넣기하면서 작업하는 방식입니다.

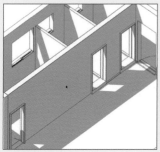

| 객체 선택

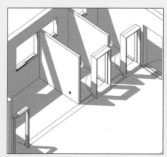

| Ctrl + X (자르기)

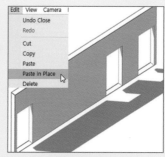

| 다른 파일에서 Paste in Place 클릭

동일한 위치에 붙여넣기(Paste in Place)란 말 그대로 원본 스케치업 파일에서 잘라낸 객체의 좌표와 붙여넣기한 스
케치업 파일에서의 객체의 좌표가 같다는 의미입니다.

실무 작업을 할 때 하나의 스케치업 파일로 작업하는 방식은 효율적이지 않고 두 개(필요에 따라서는 여러 개)의 스케치
업 파일을 동시에 실행시켜 작업하는 방식이 효율적입니다. 객체가 많아지고 모델링이 복잡한 원본 파일에서 작업하는
것보다 빈 파일에서 작업한 다음 원본 파일의 동일한 좌표에 붙여넣기하면서 작업한다는 의미입니다.

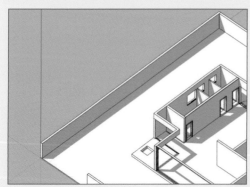

| 원본 스케치업 파일-객체 선택-자르기

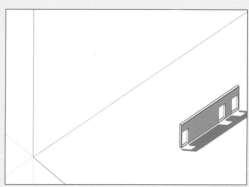

| 동일한 위치에 붙여넣기 : 추가 작업 진행

밀기/끌기 도구(Push/Pull) 알아보기

밀기/끌기 도구(Push/Pull ◆.기본 단축키: P)는 면을 밀거나 당기는 도구입니다.

2

상세
기능

01 | 면 밀고 당기기

밀기/끌기 도구(Push/Pull ◆)로 면을 클릭하고 원하는 방향으로 조금 드래그한 다음 키보드로 숫자를 입력하고 엔터를 누르면 입력한 숫자만큼 면을 밀거나 당길 수 있습니다. 숫자를 적용해서 면을 밀거나 당긴 다음 다시 숫자를 입력하고 엔터를 누르면 새로 입력한 숫자가 적용됩니다.

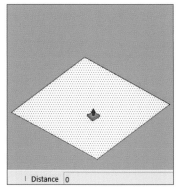
| 면 클릭

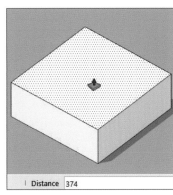
| 위로 조금 드래그

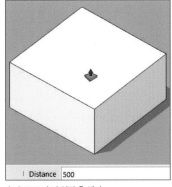
| 키보드로 숫자 입력 후 엔터

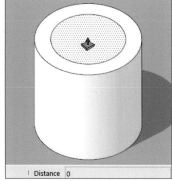
| 면 클릭

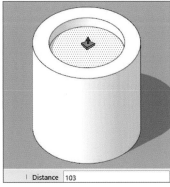
| 아래로 조금 드래그

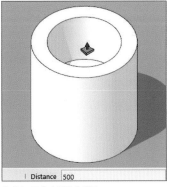
| 키보드로 숫자 입력 후 엔터

이동 도구를 활용한 밀기

밀기/끌기 도구(Push/Pull ◈)로 면을 클릭한 다음 동일한 높이 값으로 면을 밀면 객체가 사라지지만, 이동 도구(Move ✥)로 면을 클릭한 다음 동일한 높이 값으로 면을 밀면 면이 남습니다.

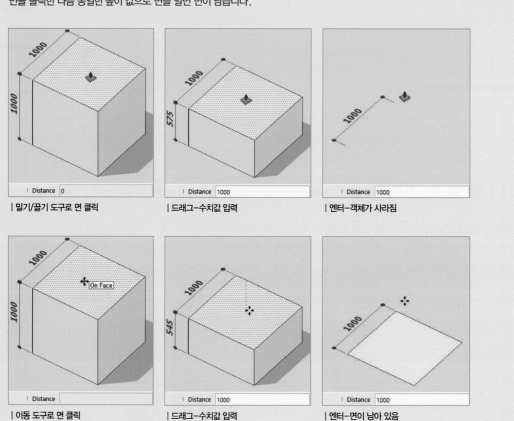

| 밀기/끌기 도구로 면 클릭 | 드래그-수치값 입력 | 엔터-객체가 사라짐

| 이동 도구로 면 클릭 | 드래그-수치값 입력 | 엔터-면이 남아 있음

02 | 같은 높이(or 길이)의 볼륨 만들기 ━━━━━━━━━

추정 기능을 이용하거나 밀기/끌기 도구(Push/Pull ◈)를 더블클릭하면 동일한 높이(or 길이)의 볼륨을 만들 수 있습니다.

① 추정 기능으로 같은 높이(or 길이) 만들기

밀기/끌기 도구(Push/Pull ◈)로 면을 클릭한 다음 위로 올리면서 먼저 생성된 객체의 선, 점, 면 등의 추정 지점을 클릭하면 동일한 높이(or 길이)의 객체가 만들어집니다.

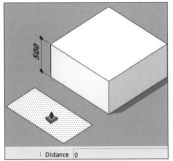

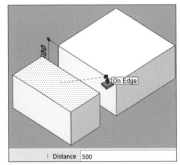

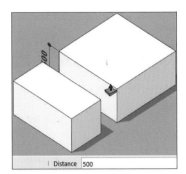

| 면 클릭 | 위로 드래그-추정 지점(선, 점, 면) 클릭 | 완성 |

② 더블클릭으로 같은 높이 만들기

밀기/끌기 도구(Push/Pull ◆)를 사용한 다음 다른 면을 더블클릭하면 이전에 적용한 높이(or 길이)가 그대로 적용되어 같은 높이(or 길이)의 객체를 만들 수 있습니다.

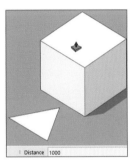

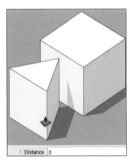

| 밀기/끌기 도구로 면 클릭 | 위로 드래그-1000 입력-엔터 | 밀기/끌기 도구로 다른 면 더블클릭 | 같은 높이로 생성됨 |

03 | 면 뚫기

밀기/끌기 도구(Push/Pull ◆)로 면을 클릭하고 안으로 밀면서 면에 닿았다는 의미의 On Face 말풍선이 나타나는 지점을 클릭하거나 스냅이 잡히면서 말풍선(On Edge, Endpoint, Midpoint)이 나타나는 참조 지점(선, 끝점, 중심점)을 클릭하면 면이 뚫립니다.

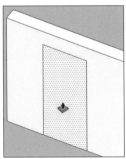

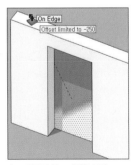

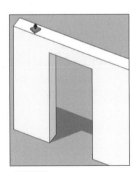

| 면 클릭 | 밀면서 말풍선(On Face)이 나타나면 클릭 | or 밀면서 참조 지점을 클릭 | 면이 뚫림 |

경사진 면을 뚫는 방법

밀기/끌기 도구(Push/Pull)로 면을 뚫으려면 면이 수평이 되어야 합니다. 경사진 면은 뚫리지 않고 연장됩니다.

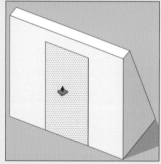

| 면 클릭

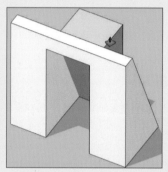

| 안쪽으로 드래그-면이 뚫리지 않고 계속해서 연장됨

경사진 면을 뚫으려면 경사진 객체와 교차시킬 객체를 각각 솔리드 그룹 or 솔리드 컴포넌트(Solid Group or Solid Component)로 만들고 두 개의 그룹을 교차시킨 다음 솔리드 툴 도구 모음(Solid Tools Toolbar)의 빼기 도구 (Subtract)를 사용하면 됩니다.

빼기 도구(Subtract)는 첫 번째 객체와 두 번째 객체가 교차된 부분을 삭제하고 두 번째 객체의 나머지 부분을 유지하는 도구로 삭제할 그룹을 첫 번째로 선택하고 면을 뚫을 그룹을 두 번째로 선택하면 첫 번째 그룹과 교차된 부분이 삭제되어 경사진 면(or 곡면)도 뚫을 수 있습니다.

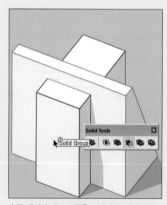

| 두 개의 솔리드 그룹을 교차시킴-빼기 도구 선택-1번 그룹 클릭

| 2번 그룹 클릭

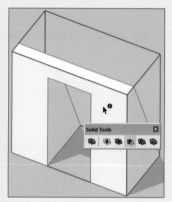

| 완성

04 | 보조키(Ctrl , Alt)의 활용

Ctrl를 활용하면 새로운 면이 생성되면서 밀고 당기기가 되고 Alt를 활용하면 신축성 있게 밀고 당기기가 됩니다. 해당 기능을 해제하려면 Ctrl 이나 Alt 를 다시 누르면 됩니다.

① Ctrl 를 이용한 새로운 면 생성하기

밀기/끌기 도구(Push/Pull ◆)를 선택하고 Ctrl 누르면 밀기/끌기 도구(Push/Pull ◆)에 '+' 표시(◆)가 나타나며 분할된 새로운 면이 생성되면서 면을 밀고 당길 수 있습니다.

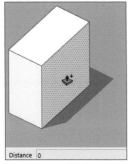 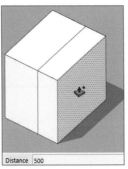 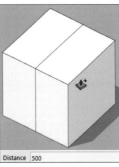 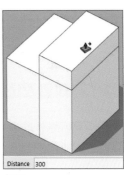

| 밀기/끌기 도구+ Ctrl −면 클릭 | 드래그−숫자 입력 | 엔터 | 반복

② Alt 를 이용해 신축성 있는 밀고 당기기

밀기/끌기 도구(Push/Pull ◆)로 면을 선택하고 Alt 를 누른 상태에서 밀고 당기기를 하면 선택한 면만 밀고 당기기가 되는 것이 아니라 연결된 면까지 신축성 있는 밀고 당기기가 됩니다.

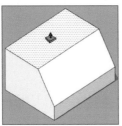 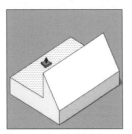 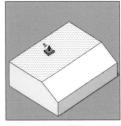

| 밀기/끌기 도구로 객체 클릭 | 밀기 : 해당 면만 밀기가 됨 | 밀기/끌기 도구+ Alt
사용−연결된 면도 함께 밀기가 됨

| 알아두기 | 곡면에서 밀기/끌기 도구 사용하기

밀기/끌기 도구(Push/Pull ◆)는 기본적으로는 곡면에서 사용을 못 하지만, 메뉴의 View−Hidden Geometry를 클릭하면 곡면에서도 사용할 수 있습니다. 메뉴의 View−Hidden Geometry를 클릭해 체크 표시하면 숨겨진 선들이 나타나며 기존 곡면이 각각의 평면으로 분할되기 때문에 밀기/끌기 도구(Push/Pull ◆)를 사용할 수 있습니다.

  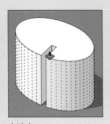 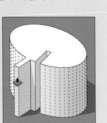

| 밀기/끌기 도구 사용 못 함 | Hidden Geometry 체크
표시 : 숨은 선들이 나타남 | 밀기 | 당기기

회전 도구(Rotate) 알아보기

3

회전 도구 (Rotate ↻, 기본 단축키 Q)는 객체를 회전시키고 원형 복사/배열을 하는 도구입니다.

상세
기능

01 | 객체의 회전

선택 도구(Select ↖)로 객체를 선택하고 회전 도구(Rotate ↻)로 회전할 객체의 중심점을 클릭한 다음 회전시킬 객체의 기준점을 클릭합니다. 그런 다음 회전할 방향으로 조금 회전시키고 키보드로 숫자(각도)를 입력하고 엔터를 누르면 입력한 각도만큼 회전합니다. 각도를 입력하지 않고 드래그해 회전시킬 때는 90도, 180도, 270도, 360도 방향으로 스냅이 잡힙니다.

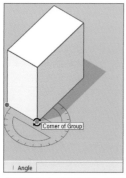
| 중심점 클릭(평면상의 회전 : 파란색
각도기)

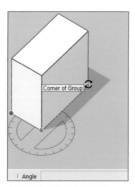
| 회전시킬 객체의 기준점 클릭

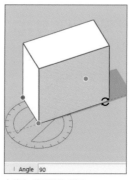
| 회전-각도 입력-엔터

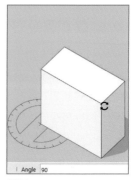
| 완료

| 중심점 클릭(평면상의 회전 : 파란색
각도기)

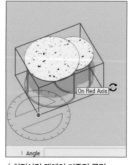
| 회전시킬 객체의 기준점 클릭

| 회전-각도 입력-엔터

| 완료

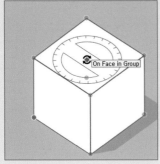 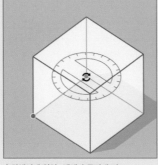 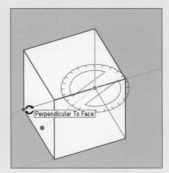
02 | 객체의 복사/원형 복사/원형 배열

회전 도구(Rotate ⟳)를 선택하고 Ctrl 를 누르면 객체를 복사할 수 있습니다. Ctrl 을 한 번 누르면 계속해서 복사 기능이 활성화되기 때문에 복사 기능을 사용하지 않으려면 다시 Ctrl 을 누르면 됩니다.

① 복사

선택 도구(Select ▸)로 객체를 선택하고 회전 도구(Rotate ⟳)를 선택한 다음 Ctrl 를 누르면 도구 아이콘에 + 표시(⟳₊)가 되며 복사 기능이 활성화됩니다. 중심점을 클릭하고 회전시킬 기준점을 클릭한 다음 객체를 조금 회전시킨 후 키보드로 회전 각도를 입력하고 엔터를 누르면 입력한 각도만큼 회전되어 복사됩니다.

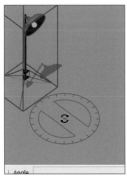 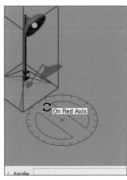 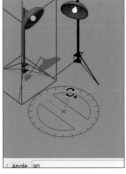 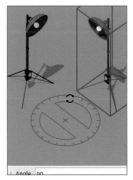

| 선택 도구로 객체 선택-회전 도구로 중심점 클릭 | 기준점 클릭- Ctrl 누름 | 회전-키보드로 각도 입력 | 엔터 : 복사됨

② 원형 복사(곱하기)

Ctrl 를 누르고 객체를 복사한 다음 키보드로 '*숫자' 또는 '숫자*'를 입력하고 엔터를 누르면 동일한 각도로 입력한 숫자만큼 다중 복사가 됩니다.

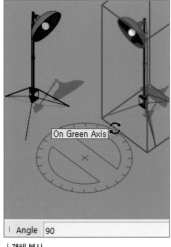

| 객체 복사

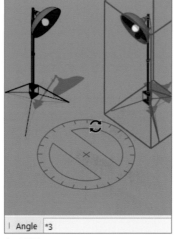

| *3 입력

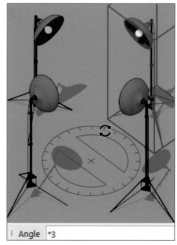

| 엔터

원형 복사한 다음 다시 수치 입력란에 숫자를 입력하고 엔터를 누르면 재입력한 숫자(개수)가 적용되어 복사(곱하기)됩니다.

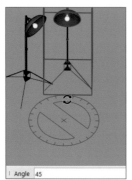

| 객체 복사

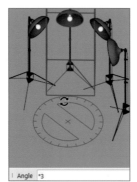

| *3 입력-엔터

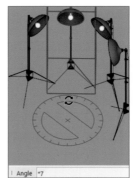

| 다시 *7 입력-엔터

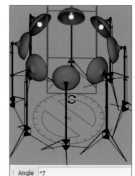

| 완료

③ 원형 배열(나누기)

객체를 복사하고 키보드로 '/숫자' 또는 '숫자/'를 입력하고 엔터를 누르면 두 객체 사이에 동일한 각도로 원형 배열(나누기)이 되면서 복사가 됩니다. 원형 배열을 한 직후 다시 수치 입력란에 숫자를 입력하고 엔터를 누르면 재입력한 숫자(개수)가 적용되어 복사(나누기)됩니다.

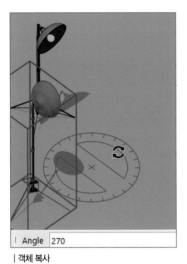

| Angle | 270

| 객체 복사

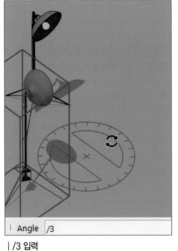

| Angle | /3

| /3 입력

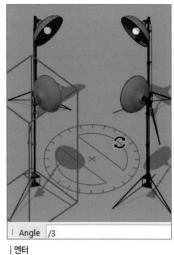

| Angle | /3

| 엔터

03 | 비틀기

회전 도구(Rotate ⟳)를 선이나 면에 클릭하고 회전하면 면을 비틀 수 있습니다.

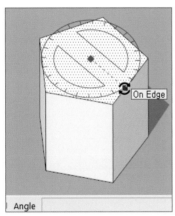

| Angle |

| 면 클릭-회전할 방향 클릭

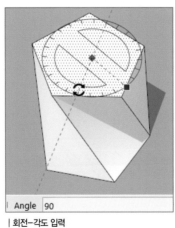

| Angle | 90

| 회전-각도 입력

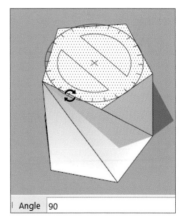

| Angle | 90

| 엔터

회전 각도기의 색상/축 변경/축 고정

회전 도구(Rotate)를 객체에 위치시켰을 때 나타나는 회전 각도기의 색상에 대해 알아보고 회전 각도기의 축을 변경하는 방법과 회전 각도기의 축을 고정하는 방법에 대해 알아보겠습니다.

1 | 회전 각도기의 색상

회전 각도기는 바라보는 축의 색상으로 표시되며 축의 방향과 다른 객체의 면은 검정색 각도기로 표시됩니다. 평면상에서 객체를 회전시킬 수 있는 각도기는 파란색 각도기입니다.

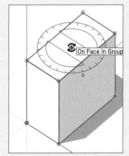
| 파란색 각도기

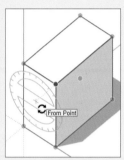
| 녹색 각도기

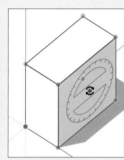
| 빨간색 각도기

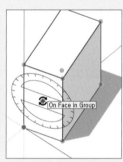
| 축의 방향과 다름 : 검정색 각도기

2 | 회전 각도기의 축 변경

각도기의 축을 변경하려면 방향키를 클릭하면 됩니다.

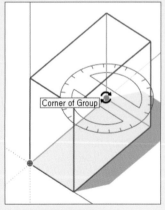
| 위 방향키(파란색 각도기)

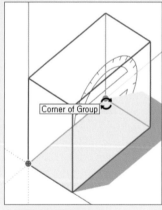
| 오른쪽 방향키(빨간색 각도기)

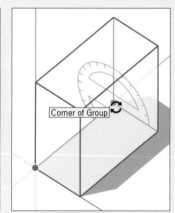
| 왼쪽 방향키(녹색 각도기)

두께가 없는 면일 경우 평면상에서 회전 가능한 파란색 각도기만 활성화되지만, 방향키를 이용해 각도기의 축을 수정하면 평면상의 객체도 회전시킬 수 있습니다.

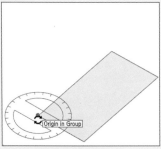

| 파란색 각도기만 활성화됨

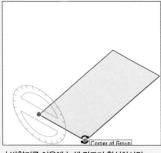

| 방향키를 이용해 녹색 각도기 활성화시킴

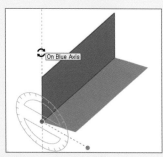

| 회전

3 | 회전 각도기의 축 고정

특정 축 방향의 회전 각도기를 고정하려면 Shift 를 누르면 됩니다. Shift 를 누르면 각도기 색상이 분홍색으로 수정되고 해당 축으로만 스냅이 잡힙니다.

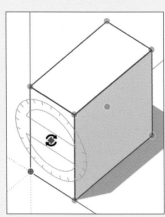

| 회전 도구 위치시킴

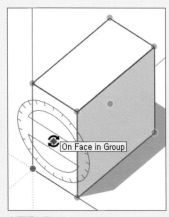

| Shift 누름

따라가기 도구(Follow Me) 알아보기

따라가기 도구(Follow me 🌀)는 지정한 경로를 따라 면을 생성하는 도구입니다.

01 | 사용 방법

선택 도구(Select ▶)로 따라갈 경로(선 or 면)를 선택하고 따라가기 도구(Follow me 🌀)로 따라갈 면을 클릭하면 경로를 따라 면이 생성됩니다.

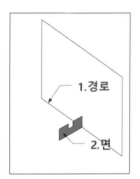
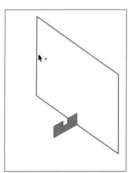
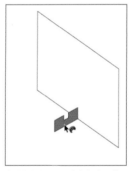
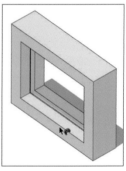

| 따라가기 도구 사용 순서 | 선(경로) 선택 | 따라가기 도구로 따라갈 면 클릭 | 완성

| 선(경로) 선택 | 따라가기 도구로 따라갈 면 클릭 | 완성

드래그하면서 면 생성하기

따라가기 도구(Follow me)로 면을 클릭하고 따라갈 경로를 드래그하면서 모델링할 수도 있지만, 권장하는 모델링 방법은 아닙니다. 스냅을 잡기 힘든 경우가 발생하기 때문입니다.

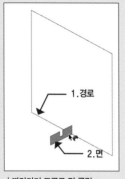
| 따라가기 도구로 면 클릭

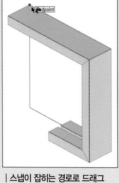
| 스냅이 잡히는 경로로 드래그

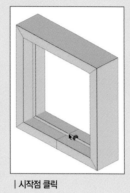
| 시작점 클릭

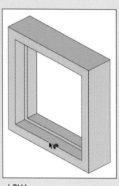
| 완성

02 | 다양한 모양 만들기

따라가기 도구(Follow me)를 사용해서 다양한 모양을 만들 수 있습니다.

① 모깎기

모깎기를 하려면 선택 도구(Select)로 따라갈 경로(선 or 면)를 선택하고 따라갈 면을 따라가기 도구(Follow me)로 클릭하면 됩니다.

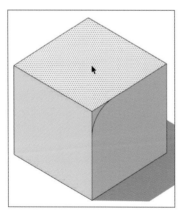
| 선택 도구로 면 선택

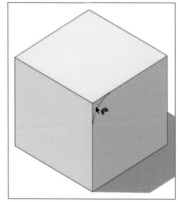
| 따라가기 도구로 따라갈 면 클릭

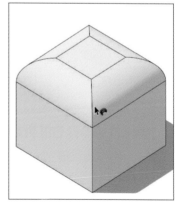
| 완성

② 구 만들기

구를 만들려면 두 개의 원을 교차시키고 선택 도구(Select ▶)로 따라갈 경로(선 or 면)를 선택하고 따라갈 면을 따라가기 도구(Follow me ⊛)로 클릭하면 됩니다. 두 개의 원의 크기가 같으면 가운데가 선으로 분할되기 때문에 원의 크기를 다르게 해서 구를 모델링 한 다음 지우개 도구(Eraser ⬛)로 불필요한 원을 삭제하는 방법을 사용하기 바랍니다.

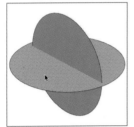

| 선택 도구로 면 선택

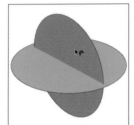

| 따라가기 도구로면 클릭

| 지우개 도구로 선 삭제

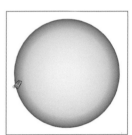

| 완성

③ 화병 만들기

화병을 만들려면 사각형 도구(Rectangle Tool ▧)로 사각형을 그리고 2점 호 도구(2 Point Arc ⊘)로 곡선을 모델링 합니다. 그런 다음 이동 도구(Move ✛)를 이용해 곡선을 복사해서 면을 만들고 불필요한 선을 지우개 도구(Eraser ⬛)로 삭제합니다. 원 도구(Circle ◉)로 바닥에 원을 그리고 따라갈 면을 원의 가장자리에 위치시킵니다. 이어서 선택 도구(Select ▶)로 면을 선택하고 따라가기 도구(Follow me ⊛)로 면을 클릭하면 됩니다.

| 선택 도구로 원 선택

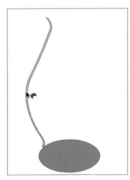

| 따라하기 도구로 면 클릭

| 완성

| **알아두기** | **따라갈 면의 위치에 따른 모델링의 차이**

따라갈 면의 위치에 따라 모델링이 달라지며 따라갈 면이 따라갈 경로에서 떨어져 있어도 따라가기 도구(Follow me ⊛)를 사용할 수 있습니다.

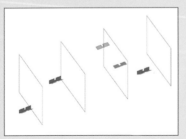

| 따라갈 면의 위치

| 완성

배율 도구(Scale) 알아보기

배율 도구(Scale 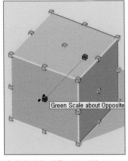)는 객체를 크기를 조절하는 도구입니다.

5

01 | 크기 조절

배율 도구(Scale 🔳)를 선택하면 나타나는 녹색 조절점을 클릭하고 원하는 방향으로 조금 드래그한 다음 키보드로 수치값을 입력하고 엔터를 누르면 입력한 수치값(배율)만큼 크기가 조절됩니다. 드래그해서 크기를 조절하면 2배, 3배, 4배, 등등의 배율 단위로 스냅이 잡히며 키보드로 수치값을 입력하고 크기를 조절한 다음 다시 수치값을 입력하고 엔터를 누르면 재입력한 수치 값이 적용됩니다.

① **폭, 높이 조절(면 조절점)** : 각 면의 중간에 있는 녹색 조절점에 마우스 포인트를 위치하면 빨간색 조절점으로 색상이 바뀌며 수치 입력란에 해당 축이 표시됩니다. 빨간색 조절점을 클릭하고 원하는 방향으로 드래그하면 해당 축의 방 향으로만 크기가 조절됩니다.

| 객체 선택-배율 도구 선택-Green 조절점 클릭

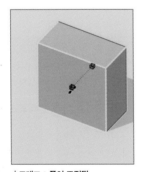

| 드래그 : 폭이 조절됨

| Blue 조절점 클릭

| 드래그 : 높이가 조절됨

② **전체 크기 조절(코너 조절점)** : 대각선 방 향의 조절점을 클릭하고 드래그하면 수치 입력란에 Scale로 표시되며 전체 크기를 조절할 수 있습니다.

| 대각선 조절점 클릭

| 드래그 : 전체 크기가 조절됨

③ 두 방향으로 조절(선 조절점) : 선의 중간지점 조절점을 클릭하고 드래그하면 수치 입력란에 두 방향의 축의 배율이 표시되며 두 방향으로 크기를 조절할 수 있습니다.

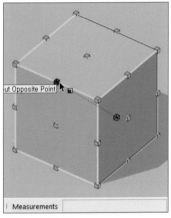

| 선의 중간 그립 클릭

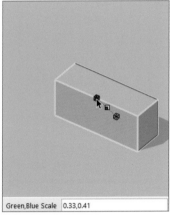

| 드래그-두 방향으로 크기가 조절됨

02 | 보조키를 이용한 크기 조절

`Ctrl` 과 `Shift` 를 이용해 배율 조절하는 방법에 대해 알아보겠습니다.

① `Ctrl` (객체의 중심점을 기준으로 크기 조절) : `Ctrl` 를 누르고 조절점을 선택(조절점을 선택하고 `Ctrl` 를 눌러도 동일)하면 객체의 중심점을 기준으로 크기가 조절됩니다.

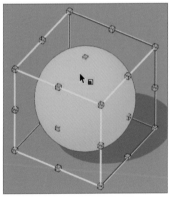

| 객체 선택-배율 도구 선택

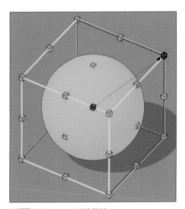

| `Ctrl` 키 누르고 조절점 클릭

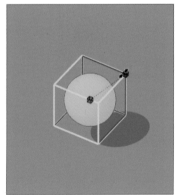

| 중심점을 기준으로 크기 조절

② Shift **(균일한 비율로 크기 조절)** : Shift 를 누르고 조절점을 선택(조절점을 선택하고 Shift 를 눌러도 동일)
하면 균일한 배율로 객체의 크기가 조절됩니다.

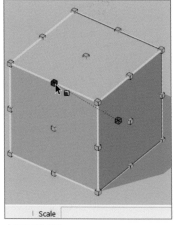

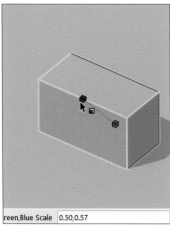

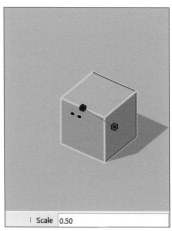

| 선 조절점 클릭

| 크기 조절 : 균일한 배율로 조절되지 않음

| Shift 누르고 조절 : 균일한 비율로 조절됨

| **알아두기** | **X-Ray 도구**

스타일 도구 모음(Styles Toolbar)에서 X-Ray 도구( )을 클릭하면 객체가 투명하게 표현되어 객체 반대
편의 조절점도 선택할 수 있습니다.

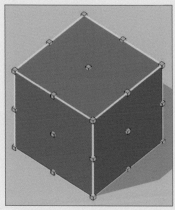

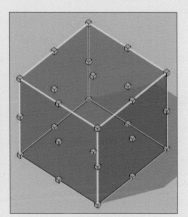

| 기본 스타일

| X-Ray 스타일 : 반대편의 조절점도 보임

03 | 미러링(Mirroring)

중간의 면 조절점을 클릭한 다음 반대 방향으로 드래그하면서 스냅이 잡히는 −1배가 되는 지점을 클릭하면 미러(Mirror)된 객체, 즉 180도 회전된 객체로 배율을 조절할 수 있습니다. 조절점을 클릭하고 반대 방향으로 드래그한 후 키보드로 −1을 입력하고 엔터를 눌러도 미러링이 됩니다.

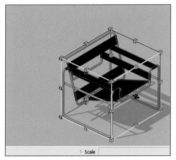

| 면 조절점 클릭

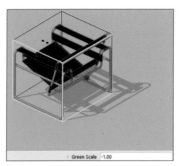

| 반대 방향으로 드래그 or −1 입력−엔터

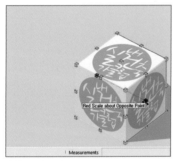

| 면 조절점 클릭

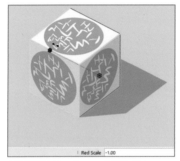

| 반대 방향으로 드래그 or −1 입력−엔터

| 알아두기 | 배율 도구를 사용할 때 주의할 점

배율 도구(Scale 🔲)로 객체의 배율을 조절할 때 객체의 크기를 왜곡시키는 단점이 있습니다. 즉 정확한 크기(치수)가 유지되어야 하는 객체를 배율 도구로 조절하면 크기가 변경되기 때문에 배율 도구를 사용하면 안 됩니다.

정확한 크기로 배율 조절을 할 경우에는 각각의 그룹(or 컴포넌트) 편집 모드에서 선택 도구(Select ▸), 이동 도구(Move ✛), 밀기/끌기 도구(Push/Pull ◆) 등을 이용해 크기를 조절해야 합니다.

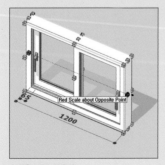

| 배율 도구 조절 전.

| 배율 도구 조절 후 : 창틀과 손잡이의 폭이 왜곡됨.

간격 띄우기 도구(Offset) 알아보기

간격 띄우기 도구(Offset 🐾)는 동일한 평면에 있는 선이나 면을 지정한 간격으로 복사하는 도구입니다.

01 | 면 간격 띄우기

간격 띄우기 도구(Offset 🐾)로 면(or 면이 생성된 선, 원, 호)을 클릭하고 안쪽이나 바깥쪽으로 드래그한 다음 키보드로 수치값을 입력하고 엔터를 누르면 수치값만큼 간격 띄우기가 되면서 면이 생성됩니다.

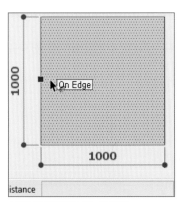

| 간격 띄우기 도구로 선(or 면) 클릭

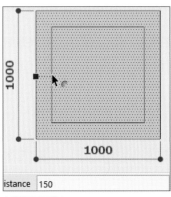

| 안쪽으로 드래그

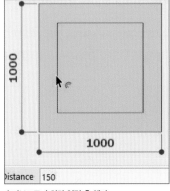

| 키보드로 수치값 입력 후 엔터

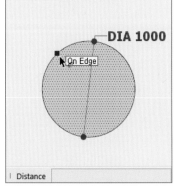

| 간격 띄우기 도구로 선(or 면) 클릭

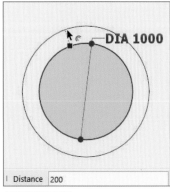

| 바깥쪽으로 드래그

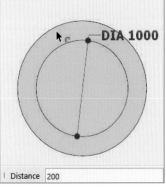

| 키보드로 수치값 입력 후 엔터

| 알아두기 | **더블클릭**

간격 띄우기를 한 다음 더블클릭하면 이전에 적용한 수치값이 반복해서 적용됩니다.

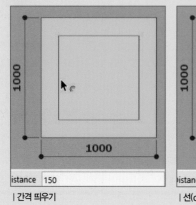

| 간격 띄우기

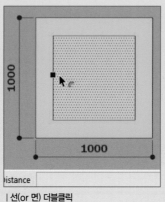

| 선(or 면) 더블클릭

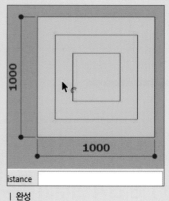

| 완성

02 | 선 간격 띄우기

선택 도구(Select 🖈)로 선을 선택한 다음 간격 띄우기 도구(Offset 🥄)로 선을 클릭하고 안쪽이나 바깥쪽으로 드래그한 다음 키보드로 수치값을 입력하고 엔터를 누르면 수치값만큼 간격 띄우기가 됩니다.

| 두 개의 선 선택

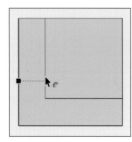

| 안쪽으로 드래그

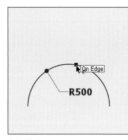

| 호 선택

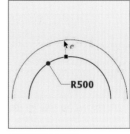

| 바깥쪽으로 드래그

축조 도구 모음 (Construction Toolbar) 사용하기

축조 도구 모음(Construction Toolbar 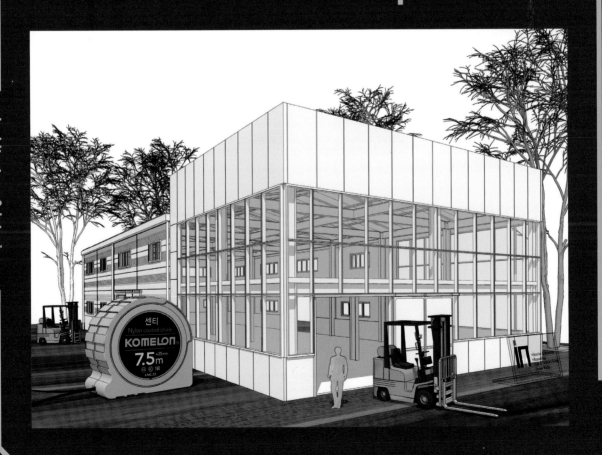)에는 객체의 거리를 측정하고 보조선을 만드는 줄자 도구(Tape Measure), 치수선을 만드는 치수 도구(Dimension), 각도를 측정하고 보조선을 만드는 각도기 도구(Protractor), 지시선 문자와 화면 문자를 만드는 문자 도구(Text), 축을 배치하는 축 도구(Axes), 3D 문자를 만드는 3D 문자 도구(3D Text)가 포함되어 있습니다.

학습 목표

객체의 치수를 측정하고 보조선을 만들며 객체의 크기를 조절하는 줄자 도구(Tape Measure), 치수선을 만드는 치수 도구(Dimension), 3D 문자를 만드는 3D 문자 도구(3D Text)의 사용법을 꼭 숙지합니다.

7강

줄자 도구(Tape Measure) 알아보기

줄자 도구(Tape Measure 🖋, 기본 단축키 T)는 객체의 치수를 측정하고 보조선을 만들며 객체의 크기를 조절하는 도구입니다.

01 | 객체 정보 확인

줄자 도구(Tape Measure 🖋)를 객체에 위치시키면 해당 객체의 정보를 알 수 있습니다. 줄자 도구(Tape Measure 🖋)를 그룹(or 컴포넌트)의 면에 위치시키면 해당 그룹(or 컴포넌트)의 이름과 면의 면적이 말풍선으로 나타납니다. 점에 위치시키면 절대 좌표(X, Y, Z)가 나타나며 선에 위치시키면 선의 길이가 나타납니다.

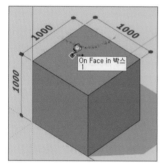
| 그룹(or 컴포넌트)의 면에 위치:그룹 이름과 면적이 나타남

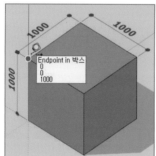
| 점에 위치 : 절대 좌표가 나타남

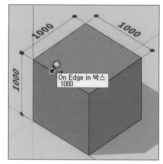
| 선에 위치 : 선의 길이가 나타남

02 | 객체의 치수 측정

치수를 측정할 객체의 시작점을 클릭하고 드래그한 다음 끝점에 줄자 도구(Tape Measure 🖋)를 위치시키면 줄자 도구 옆에 말풍선으로 치수가 표시되며 수치 입력란에도 표시됩니다. 타일, 벽돌, 마루판 등의 한 장씩으로 구성된 이미지 파일을 매핑한 다음 한 장의 크기를 측정할 때 유용하게 사용할 수 있습니다.

| 줄자 도구로 시작점 클릭

| 드래그-치수를 측정할 끝점에 위치 : 치수가 표시됨

03 | 보조선 생성

줄자 도구(Tape Measure ⌀)를 선택하면 기본적으로 보조선을 만들 수 있게 줄자 도구 옆에 "+" 표시 (⌀)가 나타나며 보조선을 만들지 않으려면 Ctrl 를 눌러 비활성화(⌀) 상태로 만들면 됩니다. Ctrl 를 누를 때마다 활성화(⌀), 비활성화(⌀) 상태가 반복되며 비활성화 상태에서 마우스 왼쪽 버튼을 더블클릭해도 활성화 상태로 바뀝니다.

객체의 선(Edge)과 중심점(Midpoint)을 클릭하면 무한한 보조선이 만들어지며 끝점(Endpoint)을 클릭하면 길이가 있는 보조선이 만들어집니다.

① 보조선 만들기(Edge, Midpoint)

줄자 도구(Tape Measure ⌀)로 객체의 선과 연장되는 보조선과 객체에서 이격되는 보조선을 만들 수 있습니다.

- **선과 연장 선상의 보조선 만들기** : 객체의 선(Edge)과 중심점(Midpoint)을 더블클릭하면 선의 연장 선상에서 보조선이 만들어집니다.

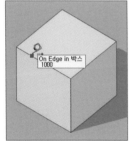 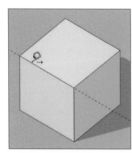 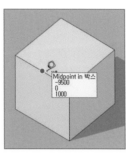 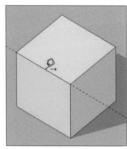

| 선 더블클릭 | 보조선 만들어짐 | 중심점 더블클릭 | 보조선 만들어짐

- **객체에서 이격되는 보조선 만들기** : 선과 중심점을 클릭하고 이격 방향으로 드래그한 다음 키보드로 수치값(이격되는 거리)을 입력하고 엔터를 누르면 입력한 수치값만큼 객체에서 이격되는 보조선이 만들어집니다.

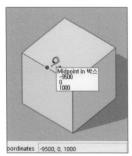 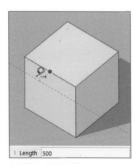 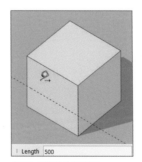

| 선(or 중심점) 클릭 | 드래그-수치값 입력 | 엔터-입력한 수치값만큼
                                                    이격되어서 보조선이 만들어짐

② 길이가 있는 보조선 만들기(Endpoint)

객체의 끝점(Endpoint)을 클릭하고 드래그하면 길이가 있는 보조선이 만들어집니다. 수치값(길이)을 적용하려면 시작점을 클릭하고 원하는 방향으로 드래그한 다음 키보드로 수치값을 입력하고 엔터를 누르면 됩니다.

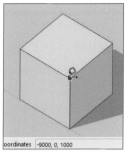

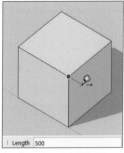

| 끝점 클릭

| 드래그-키보드로 수치값 입력

| 엔터-입력한 길이의 보조선이
만들어짐

| 알아두기 | **강제 추정/추정 잠금**

특정 축 방향으로만 강제 추정하는 방법과 다른 지점에 스냅이 잡히지 않는 추정 잠금 기능에 대해 알아보겠습니다.

1 | 강제 추정

줄자 도구로 시작점을 클릭한 채로 방향키를 클릭하면 해당 축 방향으로만 강제 추정됩니다. 강제 추정을 사용하지 않으려면 해당 방향키를 한 번 더 클릭하면 됩니다.

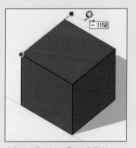

| 위, 아래 방향키 클릭 : Z축 강제 추정

| 오른쪽 방향키 : X축 강제 추정

| 왼쪽 방향키 : Y축 강제 추정

2 | 추정 잠금

줄자 도구로 시작점을 클릭하고 스냅이 잡히는 지점에 위치시켜 말풍선이 나타난 다음 추정 기능을 이용해 드래그합니다. 그런 다음 Shift 를 누르고 있으면 굵은 선으로 추정되며 추정 잠금 상태가 되어 다른 지점에는 스냅이 잡히지 않습니다. 추정 잠금을 해제하려면 누르고 있는 Shift 에서 손가락을 때면 됩니다.

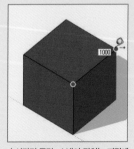

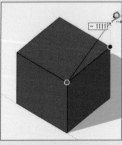

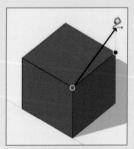

| 시작점 클릭-스냅이 잡히는 지점에
위치

| 추정 기능을 이용해 드래그

| Shift 누름 : 강제 추정됨

04 | 크기 조절하기

줄자 도구((Tape Measure 🖉)를 이용해서 객체의 크기를 조절할 수 있습니다. 그룹(or 컴포넌트)이 아닌 객체의 크기를 조절하면 그룹 외부에서 조절하는 것과 마찬가지로 모델에 있는 모든 객체의 크기가 조절되기 때문에 사용 시 유의해야 합니다.

① 편집 모드가 아닌 상태에서 그룹(or 컴포넌트)의 크기 조절하기

줄자 도구(Tape Measure 🖉)로 시작점과 끝점을 클릭해 치수를 측정하고 키보드로 숫자(길이)를 입력한 다음 엔터를 누르면 [SketchUp] 알림 창이 나타납니다. 〈예〉 버튼을 클릭하면 치수를 측정한 객체와 주변의 모든 객체의 크기가 조절됩니다.

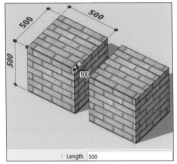

| 시작점 클릭-끝점 클릭-숫자 확인

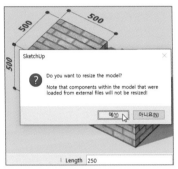

| 숫자 입력-엔터-〈예〉 버튼 클릭

| 모든 객체의 크기가 조절됨

② 편집 모드에서 그룹(or 컴포넌트)의 크기 조절하기

그룹의 편집 모드에서 줄자 도구(Tape Measure 🖉)로 시작점과 끝점을 클릭해 치수를 측정한 다음 키보드로 숫자를 입력하고 엔터를 누르면 [SketchUp] 알림 창이 나타납니다. 〈예〉 버튼을 클릭하면 다른 객체는 조절되지 않고 측정한 그룹의 크기만 조절됩니다.

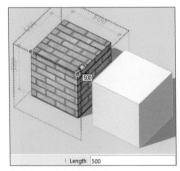

| 편집 모드 안에서 치수 측정

| 숫자 입력-엔터-〈예〉 버튼 클릭

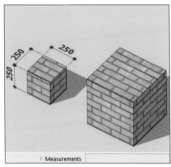

| 해당 그룹만 크기가 조절됨

③ 편집 모드에서 컴포넌트의 크기 조절하기

컴포넌트의 편집 모드에서 크기를 조절했을 때 동일한 컴포넌트의 크기도 같이 조절됩니다.

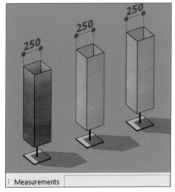
| 크기 조절 전

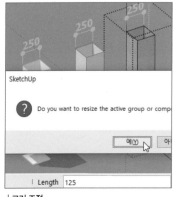
| 크기 조절

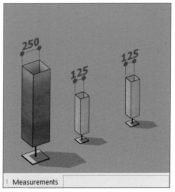
| 동일한 컴포넌트의 크기도 같이 조절됨

05 | 보조선 삭제하기

보조선을 삭제하는 방법에 대해 알아보겠습니다.

① 선택 도구로 선택해서 삭제하기

선택 도구(Select ▶)로 삭제할 보조선을 선택(or 다중 선택)한 다음 키보드의 Delete를 누르면 삭제됩니다. 그룹(or 컴포넌트) 편집 모드에서 보조선을 만들었다면 편집 모드 밖에서 선택 도구(Select ▶)로 보조선을 클릭하면 그룹도 선택되고 삭제되기 때문에 그룹 편집 모드에서 선택하고 삭제해야 합니다.

| 선택 도구로 선택(or 다중 선택)

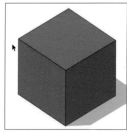
| Delete

② 지우개 도구로 삭제하기

지우개 도구(Eraser ✐)를 선택하고 보조선을 클릭하거나 클릭한 채로 보조선 위로 드래그하면 삭제됩니다. 그룹(or 컴포넌트) 편집 모드에서 보조선을 만들었다면 편집 모드에서 삭제해야 합니다.

③ 모델의 모든 보조선 삭제하기

메뉴의 Edit-Delete Guides 명령을 클릭하면 모델의 모든 보조선을 한 번에 삭제할 수 있습니다.

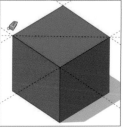
| 지우개 도구로 클릭(or 클릭한 채로 드래그)

| 삭제

치수 도구(Dimension) 알아보기

2

치수 도구(Dimension ✏)는 치수선을 표시하는 도구입니다.

01 | 점을 클릭해 표시하기

치수선을 만들려면 치수 도구(Dimension ✏)를 선택하고 시작점과 끝점을 클릭합니다. 이어서 원하는 방향으로 드래그한 다음 클릭하면 치수선이 표시됩니다.

① **직선** : 치수 도구(Dimension ✏)로 치수선을 표시할 시작점(Endpoint, Midpoint)을 클릭하고 끝점을 클릭한 다음 표시하고자 하는 방향으로 드래그해 클릭하면 치수선이 표시됩니다.

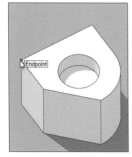

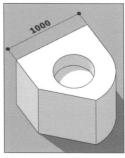

| 시작점 클릭 | 끝점 클릭 | 드래그-클릭 | 완성

② **사선** : 직선인 경우와 동일하게 시작점과 끝점을 클릭하고 표시하고자 하는 방향으로 드래그한 다음 클릭하면 됩니다. 직각으로 치수선을 만들려면 시작점과 끝점을 클릭하고 축 방향으로 드래그한 다음 클릭하면 됩니다.

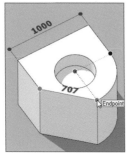
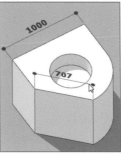
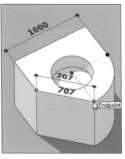
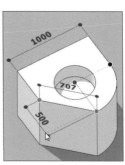

| 시작점 클릭-끝점 클릭 | 드래그-클릭 | 시작점 클릭-끝점 클릭 | 축 방향으로 드래그-클릭

02 | 선(or 호,원)을 클릭해 표시하기

치수 도구(Dimension 🛠)로 선(or 호, 원)을 클릭하고 치수선을 표시하고자 하는 방향으로 드래그한 다음 클릭하면 됩니다. 객체가 그룹(or 컴포넌트)일 경우에는 그룹 편집 모드에서 선(or 호, 원)를 클릭해야 합니다.

① **선** : 치수 도구(Dimension 🛠)로 선을 클릭하고 치수선을 표시하고자 하는 방향으로 드래그한 다음 클릭하면 됩니다.

| 선을 클릭

| 드래그-클릭

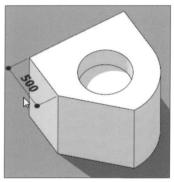
| 완성

② **원** : 치수 도구(Dimension 🛠)로 원의 지름과 반지름을 표시할 수 있습니다.

• **원의 지름** : 치수 도구(Dimension 🛠)로 원을 클릭하고 원하는 위치로 드래그한 다음 클릭해 고정합니다.

| 원 클릭

| 원하는 위치로 드래그 : 내부

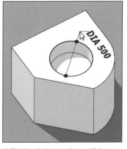
| 원하는 위치로 드래그 : 외부

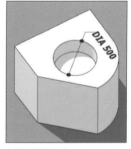
| 클릭해 위치고정

• **원의 반지름** : 원의 치수는 기본적으로 지름(Dia)으로 표시되지만, 치수에 마우스 포인터를 위치하고 우클릭해 나타나는 확장 메뉴 중 Type-Radius를 클릭해 선택하면 반지름(R)으로 표시됩니다.

| 마우스 우클릭-Type

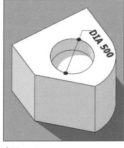
| Diameter

| Radius

③ 호 : 치수 도구(Dimension ✎)로 호의 반지름과 지름을 표시할 수 있습니다.

• **호의 반지름** : 치수 도구(Dimension ✎)로 호를 클릭하고 원하는 위치로 드래그한 다음 클릭하면 됩니다.

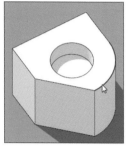

| 호 클릭

| 원하는 위치로 드래그 : 외부

| 원하는 위치로 드래그 : 내부

| 클릭해 위치 고정

• **호의 지름** : 호의 치수는 기본적으로 반지름(R)으로 표시되지만, 치수에 마우스 오른쪽 버튼을 클릭해 나타나는 확장 메뉴 중 Type-Diameter를 클릭해 선택하면 지름(Dia)으로 표시됩니다.

| Radius

| Diameter

| **알아두기** | **객체의 크기가 수정될 때**

밀기/끌기 도구(Push/Pull ◆)와 이동 도구(Move ✛)를 사용해 객체(그룹이 아닌 객체 or 편집 모드 상태의 그룹과 컴포넌트)의 크기를 수정하면 표시된 치수는 자동으로 수정됩니다.

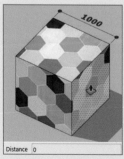

| 밀기/끌기 도구로 객체의 크기 수정

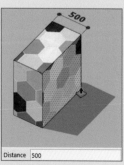

| 치수도 자동으로 수정됨

03 | 치수선을 선택하면 나타나는 확장 메뉴

치수선에 마우스 포인트를 위치하고 우클릭하면 나타나는 확장 메뉴에 대해 알아보겠습니다. 선 치수선일 경우에는 Text Position 명령이 나타나고 원, 호 치수선일 경우에는 Type 명령이 나타납니다.

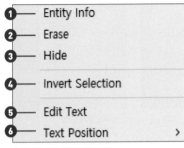

| 선 치수선일 경우의 확장 메뉴

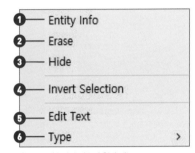

| 원,호 치수선일 경우의 확장 메뉴

❶ Entity Info : [Entity Info] 창을 펼칩니다.

❷ Erase : 치수선을 삭제합니다.

❸ Hide : 치수선을 숨깁니다. 숨긴 치수선을 나타내려면 Edit메뉴의 Unhide-Last(or All)를 클릭하면 됩니다.

❹ Invert Selection : 선택 상태를 반전시킵니다.

❺ EditText: 치수를 수정합니다. 임의로 치수를 수정할 필요가 있을 때 유용하게 사용할 수 있습니다.

❻ Text Position(Outside, Centered, Outside End) : 선 치수선일 경우에 나타나는 명령으로 치수의 위치를 설정합니다.
원, 호 치수선일 경우에는 Type(Radius, Diameter) 명령이 나타나며 반지름과 지름의 표시 여부를 설정합니다.

| Outside Start |
| ✓ | Centered |
| Outside End |

| 확장 메뉴

1000 ·Outside Start·   1000   ·Centered·   ·Outside End· 1000

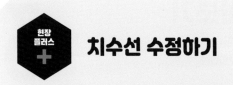 **치수선 수정하기**

치수선의 옵션을 수정하는 방법에 대해 알아보겠습니다.

1 | 특정 치수선 수정하기

한 개 또는 여러 개의 치수선을 수정하려면 치수를 선택한 다음 [Entity Info] 창의 Show Advanced Attributes 아이콘(🔒)을 클릭해 세부 옵션을 펼치고 특정 옵션을 수정하면 됩니다.

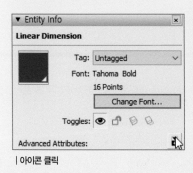

| 아이콘 클릭

| 세부 옵션 펼침-수정

2 | 전체 치수선 수정하기

모든 치수선은 메뉴의 Window-Model Info를 클릭하면 나타나는 [Model Info] 창의 Dimension 항목에서 수정할 수 있습니다.

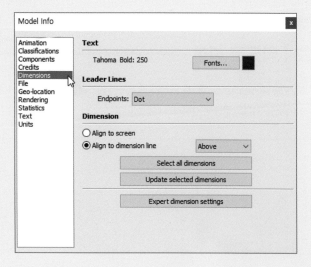

각도기 도구(Protractor) 알아보기

각도기 도구(Protractor ⊘)는 각도를 측정하고 보조선을 만드는 도구입니다.

01 | 각도 측정

각도기 도구(Protractor ⊘)로 중심점(각도의 정점)을 클릭하고 각도를 측정할 시작점을 클릭한 다음 끝점에 마우스 포인트를 위치시키면 수치 입력란에 각도가 표시되며 클릭하면 보조선이 만들어집니다.

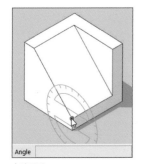

| 면 클릭

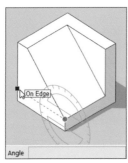

| 시작점 클릭

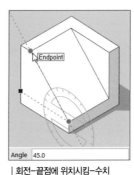

| 회전-끝점에 위치시킴-수치
입력란에 각도 표시됨

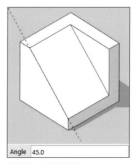

| 클릭-보조선 생성됨

02 | 각도기 색상

각도기 도구(Protractor ⊘)를 객체에 배치하면 바라보는 축의 방향에 따라 세 가지 색의 각도기가 나타나며 경사면과 축의 방향이 아닌 지점은 검정색 각도기가 나타납니다.

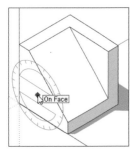

| 녹색 각도기

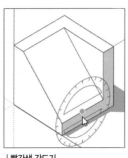

| 빨간색 각도기

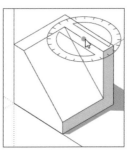

| 파란색 각도기

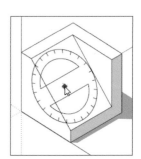

| 검정 각도기(경사면)

문자 도구(Text) 알아보기

4

상세
기능

문자 도구(Text 🔤)는 지시선 문자(Leader Text)와 화면 문자(Screen Text)를 표시하는 도구입니다.

01 | 지시선 문자

문자 도구(Text 🔤)로 객체를 클릭한 다음 표시하고자 하는 방향으로 드래그한 후 클릭해 지시선 문자를 표시합니다.

① 면을 클릭

문자 도구(Text 🔤)로 그룹(or 컴포넌트)이 아닌 객체의 면(Face)을 클릭하면 On Face 말풍선이 나타나며 표시할 방향으로
드래그한 다음 클릭하고 다시 클릭하면 지시선 문자가 면적을 표시합니다.

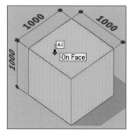
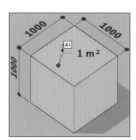
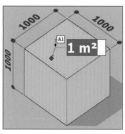
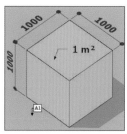

| 객체 클릭 | 드래그 | 클릭(문자 수정 가능) | 다시 한번 클릭 : 면적이 표시됨

② 점(Point), 선(Edge)을 클릭

문자 도구(Text 🔤)로 그룹(or 컴포넌트)이 아닌 객체의 끝점(Endpoint)을 클릭하면 절대 좌표(X, Y, Z)가 표시되고 중심점
(Midpoint)과 선(Edge)을 클릭하면 선의 길이가 표시됩니다.

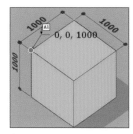
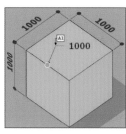
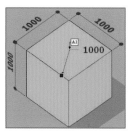

| 끝점 클릭-좌표가 표시됨 | 중심점 클릭-선의 길이가 표시됨 | 선 클릭-선의 길이가 표시됨

③ 그룹(or 컴포넌트) 클릭

그룹(or 컴포넌트)의 면, 선, 점을 클릭하면 그룹 이름(or 컴포넌트 이름)이 표시됩니다. 그룹에 이름을 입력하지 않았다면 면을 클릭했을 때는 면적이, 끝점을 클릭했을 때는 절대 좌표가 선을 클릭했을 때는 선의 길이가 표시됩니다. 컴포넌트에 이름을 입력하지 않았다면 Component라고만 표시됩니다.

| 컴포넌트 클릭

| 컴포넌트 이름이 표시됨

④ 더블클릭

객체를 더블클릭하면 지시선이 없는 문자가 표시됩니다.

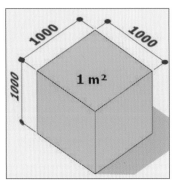

| 면 더블클릭 : 면적이 표시됨

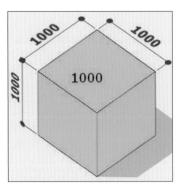

| 선 더블클릭 : 선의 길이가 표시됨

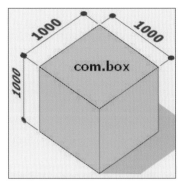

| 컴포넌트 더블클릭 : 컴포넌트 이름이 표시됨

02 | 화면 문자(Screen Text)

문자 도구(Text)로 여백을 클릭하고 원하는 문자를 입력한 다음 문자 영역 외부를 클릭하면 화면 문자가 표시됩니다. 화면 문자는 화면을 회전시켜도 위치는 항상 고정되어 있습니다.

| 여백 클릭

| 문자 표시됨

| 문자 수정

| 외부 클릭해 완성

03 | 지시선 문자, 화면 문자를 선택하면 나타나는 확장 메뉴 ━━━━

지시선 문자와 화면 문자에 마우스 포인트를 위치하고 우클릭하면 나타나는 확장 메뉴에 대해 알아보겠습니다.

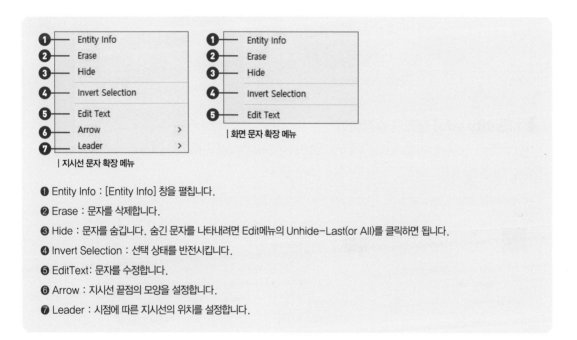

| 지시선 문자 확장 메뉴

| 화면 문자 확장 메뉴

❶ Entity Info : [Entity Info] 창을 펼칩니다.

❷ Erase : 문자를 삭제합니다.

❸ Hide : 문자를 숨깁니다. 숨긴 문자를 나타내려면 Edit메뉴의 Unhide-Last(or All)를 클릭하면 됩니다.

❹ Invert Selection : 선택 상태를 반전시킵니다.

❺ EditText: 문자를 수정합니다.

❻ Arrow : 지시선 끝점의 모양을 설정합니다.

❼ Leader : 시점에 따른 지시선의 위치를 설정합니다.

문자 수정하기

문자를 수정하는 방법에 대해 알아보겠습니다.

1 | 더블클릭

선택 도구(Select ▶)로 문자를 더블클릭한 다음 키보드로 원하는 문자를 입력하고 선택 도구(Select ▶)를 문자 영역 외부에 클릭하면 문자가 수정됩니다.

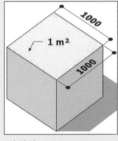

| 수정 전

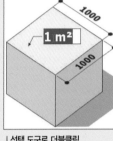

| 선택 도구로 더블클릭

| 수정

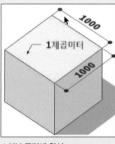

| 외부 클릭해 완성

2 | [Entity Info] 창에서 수정하기

선택 도구(Select ▶)로 문자를 클릭해 선택하고 [Entity Info] 창의 Show Advanced Attributes 아이콘(🔳)을 클릭해 세부 옵션을 펼치고 Text 항목에서 문자를 수정하면 됩니다.

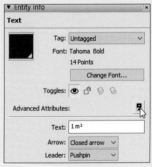

| 아이콘 클릭

| 문자 수정

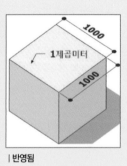

| 반영됨

3 | 전체 문자 수정하기

모든 문자를 수정하려면 메뉴의 Window-Model Info를 클릭하면 나타나는 [Model Info] 창의 Text 항목에서 설정하면 됩니다.

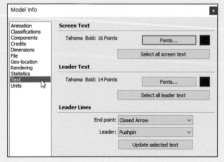

축(Axes) 도구 알아보기

축 도구(Axes ✳)는 축을 재배치하는 도구입니다.

5

01 | 축 위치 수정하기

축 도구(Axes ✳)를 선택하면 마우스 포인트에 축이 표시됩니다. 수정할 위치를 클릭한 다음 다시 클릭하면 축 위치가 수정됩니다.

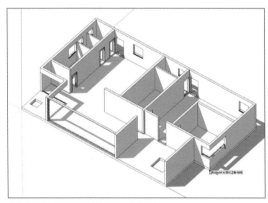

| 축 도구 선택-원하는 위치 클릭-다시 클릭

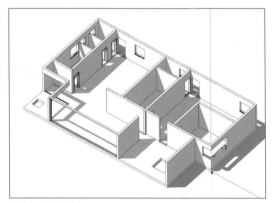

| 축의 위치가 수정됨

02 | 축 방향 수정하기

축의 방향(X축, Y축, Z축)을 수정하려면 축 도구(Axes ✳)로 기준점을 클릭하고 원하는 축의 방향으로 이동(X축, Y축, Z축 순으로)시킨 다음 클릭합니다. 이어서 다시 클릭하면 축의 방향이 수정됩니다.

| 기준점 클릭

| 원하는 축 방향으로 드래그-클릭

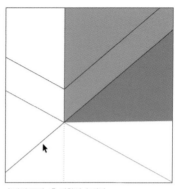

| 다시 클릭-축 방향이 수정됨

03 | 축의 확장 메뉴 알아보기

세 개의 축이 만나는 원점이나 각 축에 마우스 포인트를 위치시키고 우클릭하면 나타나는 확장 메뉴에 대해 알아보겠습니다.

❶ Place : 축의 위치를 수정합니다.

❷ Move : 좌표를 입력해 축의 위치를 이동시키거나 회전시킵니다.

❸ Reset : 이동시킨 축의 위치를 최초의 원점(0, 0, 0)으로 되돌립니다.

❹ Align View : 축을 평면상으로 정렬합니다.

❺ Hide : 축을 숨깁니다. 숨긴 축은 메뉴의 View-Axes를 클릭해 체크 표시하면 나타납니다.

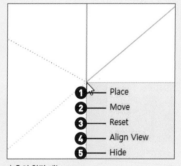

| 축의 확장 메뉴

3D 문자 도구(3D Text) 알아보기

6

3D 문자 도구(3D Text 🔔)는 입체 문자를 만드는 도구입니다.

01 | 3D 문자 만들기

3D 문자 도구(3D Text 🔔)를 클릭하면 [Place 3D Text] 창이 나타납니다. [Place 3D Text] 창에서 문자를 입력하고 글꼴, 크기, 두께 등의 세부 옵션을 설정한 다음 〈Place〉 버튼을 누르고 배치할 부분을 클릭하면 배치됩니다.

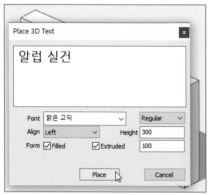

| 문자 입력/옵션 설정

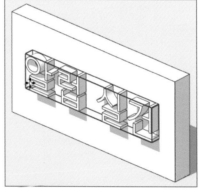

| 객체를 클릭해 배치

| **알아두기** |

3D 문자 도구(3D Text 🔔)로 만드는 문자는 [Component]창에 컴포넌트로 등록됩니다.

| 컴포넌트로 등록됨

02 | [Place 3D Text] 창 알아보기

3D 문자의 세부 옵션을 설정할 수 있는 [Place 3D Text] 창에 대해 알아보겠습니다.

❶ Text : 문자를 입력합니다.

❷ Font : 글꼴을 설정합니다. 내림 버튼(∨)을 클릭하면 사용 가능한 글꼴들이 나타납니다.

설정한 글꼴에 따라 여러 가지의 변형된 문자를 만들 수 있습니다. (Regular : 보통, Bold : 굵게, Italic : 기울임 꼴, Bold Italic : 굵은 기울임 꼴)

❸ Align : 배치할 부분의 문자 위치(오른쪽, 중간, 왼쪽)를 설정합니다.

❹ Height : 문자의 높이를 설정합니다.

❺ Form-Filled : 체크 표시를 해제하면 면이 채워지지 않은 선으로만 문자가 만들어지며 두께를 설정하는 Extruded 항목이 비활성화되어 두께도 설정하지 못합니다.

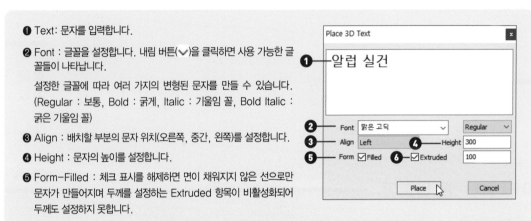

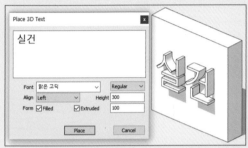

| Filled 체크 표시-두께가 있는 문자가 만들어짐

| 체크 해제-면이 채워지지 않고 두께가 없는 문자가 만들어짐

❻ Extruded : 문자의 두께를 설정합니다. 체크 해제하면 두께가 없고 면이 채워진 문자가 만들어집니다.

| 체크 해제 : 두께가 없는 문자가 만들어짐

3D 문자 객체에서 이격시키기/솔리드 툴 도구 모음 사용하기

3D 문자를 객체에서 이격시키는 방법과 솔리드 툴 도구 모음(Solid Tools Toolbar)의 도구들을 사용할 수 있는 조건에 대해 알아보겠습니다.

1 | 3D 문자 객체에서 이격시키기

3D 문자 도구(3D Text)로 만든 문자를 객체에 배치한 다음 이동 도구(Move)를 이용해 객체의 앞, 뒤로 떨어 뜨리려면 떨어지지 않습니다.

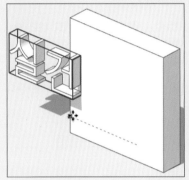

| X축(가로)으로 이동됨

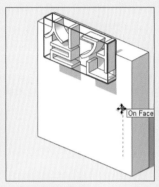

| Z축(세로)으로 이동됨

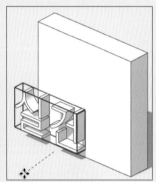

| Y축(앞, 뒤)으로는 이동 안 됨

자동으로 설정되는 축의 정렬 위치가 문자가 배치된 평면상으로만 이동시킬 수 있는 Any로 설정되어 있기 때문에 배치된 객체의 앞이나 뒤로 이동시킬 수는 없습니다. 앞, 뒤로 이동시키려고 이동 도구 (Move)를 이용해 드래그하면 이동하고자 하는 축의 방향으로 자동 스냅이 잡히지 않고 처음 배치한 평면상에서만 이동됩니다.

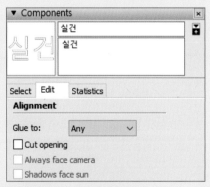

| 자동으로 설정되는 축의 정렬 위치(Any)

3D 문자를 객체의 앞, 뒤로 이동시키려면 3D 문자에 마우스 포인터를 위치하고 우클릭해 나타나는 확장 메뉴 중 해당 컴포넌트와 맞닿아 있는 면과 분리하는 Unglue를 클릭하거나 컴포넌트를 분해(Explode)한 다음 그룹으로 만들면 이동시킬 수 있습니다.

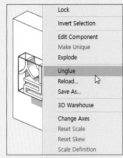
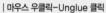

| 마우스 우클릭-Unglue 클릭

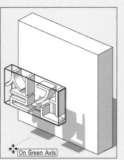

| Y축으로 이동됨

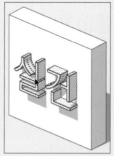

| Explode-Make Group

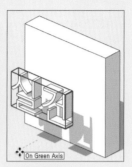

| Y축으로 이동됨

2 | 솔리드 툴 도구 모음(Solid Tools Toolbar) 사용하기

솔리드 툴 도구 모음(Solid Tools Toolbar)의 각종 도구는 객체가 솔리드 그룹 or 솔리드 컴포넌트 (Solid Group or Solid Component)가 되어야 사용할 수 있으며 일반 그룹 or 일반 컴포넌트(Group or Component)일 경우에는 사용하지 못합니다. 글꼴에 따라 솔리드 컴포넌트가 될 수도 있고 일반 컴포넌트가 될 수도 있기 때문에 솔리드 툴 도구 모음의 도구를 사용해야 할 때는 솔리드 컴포넌트로 만들어지는 글꼴을 사용해서 3D 문자를 만들어야 합니다.

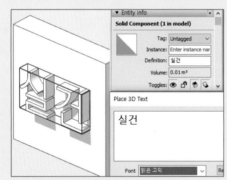

| 글꼴 : 맑은 고딕(솔리드 컴포넌트)

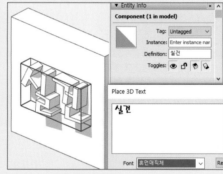

| 글꼴 : 휴먼 매직체(일반 컴포넌트)

만든 3D 문자가 솔리드 컴포넌트라면 솔리드 툴 도구 모음의 도구를 사용해서 다양한 모델링을 할 수 있습니다. 아래의 참조 이미지는 음각 문자를 모델링하는 내용입니다.

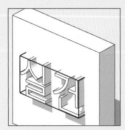

| 두 개의 솔리드 컴포넌트(or 그룹) 교차시킴

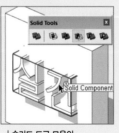

| 솔리드 도구 모음의 빼기(Subtract) 도구로 문자

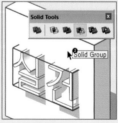

| 교차된 객체 클릭

| 음각 문자 완성

단면 도구 모음(Section Toolbar) 사용하기

단면 도구 모음(Section Toolbar ⇨ )에는 객체의 단면을 표현하는 단면 도구(Section Plane ⊕), 단면을 나타내는 단면 표시 도구(Display Section Planes ◉), 숨겨진 단면 컷을 나타내는 단면 컷 표시 도구(Display Section Cuts ◉), 단면을 채우는 단면 채우기 표시 도구 (Display Section Fill ◉)가 포함되어 있습니다.

학습 목표

단면 도구로 평면과 입면을 표현하는 방법을 이해하고 Create Group from Slice 명령을 이용해 단면선 그룹을 만드는 방법과 활용하는 방법을 숙지하기 바랍니다.

8강

단면 도구(Section Plane) 알아보기

단면을 표현하는 방법에 대해 알아보겠습니다.

01 | 평면 표현하기

장면을 모델이 모두 보이는 아이소 장면으로 설정하고 단면 도구(Section Plane ⬦)를 선택합니다. 마우스 포인터에 단면 평면이 나타나며 객체의 윗면을 클릭하면 [Name Section Plane] 창이 나타납니다. Name, Symbol 항목에 이름을 입력하고 〈OK〉 버튼을 클릭하면 모델의 단면이 표현됩니다.

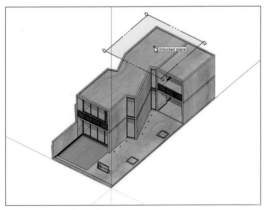

| 단면 도구 선택-윗면 클릭.

| 이름 입력-〈OK〉클릭:단면이 표현됨

그런 다음 선택 도구(Select ▶)로 단면 평면을 클릭해서 선택하고 이동 도구(Move ✦)를 이용해 아래로 내린 후 키보드로 수치값(이동 거리)을 입력하고 엔터를 누릅니다.

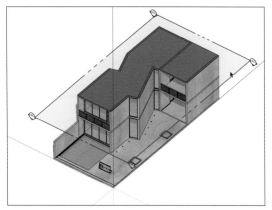

| 선택 도구로 단면 평면 선택

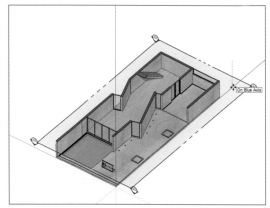

| 이동 도구를 이용해 아래로 내림-키보드로 수치값 입력-엔터

이어서 단면 평면에 마우스 포인터를 위치하고 우클릭해 나타나는 확장 메뉴 중 장면을 정렬하는 Align View를 클릭해 장면을 평면으로 배치합니다.

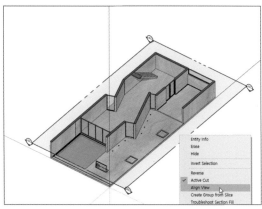

| 마우스 우클릭-Align View 클릭

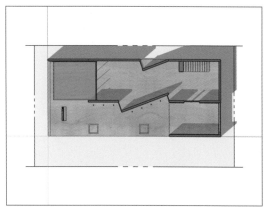

| 평면으로 배치됨

단면 도구 모음(Section Toolbar)에서 활성화된 단면 표시 도구(Display Section Planes)를 클릭해 비활성화시켜 단면 평면을 표시하지 않습니다. [Scenes] 창에서 장면을 추가하고 장면 이름을 입력하면 완성됩니다.

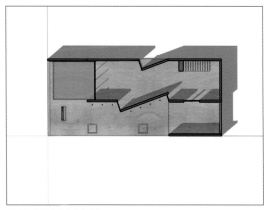

| 단면 평면이 나타나지 않음

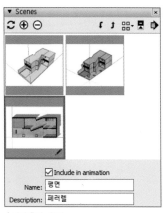

| 장면 추가-완성

단면 평면의 세부적인 옵션은 [Styles] 창의 Modeling Settings(◼)에서 설정할 수 있습니다.

- **Inactive Section** : 비활성화된 Section Plane의 색상을 설정합니다.
- **Active section** : 활성화된 Section Plane의 색상을 설정합니다.
- **Section Fill** : 단면 색상을 설정합니다.
- **Section Lines** : 단면선의 색상을 설정합니다.
- **Section Line width** : 단면선의 두께를 설정합니다.

02 | 입면 표현하기

입면 표현은 단면 도구(Section Plane ◈)를 클릭하는 객체의 위치만 다르고 나머지 부분은 평면 표현과 동일합니다.

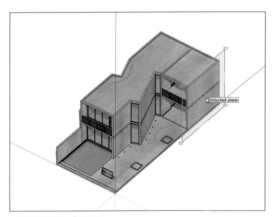

| 단면 도구 선택-측면 클릭

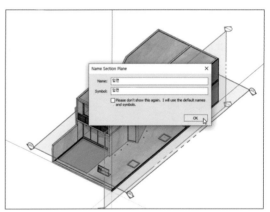

| 이름 입력-〈OK〉

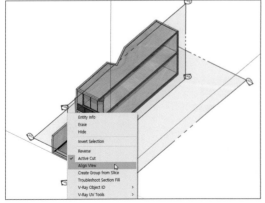

| 단면 평면 이동-Align View 클릭

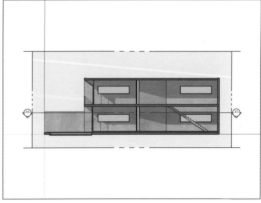

| 입면으로 배치됨

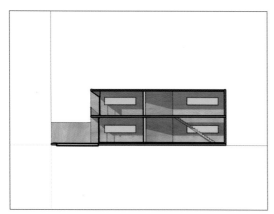

| 단면 표시 도구 비활성화

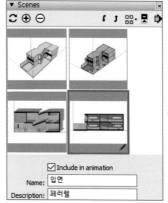

| 장면 추가-완성

| 알아두기 | **카메라 설정**

카메라가 Parallel Projection으로 설정되어 있으면 2D 평면과 2D 입면으로 표현되고
Perspective로 설정되어 있으면 3D 윗면과 3D 입면으로 표현됩니다.

| Camera-Perspective

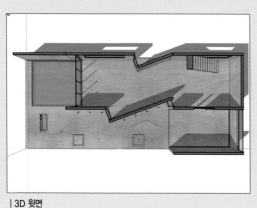

| 3D 윗면

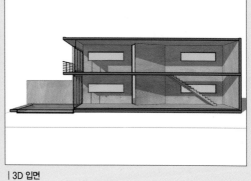

| 3D 입면

03 | 경사진 단면 표현

회전 도구(Rotate ↻)를 이용하면 단면 평면을 회전시켜 경사진 단면으로 표현할 수 있습니다. 단면 도구(Section Plane
⊕)로 단면 평면을 배치하고 선택 도구(Select ▶)로 Section Plane을 선택합니다. 이어서 회전 도구(Rotate ↻)를 선택하
고 회전시킬 정점을 클릭한 다음 원하는 방향으로 회전시킨 후 키보드로 수치값(회전 각도)을 입력하고 엔터를 누르면 경사진
단면이 표현됩니다.

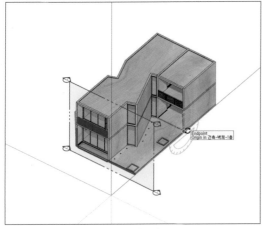

| 단면 평면 배치-선택-회전 도구로 객체 클릭

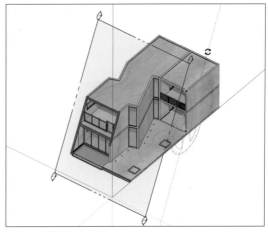

| 회전 : 경사진 단면이 표현됨

| 알아두기 | **특정 객체의 단면 표현**

단면 도구(Section Plane ✥)를 배치하면 단면 평면이 배치된 객체의 단면만 표현하는 것이 아니라 모델 전체의 객체가 단면으로 표현됩니다. 객체가 숨겨져(Hide) 있으면 단면 표현은 되지 않지만, 단면 평면의 크기(범위)는 숨겨진 객체도 인식합니다.

작업 모델에서 특정 객체만 단면으로 표현하려면 해당 그룹(or 컴포넌트)의 편집 모드에서 단면 도구(Section Plane ✥)를 사용하면 됩니다.

| 단면 표현 전

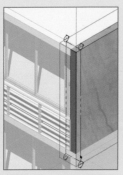

| 그룹의 편집 모드에서 단면 평면
배치

| 이동

| 완성

04 | 단면 평면의 확장 메뉴 알아보기

단면 평면에 마우스 포인트를 위치하고 우클릭하면 나타나는 확장 메뉴에 대해 알아보겠습니다.

① Entity Info : [Entity Info] 창을 펼칩니다.

② Erase : 단면 평면을 삭제합니다.

③ Hide : 단면 평면을 숨깁니다. 숨겨진 단면 평면을 나타내려면 메뉴의
Edit-Unhide-Last(or All) 명령을 클릭하면 됩니다.

④ Invert Selection : 선택 상태를 반전합니다.

①	Entity Info
②	Erase
③	Hide
④	Invert Selection
⑤	Reverse
⑥ ✓	Active Cut
⑦	Align View
⑧	Create Group from Slice
⑨	Troubleshoot Section Fill

⑤ Reverse : 단면 효과를 반대로 적용합니다.

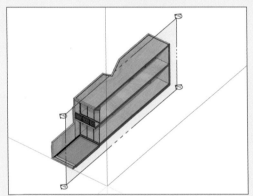
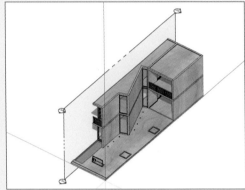

| Reverse 클릭

⑥ Active Cut : 단면 표현을 활성화합니다. 기본적으로 체크 표시가 되어 있으며 클릭해 체크 표시를 해제하면 단면 표현이 되지
않습니다.

⑦ Align View : 단면으로 표현된 부분을 화면의 정면으로 정렬합니다.

⑧ Create Group from Slice : 단면 평면이 위치하는 객체를 절단해서 단면선 그룹을 생성합니다.

⑨ Troubleshoot Section Fill : 단면이 채워지지 않은 문제가 있는 부분을 표시합니다.

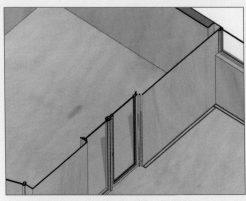
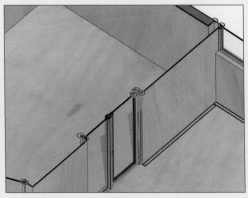

| Troubleshoot Section Fill 체크 해제 : 기본 상태

| Troubleshoot Section Fill 체크

단면선 그룹 활용하기

단면선 그룹을 만드는 방법과 단면선 그룹을 활용하는 방법에 대해 알아보겠습니다.

1 | 단면선 그룹 만들기

단면 평면에 마우스 포인터를 위치하고 우클릭해 나타나는 확장 메뉴 중 Create Group from Slice 명령을 클릭하면 단면선 그룹이 만들어집니다. 만들어진 단면선 그룹을 [Outliner] 창에서 확인하면 원본 모델의 그룹과 컴포넌트의 단면선이 각각의 컴포넌트로 생성된 것을 알 수 있습니다. 이렇게 생성된 단면선 컴포넌트는 해당 객체의 2D 평면 컴포넌트를 만드는 데 활용할 수도 있습니다.

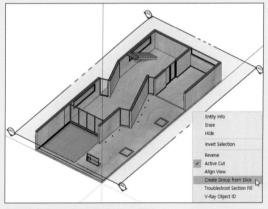

| 우클릭-Create Group from Slice 클릭

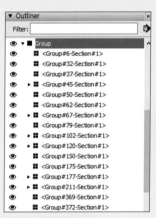

| [Outliner] 창 확인

단면선 그룹을 만든 다음 이동 도구(Move ✥)를 이용해 이동시키면 단면선 그룹이 확인됩니다.

활성화된 단면 표시 도구(Display Section Planes ♦)를 클릭해 비활성화시킵니다.

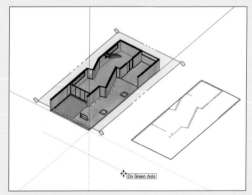

| 이동 도구로 단면선 그룹 이동

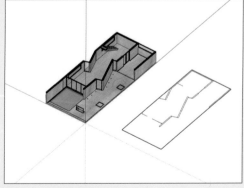

| 단면 표시 도구 비활성화

2 | 단면선 그룹 활용하기

Create Group from Slice 명령으로 만든 단면선 그룹은 천장을 모델링하거나 모델의 치수선을 만들 때 그리고 조명을 배치할 때 유용하게 활용할 수 있습니다.

즉 원본 3D 모델에서 불편하게 작업하는 것이 아니라 스냅이 잘 잡히는 2D 단면선 그룹에서 추가 작업을 하고 추가 작업한 내용(천장 모델링, 치수선, 조명 배치)을 단면선 그룹을 이동시킨 거리만큼 '−' 방향으로 이동시켜 배치하면 손쉽게 표현할 수 있기 때문입니다.

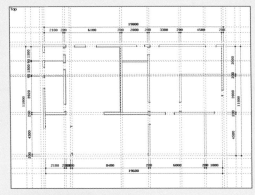

| 단면선 그룹을 이용해 치수선 만들기 | 단면선 그룹을 이용해 조명 배치

단면 표시 도구(Display Section Planes) 알아보기

2

상세
기능

단면 표시 도구(Display Section Planes ▦)는 단면 평면을 숨기거나 나타내는 도구입니다. 단면 도구(Section Plane ✛)로 객체의 단면을 만들면 자동으로 활성화됩니다.

01 | 단면 평면 나타내기

단면 도구(Section Plane ✛)로 단면을 만든 다음 활성화된 단면 표시 도구(Display Section Planes ▦)를 클릭해 비활성화하면 단면 평면은 나타나지 않고 단면만 표현됩니다.

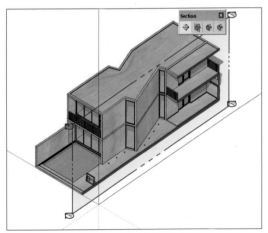

| 활성화 : 단면 평면이 나타남

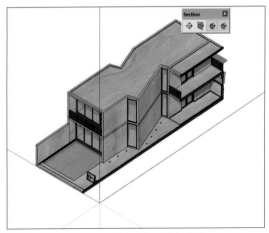

| 클릭해서 비활성화 : 단면 평면이 숨겨지고 단면만 표현됨

| 알아두기 | View-Section Planes 명령과 연동

단면 표시 도구(Display Section Planes ▦)의 활성화, 비활성화는 메뉴의
View-Section Planes 명령과 연동됩니다.

View	Camera	Draw	Tools
	Toolbars...		
✓	Scene Tabs		
	Hidden Geometry		
	Hidden Objects		
✓	Section Planes		
✓	Section Cuts		
✓	Section Fill		

단면 컷 표시 도구(Display Section Cuts) 알아보기

3

단면 컷 표시 도구(Display Section Cuts ✦)는 숨겨진 절단면을 숨기거나 나타내는 도구로 기본적으로 활성화되어 있습니다.

01 | 단면 컷 나타내기

단면 도구(Section Plane ✦)로 단면을 만든 다음 단면 컷 표시 도구(Display Section Cuts ✦)를 클릭해서 비활성화하면 숨겨진 절단면이 나타납니다. 단면 컷 표시 도구(Display Section Cuts ✦)의 활성화, 비활성화는 메뉴의 View-Section Cuts 명령과 연동됩니다.

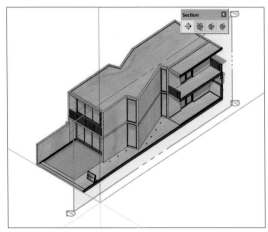

| 활성화 : 절단면이 숨겨짐

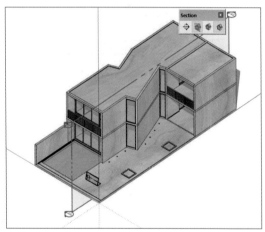

| 비활성화 : 절단면이 나타남

단면 채우기 표시 도구(Display Section Fill) 알아보기

4

단면 채우기 표시 도구(Display Section Fill ⬡)는 단면을 면으로 채우는 도구로 기본적으로 활성화되어 있습니다.

01 | 단면 채우기

단면 도구(Section Plane ⬦)로 단면을 만든 다음 단면 채우기 표시 도구(Display Section Fill ⬡)를 클릭해서 비활성화 하면 단면이 면으로 채워지지 않고 뚫려서 표현됩니다.

단면 채우기 표시 도구(Display Section Fill ⬡)의 활성화, 비활성화는 메뉴의 View-Section Fill 명령과 연동됩니다.

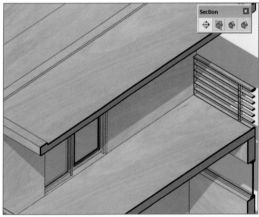

| 활성화 : 단면이 면으로 채워짐

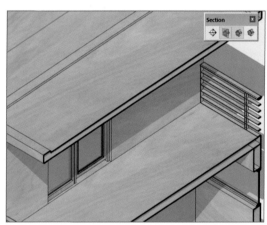

| 비활성화 : 단면이 면으로 채워지지 않음

솔리드 툴 도구 모음
(Solid Tools Toolbar)
사용하기

솔리드 툴 도구 모음(Solid Tools Toolbar 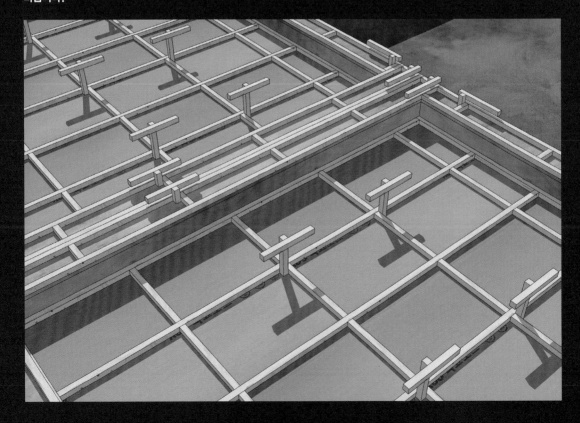)의 도구들은 교차된 객체들을 더하고 빼고 나누는 기능을 수행하며 외부 쉘 도구(Outer Shell), 교차 도구(Intersect), 결합 도구(Union), 빼기 도구(Subtract), 트림 도구(Trim), 분할 도구(Split)가 포함되어 있습니다.

학습 목표

9강

솔리드 툴 도구 모음의 도구를 사용하려면 객체가 솔리드 그룹(Solid Group) 또는 솔리드 컴포넌트(Solid Component)로 만들어져야 하며 솔리드 도구를 사용하면 기존에 입력했던 솔리드 그룹(or 솔리드 컴포넌트)의 이름이 자동으로 수정되기 때문에 이름을 다시 입력해서 수정해야 합니다. 이번 과정에서는 일반 그룹과 솔리드 그룹의 차이점과 솔리드 툴 도구 모음의 사용 방법을 이해하기 바랍니다.

Architecture & Interior

외부 셀 도구(Outer Shell) 알아보기

외부 셀 도구(Outer Shell 🔲)는 선택한 모든 객체(솔리드 그룹 or 솔리드 컴포넌트)를 합치며 교차된 부분의 내부 요소를 삭제하고 교차된 부분을 선으로 분할합니다.

외부 셀 도구(Outer Shell 🔲)를 선택하고 객체에 마우스 포인트를 위치시키면 첫 번째 선택할 객체라는 의미에서 ①이라는 말풍선이 나타납니다. 첫 번째 객체를 클릭하고 다른 객체에 마우스 포인트를 위치시키면 두 번째 선택할 객체라는 의미의 ②라는 말풍선이 나타나며 클릭하면 첫 번째 객체와 두 번째 객체가 합쳐지며 OuterShell 이라는 새로운 그룹으로 만들어집니다.

01 | 여러 개의 객체 합치기

두 개의 객체를 합치려면 외부 셀 도구(Outer Shell 🔲)를 선택한 다음 객체를 각각 클릭해서 합치는 방법과 선택 도구 (Select ▶)로 객체를 모두 선택한 다음 외부 셀 도구(Outer Shell 🔲)를 클릭해 합치는 방법이 있습니다.

① 클릭해 합치기(외부 셀 도구 선택-첫 번째 객체 클릭-두 번째 객체 클릭)

외부 셀 도구(Outer Shell 🔲)를 선택하고 첫 번째 객체를 클릭한 다음 두 번째 객체를 클릭하면 두 개의 객체가 한 개의 그룹으로 합쳐집니다. [Outliner] 창을 나타내고 확인해 보면 합치기 전의 객체들이 OuterShell이라는 새로운 그룹으로 만들어진 것을 알 수 있습니다.

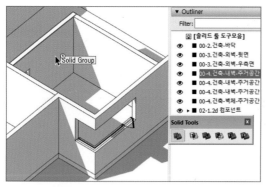

| 외부 셀 도구 선택-1번 객체 클릭

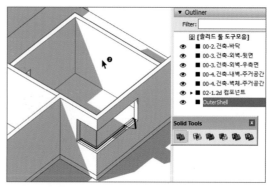

| 2번 객체 클릭-두 개의 그룹이 합쳐짐

두 개 이상의 객체를 합칠 경우는 첫 번째 객체를 클릭한 다음 두 번째 객체를 클릭하면 두 개의 객체가 합쳐지고 다른 객체를 클릭하면 추가로 합쳐집니다.

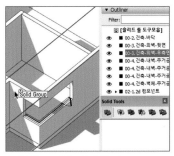
| 외부 셀 도구 선택-1번 객체 클릭

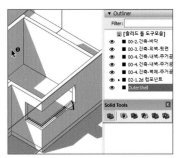
| 2번 객체 클릭-두 개의 그룹이 합쳐짐

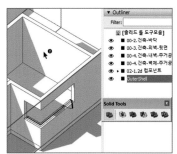
| 이어서 다른 객체 클릭-두 개의 그룹이 합쳐짐

② 선택해서 합치기(선택 도구로 객체 선택-외부 셀 도구 클릭)

선택 도구(Select ▶)로 객체를 모두 선택한 다음 외부 셀 도구(Outer Shell 🝖)를 클릭하면 선택한 객체들이 한 개의 그룹으로 합쳐집니다.

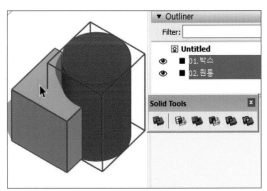
| 선택 도구로 모든 그룹 선택

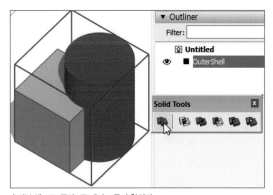
| 외부 셀 도구 클릭-두 개의 그룹이 합쳐짐

| 알아두기 | **교차된 부분 확인**

외부 셀 도구(Outer Shell 🝖)를 사용해 객체(솔리드 그룹 or 솔리드 컴포넌트)를 합치면 객체 간의 교차된 부분은 선으로 분할되며 교차된 요소는 삭제됩니다. 스타일 도구 모음(Styles Toolbar ◌◌◌◌◌◌●◌)의 X-Ray 도구(●)를 클릭해 X-Ray 스타일로 객체를 확인하면 교차된 부분이 삭제된 것을 확인할 수 있습니다.

| 사용 전 : 선으로 분할되지 않음

| 사용 후 : 선으로 분할됨

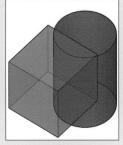
| 사용 전(X-Ray 스타일) :
교차된 내부의 객체가 남아 있음

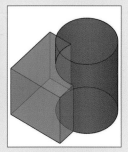
| 사용 후(X-Ray 스타일) :
교차된 내부가 삭제됨

02 | 선택 순서 바꾸기

외부 셀 도구(Outer Shell █)를 사용할 때 첫 번째 객체와 두 번째 객체를 선택해 두 개의 객체를 합친 다음 다시 첫 번째 객체를 선택하려면 마우스 포인트를 여백에 클릭하고 마우스 포인트를 객체에 위치시킵니다. ①이라는 말풍선이 나타나며 첫 번째 객체를 선택할 수 있습니다. 솔리드 툴 도구 모음의 다른 도구도 동일한 방법으로 순서를 바꿀 수 있습니다.

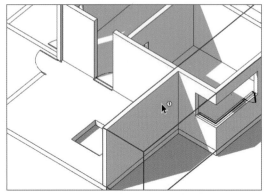

| 1번 객체 클릭

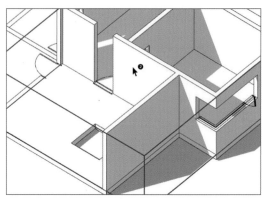

| 2번 객체 클릭-두 개의 그룹이 합쳐짐

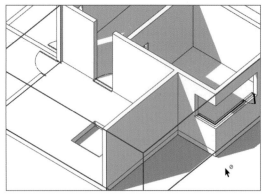

| 마우스 포인트를 여백에 클릭

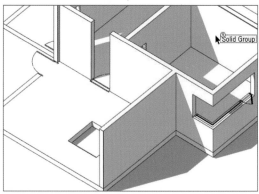

| 다른 객체에 마우스 포인터 위치 : 1번 말풍선이 나타남

솔리드 그룹(or 컴포넌트)의 개념/솔리드 그룹으로 생성되지 않은 경우

솔리드 그룹(or 솔리드 컴포넌트)의 개념과 솔리드 그룹으로 생성되지 않는 경우를 알아보겠습니다.

1 | 솔리드 그룹(or 솔리드 컴포넌트)의 개념

그룹(or 컴포넌트)은 일반 그룹(or 일반 컴포넌트)과 솔리드 그룹(or 솔리드 컴포넌트)으로 나눌 수 있습니다. 솔리드 툴 도구 모음의 도구들은 객체가 솔리드 그룹(or 솔리드 컴포넌트)으로 생성되어야 사용할 수 있습니다. 솔리드 그룹이란 모든 객체가 연결되어 있고 내부가 비어 있으며 모든 면이 닫힌 상태의 그룹을 말합니다. 일반 그룹인지 솔리드 그룹인지는 [Entity Info] 창에서 확인할 수 있습니다.

2 | 솔리드 그룹(or 솔리드 컴포넌트)으로 생성되지 않는 경우

내부가 없이 면으로만 생성되거나 내부가 있어도 면이 닫혀 있지 않고 열려 있는 그룹은 솔리드 그룹이 아닌 일반 그룹으로 생성됩니다.

① 열린 면이 있는 그룹(or 컴포넌트)

열린 면이 있는 그룹은 일반 그룹으로 생성됩니다. 솔리드 도구를 사용하려면 선 도구(Line ✏)등의 모델링 도구를 이용해 면을 만들면 됩니다.

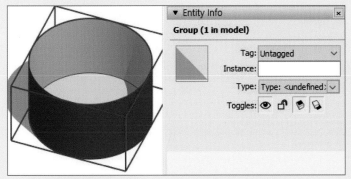

| 면이 열려 있는 일반 그룹

| 솔리드 도구 사용 못 함

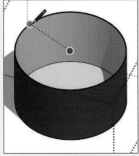

| 선 도구로 시작점 클릭

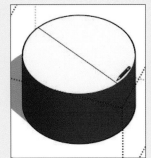

| 끝점 클릭 : 면이 생성됨

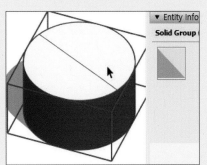

| 솔리드 그룹으로 수정됨

② 연결된 객체가 있거나 내부에 객체가 있는 그룹(or 컴포넌트)

객체와 연결된 선, 면이 있거나 내부가 비어 있지 않고 별도의 객체(선, 면)가 있다면 일반 그룹으로 생성됩니다. 솔리드 도구를 사용하려면 연결된 객체(선, 면) 및 내부의 객체를 삭제하면 됩니다.

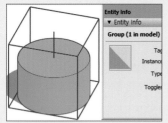
| 선이 연결된 그룹

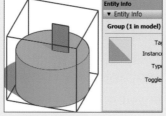
| 면이 연결된 그룹

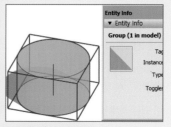
| 내부에 객체가 있는 그룹

3 | 그룹이 아닌 객체나 솔리드 그룹(or 솔리드 컴포넌트)이 아닌 일반 그룹(or 일반 컴포넌트)을 선택했을 경우

그룹(or 컴포넌트)이 아닌 객체나 솔리드 그룹(or 솔리드 컴포넌트)이 아닌 그룹을 선택하고 솔리드 도구를 선택하면 솔리드 객체가 아니라는 [SkechUp] 알림 창이 나타납니다. 솔리드 도구 모음의 도구를 선택한 다음 마우스 포인터를 솔리드 그룹(or 솔리드 컴포넌트)이 아닌 객체에 가져가면 솔리드가 아니라는 Not a solid 말풍선이 나타나면 선택이 되지 않습니다.

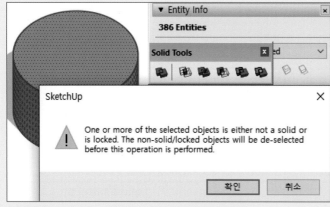
| 그룹(or 컴포넌트)이 아닌 객체/솔리드 그룹(or 컴포넌트)이 아닌 그룹을 선택했을 경우

| 외부 셸 도구 선택–일반 그룹에 위치 : 선택이 안 됨

교차 도구(Intersect) 알아보기

교차 도구(Intersect 🔳)는 교차된 두 개의 객체 중 교차되는 부분만 남겨두고 나머지 객체를 삭제하며
Intersection이라는 새로운 그룹으로 만들어집니다.

01 | 클릭해 교차된 부분 남기기

교차 도구(Intersect 🔳)를 선택하고 첫 번째 객체를 클릭한 다음 두 번째 객체를 클릭하면 두 개의 객체에서 교차된 부분만
남습니다. 선택 도구(Select 🔺)로 두 개의 객체를 선택한 다음 교차 도구(Intersect 🔳)를 클릭해도 됩니다.

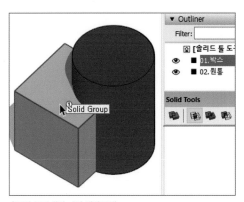

| 교차 도구 선택-1번 객체 클릭

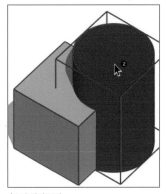

| 2번 객체 클릭

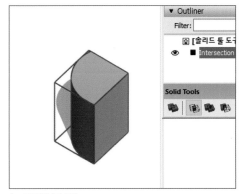

| 교차된 부분만 남음

두 개 이상 교차된 객체의 교차된 부분 남기기

아래의 참조 이미지처럼 두 개 이상의 교차된 객체는 교차 도구(Intersect 🗐)를 사용해서 교차된 부분을 남길 수 없지만 외부 셀 도구(Outer Shell 🗐)를 이용해 여러 개의 객체를 하나의 솔리드 그룹(or 솔리드 컴포넌트)으로 만든 다음 교차 도구 (Intersect 🗐)를 사용하면 교차된 부분을 남길 수 있습니다.

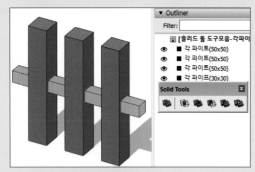

| 네 개의 솔리드 그룹:교차 도구 사용하지 못함

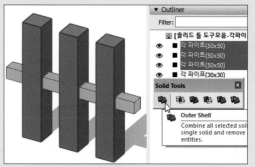

| 세 개의 솔리드 그룹 선택-외부 셀 도구 클릭해서 한 개의 솔리드 그룹으로 만듦

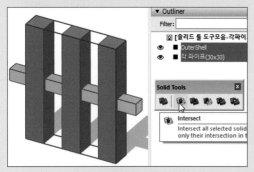

| 선택 도구로 두 개의 솔리드 그룹 선택-교차 도구 클릭

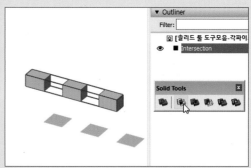

| 교차된 부분만 남음

결합 도구(Union) 알아보기

결합 도구(Union ▦)는 외부 셀 도구(Outer Shell ▦)와 동일하게 객체를 합치는 기능을 가지지만 맞닿아 있지 않은 내부의 객체가 남는다는 차이점이 있습니다. 결합 도구(Union ▦)를 사용해서 객체를 합치면 Union이라는 새로운 그룹이 만들어지며 객체 내부를 확인하려면 X-Ray 도구(▦)를 클릭해 화면을 X-Ray 스타일로 확인하면 됩니다.

01 | 객체 합치기

결합 도구(Union ▦)를 선택하고 첫 번째 객체를 클릭한 다음 두 번째 객체를 클릭하면 두 개의 객체가 합쳐지며 Union이라는 새로운 그룹이 만들어집니다. 선택 도구(Select ▶)로 객체를 모두 선택한 다음 결합 도구(Union ▦)를 클릭해도 됩니다.

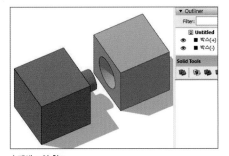

| 객체 모양 참조

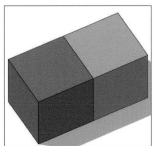

| 두 개의 객체를 붙임

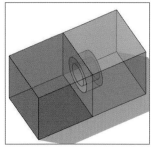

| X-Ray 스타일

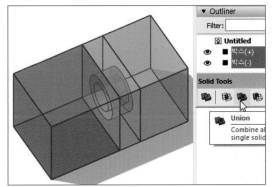

| 선택 도구로 두 개의 객체 선택-결합 도구 클릭

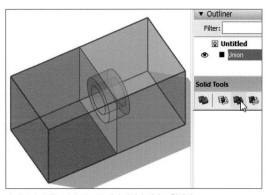

| 내부의 객체는 남아 있고 두 개의 객체가 하나로 합쳐짐

02 | 외부 셀 도구와의 차이점

외부 셀 도구(Outer Shell 🔲)를 사용해 객체를 합치면 내부의 객체는 모두 사라집니다.

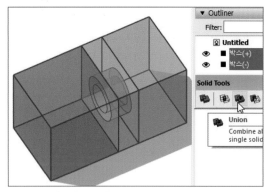

| 객체 선택-외부 셀 도구 클릭

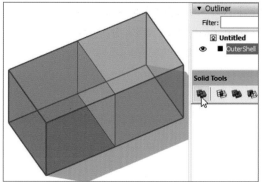

| 객체가 합쳐짐 : 내부의 객체가 사라짐

| 알아두기 | 크기가 같은 객체가 맞닿아 있을 경우

결합 도구 과정의 참조 이미지는 각 그룹의 면만 맞닿아 있고 중간의 원통은 돌출된 부분과 매입된 부분의 크기가 달라 맞닿아 있지 않습니다. 만일 원통도 돌출된 부분과 매입된 부분의 크기가 같아 맞닿아 있다면 결합 도구(Union 🔲)를 사용해도 외부 셀 도구(Outer Shell 🔲)를 사용한 것처럼 내부의 객체는 사라집니다.

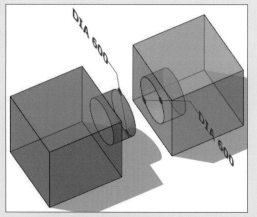

| 객체 모양 참조 : 돌출되고 매입된 객체의 크기가 같음

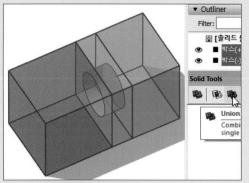

| 객체 선택-결합 도구 클릭

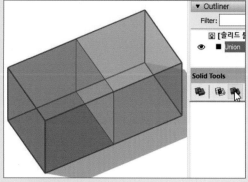

| 내부의 객체가 사라짐

빼기 도구(Subtract) 알아보기

4

빼기 도구(Subtract 🔳)는 객체가 교차된 부분을 삭제하고 2번 객체의 나머지 부분을 남기며 Difference라는 새로운 그룹을 만듭니다.

상세
기능

01 | 교차된 부분 삭제하기

빼기 도구(Subtract 🔳)를 선택하고 1번 객체(삭제할 객체)를 클릭한 다음 2번 객체(남는 객체)를 클릭하면 객체의 교차된 부분은 삭제되고 2번 객체는 남습니다.

| 빼기 도구 선택-1번 객체 클릭

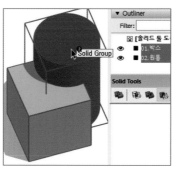

| 2번 객체 클릭

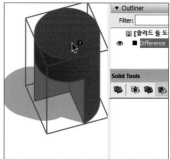

| 교차된 부분은 삭제되고 2번 객체는 남음

02 | 연속해서 빼기 도구 사용하기

빼기 도구(Subtract 🔳)를 선택하고 1번 객체를 클릭한 다음 2번 객체를 클릭합니다. 이어서 마우스 포인터를 여백에 클릭한 다음 다시 1번 객체를 클릭하고 2번 객체를 클릭하면 연속해서 사용할 수 있습니다.

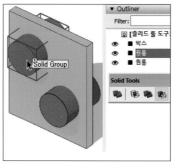

| 빼기 도구 선택-1번 객체 클릭

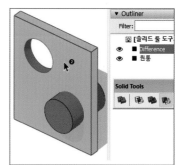

| 2번 객체 클릭

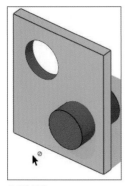
| 여백 클릭

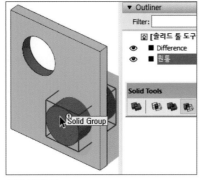
| 1번 객체 클릭

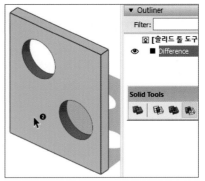
| 2번 객체 클릭 : 완성

트림 도구(Trim) 알아보기

트림 도구(Trim 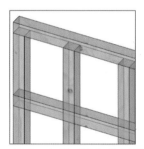)는 1번 객체와 2번 객체가 교차되는 부분만 잘라냅니다. 1번 객체는 그대로 유지하고 2번 객체의 교차된 부분을 삭제하며 Difference라는 새로운 그룹을 만듭니다. 객체 내부를 확인하려면 X-Ray 도구(◐)을 클릭해서 화면을 X-Ray 스타일로 확인하면 됩니다.

01 | 교차된 부분만 삭제하기

트림 도구(Trim)를 선택한 다음 1번 객체를 클릭하고 2번 객체를 클릭하면 2번 객체의 교차된 부분만 삭제됩니다. 이어서 여백을 클릭하고 다시 1번 객체를 클릭하고 2번 객체를 클릭하면 연속적으로 교차된 부분을 삭제할 수 있습니다.

| X-Ray 스타일 : 객체가 교차되어 있음

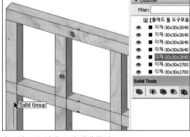

| 트림 도구 선택-1번 객체 클릭

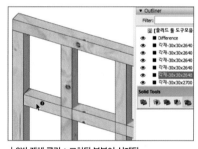

| 2번 객체 클릭 : 교차된 부분이 삭제됨

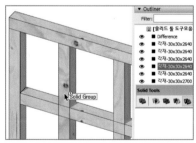

| 여백 클릭-1번 객체 클릭

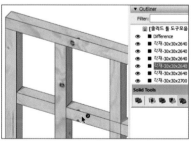

| 2번 객체 클릭

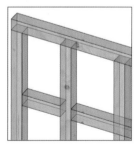

| X-Ray 스타일 : 교차된 부분들이 삭제됨

분할 도구(Split) 알아보기

분할 도구(Split 🖻)는 1번 객체와 2번 객체의 교차되는 부분을 분할하고 새로운 그룹으로 만듭니다.
교차된 객체는 Difference1, Difference2이라는 새로운 그룹으로 만들어지고 교차된 부분은
Intersection 그룹으로 만들어집니다.

**상세
기능**

01 | 교차되는 객체 분할시키기

분할 도구(Split 🖻)를 선택하고 1번 객체를 클릭한 다음 2번 객체를 클릭하면 교차된 부분이 분할되며 새로운 그룹으로 만들
어집니다. 분할 도구(Split 🖻)를 사용한 다음 새로 만들어진 각각의 그룹을 선택 도구(Select ▶)로 선택하고 이동 도구
(Move ✥)로 이동시켜 보면 분할된 부분이 새로운 그룹으로 만들어진 것을 확인할 수 있습니다.

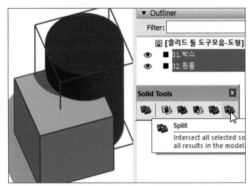

| 선택 도구로 두 개의 객체 선택-분할 도구 클릭

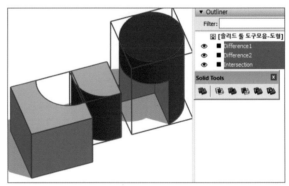

| 이동 도구로 객체를 이동시켜 확인

| 알아두기 | **분할 도구를 사용할 수 있는 객체의 개수**

객체가 두 개일 경우에 분할 도구를 사용할 수 있으며 두 개 이상
의 객체를 선택하고 분할 도구를 클릭하면 2개의 객체가 필요하
다는 [SketchUp] 알림 창이 나타나며 분할되지 않습니다.

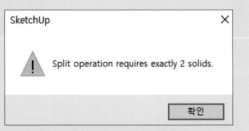

| 두 개 이상의 객체를 선택했을 때 나타나는 알림 창

웨어하우스 도구 모음
(Warehouse Toolbar)
사용하기

웨어하우스 도구 모음(Warehouse Toolbar ⊕⊕⊛⊠)에는 3D Warehouse에 접속하는 3D 웨어하우스 도구 (3D Warehouse ⊕), 자신의 모델을 3D Warehouse에 공유하는 모델 공유하기 도구(Share Model ⊕), 선택한 컴포넌트를 3D Warehouse에 업로드하는 컴포넌트 공유하기 도구(Share Component ⊛), 각종 루비 파일을 설치할 수 있는 Extension Warehouse에 접속하는 확장 웨어하우스 도구(Extension Warehouse ⊠)가 포함되어 있습니다.

학습 목표

스케치업의 장점 중 하나가 3D 웨어하우스(3D Warehouse)를 무료로 이용할 수 있다는 점입니다. 3D 웨어하우스에는 수많은 스케치업 파일이 업로드되어 있기 때문에 인터넷만 접속되어 있으면 언제든지 모델을 검색하고 다운로드할 수 있습니다. 이번 과정에서 학습하는 3D 웨어하우스 도구를 이용해 스케치업 모델을 검색하고 다운로드하는 방법을 숙지하기 바랍니다.

3D 웨어하우스 도구 알아보기

1

3D 웨어하우스 도구 (3D Warehouse ⓐ)를 클릭하면 [3D Warehouse] 창이 나타나 스케치업 모델 (or 컴포넌트)을 검색하고 다운로드할 수 있습니다.

상세
기능

01 │ 스케치업 모델(or 컴포넌트) 검색하고 다운로드하기 ━━━━

3D 웨어하우스 도구(3D Warehouse ⓐ)를 클릭해서 컴포넌트를 다운로드하는 방법과 3D Warehouse 웹페이지에 접속 해서 다운로드하는 방법에 대해 알아보겠습니다.

① 3D 웨어하우스 도구(3D Warehouse ⓐ)를 클릭해 다운로드

3D 웨어하우스 도구(3D Warehouse ⓐ)를 클릭하면 [3D Warehouse] 창이 나타납니다.

• **검색어 입력** : 검색하고자 하는 검색어를 검색란 에 입력하고 엔터를 누르거나 검색 아이콘(ⓠ)을 클릭하면 컴포넌트가 검색됩니다.

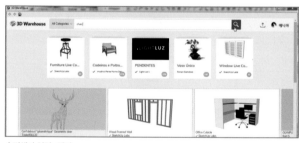

│ 검색어 입력-엔터

• **다운로드** : 다운로드할 컴포넌트를 클릭하면 컴포넌트의 세부정보(메트리 얼 개수, 폴리곤 개수, 파일 크기, 날짜)가 표시되는 다운로드 창이 나타 납니다.
다운로드하기 위해 〈Download〉 버 튼을 클릭합니다. 해당 컴포넌트의 상세한 내용을 보려면 〈See more details〉 버튼을 클릭하면 됩니다.

│ 클릭

│ 〈Download〉 버튼 클릭

- **모델에 배치 or 컴퓨터에 저장** : [Load Into Model?] 창
  에서 작업 중인 모델로 바로 다운로드하려면 〈예〉 버튼을 클
  릭하면 되고 컴퓨터에 다운로드하려면 〈아니오〉 버튼을 클릭
  하면 됩니다.

| 〈예〉 버튼 클릭

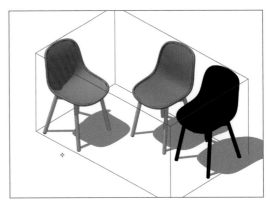

| 작업 중인 모델로 다운로드

② 3D Warehouse 접속해 다운로드

인터넷으로 3D Warehouse(https://3dwarehouse.
sketchup.com/)에 접속해서 다운로드하는 방법입니다.
3D 웨어하우스 도구(3D Warehouse 🏠)로 접속하는 방법
과의 차이는 사이트로 접속한 경우 작업 중인 모델로 다운로
드가 되지 않고 컴퓨터에만 다운로드 되며 다운로드 시 스케
치업 버전을 선택할 수 있다는 점입니다.

| 스케치업 버전 선택할 수 있음

| 인터넷으로 접속

| 알아두기 | **컴포넌트 속성 정리**

컴포넌트를 내려받아서 모델에 배치하면 해당 컴포넌트의 속성
(메트리얼, 태그)이 작업 중인 모델에 추가됩니다. 예를 들어 작
업 중인 모델에 매핑한 메트리얼 개수가 50개인데 내려받은 컴
포넌트에 매핑된 메트리얼 개수가 30개면 [Materials] 창에는
기존 50개에서 30개가 추가되어 80개의 메트리얼이 등록된다
는 의미입니다. 이름을 정리한 메트리얼이면 어느 부분에 매핑
했는지 바로 확인할 수 있지만, 이름 정리가 안 된 메트리얼이라
면 확인하는데 시간이 필요합니다. 3D Warehouse에서 내려

| 다운로드한 컴포넌트 : [Materials] 창에 해당 컴포넌트에 매핑한
메트리얼이 추가됨

받은 대부분의 컴포넌트는 정리가 안 되어 있으므로 작업 중인 모델로 바로 다운로드해 배치하는 방법은 효율적이지 않습니다.
저자가 권장하는 방법은 작업 파일이 아닌 다른 스케치업 파일(예를 들어 컴포넌트를 정리하는 파일)에 컴포넌트를 다운로드하거
나 배치해서 정리하는 방법입니다. 정리용 스케치업 파일에서 불필요한 메트리얼, 태그 등을 삭제하고 메트리얼 이름을 정리하
고 컴포넌트의 이름과 계층 구조도 정리한 다음 복사(Ctrl + C)하여 작업 중인 파일로 붙여넣기(Ctrl + V)하는 방법입니다. 다
운로드한 컴포넌트를 바로 배치하는 것보다 정리하는 시간이 걸리는 방법이지만, 정리된 컴포넌트는 계속해서 사용할 수 있기 때
문에 보다 효율적으로 작업할 수 있습니다.

모델 공유하기 도구(Share Models) 알아보기

2

모델 공유하기 도구는(Share Model 🔍) 자신이 작업한 모델을 3D 웨어하우스에 업로드합니다.

01 | 스케치업 모델 업로드하기

업로드할 파일을 실행시킨 상태에서 모델 공유하기 도구(Share Model 🔍)를 클릭합니다. [3D Warehouse] 창이 나타나면 모델의 이름(Title)과 설명(Description)을 입력하고 카테고리(Category)를 선택한 다음 〈Upload〉 버튼을 클릭합니다.

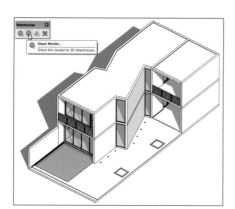

| 도구 클릭

| 이름, 설명 입력-카테고리 선택-〈Upload〉 버튼 클릭

업로드 과정이 나타난 후 업로드가 완료됩니다.

| 업로드 완료

02 | 업로드한 모델 확인하기

[3D Warehouse] 창이나 [3D Warehouse] 웹페이지에서 검색하면 업로드한 모델이 확인되며 〈Download〉 버튼을 클릭
하면 현재 작업 중인 스케치업 파일이나 컴퓨터로 다운로드할 수 있습니다.

| 모델 확인-다운로드

다운로드한 모델의 저작권자를 확인하려면 [Model Info] 창의 Credits 항목을 클릭하면 됩니다.

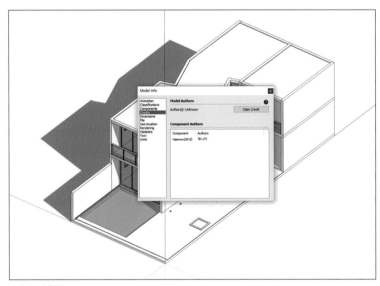

| 저작권자 확인

컴포넌트 공유하기 도구(Share Component) 알아보기

3

컴포넌트 공유하기 도구(Share Component 🐞)는 자신이 작업한 컴포넌트를 3D Warehouse에 업로드합니다.

상세
기능

01 | 컴포넌트 공유하기(Share Component)

선택 도구(Select ▶)로 공유할 컴포넌트를 선택한 다음 컴포넌트 공유하기 도구(Share Component 🐞)를 클릭합니다. 컴포넌트가 선택되지 않으면 도구 아이콘이 활성화되지 않습니다. [3D Warehouse] 창이 나타나면 모델의 이름(Title)과 설명(Description)을 입력하고 카테고리(Category)를 선택한 다음 〈Upload〉 버튼을 클릭합니다.

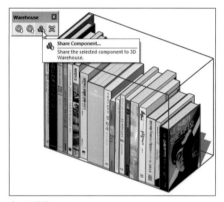

| 도구 클릭

| 이름, 설명 입력-카테고리 선택-〈Upload〉 버튼 클릭

업로드 과정이 나타난 후 업로드가 완료됩니다.

| 업로드 완료

726 PROGRAM 2 │ 스케치업의 기본 기능 학습하기

저작권자 확인

컴포넌트 파일의 저작권자를 확인하는 방법에 대해 알아보겠습니다.

1 | 컴포넌트 파일 실행하기

컴포넌트 파일을 더블클릭하거나 열기(Open) 명령으로 실행한 다음 [Model Info] 창의 Credits 항목을 확인하면 모델 저작권자로 표시됩니다.

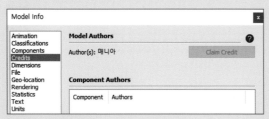

| 모델 저작권자로 표시됨

2 | 작업 파일에 배치하기

작업 파일에 배치하면 컴포넌트 저작권자로 표시됩니다.

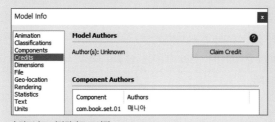

| 컴포넌트 저작권자로 표시됨

확장 웨어하우스 도구(Extension Warehouse) 알아보기

4

확장 웨어하우스 도구(Extension Warehouse ✄)를 클릭하면 스케치업에서 사용할 수 있는 다양한 루비를 설치할 수 있는 [Extension Warehouse] 창에 접속합니다.

01 | 루비 설치(Install)/삭제하기(Uninstall)

루비를 설치하고 삭제하는 방법에 대해 알아보겠습니다.

① 검색

확장 웨어하우스 도구(Extension Warehouse ✄)를 클릭해 [Extension Warehouse] 창에 접속합니다. 설치할 루비의 이름을 입력하고 〈Search〉 버튼을 클릭한 다음 검색된 루비를 클릭합니다. 참조 이미지는 솔리드 그룹이 되지 않은 일반 그룹의 객체를 확인하는 Solid Inspector 루비의 설치 과정입니다.

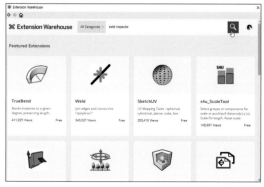
| 검색어 입력-Search 버튼 클릭

| 검색된 루비 클릭

② 설치하기

〈install〉 버튼을 클릭하고 설치할 때 나타나는 메시지 창을 차례대로 〈예〉, 〈확인〉 버튼을 클릭하면 루비가 설치됩니다. 설치된 루비는 〈Toolbars〉 창에 추가되며 도구가 화면에 나타나게 됩니다.

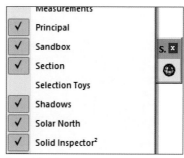

| 도구가 추가됨

| 〈install〉 버튼 클릭

③ 설치한 루비 삭제하기

설치한 루비를 삭제하려면 메뉴의 Extension-Extension Manager를 클릭해 [Extension Manager] 창을 나타내고 〈Manage〉 탭을 클릭한 다음 삭제할 루비의 〈uninstall〉 버튼을 클릭하면 됩니다.

| 〈uninstall〉 버튼 클릭

| 알아두기 | 루비(Ruby)란

루비란 특정 기능을 빠르고 쉽게 구현시켜 주는 플러그인(Plug In) 프로그램으로 다양한 루비의 지원으로 인해 스케치업의 확장성은 한계가 없을 정도로 끊임없이 발전하고 있습니다. 루비 활용의 한 가지 예를 들면 창문을 만들 때 스케치업의 각종 도구를 사용해 만드는 것이 아니라 창문을 만드는 루비를 사용하면 수치 입력 몇 번만으로 창문을 쉽게 만들 수 있습니다.

샌드박스 도구 모음
(Sandbox Toolbar)
사용하기

샌드박스 도구 모음(Sandbox Toolbar)에는 지형을 생성하는 등고선 도구(From Contours),
격자형 그리드 평면을 만드는 스크래치 도구 (From Scratch), 분할된 평면을 수직 방향으로 올리고 내려 볼륨감을
만드는 스무브 도구(Smoove), 굴곡이 있는 지형에 평탄한 면을 만드는 스탬프 도구(Stamp), 굴곡이 있는 지형에
선을 투영시키는 드레이프 도구(Drape), 생성된 지형을 더욱 디테일하게 만드는 디테일 추가 도구(Add Detail), 선을
역방향으로 뒤집어 주는 선 뒤집기 도구(Flip Edge)가 포함되어 있습니다.

학습 목표

지형은 등고선 도구와 스무브 도구를 이용해 모델링 할 수 있으며 지형을 더욱
부드럽게 만들려면 [Soften Edges] 창을 활용하면 됩니다. 이번 과정에서
학습하는 등고선 도구, 스무브 도구의 사용법과 [Soften Edges] 창의 활용
방법을 이해하기 바랍니다.

11강

등고선 도구(From Contours) 알아보기

등고선 도구(From Contours 🖫)는 높이 값을 가진 선이나 곡선을 면으로 채워 지형을 만드는 도구입니다.

01 | 등고선 도구 사용하기

등고선 도구(From Contours 🖫)로 지형을 만들려면 높이 값을 가진 선이나 곡선이 있어야 하며 평면상에서 등고선 도구
(From Contours 🖫)를 사용하면 면으로 생성됩니다. 그룹인 경우는 선택 도구(Select ▶)로 그룹을 더블클릭해 편집 모드
를 만들고 등고선 도구(From Contours 🖫)를 사용해야 합니다.

① **지형 만들기** : 선택 도구(Select ▶)로 높이 값을 가진 선이나 곡선을 선택하고 등고선 도구(From Contours 🖫)
를 클릭하면 면으로 채워지며 지형이 만들어집니다.

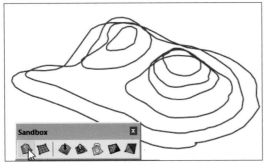

| 선택 도구로 곡선 선택–등고선 도구 클릭

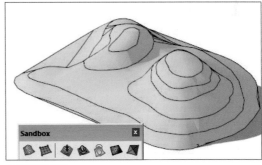

| 지형이 만들어짐

② **그룹으로 생성** : 지형 그룹을 선
택 도구(Select ▶)로 선택하고 이동
도구(Move ✥)로 이동시켜 보면 별도
의 그룹으로 생성된 것을 확인할 수 있
습니다.

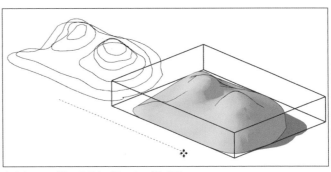

| 선택 도구로 지형 그룹 선택–이동 도구로 이동–확인

02 | 등고선 도구 활용하기

등고선 도구(From Contours 📖)는 선이나 곡선을 기준으로 면을 만들기 때문에 곡선을 이용한 면을 모델링 할 때 유용하게 사용할 수 있습니다.

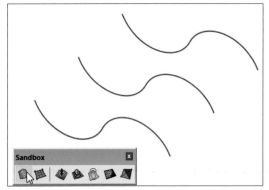

| 곡선 선택-등고선 도구 클릭

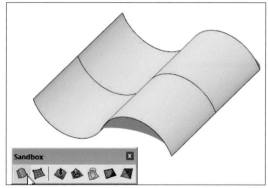

| 면이 생성됨

| 알아두기 | 수치지형도 활용하기

수치지형도 캐드 파일을 스케치업으로 불러와(Import) 지형을 만들 수 있습니다. 수치지형도의 면적이 넓을 경우는 캐드 or 스케치업에서 불필요한 부분을 삭제한 다음 필요한 부분만 남겨두고 작업을 하는 것이 효율적입니다. 곡선이 많으면 면이 생성되는 시간이 다소 소요된다는 점을 기억합니다.

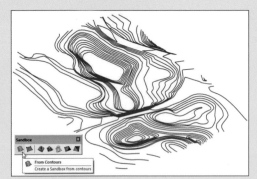

| 선 선택-등고선 도구 클릭

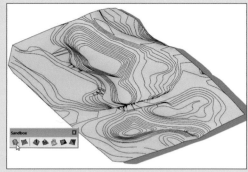

| 면이 생성됨

스크래치 도구(From ScratchTool) 알아보기

2

상세 기능

스크래치 도구(From Scratch ▨)는 격자 모양의 그리드 평면을 만드는 도구입니다. 스크래치 도구 (From Scratch ▨)로 만들어지는 그리드 평면은 그룹으로 생성됩니다.

01 | 그리드 평면 만들기

스크래치 도구(From Scratch ▨)를 선택하면 수치 입력란에 그리드 간격이 나타납니다. 키보드로 원하는 수치값(그리드 간격)을 입력하고 엔터를 누른 다음 시작점을 클릭합니다.

이어서 X축으로 드래그하여 수치 입력란의 수치값(길이)을 참조하면서 원하는 그리드 개수가 되면 클릭합니다. 이어서 Y축으로 드래그하여 수치 입력란의 수치값을 참조하면서 원하는 개수가 되면 클릭해 완성합니다.

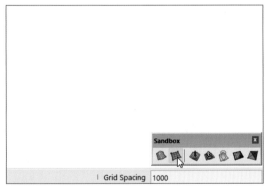

| 스크래치 도구 클릭-수치값 입력-엔터

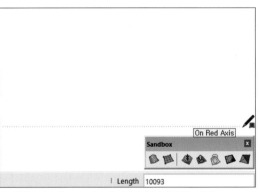

| 시작점 클릭-X축으로 드래그-수치 입력란의 수치값 참조-클릭

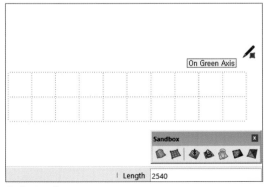

| Y축으로 드래그

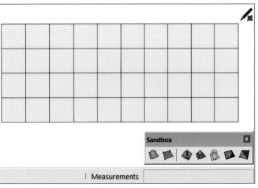

| 수치 입력란의 수치값 참조-클릭해 완성

스무브 도구(Smoove) 알아보기

스무브 도구(Smoove ✦)는 분할된 평면(or 스크래치 도구(From Scratch ▦)로 만든 그리드 평면)을 수직 방향으로 올리거나 내려 굴곡이 있는 지형을 만드는 도구입니다. 객체가 그룹(or 컴포넌트)일 경우에는 편집 모드에서 사용해야 합니다.

01 | 볼륨감이 있는 지형 만들기

스무브 도구(Smoove ✦)를 선택하면 수치 입력란에 반경이 표시됩니다. 원하는 수치값(반경)을 입력한 다음 엔터를 누릅니다. 이어서 스무브 도구(Smoove ✦)를 원하는 위치에 위치시키고 클릭한 다음 위로 올리거나 아래로 내려 원하는 위치에서 클릭하면 굴곡이 있는 지형이 만들어집니다. 위로 올리거나 아래로 내릴 때 수치값을 입력하고 엔터를 누르면 입력한 수치값이 적용됩니다.

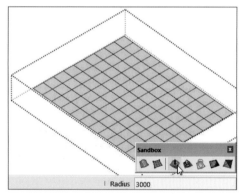

| 편집 모드 만들기-스무브 도구 클릭-수치값 입력 후 엔터

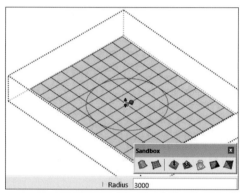

| 스무브 도구를 원하는 위치에 위치시킴

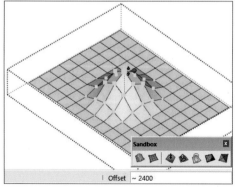

| 클릭-위로 이동

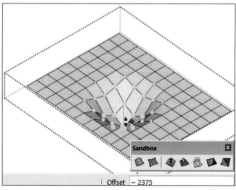

| 아래로 이동

02 | 선 숨기기

선을 숨기려면 [Soften Edges] 창을 확장하고 선택 도구(Select ▶)로 그룹(or 컴포넌트)을 선택한 다음 Soften coplanar 옵션에 체크 표시하면 됩니다.

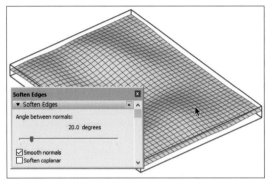

| [Soften Edges] 창 확장-그룹 선택

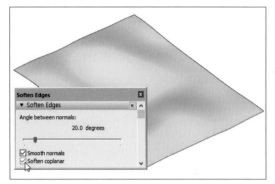

| Soften coplanar 옵션 체크 표시 : 선이 숨겨짐

| 알아두기 | 부드러운 지형 만들기

그리드가 많을수록 부드러운 지형을 만들 수 있습니다.

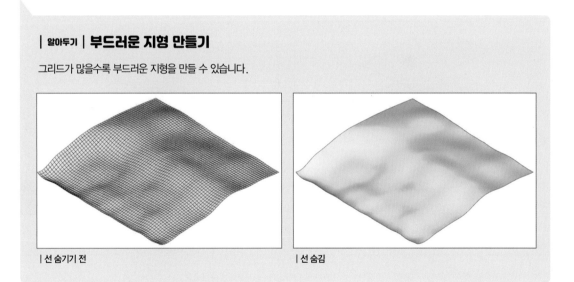

| 선 숨기기 전

| 선 숨김

스탬프 도구(Stamp) 알아보기

스탬프 도구(Stamp 🗂)는 굴곡이 있는 지형에 평탄한 면을 만드는 도구입니다.

01 | 평탄한 면 만들기

스탬프 도구(Stamp 🗂)를 선택하고 면을 클릭한 다음 지형을 클릭하면 처음 클릭한 면의 면적만큼의 평탄한 면이 생성됩니다.

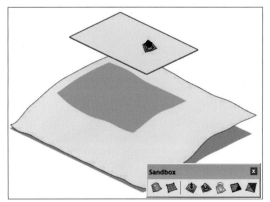

| 스탬프 도구 클릭-면 클릭

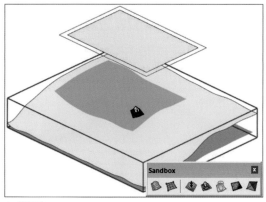

| 지형 클릭

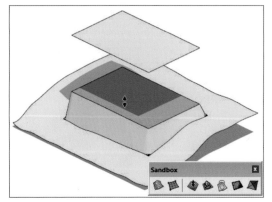

| 평탄한 지형이 만들어짐

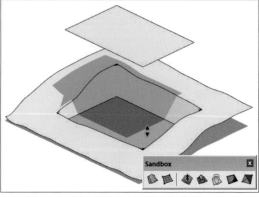

| 위, 아래로 드래그하면서 원하는 높이가 되면 클릭해서 완성

| 알아두기 | **빼기 도구를 이용한 평탄한 지형 만들기**

두 개의 솔리드 그룹(평탄한 지형을 만들 솔리드 그룹, 지형 솔리드 그룹)을 겹치면 솔리드 툴 도구 모음(Solid Tools Toolbar
🔲🔲🔲🔲)의 빼기 도구(Subtract 🔲)로 평탄한 지형을 만들 수 있습니다. 지형 그룹을 솔리드 그룹으로 만들려면 선 도
구(Line ✏)로 선을 그려 막힌 면을 만들면 됩니다.

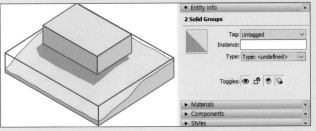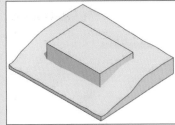

| 두 개의 솔리드 그룹 | 겹침

| 빼기 도구 클릭-1번 솔리드 그룹 클릭 | 2번 솔리드 그룹 클릭 | 평탄한 지형이 만들어 짐

드레이프 도구(Drape) 알아보기

드레이프 도구(Drape 🔲)는 지형(굴곡이 있는 지형 or 평면)에 선을 투영시키는 도구입니다.

5

01 | 선 투영시키기

드레이프 도구(Drape 🔲)를 선택하고 투영시킬 선(or 면)을 클릭한 다음 지형을 클릭하면 선이 투영되며 별도의 면으로 분할
됩니다.

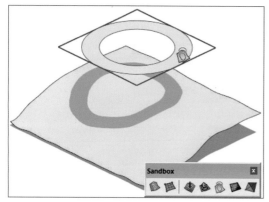

| 드레이프 도구 클릭-투영시킬 선(or 면) 클릭

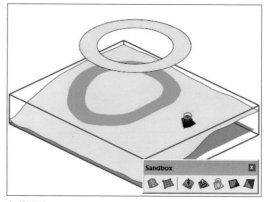

| 지형 클릭

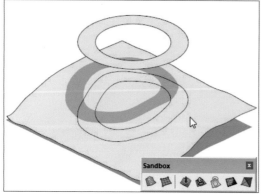

| 선이 투영됨

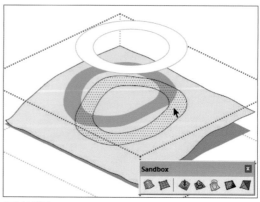

| 면이 분할됨

디테일 추가 도구(Add DetailTool) 알아보기

6

디테일 추가 도구(Add Detail 🔲)는 분할된 평면을 더욱 세밀하게 삼각형으로 다시 분할시키는 도구입니다.

01 | 면 분할시키기

디테일 추가 도구(Add Detail 🔲)를 선택하고 선, 면, 점을 클릭하면 삼각형으로 면이 계속 분할되며 위, 아래로 드래그해서
보다 디테일한 지형의 볼륨을 만들 수 있습니다.

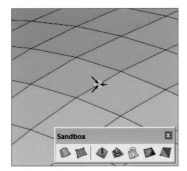

| 면(or 선, 점) 클릭

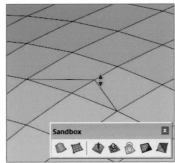

| 삼각형으로 면이 분할됨

| 위, 아래로 드래그한 다음 클릭해 디테일 추가

02 | Hidden Geometry 활용

메뉴의 View-Hidden Geometry를 클릭해 체크 표시하면 각각의 면들이 삼각형으로 분할되어서 더 디테일한 작업이 가능
합니다.

| Hidden Geometry 체크 표시 해제된
상태

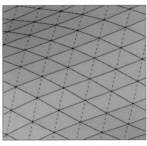

| Hidden Geometry 체크 표시된 상태

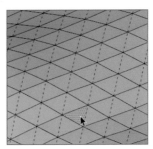

| 면이 분할됨

| 알아두기 | **삼각형으로 분할하기**

삼각형으로 분할된 면을 모두 선택하고 상세 추가 도구를 클릭하면 계속해서 삼각형으로 분할됩니다.

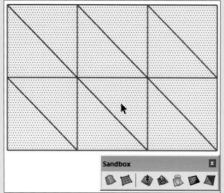

| 객체 선택-상세 추가 도구 클릭

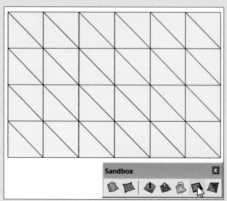

| 삼각형으로 분할됨

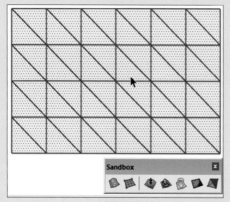

| 객체 선택-상세 추가 도구 클릭

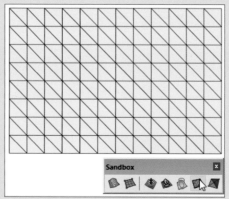

| 삼각형으로 분할됨

선 뒤집기 도구(Flip EdgeTool) 알아보기

7

상세
기능

선 뒤집기 도구(Flip Edge 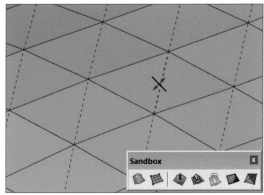)는 선의 방향을 대칭 이동시키는 도구입니다.

01 | 선 뒤집기

선 뒤집기 도구(Flip Edge)를 선택하고 선을 클릭하면 대칭 이동됩니다.

| 선 뒤집기 도구 클릭-선 클릭

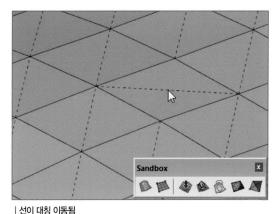

| 선이 대칭 이동됨

실무에
유용한
루비
활용하기

Architecture & Interior

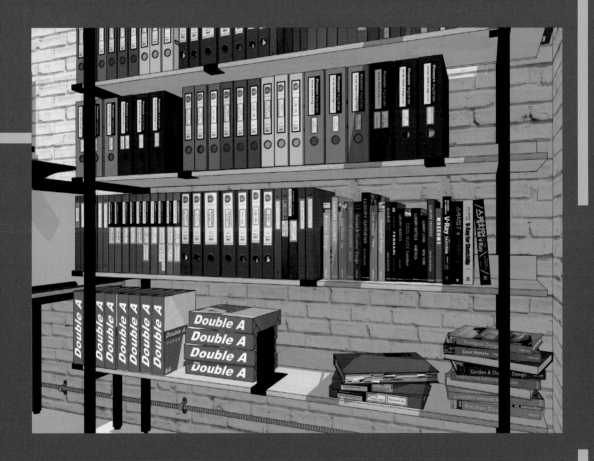

이번 과정에서는 실무에 유용하게 사용할 수 있는 루비(Ruby)에 대해 학습합니다. 루비의 종류는
너무나 많고 건축, 실내건축, 기타 디자인 분야에 따라 쓰임새가 모두 다르기 때문에 간단하게 익힐
수 있고 여러 분야에서 공통적으로 활용 가능한 열 개의 루비에 대해서만 알아보겠습니다.
[Extension Warehouse] 창에서 루비를 검색하고 설치하려면 구글이나 트림블 계정이
있어야 하며 로그인을 해야 합니다. 또한 독자들이 사용하는 스케치업 버전에 따라 특정 루비는
설치되지 않을 수 있습니다. 이 책에서 설치한 루비는 스케치업 2021.1.1(2021년 08월 현재)
버전에서 사용할 수 있는 루비입니다.

'Purge', 'TT_Lib²' 루비 설치하기

예|제|파|일| 루비 학습.skp   완|성|파|일| 루비 학습.완성.skp

이번 과정에서는 윈도우상에서 복사/붙여넣기로 'Purge' 루비를 설치하고 [Extension Warehouse] 창에서 'TT_Lib²' 루비를 검색하고 설치하는 방법에 대해 알아보겠습니다. 'Purge' 루비는 불필요한 파일을 제거하는 루비의 특성상 가장 마지막 과정에서 학습하며 'TT_Lib²' 루비는 특정 루비를 설치하기 전에 기본적으로 설치해야 하는 루비로 해당 루비의 기능은 없습니다.

01 | 복사/붙여넣기

스케치업이 실행되지 않은 상태에서 '제공 파일/file/Purgeall.rb' 파일을 복사한 다음 아래 경로의 폴더 (ShippedExtensions) 안에 붙여넣기합니다.
C:\Program Files\SketchUp\SketchUp 2021\ShippedExtensions

02 | 제공 파일 실행/추가된 명령 확인

'제공 파일/file/루비 학습.skp' 파일을 실행하고 Extension 메뉴에 Purge 명령이 추가된 것을 확인합니다.

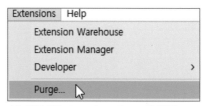

| 스케치업 실행-Extensions-Purge 명령 확인

03 | 설치된 루비 확인

메뉴의 Extension-Extension Manager를 클릭해 루비를 설치, 삭제하고 설치한 루비를 활성화, 비활성화, 업데이트할 수 있는 [Extension Manager] 창을 나타냅니다. 별도의 루비 파일을 설치하지 않은 독자들의 [Extension Manager] 창은 총 다섯 개의 루비가 확인됩니다. '1'번 과정에서 복사/붙여넣기로 설치한 'Purge' 루비를 제외한 네 개의 루비는 스케치업의 기본 루비로 스케치업을 설치할 때 자동으로 설치가 됩니다.

| 메뉴의 Extensions-Extension
Manager 클릭

| [Extension Manager] 창 확인

04 | 익스텐션 웨어하우스 접속

메뉴의 Extensions-Extension Warehouse를 클릭하거나 웨어하우스 도구 모음(Warehouse Toolbar) 중
에 확장 웨어하우스 도구(Extension Warehouse)를 클릭해 루비를 검색하고 설치할 수 있는 [Extension
Warehouse] 창에 접속합니다.

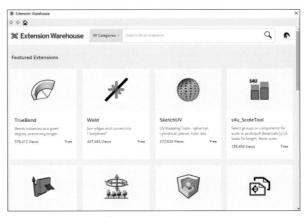

| 메뉴의 Extensions-Extension
Warehouse 클릭 or 확장 웨어하우스 도구
클릭

| [Extension Warehouse] 창 접속

05 | 루비 검색

검색란에 'tt_lib2'를 입
력하고 엔터를 눌러 검
색된 'TT-Lib²' 루비를
클릭한 다음 〈Install〉
버튼을 클릭합니다.

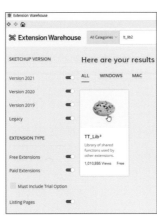

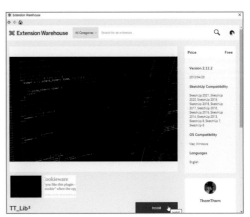

| 검색어 입력-엔터-루비 클릭

| 〈Install〉 버튼 클릭

06 | 설치

'이 확장자는 컴퓨터의 파일 시스템에 접근할 수 있다'는 내용의 [SketchUp] 알림 창이 나타나면 〈예〉 버튼을 클릭해 알림 창을 닫고 이어서 '성공적으로 설치되었으며 이제 사용할 수 있다'는 내용의 [SketchUp] 알림 창이 나타나면 〈확인〉 버튼을 클릭해 설치를 완료합니다. [Extension Warehouse]에서 설치하는 대부분의 루비가 동일한 [SketchUp] 알림 창이 나타나기 때문에 다른 루비를 설치할 때도 〈예〉 버튼과 〈확인〉 버튼을 이어서 클릭하면 됩니다.

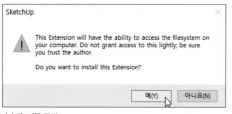

| 〈예〉 버튼 클릭

| 〈확인〉 버튼 클릭

07 | 확인

[Extension Manager] 창을 확인하면 'TT-Lib²' 루비가 설치된 것을 알 수 있습니다. 설치한 루비를 삭제할 때는 [Manager] 탭을 클릭하고 해당 루비의 〈Uninstall〉 버튼을 클릭하면 삭제됩니다.

| 확인

| [Manage] 탭 클릭-확인

| 알아두기 | **복사/붙여넣기로 설치한 루비 삭제하기**

[Extension Warehouse]에서 설치한 루비는 [Extension Manager] 창에서 〈Uninstall〉 버튼을 클릭하면 삭제되지만, 윈도우상에서 복사/붙여넣기한 확장자가 rb파일(ex : Purgeall.rb)인 루비는 〈Uninstall〉 버튼을 클릭해도 삭제가 안됩니다. 그래서 윈도우상에서는 아래의 두 폴더(ShippedExtensions 폴더, Plugins 폴더) 안에 있는 'Purgeall.rb' 파일을 삭제해야 완전히 제거할 수 있습니다.

C:\Program Files\SketchUp\SketchUp 2021\ShippedExtensions
C:\Users\USER\AppData\Roaming\SketchUp\SketchUp 2021\SketchUp\Plugins

'Solid Inspector²' 루비 설치하고 활용하기

'Solid Inspector²' 루비를 설치하면 Inspect and repair solid groups and component 도구 (⊕)가 포함된 Solid Inspector² 도구 모음(⬚)이 추가됩니다. Inspect and repair solid groups and component 도구(⊕)는 솔리드 그룹(or 컴포넌트)이 아닌 일반 그룹을 검사해서 문제점을 파악하고 해결하는 도구입니다.

01 | 루비 검색/설치

[Extension Warehouse]의 루비 검색란에 'solid inspector'를 입력하고 엔터를 누릅니다. 그런 다음 검색된 'Solid Inspector²' 루비를 클릭하고 [루비 소개/설치] 창의 〈Install〉 버튼을 클릭해 설치합니다.

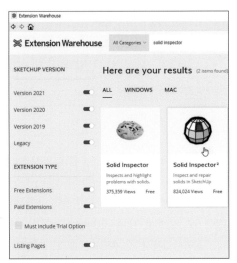

| 검색어 입력-엔터-루비 클릭

| 〈Install〉 버튼 클릭

| 알아두기 | **[루비 소개/설치] 창**

[루비 소개/설치] 창에서 해당 루비의 설명과 사용 방법 등을 확인할 수 있습니다.

02 | 도구/추가된 명령 확인

설치가 완료되면 Inspect and repair solid groups and component 도구(◉)가 포함된 Solid Inspector² 도구 모음(🖳)이 화면에 나타나고 Tools 메뉴에 Solid Inspector² 명령이 추가됩니다. Inspect and repair solid groups and component 도구(◉)의 이름이 너무 길기 때문에 편의상 해당 도구의 이름을 Solid Inspector² 도구(◉)로 표기하겠습니다.

03 | 그룹 속성 확인

선택 도구(Select ▶)로 '원통' 그룹과 '박스' 그룹을 각각 선택하고 [Entity Info] 창에서 그룹의 속성을 확인해 보면 솔리드 그룹이 아닌 일반 그룹이라는 것을 알 수 있습니다. '박스' 그룹은 전면이 닫히지 않고 열려(뚫려) 있기 때문에 일반 그룹이라는 것을 알 수 있지만, '원통' 그룹은 모두 닫혀 있는 상태이기 때문에 지금 상태에서는 솔리드 그룹이 안 된 이유를 확인하지 못합니다.

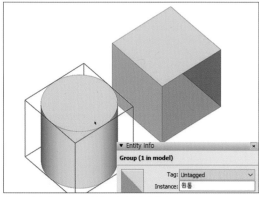

| 그룹 선택-[Entity Info] 창에서 그룹 속성 확인

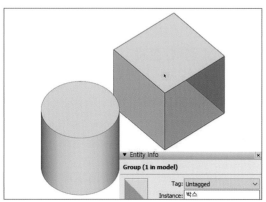

| 그룹 선택-[Entity Info] 창에서 그룹 속성 확인

04 | 그룹 확인/솔리드 그룹 만들기

X-Ray 도구(◉)를 클릭해 X-Ray 스타일로 그룹을 확인해 보면 '원통' 그룹 내부에 선이 하나 포함된 것을 알 수 있습니다. 이 선 때문에 솔리드 그룹이 되지 않고 일반 그룹이 된 것입니다.

선택 도구(Select ▶)로 '원통' 그룹을 선택하고 Solid Inspector² 도구(◉)를 클릭하면 [Solid Inspector²] 창이 나타나며 '원통' 그룹의 내부의 선이 빨간색으로 표시되며 해당 선으로 인해 솔리드 그룹이 되지 않았다는 'Stray Edges 1' 문구가 표시됩니다. 〈Fix〉 버튼을 클릭하면 '원통' 그룹 내부의 선이 삭제되고 [Entity Info] 창에서 그룹 속성을 확인하면 솔리드 그룹으로 속성이 바뀐 것을 확인할 수 있습니다.

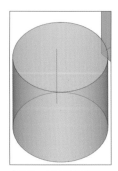

| X-Ray 도구 클릭-확인

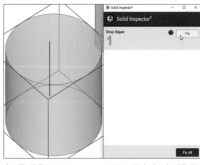

| 그룹 선택-Solid Inspector² 도구 클릭-〈Fix〉 버튼 클릭

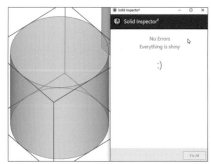

| 인-그룹 속성 확인

05 | 확인

선택 도구(Select ▶)로 '박스' 그룹을 선택하고 Solid Inspector² 도구(◉)를 클릭하면 [Solid Inspector²] 창이 나타나며 하나의 면에 문제가 있어 솔리드 그룹이 되지 않았다는 'Surface Borders 1'이라는 문구가 표시됩니다. 3번 항목과 다르게 〈Fix〉 버튼이 아니라 〈Info〉 버튼이 활성화된 것을 알 수 있습니다. 〈Info〉 버튼을 클릭하면 '면이 닫히지 않았을 경우는 수정할 수 없다'라는 내용의 [SketchUp] 알림 창이 나타납니다. 〈확인〉 버튼을 클릭해 알림 창을 닫습니다.

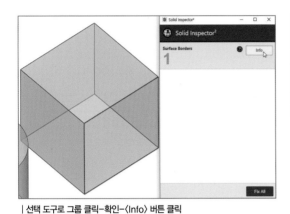

| 선택 도구로 그룹 클릭-확인-〈Info〉 버튼 클릭

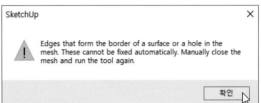

| 알림 창 확인-〈확인〉 버튼 클릭

06 | 선 그리기

Solid Inspector² 도구(◉)는 그룹 내부의 불필요한 선은 자동으로 삭제하지만, 그룹 내부에 닫히지 않은 면은 모델링 하지 못하기 때문에 직접 모델링해야 합니다. '박스' 그룹을 편집 모드로 만들고 선 도구(Line ✏)로 하나의 선을 그리면 면이 생성됩니다. 활성화된 X-Ray 도구(◗)를 클릭해 X-Ray 스타일을 해제하고 그룹 편집 모드를 해제한 다음 그룹 속성을 확인하면 솔리드 그룹으로 바뀐 것을 알 수 있습니다.

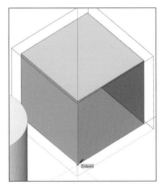

| 편집 모드 만들기-선 도구로선 그리기

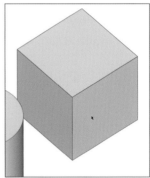

| 편집 모드 해제-그룹 속성 확인

07 | 그룹 확인

'01-1' 장면 탭을 클릭하고 '00-2. 건축-바닥' 그룹의 속성을 확인하면 일반 그룹이라는 것을 알 수 있습니다. 해당 그룹은 '실무예제 따라하기' 과정 중 '5강-4'에서 바닥 면의 불필요한 선을 삭제한 상태의 그룹입니다.

X-Ray 도구(◗)를 클릭해 X-Ray 스타일로 화면을 확대, 이동, 회전하면서 그룹의 내부에 불필요한 선이나 닫히지 않은 면이 있는지를 꼼꼼하게 확인하면 눈에 띄는 부분이 없다는 것을 알 수 있습니다.

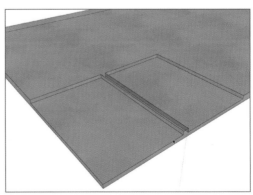

| 그룹 확인

08 | 확인

선택 도구(Select ▶)로 그룹을 선택하고 Solid Inspector² 도구(⊚)를 클릭합니다. [Solid Inspector²] 창이 나타나며
'Stray Edges 5'라는 문구가 표시됩니다. 현재 상태에서 빨간색으로 표시되는 선이 안 보이는 이유는 선이 너무 작기 때문으
로 화면을 크게 확대하면 확인할 수 있습니다.

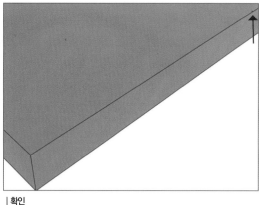

| 확인

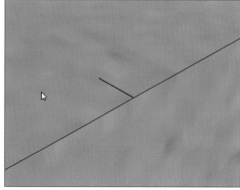

| 화면 확대-확인

09 | 솔리드 그룹 만들기

[Solid Inspector²] 창의 〈Fix〉 버튼을 클릭해 불필요한 선을 삭제하고 솔리드 그룹으로 만들고 활성화된 X-Ray 도구(◗)
를 클릭해 X-Ray 스타일을 비활성화합니다. 이처럼 쉽게 확인할 수 없는 불필요한 선의 존재를 Solid Inspector² 도구(⊚)
는 쉽게 확인하고 제거하기 때문에 실무에 유용하게 활용할 수 있습니다.

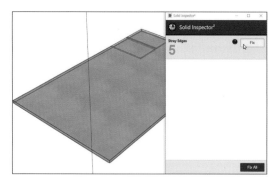

| 그룹 선택-도구 클릭-〈Fix〉 버튼 클릭

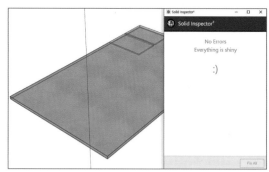

| 완성

'3D Text Editor' 루비 설치하고 활용하기

02

'3D Text Editor' 루비를 설치하면 별도의 도구 모음이나 도구 아이콘이 생성되지 않고 Draw 메뉴에 Editable 3D Text 명령만 추가됩니다. Editable 3D Text 명령은 3D 문자를 만드는 명령으로 3D 문자 도구(3D Text 🔔)로 만드는 3D 문자와는 다르게 문자를 수정할 수 있는 장점이 있습니다.

01 | 컴포넌트 확인/루비 설치

'02' 장면 탭을 클릭해 'com.sign.stand.1-1' 컴포넌트에 포함된 문자를 확인합니다. 각각의 문자를 3D 문자 도구(3D Text 🔔)로 만들었다면 문자를 수정할 경우 기존 문자를 삭제하고 일일이 다시 문자를 만들 수밖에 없지만, Editable 3D Text 명령으로 3D 문자를 만들게 되면 언제든지 수정할 수 있어 편리하게 사용할 수 있습니다.

루비를 설치하기 위해 [Extension Warehouse]의 루비 검색란에 '3D Text Editor'를 입력하고 엔터를 누릅니다. 그런 다음 검색된 '3D Text Editor' 루비를 클릭하고 [루비 소개/설치] 창의 〈Install〉 버튼을 클릭해 설치합니다.

| 장면 탭 클릭-컴포넌트 확인

| 검색어 입력-엔터-루비 클릭

| 〈Install〉 버튼 클릭

02 | 추가된 명령 확인/3D 문자 만들기

설치가 완료되면 '3D Text Editor' 루비는 별도의 도구 아이콘은 생성되지 않고 Draw 메뉴에 Editable 3D Text 명령만 추가됩니다. 3D 문자를 만들기 위해 Draw 메뉴의 Editable 3D Text 명령을 클릭합니다.

[3D Text Editor] 창이 나타나고 마우스 포인터에 문자가 붙어 있는 것을 확인할 수 있습니다. 아래 오른쪽 참조 이미지를 보고 [3D Text Editor] 창에서 문자를 입력하고 옵션을 설정(Font, Height, Extrude)한 다음 바닥 면을 클릭해 문자를 배치하고 〈Close〉 버튼을 클릭합니다. 여기까지는 3D 문자 도구(3D Text 🔔)의 사용법과 크게 다르지 않습니다.

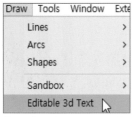

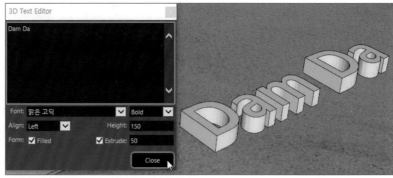

| Draw-Editable 3D Text 클릭

| 문자 입력-옵션 설정-바닥 면 클릭해 배치-〈Close〉 버튼 클릭

03 | 문자 수정

배치한 3D 문자 컴포넌트에 마우스 포인터를 위치하고 우클릭해 나타나는 확장 메뉴 중 문자를 수정하는 Edit Text 명령을 클릭합니다. 문자를 수정하고 옵션을 수정하면 배치한 3D 문자 컴포넌트가 실시간으로 수정되는 것을 알 수 있습니다. 문자와 옵션을 수정한 다음 〈Close〉 버튼을 클릭합니다.

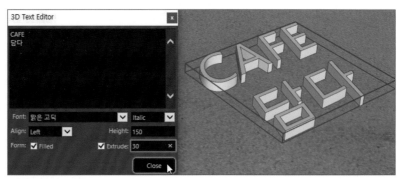

| 마우스 우클릭-Edit Text 클릭

| 문자/옵션 수정-확인-〈Close〉 버튼 클릭

04 | 확인

'com.sign.stand.1-1' 컴포넌트를 편집 모드로 만들고 'text-메뉴' 문자 컴포넌트에 마우스 포인터를 위치하고 우클릭해 Edit Text 명령을 클릭하면 [3D Text Editor] 창이 나타나고 기존에 입력한 문자가 표시되고 수정할 수 있다는 것을 확인할 수 있습니다. 이처럼 Editable 3D Text 명령으로 예전에 만든 문자도 언제든지 수정할 수 있습니다.

| 컴포넌트 편집 모드 만들기-마우스 우클릭-Edit Text | 확인

| 알아두기 | **Make Unique**

Editable 3D Text 명령으로 문자를 만들고 복사한 다음 복사한 문자를 수정하면 컴포넌트의 속성상 원본 컴포넌트도 함께 수정됩니다.

복사한 '문자' 컴포넌트만 수정하려면 '문자' 컴포넌트에 마우스 포인터를 위치하고 우클릭해 나타나는 확장 메뉴 중 새로운 컴포넌트로 등록하는 Make Unique 명령을 클릭한 다음 수정하면 됩니다.

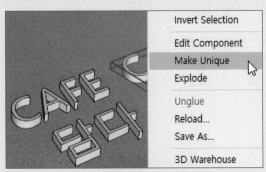

| 컴포넌트 복사-마우스 우클릭-Make Unique 클릭

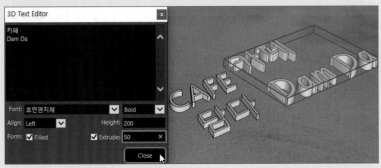

| 문자 수정-〈Close〉 버튼 클릭

'3D Offset' 루비 설치하고 활용하기

03

'3D Offest' 루비를 설치하면 3D Offset 도구(🔵)가 포함된 Wisext 3d offset 도구 모음(🔲)이 추가됩니다. 3D Offset 도구(🔵)는 선택한 면을 원하는 두께와 방향으로 오프셋 하는 도구입니다.

01 | 루비 설치

루비를 설치하기 위해 [Extension Warehouse]의 루비 검색란에 '3d offset'를 입력하고 엔터를 누릅니다. 그런 다음 검색된 '3D Offset' 루비를 클릭하고 [루비 소개/설치] 창의 〈Install〉 버튼을 클릭해 설치합니다.

| 검색어 입력-엔터-루비 클릭

| 〈Install〉 버튼 클릭

02 | 추가된 도구/명령 확인

설치가 완료되면 3D Offset 도구(🔵)가 포함된 Wisext 3d offset 도구 모음(🔲)이 나타나고 Extensions 메뉴에 Wisext 명령이 추가됩니다.

| 추가된 도구/명령 확인

03 | 하나의 그룹 오프셋 하기

'03' 장면 탭을 클릭하고 선택 도구(Select ▶)로 면을 트리플 클릭해 연결된 면을 모두 선택하고 3D Offset 도구(🔵)를 클릭하거나 3D Offset 도구(🔵)로 각각의 면을 클릭해 선택하고 키보드로 '100'을 입력한 다음 엔터를 누릅니다. 입력한 수치값을 확인하는 [SketchUp] 알림 창이 나타나면 〈확인〉 버튼을 누르고 엔터를 눌러 완성합니다. [Outliner] 창에서 그룹 정보를 확인하면 선택한 면과 구분된 하나의 하위 그룹이 있는 그룹이 생성된 것을 알 수 있습니다. 이처럼 3D Offset 도구(🔵)를 사용하면 상위 그룹을 자동으로 생성합니다.

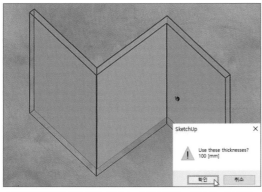

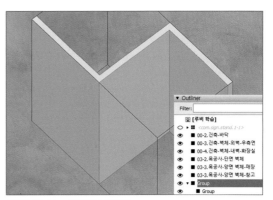

| 선택 도구로 면 트리플 클릭-3D Offset 도구 클릭(or 3D Offset 도구로 각각의 면 클릭)-'100' 입력-엔터-〈확인〉 버튼 클릭

| 엔터-[Outliner] 창에서 그룹 확인

04 | 여러 개의 그룹 오프셋 하기

Ctrl + Z 를 눌러 오프셋 하기 전으로 되돌립니다. 선택 도구(Select ▶)로 면을 트리플 클릭해 연결된 면을 모두 선택하고 3D Offset 도구(●)를 클릭하거나 3D Offset 도구(●)로 각각의 면을 클릭해 선택하고 키보드로 '30-9.5-9.5-3'을 입력한 다음 엔터를 누릅니다. 입력한 수치값을 확인하는 [SketchUp] 알림 창이 나타나면 〈확인〉 버튼을 누르고 엔터를 눌러 완성합니다. [Outliner] 창에서 그룹을 확인하면 네 개의 하위 그룹을 가진 하나의 그룹이 생성된 것을 알 수 있습니다.

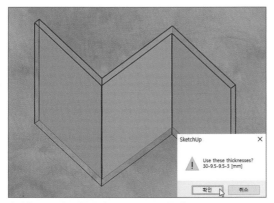

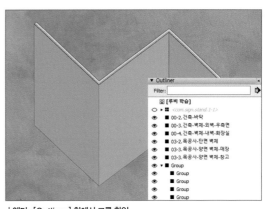

| 선택 도구로 면 트리플 클릭-3D Offset 도구 클릭(or 3D Offset 도구로 각각의 면 클릭)-'30-9.5-9.5-3' 입력-엔터-〈확인〉 버튼 클릭

| 엔터-[Outliner] 창에서 그룹 확인

05 | 확인

화면을 확대하면 입력한 수치값(두께)이 각각의 그룹으로 생성된 것을 알 수 있습니다. 이처럼 3D Offset 도구(●)는 원하는 두께로 여러 개의 그룹을 오프셋 할 수 있습니다. 입력한 수치값의 산출 근거는 각재(30)-석고보드(9.5)-석고보드(9.5)-페인팅(3)으로 목공사 단면벽체 위 도장공사 마감인 그룹을 3D Offset 도구(●)를 이용해 한 번에 모델링한 것입니다.

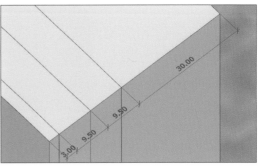

| 화면 확대-확인

| 알아두기 | 방향키를 이용한 모델링

키보드의 방향키를 이용해 선택한 면의 좌, 우(or 앞, 뒤) 방향으로 오프셋 할 수 있으며 여러 가지 모양으로 오프셋 할 수 있습니다.

1 | 좌, 우 방향키

선택 도구(Select ▶)로 면을 트리플 클릭해 연결된 면을 모두 선택하고 3D Offset 도구(◓)를 클릭하거나 3D Offset 도구(◓)로 각각의 면을 클릭해 선택한 다음 수치값을 입력하고 엔터를 누릅니다. 그런 다음 키보드의 좌, 우 방향키를 이용해 선택한 면의 왼쪽과 오른쪽으로 오프셋 할 수 있습니다.

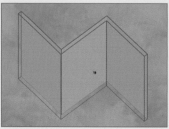

| 왼쪽 방향키

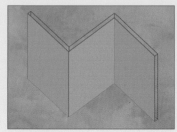

| 오른쪽 방향키

2 | 위, 아래 방향키(3타입이 반복됨)

위(or 아래) 방향키를 사용하면 볼륨이 있는 그룹(기본 설정)을 오프셋, 면만 오프셋, 대각선 방향을 선으로 분할하여 오프셋 할 수 있습니다.

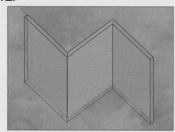

| 기본 상태

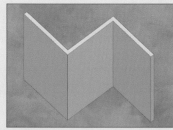

| 볼륨이 있는 그룹 오프셋

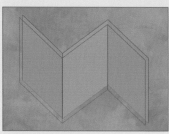

| 위(or 아래) 방향키 클릭

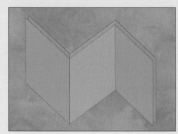

| 면만 오프셋

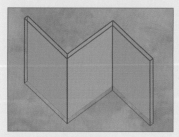

| 위(or 아래) 방향키 다시 클릭

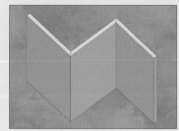

| 대각선에 선이 생성된 그룹 오프셋

06 | 뒷면 오프셋

'03-1' 장면 탭을 클릭하고 3D Offset 도구(🖱)로 면을 클릭한 다음 키보드로 '100'을 입력하고 엔터를 누릅니다. [SketchUp] 알림 창이 나타나면 〈확인〉 버튼을 클릭하고 엔터를 눌러 완성합니다. 3D Offset 도구(🖱)는 기본적으로 면의 앞면 방향으로 오프셋 하기 때문에 뒷면을 클릭해 오프셋 하면 반대쪽(앞면)으로 오프셋 됩니다. 물론 방향키를 이용해 오프셋 방향(좌, 우)을 설정할 수 있지만, 기본적으로 앞면 방향으로 오프셋 된다는 점을 기억하기 바랍니다.

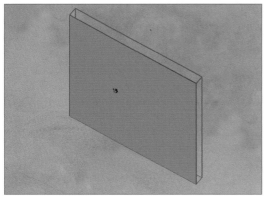

| 3d offset 도구로 뒷면 클릭

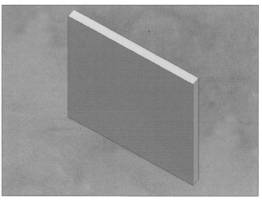

| 반대쪽(앞면)으로 오프셋 됨

07 | 오픈된 면 오프셋 하기

'03-2' 장면 탭을 클릭합니다. 모델에 배치된 그룹은 실무예제 따라하기 '4강-2' 과정에서 완성한 파일의 일부 그룹으로 '도장 공사' 그룹을 모델링하기 전의 상태입니다.

3D Offset 도구(🖱)로 면을 클릭하고 키보드로 '3'을 입력한 다음 엔터를 누릅니다. [SketchUp] 알림 창이 나타나면 〈확인〉 버튼을 클릭하고 엔터를 눌러 완성합니다. 오프셋 된 그룹을 확인해 보면 면이 뚫리지 않고 선으로만 분할된 것을 알 수 있습니다. 이처럼 3D Offset 도구(🖱)로 오픈된 면을 클릭하면 뚫리는 것이 아니라 선으로 분할 되기 때문에 분할된 면을 밀기/끌기 도구(Push/Pull 🖱)로 뚫어야 합니다.

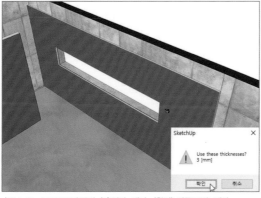

| 3d offset 도구로 면 클릭-'3' 입력-엔터-〈확인〉 버튼 클릭-엔터

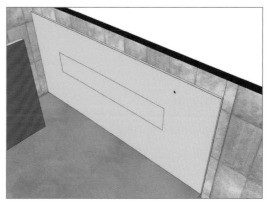

| 엔터

08 | 면 뚫기

[Outliner] 창에서 상위 그룹을 Explode 시키고 그룹 편집 모드를 만든 다음 밀기/끌기 도구(Push/Pull 🔶)를 이용해 면을 뚫고 그룹 편집 모드를 해제합니다. 실무 모델링 시에는 그룹 이름을 적어 준다는 점을 기억합니다.

| 상위 그룹 선택-Explode

| 그룹 편집 모드 만들기

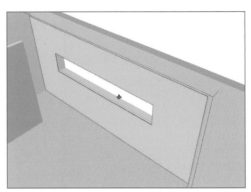

| 밀기/끌기 도구로 면 뚫기-그룹 편집 모드 해제

09 | 여러 개의 면 오프셋

'03-3' 장면 탭을 클릭하고 '03-3.목공사-양면 벽체-매장' 그룹을 편집 모드로 만든 다음 윗면과 아랫면을 제외한 여섯 개의 면(도장공사로 마감할 면)을 선택 도구(Select ▶)로 다중 선택합니다. 이어서 3D Offset 도구(🔵)를 선택하고 엔터를 눌러 완성한 다음 편집 모드를 해제합니다.

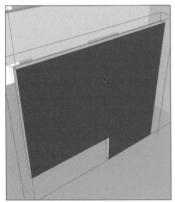

| 장면 탭 클릭-그룹 편집 모드 만들기

| 선택 도구로 면 다중 선택-3D Offset 도구 선택

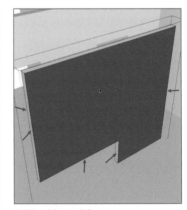

| 엔터-편집 모드 해제

10 | 면 만들기

모델링을 확인하기 위해 3D Offset 도구(🔵)로 만든 그룹을 이동시키고 화면을 확대한 다음 윗면을 확인해 보면 뚫려 있다는 것을 알 수 있습니다. 상위 그룹을 Explode 시키고 그룹 편집 모드로 만든 다음 선 도구(Line ✏)로 두 개의 선을 그려 면을 만듭니다. 이처럼 네 개의 면을 3D Offset 도구(🔵)로 오프셋 하면 윗면과 밑면이 채워지지 않는 현상이 발생하지만, 선 도구(Line ✏)로 선을 그리면 면으로 채워지기 때문에 문제가 되지는 않습니다.

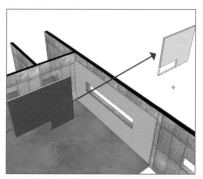

| 그룹 선택-그룹 이동

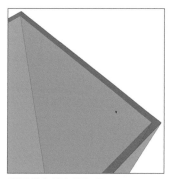

| 화면 확대-확인-상위 그룹 Explode

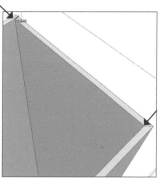

| 그룹 편집 모드 만들기-선 도구로 두 개의
선을 그려 면 만들기

11 | 면 만들기

화면을 밑면이 보이게 회전시킨 다음 선 도구(Line ✏)로 선을 그려 면을 만든 다음 그룹 편집 모드를 해제합니다.

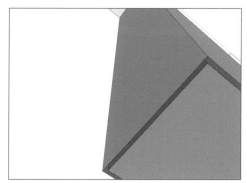

| 화면 회전

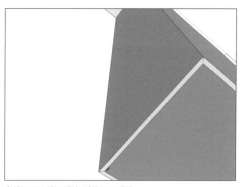

| 선 도구로 선 그리기-편집 모드 해제

12 | 곡면 오프셋

'03-4' 장면 탭을 클릭하고 '03-3-2.목공사-양면 벽체-창고' 그룹을 편집 모드로 만든 다음 세 개의 면(도장 공사로 마감할
면)을 선택 도구(Select ▶)로 다중 선택합니다. 이어서 3D Offset 도구(⚫)를 선택하고 엔터를 눌러 완성한 다음 편집 모드
를 해제합니다.

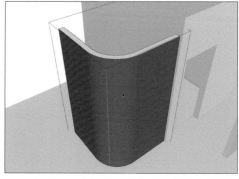

| 장면 탭 클릭-그룹 편집 모드 만들기-선택 도구로 세 개의 면 다중
선택

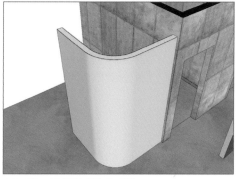

| 3D Offset 도구 클릭-편집 모드 해제

13 | 곡면 오프셋

'03-5' 장면 탭을 클릭하고 '원통' 그룹을 편집 모드로 만든 다음 면을 선택 도구(Select ▶)로 선택합니다. 이어서 3D Offset 도구(◉)를 선택하고 키보드로 '100'을 입력한 다음 엔터를 누릅니다. [SketchUp] 알림 창이 나타나면 〈확인〉 버튼을 누른 다음 엔터를 눌러 완성하고 그룹 편집 모드를 해제합니다. 네 개의 면을 오프셋 한 것과 마찬가지로 원도 상부와 하부 면이 채워지지 않는다는 것을 확인할 수 있습니다. '원통' 그룹을 숨기고(Hide) 상위 그룹을 Explode 시킨 다음 그룹 편집 모드에서 선 도구(Line ✏)로 두 개의 선을 그려 면을 만듭니다.

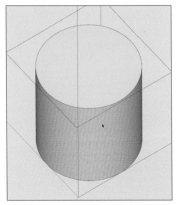

| 장면 탭 클릭-그룹 편집 모드 만들기-선택 도구로 면 클릭

| 3d offset 도구 클릭-'100' 입력-엔터-〈확인〉 버튼 클릭-엔터

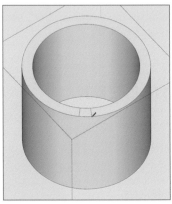

| '원통' 그룹 숨기기-상위 그룹 Explode-그룹 편집 모드 만들기-선 도구로 두 개의 선을 그려 면 생성

14 | 면 만들기

밑면도 면을 만들기 위해 선택 도구(Select ▶)로 트리플 클릭해 객체를 모두 선택한 다음 마우스 우클릭해 나타나는 확장 메뉴 중 Z축 방향으로 대칭이동 시키는 Flip Along-Blue Direction 명령을 클릭합니다. 그런 다음 선 도구(Line ✏)로 두 개의 선을 그려 면을 만든 다음 그룹 편집 모드를 해제합니다.

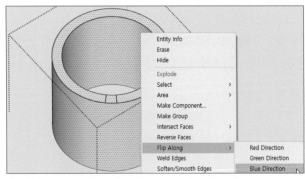

| 선택 도구로 객체 선택-마우스 우클릭-Flip Along-Blue Direction 클릭

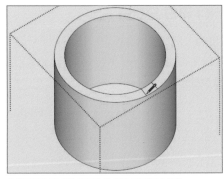

| 선 도구로 두 개의 선 그려 면 생성-편집 모드 해제

| 알아두기 | 3D Offset 도구로 면을 바로 클릭할 경우

3D Offset 도구(⬤)로 평면을 클릭해 선택하면 문제없이 오프셋 되지만, 곡면을 클릭해 선택하면 곡면 전체가 오프셋 되는 것이 아니라 선택한 지점의 면만 오프셋 됩니다. 곡면도 원이나 호를 모델링 할 때 설정한 Sides(선의 개수) 수치값에 따른 여러 개의 평면으로 구성되기 때문입니다. 메뉴의 View-Hidden Geometry 명령을 클릭하면 숨은 선들이 나타나며 곡면을 이루는 평면을 확인할 수 있습니다.

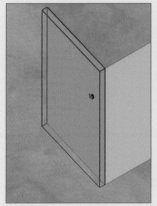

| 3d offset 도구로 평면 클릭

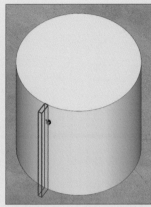

| 3d offset 도구로 곡면 클릭

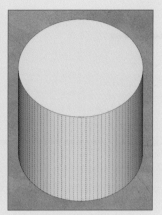

| View-Hidden Geometry

3D Offset 도구(⬤)로 곡면을 클릭한 다음 계속해서 클릭하면 모든 곡면을 선택할 수 있지만, 곡면을 이루는 평면의 개수가 많기 때문에 아주 번거로운 작업이 됩니다.

곡면을 오프셋 할 때는 3D Offset 도구(⬤)로 면을 바로 클릭하지 말고 선택 도구(Select ▶)로 면을 선택한 다음 3D Offset 도구(⬤)를 선택하면 쉽게 곡면을 오프셋 할 수 있습니다.

구(Sphere)처럼 많은 평면으로 이루어진 곡면일 경우에는 컴퓨터 사양에 따라 오프셋 되는 시간이 조금 걸릴 수 있다는 점도 기억하기 바랍니다.

| 3d offset 도구로 곡면 클릭-하나의 면만 선택됨

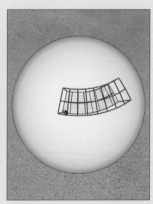

| 계속해서 클릭-다중 선택은 되지만 번거로움

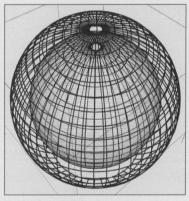

| 선택 도구로 곡면 클릭-3d offset 도구 클릭-한 번에 오프셋 됨

'Color Maker' 루비 설치하고 활용하기

'Color Maker' 루비를 설치하면 Color Maker 도구(●)가 추가되며 정확한 색상 코드의 원하는 색상으로 매핑할 수 있습니다. 정해진 색상 코드의 도장공사(페인트) 매핑에 유용하게 사용할 수 있는 도구입니다.

01 | 루비 설치

루비를 설치하기 위해 [Extension Warehouse]의 루비 검색란에 'color maker'를 입력하고 엔터를 누릅니다. 검색된 'Color Maker' 루비를 클릭하고 [루비 소개/설치] 창의 〈Install〉 버튼을 클릭해 설치합니다.

| 검색어 입력-엔터-루비 클릭

| 〈Install〉 버튼 클릭

02 | 추가된 도구 확인

설치가 완료되면 Color Maker 도구(●)가 추가되며 별도의 명령은 추가되지 않습니다. Color Maker 도구(●)를 클릭하면 [Color Maker] 창이 나타나며 Color systems 옵션의 내림 버튼(✔)을 클릭하면 총 16개의 Color system을 선택할 수 있습니다.

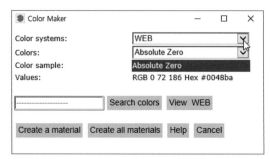

| 도구 클릭-[Color Maker] 창에서 Color systmes 옵션의 내림 버튼 클릭

03 | 색상 선택

원하는 Color system을 선택하고 Color 옵션의 내림 버튼(∨)을 클릭해 색상을 선택하면 해당 색상의 색상 코드가 표시됩니다. 〈Create a material〉 버튼을 클릭하면 [Materials] 창에 등록되어 매핑할 수 있습니다.

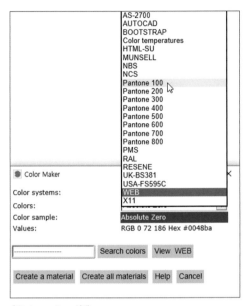

| Color system 선택

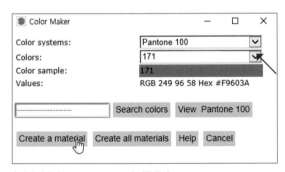

| 색상 선택-〈Create a material〉 버튼 클릭

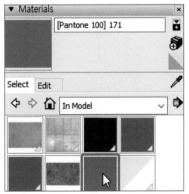

| [Materials] 창에 등록됨

'Path Copy' 루비 설치하고 활용하기

05

'PathCopy' 루비를 설치하면 Copy group/component to nodes along a path 도구(🍢)가 포함된 Smustard 도구 모음(🍢)이 추가됩니다. Copy group/component to nodes along a path 도구(🍢)는 선택한 경로를 따라 그룹(or 컴포넌트)을 배치하는 도구입니다.

01 | 루비 설치

루비를 설치하기 위해 [Extension Warehouse]의 루비 검색란에 'path copy'를 입력하고 엔터를 누릅니다. 그런 다음 검색된 'PathCopy' 루비를 클릭하고 [루비 소개/설치] 창의 〈Install〉 버튼을 클릭해 설치합니다.

| 검색어 입력-엔터-루비 클릭

| 〈Install〉 버튼 클릭

02 | 추가된 도구/명령 확인

설치가 완료되면 Copy group/component to nodes along a path 도구(🍢)가 포함된 Smustard 도구 모음(🍢)이 나타나고 Extensions 메뉴에 PathCopy 명령이 추가됩니다. Copy group/component to nodes along a path 도구(🍢)의 이름이 너무 길기 때문에 편의상 해당 도구의 이름을 Path Copy 도구(🍢)로 표기하겠습니다.

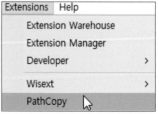

| 추가된 도구/명령 확인

03 | 그룹 배치하기

'05' 장면 탭을 클릭하고 아래 왼쪽 참조 이미지를 보고 선택 도구(Select ▶)로 선을 클릭해 선택한 다음 Path Copy 도구(🔧)를 클릭합니다. 이어서 키보드로 '500'을 입력하고 엔터를 누르고 Path Copy 도구(🔧)로 '원기둥' 그룹을 클릭해 입력한 거리만큼 떨어진 '원기둥' 그룹을 배치합니다.

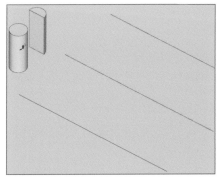

| 선택 도구로 선 선택-Path Copy 도구 클릭-'500' 입력-
엔터-'원기둥' 그룹 클릭

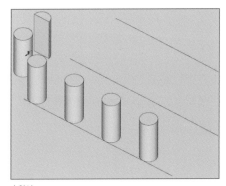

| 완성

04 | 그룹 배치하기

아래 왼쪽 참조 이미지를 보고 선택 도구(Select ▶)로 선을 클릭해 선택한 다음 Path Copy 도구(🔧)로 '반원기둥' 그룹을 클릭해 '반원기둥' 그룹을 배치합니다. 이처럼 Path Copy 도구(🔧)는 선택한 경로에 입력한 수치값만큼 떨어진 그룹(or 컴포넌트)를 배치할 수 있습니다.

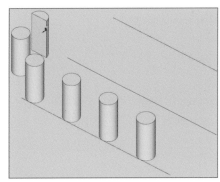

| 선택 도구로 선 선택-도구 클릭-'500' 입력-엔터-
'반원기둥' 그룹 클릭

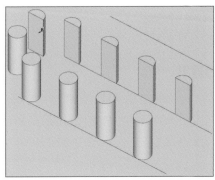

| 완성

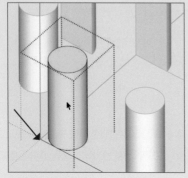
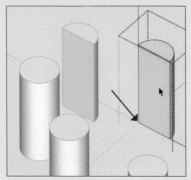
05 | 복사

선택 도구(Select ▶)로 '원기둥' 그룹을 선택하고 이동 도구(Move ✥)로 복사합니다. 이어서 복사한 '원기둥' 그룹에 마우스 포인터를 위치하고 우클릭해 Make Component 명령을 클릭합니다.

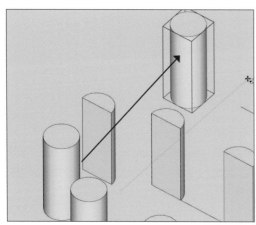

| 선택 도구로 '원기둥' 그룹 선택-이동 도구로 복사

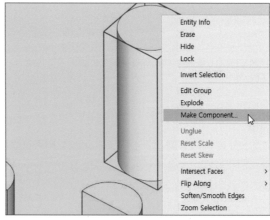

| 마우스 우클릭-Make Component 클릭

06 | 컴포넌트 만들기

[Create Component] 창이 나타나면 축 위치를 설정하기 위해 〈Set Component Axes〉 버튼을 클릭합니다. 이어서 X-Ray 도구(◉)를 클릭하고 스냅이 잡히는 중심점(Center)을 클릭하고 다시 클릭해 축 위치를 설정합니다. 그런 다음 〈Create〉 버튼을 눌러 컴포넌트로 만들고 X-Ray 도구(◉)를 클릭해 X-Ray 스타일을 비활성화합니다.

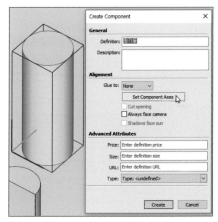

| 〈Set Component Axes〉 버튼 클릭

| X-Ray 도구 클릭-
중심점 클릭 & 클릭

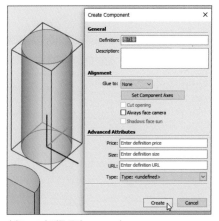

| 〈Create〉 버튼 클릭

07 | 컴포넌트 배치하기

아래 왼쪽 참조 이미지를 보고 선택 도구(Select ▶)로 선을 클릭해 선택한 다음 Path Copy 도구( )로 '원기둥' 컴포넌트를
클릭합니다. 컴포넌트를 배치한 다음 X-Ray 도구( )를 클릭해 화면을 확인하면 '원기둥' 컴포넌트의 중심점(축 위치)을 기준
으로 배치된 것을 알 수 있습니다. X-Ray 도구( )를 클릭해 X-Ray 스타일을 비활성화합니다.

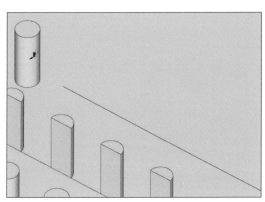

| 선택 도구로 선 선택-Path Copy 도구 선택-'원기둥' 컴포넌트 클릭

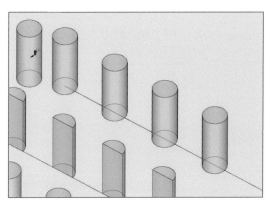

| 완성-X-Ray 도구 클릭-확인

08 | 호 복사

'05-1' 장면 탭을 클릭하고 아래 왼쪽 참조 이미지를 보고 선택 도구(Select ▶)로 호를 클릭해 선택한 다음 이동 도구(Move
◆)로 복사합니다. 그런 다음 배율 도구(Scale)를 선택하고 가운데 그립을 클릭합니다.

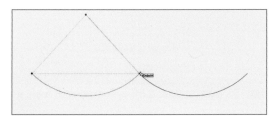

| 선택 도구로 호 선택-이동 도구로 호 복사

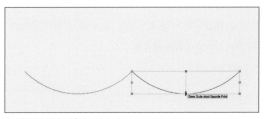

| 배율 도구 선택-가운데 그립 클릭

09 | 컴포넌트 배치

가운데 그립을 클릭하고 위로 드래그하면서 자동으로 스냅이 잡히고 수치 입력란에 표시되는 '-1' 지점을 클릭해 미러링합니다. 그런 다음 '05-2' 장면 탭을 클릭하고 아래 오른쪽 참조 이미지를 보고 [Components] 창에서 '원기둥' 컴포넌트를 클릭한 채로 드래그해 배치합니다.

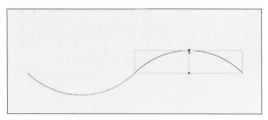

| 클릭-위로 드래그-'-1'지점 클릭

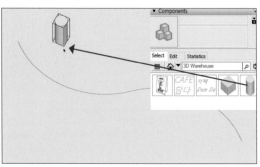

| 장면 탭 클릭-[Components] 창에서 '원기둥' 컴포넌트 선택-클릭한 채로
드래그해 배치

10 | 배치

선택 도구(Select ▶)로 두 개의 호를 다중선택하고 Path Copy 도구(🍸)를 선택한 다음 '원기둥' 컴포넌트를 붙여서 배치하기 위해 키보드로 '원기둥' 컴포넌트의 지름 '200'을 입력하고 엔터를 누릅니다. 이어서 Path Copy 도구(🍸)로 '원기둥' 컴포넌트를 클릭해 배치합니다. 두 개의 호에 모두 배치되지 않고 하나의 호에만 배치된 것을 확인할 수 있습니다. Path Copy 도구(🍸)는 하나의 선에만 그룹을 배치할 수 있기 때문입니다.

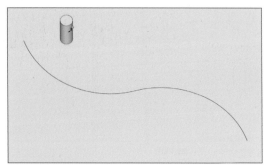

| 선택 도구로 두 개의 호 선택-Path Copy 도구 클릭-'200' 입력-엔터-
'원기둥' 컴포넌트 클릭

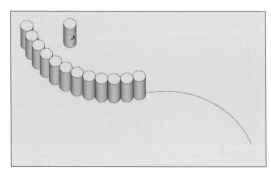

| 완성-확인

11 | 선 연결하기

Ctrl + Z 를 클릭해 '원기둥' 컴포넌트를 배치하기 전으로 되돌리고 선택 도구(Select ▶)로 두 개의 호를 선택한 다음 마우스 우클릭해 나타나는 확장 메뉴 중 선을 연결하는 Weld Edges 명령을 클릭합니다.

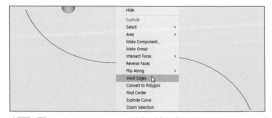

| Ctrl + Z -선택 도구로 두 개의 호 선택-마우스 우클릭-Weld Edges 클릭

12 | 배치

선택 도구(Select ▶)로 선을 클릭해 선택한 다음 Path Copy 도구(🔧)로 '원기둥' 컴포넌트를 클릭해 완성합니다.

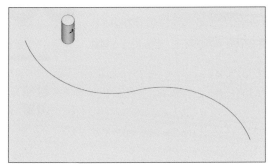

| 선택 도구로 선 선택-Path Copy 도구 선택-'원기둥' 컴포넌트 클릭

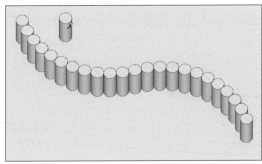

| 완성

06

'Selection Toys' 루비 설치하고 활용하기

'Selection Toys' 루비를 설치하면 Selection Toys 도구 모음(Selection Toys ◇◇⊕⊡│◇◇⊕⊡)이 추가됩니다. Selection Toys 도구 모음(Selection Toys ◇◇⊕⊡│◇◇⊕⊡)에 있는 도구들은 선택한 객체에서 선, 면을 따로 선택할 수 있으며 그룹과 컴포넌트도 구분해서 선택할 수 있습니다.

상세
기능

01 | 루비 설치

루비를 설치하기 위해 [Extension Warehouse]의 루비 검색란에 'selection toys'를 입력하고 엔터를 누릅니다. 그런 다음 검색된 'Selection Toys' 루비를 클릭하고 [루비 소개/설치] 창의 〈Install〉 버튼을 클릭해 설치합니다.

| 검색어 입력-엔터-루비 클릭

| 〈Install〉 버튼 클릭

02 | 추가된 도구/명령 확인

설치가 완료되면 Selection Toys 도구 모음(Selection Toys ◇◇⊕⊡│◇◇⊕⊡)이 나타나고 Tools 메뉴에 Selection Toys 명령이 추가됩니다.

03 | 선과 면 따로 선택하기

'06' 장면 탭을 클릭합니다. 장면에 보이는 왼쪽 박스는 그룹이며 오른쪽 박스는 컴포넌트입니다.

선택 도구(Select ▸)로 왼쪽의 '박스' 그룹을 편집 모드로 만든 다음 영역을 지정하거나 트리플 클릭해 모든 객체를 선택합니다. 이어서 Selection Toys 도구 모음(Selection Toys ◇◇⊕⊡│◇◇⊕⊡) 중에 선만 선택하는 Edges 도구(◇)를 클릭합니다.

선택한 객체에서 선만 선택된 것을 확인할 수 있습니다. 이어서 선택 도구(Select ▶)로 영역을 지정하거나 트리플 클릭해 모든 객체를 선택한 다음 면만 선택하는 Faces 도구(◇)를 클릭합니다. 선택한 객체에서 면만 선택된 것을 알 수 있습니다.

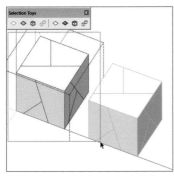
| 장면 탭 클릭-그룹 편집 모드 만들기-선택
  도구로 객체 선택

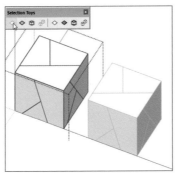
| Edges 도구 클릭-확인

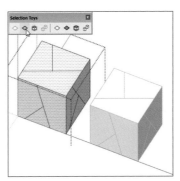
| 선택 도구로 객체 선택-Faces 도구 클릭-확인

04 | 그룹과 컴포넌트 따로 선택하기

그룹 편집 모드를 해제하고 아래 왼쪽 참조 이미지를 보고 선택 도구(Select ▶)로 영역을 지정해 그룹과 컴포넌트를 모두 선택합니다.

선택한 객체 중 그룹만 선택하는 Groups 도구(⬚)를 클릭하면 그룹만 선택된 것을 알 수 있습니다. 다시 선택 도구(Select ▶)로 영역을 지정해 그룹과 컴포넌트를 모두 선택한 다음 컴포넌트만 선택하는 Components 도구(⬚)를 클릭하면 컴포넌트만 선택된 것을 알 수 있습니다.

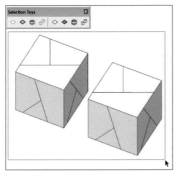
| 그룹 편집 모드 해제-선택 도구로 영역 지정해 선택

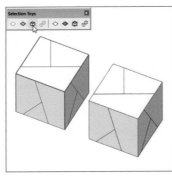
| Groups 도구 클릭-확인

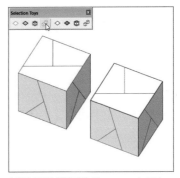
| 선택 도구로 영역 지정-Components 도구
  클릭-확인

| 알아두기 | **오른쪽 도구들**

Selection Toys 도구 모음(⬚⬚⬚⬚ | ⬚⬚⬚⬚)에 있는 빨간색으로 표시된 도구들은 위에서 학습한 기능의 반전 기능을 가진 도구입니다.

'TrueBend' 루비 설치하고 활용하기

07

'TrueBend' 루비를 설치하면 TrueBend 도구(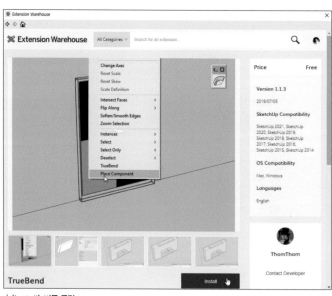)가 추가되며 선택한 객체를 원하는 각도로 구부릴 수 있습니다.

01 | 루비 설치

루비를 설치하기 위해 [Extension Warehouse]의 루비 검색란에 'truebend'를 입력하고 엔터를 누릅니다. 그런 다음 검색된 'TrueBend' 루비를 클릭하고 [루비 소개/설치] 창의 〈Install〉 버튼을 클릭해 설치합니다.

| 검색어 입력-엔터-루비 클릭

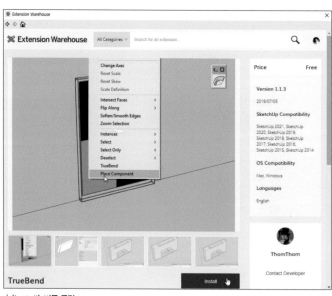

| 〈Install〉 버튼 클릭

02 | 추가된 도구/명령 확인

설치가 완료되면 TrueBend 도구(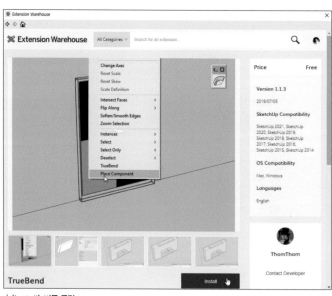)가 추가되고 Tool 메뉴에 TrueBend 명령이 추가됩니다.

03 | 벽면 구부리기

'07' 장면 탭을 클릭하고 선택 도구(Select ▶)로 그룹을 선택한 다음 TrueBend 도구(◉)를 클릭합니다. 이어서 빨간색 조절점을 클릭한 채로 앞으로 드래그 한 다음 클릭한 손가락을 땝니다. 그런 다음 키보드로 '90'을 입력하고 엔터를 누르고 다시 엔터를 눌러 완성합니다. 이처럼 TrueBend 도구(◉)는 선택한 객체를 원하는 각도로 구부릴 수 있습니다.

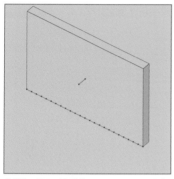
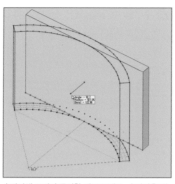
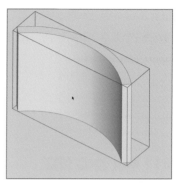

| 선택 도구로 그룹 선택-TrueBend 도구 클릭 | 빨간색 조절점 클릭한 채로 드래그-손가락을 땝 | '90' 입력-엔터-엔터

04 | 난간 구부리기

'07-1' 장면 탭을 클릭하고 '난간' 그룹도 TrueBend 도구(◉)로 구부려 봅니다.

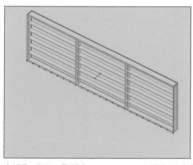
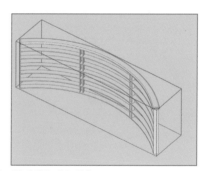

| 선택 도구로 그룹 선택-TrueBend 도구 클릭-빨간색
  조절점 클릭한 채로 드래그-손가락을 땝 | '90' 입력-엔터-엔터

05 | 문자 구부리기

'07-2' 장면 탭을 클릭하고 '3d 문자' 그룹도 TrueBend 도구(◉)로 구부려 봅니다.

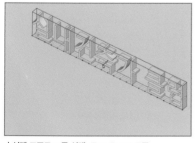
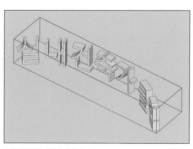

| 선택 도구로 그룹 선택-TrueBend 도구
  클릭-빨간색 조절점 클릭한 채로 드래그-손가락을 땝 | '90' 입력-엔터-엔터

'Shape Bender' 루비 설치하고 활용하기

08

'Shape Bender' 루비를 설치하면 Shape Bender-Select a shape to bend first 도구(🗢)가 포함된 Shape Bender 도구 모음(🗢)이 나타납니다. Shape Bender-Selecta shape to bend first 도구(🗢)는 선택한 그룹(or 컴포넌트)을 구부릴 수 있습니다. 선택한 선이나 호의 길이와 동일하게 객체를 구부릴 수 있다는 부분이 TrueBend 도구(🍥)와의 차이점입니다.

01 | 루비 검색/설치

[Extension Warehouse]의 루비 검색란에 'Shape Bender'를 입력하고 엔터를 누릅니다. 그런 다음 검색된 'CLF Shape Bender' 루비를 클릭하고 [루비 소개/설치] 창의 〈Install〉 버튼을 클릭해 설치합니다.

| 검색어 입력-엔터-루비 클릭

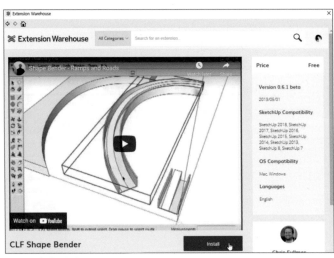

| 〈Install〉 버튼 클릭

02 | 추가된 도구/명령 확인

설치가 완료되면 Shape Bender-Selecta shape to bend first 도구(🗢)가 포함된 Shape Bender 도구 모음(🗢)이 나타나고 Extensions 메뉴에 Chris Fullmer Tools 명령이 추가됩니다. Shape Bender-Select a shape to bend first 도구(🗢)의 이름이 길기 때문에 편의상 해당 도구의 이름을 Shape Bender 도구(🗢)로 표기하겠습니다.

| 추가된 도구/명령 확인

03 | 곡선 복사/붙여넣기

'08' 장면 탭을 클릭하고 선택 도구(Select ▶)로 '곡면' 그룹을 선택한 다음 편집 모드로 만듭니다. 아래 왼쪽 참조 이미지를 보고 선택 도구(Select ▶)로 호를 선택한 다음 복사(Ctrl+C)합니다. 이어서 편집 모드를 해제하고 동일한 위치에 붙여넣기 (Paste In Place)합니다. 복사해서 붙여넣기한 호는 구부릴 그룹(or 컴포넌트)의 참조선이 됩니다.

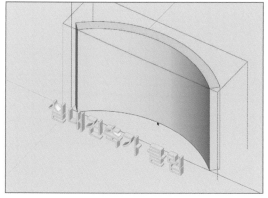

| 그룹 편집 모드 만들기-호 선택-복사

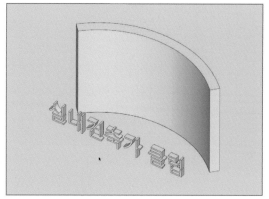

| 편집 모드 해제-붙여넣기

04 | 선 그리기

오른쪽 참조 이미지를 보고 X-Ray 도구(◑)를 클릭한 다음 화면을 확대하고 선 도구(Line ✏)로 문자의 뒷면에 선을 그립니다. 이 선은 문자가 배치될 길이의 기준선입니다.

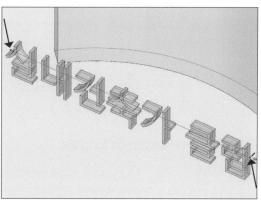

| X-Ray 도구 클릭-선 도구로 선 그리기

05 | 선택

X-Ray 도구(◑)를 클릭해 X-Ray 스타일을 비활성화 한 다음 '3d 문자' 그룹을 선택하고 Shape Bender 도구(◠)를 클릭합니다. 이어서 기준선을 클릭해 선택하고 복사/붙여넣기한 호(참조선)를 클릭합니다.

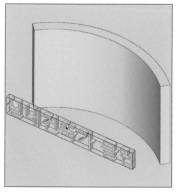

| 문자 그룹 선택-Shape Bender 도구 클릭

| 선 클릭

| 호 클릭

06 | 확인/이동

구부러진 문자를 확인하고 엔터를 눌러 완성합니다. 글자가 뒤집혀 있으며 위 방향키를 누르면 됩니다.

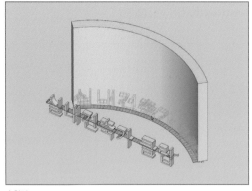

| 확인

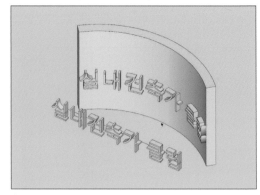

| 엔터

| 알아두기 | 속성 변경

Shape Bender 도구(⌒)를 사용하면 기존 그룹이 컴포넌트의 속성으로 변경됩니다.

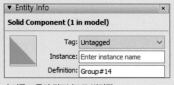

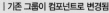

| 기존 그룹이 컴포넌트로 변경됨

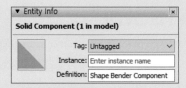

| 곡면에 배치한 컴포넌트

---

07 | Soften/Smooth Edges

화면을 확대해 보면 평면 '3d 문자' 그룹을 곡면에 배치하면서 일부 면이 각지지 않고 부드러워진 것을 알 수 있습니다.

문자 컴포넌트에 마우스 포인터를 위치하고 우클릭해 Soften/Smooth Edges 명령을 클릭합니다. 부드러워진 면이 다시 각진 면으로 수정된 것을 확인할 수 있습니다. 불필요한 선들이 보이면 [Soften Edges] 창의 Soften coplanar 옵션에 체크 표시해서 선을 숨겨 완성합니다.

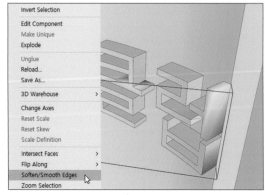

| 화면 확대-확인-우클릭-Soften/Smooth Edges 클릭

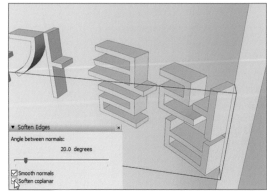

| Soften coplanar 체크 : 완성

08 | 기준선 그리기

'08-1' 장면 탭을 클릭하고 아래 왼쪽 참조 이미지를 보고 선 도구(Line ✐)로 '난간' 그룹의 기준선이 될 선을 그립니다. 이어서 선택 도구(Select ▸)로 '난간' 그룹을 선택합니다.

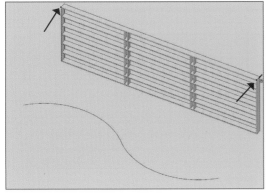

| 선 도구로 선 그리기

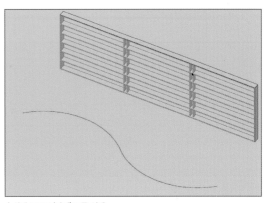

| 선택 도구로 '난간' 그룹 선택

09 | 기준선/참조선 클릭

Shape Bender 도구(⌒)를 클릭하고 기준선을 클릭한 다음 바닥 면의 곡선(참조선)을 클릭합니다.

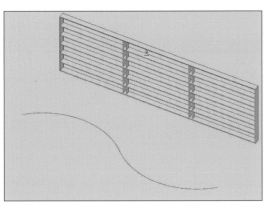

| Shape Bender 도구 클릭-기준선 클릭

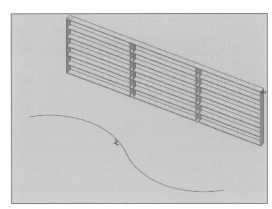

| 곡선 클릭

10 | 완성

구부러진 난간(컴포넌트) 확인하고 엔터를 눌러 완성합니다.

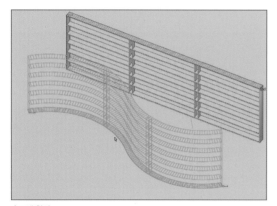

| 모델 확인

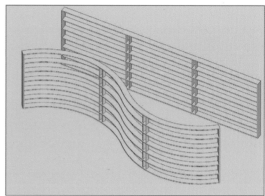

| 엔터:완성

| 알아두기 | **계층구조**

Shape Bender 도구(⌒)를 사용해 배치한 컴포넌트는 기존의 계층구조는 모두 없어지고 하나의 단일 컴포넌트로 만들어집니다.

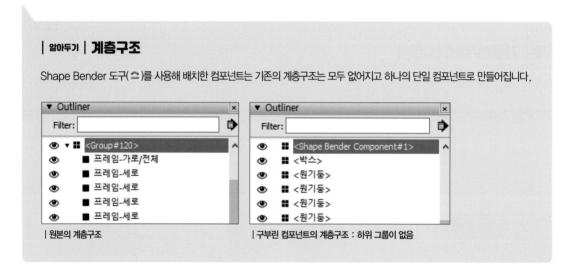

| 원본의 계층구조

| 구부린 컴포넌트의 계층구조 : 하위 그룹이 없음

'Eneroth Material Area Counter' 루비 설치하고 활용하기

09

'Eneroth Material Area Counter' 루비를 설치하면 Extensions 메뉴에 Eneroth Material Area Counter 명령이 추가되며 모델에 매핑한 모든 메트리얼의 면적을 확인할 수 있습니다. 저자의 경우에는 면적을 산출하는 다양한 루비가 있지만, 가장 가볍고 직관적인 'Eneroth Material Area Counter' 루비를 주로 사용합니다.

01 | 루비 설치

루비를 설치하기 위해 [Extension Warehouse]의 루비 검색란에 'eneroth material area counter'를 입력하고 엔터를 누릅니다. 그런 다음 검색된 'Eneroth Material Area Counter' 루비를 클릭하고 [루비 소개/설치] 창의 〈Install〉 버튼을 클릭해 설치합니다.

| 검색어 입력-엔터-루비 클릭

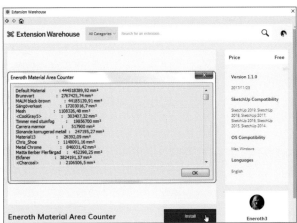

| 〈Install〉 버튼 클릭

02 | 추가된 명령 확인

설치가 완료되면 추가되는 도구는 없고 Extensions 메뉴에 Eneroth Material Area Counter 명령만 추가됩니다.

| 추가된 명령 확인

03 | 메트리얼의 면적 확인

Extensions 메뉴에 Eneroth Material Area Counter 명령을 클릭하면 [Eneroth Material Area Counter] 창이 나타나며 현재 모델에 매핑한 모든 메트리얼의 면적이 나타나기 때문에 각종 마감재의 면적 산출 시에 큰 도움이 됩니다.

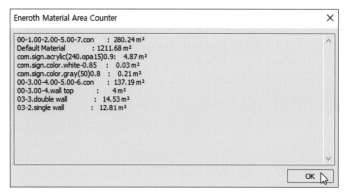

| 명령 클릭-면적 확인

'Purgeall' 루비 활용하기

10

'Purgeall' 루비는 해당 과정에서 가장 먼저 설치한 루비로 현재 모델의 불필요한 파일을 한 번에 제거합니다. 불필요한 파일을 제거하는 루비의 종류는 몇 가지가 있지만, 여러 번 클릭해야 하는 번거로움이 있어 저자는 'Purgeall' 루비를 설치하면 추가되는 Purge... 명령만 사용해 불필요한 파일을 제거하고 있습니다.

01 | 객체 삭제

'10' 장면 탭을 클릭하고 [Materials], [Component], [Tags], [Outliner] 창을 확장하고 Ctrl+A를 클릭해 모든 객체를 선택한 다음 Delete를 눌러 삭제합니다.

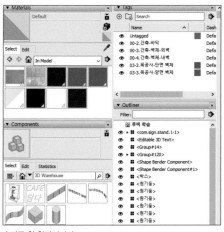

| 각종 창 확장시키기

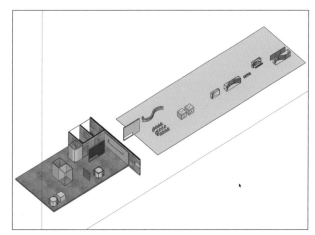

| Ctrl+A-Delete

02 | 각종 창 확인/Purge

모든 객체를 삭제했는데 확장한 각종 창을 확인해 보면 [Outliner] 창에서만 모든 객체가 삭제되고 나머지 창은 변화가 없다는 것을 알 수 있습니다. 스케치업 작업 화면에서 삭제한 객체와 불필요한 파일(메트리얼)을 완전히 삭제하기 위해 Extension 메뉴의 Purge... 명령을 클릭합니다. [Purge Options] 창이 나타나면 모든 옵션을 Yes로 선택한 다음(기본 설정) 〈OK〉 버튼을 클릭합니다. 이어서 나타나는 [SketchUp] 알림 창에서 삭제된 파일을 확인하고 〈확인〉 버튼을 클릭합니다. [Styles] 창의 두 개의 스타일은 장면에 설정되어 있기 때문에 삭제가 되지 않았고 [Purge Options] 창과 [SketchUp] 알림 창에 표시되는 Layers는 Tag로 이해하면 됩니다.

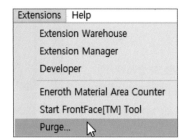

| Extensions–Purge... 클릭

| 〈OK〉 버튼 클릭

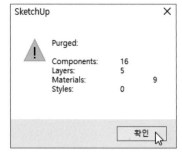

| 확인–〈확인〉 버튼 클릭

| **알아두기** | **불필요한 파일 수시로 삭제하기**

스케치업을 사용하는 많은 사용자들이 가장 놓치는 부분 중의 하나가 바로 스케치업 화면상에서만 객체를 삭제하고 Purge 명령을 사용하지 않는다는 부분입니다. 스케치업 화면에서 객체를 삭제했다고 해서 해당 객체가 작업 모델에서 완전히 삭제된 것은 아니기 때문에 파일 용량은 큰 차이가 없습니다. 완전히 삭제하려면 각종 창에서 Purge 명령을 각각 클릭하거나 [Model Info] 창의 Statistics 항목을 클릭해 〈Purge Unused〉 버튼을 클릭하면 삭제되지만, 여러 번 클릭하는 번거로움이 있기 때문에 Purgeall 루비를 설치하면 추가되는 Purge... 명령을 사용하는 것이 가장 편리합니다.